D1690275

Weule

Integriertes Forschungs-
und Entwicklungsmanagement

Hartmut Weule

Integriertes Forschungs- und Entwicklungsmanagement

Grundlagen – Strategien – Umsetzung

HANSER

Die Deutsche Bibliothek – CIP-Einheitsaufnahme

Ein Titeldatensatz für diese Publikation
ist bei Der Deutschen Bibliothek erhältlich.

Die im Text genannten Präparate und Bezeichnungen sind zum Teil patent- und urheberrechtlich geschützt. Aus dem Fehlen eines besonderen Hinweises bzw. des Zeichens ® darf nicht geschlossen werden, dass kein Schutz besteht.

Dieses Werk ist urheberrechtlich geschützt.
Alle Rechte, auch die der Übersetzung, des Nachdrucks und der Vervielfältigung des Buches, oder Teilen daraus, sind vorbehalten. Kein Teil des Werkes darf ohne schriftliche Genehmigung des Verlages in irgendeiner Form (Fotokopie, Mikrofilm oder ein anderes Verfahren), auch nicht für Zwecke der Unterrichtsgestaltung, reproduziert oder unter Verwendung elektronischer Systeme verarbeitet, vervielfältigt oder verbreitet werden.

© 2002 Carl Hanser Verlag München Wien
Internet: http://www.hanser.de
Redaktionsleitung: Martin Janik
Herstellung: Ursula Barche
Umschlaggestaltung: Parzhuber & Partner GmbH, München
Gesamtherstellung: Kösel, Kempten
Printed in Germany

ISBN 3-446-21297-3

Den kreativen und engagierten Ingenieuren
von DaimlerChrysler gewidmet

Geleitwort

Herausragende Unternehmen wissen: Ihre Zukunftssicherung darf nicht nur unter kurz- und mittelfristigen ökonomischen Gesichtspunkten erfolgen, sondern sie muß langfristig durch eine strategisch ausgerichtete technologische Positionierung unterstützt werden. Innovativen Produkten und Prozessen kommt daher eine immer wichtigere Rolle für die Wettbewerbsfähigkeit des Unternehmens zu. Die hierzu erforderliche technologische Führerschaft kann aber nur derjenige erzielen, dem es gelingt, die entsprechenden organisatorischen Voraussetzungen für eine dynamische Forschungs- und Entwicklungsarbeit zu schaffen.

Dazu sind zwei Dinge unabdingbar: Zum einen müssen die FuE-Aktivitäten integraler Bestandteil der Gesamtstrategie des Unternehmens sein. Und zum zweiten müssen die Abläufe und Prozesse innerhalb des Unternehmens so ausgerichtet sein, daß das Wissen und die Erfahrungen aller beteiligten Mitarbeiter und Bereiche in einer Weise kombiniert werden, daß diese ihr volles Potential entfalten können.

Wie diese Prozesse organisiert werden, muß und wird immer von der Kultur des jeweiligen Unternehmens abhängen. Damit ist aber auch klar: Einen Königsweg zu einem einzigen „richtigen" FuE-Management kann es nicht geben; vielmehr muß jedes Unternehmen seinen eigenen Weg finden. Damit bei dieser Suche aber nicht jedes Unternehmen bei Null anfängt, sollte es von den vielfältigen Erfahrungen zu profitieren suchen, die andere Unternehmen auf diesem Gebiet bereits gesammelt haben.

Um diesen umfangreichen Erfahrungsschatz zu heben, müssen aber die Muster erkannt werden, nach denen sich erfolgreiche von weniger erfolgreichen Ansätzen unterscheiden. Und dazu ist es nötig, daß sich Ingenieure und Betriebswirtschaftler mit dem Thema auseinandersetzen, die genauso Erfahrung aus der Industriepraxis mitbringen wie eine intensive Kenntnis der Wissenschaft. Der Autor dieses Buches vereinigt aufgrund seines Werdeganges diese Eigenschaften in ganz besonderer Weise in einer Person: Als Wanderer zwischen den Welten von Industrie und Hochschule hat er neben seiner wissenschaftlichen Kompetenz seine umfangreichen Erfahrungen aus dem industriellen FuE-Management in dieses Buch einfließen lassen.

Nicht zuletzt die daraus resultierende Fülle von Fallbeispielen, zum Großteil aus eigenen Studien und Projekten zusammengestellt, macht das Buch zu einem nützlichen Leitfaden für den Industriepraktiker, der selbst mit strategischen oder operativen Fragen des FuE-Managements befaßt ist. Es ist aber auch ein hervorragendes Kompendium für Wissenschaftler und Studenten, die sich einen Überblick über den aktuellen Stand modernen FuE-Managements verschaffen möchten.

Stuttgart, im Mai 2001   Jürgen E. Schrempp

Vorwort

Vor 250 Jahren beginnt in England die erste industrielle Revolution, Technologie und Wirtschaft mit zunehmender Beschleunigung zu verändern. Seit 1800 macht die sich in Europa ausbreitende Gewerbefreiheit außerordentliche Wettbewerbskräfte frei. Die Verkehrstechnik – zunächst die Eisenbahn, dann der Straßenverkehr – schafft Nachfrage auf den Märkten und gibt starke Wirtschaftsimpulse.

Vor 150 Jahren entsteht die Bezeichnung Konstrukteur als Name für gestaltende Techniker. Die systematische wissenschaftliche Analyse und Verbesserung von Produktionsprozessen beginnt vor 100 Jahren, seit 50 Jahren entwickelt sich aus der „Kunst des Konstruierens" die wissenschaftlich fundierte Konstruktionsmethodik.

Bei der Betrachtung dieser technik-historischen Entwicklung zeigt sich ein interessantes Phänomen: Die Betriebswirtschaft hat sehr früh die Zusammenhänge zwischen technischen und ökonomischen Entwicklungen analysiert und bereits vor 30 Jahren begonnen, sich intensiv mit der Analyse und Verbesserung der FuE-Prozesse zu beschäftigen. Die Ingenieure dagegen haben erst sehr spät anfangen, sich mit der Organisation der eigenen Prozesse und deren Einbindung in das gesamtunternehmerische Geschehen zu befassen.

Auch während meiner Ingenieursausbildung wurden diese Themen noch nicht berührt. In meinem Berufsweg wurde ich dagegen schon sehr früh in der industriellen produktionstechnischen Forschung und Entwicklung mit Fragen konfrontiert, die heute nach wie vor unverändert aktuell sind: Wie können wir die Akzeptanz und Umsetzung neuer Ideen stimulieren? Wie läßt sich die – immer wichtigere – bereichsübergreifende Zusammenarbeit verbessern? Und: Wie kann man Ideen und Innovationen eigentlich technisch-wirtschaftlich bewerten?

In einer späteren Berufsphase hatte ich die vier Forschungsbereiche traditionell gewachsener, sehr unterschiedlicher Unternehmen zusammenzuführen, neu zu formieren und eine aktive, lebende Einbeziehung in das Unternehmensgeschehen zu realisieren. Dabei lernte ich in den Betriebswissenschaften erarbeitete Ansätze, wie das Promotorenmodell von Witte, kennen und schätzen. Aus Sicht des Ingenieurs blieben aber immer offene Fragen. Vor allem das Erleben der in betrieblicher Praxis auftretenden Probleme motivierte mich, als Ingenieur eine Vorlesung „Forschungs- und Entwicklungsmanagement" auszuarbeiten. Die große Resonanz bestätigte, welch hoher Bedarf an einer ingenieurwissenschaftlichen Auseinandersetzung mit diesem Thema existiert, und führte schließlich zu der Ausarbeitung des vorliegenden Buches. Es soll sowohl für die Studenten der Ingenieurwissenschaften als auch für den Ingenieur in der betrieblichen Praxis methodische Anleitung und Handbuch sein.

Ohne das große Engagement und die tatkräftige Unterstützung der Mitarbeiter meines Institutes wäre dieses Buch nicht entstanden.

In der Konzeptionsphase haben Dr.-Ing. Jürgen Fleischer, Dr.-Ing. Wolfgang Walter und Dr.-Ing. Matthias Klimmek die Gestaltung mitdiskutiert und an der ersten inhaltlichen Ausarbeitung gearbeitet. Dr.-Ing. Jürgen Brath hat am Anfang des eigentlichen Arbeitsprozesses des Buches an der endgültigen Konzeption mitgewirkt und die Ausarbeitung der Buchkapitel koordiniert. In der zweiten Phase hat Frau Dipl.-Wi.-Ing. Silja Klinkel durch ihre kritisch-engagierte Mitarbeit zur Klärung der Struktur und der inhaltlichen Abstimmung beigetragen, ein Kapitel beigetragen und die sorgfältige Schlußredaktion durchgeführt.

Für die Arbeit an den einzelnen Teilbeiträgen möchte ich mich bei meinen Mitarbeitern Dr.-Ing. Dirk Geisinger, Dr.-Ing. Volker Hüntrup, Dipl.-Ing. Sellal Mussa, Dr.-Ing. Simone Riedmiller, Dipl.-Phys. Erwin Ruoff, Dipl.-Wi.-Ing. Michael Scharer, Dipl.-Ing. Ulrich Suchy und Dr.-Ing. Dirk Vossmann ganz besonders bedanken.

Die Überlegungen zur Patentstrategie wurden aus einem Seminar abgeleitet, das Herr Rolf Einsele, Leiter Intellectual Property Management bei DaimlerChrysler, dankenswerterweise für meine Studenten hält.

An der Gesamtkonzeption und der sprachlichen Überarbeitung des Buches hat Herr Dr. Stefan Ulbig, DaimlerChrysler, mit großem Engagement und Zeitaufwand beigetragen.

Meine Tochter Julia Pluecker-Weule hat als technisch orientierte Diplom-Kauffrau durch kritisches Korrekturlesen und viele strukturelle und inhaltliche Diskussionen in der Endphase der Arbeit mitgewirkt.

Ich möchte ferner zahlreichen Firmen danken, die mit Fallbeispielen und firmenspezifischen Informationen zur Praxisnähe des Buches beigetragen haben. Dabei gilt mein besonderer Dank dem Unternehmen DaimlerChrysler, das mir nicht nur einen herausfordernden Berufsweg zwischen Industrie und Hochschule ermöglicht hat, sondern auch die Entwicklung dieses Buches ideell und materiell unterstützt hat.

Der Verlag Carl Hanser hat Idee und Konzeption des Buches in engagierter Weise aufgegriffen, konzeptionell beigetragen und die Fertigstellung mit großer Geduld und Sorgfalt begleitet.

Karlsruhe, im Mai 2001   Hartmut Weule

Inhaltsübersicht

1 Bedeutung von Forschung und Entwicklung
2 Wichtige Begriffe und Definitionen
3 FuE im Unternehmen – Strategie und Organisation
4 Kooperationen, Internationalisierung und Technologietransfer in Forschung und Entwicklung
5 Der Mensch in FuE
6 Kreativität im Forschungs- und Entwicklungsprozeß
7 Der Ideenfingungsprozeß
8 Der Forschungsprozeß
9 Der Entwicklungsprozeß
10 Erfolgreiches Innovationsmanagement durch integriertes FuE-Management

Inhaltsverzeichnis

Geleitwort	VII
Vorwort	IX
Inhaltsübersicht	XI
Abkürzungsverzeichnis	XIX
Abbildungsverzeichnis	XXI
Tabellenverzeichnis	XXIX

1	**Bedeutung von Forschung und Entwicklung**	1
1.1	Einleitung	1
1.2	Forschung in Deutschland im internationalen Vergleich	6
1.3	Die Forschungslandschaft in Deutschland	11
1.3.1	Einteilung der Forschung	11
1.3.2	Erkenntnisorientierte Forschung	14
1.3.3	Anwendungsorientierte Forschung	16
1.3.4	Industrieforschung	18
1.4	Fazit	20
	Literaturhinweise	20
2	**Wichtige Begriffe und Definitionen**	23
2.1	Einleitung	23
2.2	Technik und Technologie	23
2.2.1	Technologiekategorien	28
2.2.2	Technologielebenszyklen	30
2.3	Invention und Innovation	34
2.3.1	Arten von Innovationen	35
2.3.2	Innovationsprozeß	36
2.4	Kernkompetenzen	40
2.5	Synergie	42
2.6	Management	43
	Literaturhinweise	45
3	**FuE im Unternehmen – Strategie und Organisation**	47
3.1	Einleitung	47
3.2	Organisation von Unternehmen	47
3.3	Eingliederung von FuE in die Organisationsstruktur	50
3.4	Bildung einer Unternehmensstrategie	59
3.5	Bildung der FuE-Strategie	63
3.5.1	Ableitung der FuE-Strategie	63
3.5.2	Faktoren der FuE-Strategiebildung	65

3.5.3	Inhalte der FuE-Strategie	67
3.6	Fazit	71
	Literaturhinweise	71

4	**Kooperationen, Internationalisierung und Technologietransfer in Forschung und Entwicklung**	**73**
4.1	Einleitung	73
4.2	FuE-Kooperationen	74
4.2.1	Motive für FuE-Kooperationen	75
4.2.2	Formen der FuE-Kooperationen	77
4.2.3	Erfolgsfaktoren der FuE-Kooperationen	82
4.3	Internationalisierung der FuE	89
4.3.1	Motive für die Internationalisierung der FuE	90
4.3.2	Gestaltung der Internationalisierung der FuE	93
4.3.3	Standortfaktoren für die Internationalisierung der FuE	96
4.4	Technologietransfer in FuE	97
4.4.1	Motive für den Technologietransfer	97
4.4.2	Möglichkeiten zur Förderung des Technologietransfers	98
4.5	Fazit	100
	Literaturhinweise	101

5	**Der Mensch in FuE**	**103**
5.1	Einleitung – Personalmanagement	103
5.2	Personalplanung	107
5.2.1	Anforderungsprofil für Forscher und Entwickler	107
5.2.1.1	Typologisierung des Menschentyps in FuE	107
5.2.1.2	Kreative Mitarbeiter in FuE	109
5.2.2	Personalauswahl	110
5.2.3	Integration neuer Mitarbeiter	112
5.2.4	Personalstruktur in FuE	113
5.3	Personalführung	117
5.3.1	Aufgaben der Personalführung	118
5.3.2	Qualifikation des Führungspersonals	119
5.3.3	Führungsstile	122
5.3.4	Führungstechniken	123
5.4	Personalentwicklung	127
5.4.1	Instrumente der Potentialanalyse	129
5.4.2	Weiterbildungsmaßnahmen	132
5.4.3	Karriereentwicklung	134
5.5	Fazit	136
	Literaturhinweise	136

6	**Kreativität im Forschungs- und Entwicklungsprozeß**	139
6.1	Einleitung	139
6.2	Der Kreativitätsbegriff	139
6.2.1	Definition der Kreativität	139
6.2.2	Klassifizierung der Kreativität	140
6.3	Elemente der Kreativität	141
6.3.1	Der kreative Mensch	141
6.3.1.1	Kreativitätsveranlagungen	141
6.3.1.2	Kreativitätshemmnisse	144
6.3.2	Der kreative Prozeß	145
6.3.3	Unterstützende Kreativitätstechniken	146
6.3.3.1	Intuitiv-kreative Kreativitätstechniken	148
6.3.3.2	Systematisch-analytische Kreativitätstechniken	156
6.4	Fazit	159
	Literaturhinweise	159

7	**Der Ideenfindungsprozeß**	161
7.1	Einleitung	161
7.2	Analyse des Ideenfindungsprozesses	161
7.2.1	Suchfeldfestlegung	162
7.2.2	Ideenanregung	167
7.2.3	Ideengenerierung	169
7.2.4	Ideenbewertung	174
7.2.5	Ideenabsicherung (Intellectual Property Management)	175
7.3	Randbedingungen für einen erfolgreichen Ideenfindungsprozeß	178
7.3.1	Unternehmenskultur	179
7.3.2	Unternehmensklima und -organisation	181
7.4	Fazit	186
	Literaturhinweise	187

8	**Der Forschungsprozeß**	189
8.1	Einleitung	189
8.2	Budgetierung	190
8.3	Forschungsplanungsprozeß	196
8.4	Aufgabenfindung	199
8.5	Generierung, Bewertung und Priorisierung von Projekten	200
8.6	Forschungs-Projektmanagement	202
8.7	Ergebnisbewertung und Transfer	206
8.7.1	Problematik der Ergebnisbewertung	206
8.7.2	Methoden der Ergebnisbewertung	207

8.7.3	Transfer	213
8.8	Fazit	213
	Literaturhinweise	214

9 Der Entwicklungsprozeß 215

9.1	Einleitung	215
9.2	Aufgabe und Stellung der Produktentwicklung im Unternehmen	215
9.2.1	Wesen und Bedeutung der Produktentwicklung	215
9.2.2	Organisatorische Eingliederung	217
9.2.2.1	Aufbauorganisation	218
9.2.2.2	Ablauforganisation	222
9.2.3	Das Promotorenmodell	223
9.2.4	Konventionelle versus integrierte Produkterstellung	226
9.3	Vorgehensmodelle zur Produktentwicklung	226
9.3.1	Konstruktionsmethodische Ansätze	226
9.3.2	Wertanalyse und Value Management	228
9.3.3	Qualitätsorientierte Ansätze, TQM und QFD	230
9.3.4	Target Costing und methodische Ansätze zur Kostenbestimmung	235
9.3.4.1	Target Costing	235
9.3.4.2	Methoden zur Kostenbestimmung	239
9.3.5	Methodenkombinationen	247
9.3.6	Kritische Würdigung der Vorgehensmodelle	248
9.4	Integrierte Prozeßkette Entwicklung im Unternehmen	249
9.4.1	Produktstrategieplanung	251
9.4.2	Produktideengenerierung	258
9.4.3	Produktanforderungsermittlung	259
9.4.4	Produktkonzepterstellung	264
9.4.5	Produktionskonzepterstellung	272
9.4.6	Produktion und Markteinführung	274
9.5	Entwicklungsprojekt-Organisationsformen	275
9.6	Entwicklungsprojekt-Bewertung	279
9.6.1	Konzept der Break Even Time von *Hewlett-Packard*	280
9.6.2	Der R+D-Effectiveness-Index von *McGrath* und *Romeri*	281
9.6.3	Bewertungsansatz von *Arthur D. Little*	282
9.7	Fazit	284
	Literaturhinweise	284

10 Erfolgreiches Innovationsmanagement durch integriertes FuE-Management 291

10.1	Innovationsmanagement	291
10.1.1	Der Innovationsprozeß	293
10.1.2	Einflußfaktoren auf den Innovationsprozeß	294
10.1.2.1	Akteure des Innovationsprozesses	294

10.1.2.2	Rahmenbedingungen des Innovationsprozesses	296
10.1.3	Ziele des Innovationsmanagements	298
10.1.4	Hemmnisse und Erfolgsfaktoren für Innovationen	299
10.2	Entwicklung des integrierten FuE-Managements	300
10.2.1	Die drei Generationen des FuE-Managements	300
10.2.2	Hemmnisse des FuE-Prozesses	301
10.2.2.1	Ursachen und Argumente für Hemmnisse	302
10.2.2.2	Hemmnisse innerhalb und zwischen den verschiedenen Funktionsbereichen	304
10.2.3	Integriertes FuE-Management	306
10.3	Beispiele für die Gestaltung der Elemente des FuE-Managements .	310
10.3.1	Strategie	310
10.3.2	Organisation	314
10.3.3	Kooperation	315
10.3.4	Internationalisierung	317
10.3.5	Unternehmenskultur	320
10.3.6	Personalmanagement	326
10.3.7	Ideengenerierung und -auswahl in der Praxis	330
10.3.8	Die erfolgreiche Kombination von Elementen des FuE-Managements	332
10.4	Fazit	343
	Literaturhinweise	344
Glossar		345
Stichwortverzeichnis		351
Der Autor		358

Abkürzungsverzeichnis

ABB	Asea Brown Boveri AG
ABS	Anti-Blockier-System
AEG	Allgemeine Elektrizitätsgesellschaft
AHP	Analytischer Hierarchie Prozeß
AMP	Ausschuß für Modellpflege und Planung
ARIS	Algorithmus zur Lösung von Erfindungsaufgaben (aus dem Russischen)
BIP	Brutto-Inlandsprodukt
BLK	Bund-Länder-Kommission
BMBF	Bundesministerium für Bildung und Forschung
CA	Conjoint-Analyse
CAC	Computer Aided Creativity
CAD	Computer Aided Design
CAM	Computer Aided Manufacturing
CAP	Computer Aided Planning
CAQ	Computer Aided Quality
CAx	Computer Aided ...
CI	Corporate Intelligence
CSC	Computer Supported Creativity
CSI	Customer Satisfaction Index
CST	Council for Science and Technology
DFG	Deutsche Forschungsgemeinschaft
DOD	Department of Defense
DOE	Department of Energy
EDV	Elektronische Datenverarbeitung
EITIRT	European Information Technology Industry Round Table
ERATO	Exploratory Research for Advanced Technology
EU	Europäische Union
FAST	Functional Analysis and System Technique
FCSET	Federal Council on Coordination of Science, Engineering and Technology
FFRDCs	Federally Funded Research and Development Centers
FhG	Fraunhofer-Gesellschaft
FMEA	Failure Modes and Effects Analysis
FuE	Forschung und Entwicklung
HGF	Hermann von Helmholtz-Gemeinschaft Deutscher Forschungszentren
HHS	Department of Health and Human Science
HoQ	House of Quality
IBM	International Business Machines Corporation
Ifo	Institut für Wirtschaftsforschung e. V.
IKof	Integrierte Konzeptfindung
IP	Intellectual Property

IPM	Intellectual Property Management
JVC	Japan Victor Company
KFZ	Kraftfahrzeug
MA	Mitarbeiter
MBO	Management by Objectives
MDS	Multidimensionale Skalierung
MIT	Massachusetts Institute of Technology
MITI	Ministry of International Trade and Industry
MPG	Max-Planck-Gesellschaft
NASA	National Aeronautics and Space Administration
NC	Numeric Controll (Numerische Steuerung)
NSF	National Science Foundation
OSTP	Office of Science and Technology Policy
PCP	Product Creation Process
PET	Produktentstehungsteam
QCD	Quality Cost Deployment
QFD	Quality Function Deployment
R+D	Research and Development
RCA	Radio Corporation of America
ROI	Return on Investment
SDI	Strategic Defense Initiative
SE	Simultaneous Engineering
SFB	Sonderforschungsbereich
TC	Target Costing
TQM	Total Quality Management
TRIZ	Theorie zur Lösung von Erfindungsaufgaben (aus dem Russischen)
USA	United States of Amerika (Vereinigte Staaten von Amerika)
USDA	Department of Agriculture
VA	Value Analysis
VE	Value Engineering
VHS	Video High System
WGL	Wissenschaftsgemeinschaft Gottfried Wilhelm Leibniz „Blaue Liste"
WR	Wissenschaftsrat

Abbildungsverzeichnis

Abbildung 1-1:	Wirtschaftliche Entwicklung bei *Hewlett-Packard* weltweit	2
Abbildung 1-2:	Innovationen bei *Hewlett-Packard*	3
Abbildung 1-3:	Innovationen bei *AEG-Olympia*	4
Abbildung 1-4:	Ergebnisentwicklung und Personalentwicklung bei *AEG-Olympia* 1965 – 1990	5
Abbildung 1-5:	Gesamtaufwendungen für FuE in Mrd. US-$	7
Abbildung 1-6:	Anteil der FuE-Ausgaben am BIP	7
Abbildung 1-7:	Abgrenzung zwischen Forschung und Entwicklung	12
Abbildung 1-8:	Die Sichtweise von Forschung – früher und heute	13
Abbildung 1-9:	Einordnung der Forschungsaktivitäten in Deutschland	13
Abbildung 1-10:	Erkenntnisorientierte Forschung in Deutschland 1993	15
Abbildung 1-11:	Anwendungsorientierte Forschung in Deutschland 1993	17
Abbildung 1-12:	Industrieforschung in Deutschland	18
Abbildung 1-13:	Geldgeber für die Forschung in Deutschland	19
Abbildung 2-1:	Der Wandel des Begriffs Technologie	24
Abbildung 2-2:	Einordnung von Technologien nach ihrer Bedeutung	25
Abbildung 2-3:	Kerntechnologien am Beispiel einer Werkzeugmaschine	26
Abbildung 2-4:	Kerntechnologien der *Siemens AG*	27
Abbildung 2-5:	Technologiedynamik am Beispiel Fahrzeugmotor	28
Abbildung 2-6:	Technologiekategorien im Unternehmen	29
Abbildung 2-7:	Unterscheidung der Technologiephasen nach ihrer Wettbewerbsposition	30
Abbildung 2-8:	Lebenszyklusmodell einer Technologie	32
Abbildung 2-9:	Technologielebenszyklus der Lasertechnologie	32
Abbildung 2-10:	S-Kurven-Konzept nach *McKinsey*	33
Abbildung 2-11:	Arten von Innovationen	35
Abbildung 2-12:	Auslöser eines Innovationsprozesses	37
Abbildung 2-13:	Phasen eines Innovationsprozesses	38
Abbildung 2-14:	Innovationsprozeß am Beispiel Brennstoffzelle	39
Abbildung 2-15:	Innovationen in der Praxis	39
Abbildung 2-16:	Begriffshierarchie	40
Abbildung 2-17:	Aufgaben des Managements	44
Abbildung 2-18:	Aufgaben des Managements – „Managementzirkel"	44
Abbildung 3-1:	Organisation eines Unternehmens	48
Abbildung 3-2:	Funktionale und divisionale Unternehmensorganisation	49
Abbildung 3-3:	Matrixorganisation schematisch	50
Abbildung 3-4:	Strukturierung von FuE	51
Abbildung 3-5:	Zentrale Einbindung der FuE in die Unternehmensorganisation	52

Abbildung 3-6:	Dezentrale Einbindung der FuE in die Unternehmensorganisation	53
Abbildung 3-7:	Organisationsstruktur von *ABB* Deutschland	54
Abbildung 3-8:	Organisation der *ABB*-Forschung	55
Abbildung 3-9:	Kundenorientierte Tensorstruktur der *Hilti AG* 1995	56
Abbildung 3-10:	Organisationsstruktur der Konzern-Forschung der *Hilti AG* 1995	56
Abbildung 3-11:	Einbindungsformen der FuE in Unternehmen	57
Abbildung 3-12:	Matrixorganisation der Entwicklung bei *Toyota*	58
Abbildung 3-13:	Bedeutung der Strategie	60
Abbildung 3-14:	Strategien im Unternehmen	60
Abbildung 3-15:	Beispiel einer Vision	61
Abbildung 3-16:	Prozeß der Unternehmensstrategie-Bildung	62
Abbildung 3-17:	Integriertes Strategiesystem des Unternehmens	63
Abbildung 3-18:	Ablauf der Strategieentwicklung für FuE	64
Abbildung 3-19:	Faktoren der FuE-Strategie	66
Abbildung 3-20:	Portfolio der *Linde AG*	67
Abbildung 3-21:	Pionier oder schneller Nachfolger als FuE-Strategie	68
Abbildung 3-22:	Inhalte der FuE-Strategie: Keep-or-Sell	69
Abbildung 3-23:	Inhalte der FuE-Strategie: Make-or-Buy	70
Abbildung 4-1:	Elemente der FuE-Strategie	73
Abbildung 4-2:	Anteil des FuE-Budgets für FuE-Kooperationen	74
Abbildung 4-3:	Kooperationsmotive	76
Abbildung 4-4:	Joint Venture	78
Abbildung 4-5:	Häufigkeit der eingegangenen Kooperationsformen	80
Abbildung 4-6:	Kooperationshäufigkeiten in den Phasen des FuE-Prozesses	82
Abbildung 4-7:	Erfolgsfaktoren für FuE-Kooperationen	83
Abbildung 4-8:	Leistungen einer klaren Zielstruktur	84
Abbildung 4-9:	Handlungsautonomie innerhalb der FuE-Kooperation	87
Abbildung 4-10:	Verteilung internationaler Standorte deutscher Unternehmen nach Wirtschaftsregionen	90
Abbildung 4-11:	Motive für die Internationalisierung von FuE	90
Abbildung 4-12:	Beispiel *Bayer* Forschungs-Triade	91
Abbildung 4-13:	Standortfaktoren für die FuE-Tätigkeit der deutschen Industrie	92
Abbildung 4-14:	Organisationsform Vergabe von Entwicklungsaufgaben	93
Abbildung 4-15:	Organisationsform Vergabe von Produktmandaten	94
Abbildung 4-16:	Organisationsform Vergabe von Entwicklungs-Teilaufgaben	95
Abbildung 4-17:	Organisationsform Vergabe von Produktmandaten an „interne Unternehmer"	95
Abbildung 4-18:	Internationalisierung der zentralen Forschung	96

Abbildungsverzeichnis XXIII

Abbildung 4-19:	Kooperation zwischen Industrie und Hochschulen in Deutschland	98
Abbildung 4-20:	Existenzgründungen pro Hochschule und Jahr	99
Abbildung 5-1:	Grundwerte und Unternehmensziele von *Hewlett-Packard*	103
Abbildung 5-2:	7-S-Konzept nach *Peters/Waterman*	104
Abbildung 5-3:	Personalmanagement	105
Abbildung 5-4:	Einflußgrößen des Personalmanagements	106
Abbildung 5-5:	Anforderungsprofil für Forscher	108
Abbildung 5-6:	Anforderungsprofil für Entwickler	108
Abbildung 5-7:	Typologisierung des Menschentyps in FuE	109
Abbildung 5-8:	Ergebnisse von Innovations-Persönlichkeiten	110
Abbildung 5-9:	Überblick über die Personalauswahlmethoden	110
Abbildung 5-10:	Ablauf eines Assessment-Centers	111
Abbildung 5-11:	Patenprinzip	112
Abbildung 5-12:	Bestimmende Elemente der Personalstruktur	113
Abbildung 5-13:	Verteilung der Arbeitsplätze und Ausbildungsschwerpunkte in einer Forschungsdirektion	114
Abbildung 5-14:	Durchschnittsalter von Forschern in der Triade	114
Abbildung 5-15:	Altersstruktur	115
Abbildung 5-16:	Fluktuationsverhalten und Arbeitssuche im Vergleich	116
Abbildung 5-17:	Personaltransfer in die Unternehmensbereiche (jährliche Transferraten)	117
Abbildung 5-18:	Gegenwärtige Elemente des Personalmanagements	118
Abbildung 5-19:	Einflüsse auf die Führung	119
Abbildung 5-20:	Qualifikation der Führungsperson	120
Abbildung 5-21:	Führungsrollen	121
Abbildung 5-22:	Moderatoren und Gatekeeper	121
Abbildung 5-23:	Führungsstile	122
Abbildung 5-24:	Führungstechniken	123
Abbildung 5-25:	Management by Objectives	124
Abbildung 5-26:	MBO in der Forschung im internationalen Vergleich	124
Abbildung 5-27:	Notwendigkeit von Anreizsystemen	125
Abbildung 5-28:	Überblick über mögliche Anreizarten	125
Abbildung 5-29:	Die wichtigsten Anreize in FuE	126
Abbildung 5-30:	Vergütungsmodell am Beispiel eines Herstellers von Computer- und Medizintechnik	127
Abbildung 5-31:	Aufgaben der Personalentwicklung	127
Abbildung 5-32:	Instrumente der Personalentwicklung	128
Abbildung 5-33:	Instrumente der Potentialanalyse	129
Abbildung 5-34:	Leistungsbeurteilung	130
Abbildung 5-35:	Inhalte und Ziele von Mitarbeitergesprächen	131
Abbildung 5-36:	Expertenportfolio	131
Abbildung 5-37:	Mitarbeiterbefragung	132

Abbildung 5-38:	Personalentwicklung durch Weiterbildung	133
Abbildung 5-39:	Weiterbildungsverhalten	133
Abbildung 5-40:	Beispiel FuE-Experten-Laufbahn	134
Abbildung 5-41:	Arbeitsstrukturierung	135
Abbildung 6-1:	Kreativitätsformen zur Entwicklung kreativer Produkte	140
Abbildung 6-2:	Elemente der Kreativität	141
Abbildung 6-3:	Aufbau des menschlichen Gehirns	142
Abbildung 6-4:	Kreativität und Erfahrung	142
Abbildung 6-5:	Kreative Eigenschaften nach *Delhees*	143
Abbildung 6-6:	Kreativitätshemmnisse	144
Abbildung 6-7:	Phasenmodell des kreativen Prozesses	145
Abbildung 6-8:	Quellen für erfolgreiche Ideen	147
Abbildung 6-9:	Gliederung der Kreativitätstechniken	147
Abbildung 6-10:	Ablauf des Brainstorming	148
Abbildung 6-11:	Ideenfluß beim Brainstorming	150
Abbildung 6-12:	Vorgehensweise beim Brainwriting	152
Abbildung 6-13:	Ablauf einer Synektiksitzung	153
Abbildung 6-14:	Vorgehensweise beim Morphologischen Kasten	156
Abbildung 6-15:	Anwendung des Morphologischen Kastens	158
Abbildung 7-1:	Analyse des Ideenfindungsprozesses	162
Abbildung 7-2:	Aufgabe und Ziel der Szenariotechnik	163
Abbildung 7-3:	Beispiel Verkehrsszenario	164
Abbildung 7-4:	Delphi-Technik	165
Abbildung 7-5:	Bibliometrische Analyse, Beispiel Satellitennavigation	167
Abbildung 7-6:	Einteilung der Informationsquellen	168
Abbildung 7-7:	Bedeutung externer Informationsquellen für kleine und mittlere Unternehmen	168
Abbildung 7-8:	Klassifikation der Methoden zur Ideengenerierung	170
Abbildung 7-9:	Beispiel eines minimalen technischen Systems	171
Abbildung 7-10:	Vorgehensweise bei *Altschullers* Patentanalyse	172
Abbildung 7-11:	Beispiel für den Einsatz einer Software zur rechnerunterstützten Ideenfindung	173
Abbildung 7-12:	Algorithmus zur Ideengrobselektion	175
Abbildung 7-13:	Analogie zwischen der Unternehmenskultur und einem Baum	179
Abbildung 7-14:	Ebenen der Unternehmenskultur	181
Abbildung 7-15:	Auswirkung der räumlichen Nähe auf die Kommunikation	182
Abbildung 7-16:	Kommunikationsschwierigkeiten zwischen Marketing und FuE	183
Abbildung 8-1:	Forschungsprozeß	189
Abbildung 8-2:	Kriterien zur Budgetierung in der FuE	190
Abbildung 8-3:	Umfrageergebnisse zur Budgetierung in der Forschung	191
Abbildung 8-4:	FuE-Budget in Abhängigkeit von der Branche	192

… Abbildungsverzeichnis   XXV

Abbildung 8-5:	FuE-Budget in Abhängigkeit von der Branche	192
Abbildung 8-6:	Verhältnis zwischen Forschungs- und FuE-Gesamtbudget (international)	193
Abbildung 8-7:	Verhältnis zwischen Forschungs- und FuE-Gesamtbudget (national)	194
Abbildung 8-8:	Umfrageergebnisse zur Finanzierungsstruktur der Forschung	194
Abbildung 8-9:	Vergleich der Forschungsfinanzierung in europäischen Unternehmen	195
Abbildung 8-10:	Vergleich der Forschungsfinanzierung in US-amerikanischen Unternehmen	195
Abbildung 8-11:	Vergleich der Forschungsfinanzierung in japanischen Unternehmen	196
Abbildung 8-12:	Planungsabläufe in der Forschung	197
Abbildung 8-13:	Entscheidungsprozesse in der Forschung	198
Abbildung 8-14:	Aufgabenfindung in der Forschung	199
Abbildung 8-15:	Analyse des Ideenfindungsprozesses	200
Abbildung 8-16:	Bewertungsmethoden	201
Abbildung 8-17:	Teilfunktionen des Projektmanagements	202
Abbildung 8-18:	Beispiel für eine Projektbeschreibung (Teil 1)	203
Abbildung 8-19:	Beispiel für eine Projektbeschreibung (Teil 2)	203
Abbildung 8-20:	Vergleich zwischen Forschungs- und Entwicklungs-Prozeβ	204
Abbildung 8-21:	Planungsdilemma	205
Abbildung 8-22:	Problematik der Ergebnisbewertung	206
Abbildung 8-23:	Methoden der Ergebnisbewertung einer Industrieforschung	208
Abbildung 8-24:	Projektbewertung durch Unternehmensbereiche: Erfassungsbogen	209
Abbildung 8-25:	Kundenreview: Beispiel für eine Auswertung	209
Abbildung 8-26:	Aufgaben und Ziele des Forschungsaudits	210
Abbildung 8-27:	Audit-Beteiligte	211
Abbildung 8-28:	Beispiel eines Audit-Zeitplanes	212
Abbildung 8-29:	Forschungsaudit zur Untersuchung spezifischer Fragestellungen	213
Abbildung 9-1:	Die Black Box „Entwicklung"	216
Abbildung 9-2:	Das magische Dreieck für den Entwicklungsprozeβ	217
Abbildung 9-3:	Primäre Ursachen von Problemen der Produktentwicklung	218
Abbildung 9-4:	Organisatorische Eingliederung der Entwicklung	219
Abbildung 9-5:	Einbindung der Entwicklung in die Aufbauorganisation – Beispiel	220
Abbildung 9-6:	Einbindung der Entwicklung in die Aufbauorganisation – Beispiel	221
Abbildung 9-7:	Zusammenhang von Aufbau- und Ablauforganisation	223

Abbildung 9-8:	Vorgehensplan nach *VDI*-Richtlinie 2221/2222 und Zuordnung konkreter Arbeitsergebnisse und Konstruktionsphasen	227
Abbildung 9-9:	Arbeitsplan der Wertanalyse	229
Abbildung 9-10:	Ablauf der Übersetzungsprozesse im Rahmen der QFD	232
Abbildung 9-11:	QFD-Beispiel eines elektrisch verstellbaren Außenspiegels	233
Abbildung 9-12:	Target Costing in den Phasen der Produktentwicklung	236
Abbildung 9-13:	Target Costing – Problemstellung, Rahmenbedingungen, Vorgehen	237
Abbildung 9-14:	Target Costing – Stufen der Zielkostenspaltung	238
Abbildung 9-15:	Schrittweise Überführung von Funktionen in Komponenten	239
Abbildung 9-16:	Gliederung der methodischen Ansätze zur Kostenbestimmung	240
Abbildung 9-17:	Nomogramm – funktionale Korrelation zwischen Ressourcenverbrauch und Kosten	246
Abbildung 9-18:	Zusammenfassung der Defizite bestehender Vorgehensmodelle	49
Abbildung 9-19:	Modell der integrierten Prozeßkette Entwicklung	250
Abbildung 9-20:	Prozeß „Produktstrategie planen"	252
Abbildung 9-21:	Übersicht über Marktforschungsmethoden	254
Abbildung 9-22:	Benchmarking als Methode zum Wettbewerbsvergleich	255
Abbildung 9-23:	Methode „Corporate Intelligence" (CI) zur kontinuierlichen Sammlung von Wettbewerbsinformationen	256
Abbildung 9-24:	Prozeß „Produktideen generieren"	258
Abbildung 9-25:	Prozeß „Produktanforderungen ermitteln"	260
Abbildung 9-26:	Conjoint-Analyse-Methode zur ganzheitlichen Produktbeurteilung auf der Basis von Teilnutzenwerten	262
Abbildung 9-27:	Erstellung eines Lastenheftes	263
Abbildung 9-28:	Lastenheft – Beispiel	264
Abbildung 9-29:	Prozeß „Produktkonzept erstellen"	265
Abbildung 9-30:	Erstellung eines Pflichtenheftes	266
Abbildung 9-31:	Inhalte des Pflichtenheftes – Studie	267
Abbildung 9-32:	Aufgabenanalyse durch Abstraktion am Beispiel Wagenheber	267
Abbildung 9-33:	Methode FMEA zur Schwachstellenerkennung in der Planungsphase	270
Abbildung 9-34:	Konstruktions-FMEA am Beispiel der Entwicklung einer pneumatischen Komponente	271
Abbildung 9-35:	Prozeß „Produktionskonzept erstellen"	273
Abbildung 9-36:	Prozeß „Produkt fertigen und am Markt einführen"	275
Abbildung 9-37:	Projektcharakter von Entwicklungsaufgaben	276
Abbildung 9-38:	Risiken in Entwicklungsprojekten	277

Abbildung 9-39:	Projektorganisationen für die Entwicklung	278
Abbildung 9-40:	Projektorganisation in der Praxis	279
Abbildung 9-41:	Bewertung von Entwicklungsprojekten	280
Abbildung 9-42:	Break Even Time	281
Abbildung 9-43:	Der R+D-Effectiveness-Index	
Abbildung 9-44:	Bewertungsansatz von FuE-Projekten nach Arthur D. Little	283
Abbildung 9-45:	Bewertung kritischer Aktivitäten nach Arthur D. Little	284
Abbildung 10-1:	Integriertes Innovationsmanagement	292
Abbildung 10-2:	Der Innovationsprozeß	293
Abbildung 10-3:	Akteure im Innovationsprozeß	295
Abbildung 10-4:	Rahmenbedingungen für Innovationen	297
Abbildung 10-5:	Erfolgsfaktoren für hohe wirtschaftliche und innovative Leistungsfähigkeit	299
Abbildung 10-6:	Generationen des Forschungs- und Entwicklungsmanagements	300
Abbildung 10-7:	Hemmnisse zwischen internen Akteuren	303
Abbildung 10-8:	Eisberg der Hemmnisse	303
Abbildung 10-9:	Konfliktursachen in der Zusammenarbeit zwischen verschiedenen Funktionsbereichen	305
Abbildung 10-10:	Integriertes FuE-Management	307
Abbildung 10-11:	Integration als Voraussetzung für erfolgreiches FuE-Management	308
Abbildung 10-12:	Elemente des FuE-Managements	310
Abbildung 10-13:	Praxisbeispiele für die Gestaltungsparameter eines integrierten FuE-Managements	311
Abbildung 10-14:	Unternehmensleitbild eines Hausgeräteherstellers	312
Abbildung 10-15:	Trendextrapolation über elektrische Motoren zur vollelektrischen Kraftübertragung	313
Abbildung 10-16:	Vertikales Innovationssystem im Anlagenbau	317
Abbildung 10-17:	Alternative Wege zur Internationalisierung	318
Abbildung 10-18:	Voraussetzungen und Ziele für eine erfolgreiche internationale Zusammenarbeit	319
Abbildung 10-19:	Visionen, Werte und Ziele des Unternehmens	323
Abbildung 10-20:	Struktur des Fragebogens zum Unternehmensklima	326
Abbildung 10-21:	Potential-Portfolio zur Beurteilung der Mitarbeiter	327
Abbildung 10-22:	Strategien und Maßnahmen zur Personalentwicklung	328
Abbildung 10-23:	Phasen und Gremien des Ideenbewertungsprozesses	331
Abbildung 10-24:	Maßnahmen des FuE-Managements in einem Großkonzern	333
Abbildung 10-25:	Ausschüsse zur Koordination der Forschungsaktivitäten	334
Abbildung 10-26:	Struktur des Forschungsbereichs eines Großkonzerns	335

Abbildung 10-27: Der Weg zum Unternehmenserfolg über ein neugestaltetes FuE-Management...................... 340
Abbildung 10-28: Phasen des Veränderungsprozesses 341
Abbildung 10-29: Organisatorische Grundprinzipien bei der Neukonzeption des Entwicklungsprozesses............ 342
Abbildung 10-30: Aufwand und Wettbewerbsstärke von Veränderungsprozessen 343

Tabellenverzeichnis

Tabelle 1-1:	Zuteilung von Haushaltsmitteln für Forschung und Technologie in Japan 1993	8
Tabelle 4-1:	Mögliche Nachteile zwischenbetrieblicher FuE-Kooperationen	77
Tabelle 4-2:	Organisationsformen kooperativer FuE und ihre Bedeutung	80
Tabelle 4-3:	Analyse der Kooperationsformen nach dem Kriterium der Unternehmensgröße	81
Tabelle 4-4:	Erfolgsbeeinflussende Wirkung verschiedener Partnerwahlkriterien	86
Tabelle 6-1:	Bewertung der Methode „Brainstorming"	151
Tabelle 6-2:	Bewertung der Methode „Brainwriting"	152
Tabelle 6-3:	Bewertung der Methode „Synektik"	155
Tabelle 6-4:	Bewertung der Methode „Morphologischer Kasten"	158
Tabelle 7-1:	Verkehrsszenarien für europäische Ballungsräume im Jahr 2010	164
Tabelle 7-2:	Verfahren zur Lösung technischer Problemstellungen	172
Tabelle 7-3:	Formen teamorientierter Strukturen zur Kommunikations- und Informationsförderung	184
Tabelle 9-1:	Promotoren der Innovation	224
Tabelle 9-2:	Literatur zur methodischen Unterstützung der Produktstrategieplanung	257
Tabelle 9-3:	Literatur zur methodischen Unterstützung der Produktanforderungsermittlung	264
Tabelle 9-4:	Literatur zur methodischen Unterstützung der Produktkonzepterstellung	272
Tabelle 9-5:	Literatur zur methodischen Unterstützung der Produktionskonzepterstellung	274

1 Bedeutung von Forschung und Entwicklung

> „Wenn Du fragst, was rechtes Wissen sei, so antworte ich,
> das, was zum Handeln befähigt."
> (Hermann Ludwig von Helmholtz)

1.1 Einleitung

Kostensenkung und Produktivitätssteigerung, schlankere Organisation und effizientere Prozesse – das waren die Schlagworte, welche die deutsche Industrie in der ersten Hälfte der 90er Jahre beherrschten. Diese Rationalisierungsmaßnahmen waren wegen des drohenden Verlustes der internationalen Wettbewerbsfähigkeit zwingend; sie haben der deutschen Industrie die Rückkehr in die Welt-Elite ermöglicht.

Allerdings ist auch klar: Von einer internen Neuausrichtung, die nur auf Kostensenkungen abzielt, sind langfristig sicherlich keine dauerhaften Ertragssteigerungen zu erwarten. Mehr und mehr erkennen die Unternehmen, welch hohe Bedeutung die Innovationskraft für ihre Zukunftsfähigkeit besitzt. Das eindrucksvollste Beispiel hierfür liefert sicherlich die deutsche Automobilindustrie: Gerade einmal etwas mehr als ein Jahrzehnt ist es her, daß das allgemeine Urteil über die deutsche Autoindustrie verheerend ausfiel. Zu langsam, zu teuer, zu wenig innovativ, nicht kundenorientiert – das waren die wesentlichen Aussagen einer Ende der 80er Jahre vom *MIT* veröffentlichten, weltweit beachteten Studie.

Heute ist die Automobilindustrie wieder zum Aushängeschild der deutschen Industrie geworden. Das beruht zum einen natürlich auf einer massiven Senkung der Kosten. Zum anderen ist das aber auch das Ergebnis einer umfassenden Produkt- und Innovationsoffensive in den Unternehmen. Und diese wiederum ist das Ergebnis intensiver Anstrengungen in Forschung und Entwicklung (FuE).

Nicht zuletzt aufgrund der zunehmenden Globalisierung muß das Unternehmensmanagement dabei einen schwierigen Spagat meistern: Auf der einen Seite steht es unter dem Druck der internationalen Kapitalmärkte, die kurzfristige Erfolge sehen wollen. Und gleichzeitig muß es die Basis schaffen, um *Zukunftsvorsorge* zu treffen und eine *nachhaltige Wertsteigerung* zu sichern. Oder anders ausgedrückt: Der Output an Innovationen muß weiter erhöht werden, ohne daß der Input – sprich die finanziellen Mittel für FuE – beliebig gesteigert werden kann. Das läßt sich nur erreichen, wenn die FuE-Aktivitäten besser in die Gesamtstrategie des Unternehmens integriert werden und wenn die Effizienz, Effektivität und Qualität von FuE erhöht wird. Damit ist klar: Es stellen sich völlig neue Anforderungen an das Management von FuE.

Zunächst jedoch soll noch einmal an zwei Beispielen von Unternehmen der Informations- und Kommunikationsindustrie verdeutlicht werden, welch existentielle Bedeutung – im positiven wie im negativen – Innovationen für ein Unternehmen haben können.

Beispiel: Hewlett-Packard

Das Unternehmen wurde von zwei tüchtigen Ingenieuren in den 30er Jahren gegründet und ist heute führend im Bereich der Informations- und Kommunikationssysteme. Wie es sich später herausstellte, setzte das Unternehmen von Beginn an auf die richtigen Produkte. Es hat das Potential der Elektronik früh erkannt und verstand es, Spin-off-Technologien in Produkte umzusetzen. Kurze Entwicklungszeiten und die rechtzeitige Markteinführung von Produkten waren wichtige Elemente der Unternehmensstrategie.

Wie Abbildung 1-1 zeigt, stiegen mit der Einführung des ersten wissenschaftlichen Taschenrechners im Jahre 1972 (s. Abbildung 1-2) sowohl der Umsatz als auch der Gewinn des Unternehmens. Durch die Einführung des Tintenstrahldruckers 1984 erzielte es einen beträchtlichen Gewinnzuwachs, der auf die rechtzeitige Markteinführung des Produktes zurückzuführen ist. Das Unternehmen verzeichnet seit 1991 einen steilen Anstieg von Umsatz und Gewinn durch PC-basierte Produkte. Ferner ist bei diesem Unternehmen eine kontinuierliche Produktivitätssteigerung zu verzeichnen, d.h. die Mitarbeiterzahl steigt nicht in gleichem Maße wie Umsatz und Gewinn.

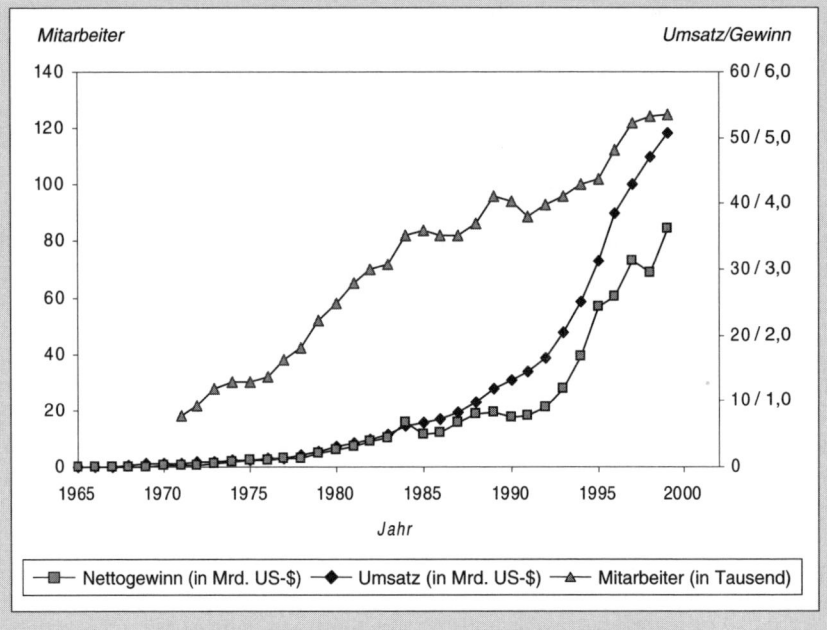

Abbildung 1-1: Wirtschaftliche Entwicklung bei *Hewlett-Packard* weltweit

1.1 Einleitung

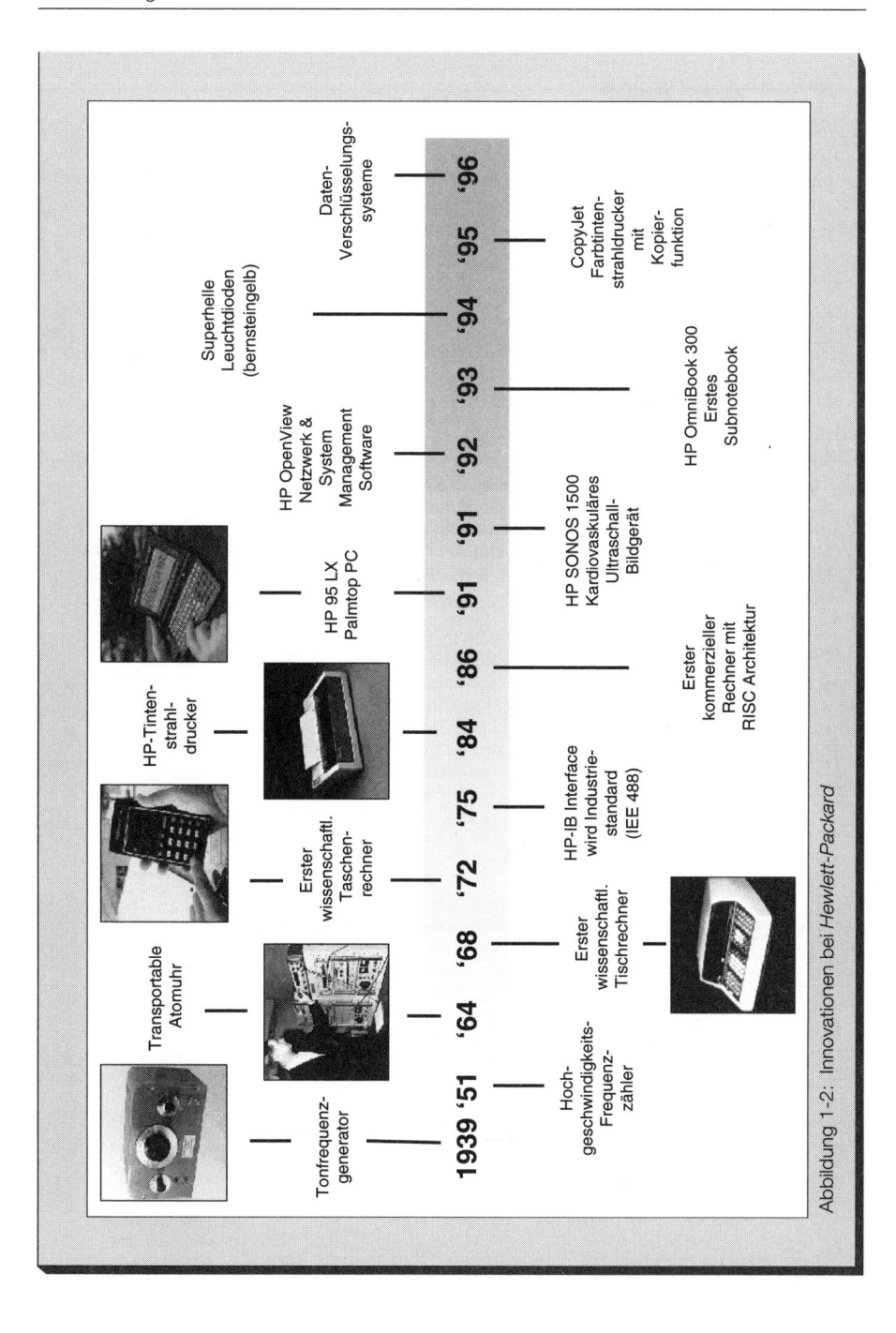

Abbildung 1-2: Innovationen bei *Hewlett-Packard*

- 1939 / '51 — Tonfrequenzgenerator
- '51 — Hochgeschwindigkeits-Frequenzzähler
- '64 — Transportable Atomuhr
- '64 — Erster wissenschaftl. Tischrechner
- '68 — Erster wissenschaftl. Taschenrechner
- '72 — HP-Tintenstrahldrucker
- '75 — HP-IB Interface wird Industriestandard (IEE 488)
- '84 — Erster kommerzieller Rechner mit RISC Architektur
- '86 — HP 95 LX Palmtop PC
- '91 — HP SONOS 1500 Kardiovaskuläres Ultraschall-Bildgerät
- '91 — HP OpenView Netzwerk & System Management Software
- '92 — HP OmniBook 300 Erstes Subnotebook
- '93 — Superhelle Leuchtdioden (bernsteingelb)
- '94 — CopyJet Farbtintenstrahldrucker mit Kopierfunktion
- '95 —
- '96 — Daten-Verschlüsselungssysteme

Beispiel: AEG-Olympia

AEG-Olympia wurde als eine Tochterfirma der ehemaligen *AEG* im Jahre 1903 gegründet und war mit seinen Produkten – Geräte zum Schreiben und Rechnen – bereits Ende der 30er Jahre außerordentlich bekannt. Das Unternehmen erreichte als führender Schreibmaschinenhersteller in Deutschland und als drittgrößter in der Welt seiner Zeit 19 % des Weltmarktes im Bereich mechanischer Standardschreibmaschinen und 12 % bei elektrisch betriebenen Schreibmaschinen.

Im Bereich „Rechnen" gelang dem Unternehmen die Entwicklung und Markteinführung des ersten anzeigenden Tischrechners Europas (4-Spezies-Rechner mit Röhrenanzeige) im Jahre 1965 (s. Abbildung 1-3). Damit erkannte das Unternehmen das Marktpotential für solche Produkte ziemlich früh. Es gehörte zu den ersten Unternehmen, die Anfang der 70er Jahre integrierte Schaltkreise herstellten. Seine Entwickler hatten weltweit großes Ansehen. 1974 gelang dem Unternehmen die Entwicklung des ersten 8-Bit-Mikroprozessors Europas.

Im Bereich „Schreiben" verfolgte das Unternehmen die Perfektionierung alter mechanischer Drucksysteme. Der Einfluß „mechanisch" geprägter Entscheidungsträger in FuE war sehr groß, so daß neue Ideen wenig Akzeptanz fanden. Durch strategische Fehlentscheidungen verpaßte das Unternehmen die Entwicklung des Tintenstrahldruckers 1972 (s. Abbildung 1-3).

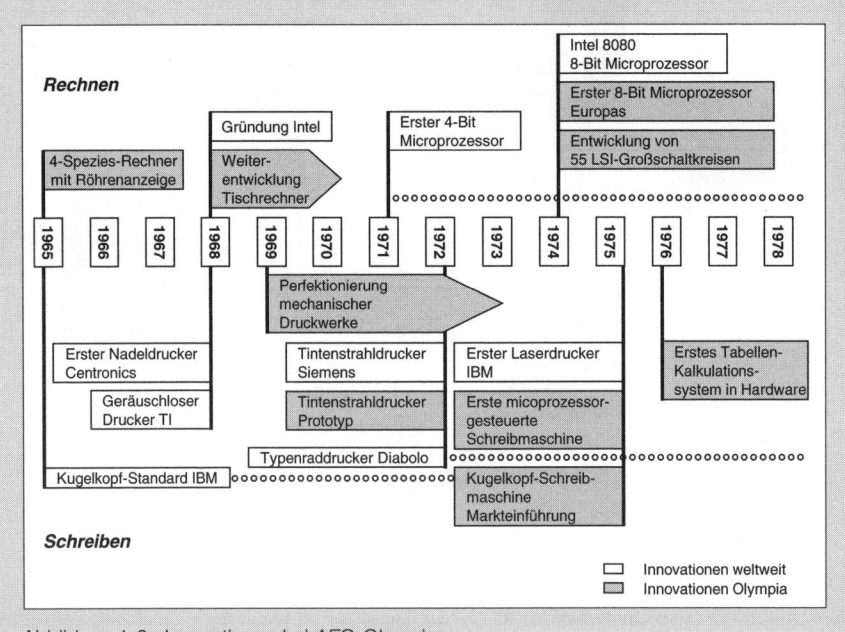

Abbildung 1-3: Innovationen bei *AEG-Olympia*

1.1 Einleitung

Durch unkoordinierte FuE-Aktivitäten, eine verfehlte FuE-Strategie und schlechte Zusammenarbeit mit Marketing und Vertrieb geriet das Unternehmen in einen Abwärtstrend, so daß es bereits Ende der 60er Jahre nur noch 2 – 3 % Umsatzrendite bei bis dahin steigendem Umsatz (und bis 1970 steigenden Mitarbeiterzahlen) erzielen konnte. Durch unternehmerische Fehlentscheidungen wurden nach 1974 die Entwicklungsaktivitäten im Bereich Elektronik eingestellt und die Mikroprozessortechnologie an ein US-Unternehmen verkauft. Damit wurde der eigentliche Niedergang des Unternehmens eingeläutet. In den 70er Jahren war ein drastischer Absturz in die roten Zahlen nicht zu verhindern (s. Abbildung 1-4).

Abbildung 1-4: Ergebnisentwicklung und Personalentwicklung bei *AEG-Olympia* 1965 – 1990

Nach der Aufgabe des Elektronikbereiches konzentrierten sich die Aktivitäten des Unternehmens auf den Bereich „Schreiben". Die wirtschaftliche Entwicklung des Unternehmens war weiterhin negativ. Es gab kein ausreichendes strategisches Entwicklungskonzept, Verzettelung war die Folge.

Studien zur Produktivitätssteigerung, die Umstellung der FuE-Struktur, die Zuführung neuer Führungskräfte in das Unternehmen und auch eine Stärkung der Effizienz der Entwicklungsbereiche konnten keine durchschlagende Verbesserung der Ertragslage bewirken. Das Unternehmen brachte nach 1979 keine innovativen Produkte mehr auf den Markt, die Aufwendungen in FuE waren ab 1982 stark rückläufig.

Fazit ist, daß Fehlentscheidungen im Innovations- und Technologiemanagement zum Niedergang von *AEG-Olympia* erheblich beigetragen haben. Ende 1992 wurde das Unternehmen nach fast 90 Jahren Unternehmensgeschichte liquidiert.

Diese Beispiele zeigen, wie entscheidend die Rolle von Innovationen für den Erfolg bzw. Niedergang eines Unternehmens sind. In ganz ähnlicher Weise gilt das für die Volkswirtschaft eines Landes.

Bevor in den weiteren Kapiteln dieses Buches auf die unternehmensspezifischen Anstrengungen zur Verbesserung des FuE-Managements eingegangen wird, soll in diesem ersten Kapitel die *volkswirtschaftliche Bedeutung der Forschung* in Deutschland diskutiert werden. Im einzelnen geht es um folgende Fragen:
- Wo steht die Forschung in Deutschland im internationalen Vergleich?
- Wie unterscheidet sich das deutsche Forschungssystem von dem in den USA und in Japan?
- Wie ist die Forschungslandschaft in Deutschland strukturiert? Wer sind die wesentlichen Akteure?

Wirtschaftliches Wachstum und Wettbewerbsfähigkeit einer Volkswirtschaft sind die Garanten für einen hohen Lebensstandard. Das gilt um so mehr für ein Land wie Deutschland, dessen Reichtum nicht auf Rohstoffen und Bodenschätzen beruht, sondern auf seiner technologischen und industriellen Leistungsfähigkeit. Entsprechend muß Forschung und Entwicklung in Deutschland einen hohen Stellenwert einnehmen.

1.2 Forschung in Deutschland im internationalen Vergleich

In diesem Abschnitt werden die Wirtschafts- und Technologiestrukturen der drei wichtigsten Industrieregionen (Triade) verglichen, um die Forschung in Deutschland im internationalen Vergleich beurteilen zu können. Die Bezeichnung *Triade* steht für den Wirtschaftsraum der drei hochentwickelten Regionen der Welt. Die weit gefaßte Triade bilden Nordamerika, Westeuropa und der asiatische Raum, die eng gefaßte Triade die USA, Deutschland und Japan.

Nach Angaben der *Weltbank* ließen sich im Jahr 1997 die genannten Wirtschaftsräume bzw. Länder folgendermaßen charakterisieren:

Triade-Länder (eng gefaßt)
- entsprechen 8,2 % der Weltbevölkerung,
- erwirtschaften 49,5 % des Weltbruttosozialproduktes (ca. 30.125 Mrd. US-$).

Pro-Kopf-Anteil des Weltbruttosozialproduktes im Vergleich [Weltbank, 1997]:
- USA: 29.000 US-$ pro Kopf
- Japan: 38.190 US-$ pro Kopf
- Deutschland: 28.300 US-$ pro Kopf
- Westeuropa: 23.500 US-$ pro Kopf
- Kanada: 19.700 US-$ pro Kopf
- Lateinamerika und Karibik: 3.900 US-$ pro Kopf
- Südostasien und Pazifik: 1.400 US-$ pro Kopf

1.2 Forschung in Deutschland im internationalen Vergleich

Wie sieht es nun mit der Forschung in den drei wirtschaftlich stärksten Ländern der Welt aus? Einen ersten Hinweis auf die Antwort auf diese Frage gibt der Vergleich der jeweiligen FuE-Ausgaben (s. Abbildung 1-5).

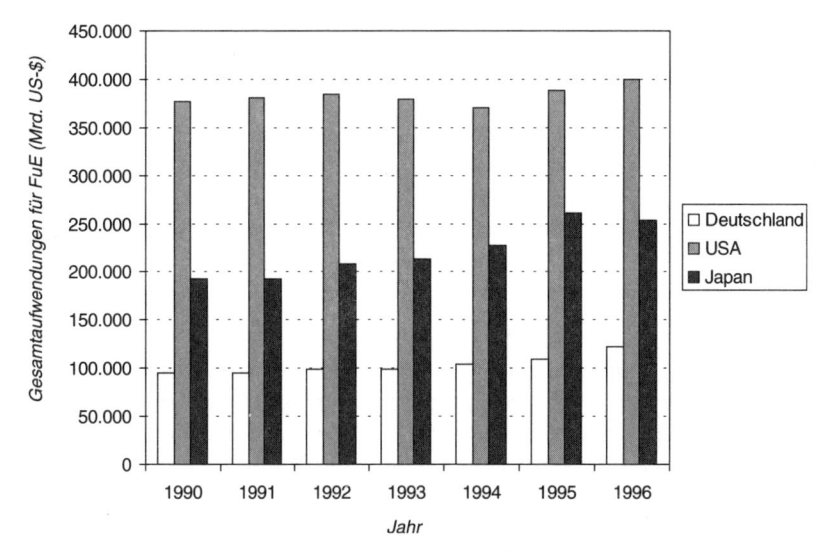

Abbildung 1-5: Gesamtaufwendungen für FuE in Mrd. US-$ [BMBF, 1998]

Wie aus Abbildung 1-5 zu entnehmen ist, liegt Deutschland bei den absoluten Gesamtaufwendungen für FuE deutlich hinter Japan und den USA. Und auch beim internationalen Vergleich der relativen FuE-Ausgaben, d.h. der Gesamtaufwendungen für FuE bezogen auf das Bruttoinlandsprodukt, hat Deutschland, nach einer Spitzenposition zu Beginn der 80er Jahre, inzwischen keine Vorreiterstellung mehr (s. Abbildung 1-6).

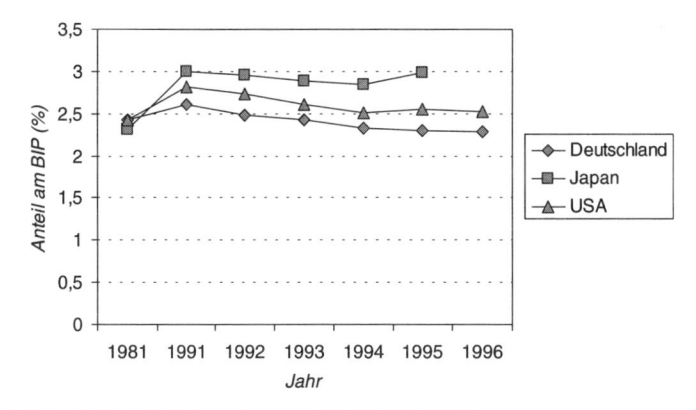

Abbildung 1-6: Anteil der FuE-Ausgaben am BIP [BMBF, 1998]

Diese unterschiedlichen Entwicklungen sind das Ergebnis verschiedener Einflußfaktoren. Zu den Einflußfaktoren gehören auch die Forschungspolitik sowie die Integration bzw. Organisation des Forschungssystems in den jeweiligen Ländern. Im folgenden werden in Anlehnung an *Reuhl* die unterschiedlichen Systeme der Forschungsorganisation in diesen Ländern kurz dargestellt [Reuhl, 1994].

Japan

In Japan wird die Forschungspolitik durch das direkt beim Premierminister angesiedelte *Council for Science and Technology* (CST) zentral koordiniert. Das Council besteht neben dem Premierminister aus allen Ministern, die mit Erziehung, Wirtschaft und Wissenschaft befaßt sind, sowie aus fünf Vertretern von Wissenschaft und Industrie. Hier werden zusammen mit weiteren Ausschüssen die kurz- und langfristigen Ziele der japanischen Forschungspolitik und Wissenschaftsförderung festgelegt.

Aus der Zuteilung von Haushaltsmitteln für Bildung und Wissenschaft in Japan (s. Tabelle 1-1) wird ersichtlich, daß der schon fast legendäre Ruf des *MITI (Ministry of International Trade and Industry)* weniger auf der Höhe der eingesetzten Mittel als vielmehr auf der guten Koordination von Industrieforschung und der Zu-

Tabelle 1-1: Zuteilung von Haushaltsmitteln für Forschung und Technologie in Japan 1993 [Science and Technology Agency, 1993]

Zuteilung von Haushaltsmitteln	Ministerium	Aufgaben
46,2 %	Erziehung	Finanzierung des Bildungssystems, Programme zur Förderung der Kooperation von Universitäten und Unternehmen
25,7 %	Science and Technology Agency	Koordinationsstelle für Budgetanforderungen von Ministerien, Leitstelle für die ihr unterstellten Forschungsinstitute, Koordination des Langzeitprogramms ERATO (Exploratory Research for Advanced Technology)
12,4 %	Ministry of International Trade and Industry (MITI)	Koordination von großen Industrieforschungsprogrammen und der Zusammenarbeit von Industrie und Wissenschaft
15,7 %	andere (z. B. Landwirtschaft und Fischerei, Gesundheit)	

sammenarbeit von Industrie und Wissenschaft im Sinne nationaler Interessen beruht. Hierzu stellt das *MITI* Prognosen über zukünftige Trends und Möglichkeiten der japanischen Industrie auf. Allerdings hat das *MITI* nicht immer zutreffende Prognosen erstellt: So traf die Analyse über die Exportfähigkeit japanischer Autos in den 50er Jahren nicht zu, das gleiche gilt für den ersten Versuch in den 70er Jahren, *IBM* Marktanteile „abzujagen".

„Koordination" wird in Japan so verstanden, daß die Unternehmen auch durch einen gewissen Druck dazu gebracht werden, die vom Ministerium ausgearbeiteten Richtlinien zu befolgen. Praktisch konzentriert sich das *MITI* auf das Vorfeld der Forschung, d.h. die Zusammenstellung von Forschergruppen und die Bereitstellung der benötigten Infrastruktur. Dazu gehört auch die Einbeziehung der Universitäten. Auf diese Weise werden Forschungsvorhaben ermöglicht, die einzelne Unternehmen überfordern würden.

Der Vorteil der japanischen Forschungsförderung liegt darin begründet, daß alle am Forschungsprozeß beteiligten Instanzen so eng wie möglich verzahnt sind und durch klare, zentralistische Zielvorgaben gelenkt werden. Zur Zeit der Einrichtung dieses Systems bestand das primäre Ziel darin, die japanischen Unternehmen im internationalen Wettbewerb durch möglichst anwendungsnahe, fachspezifische Forschung zu unterstützen. Dies wurde Ende der 80er Jahre insofern revidiert, daß jetzt der Grundlagenforschung höhere Priorität eingeräumt wird.

USA

In den USA ist im Präsidialamt ein sog. „Science Advisor" tätig, der dem *Office of Science and Technology Policy (OSTP)* vorsteht und zusammen mit dem *Federal Council on Coordination of Science, Engineering and Technology (FCSET)*, in dem alle Bundesbehörden mit eigenen Forschungsprogrammen vertreten sind, die Forschungs- und Entwicklungspolitik koordiniert. Die Ursprünge gehen auf das Weltraumprogramm in den 60er Jahren und das SDI-Programm in den 80ern zurück.

Eine Koordination ist nötig, da es zwei Wege zur Verteilung von Bundesmitteln zur Förderung von Forschung und Technologie gibt: zum einen über die Haushalte der einzelnen Ministerien und zum anderen über staatliche „agencies".

Zu diesen „agencies" gehören die *National Aeronautics and Space Administration (NASA)* und die *National Science Foundation (NSF)*. Die *NSF* nimmt in den USA, die kein zentrales Forschungs- und Wissenschaftsministerium kennen, die Förderung der Forschung in den Natur- und Ingenieurwissenschaften an Universitäten wahr.

Ministerien mit eigenen Forschungseinrichtungen sind das *Department of Health and Human Science (HHS)*, das *Department of Defense (DOD)*, das *Department of Energy (DOE)* und schließlich das *Department of Agriculture (USDA)*.

Zusätzlich zu den eigenen Forschungseinrichtungen betreiben die Ministerien und die „agencies" *Federally Funded Research and Development Centers* (FFRDCs), die den Großforschungseinrichtungen im deutschen System entsprechen. Diese sind aber nicht als ministeriale Einrichtungen organisiert, sondern in eine Universität integriert oder an eine oder mehrere angegliedert. Die Mitarbeiter dieser Einrichtungen sind auch keine öffentlichen Angestellten, sondern werden individuell bezahlt.

Kennzeichnend für das amerikanische System ist die größtmögliche Integration der verschiedenen Forschungseinrichtungen, insbesondere durch die FFRDCs, wodurch eine große Vielfalt an Forschungsvorhaben auf sehr hohem Niveau erzielt wird.

Im US-Wirtschaftssystem ist durch die traditionelle Trennung von Wirtschaft und Staat kein direkter Staatseinfluß bei den Forschungs- und Entwicklungsvorhaben vorhanden, letztendlich erfolgt jedoch eine starke indirekte Einflußnahme hinsichtlich der Forschungsthemen über die Höhe der bereitgestellten Fördermittel, beispielsweise für Verteidigungstechnik.

Diese traditionelle Trennung von Wirtschaft und Staat in den USA ermöglichte es der US-Regierung bisher nur wenig, die Forschung und Entwicklung von den Universitäten über die staatlichen Forschungsinstitute bis hin zur Industrie zu koordinieren. Erst unter dem Druck der japanischen Erfolge in der Technologie und der harten Konkurrenz mit Japan scheinen sich die traditionelle Trennung zwischen Wirtschaft und Staat zu lockern und staatlich beeinflußte Kooperationen zu verstärken.

Bundesrepublik Deutschland

In Deutschland gibt es keine zentrale Steuerung der staatlichen Forschungspolitik, denn die *Bund-Länder-Kommission (BLK)* für Bildungsplanung und Forschungsförderung beschäftigt sich lediglich mit dem Finanzbedarf der vom Bund finanzierten Forschungseinrichtungen bzw. Forschungsfördereinrichtungen. Diese sind die *Deutsche Forschungsgesellschaft (DFG)*, die Großforschungseinrichtungen der *Helmholtz-Gemeinschaft: HGF*, die *Max-Planck-Gesellschaft (MPG)* und die *Fraunhofer-Gesellschaft (FhG)*. Mit der inhaltlichen Zielsetzung der Forschung in Deutschland ist der *Wissenschaftsrat (WR)* beauftragt, der zur Zeit eine umfassende Evaluation der deutschen Forschungslandschaft unternimmt.

Grundsätzlich ist im föderalistischen Staatssystem der Bundesrepublik Deutschland Förderung von Bildung und Wissenschaft eine Gemeinschaftsaufgabe von Bund und Ländern. Auf Bundesebene betrachtet, sind für die Finanzierung der Forschungsvorhaben der einzelnen Bundesministerien, soweit es sich um ressortspezifische Forschungsprogramme wie in der Verteidigung handelt, selbst die Ministerien zuständig. Das *Bundesministerium für Bildung und Forschung (BMBF)* ist verantwortlich für die übergreifende Grundlagenforschung und die staatlichen Langzeitprogramme sowie anwendungsorientierte Forschung an Hochschulen (soweit es sich um Programmförderung und nicht um institutionelle Förderung handelt) und in bundesfinanzierten Forschungseinrichtungen (das sind ausschließlich Ressortinstitute, alle anderen werden anteilig nach bestimmten Schlüsseln von Bund und Ländern gleichzeitig gefördert). Neben dem *BMBF* gibt es noch die *Kultus- und Wissenschaftsministerien der Länder*, welche die Verantwortung für die Hochschulen haben und damit auch weitgehend die Personalkosten für die Forschung tragen. Zudem betreiben und finanzieren die Länder landeseigene Forschungsinstitute.

Das Forschungssystem in Deutschland hat sich in seiner Vielfalt bewährt, die Effizienz, Effektivität und Qualität könnten in Teilbereichen durch geeignete Anreizsysteme verbessert werden. Auch in modernen Industriestaaten sind die Ressourcen für Forschung und Entwicklung begrenzt, weshalb Doppelfinanzierungen von Forschungsvorhaben im Normalfall zu vermeiden sind. Durch eine geeignete, übergreifende FuE-Organisation und ganzheitliche FuE-Strategie könnten Forschungsaktivitäten effizienter gestaltet und Doppelfinanzierungen von Forschungsvorhaben vermieden werden – ein Prozeß, der in einem föderalistischen Staatssystem und einem oft mit Vorbehalten versehenen Verhältnis von Wissenschaft und Industrie außerordentlich schwierig ist. In den letzten Jahren wurden aber in Deutschland erfolgreich Prozesse organisiert, in denen Wissenschaft, Industrie und Ministerien gemeinschaftlich Strategien erarbeitet haben und daraus staatliche Förderschwerpunkte definiert wurden. Als Beispiel hierfür kann der Strategieprozeß „Produktion im 21. Jahrhundert" genannt werden.

Nach diesem kurzen Vergleich der unterschiedlichen Forschungssysteme der eng gefaßten Triade soll in den nächsten Abschnitten die deutsche Forschungslandschaft näher betrachtet werden.

1.3 Die Forschungslandschaft in Deutschland

1.3.1 Einteilung der Forschung

Zum besseren Verständnis soll zunächst eine begriffliche Abgrenzung zwischen Forschung und Entwicklung vorgenommen werden. Im Rahmen dieses Buches werden Forschung und Entwicklung (FuE) wie folgt definiert:

Forschung ist die Generierung neuen naturwissenschaftlich-technologischen und die Kombination schon vorhandenen Wissens zur Gewinnung neuer Erkenntnisse, die zumindest langfristig dem Unternehmen als Basis für Innovationen dienen können (erweiterte Definition nach [Bleicher, 1990]).

Entwicklung ist die Umsetzung der Erfordernisse des Marktes unter Umständen in Verbindung mit aus der Forschung gewonnenen neuen naturwissenschaftlich-technologischen Erkenntnissen in marktfähige Produkte und Verfahren [Bleicher, 1990].

In der Praxis ist eine Trennung von Forschung einerseits und Entwicklung andererseits oft schwer möglich, so daß beide Begriffe häufig unter dem Begriff „*FuE*" zusammengefaßt werden (s. Abbildung 1-7).

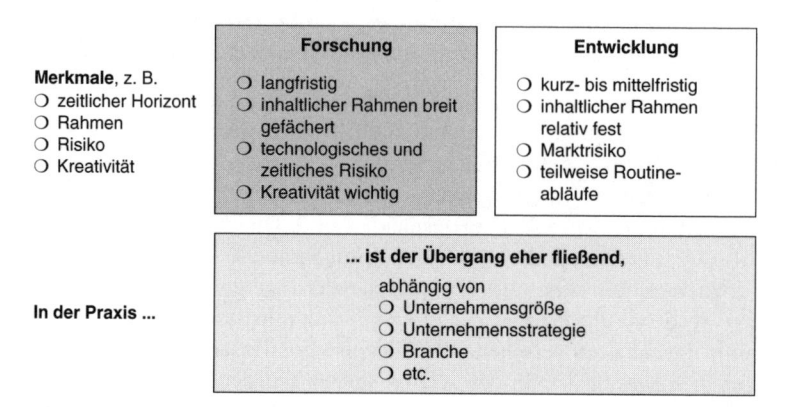

Merkmale, z. B.	Forschung	Entwicklung
O zeitlicher Horizont O Rahmen O Risiko O Kreativität	O langfristig O inhaltlicher Rahmen breit gefächert O technologisches und zeitliches Risiko O Kreativität wichtig	O kurz- bis mittelfristig O inhaltlicher Rahmen relativ fest O Marktrisiko O teilweise Routineabläufe
In der Praxis ...	... ist der Übergang eher fließend, abhängig von O Unternehmensgröße O Unternehmensstrategie O Branche O etc.	

Abbildung 1-7: Abgrenzung zwischen Forschung und Entwicklung (in Anlehnung an [Bleicher, 1990])

In der historischen Entwicklung hat sich die Forschungslandschaft von der früheren klaren Trennung in Grundlagenforschung und angewandte Forschung heute zu einer Verkettung und Überlappung der verschiedenen Forschungsarten gewandelt (s. Abbildung 1-8). Erkenntnisorientierte Grundlagenforschung, anwendungsorientierte Grundlagenforschung und produktorientierte Anwendungsforschung lassen sich nur noch unscharf voneinander abgrenzen. Das liegt in inhaltlichen und zeitlichen Aspekten begründet. Als *inhaltlicher* Aspekt ist festzustellen, daß eine eindeutige Zuordnung eines Forschungsthemas zu einer der genannten Kategorien heute kaum mehr möglich ist. Der *zeitliche* Aspekt ist darin zu sehen, daß die Durchlaufgeschwindigkeit einer Idee durch den FuE-Prozeß bis zur Anwendung maßgeblich für deren Erfolg ist, so daß dem reibungslosen Zusammenspiel dieser verschiedenen Phasen der Forschung eine immer wichtigere Rolle zufällt. Die Übergänge dieser Phasen sind fließend.

Wie ein Blick auf den oberen Teil der Abbildung 1-8 zeigt, bestand früher eine klar geordnete Aufteilung der Zuständigkeiten: Der Staat sorgte für die Grundlagenforschung, die Industrie griff die Ergebnisse auf und setzte sie um. Heute ist diese Einfachheit einem komplexen Zusammenspiel gewichen; Entdeckungen, Erfindungen und ihre Umsetzung in Innovationen bilden ein Netzwerk von sich überlappenden, oftmals auch rückkoppelnden Prozessen.

Die häufig zu findende begriffliche Untergliederung der Forschung in die Teilbereiche Grundlagenforschung und angewandte Forschung erscheint für die Zielsetzung dieses Buches wenig sinnvoll, da in der industriellen Praxis eine reine Grundlagenforschung ohne Bezug zur praktischen Verwendbarkeit kaum eine Rolle spielt.

1.3 Die Forschungslandschaft in Deutschland

Früher:

Staat → Grundlagenforschung → „Wahrheit" → „Reine Erkenntnis"

Industrie → Angewandte FuE → Wirtschaftliche Zwecke

Heute:

Erkenntnisorientierte Grundlagenforschung — Anwendungsorientierte Grundlagenforschung — Produktorientierte Anwendungsforschung — Entwicklung

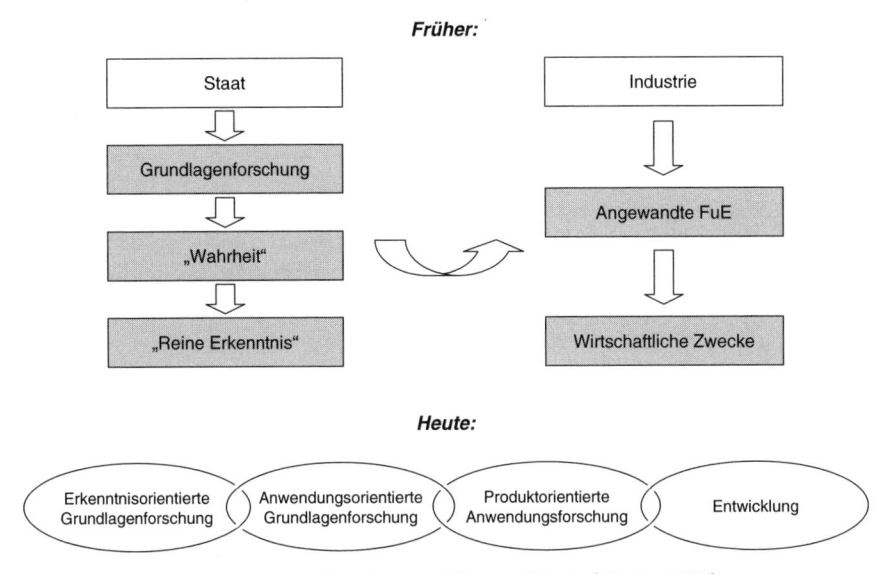

Abbildung 1-8: Die Sichtweise von Forschung – früher und heute [Weule, 1995]

Als sinnvoll erscheint es, die Forschungsaktivitäten in Industrieländern wie Deutschland in erkenntnisorientierte Forschung, anwendungsorientierte Forschung und Industrieforschung zu gliedern (s. Abbildung 1-9).

Forschung
- Erkenntnisorientierte Forschung
- Anwendungsorientierte Forschung
- Industrielle Forschung

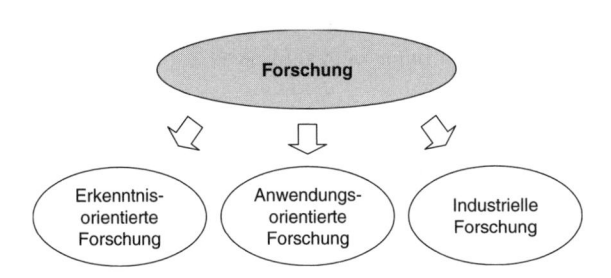

Abbildung 1-9: Einordnung der Forschungsaktivitäten in Deutschland

In Anlehnung an *Mittelstraß* werden die o. g. Forschungstypen wie folgt definiert [Henkel et al., 1995]:

> Bei *erkenntnisorientierter Forschung* handelt es sich um Forschung, deren Ergebnisse zunächst keine praktische Anwendung erwarten lassen.

Typische Forschungsfelder für diesen Forschungstyp sind heute Elementarteilchenphysik und Kosmologie. Hier macht der Begriff der Anwendung keinen Sinn, auch keinen prognostischen. Die so charakterisierte Forschung ist reine Grundlagenforschung.

Erkenntnisorientierte Forschung wird in Deutschland in erster Linie an den Hochschulen und den Instituten der *Max-Planck-Gesellschaft* betrieben.

> Mit *anwendungsorientierter Forschung* ist ein Forschungstyp gemeint, von dessen Ergebnissen Anwendungen zwar langfristig erhofft werden, doch nicht derart, daß sie direkte Umsetzungen in marktfähige Produkte in den für Industrieunternehmen typischen Planungszeiträumen erwarten lassen.

Bei diesem Forschungstyp ist die Anwendung angestrebt, auch wenn die Wege zwischen Forschung und Anwendung unübersichtlich und, wenn sie gangbar werden sollten, ihrerseits noch einmal forschungsintensiv sind.

Anwendungsorientierte Forschung wird in Deutschland in den Großforschungseinrichtungen der *Helmholtz-Gemeinschaft (HGF)*, den Einrichtungen der *Fraunhofer-Gesellschaft*, den Instituten der *Wissenschaftsgemeinschaft Gottfried Wilhelm Leibniz* („Blaue Liste") sowie in den Bundes- und Landesforschungsanstalten betrieben.

> Mit *Industrieforschung* wird die tatsächlich von der Industrie selbst durchgeführte Forschung bezeichnet. Sie findet mit Blick auf besondere Anwendungen oder solche, die sich kurzfristig erwarten lassen, statt. Bei diesem Forschungstyp sind die Wege zwischen Forschung und Anwendung kurz und in den Forschungsprogrammen bereits konkret angelegt.

Bei dieser Einteilung der Forschung in Deutschland handelt es sich lediglich um eine generelle Einordnung. So wird z.B. an Hochschulen durchaus auch anwendungsorientierte Forschung betrieben sowie es auch Großforschungseinrichtungen gibt, die sich der erkenntnisorientierten Forschung widmen.

1.3.2 Erkenntnisorientierte Forschung

Die Standorte und das Ausmaß der erkenntnisorientierten Forschung in Deutschland sind in Abbildung 1-10 angegeben.

Insgesamt beschäftigen sich in Deutschland ca. 56 000 Forscher mit erkenntnisorientierter Forschung mit einem Forschungsmittelaufwand von 14,4 Mrd. DM. Dabei haben die verschiedenen Stellen unterschiedliche Aufgaben zu erfüllen [BMFT, 1993].

1.3 Die Forschungslandschaft in Deutschland

300 Hochschulen, davon:
- 85 Wissenschaftliche Hochschulen
- Theologische Hochschulen
- 85 Pädagogische Hochschulen
- Kunst- und Musikhochschulen
- 130 Fachhochschulen
- 350.000 Mitarbeiter, davon
- 53.00 Forscher
- 12,7 Mrd. DM Forschungsaufwendungen

Max-Planck-Gesellschaft:
- 69 Institute/Forschungsstellen
- 27 Arbeitsgruppen
- 11.150 Mitarbeiter, davon
- 3.015 Wissenschaftler
- 1,7 Mrd. DM Jahresetat

Summe:
56.000 Forscher; 14,4 Mrd. DM

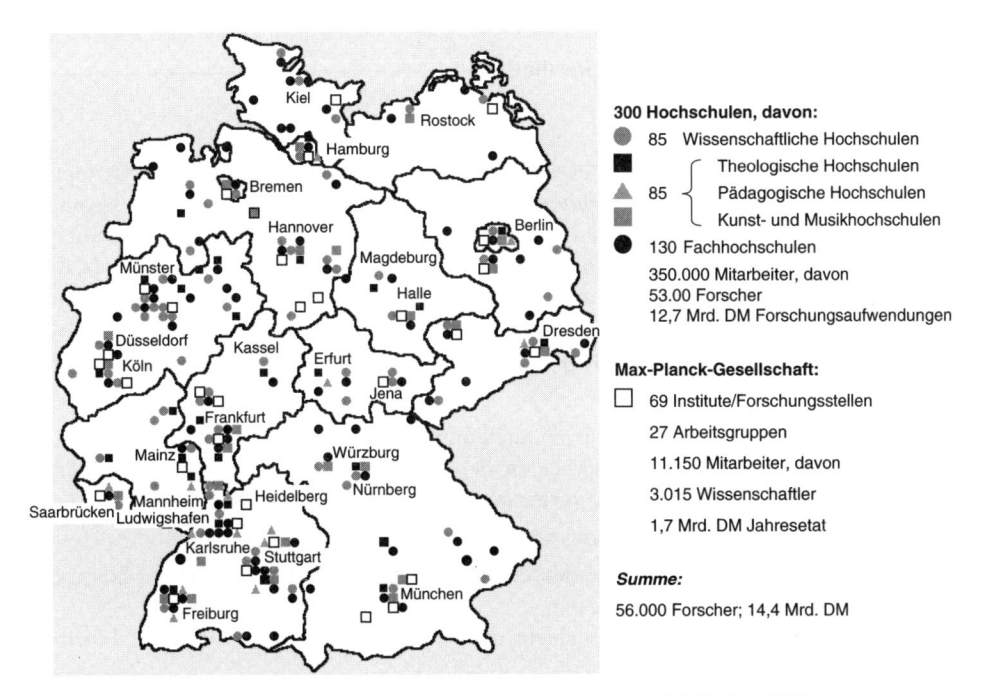

Abbildung 1-10: Erkenntnisorientierte Forschung in Deutschland 1993 [Weule, 1995]

Universitäten

Die Universitäten stellen die breite *Basis für die Forschung* dar. Sie leisten in vielen Bereichen Spitzenforschung, sichern die Ausbildung des wissenschaftlichen Nachwuchses und damit die beständige personelle Erneuerung in der Forschung.

Aufgaben der Universitäten:
- Verbinden von Forschung und Lehre,
- Ausbildung des wissenschaftlichen Nachwuchses,
- Forschung in einer großen Breite und Disziplinenvielfalt,
- Technologietransfer in das regionale Umfeld.

Fachhochschulen

Die Fachhochschulen können durch ihre Leistungsfähigkeit in der *anwendungsorientierten Forschung und Entwicklung* die Hochschulforschung ergänzen und bereichern. Sie spielen somit auch eine große Rolle bei Kooperationen mit kleinen und mittleren Unternehmen.

Aufgaben der Fachhochschulen:
- wachsende Bedeutung im Technologietransfer,
- qualifizierte Wirtschaftsberatung,

- Weiterbildung,
- Regionalbezug von angewandter FuE.

Die Max-Planck-Gesellschaft

Die Institute der *Max-Planck-Gesellschaft (MPG)* stellen die zweite große Gruppe der *erkenntnisorientierten Forschungseinrichtungen* dar. Die MPG greift insbesondere neue, zukunftsträchtige Forschungsthemen auf, die an den Universitäten noch keinen angemessenen Platz gefunden haben oder ihn dort nicht finden können (z.B. aufgrund des Aufwandes, den sie erfordern). Die MPG gewährt ihren leitenden Wissenschaftlern freie Hand bei der Wahl der Forschungsthemen und der Durchführung der Forschungsarbeiten. Die institutionelle Förderung erfolgt jeweils zur Hälfte von Bund und Ländern.

Die Einrichtungen der *MPG* besitzen auch im internationalen Vergleich besonderes Ansehen, was u. a. seinen Ausdruck in der Verleihung mehrerer Nobelpreise an Wissenschaftler der *MPG* in den vergangenen Jahren gefunden hat.

Aufgaben der *Max-Planck-Gesellschaft*:
- Durchführung von Grundlagenforschung in ausgewählten Bereichen der Natur-, Geistes- und Sozialwissenschaften,
- Förderung neuer Forschungsgebiete und Ergänzung der Forschung an Hochschulen,
- Kooperation mit den Hochschulen.

1.3.3 Anwendungsorientierte Forschung

Die Standorte und das Ausmaß der anwendungsorientierten Forschung in Deutschland sind in Abbildung 1-11 dargestellt. Insgesamt beschäftigen sich in Deutschland 26 700 Forscher mit anwendungsorientierter Forschung mit Forschungsaufwendungen in Höhe von 7,5 Mrd. DM.

Großforschungseinrichtungen

Die 16 Großforschungseinrichtungen der *Helmholtz-Gemeinschaft (HGF)* sind ein wesentlicher Bestandteil der Forschungslandschaft in Deutschland. Ihre *Aufgaben* sind:

- Bereitstellung von Großgeräten für die Forschung, (z.B. Beschleuniger, Forschungsreaktoren, Forschungsschiffe oder Höchstleistungsrechner),
- Management von aufwendigen technischen Infrastrukturen,
- Konzentration interdisziplinärer Kompetenzen für fachübergreifende Bearbeitung komplexer Fragen,
- Bearbeitung langfristiger zentraler Probleme in den Bereichen Umwelt und Gesundheit (Vorsorgeforschung).

Die Großforschungseinrichtungen werden durch Bund und jeweiliges Sitzland im Verhältnis 90 : 10 gefördert.

1.3 Die Forschungslandschaft in Deutschland 17

Großforschungseinrichtungen:
■ 16 Einrichtungen
23.700 Mitarbeiter, davon
14.488 FuE-Personal
3,6 Mrd. DM Jahresetat

Fraunhofer-Gesellschaft:
● 46 Forschungseinrichtungen
8.000 Mitarbeiter, davon
2.700 Wissenschaftler
1 Mrd. DM Forschungsvolumen

Wissenschaftsgemeinde Blaue Liste:
○ 80 Institute
ca. 10.000 Mitarbeiter, davon
ca. 4.000 Wissenschaftler
1,2 Mrd. DM Jahresetat

Bundes- und Landesforschungsanstalten:
● 54 Institute
23.900 Mitarbeiter, davon
5.549 Wissenschaftler
1,7 Mrd. DM FuE-Ausgaben

Summe:
26.700 Forscher; 7,5 Mrd. DM

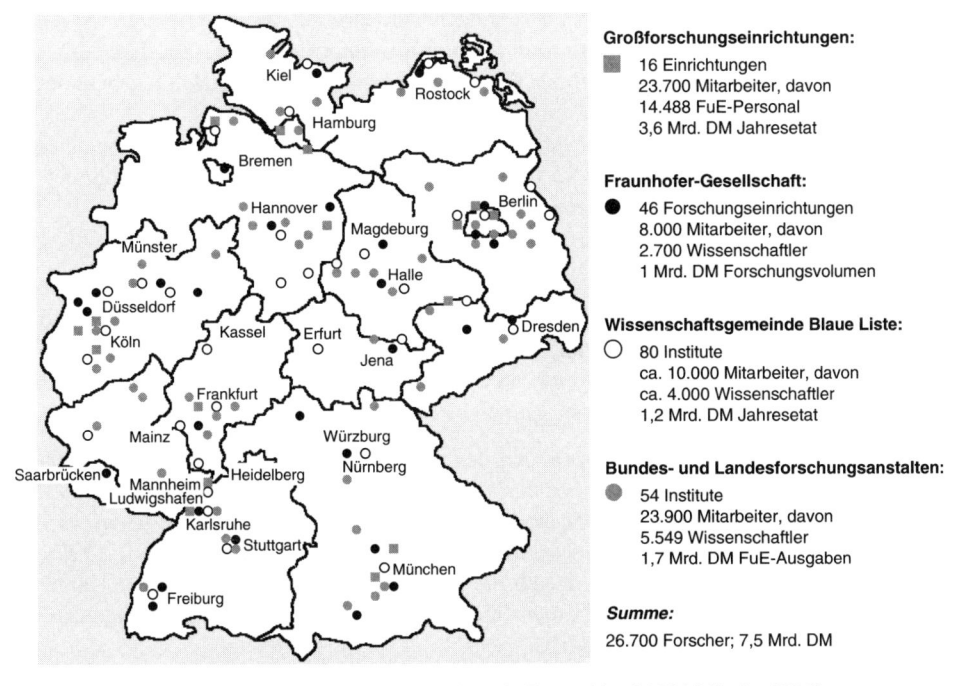

Abbildung 1-11: Anwendungsorientierte Forschung in Deutschland 1993 [Weule, 1995]

Die Fraunhofer-Gesellschaft (FhG)

Die Institute der *Fraunhofer-Gesellschaft* zählen zu den führenden Einrichtungen der *anwendungsorientierten Forschung* und der *Auftragsforschung* in Deutschland. Ihre *Aufgaben* sind im wesentlichen:

- Auftragsforschung für die Wirtschaft,
- Projektforschung für staatliche Stellen,
- FuE-Vorhaben für kleine und mittlere Unternehmen,
- Eigenforschungsvorhaben.

Die Grundfinanzierung der *Fraunhofer-Gesellschaft* erfolgt zu 90 % durch den Bund und zu 10 % durch die Länder, wobei der Anteil dieser Grundfinanzierung an den Gesamtfinanzmitteln der *FhG* (Projektfinanzierung durch Bund und Länder, Auftragsfinanzierung aus der Wirtschaft sowie Finanzierung aus sonstigen Erträgen) vom Umfang der Gesamterlöse der *FhG* aus FuE abhängig ist. Im Jahr 1996 betrug der Anteil der Grundfinanzierung rund 40 % [Fraunhofer-Gesellschaft, 1996].

Wissenschaftsgemeinschaft „Blaue Liste"

Die in der Öffentlichkeit weniger bekannte *Wissenschaftsgemeinschaft Gottfried Wilhelm Leibniz* (*WGL* – „Blaue Liste") trägt ebenfalls einen entscheidenden Anteil zur anwendungsorientierten Forschung bei. In ihrer Zusammensetzung ist sie nach Aufgabe, Größe, Standort und Rechtsform sehr heterogen. Im November 1991 ist die Arbeitsgemeinschaft der Forschungseinrichtungen der *WGL* gegründet worden, um eine verstärkte Zusammenarbeit der Einrichtungen der *WGL* zu fördern und gemeinsame Interessen der Mitglieder nach außen wahrzunehmen. Das Zuwendungsvolumen betrug 1992 rund 1 Mrd. DM, wobei sich der Bund-Länder-Finanzierungsschlüssel überwiegend auf 50 : 50 beläuft.

1.3.4 Industrieforschung

Der Umfang der Industrieforschung im Vergleich zu erkenntnisorientierter und anwendungsorientierter Forschung ist deutlich geringer. Verläßliche Zahlen sind schwer zu ermitteln, da es nur eine unscharfe Abgrenzung zwischen industrieller Forschung und industrieller Entwicklung gibt.

Zu den Forschungsaufwendungen der deutschen Industrie existieren daher verschiedene Zahlen. Da ist zum einen der 1997 erschienene „FuE-Datenreport 1997" der *Wissenschaftsstatistik GmbH* im *Stifterverband für die Deutsche Wissenschaft* mit den genauen (1995) sowie vorläufigen (1997) Daten [Stifterverband, 1997]. Dieser kommt zum Ergebnis, daß sich die internen FuE-Aufwendungen der Unternehmen für 1995 zu 95 % auf angewandte FuE und zu 5 % auf Grundlagenforschung verteilen (s. Abbildung 1-12).

Deutsche Unternehmen, die im größeren Umfang Forschung betreiben:

● Daimler-Benz Forschungsstandorte
● Unternehmen mit weniger als 1.000 Forschern
○ Unternehmen mit mehr als 1.000 Forschern

SV-Wissenschaftsstatistik (1995):

FuE-Aufwendungen gesamt: 58,6 Mrd. DM
    intern: 52,4 Mrd. DM
Interne FuE: 95 % angewandte FuE
    5 % Grundlagenforschung

ifo Innovationstest (1993):

FuE: 78 % Entwicklung
22 % Forschung = 12,5 Mrd. DM
16 % angewandte Forschung
6 % Grundlagenforschung

Hochrechnung des Autors:

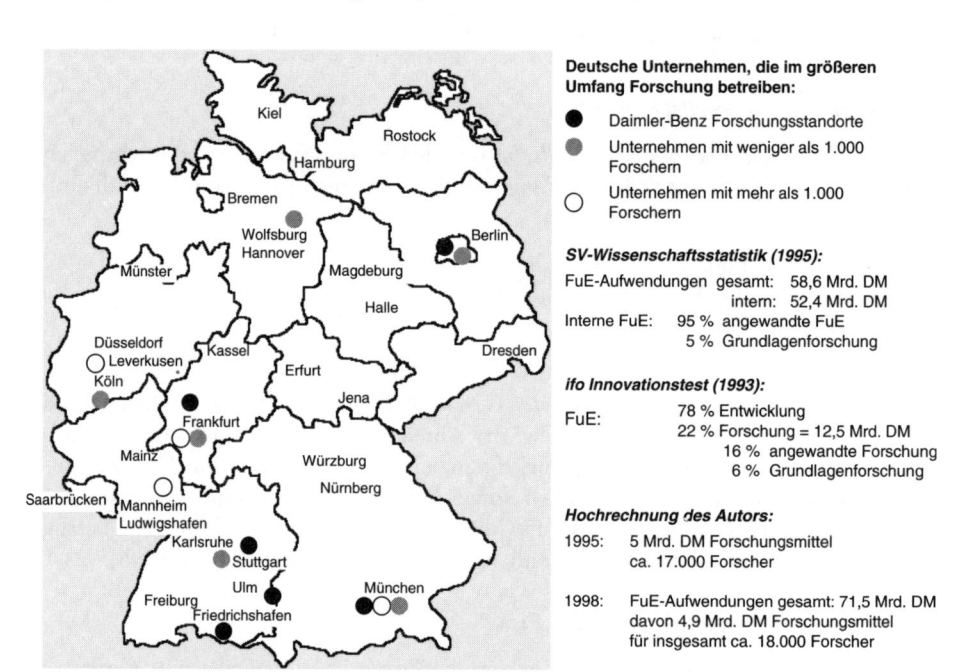

1995: 5 Mrd. DM Forschungsmittel
ca. 17.000 Forscher

1998: FuE-Aufwendungen gesamt: 71,5 Mrd. DM
davon 4,9 Mrd. DM Forschungsmittel
für insgesamt ca. 18.000 Forscher

Abbildung 1-12: Industrieforschung in Deutschland (in Anlehnung an [Weule, 1995])

1.3 Die Forschungslandschaft in Deutschland

Das *Ifo-Institut* hat in seiner 1995 veröffentlichten Studie „Zukunftsaufwendungen in der westdeutschen Industrie" einen anderen Ansatz gewählt. Ausgehend von den Innovationsaufwendungen im westdeutschen verarbeitenden Gewerbe wurden die Ausgaben für FuE allgemein und für die Forschung speziell ermittelt. Das *Ifo-Institut* kommt so für 1993 zu einem Forschungsaufwand von 12,5 Mrd. DM bei einem Gesamt-FuE-Aufwand von 57,8 Mrd. DM, also zu einem Forschungsanteil an den FuE-Aufwendungen von 22 %. Auf die einzelnen großen Branchen heruntergebrochen liest sich dies wie folgt: Chemie 39 %, Maschinenbau 13 %, Straßenfahrzeugbau 17 %, Elektrotechnik 18 %.

Da die angegebenen Zahlen sehr divergieren, wurden von dem Autor sowohl im Jahre 1995 als auch im Jahre 1999 neue Hochrechnungen durchgeführt (vgl. [Weule, 1995], [Weule/Mussa, 1999]). Die neuere Hochrechnung wurde auf der Datenbasis von 40 befragten Unternehmen aus verschiedenen Branchen durchgeführt, deren Umsatz ca. 30 % des Umsatzes der 580 größten Unternehmen in Deutschland entspricht. Die beiden Analysen kommen zu nahezu identischen Ergebnissen: In Deutschland sind insgesamt ca. 17 000 bis 18 000 Forscher in der Industrieforschung beschäftigt, die Forschungsaufwendungen belaufen sich auf ca. 5 Mrd. DM. Man kann also mit guter Sicherheit davon ausgehen, daß die Zahlen des *Ifo-Instituts* um den Faktor 2 bis 3 zu hoch liegen.

Die *Aufteilung der Forschungsausgaben* von Wirtschaft, Bund und Ländern auf erkenntnisorientierte und anwendungsorientierte Forschung ist in Abbildung 1-13 dargestellt.

Der Großteil der Forschungsmittel wird von Bund und Ländern aufgebracht. Die Gesamtausgaben für erkenntnis- und anwendungsorientierte Forschung sind in etwa gleich hoch. Es ist zu beachten, daß die in Abbildung 1-13 genannten Zahlen

Ressourcen für Forschung in Deutschland

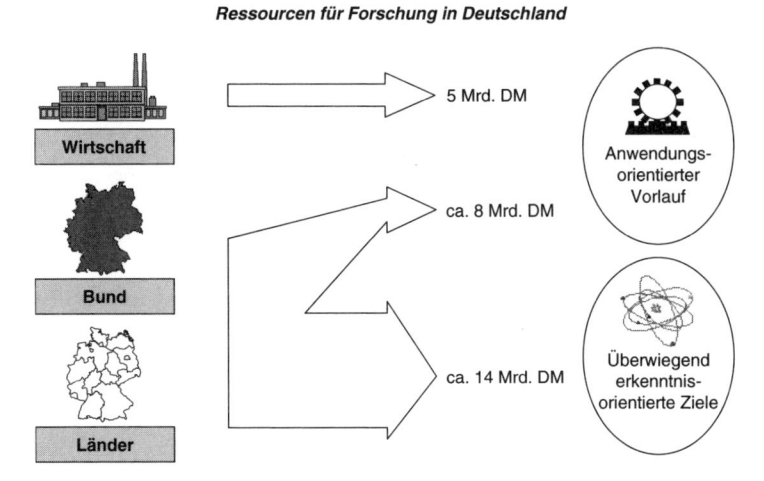

Abbildung 1-13: Geldgeber für die Forschung in Deutschland [Weule, 1995]

sich ausschließlich auf die Forschung beziehen und nicht die Ausgaben für Entwicklung beinhalten.

Nach Angaben des *Stifterverbandes für die deutsche Wissenschaft* betrugen die FuE-Gesamtaufwendungen des Wirtschaftssektors, das heißt die Summe der Personalaufwendungen, Sachaufwendungen sowie FuE-Investitionen, im Jahr 1997 schätzungsweise 61,7 Mrd. DM [Stifterverband, 1997]. Bei der Betrachtung der FuE-Aufwendungen ist festzuhalten, daß die Unternehmen der gewerblichen Wirtschaft einen Anteil von ca. 67% (Stand: 1995) einnehmen. Damit wird offenbar, daß die FuE zum überwiegenden Teil durch die Wirtschaft getragen wird.

1.4 Fazit

⇨ Eine langfristig wirtschaftlich erfolgreiche Industrienation braucht ein differenziertes, dezentrales, teilweise auch im Wettbewerb stehendes und vernetztes System staatlich finanzierter Forschungseinrichtungen.

⇨ Ein praktikables System zur Sicherung der Qualität von Personen, Strukturen und Abläufen wird zu einem besseren Gesamtergebnis führen als der Versuch einer zentralen, staatlichen Forschungskoordination.

⇨ Entsprechend erfordert ein langfristiger Unternehmenserfolg eine kontinuierliche technologische Zukunftssicherung durch Forschung und Entwicklung.

⇨ Zur Optimierung des FuE-Ressourcen-Einsatzes der Volkswirtschaft sollte ein moderner Staat geeignete Mechanismen zur gemeinsamen Strategiebildung zwischen Forschung und Industrie entwickeln.

Literaturhinweise

Bleicher, F. (1990): Effiziente Forschung und Entwicklung: Personelle, organisatorische und führungstechnische Instrumente, Wiesbaden, Deutscher Universitätsverlag 1990

BMFT (1993): Bundesbericht Forschung, Bundesministerium für Forschung und Technologie, Bonn 1993

BMBF (1998): Faktenbericht 1998, Bundesministerium für Bildung, Wissenschaft, Forschung und Technologie, Bonn 1998

Fraunhofer-Gesellschaft (1996): Jahresbericht, München, Fraunhofer-Gesellschaft 1996

Henkel, H.-O.; Mittelstraß, J.; Rüttgers, J.; Vogel, B. (1995): Wieviel Forschung braucht Deutschland?, in: Konrad-Adenauer-Stiftung e. V. (Hrsg.): Aktuelle Fragen der Politik, Heft 28, Sankt Augustin 1995

Reuhl, G. (1994): Forschung und Entwicklung zwischen Politik und Markt – Die Steuerung von Forschung und Entwicklung in den USA, Japan und Europa, Ludwigsburg, Wissenschaft & Praxis 1994

Science and Technology Agency (1993): Indicators of Science and Technology 1993, Science and Technology Agency, Japan 1993

Stifterverband (1997): Forschung und Entwicklung in der Wirtschaft 1995 bis 1997. Bericht über die FuE-Erhebung 1995 und 1996, in: SV-Wissenschaftsstatistik: FuE Datenreport 1997, Wissenschaftsstatistik GmbH im Stifterverband für die Deutsche Wissenschaft, Essen 1997

Weule, H. (1995): Forschungspolitik in Deutschland. Diskussion mit Hartmut Weule, in: Alfred Herrhausen Gesellschaft für internationalen Dialog (Hrsg.), Frankfurt am Main 1995

Weule, H.; Mussa, S. (1999): Forschung im Industrie- und Dienstleistungssektor in Deutschland. Unveröffentlichte Studie, Institut für Werkzeugmaschinen und Betriebstechnik der Universität Karlsruhe, Karlsruhe 1999

2 Wichtige Begriffe und Definitionen

„Gute Technik ist organisierte Wissenschaft."
(Carl Bosch)

2.1 Einleitung

Für das weitere Verständnis dieses Buches sind eine klare Definition und Abgrenzung der wichtigsten Begriffe aus FuE und deren Umfeld notwendig. Die Begriffe Forschung und Entwicklung wurden bereits im vorangegangenen Kapitel erläutert und voneinander abgegrenzt. Eine Definition weiterer Begriffe, die im Zusammenhang mit FuE stehen, soll in diesem Kapitel gegeben werden. Im einzelnen werden die folgenden Fragen beantwortet:

- Was ist Technologie?
- Wodurch zeichnen sich Kerntechnologien aus?
- Welche Kategorien von Technologien lassen sich unterscheiden?
- Welche Phasen durchläuft ein typischer Technologielebenszyklus?
- Wodurch unterscheidet sich Innovation von Invention?
- Welche Arten von Innovationen gibt es?
- Wie läuft ein Innovationsprozeß ab?
- Was beinhalten die Begriffe Kernkompetenz, Synergie und Management?

2.2 Technik und Technologie

Der Begriff Technologie wird im Sprachgebrauch und in der Literatur sehr häufig verwendet. Oft findet man ihn im Zusammenhang mit Modewörtern wie Technologiepark, Technologiefabrik oder Technologiezentrum. In der Literatur ist der Begriff Technologie uneinheitlich definiert, und es gibt auch keine klare Abgrenzung zum Begriff Technik. Einigkeit herrscht jedoch, daß es sich bei Technologie um die Lehre von Techniken handelt. In der Praxis werden daher die Begriffe Technik und Technologie, die sich beide vom griechischen *„technikos"* (= handwerklich, kunstfertig) ableiten, oft synonym verwendet.

Als Beispiele für Definitionen des Begriffs Technologie seien die folgenden zwei Formulierungen nach *Siemens* und nach *Arthur D. Little* angegeben:

Technologiedefinition nach *Siemens* [Siemens AG]:

> *Technologie* ist die praktische Anwendung von naturwissenschaftlichen oder technischen Möglichkeiten zur Realisierung von Leistungsmerkmalen von Produkten und Prozessen.

Technologiedefinition nach *Arthur D. Little* [Arthur D. Little, 1991]:

> ***Technologie*** ist die Anwendung von wissenschaftlichen und technischen Kenntnissen, um ein praktisches Ergebnis zu realisieren. Technologie ist damit ein Prozeß, der ein Unternehmen in die Lage versetzt zu sagen: „Wir wissen, wie man eine bestimmte Kenntnis oder eine bestimmte Fähigkeit anwendet, um ..."

Eine Technologie kann eine Menge potentieller Techniken umfassen. *Brockhoff* gibt die folgende Definition des Begriffs Technik, die sich in der Fachliteratur durchzusetzen scheint [Brockhoff, 1992]:

> ***Technik*** ist ein tatsächlich realisiertes, angewandtes Element einer Technologie.

In Abbildung 2-1 ist der Wandel des Begriffs Technologie im Laufe der Zeit aufgezeigt, wodurch der Zusammenhang dieses Begriffs mit der gesellschaftlichen Entwicklung erkennbar wird.

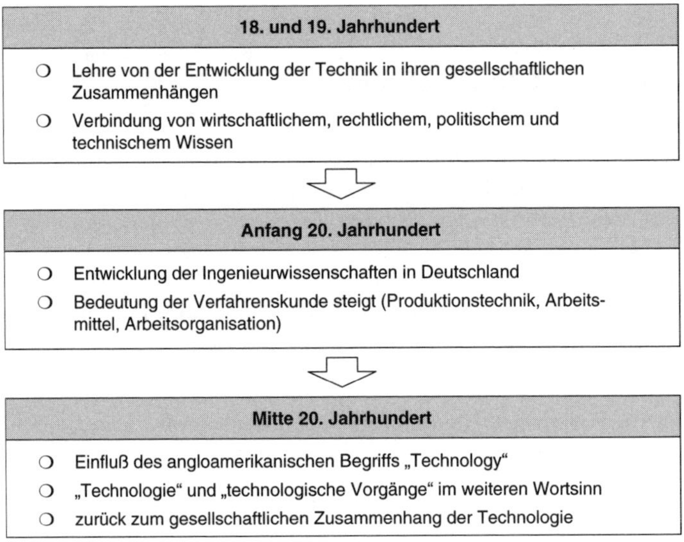

18. und 19. Jahrhundert
- Lehre von der Entwicklung der Technik in ihren gesellschaftlichen Zusammenhängen
- Verbindung von wirtschaftlichem, rechtlichem, politischem und technischem Wissen

⇩

Anfang 20. Jahrhundert
- Entwicklung der Ingenieurwissenschaften in Deutschland
- Bedeutung der Verfahrenskunde steigt (Produktionstechnik, Arbeitsmittel, Arbeitsorganisation)

⇩

Mitte 20. Jahrhundert
- Einfluß des angloamerikanischen Begriffs „Technology"
- „Technologie" und „technologische Vorgänge" im weiteren Wortsinn
- zurück zum gesellschaftlichen Zusammenhang der Technologie

Abbildung 2-1: Der Wandel des Begriffs Technologie [Bullinger, 1994]

2.2 Technik und Technologie

Entsprechend ihrer Bedeutung für ein Unternehmen lassen sich Technologien in Kerntechnologien, unterstützende Technologien und periphere Technologien ordnen. *Kerntechnologien* bilden das Herzstück der Gesamttechnologie. Sie sind für ein Unternehmen von zentraler Bedeutung. Die *unterstützenden* und *peripheren Technologien* werden nicht selten durch Zulieferer bereitgestellt. Abbildung 2-2 veranschaulicht die Begriffe am Beispiel eines Tageslichtprojektors.

Kerntechnologien
- Optik
- Lichtquelle

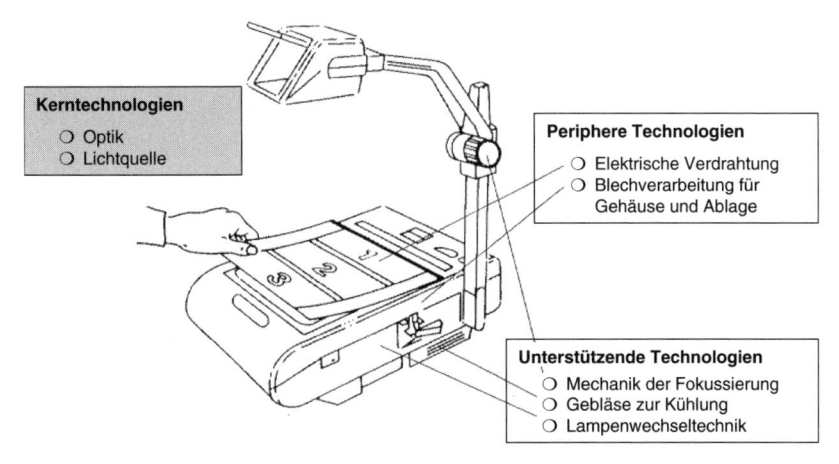

Periphere Technologien
- Elektrische Verdrahtung
- Blechverarbeitung für Gehäuse und Ablage

Unterstützende Technologien
- Mechanik der Fokussierung
- Gebläse zur Kühlung
- Lampenwechseltechnik

Abbildung 2-2: Einordnung von Technologien nach ihrer Bedeutung [Bullinger, 1994]

In welche Kategorien eine Technologie einzuordnen ist, hängt von den Aktivitäten des jeweiligen Unternehmens ab. Am Beispiel einer Werkzeugmaschine sollen im folgenden die möglichen Kerntechnologien aufgezeigt werden (s. Abbildung 2-3).

Beispiel: Kerntechnologien von Werkzeugmaschinen

Die Kerntechnologien von Werkzeugmaschinen setzen sich analog zu deren *Hauptbaugruppen* (Komponenten) zusammen. Das Hauptdifferenzierungsmerkmal bei einer Werkzeugmaschine bilden die mechanischen Teile wie Bett, Schlitten und Ständer, die beispielsweise aus Gußrohlingen gefertigt werden. Diese mechanischen Teile entwickeln fast alle Werkzeugmaschinenhersteller selbst, d.h. diese Komponenten sind für die Unternehmen Kerntechnologien. Das gleiche gilt für die Systemtechnik und den technischen Kundendienst. Für die anderen Komponenten haben sich unter den Zulieferern Spezialisten herausgebildet, die diese Komponenten günstiger anbieten als dies in der Eigenfertigung des Werkzeugmaschinenherstellers möglich wäre. Bei der NC-Steuerung gibt es eine Minderheit unter den Werkzeugmaschinenherstellern, welche die NC-Steuerung noch selbst entwickelt und fertigt. Die meisten Hersteller beziehen aus wirtschaftlichen und aus Standardisierungs-Gründen diese Komponente jedoch von Steuerungsherstellern

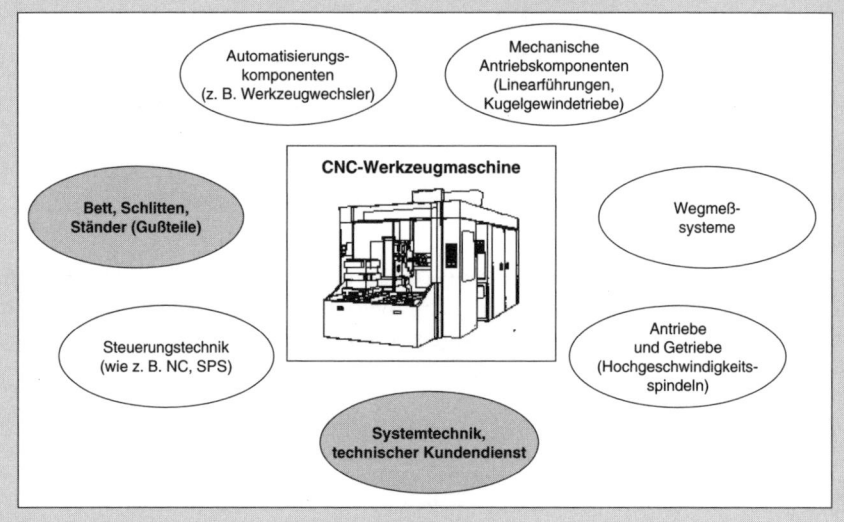

Abbildung 2-3: Kerntechnologien am Beispiel einer Werkzeugmaschine

2.2 Technik und Technologie

Als weiteres Beispiel sei die *Siemens AG* genannt. Diese hat Anfang der 90er Jahre im Rahmen einer Neuorganisation 23 Kerntechnologien für das Unternehmen definiert (s. Abbildung 2-4), die folgende Eigenschaften haben:

> **Beispiel: Kerntechnologien bei der Siemens AG**
> - Sie liefern einen bedeutenden Beitrag zur Wertschöpfung und zum wirtschaftlichen Ergebnis des Unternehmens.
> - Sie werden in der Regel für mehrere Geschäftsfelder und Bereiche gebraucht.
> - Sie helfen langfristig Innovations- und Wachstumspotentiale zu sichern.
> - Sie besitzen strategische Relevanz.
>
> Abbildung 2-4: Kerntechnologien der *Siemens AG* [Siemens AG, 1991]
>
> Die Struktur dieser Kerntechnologien stellt bei *Siemens* die Basis der Grundstruktur und Organisation der zentralen Forschung und Entwicklung dar.

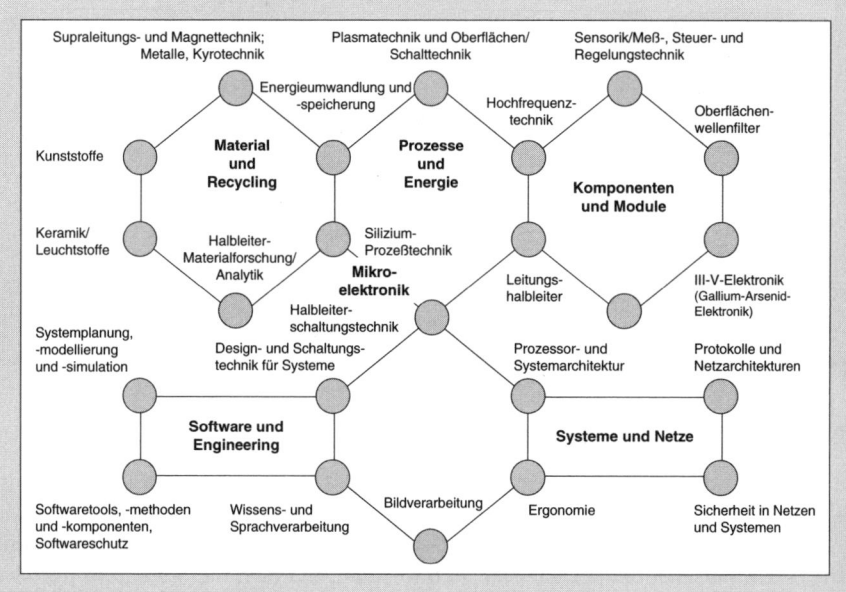

Kerntechnologien sind kein starres Korsett, sondern unterliegen einem zeitlichen Veränderungsprozeß. Am Beispiel des Fahrzeugmotors (s. Abbildung 2-5) läßt sich dieser dynamische Aspekt von Technologie anschaulich erläutern.

> **Beispiel: Fahrzeugantrieb**
>
> Der Verbrennungsmotor war während des gesamten 20. Jahrhunderts der vorherrschende Antrieb. Inzwischen arbeiten nahezu alle Fahrzeughersteller daran, diesen möglicherweise eines Tages durch die Brennstoffzellen-Technik zu ersetzen – mit weitreichenden Konsequenzen für die Kerntechnologien der Automobilunternehmen. Diesen dynamischen Aspekt muß ein Unternehmen berücksichtigen, um seine wirtschaftliche Zukunft zu sichern.
>
> Abbildung 2-5: Technologiedynamik am Beispiel Fahrzeugmotor

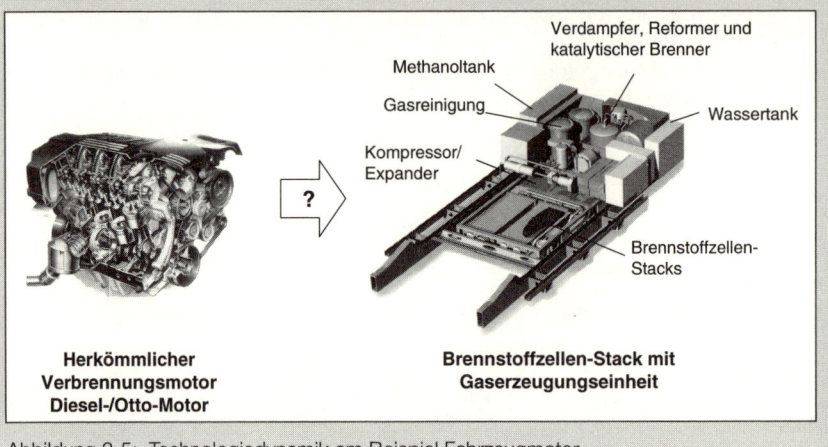

2.2.1 Technologiekategorien

Entsprechend der Zielsetzung, die mit der Entwicklung einer Technologie verfolgt wird, läßt sich zwischen *Produkttechnologien* und *Prozeßtechnologien* unterscheiden. Diese funktionale Ausführung des Technologiebegriffs verdeutlicht die wesentlichen ökonomischen Aufgaben von Technologien, nämlich die Schaffung der Voraussetzungen zur wirtschaftlichen Herstellung von Produkten einerseits und zur Entwicklung effizienter Produktionsverfahren andererseits [Zahn, 1995]. In einer etwas differenzierteren Unterscheidung kommt als dritte Kategorie die *Infrastrukturtechnologie* hinzu (s. Abbildung 2-6).

Prozeßtechnologien beziehen sich auf die materielle Realisierung, d.h. die Herstellung von Produkten durch Einrichtungen und Anlagen. Dazu gehören Aufbereitungsanlagen für Rohstoffe, Fertigungsmaschinen oder -anlagen, Montageeinrichtungen und Verpackungsstraßen. Der Bedarf an diesen Technologien wird sowohl unternehmensintern als auch – meist aus Kostengründen – unternehmensextern gedeckt, d.h. diese Technologien werden bei entsprechenden Anbietern eingekauft. Intern können Maßnahmen zur Anpassung an die unternehmensspezifischen Anforderungen notwendig werden. Prozeßtechnologien können teilweise einen hohen

2.2 Technik und Technologie

Stellenwert für die Wettbewerbssituation von Unternehmen darstellen, so daß sie intern bereitgestellt werden müssen.

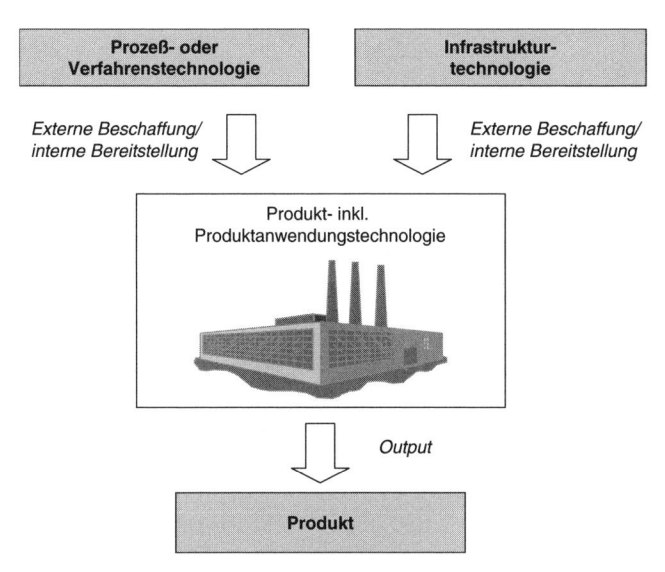

Abbildung 2-6: Technologiekategorien im Unternehmen

Produkttechnologien legen die Funktionen, die Wirkungsweisen und die Leistungsmerkmale der unternehmensspezifischen Produkte fest.

Produktanwendungstechnologien ermöglichen, erleichtern und optimieren die Anwendung des Produktes. Beide Technologien entstehen im Unternehmen selbst. Von ihnen gehen direkte Wirkungen auf die Marktstellung aus. Setzt ein Kunde ein solches Produkt dann im Herstellungsablauf seiner eigenen Produkte ein, so handelt es sich für diesen um eine Prozeßtechnologie. Je nach Blickwinkel kann eine Technologie also gleichzeitig Produkt- und Prozeßtechnologie sein: So ist der Hersteller von Industrierobotern (Produkttechnologie) Lieferant für Automobilhersteller, die diese als Prozeßtechnologie verwenden.

Infrastrukturtechnologien schließlich sind allgemein genutzte technische Einrichtungen wie EDV, Telefonanlagen, Faxgeräte, Sicherheitsanlagen usw. Sie haben eine unterstützende Funktion im Unternehmen, sind aber nicht direkt am Produktionsprozeß beteiligt. Ihre Beschaffung erfolgt ebenfalls extern am Markt.

Prozeß- und Produkttechnologien haben eine entscheidende Bedeutung im Wettbewerb und gegenüber den Kunden. Sie sind deshalb Gegenstand langfristiger Betrachtungen von seiten der Unternehmensleitung. Infrastrukturtechnologien können nach Bedarf sehr kurzfristig organisiert werden [Lang, 1990].

Für ein technologieorientiertes Unternehmen ist es unverzichtbar, theoretisches Wissen über den allgemeinen Verlauf von Technologien hinsichtlich ihrer Entwicklung und Verbreitung in die eigene Planung einzubeziehen. Im nächsten Abschnitt wird auf den Verlauf von Technologien eingegangen.

2.2.2 Technologielebenszyklen

Die strategische Bedeutung von Technologien läßt sich am anschaulichsten anhand des Phasenkonzeptes des Technologielebenszyklus darstellen. Die idealisierte Lebenszykluskurve von Technologien in Abbildung 2-7 zeigt auf der horizontalen Achse die vier Phasen *Entstehung*, *Wachstum*, *Reife* und *Alter* und auf der vertikalen Achse den Grad der Ausschöpfung des Wettbewerbspotentials (*Reifegrad*) der Technologie [Arthur D. Little, 1991].

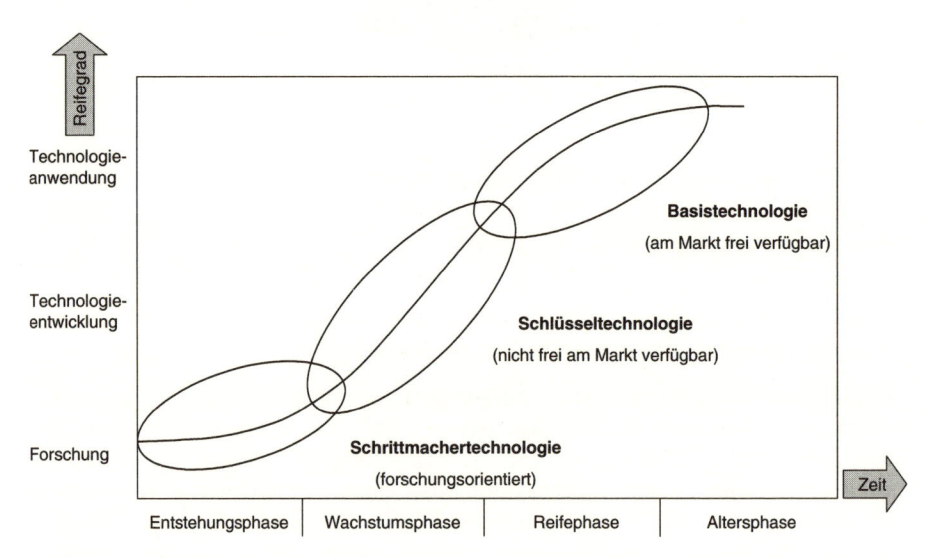

Abbildung 2-7: Unterscheidung der Technologiephasen nach ihrer Wettbewerbsposition (in Anlehnung an [Arthur D. Little, 1991])

In der *Entstehungsphase* einer neuen Technologie existieren im günstigsten Fall nur Visionen von möglichen praktischen Anwendungen, aber der Weg zu diesen Anwendungen ist mit vielen Fragezeichen und Ungewißheiten versehen. In dieser Phase sind nicht nur die Forscher und Entwickler uneinig, welches konkrete Potential durch die neue Technologie eröffnet wird, sondern auch die möglichen Anwender können keine zuverlässigen Aussagen machen, unter welchen Bedingungen und in welchem Umfang sie die auf dieser Technologie aufbauenden Produkte kaufen würden. Dennoch muß das Anwendungspotential vielversprechend genug sein, damit wenigstens einige mutige Unternehmen oder Forschungseinrichtungen in die Weiterentwicklung dieser neuen Technologie investieren.

In der **Wachstumsphase** einer Technologie ist bereits so viel Wissen angesammelt und ausreichend aufbereitet, daß die Sicherheit über konkrete Anwendungen wesentlich gewachsen ist und eine immer größere Zahl von Anwendungen auch praktisch realisiert wird. Während die FuE-Aufwendungen in der Wachstumsphase in der Regel immer höher werden, da immer neue Anwendungsmöglichkeiten erschlossen werden und die technologische Differenzierung höhere Erträge ermöglicht, wird das verbleibende, noch unerschlossene Marktpotential immer geringer. Der Zusatznutzen weiterer technischer Fortschritte nimmt ab, und gleichzeitig muß immer mehr dafür bezahlt werden. Zunehmend holen andere Unternehmen auf, bis das mit der Technologie verbundene Know-how allgemein verfügbar ist.

Am Ende der Wachstumsphase geht die Technologie in die sog. *Reifephase* über, in der zwar weitere Verfeinerungen möglich sind, diese aber immer weniger revolutionär sind und einen immer geringeren *Return-on-Investment* bieten.

Je geringer die zusätzlichen Anwendungspotentiale und die weiteren technischen Fortschritte einer Technologie sind, um so deutlicher geht sie schließlich in die vierte Phase ihres Lebenszyklus über. Diese **Altersphase** ist in der Regel dadurch gekennzeichnet, daß Substitutionstechnologien mit einem höheren Potential ihr den Rang ablaufen.

Die Position einer Technologie auf der Lebenszykluskurve (s. Abbildung 2-7) hängt eng mit ihrer Wettbewerbsbedeutung und damit mit den Möglichkeiten ihrer strategischen Ausnutzung zusammen. Technologien in der Entstehungsphase werden als **Schrittmachertechnologien** bezeichnet, wenn ihr Anwendungs- und Marktpotential so beträchtlich ist, daß viele Unternehmen darum wetteifern, durch Fortschritte bei dieser Technologie möglichst bald das Stadium der praktischen industriellen Anwendung zu erreichen. Wenn dieses Stadium erreicht ist und Wettbewerbs- und Markterfolge mit der Technologie errungen werden können, dann gewinnt sie den Charakter einer *Schlüsseltechnologie*. Erreicht die Technologie das Ende ihrer Wachstumsphase und den Übergang in die Reifephase, wird sie schließlich zu einer **Basistechnologie** der Industrie, d.h. zu einer Technologie, die zwar alle Wettbewerber weiterhin benötigen, die aber keine Wettbewerbsdifferenzierung mehr zuläßt.

Die Beobachtung der Technologieentwicklung ist eine wichtige Aufgabe für das Unternehmen. Ihre wettbewerbsstrategische Bedeutung läßt sich mit Lebenszyklusmodellen einschätzen (s. Abbildung 2-8). Mit Hilfe solcher Modelle kann eine strategische Entscheidungsfindung bzgl. FuE-Schwerpunkten und Investitionsempfehlungen transparenter gestaltet werden. Somit unterstützen Lebenszyklusmodelle das *Technologie-Monitoring*, d.h. die systematische Erfassung und Beobachtung technologischer Entwicklungen, und damit letztlich die Zukunftsorientierung eines Unternehmens.

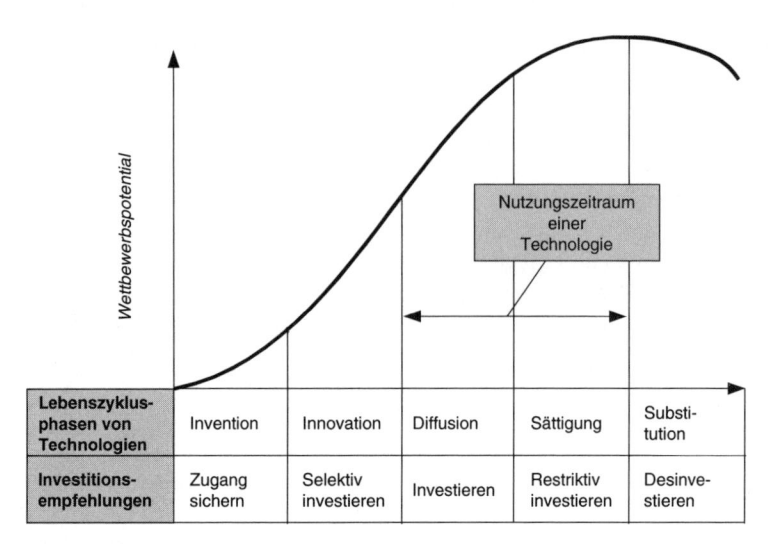

Lebenszyklus-phasen von Technologien	Invention	Innovation	Diffusion	Sättigung	Substitution
Investitions-empfehlungen	Zugang sichern	Selektiv investieren	Investieren	Restriktiv investieren	Desinvestieren

Abbildung 2-8: Lebenszyklusmodell einer Technologie [Daimler-Benz AG, 1996]

Am Beispiel der Lasertechnologie soll nun der Technologielebenszyklus näher erläutert werden (s. Abbildung 2-9).

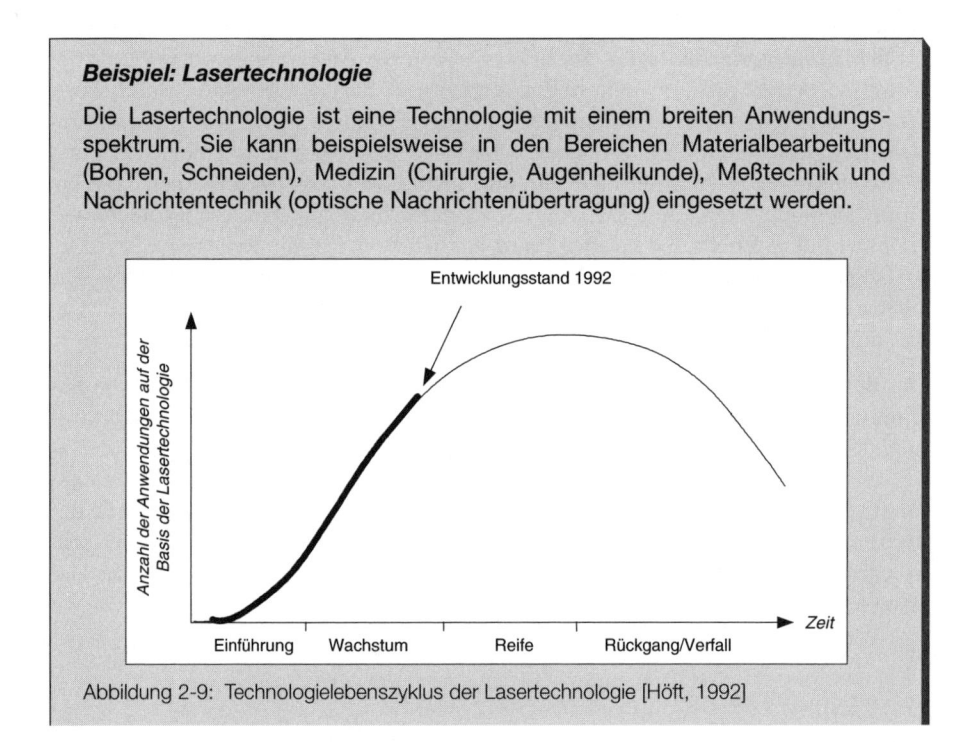

Beispiel: Lasertechnologie

Die Lasertechnologie ist eine Technologie mit einem breiten Anwendungsspektrum. Sie kann beispielsweise in den Bereichen Materialbearbeitung (Bohren, Schneiden), Medizin (Chirurgie, Augenheilkunde), Meßtechnik und Nachrichtentechnik (optische Nachrichtenübertragung) eingesetzt werden.

Abbildung 2-9: Technologielebenszyklus der Lasertechnologie [Höft, 1992]

2.2 Technik und Technologie

> Die Lasertechnologie befindet sich zur Zeit noch in der Wachstumsphase, d.h. sie besitzt noch weiteres Entwicklungs- und Anwendungspotential, z.B. in der Oberflächenveredelung, der chemischen Analytik und in Verfahren zum Messen und Prüfen. Der Lebenszyklus zeigt auch, welche „Rest"-Attraktivität die Technologie noch hat. Für ein Unternehmen gilt es zu hinterfragen, inwieweit und wie schnell es in der Lage ist, Neuerungen dieser Technologie in die eigenen Produkte zu integrieren, um Investitionen gezielt zu tätigen [Höft, 1992].

Eine spezielle Darstellungsform des Technologielebenszyklus ist das *S-Kurven-Modell* (s. Abbildung 2-10). Es beschreibt den Entwicklungsverlauf einer Technologie in Abhängigkeit von den entsprechenden finanziellen Aufwendungen für Forschung und Entwicklung [Perillieux, 1987]. Technologien bewegen sich zwischen Leistungsgrenzen. Mit Annäherung an die Grenzen der Leistungsfähigkeit sinkt die FuE-Effizienz, da mit zusätzlichem Aufwand nur noch stets geringer werdende Leistungssteigerungen erzielt werden können. Da während der Entwicklung einer Technologie neue Technologien mit einer höheren Effizienz auf den Markt kommen können, ist es wichtig, den idealen Zeitpunkt zum Wechsel in die neue Technologie zu erkennen. Anhand des S-Kurven-Modells kann man einen Einblick in das „Timing" für eine Führer-/Folger-Entscheidung (vgl. Kapitel 3.5) erhalten.

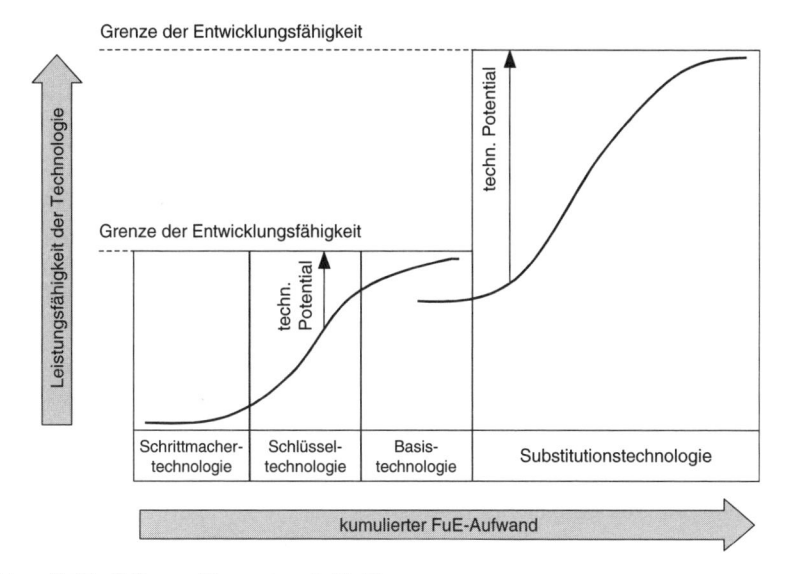

Abbildung 2-10: S-Kurven-Konzept nach *McKinsey*

2.3 Invention und Innovation

Ähnlich wie „Technologie" und „Technik" werden auch die Begriffe Invention und Innovation im Sprachgebrauch des öfteren verwechselt. Der in den letzten Jahren zu einem Modewort gewordene Terminus *Innovation* stammt aus dem Lateinischen („novus" = neu) und bedeutet Neuerung, Neueinführung, Erneuerung oder Neuheit [Staudt, 1985]. Der Innovationsbegriff wird in der betriebswirtschaftlichen Literatur in vielfältiger Weise verwendet und es existieren unterschiedliche Definitions- und Abgrenzungsversuche. Alle Begriffserklärungen beziehen das Element der *Neuheit* ein. Allerdings besteht keine Einigkeit darüber, was „neu" bedeutet.

Im folgenden wird anhand von Definitionen und Beispielen der Unterschied zwischen den beiden Begriffen Invention und Innovation erläutert.

> Mit *Inventionen* (Erfindungen) bezeichnet man technische Realisierungen neuer oder neue Kombinationen bestehender wissenschaftlicher Erkenntnisse – etwa konkret in Form eines funktionsfähigen Prototyps [Haß, 1983]. „Sie sind das Ergebnis vom Technologieeinsatz und der Intuition des Erfinders und sind auf ökonomische Ziele ausgerichtet. Erfindungen werden meist materiell in Form von Prototypen oder Funktionsmustern dargestellt und können patentrechtlich geschützt werden." [Bullinger, 1994]

> Werden qualitativ neuartige Produkte oder Verfahren geschaffen und auf dem Markt oder im Betrieb eingeführt, um die Unternehmensziele zu erreichen, so stellen sie *Innovationen* dar. Der Begriff der Neuartigkeit bezieht sich dabei allein auf die Neuheit im jeweiligen Unternehmen.

Eine Produktentwicklung kann somit für eine Unternehmung eine Innovation darstellen, obwohl dieses Produkt bereits in einem oder mehreren Konkurrenzunternehmen entwikkelt wurde. Diese Einordnung wird damit begründet, daß die Entwicklung eines Produktes, das in einem anderen Unternehmen bereits bekannt ist, für das entwickelnde Unternehmen im Prinzip dieselben Probleme mit sich bringt.

Nach *Hauschildt* geht es bei Innovationen um etwas „Neues" [Hauschildt, 1997]: Neue Produkte, neue Verfahren, neue Vertragsformen, neue Vertriebswege, neue Werbeaussagen, neue „Corporate Identity". Daher ist Innovation wesentlich mehr als ein technisches Problem.

Die wesentlichen *Merkmale einer Innovation* sind:

- *Neuigkeitsgrad:* Für das betreffende Unternehmen handelt es sich um eine Neuerung.
- *Komplexität:* Die Innovation betrifft mehrere Bereiche innerhalb des Unternehmens, z.B. Forschung, Entwicklung, Marketing und Finanzierung.

- *Konfliktgehalt:* Die Verschiedenheit der beteiligten Bereiche birgt Konfliktpotential in sich.
- *Unsicherheit/Risiko:* Die Frage, ob eine Innovation für das betreffende Unternehmen einen Erfolg bringt, hängt von verschiedenen Faktoren ab (z. B. interner Konfliktgehalt, strategische Planung usw.).

Ein Beispiel für Konfliktgehalt liefert das *Grünbuch zur Innovation* [Europäische Kommission, 1995]:

Beispiel: RCA

„FuE-Einheiten der amerikanischen Elektronikfirma *RCA (Radio Corporation of America)* hatten Ende der 70er Jahre neue Produkte entwickelt, an die die Kaufleute des Unternehmens nicht glaubten und sie deshalb nur widerwillig auf den Markt brachten. Obwohl das Unternehmen einen Vorsprung in der Bildplatten- und Videotechnik hatte, ist es an diesem Konflikt zugrunde gegangen."

2.3.1 Arten von Innovationen

Es gibt aus Sicht von Unternehmen verschiedene Arten von Innovationen: Prozeßinnovation (Verfahrensinnovation), Strukturinnovation und Produktinnovation. Abbildung 2-11 zeigt deren Zusammenwirken.

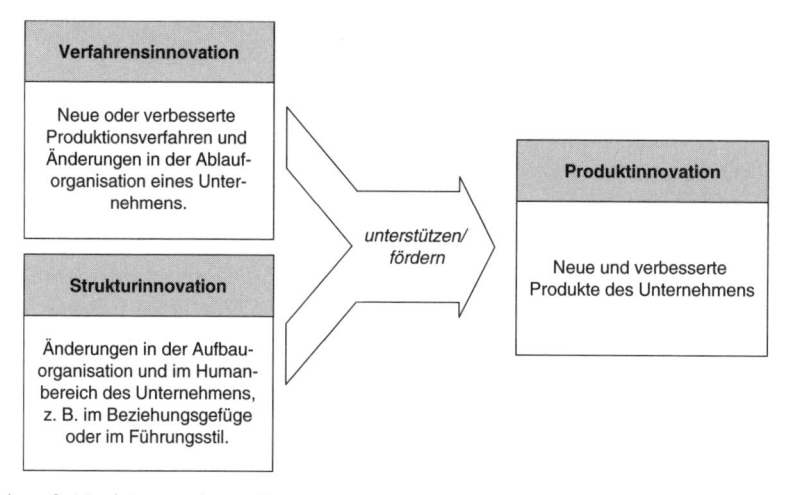

Abbildung 2-11: Arten von Innovationen

Bei einer **Verfahrensinnovation** handelt es sich um neue oder verbesserte Produktionsverfahren oder um Änderungen in der Ablauforganisation eines Unternehmens. Die durch Verfahrensinnovationen erreichbaren Wettbewerbsvorteile sind vielfältig: Sie reichen von Einsparungen bei den Produktionskosten (und damit verbunden der Senkung des Produktpreises) über kürzere und flexiblere Reaktionsmöglichkeiten bis zu höheren Produktzahlen (durch Steigerung der Produktivität).

Bei einer **Strukturinnovation** geht es um Änderungen in der Aufbauorganisation und im Humanbereich des Unternehmens, z.b. im Beziehungsgefüge oder im Führungsstil. Eine Strukturinnovation kann durch die Verbesserung der Arbeitsorganisation (z.b. Abbau von Hierarchieebenen) oder der Qualifizierung des Personals zu Zeitersparnissen führen.

Durch eine **Produktinnovation** entstehen neue und verbesserte Produkte des Unternehmens. Ein Produkt kann z.b. hinsichtlich Qualität, Service, Funktionalität, Ergonomie usw. verbessert oder neu gestaltet werden, so daß es gegenüber konkurrierenden Produkten bessere Absatzchancen bekommt. Durch eine Produktinnovation können das bestehende Produktprogramm erweitert und neue Absatzmärkte entdeckt werden.

Für alle drei Arten von Innovationen ist eine weitere Unterscheidung nach ihrem Neuigkeitsgrad möglich. Während es bei **Durchbruchsinnovationen** um eine richtungsändernde Abweichung von der bisherigen Praxis geht (z.B. Industrierobotereinsatz in der Autofertigung als Verfahrensinnovation), handelt es sich bei **Verbesserungsinnovationen** um eine Weiterentwicklung auf einem bestehenden Gebiet (z.B. Swatch-Uhr als Produktinnovation).

2.3.2 Innovationsprozeß

Nach *Gebert* ist Innovation als ein Prozeß aufzufassen, „welcher wiederum in unterschiedliche Phasen aufgegliedert wird" [Gebert, 1979]. Eine Phase dient der Ideen-Generierung bzw. Ideen-Produktion, eine weitere der Ideen-Implementierung. Die Art und Weise der Umsetzung einer Idee in neue oder verbesserte Produkte, Verfahren und Strukturen wird als **Innovationsprozeß** bezeichnet.

Der Innovationsprozeß umfaßt die verschiedenen Abschnitte von der Entdeckung und Entwicklung bis zur Einführung der Innovation. Eine klare Abgrenzung der einzelnen Phasen im Innovationsprozeß ist nur schwer vorzunehmen. Der Innovationsprozeß stellt sich als eine Folge von Schritten dar, die jeweils für sich genommen durchaus den Charakter einer Innovation haben, häufig aber erst in ihrer Gesamtheit als solche erkennbar werden [Brockhoff, 1992].

Der Innovationsprozeß beginnt bei *Brockhoff* mit der Invention, die zum Ziel hat, Bedürfnisse zu befriedigen [Brockhoff, 1992]. Damit ist gemeint: Er beginnt dort, wo erstmalig eine Verbindung zur marktlichen Verwertung hergestellt werden kann. Entscheidend ist also der Bezug zum Markt. Eine Innovation kann bereits in

2.3 Invention und Innovation

der angewandten Forschung beginnen, aber auch erst in der Entwicklung, wenn z.B. auf externes Know-how zurückgegriffen wird. In diesem Fall findet eine Trennung von Invention und Innovation statt.

> **Beispiel: Autofokus**
>
> Der Autofokus in der Fotografie wurde von *Leitz* in den 60er Jahren entwickelt (*Invention*), aber erst später von *Minolta* übernommen, zur Serienreife entwickelt und auf den Markt gebracht (*Innovation*) [Heitmann, 1983].

Technologien im Unternehmen werden durch Innovationsprozesse in Produkte, Verfahren oder Strukturen umgesetzt. Auslöser eines Innovationsprozesses sind Ideen und Inventionen (s. Abbildung 2-12). Hierbei sind Idee und Invention dadurch zu unterscheiden, daß eine Idee lediglich einen Einfall, einen Gedanken oder einen Geistesblitz bedeutet, während Invention, wie zu Beginn des Kapitels definiert, mehr als eine Idee ist.

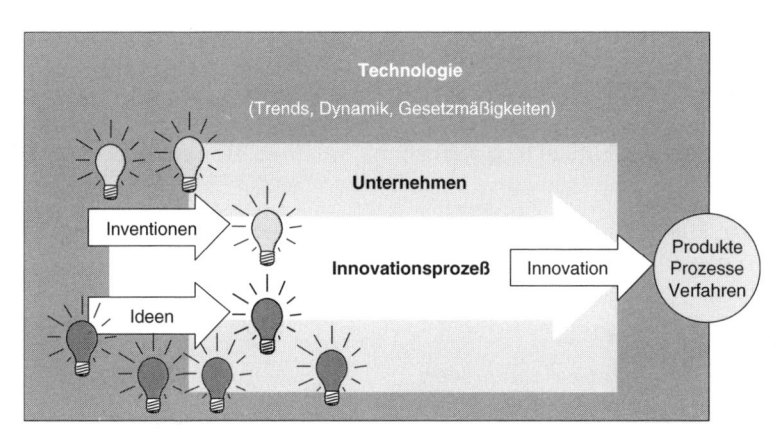

Abbildung 2-12: Auslöser eines Innovationsprozesses

Der Innovationsprozeß wird durch Kundenwünsche (*market-pull*) oder technologischen Fortschritt (*technology-push*) ausgelöst und durchläuft verschiedene Phasen (s. Abbildung 2-13).

Die erste Phase beinhaltet die *Identifikation des Innovationsbedarfs*. Ursache hierfür können der Markt (Kunden), die Konkurrenz, technologischer Fortschritt oder auch das Unternehmen selbst mit neuen Ideen oder Problemen sein. Nachdem das Problem bekannt ist, wird in der zweiten Phase (*Ideengenerierung*) – z.B. unterstützt durch Methoden des Brainstorming – nach Ideen zur Lösung des Problems gesucht. In der dritten Phase (*Ideenbewertung*) werden die generierten Ideen hin-

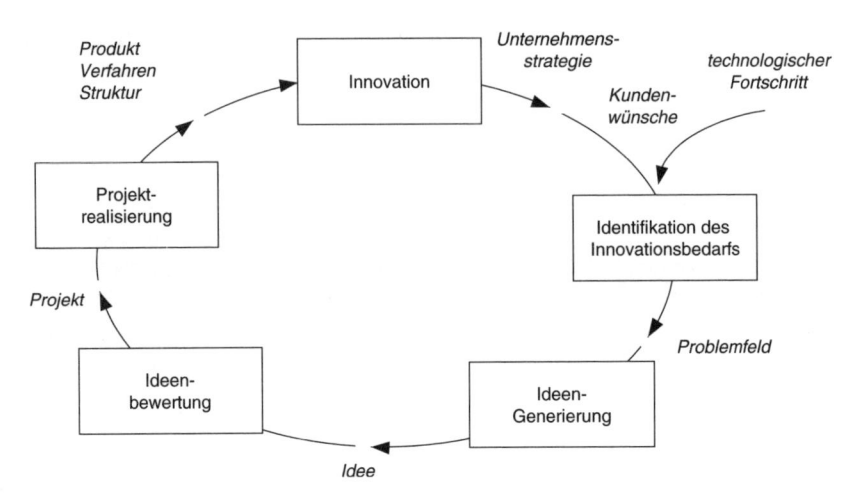

Abbildung 2-13: Phasen eines Innovationsprozesses

sichtlich ihrer Brauchbarkeit bewertet und die geeignetste ausgewählt. In der Konsequenz wird also ein Projekt geboren. In der anschließenden vierten Phase (*Projektrealisierung*) wird die Umsetzung des Projektes geplant; das beinhaltet z.B. die Auswahl der Mitarbeiter, die Aufstellung eines Zeitplans und die Erstellung eines Pflichtenheftes, d.h. die Auflistung aller Planungsdetails inklusive Darstellung des Projektziels. In der fünften Phase werden die einzelnen Arbeitsschritte abgearbeitet, so daß am Schluß eine *Innovation* entsteht.

Abbildung 2-14 zeigt den Verlauf eines Innovationsprozesses am Beispiel der Entwicklung des Brennstoffzellenfahrzeugs bei *DaimlerChrysler*.

> **Beispiel: Brennstoffzellenfahrzeug**
>
> Die Brennstoffzelle ist ein Energiewandler, der chemische Energie (Wasserstoff und Sauerstoff) mit Hilfe eines Katalysators direkt in Elektrizität (Gleichstrom) und Wärme umwandelt, ohne daß eine Verbrennung stattfindet. Eine Publikation der Firma *Ballard Power Systems* im Jahre 1988 aus Kanada, die eine neuartige Brennstoffzelle mit erhöhter Leistungsdichte beschrieb (Verwendung einer neuen Membran von *DOW-Chemical-Invention*), führte 1990 bei *Daimler-Benz* zu der Idee, Elektrofahrzeuge mit Brennstoffzellen zu entwickeln. Diese Invention gab den Impuls, den in Abbildung 2-14 dargestellten Innovationsprozeß zu starten.

2.3 Invention und Innovation

Abbildung 2-14: Innovationsprozeß am Beispiel Brennstoffzelle [DaimlerChrysler AG, 1999]

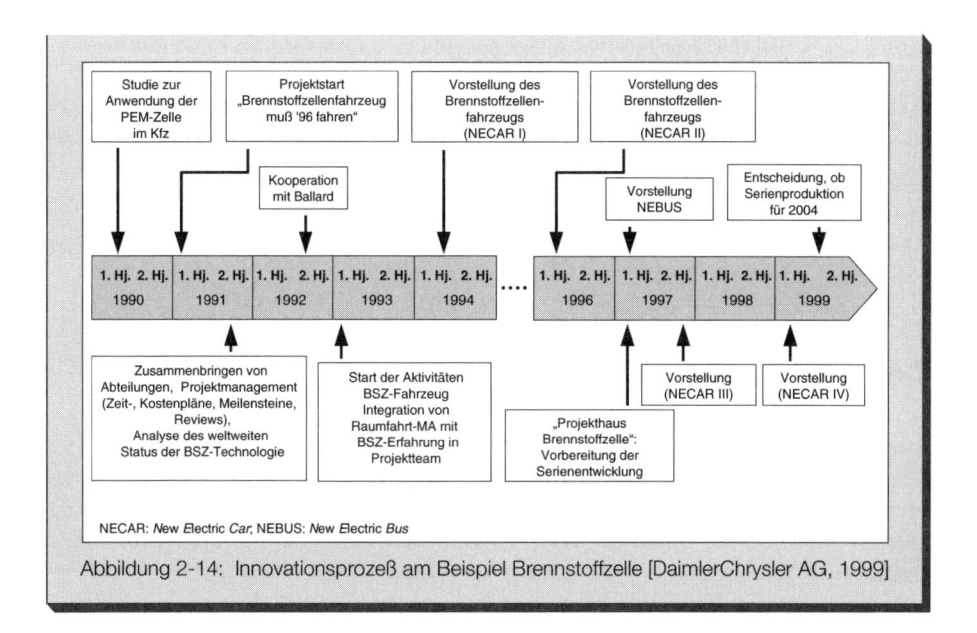

Am Anfang jeder erfolgreichen Innovation steht die „zündende Idee" oder Invention, die den Innovationsprozeß auslöst, an dessen Ende das am Markt erfolgreiche Produkt bzw. Verfahren. Daß in der Praxis jedoch für eine am Markt erfolgreiche Idee eine kaum zählbare Menge von Ideen, Inventionen und Erfindungen notwendig sind, zeigt eindrucksvoll eine Studie von *Berth* [Berth, 1993] (s. Abbildung 2-15).

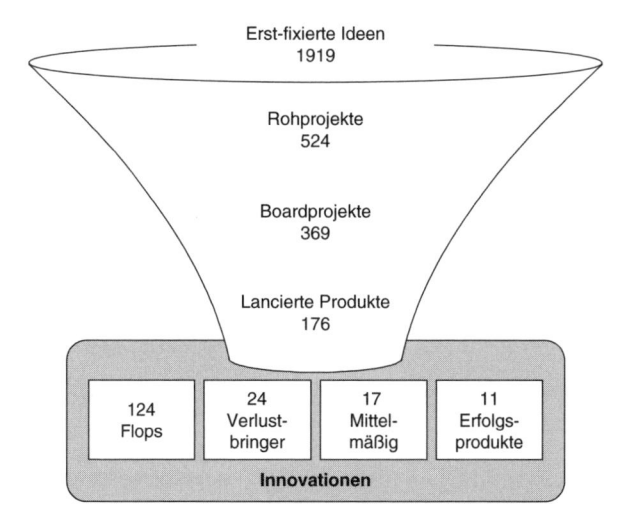

Abbildung 2-15: Innovationen in der Praxis [Berth, 1993]

Von 1919 schriftlich erst-fixierten Ideen wurden 176 Produkte als Innovationen auf den Markt gebracht, elf davon als erfolgreiche und 17 als mittelmäßige Produkte. Wenn die erfolgreichen und mittelmäßigen Produkte den 1919 Ideen gegenübergestellt werden, sind für ein profitables Produkt 69 schriftlich fixierte Ideen notwendig. Für eine einzige Erfolgslancierung braucht man am Anfang 175 Ideen.

Im Umfeld von FuE sind noch weitere Begriffe von Bedeutung. In den folgenden Abschnitten dieses Kapitels sowie in den weiteren Kapiteln werden diese definiert bzw. näher erläutert.

2.4 Kernkompetenzen

In der Literatur besteht kein Konsens über die Bedeutung der ähnlichen Begriffe Kompetenz, Fähigkeit und Skill [Edge et al., 1995]. Sie werden sehr unterschiedlich verwendet. Unklar ist auch, wann einer dieser Termini zusammen mit dem Zusatz „Kern" bzw. „core" genannt wird. Pragmatisch erscheint die Definition nach *Daimler-Benz*:

> *Kernkompetenzen* sind Kombinationen verschiedener sich im Geschäftsablauf ergänzender Fähigkeiten. Sie sind die Basis für dauerhafte Wettbewerbsvorteile und sichern den Geschäftserfolg von Unternehmen.

Der Begriff „Kernkompetenzen" ist in Abbildung 2-16 als oberstes Element in der Begriffshierarchie dargestellt. Kernkompetenzen beschreiben also die *entscheidenden Fähigkeiten* eines Unternehmens, aufgrund deren es die augenblickliche Marktposition einnimmt und auf denen es seine Zukunftsstrategien aufbaut. Diese sind keineswegs nur technisch, sondern schließen alle Funktionsbereiche ein.

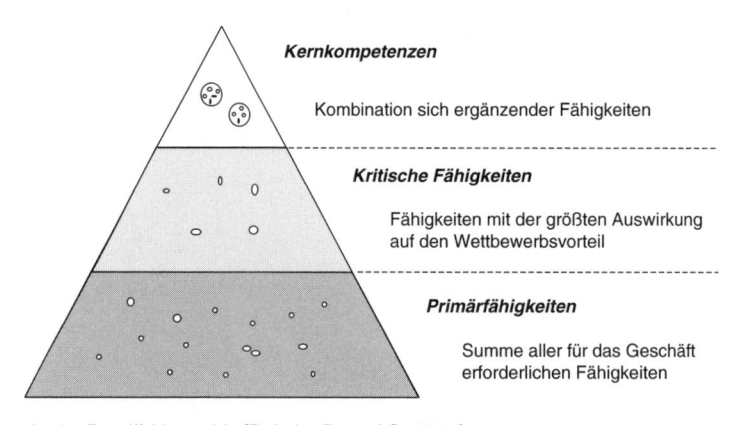

Abbildung 2-16: Begriffshierarchie [Daimler-Benz AG, 1994]

2.4 Kernkompetenzen

Der Begriff der Kernkompetenzen ist zugleich ein Konzept, das mit einer grundsätzlichen Neuorientierung in der Strategielehre verknüpft ist: Dem Wandel von einer marktorientierten zu einer kompetenz- bzw. ressourcenorientierten Betrachtungsweise. Während bisher gefragt wurde *„What is our business?"*, heißt es nun *„What are we capable of doing?"* „Dahinter steckt die Überzeugung, daß die Orientierung an Märkten und Kundenbedürfnissen allein noch keine langfristige erfolgreiche Strategie verbürgt, weil sich Kundenbedürfnisse rasch ändern können und eine einseitig marktorientierte Ausrichtung zur Überbetonung kurzfristiger Projekte mit geringem Innovationsgrad führen kann." [Osterloh, 1994]

Als Beispiel für kompetenzorientierte Unternehmen sei hier die Firma *Canon* genannt.

> **Beispiel: Canon Inc.**
>
> „Was vor mehr als 60 Jahren mit einer kleinen Kameraproduktion in Tokyo begann, ist mittlerweile zu einem Weltkonzern geworden. *Canon* Fotosysteme sind heute jedoch nur ein Baustein des Erfolgs. Vor allem Spitzentechnologien in Sachen Bürokommunikation haben *Canon* in den letzten Jahrzehnten zu einem der führenden High-Tech-Konzerne gemacht. In der Kopier- und Lasertechnologie, bei optischen Speichern, innovativen Drucksystemen, um nur einige Beispiele zu nennen. Die Firma *Canon* beherrscht diese unterschiedlichen Märkte aufgrund ihrer Kernkompetenzen Optik, Mikroelektronik und Bildverarbeitung." [Canon Inc., 2000]

Hier einige wesentliche *Eigenschaften von Kernkompetenzen* im Sinne von Prüfkriterien nach *Daimler-Benz* [Daimler-Benz AG, 1994]:
- Kernkompetenzen liefern einen Beitrag zur Differenzierung.
- Kernkompetenzen sind breit einsetzbar, d.h. sowohl für mehrere Produktlinien als auch für neue Produkte.
- Kernkompetenzen sind schwer zu imitieren, da sie erlernt sind und durch ständiges Wiederholen perfektioniert werden, d.h. in ihnen manifestiert sich die kumulierte, über die Zeit gemachte Erfahrung.
- Kernkompetenzen tragen entscheidend zur Wertschöpfung bei, schaffen in hohem Maße Kundennutzen, d.h. sind vom Kunden wahrzunehmen.
- Es gibt nur wenige Kernkompetenzen für ein Unternehmen, ca. drei bis fünf.
- Kernkompetenzen ergeben sich aus einer Kombination und Koordination von Know-how, Human-, Technologie- und Sachressourcen.

2.5 Synergie

Nach *Gabler* ist *Synergie* definiert als die Überlegenheit der gemeinsam erarbeiteten Gruppenproblemlösung, verglichen mit der Lösung des besten einzelnen, die zeitlich vor dem gemeinsamen Gruppenproblemlösungsprozeß bestand [Gabler, 1993].

Nach *Weule* ist von *Synergie* die Rede, wenn unterschiedliche Komponenten so zusammenwirken, daß sich ein Mehrwert ergibt, welcher die bloße Addition der Einzelkomponenten übersteigt [Weule, 1995].

Für einen Industriekonzern z.B. heißt das: Synergie ist mehr als Diversifikation. Nicht allein der Erwerb immer neuer Firmen, sondern die strategische Ergänzung und Abrundung der Geschäftsbereiche kann zu Synergien führen.

Es lassen sich verschiedene **Arten von Synergien** unterscheiden [Weule, 1995]:

- *Synergie durch gemeinsame Ressourcen*: Synergien können entstehen, wenn ein Unternehmen gemeinsame Ressourcen für alle Bereiche schafft und nutzt. Ein Zentralbereich wie „Forschung und Technik" beispielsweise ist eine gemeinsame Ressource für alle Unternehmensbereiche eines Konzerns. Seine Existenz vermeidet Doppelarbeit und ermöglicht gleichzeitig das Angehen aufwendiger Vorhaben, welche die Möglichkeiten eines einzelnen Unternehmensbereiches übersteigen würden.

- *„Automatische" Synergien*: Bessere Marktkonditionen können ebenfalls bereits ein Synergie-Effekt sein: Ein großes Unternehmen kann durch geschickten Einsatz seines Volumens deutlich bessere Konditionen, beispielsweise auf dem Kapital- oder Finanzmarkt, erzielen, als es seinen einzelnen Bereichen möglich wäre. Diese nicht speziell auf die Forschung und Entwicklung beschränkte Synergieform ist für den Erwerb, Betrieb und die Wartung von Forschungsausrüstungen, Geräten, Hilfsmitteln und Tools von Bedeutung.

- *Synergien durch Know-how-Transfer*: Problemlösungen aus einem der Forschungs- oder Entwicklungsbereiche können anderen Bereichen im Unternehmen zeit- und kostensparend dienlich sein.

- *Synergien durch Bündelung von Kompetenzen:* In großen Verbundsystemen wie Konzernen existiert eine große Zahl von verteilten Einzelkompetenzen. Durch einen geeigneten organisatorischen Rahmen, der die Bündelung der Einzelkompetenzen ermöglicht, kann eine Steigerung von Synergien erreicht werden. Hierin liegen die aussichtsreichsten Synergiepotentiale, an deren Erschließung in großen Unternehmen intensiv gearbeitet wird. Eine Konzentration der Kräfte auf ausgewiesene Schlüsselbereiche erhöht die Chancen auf System- und Marktführerschaft.

2.6 Management

Über die etymologische Bedeutung des englischen Verbs „to manage", das in dieser Form auch in der deutschen Sprache geläufig ist, existieren mehrere Versionen. Die verbreitetste besagt, daß „to manage" zurückzuführen sei auf das lateinische „*manus agere*" – an der Hand führen. Eine andere Deutung ist die, daß der Manager die Person sei, die für einen Eigentümer das Haus bestellt, da das Wort „to manage" vom lateinischen „mansionem agere" abstamme [Staehle, 1994].

Schneck zitiert in seiner Arbeit ebenfalls die etymologische Bedeutung des Begriffs „manus agere" [Schneck, 1997]. Der Begriff „Management" wird seinen Aussagen zufolge in der anglo-amerikanischen Literatur seit den 20er Jahren verwendet. Hingegen werden in der deutschsprachigen Literatur seit Anfang des Jahrhunderts die Begriffe Führung, Leitung oder dispositiver Faktor benutzt [Schierenbeck, 1995], [Höft, 1992].

> „Managen ist der Oberbegriff für die funktionale Betrachtung (das Führen) und die institutionale Betrachtung (die Führung)." [Schneck, 1997] Der Begriff *„Management"* kann also auf zweifache Art verwendet werden: Als *Institution*, d.h. die „Beschreibung der Personen(-gruppen), die Managementaufgaben wahrnehmen" (die Führung) und als *Funktion*, die „Beschreibung spezieller Prozesse und Aufgaben, die in und zwischen Organisationen ablaufen" (das Führen) [Staehle, 1994].

Als Institution beinhaltet der Begriff „Management" alle leitenden Instanzen, d.h. alle Aufgaben- bzw. Funktionsträger, die Entscheidungs- und Anordnungskompetenzen haben. Als Funktion umfaßt das Management im weitesten Sinne alle zur Steuerung einer Unternehmung notwendigen Aufgaben. Also alle Aufgaben, die nicht rein ausführender Natur sind [Schierenbeck, 1995].

Innerhalb dieser funktionalen Managementdefinition lassen sich wiederum eine *sachbezogene* Komponente im Sinne der Unternehmensführung und eine *personenbezogene* Komponente im Sinne der verhaltenswissenschaftlich orientierten Personalführung unterscheiden [Staehle, 1991]. In Abbildung 2-17 sind die Aufgaben des Managements zusammengefaßt dargestellt.

Eine verbreitete Sichtweise von Management ist die, Management als einen Prozeß anzusehen. Dieser Management-Prozeß enthält die klassischen Phasen Planung, Durchführung bzw. Umsetzung, Steuerung und Kontrolle [Macharzina, 1993]. Die *Planung* soll dabei Ziele setzen, Wege zur Zielerreichung aufzeigen und somit Maßnahmen formulieren, die dann umgesetzt werden können. *Steuerung* und *Kontrolle* sind dabei Folge von antizipierten Abweichungen und unterstützen eine optimale Zielerreichung [Bürgel et al., 1996]. Dabei ist es wichtig, den Management-Prozeß nicht als einen einmaligen Ablauf zu sehen, sondern vielmehr als einen sich wieder-

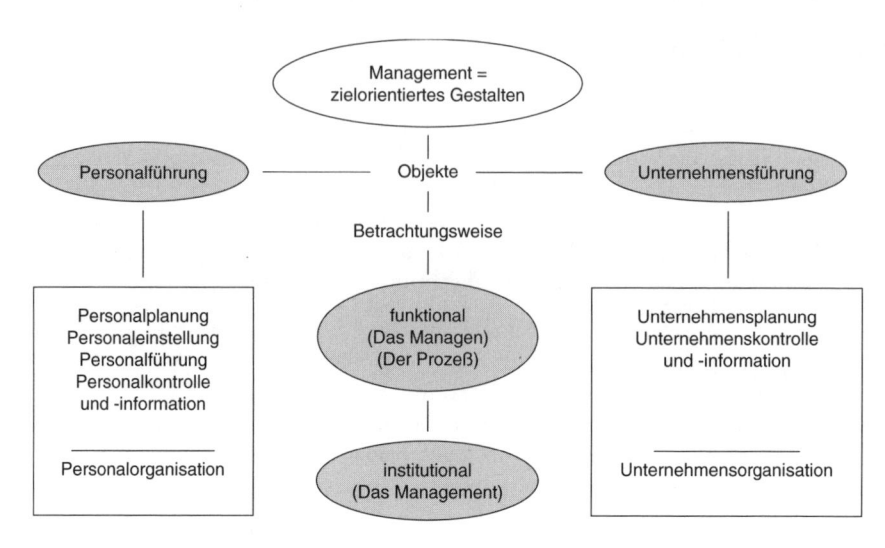

Abbildung 2-17: Aufgaben des Managements [Schneck, 1997]

holenden Zyklus. Abbildung 2-18 zeigt die durch Information und Kommunikation integrierten klassischen Aufgaben des Managements im phasenorientierten *„Managementzirkel"*.

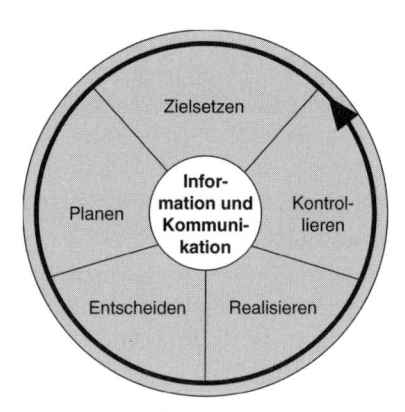

Abbildung 2-18: Aufgaben des Managements – „Managementzirkel" [Bullinger, 1994]

Bei Managementprozessen sind Personal, Organisation und Technik unter Beachtung ökonomischer, normativer und ethischer Vorgaben aufeinander abzustimmen. Dabei sind sowohl strategische als auch operative Aufgaben zu erfüllen [Bullinger, 1994].

Strategisches Management beschäftigt sich mit den Problemen der langfristigen Unternehmensentwicklung. Das Prinzip des strategischen Managements besteht darin, für ein Unternehmen Chancen zu erarbeiten und zu sichern, sowie Risiken zu vermindern oder zu vermeiden [Heinen, 1985]. Die Richtschnur des Handelns der mit strategischen Aufgaben betrauten Manager liegt in der Identifikation, Schaffung, Erhaltung und Weiterentwicklung von Erfolgspotentialen [Gälweiler, 1986].

Im Unterschied zum strategischen Management hat *operatives Management* mit kurz- bis mittelfristigen Problemen der Realisierung von strategischen und operativen Programmen und dem täglichen Geschäftsablauf zu tun. Es zielt auf die Umsetzung von Erfolgspotentialen in tatsächlichen Erfolg, ohne damit die langfristigen Erfolgspotentiale zu schädigen oder zu gefährden [Gälweiler, 1979].

Aufgrund des wachsenden Stellenwerts, den viele Unternehmen inzwischen ihrer Innovationsfähigkeit beimessen, ist klar: Wie andere betriebliche Prozesse müssen auch Innovationen „gemanagt" werden. Das in diesem Buch behandelte FuE-Management ist ein wesentlicher Bestandteil dieses Innovationsmanagements.

Literaturhinweise

Arthur D. Little (Hrsg.) (1991): Management der F&E-Strategie, Wiesbaden, Gabler 1991

Berth, R. (1993): The Return of Innovation – Eine Anleitung zur Verbesserung Ihrer Innovationskraft, Düsseldorf, Kienbaum Forum 1993

Brockhoff, K. (1992): Forschung und Entwicklung: Planung und Kontrolle, 3. Auflage, München, Oldenbourg 1992

Bürgel, H. D.; Haller, C.; Binder, M. (1996): F&E-Management, München, Vahlen 1996

Bullinger, H. J. (1994): Einführung in das Technologiemanagement: Modelle, Methoden, Praxisbeispiele, Stuttgart, Teubner 1994

Canon Inc. (2000): Canon Story, http://www.canon.de, 1999–2000

Edge, G.; Klein, J. A.; Hiscocks, P. G.; Plasonig, G. (1995): Technologiemanagement im Konzept der Unternehmensführung, in: Zahn, E. (Hrsg.): Handbuch Technologiemanagement, Stuttgart, Schäffer-Poeschel 1995, S. 185–217

Europäische Kommission (1995): Grünbuch zur Innovation. Vorentwurf. Dezember 1995, http://europa.eu.int/en/record/green/gp9512/ind_inn.htm, Stand: 15.03.2000

Gabler (1993): Gabler Wirtschafts-Lexikon, 13. Auflage, Wiesbaden, Gabler 1993

Gälweiler, A. (1979): Strategische Geschäftseinheiten (SGE) und Aufbauorganisation der Unternehmung, in: Zeitschrift für Führung und Organisation, 5/1979, S. 252–260

Gälweiler, A. (1986): Unternehmensplanung. Grundlagen und Praxis, Frankfurt, Campus 1986

Gebert, D. (1979): Innovation – Organisationsstrukturelle Bedingungen innovatorischen Verhaltens, in: Zeitschrift für Führung und Organisation 5/1979, S. 283–292

Haß, W. J. (1983): Die Messung des technischen Fortschritts, München, Florentz 1983

Hauschildt, J. (1997): Innovationsmanagement, 2. Auflage, München, Vahlen 1997

Heinen, E. (1985): Industriebetriebslehre, 8. Auflage, Wiesbaden, Gabler 1985

Heitmann, K. (1983): Forschungs- und Entwicklungsmanagement in der optischen Industrie, in: Blohm, H.; Danert, G. (Hrsg.): Forschungs- und Entwicklungsmanagement, Poeschel, Stuttgart 1983, S. 49–55

Höft, U. (1992): Lebenszykluskonzepte: Grundlage für das strategische Marketing- und Technologiemanagement, Berlin, Schmidt 1992

Lang, P. (1990): Technologieorientierung im strategischen Management, in: Tschirky, H.; Hess, W. (Hrsg.): Technologie-Management – Erfolgsfaktor von zunehmender Bedeutung, Industrielle Organisation, Zürich 1990, S. 31–70

Macharzina, K. (1993): Unternehmensführung, Wiesbaden, Gabler 1993

Osterloh, M. (1994): Neue Ansätze im Technologiemanagement: Vom Technologieportfolio zum Portfolio der Kernkompetenzen, in: IO Management 5/1994, S. 47–50

Perillieux, R. (1987): Der Zeitfaktor im strategischen Technologiemanagement: Früher oder später Einstieg bei technischen Produktinnovationen?, Berlin, Schmidt 1987

Schneck, O. (1997): Betriebswirtschaftslehre – Eine praxisorientierte Einführung mit Fallbeispielen, Frankfurt, Campus 1997

Schierenbeck, H. (1995): Grundzüge der Betriebswirtschaftslehre, 12. Auflage, München, Oldenbourg 1995

Siemens AG (1991): Interne Unterlagen, Zentralabteilung Technik, München 1990/1991

Staehle, W. H. (1991): Management – Eine verhaltenswissenschaftliche Perspektive, 6. Auflage, München, Vahlen 1991

Staehle, W. H. (1994): Management – Eine verhaltenswissenschaftliche Perspektive, 7. Auflage, München, Vahlen 1994

Staudt, E. (1985): Innovation, in: Die Betriebswirtschaft, 45. Jg., Nr. 4, 1985, S. 486–487

Weule, H. (1995): Technologiemanagement im integrierten Technologiekonzern, in: Zahn, E. (Hrsg.): Handbuch Technologiemanagement, Stuttgart, Schäffer-Poeschel 1995, S. 727–757

Zahn, E. (Hrsg.) (1995): Handbuch Technologiemanagement, Stuttgart, Schäffer-Poeschel 1995

3 FuE im Unternehmen – Strategie und Organisation

> *„Die Zukunft soll man nicht voraussehen wollen,
> sondern möglich machen."*
> *(Antoine de Saint-Exupéry)*

3.1 Einleitung

Jedes Unternehmen muß sich mit der Entwicklung der wesentlichen internen und externen Einflußgrößen auseinandersetzen. Mit diesem „strategischen" Diskussions- bzw. Entscheidungsprozeß entwickelt das Unternehmen seine Gesamt- und Teilziele und die zur Zielerreichung notwendigen Vorgehensweisen. Ein wichtiges Element bei der Umsetzung der Unternehmensziele ist die Organisation des Unternehmens. Dieses Kapitel beschäftigt sich mit der Organisationsstruktur eines Unternehmens und seiner strategischen Ausrichtung, wobei im einzelnen die folgenden Fragen beantwortet werden:

- Welche Organisationsformen von Unternehmen gibt es?
- Wie kann FuE in die Organisationsstruktur eines Unternehmens eingebunden werden?
- Nach welchen Kriterien erfolgt die Innenstrukturierung von FuE?
- Wie entwickelt sich eine Unternehmensstrategie?
- Woran orientiert sich die FuE-Strategie?
- Welche Faktoren beeinflussen die FuE-Strategie? Was sind ihre Inhalte?

3.2 Organisation von Unternehmen

Die *Organisationsstruktur* stellt die Gesamtheit der Regelungen eines Unternehmens als Mittel zur Zielerreichung dar und bildet den Rahmen für die ablaufenden Prozesse [Schanz, 1982]. Mit der Festlegung der Organisationsstruktur bestimmt ein Unternehmen auf grundlegende Art und Weise, auf welchem Weg und in welcher Form die Koordination und Kommunikation zwischen den einzelnen Funktionsbausteinen im Unternehmen abzulaufen haben.

Die Organisation eines Unternehmens läßt sich in Aufbau- und Ablauforganisation unterteilen (s. Abbildung 3-1):

Mit der *Aufbauorganisation* eines Unternehmens wird seine dauerhaft wirksame aufgabenteilige organisatorische Struktur bezeichnet. Sie gibt u.a. an, welche *Orga-*

nisationseinheiten (Stellen, Abteilungen, Sachmittel) vorhanden sind und welche *statischen Beziehungen* (Kompetenz, Weisungsbefugnis, Kommunikation) zwischen diesen Einheiten *formal* existieren. Mit aufbauorganisatorischen Regelungen wird die Gesamtaufgabe eines Unternehmens auf die verschiedenen organisatorischen Einheiten arbeitsteilig zugewiesen [Bullinger, 1994].

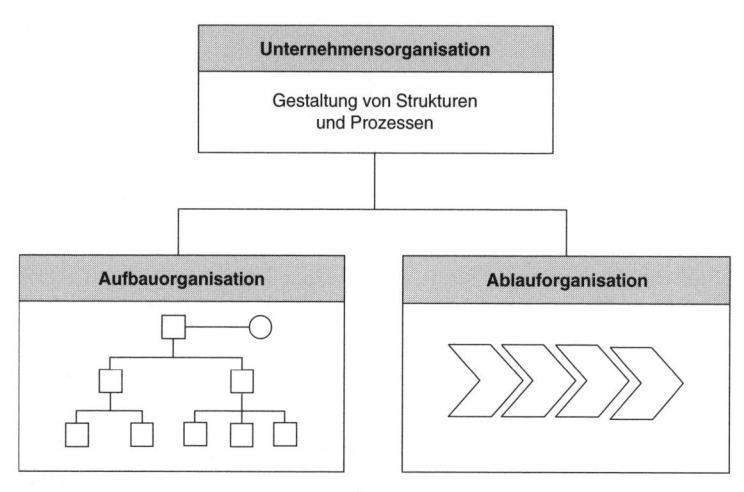

Abbildung 3-1: Organisation eines Unternehmens

Der Aufbau des Gesamtunternehmens wird als die *Rahmenstruktur* des Unternehmens bezeichnet. Die *Detailstruktur* beschreibt den Aufbau eines Unternehmensbereiches (z.B. des FuE-Bereiches).

Die Ordnungsstruktur der in Raum und Zeit ablaufenden Arbeit (Arbeitserfüllung) wird als **Ablauforganisation** bezeichnet. Sie beschreibt den dynamischen Beziehungszusammenhang der Aufgabenerfüllungsprozesse. Die Ablauforganisation ergänzt damit die Aufbauorganisation um die *dynamischen, raum-zeitlichen Aspekte*. Vereinfachend kann gesagt werden, daß die Aufbauorganisation *inhaltlich* klärt, was zu tun ist, während die Ablauforganisation beschreibt, *wie* die Aufgabe zu erfüllen ist [Bullinger, 1994].

Da keine allgemeingültigen Aussagen hinsichtlich einer optimalen Organisationsform getroffen werden können, müssen bei der Auswahl eines bestimmten Organisationsaufbaus jeweils die branchen- und firmentypischen Einflußfaktoren berücksichtigt werden. Daher findet sich in der Praxis eine Vielzahl verschiedener Formen des Organisationsaufbaus, die auf den in Abbildung 3-2 dargestellten Formen basieren.

Bei der *funktionalen Organisation* wird das Unternehmen in gleichberechtigt nebeneinander stehende Funktionsbereiche gegliedert, wie Beschaffung, Produktion,

3.2 Organisation von Unternehmen

```
                    Unternehmensleitung
           ┌────────────────┼────────────────┐
      Beschaffung       Produktion         Absatz

           funktionale Unternehmensorganisation


                    Unternehmensleitung
           ┌────────────────┼────────────────┐
      Produktgruppe A   Produktgruppe B   Produktgruppe C

            divisionale Unternehmensorganisation
```

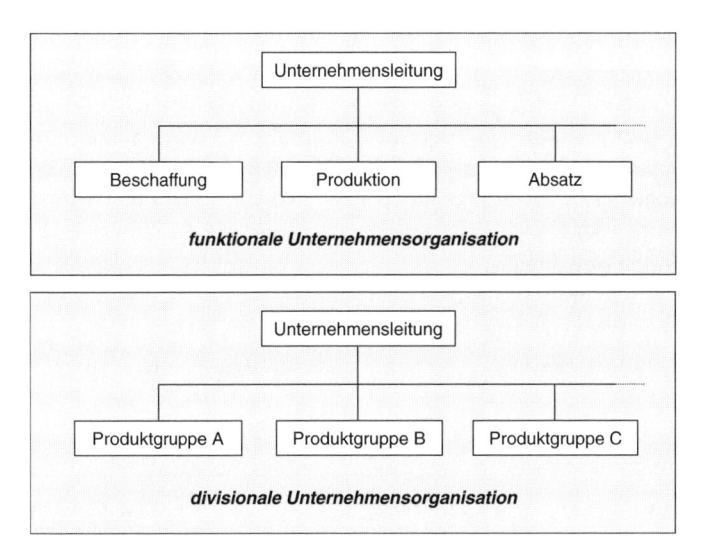

Abbildung 3-2: Funktionale und divisionale Unternehmensorganisation

Vertrieb, FuE usw. Im gesamtunternehmerischen Prozeß der Leistungserstellung erfüllt jeder Bereich im Sinne des *Taylor'schen* Prinzips der Arbeitsteilung eine spezialisierte Aufgabe. Die Koordination dieser Bereiche unterliegt der Unternehmensleitung.

Die funktionale Organisationsform ist in der Praxis sehr weit verbreitet und findet sich vor allem in kleineren und mittleren Unternehmen, aber auch in Großbetrieben mit einem homogenen Produktprogramm und weitgehend fehlender Diversifikation in technologischer oder regionaler Hinsicht.

Kommt es durch die Verbreiterung der Produktpalette oder infolge technologischer bzw. regionaler Diversifikation zu einem Wachstum des Unternehmens, stößt die funktional ausgerichtete Organisation an ihre Grenzen. In diesem Fall erweist sich eine *divisionale Gliederung des Unternehmens* als sinnvoll. Bei dieser Unternehmensorganisation erfolgt auf der zweiten Hierarchieebene, unterhalb der Unternehmensleitung, eine Zentralisierung der Unternehmensfunktionen nach Objektgesichtspunkten. Im Einzelfall ist zu entscheiden, ob sich eine Gliederung nach Produktlinien, Kundengruppen oder Absatzmärkten anbietet.

Die divisionale Organisationsform wird hauptsächlich in größeren Unternehmen angewandt, wobei die Bereiche auf gleicher Hierarchiestufe weitestgehend unabhängig voneinander arbeiten können und daher kein großer Abstimmungs- und Koordinierungsaufwand notwendig sind. Auf der anderen Seite finden aber auch keine bereichsübergreifenden Abstimmungsprozesse und keine gemeinsame Ressourcennutzung statt, die Synergieeffekte bewirken könnten.

Als **Mischform** von Divisional- und Funktionalorganisation kann die zweidimensionale *Matrixorganisation* angesehen werden. Charakteristisch hierfür ist die gleichzeitige und möglichst gleichberechtigte Koordination nach zwei unterschiedlichen Aufgabendimensionen. In dem in Abbildung 3-3 dargestellten Organigramm repräsentieren die Zeilen die Funktionsbereiche bzw. Fachabteilungen und die Spalten die verschiedenen Produktgruppen bzw. Projekte. Bei der *Tensororganisation* schließlich wird sogar nach drei Aspekten gegliedert, z.B. Funktion, Produkt und Region (s. Abbildung 3-9).

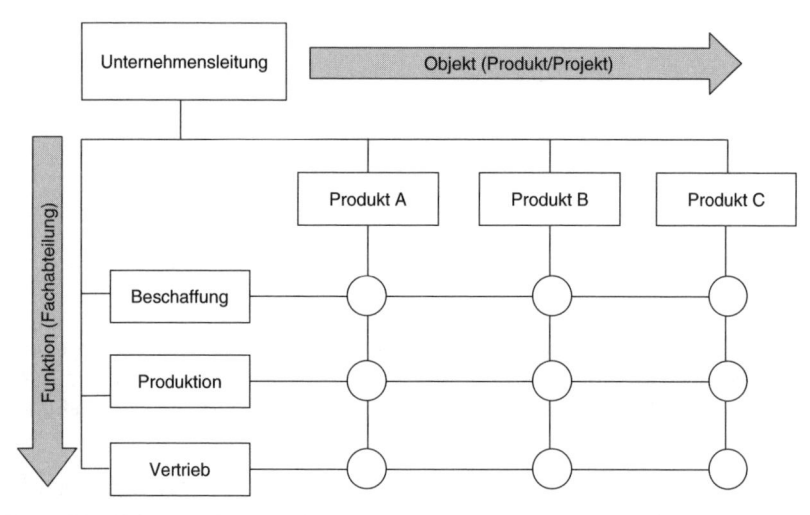

Abbildung 3-3: Matrixorganisation schematisch (in Anlehnung an [Bullinger, 1994])

Diese verschiedenen Formen der Unternehmensorganisation bilden den Ausgangspunkt für den nächsten Abschnitt, der die möglichen Formen der Eingliederung von FuE in die Organisationsstruktur des Unternehmens behandelt.

3.3 Eingliederung von FuE in die Organisationsstruktur

Zur Eingliederung der FuE in die Organisationsstruktur eines Unternehmens bedarf es einer näheren Betrachtung der *Innenstruktur der FuE* selbst. Die Aufgaben von Forschung und von Entwicklung sind meist unterschiedlich und haben zudem verschiedene zeitliche Reichweiten. Um vor allem den Ablauf der Entwicklung optimal zu gestalten, wird bei großen und mittleren Unternehmen eine differenziertere Strukturierung praktiziert, die FuE in Forschung, Vorentwicklung und Entwicklung einteilt (s. Abbildung 3-4).

3.3 Eingliederung von FuE in die Organisationsstruktur

	Marktrelevanz in/nach
Forschung — Übergreifende Technologiebereitstellung für zukünftige Produkte und Geschäfte	5 – 15 Jahren
Vorentwicklung — Entwicklung von Systemen und Komponenten der übernächsten Generation	4 – 8 Jahren
Entwicklung — Definierte Produkte zeit-/kostengerecht in den Markt bringen	3 – 5 Jahren

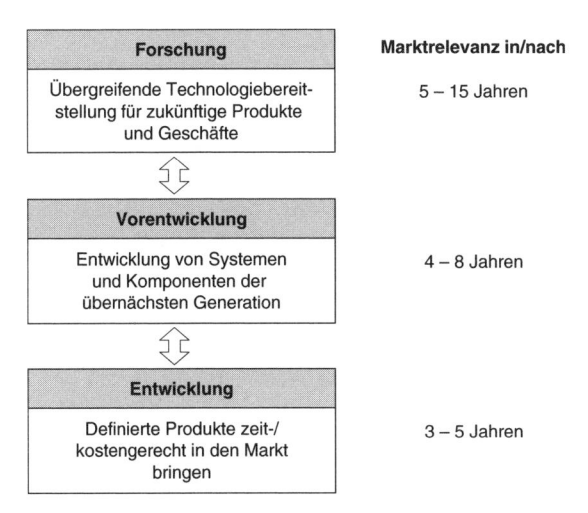

Abbildung 3-4: Strukturierung von FuE

Die *Forschung* liefert die Grundlagen im Sinne einer Technologiebereitstellung für die Produkte der mittel- bis langfristigen Zukunft. Darin ist der lange Vorlauf von 5 – 15 Jahren vor der Marktrelevanz begründet. In der *Vorentwicklung* findet bereits frühzeitig, ca. 4 – 8 Jahre vor dem Auftauchen des Produktes am Markt und teilweise überlappend oder direkt im Anschluß an aktuelle Forschungsergebnisse, die Beschäftigung mit den Produkten der übernächsten Generation statt. Die traditionelle Aufgabe der Vorentwicklung besteht darin, einen Lösungsbaukasten zur Verfügung zu stellen, auf dessen Basis Lösungen in der Entwicklung erarbeitet werden. Teilweise wird die Vorentwicklung bereits an produktgruppenbezogenen Belangen orientiert für die Unterorganisationen bzw. Konzerneinheiten durchgeführt. Die Serienreife der Produkte wird dann durch die *Entwicklung* vorangetrieben, die den Prozeß bis zur Marktreife begleitet.

Durch eine solche Innenstrukturierung der FuE können Aufgaben und Verantwortlichkeiten zwischen den einzelnen Teilfunktionen abgestimmt und die Teilbereiche in separaten Organisationsstrukturen verankert werden. Die Schnittstellen zwischen den Teilbereichen und der Know-how-Transfer müssen allerdings auch organisatorisch-strukturell (u.a. durch projektbegleitende Personaltransfers) unterstützt werden [Brecht, 1991].

Nach diesen Anmerkungen zur Innenstrukturierung nun zur *Eingliederung der FuE in die Organisationsstruktur des Unternehmens*: In der Literatur werden drei verschiedene Einordnungsmethoden genannt, den gesamten FuE-Block oder auch nur Teile davon in die Organisationsstruktur eines Unternehmens einzugliedern. Dies sind die zentrale, dezentrale und kombinierte Eingliederungsform.

Zentrale Einbindung der FuE

Bei einer *funktionalen* Aufbauorganisation kann die FuE als *gleichrangiger Teilbereich* neben Beschaffung, Produktion, Absatz, Verwaltung, usw. in das Unternehmen eingebunden werden (s. Abbildung 3-5). Eine derartige Gestaltung berücksichtigt zwar die Unterschiedlichkeit der Aufgaben in den einzelnen Bereichen, läßt jedoch die Gestaltung der Beziehungen zwischen FuE und anderen Bereichen offen. Um eine Integration von FuE (im Gegensatz zur Koordination durch die oberste Leitung) und den übrigen Bereichen herzustellen, werden in der Praxis folgende Wege vorgeschlagen [Bleicher, 1991]:

- Bildung von Stabsstellen der obersten Leitung,
- Bildung von Ausschüssen bei der obersten Leitung,
- Bildung von Projektgruppen („project steering committees").

Ausschüsse und Gruppen werden zumeist aus Vertretern aller Bereiche zusammengesetzt.

Bei der *divisionalen* Aufbauorganisation besteht die Möglichkeit der Einbindung als Stab oder als zentraler Bereich.

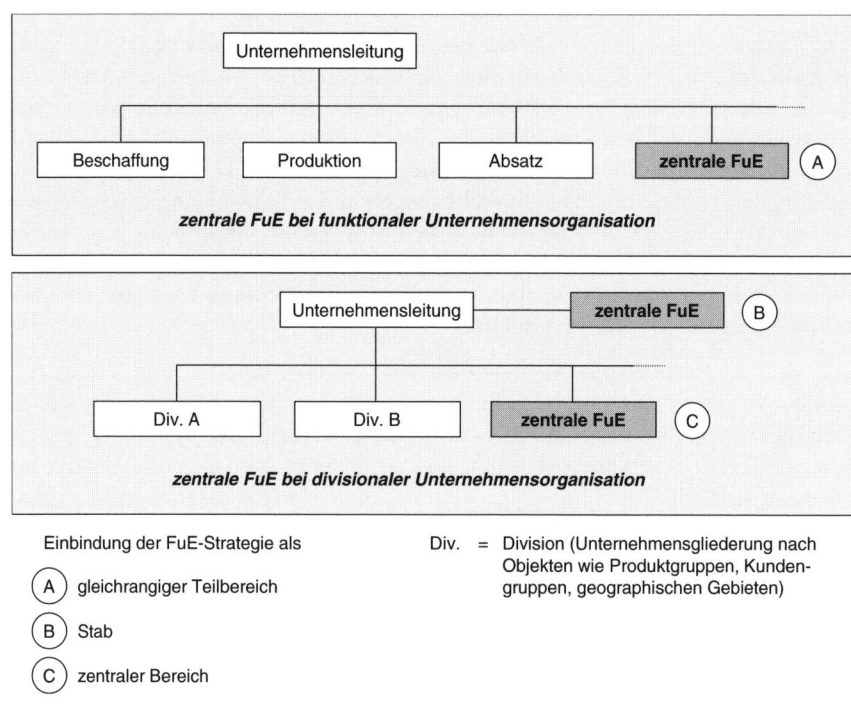

Abbildung 3-5: Zentrale Einbindung der FuE in die Unternehmensorganisation (in Anlehnung an [Bürgel et al., 1996])

3.3 Eingliederung von FuE in die Organisationsstruktur

Dezentrale Einbindung der FuE

Bei *divisionaler* Aufbauorganisation vollziehen sich alle FuE-Aktivitäten autonom in den jeweiligen Objektbereichen (s. Abbildung 3-6). Die dezentralen FuE-Bereiche arbeiten überwiegend für den Organisationsbereich, dem sie jeweils direkt unterstellt sind. Selbst bei Unternehmungen mit geringer technischer Affinität zwischen den Objektbereichen wird diese rein dezentrale Lösung selten verwirklicht sein, da grundsätzlich auf synergetisches Potential verzichtet wird. Die Aufnahme neuartiger, zukunftsorientierter Objektbereiche (Diversifizierung) kann hier kaum durch eigene FuE-Aktivitäten unterstützt werden [Bleicher, 1991].

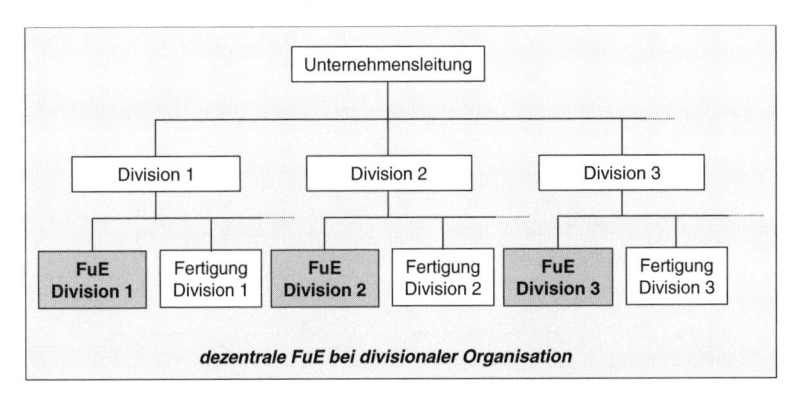

Abbildung 3-6: Dezentrale Einbindung der FuE in die Unternehmensorganisation [Gerpott, 1995]

Kombinierte Einbindung der FuE

Letztlich besteht die Möglichkeit einer kombinierten Einbindung, also einer Mischform aus zentraler und dezentraler Einbindung von FuE in die Unternehmensorganisation. Diese zeichnet sich dadurch aus, daß nur langfristige und bereichsübergreifende FuE-Aktivitäten von der zentralen FuE durchgeführt werden, während die dezentralen FuE-Abteilungen sich stark an den Bedürfnissen der zugeordneten Bereiche orientieren. Es ist z.B. zweckmäßig, die Forschung zentral zu betreiben und deren Ergebnisse den dezentralen Entwicklungseinheiten zur Verfügung zu stellen. In ähnlicher Form sorgt die zentrale Entwicklungskoordination für eine einheitliche Abstimmung aller Entwicklungsprojekte über die Grenzen der Produktbereiche hinweg [Bleicher, 1991].

In der Praxis haben die meisten Unternehmen eine kombinierte Einbindung der FuE. Als Beispiele seien die folgenden zwei Unternehmen unterschiedlicher Größe und mit unterschiedlichen Produktpaletten genannt:

Beispiel: Asea Brown Boveri (ABB)

ABB ist ein weltweit tätiger Konzern, der aus einem engen Verbund von drei Ländergesellschaften (Deutschland, Schweiz, Schweden) besteht. Die deutsche ABB zählt zu den führenden Unternehmen der Elektro-, Energie- und Umwelttechnik.

ABB Deutschland ist dezentral organisiert: Rund 50 Tochtergesellschaften mit mehr als 60 Produktionsstätten zeichnen für das operative Geschäft verantwortlich. Diese Gesellschaften werden von der Asea Brown Boveri AG, Mannheim, als Management-Holding koordiniert und geführt (insgesamt beschäftigt der Konzern in Deutschland mehr als 25 000 Mitarbeiter und erwirtschaftete 1997 einen Umsatz von 8 Mrd. Mark). Die Schwerpunkte der Geschäftstätigkeit sind in Abbildung 3-7 dargestellt.

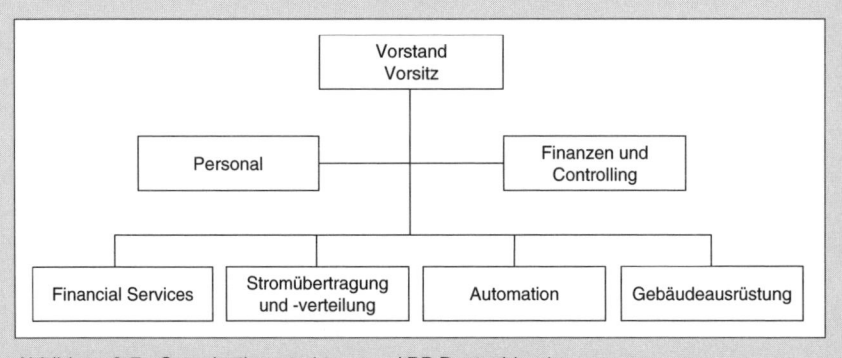

Abbildung 3-7: Organisationsstruktur von ABB Deutschland

ABB hat eine segmentübergreifende, auf die internen FuE-Kunden orientierte zentrale Forschung, die aus einem weltweiten Verbund von insgesamt acht Forschungszentren besteht. Vorentwicklung und Entwicklung sind dezentral eingebunden. Bei ABB waren 1998 in Forschung und Entwicklung insgesamt 20 000 Mitarbeiter beschäftigt, davon 1250 in den Forschungszentren. Die Aufwendungen für die Forschung betrugen 2463 Mio. US-$. Die ABB-Forschung weist eine Matrixorganisation bestehend aus einer nach Technologiegebieten/-feldern gegliederten Laborstruktur (Technologieorientierung) und einer horizontal auf die Geschäftsfelder fokussierten Programm-Management-Funktion auf (s. Abbildung 3-8).

Kernelemente der ABB-Forschungsorganisation sind:
- vertikale technologieorientierte regionale Laboratorien,
- horizontale technologieorientierte Programmstruktur,
- dezentrale Verwaltungs- und Dienstleistungsbereiche in den Forschungslaboratorien,
- gemeinsame Technologieverantwortung für den Konzern zusammen mit Segment-Technologieverantwortlichen.

3.3 Eingliederung von FuE in die Organisationsstruktur

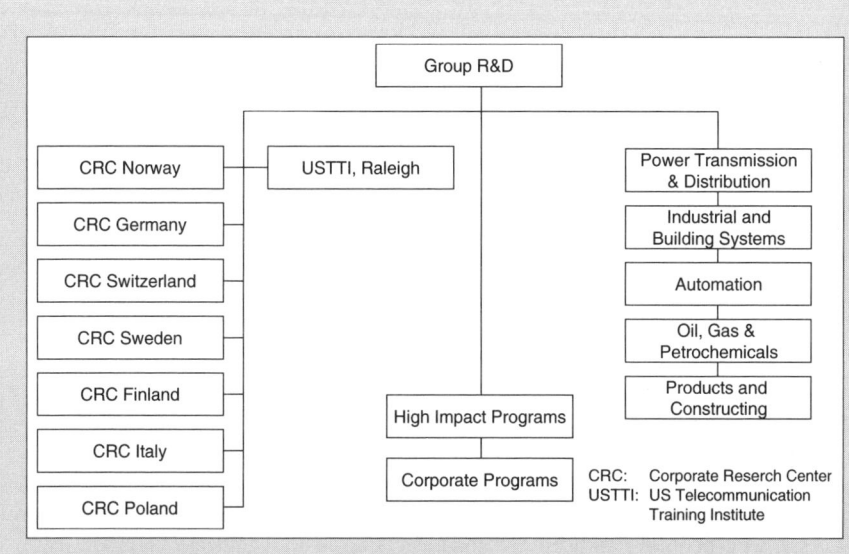

```
                          Group R&D
                              |
  ┌──────────┬───────────────┼──────────────┐
CRC Norway   USTTI, Raleigh              Power Transmission
                                          & Distribution
CRC Germany                              Industrial and
                                          Building Systems
CRC Switzerland                          Automation
CRC Sweden                               Oil, Gas &
                                          Petrochemicals
CRC Finland   High Impact Programs       Products and
                                          Constructing
CRC Italy
              Corporate Programs    CRC:  Corporate Reserch Center
CRC Poland                          USTTI: US Telecommunication
                                           Training Institute
```

Abbildung 3-8: Organisation der *ABB*-Forschung

Durch die zentrale Einbindung der Forschung im *ABB*-Konzern können die anderen Konzernbereiche und Tochtergesellschaften ihre Forschungsaufträge an die zentrale Forschungsabteilung vergeben. Dieses Beispiel zeigt, wie im Unternehmen Forschung zentral und Vorentwicklung und Entwicklung dezentral eingebunden werden.

Beispiel: Hilti AG

Die Organisation von *Hilti* in den Jahren 1990 bis 1995 stellt ein gutes Beispiel für eine kundenorientierte Organisationsstruktur durch eine sog. *„Tensororganisation"* dar (s. Abbildung 3-9). Die Firma richtete ihr Angebot an Kunden in fünf Regionen der Welt, die von drei *„Strategischen Business Units"* (SBUs) überlagert wurden. Diese wurden auch als „Advokaten der Kunden" bezeichnet und gliederten sich in die Kundengruppen Bau, Installationstechnik sowie Industrie und Behörden. Die Bereitstellung des Systemangebots war die Aufgabe der vier *Divisionen* Direktmontage, Bohrmontage, Dübeltechnik und Bauchemie. Diese Struktur gewährleistete gleichzeitig eine Ausrichtung nach Produktgruppen und bestimmten Märkten.

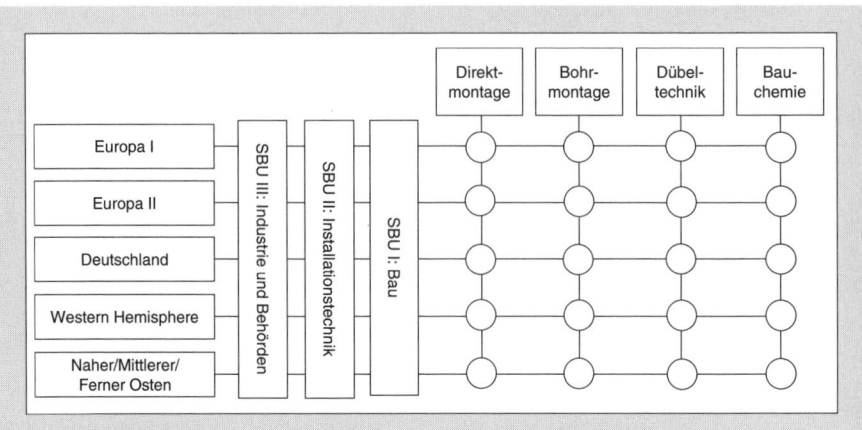

Abbildung 3-9: Kundenorientierte Tensorstruktur der *Hilti AG* 1995

Forschung und Entwicklung war zu dieser Zeit bei *Hilti* zu einem kleinen Anteil *zentral* (Konzern-Forschung), *überwiegend aber dezentral* angesiedelt. Die Konzern-Forschung nahm für die gesamte Gruppe eine zentrale Funktion ein. Sie stellte den Divisionen neuestes Wissen, neueste Technologien und leistungsstarke Entwicklungstools zur Verfügung. Die Rolle der zentralen Forschung lag zum einen in der Verfolgung und Bewertung technologischer Trends (Technologie-Beobachtung), zum anderen in der Abklärung und Dokumentation der technischen Machbarkeit ausgewählter Lösungsansätze (Technologie-Bereitstellung). Abbildung 3-10 zeigt die projektbetonte Organisationsstruktur der Konzern-Forschung, welche vier strategische Stoßrichtungen umfaßte, nämlich Grundlagen-, Technologie-, Applikations- und Arbeitsablauf-Forschung. Innerhalb dieser Stoßrichtungen sind wiederum sieben Forschungsfelder definiert.

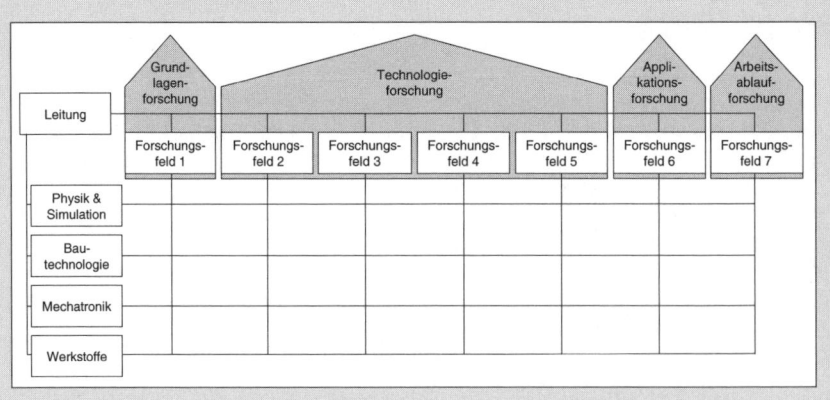

Abbildung 3-10: Organisationsstruktur der Konzern-Forschung der *Hilti AG* 1995

3.3 Eingliederung von FuE in die Organisationsstruktur

Die Einbindungsformen von FuE in die Organisationsstruktur sind zeitlichen Veränderungen unterworfen. Der Grund dafür: Eine zunehmende Vielfalt sich rasch ändernder Aufgaben muß immer schneller und wirtschaftlicher bewältigt werden. Eine repräsentative Studie des *Industrial Research Institute Inc.* zeigt, daß der größte Teil der Unternehmen eine kombinierte Einbindungsform der FuE bevorzugt (s. Abbildung 3-11). Die 1995 durchgeführte Studie kam auf der Grundlage von Befragungen in 120 namhaften Unternehmen zu dem Ergebnis, daß in nicht weniger als 63 % der befragten Unternehmen eine Kombination aus zentraler und dezentraler Einbindung verwirklicht ist.

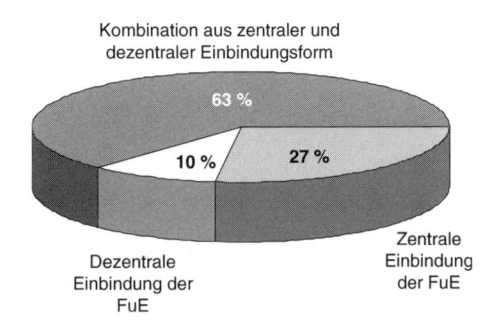

Abbildung 3-11: Einbindungsformen der FuE in Unternehmen [Industrial Research Institute, 1995]

Eine 1999 durchgeführte Studie zur Forschung im Industrie- und Dienstleistungssektor in Deutschland kam zu einem ähnlichen Ergebnis [Weule/Mussa, 1999]. Diese auf der Basis der Daten von 35 umsatzstarken Unternehmen erstellte Studie zeigt, daß 62 % der befragten Unternehmen eine kombinierte Einbindung von FuE realisiert haben.

Neben der Frage der Einbindung der FuE im Unternehmen muß die Frage der Strukturierung der FuE an sich gestellt werden. Neben der schon angesprochenen Innenstruktur (Forschung, Vorentwicklung, Entwicklung – zeitlicher Aspekt) gibt es eine zweite Strukturierungsmöglichkeit der FuE: Je nachdem, welches Element des FuE-Blocks betrachtet wird, gibt es grundsätzlich die Strukturierungsmöglichkeiten nach

- *Technologie/Fähigkeit* oder nach
- *Produkt/Komponente/Prozeß*.

Tendenziell wird Forschung mehr nach Technologie/Fähigkeit strukturiert und Vorentwicklung und Entwicklung mehr nach Produkt/Komponente/Prozeß.

Der Einteilung nach Technologie/Fähigkeit liegt das technisch-wissenschaftliche Fachgebiet als Einteilungskriterium zugrunde. Die Einteilung nach Produkt/Komponente/Prozeß sorgt für eine starke Ausrichtung an Markt- und Kundenbedürfnissen.

In der Praxis treten überwiegend Mischformen dieser Einteilungsmöglichkeiten auf.

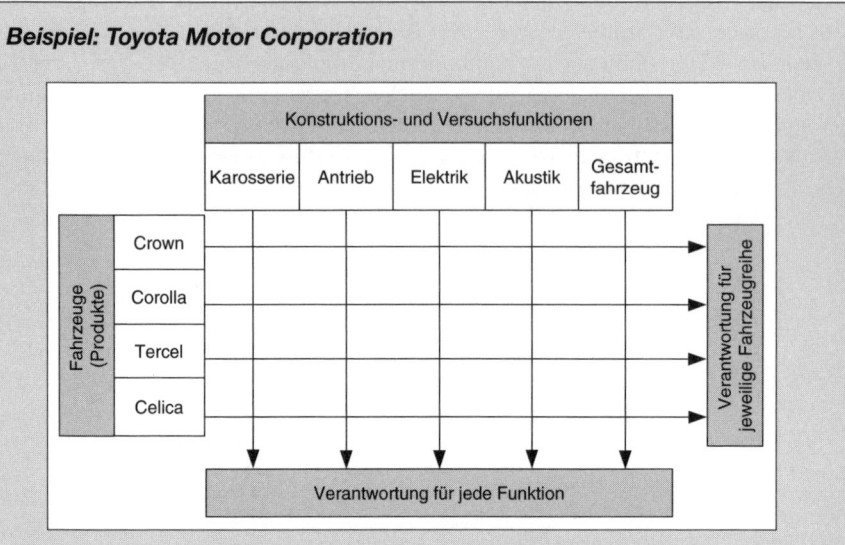

Beispiel: Toyota Motor Corporation

	Konstruktions- und Versuchsfunktionen				
Fahrzeuge (Produkte)	Karosserie	Antrieb	Elektrik	Akustik	Gesamtfahrzeug
Crown						→ Verantwortung für jeweilige Fahrzeugreihe
Corolla					
Tercel					
Celica					
↓ Verantwortung für jede Funktion					

Abbildung 3-12: Matrixorganisation der Entwicklung bei *Toyota* [Brecht, 1991]

Am Beispiel von *Toyota* ist in Abbildung 3-12 die Matrixorganisation des Entwicklungsbereiches, eine Einteilung nach *Produkten/Produktfamilien* und *Technologie/Komponenten*, dargestellt. Diese Organisationsform ermöglicht im Hinblick auf die Einzelkomponenten ein sehr hohes produktübergreifendes Fachwissen. Strukturorganisatorisch wird die Matrixorganisation bei *Toyota* durch eine Projektmanagementorganisation unterstützt. Das für die jeweiligen Produkte verantwortliche Projektmanagement definiert die technischen Anforderungen für die Komponentenentwicklung und überwacht und koordiniert die einzelnen Arbeiten. Dabei trägt das Projektmanagement die alleinige Verantwortung für die Kosten-, Qualitäts- und Zeitziele. Durch die Aufteilung nach Produkten wird die Kontrolle über die Wirtschaftlichkeit des gesamten Produktes erleichtert. Die langfristigen Forschungsprojekte werden bei *Toyota* in der zentralen, sehr unabhängigen Konzernforschung bearbeitet.

Nach den Organisationsformen von Unternehmen und den Einbindungsmöglichkeiten von FuE wird in den nächsten Abschnitten auf die Frage der strategischen Ausrichtung des Unternehmens mit seinen Organisationseinheiten eingegangen.

3.4 Bildung einer Unternehmensstrategie

Die Unternehmensstrategie bringt zum Ausdruck, wie ein Unternehmen seine bestehenden und potentiellen Stärken dazu nutzt, Umweltbedingungen und deren Veränderungen gemäß den unternehmerischen Absichten zu begegnen. Ziel dabei ist nicht, die unternehmerischen Kräfte an sich zu entwickeln, sondern – immer am Wettbewerb ausgerichtet – eine maximale relative Differenz zu den verschiedenen Mitbewerbern aufzubauen. Beim strategischen Denken geht es also stets darum, durch geschickten Einsatz der begrenzten Ressourcen einen relativen Vorteil auf einem entscheidenden Feld zu erreichen [Bullinger, 1994].

Im Prozeß der Unternehmensstrategie-Bildung lassen sich verschiedene Arten von Strategien unterscheiden, deren Zusammenwirken die allgemeine Richtung angibt, in die sich ein Unternehmen entwickelt. Bevor darauf eingegangen wird, soll zunächst jedoch geklärt werden: Was bedeutet eigentlich „Strategie"?

> *Strategie* läßt sich definieren als die Gesamtheit von grundsätzlichen, langfristigen, praxisorientierten Handlungsempfehlungen und Vorgehensweisen zur Erreichung festgelegter unternehmenspolitischer Zielsetzungen, unter Berücksichtigung von Unternehmensumwelt, Organisation und vorhandenen Ressourcen (vgl. [Porter, 1992], [Hinterhuber, 1990]).

Die *Bedeutung einer Strategie* für das Unternehmen besteht in

- der Wahrung der Stabilität durch weitblickende Regulierung,
- der Nutzung der vorhandenen Potentiale durch gezielten Einsatz der Ressourcen,
- der Erneuerung durch Orientierung an der Unternehmensumwelt,
- der Schaffung neuer Potentiale durch Verarbeitung von Erfahrungen,
- der Nutzung von Synergien zwischen den Teilbereichen.

Abbildung 3-13 zeigt exemplarisch den Zusammenhang zwischen Ziel, Strategie und Technologie. Sie zeigt auch den „Unwert" von Technologie, wenn diese alleine steht.

Jedes Unternehmen verfügt über Strategien, die unbewußt oder durch Planung bei den Vorgehensweisen zur Verfolgung seiner langfristigen Ziele entstanden sind. Fehlt eine allgemeine, abgestimmte Strategie, wird jeder Bereich seine eigene Methode verwenden, die durch seine geschäftliche Orientierung und die Interessen der Verantwortlichen diktiert wird. Selten ist dieses Verhalten als ideal für das Unternehmen zu bezeichnen. Bedeutende Vorteile im Wettbewerb sind dann zu erzielen, wenn aus einer Gesamtunternehmensstrategie – die wiederum aus der Unternehmenspolitik abgeleitet ist – Strategien für die einzelnen Geschäftsfelder abgeleitet werden, d.h. eine Koordination der Intention und Praktiken gemäß den gemeinsamen Zielen erfolgt („Strategisches Zusammenspiel"). Diese Strategien lassen sich in verschiedene Arten bzw. in sich voneinander ableitende Stufen innerhalb des Unternehmens einteilen (s. Abbildung 3-14).

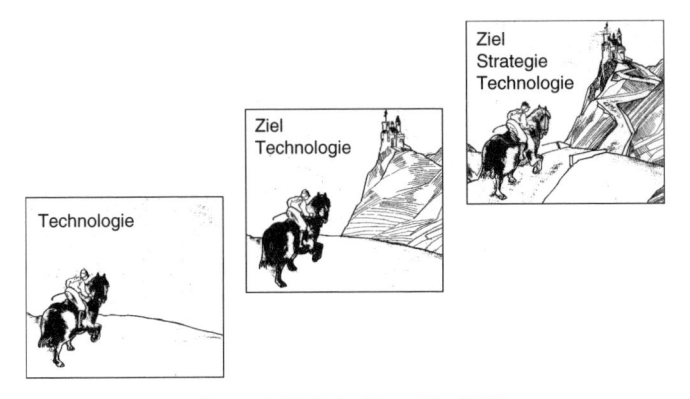

Abbildung 3-13: Bedeutung der Strategie [Daimler-Benz AG, 1996]

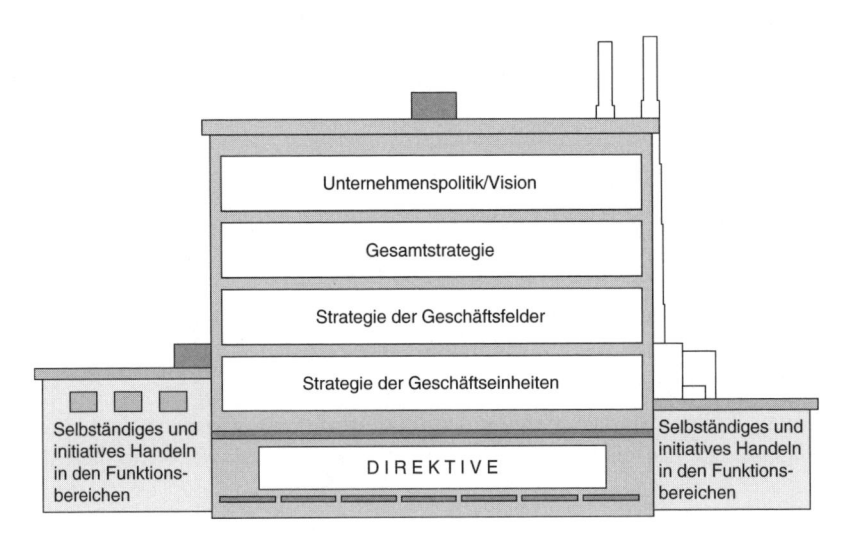

Abbildung 3-14: Strategien im Unternehmen

Die *Unternehmenspolitik* – als methodisches, zielbewußtes Verhalten verstanden – ist eine Gesamtheit von generellen, handlungsweisenden Prinzipien (Ziele, Grundsätze, Strategien), die ein Unternehmen als Ganzes ordnend gestalten soll. Sie ist Ausdruck der Werte, Normen und Ideale der Unternehmensführung [Hinterhuber, 1989].

Die *Unternehmensvision* ist das Bewußtwerden, die Formulierung eines Wunschtraumes. Sie soll eine Vorstellung der Zukunft vermitteln, quasi als „Leitstern", der das Handeln in einem Unternehmen prägt. Eine Unternehmensvision ist somit nicht das Ziel, sondern gibt die Richtung vor, die das Denken, Handeln und Fühlen innerhalb eines Unternehmens lenken soll [Bullinger, 1994]. Unternehmensvisionen sind herausfordernde, aber erreichbare und plausibel erscheinende Vorstellungen für einen langfristigen Zeitraum. Visionen müssen Platz für die Ideen anderer lassen und rational und emotional attraktiv sein, um sich damit identifizieren und somit auch engagieren zu können.

Visionen in diesem Sinne sind für Unternehmen nur von Nutzen, wenn sie Zukunftsbezug (kein Status quo), Realitätssinn (keine Utopie), Ausrichtung auf Wettbewerbsumfeld und Offenheit besitzen. Das zurecht vielfach zitierte Beispiel, in Abbildung 3-15 erklärt, zeigt eindrucksvoll eine solche Vision.

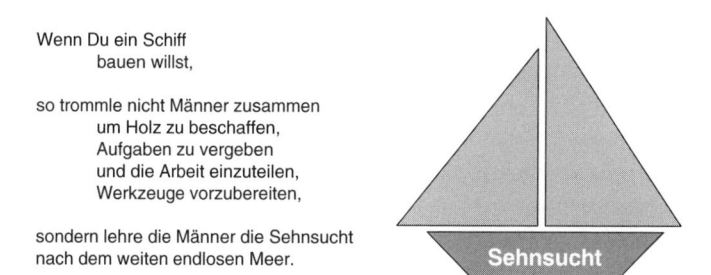

Wenn Du ein Schiff bauen willst,

so trommle nicht Männer zusammen um Holz zu beschaffen, Aufgaben zu vergeben und die Arbeit einzuteilen, Werkzeuge vorzubereiten,

sondern lehre die Männer die Sehnsucht nach dem weiten endlosen Meer.

Sehnsucht

Abbildung 3-15: Beispiel einer Vision [Saint-Exupéry, 1993]

Weitere Beispiele aus dem Unternehmensfeld sind *3M-Minnesota Mining Machining* („Satisfy the unarticulated need of the Customers") und *Motorola Inc.* im Bereich Informationstechnik („What is the next industry we are going to create?").

Um diese Visionen umzusetzen, wird eine Strategie entwickelt; die Vision eines Unternehmens fließt also in seine Unternehmensstrategie ein (s. Abbildung 3-16).

Die *Gesamtstrategie* eines Unternehmens ist der Ausgangspunkt der Unternehmensentwicklung. Die Gesamtstrategie bestimmt, in welchen (neuen) Märkten, Marktsegmenten oder Marktnischen das Unternehmen tätig sein will.

Aus der Gesamtstrategie entwickeln sich *Geschäftsfeldstrategien*, die für die Weiterentwicklung bestehender Geschäfte, den Aufbau neuer Geschäfte und die Erschließung neuer, ausgewählter Märkte zuständig sind.

Die Geschäftsfelder bestehen aus einzelnen Geschäftseinheiten (Produkte oder Produktgruppen), für die ebenfalls Strategien existieren (*Strategie der Geschäftseinheiten*). Die strategische Ausrichtung der Geschäftseinheiten umfaßt zum einen die

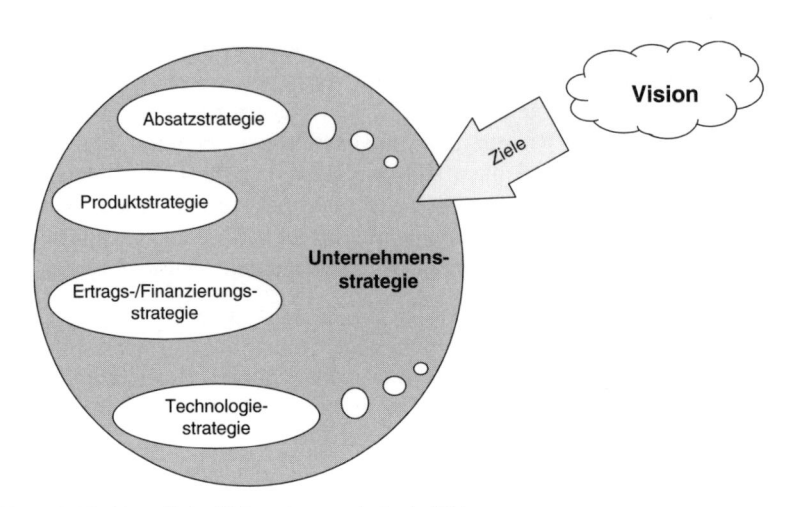

Abbildung 3-16: Prozeß der Unternehmensstrategie-Bildung

Analyse der Ausgangssituation (Stärken/Schwächen und Chancen/Risiken) der angebotenen Produkte. Zum anderen befaßt sie sich mit der Untersuchung von Wettbewerbsvorteilen bzw. -nachteilen einer Geschäftseinheit im Vergleich zur Konkurrenz und der Bestimmung der strategischen Zielposition.

Neben den in der Abbildung 3-14 dargestellten vertikalen Strategieabhängigkeiten gibt es auch horizontale Verknüpfungen (s. Abbildung 3-17). Während bei der *vertikalen* Abstimmung (Spartenstrategie) die Geschäftsfeldstrategien und deren spezifische Teilstrategien der Unternehmensstrategie entsprechen müssen, müssen bei der *horizontalen* Abstimmung (Horizontalstrategie) die spezifischen Funktionalstrategien (z.B. Finanzierungsstrategie, Marketingstrategie, FuE-Strategie) untereinander abgestimmt werden. Bei vertikaler Strategieabhängigkeit ist eine gut funktionierende Kommunikation zwischen den Hierarchieebenen erforderlich.

Veränderungen der Unternehmensumwelt, die bereits eingetreten oder zu erwarten sind, beeinflussen Unternehmensstrategien. An Unternehmensstrategien ist ablesbar, wie das im Unternehmen vorhandene Potential unter Ausnutzung der bestehenden und eventuell zukünftig verfügbaren Stärken eingesetzt werden kann, um die Unternehmensziele zu erfüllen.

Die FuE-Strategie ist ein Teilaspekt des Gesamtstrategiesystems des Unternehmens. Der nächste Abschnitt beschäftigt sich mit den Aspekten einer FuE-Strategiebildung.

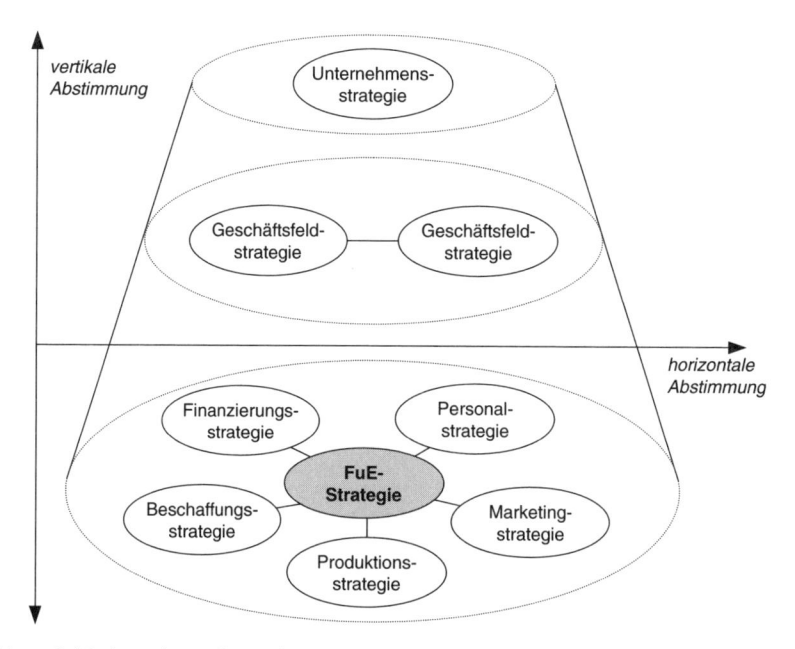

Abbildung 3-17: Integriertes Strategiesystem des Unternehmens [Zahn, 1991]

3.5 Bildung der FuE-Strategie

3.5.1 Ableitung der FuE-Strategie

Der Ablauf der FuE-Strategieentwicklung ist in Abbildung 3-18 dargestellt. Aus der Unternehmensstrategie leitet sich die Technologie- und Wettbewerbsstrategie ab.

Die **Wettbewerbsstrategie** hat die Analyse und Interpretation von Wettbewerbssituationen, in denen sich ein Unternehmen befindet, zum Inhalt. Durch eine geeignete Wettbewerbsstrategie versucht das Unternehmen eine günstige Wettbewerbsposition zu erreichen. Dies kann dadurch geschehen, daß das Unternehmen [Porter, 1992]

- seine Produkte zu deutlich niedrigeren Preisen anbietet als die Konkurrenz (Strategie der umfassenden Kostenführerschaft),
- seine Produkte durch Design, Service, Markennamen von Konkurrenzprodukten abhebt (Strategie der Differenzierung der Produkte),
- sich auf bestimmte Abnehmer, Produkte, Regionen, Marktnischen konzentriert (Strategie der Konzentration auf Schwerpunkte).

In seiner *Technologiestrategie* legt ein Unternehmen den verbindlichen Rahmen dafür fest, auf welche Weise die in der Wettbewerbsstrategie formulierten Zielsetzungen auf technologischer Basis realisiert werden sollen. Obwohl diese Aussage eine einseitige Abhängigkeit der Technologie- von der Wettbewerbsstrategie suggeriert, ist eine optimale gesamtstrategische Ausrichtung nur möglich, wenn die wechselseitigen Interdependenzen der beiden Strategien berücksichtigt werden. Dennoch besteht auf der Seite der Wettbewerbsstrategie eine gewisse Dominanz, da auch die beste Technologiestrategie nicht zum Erfolg führt, wenn der Markt die Akzeptanz verweigert.

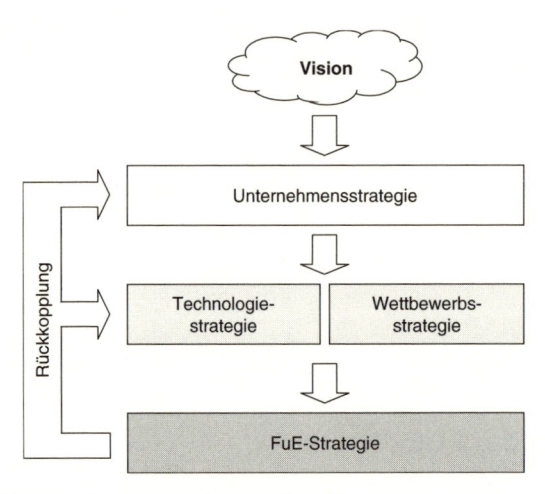

Abbildung 3-18: Ablauf der Strategieentwicklung für FuE

Im einzelnen unterscheidet man nach *Zahn* [Zahn, 1986] folgende vier **Arten von Technologiestrategien**:

- *Pionierstrategie:* Mit der Pionierstrategie strebt die Unternehmung nach der Führerschaft auf einem bestimmten Technologiegebiet. Dafür sind eine hervorragende Grundlagenforschung sowie eine schlagkräftige Anwendungs-FuE und Produktentwicklung notwendig.

- *Imitationsstrategie:* Die Unternehmung tritt durch Imitation der von Pionieren entwickelten Technologien zum späteren Zeitpunkt auf den Markt. Der Imitator lernt aus den Erfahrungen des Pioniers.

- *Nischenstrategie:* Die Nischenstrategie ist auf eine Konzentration auf bestimmte technologische Funktionsprinzipien ausgerichtet. Mit dieser Technologiestrategie ist eine Spezialisierung der FuE auf den gewählten technologischen Schwerpunkt verbunden.

- *Kooperationsstrategie:* Die Unternehmung richtet sich auf Technologiekooperationen mit anderen Unternehmen aus. Durch die Bündelung der FuE-Potentiale ergeben sich für alle Seiten u.a. Chancen zur Kosteneinsparung.

Wettbewerbs- und Technologiestrategie setzen also den produktorientierten und den technologischen Schwerpunkt der Unternehmensstrategie.

Mit den Überlegungen zur Wettbewerbs- und Technologiestrategie erfolgt die grundlegende Ausrichtung eines Unternehmens auf die Zukunft. Die Realisierung des technologiestrategischen Rahmens ist die Aufgabe der Unternehmensbereiche Forschung und Entwicklung. Die **FuE-Strategie** gibt den zeitlichen, inhaltlichen und intensitätsmäßigen Rahmen der FuE-Tätigkeit vor.

Diese verschiedenen Strategien können nicht isoliert festgelegt werden, sondern müssen untereinander abgestimmt werden. Es ist laufend zu klären, inwieweit beispielsweise die Verfolgung einer bestimmten FuE-Strategie im Zusammenwirken mit der Technologiestrategie noch zielführend ist. Als Konsequenz kann es notwendig werden, die FuE-Strategie neu an die Technologiestrategie anzupassen oder aber auch die Technologiestrategie auf übergeordneter Ebene zu modifizieren. Das heißt, die FuE-Strategie kann im Sinne einer Rückkopplung auch Vorgaben für die Unternehmensstrategie geben. Der Strategiebildungsprozeß ist somit ein dynamischer Prozeß zwischen den verschiedenen Unternehmensbereichen und der Unternehmensleitung.

3.5.2 Faktoren der FuE-Strategiebildung

Neben strategischen Ableitungen (s. Abbildung 3-18) sind aber auch andere Faktoren für die Bildung der FuE-Strategie von großer Bedeutung. Wie aus Abbildung 3-19 zu sehen ist, sind das Kunden, Wettbewerber, die Branche und das Unternehmen selbst:

- *Kunden:* Die Wünsche der Kunden können z.B. durch Marktanalysen (Befragungen) oder auch durch den Einbezug von Kunden in den FuE-Prozeß ermittelt werden.
- *Wettbewerber:* Die Tätigkeiten der Wettbewerber können anhand von Wettbewerbsanalysen (z.B. Portfoliotechnik) oder Reverse Engineering (konstruktive Analyse des Produktes des jeweiligen Wettbewerbers) untersucht werden.
- *Branche:* Branchenanalysen bringen Informationen über den Markt. Hierdurch können Informationen zum Marktvolumen, zu Entwicklungstendenzen, über die Anzahl der Mitbewerber, usw. gewonnen werden.
- *Eigenes Unternehmen:* Die eigene Technologie-Position und Ziele können bewertet und z.B. in einem Portfolio dargestellt werden.

Die Integration dieser Analysen bzw. Faktoren ist maßgeblich für die Bildung einer FuE-Strategie.

Kunden
- Wünsche
- Bedürfnisse
- Aufträge
- ...

Branche
- Marktgröße
- Substitutionsgüter
- ...

Wettbewerber
- Potentiale
- Know-how
- technologischer Stand
- Marktanteile
- ...

Unternehmen
- eigenes Potential
- eigenes Know-how
- Stärken/Schwächen
- Finanzen
- ...

→ **FuE-Strategie**

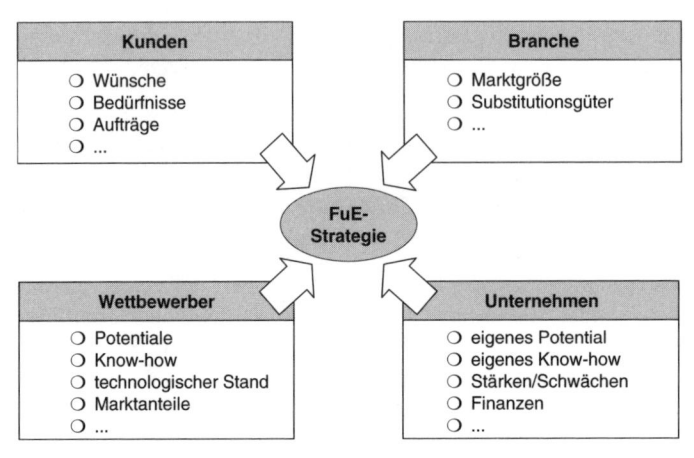

Abbildung 3-19: Faktoren der FuE-Strategie

Ein Beispiel für die Analyse des eigenen Unternehmens als Faktor der FuE-Strategiebildung bietet das in Abbildung 3-20 dargestellte Portfolio der *Linde AG* aus dem Jahr 1988. Darin ist die vergangene und erreichte Position des Unternehmens in den einzelnen Bereichen dargestellt.

> **Beispiel: Linde AG**
>
> Die einzelnen Produkte werden hinsichtlich der Marktattraktivität, eigener Wettbewerbsvorteile und Höhe des Umsatzes im Unternehmen beurteilt. Der zeitliche Verlauf (Vergangenheit – Heute bzw. Heute – Zukunft) wird anhand von Pfeilen dargestellt. So stieg z.B. der Umsatz im Bereich Anlagenbau und Verfahrenstechnik der Firma *Linde AG* von 1970 bis 1987 von 140 auf 850 Mio. DM, wobei gleichzeitig die Marktattraktivität als auch der relative Wettbewerbsvorteil gesteigert werden konnten.

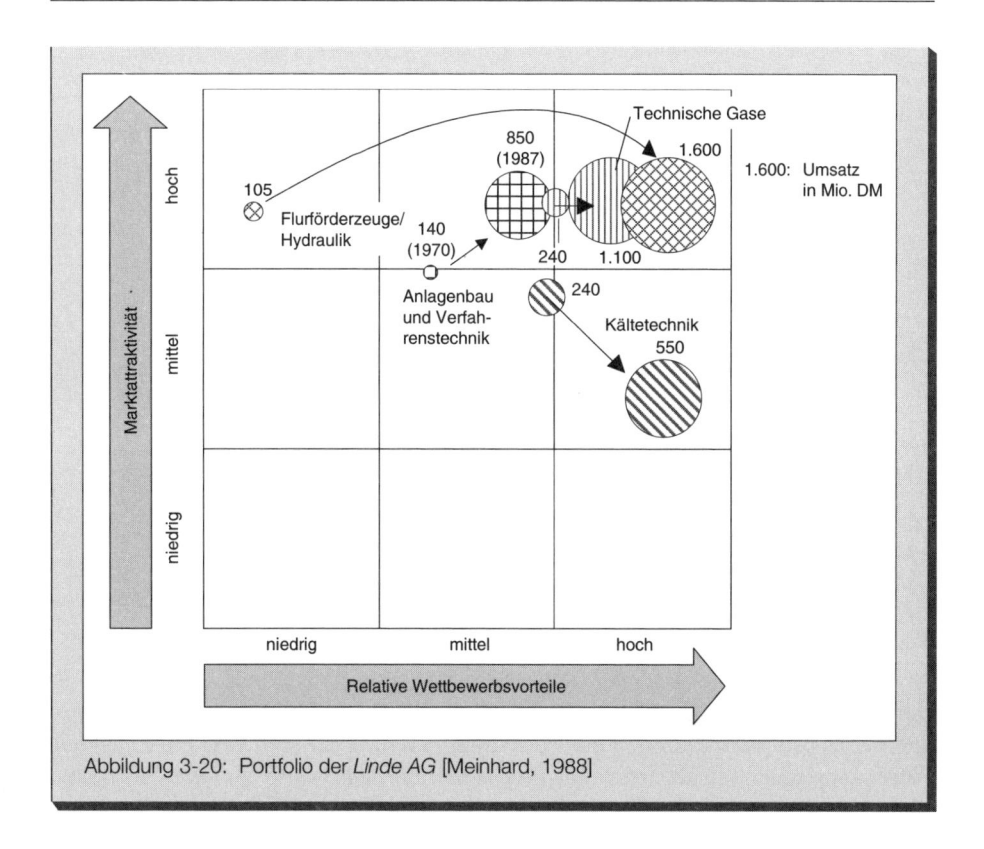

3.5 Bildung der FuE-Strategie

Abbildung 3-20: Portfolio der *Linde AG* [Meinhard, 1988]

3.5.3 Inhalte der FuE-Strategie

Die Unternehmensberatung *McKinsey* definiert für die FuE-Strategie zwei mögliche Extrempositionen: *„Forschungspionier"* und *„Schneller Nachfolger"* (Fast Follower) (s. Abbildung 3-21).

Der *„Forschungspionier"* erarbeitet sich einen Know-how-Vorsprung durch Erstentdekkungen oder -erfindungen. Neben dem Gewinn eines innovativen Images ermöglicht ihm das, neue Standards zu setzen. Diese Strategie ist jedoch auch mit Risiken verbunden; dazu zählen vor allem hohe Kosten und ein großer Zeitaufwand für FuE sowie die hohen Markteröffnungskosten. Ferner kann der Fall eintreten, daß eine Innovation sich nicht als Industriestandard durchsetzt. So ist es *Philips* als Forschungspionier von Videorecordern nicht gelungen, sein System Video 2000 als Industriestandard durchzusetzen, wohingegen *JVC (Victor Company of Japan, Ltd.)* als erfolgreicher Folger durch kluge „Lizenzpolitik" das VHS-System als Industriestandard durchsetzte [Perillieux, 1991].

```
        Strategien                    Chancen/Ziele


                                   Know-how-Vorsprung
            Pionier         ⇨      Imagevorteile
                                   Etablieren von Industrie-
                                   standards


                                   Partizipieren an den
                                   Erfahrungen des Pioniers
                                   Wettbewerbsvorteile durch
      Schneller Nachfolger  ⇨      ○ Produktpolitik
                                   ○ Preispolitik
                                   ○ Distribution
                                   ○ Werbung
                                   mit Hilfe einer leistungsfähigen
                                   Vertriebsorganisation
```

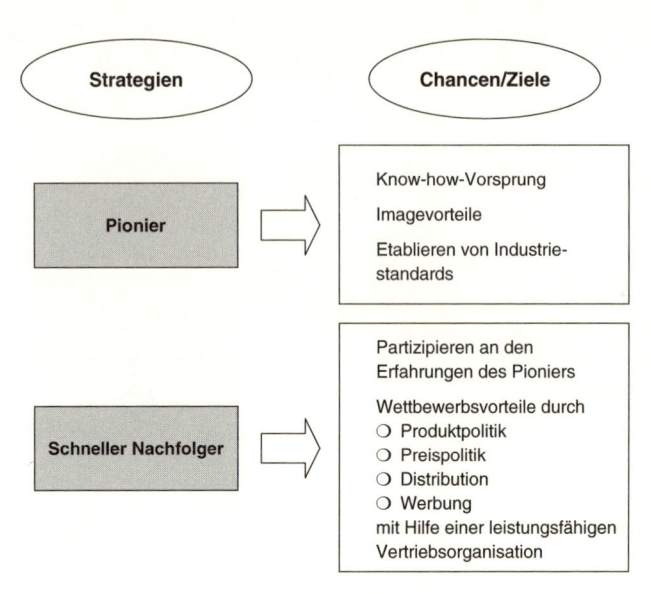

Abbildung 3-21: Pionier oder schneller Nachfolger als FuE-Strategie (in Anlehnung an [Perillieux, 1991])

Der „*Schnelle Nachfolger*" versucht mit Hilfe einer leistungsfähigen Entwicklungs- und Vertriebsorganisation und eventuell unter Nutzung der vom Pionier erbrachten Forschungsergebnisse als erster mit Produkten auf dem Markt zu sein. Ein später Markteintritt und zu hohe Eintrittsbarrieren stellen aber die Risiken dieser Strategie dar. Ein weiteres Risiko ist, daß der Markt eher dem Pionier vertraut.

Der Pionier ist zunächst aufgrund seiner Monopolstellung im Vorteil. Durch moderne Methoden wie *Reverse Engineering* verkürzen sich jedoch die Zeitspannen, in denen die Imitatoren nachziehen. Die Imitatorstrategie gewinnt an Reiz durch die niedrigen Kosten, die zur Aneignung der Technologie benötigt werden.

Im folgenden sind einige Beispiele für erfolgreiche Pioniere (Führer) bzw. Folger angegeben [Perillieux, 1991]:

Erfolgreiche Führer:

- *Toshiba*: Dynamische Speicherchips (Folger: *Siemens*),
- Genetech: Rekombiniertes Humaninsulin (Folger: Hoechst).

Erfolgreiche Folger:

- *JVC*: Videorecorder (Führer: *Philips*),
- *Intel*: 32-Bit-Mikroprozessor (Führer: *Motorola, National Semiconductor*).

3.5 Bildung der FuE-Strategie

FuE-Strategien müssen neben der grundsätzlichen Entscheidung über die *FuE-Intensität* (Wahl zwischen Grundlagen-FuE, Anwendungs-FuE und deren Umfang) auch die *Art der Verwertung des gewonnenen Wissens* (Keep-or-Sell) und die *FuE-Tiefe* (Make-or-Buy) festlegen.

Die strategische *Keep-or-Sell*-Entscheidung als Inhalt der FuE-Strategie beantwortet die Frage, ob FuE-Ergebnisse intern und/oder extern verwertet werden (s. Abbildung 3-22).

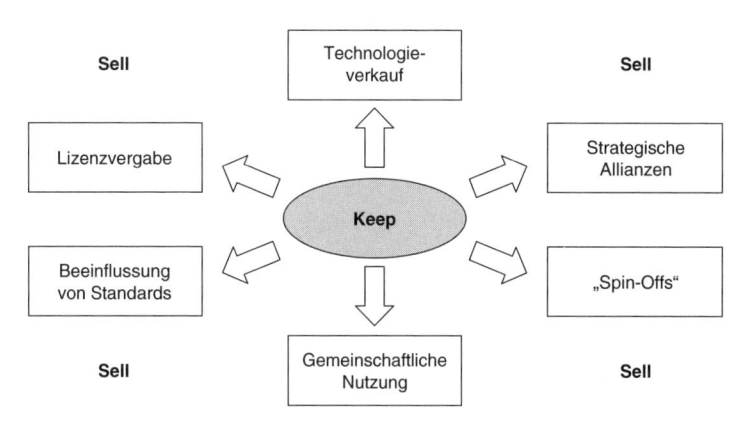

Abbildung 3-22: Inhalte der FuE-Strategie: Keep-or-Sell

Während bei einer rein *internen* Verwertung das Ziel ist, die FuE-Ergebnisse für Produkt- und Prozeßinnovationen einzusetzen und so Wettbewerbsvorteile zu schaffen, handelt es sich bei der *externen* Verwertung um eine wirtschaftliche Verwertung der FuE-Ergebnisse im Sinne einer Vermarktung, z.B. im Rahmen eines Joint-Ventures, durch die Vergabe von Lizenzen oder durch den vollständigen Verkauf mit dem Verzicht auf Eigennutzung.

Die externe Verwertung der FuE-Ergebnisse ist oft das Ergebnis von zielgerichteten unternehmerischen Anpassungen an geänderte Wettbewerbs- und allgemeine Rahmenbedingungen. Ausgelöst werden kann eine solche Entscheidung z.B. durch die Einsicht, daß Patente keinen ausreichenden Schutz vor Imitation bieten, oder auch durch die Absicht, steigende Technologie-Investitionen durch die Vermarktung von Technologien in allen Phasen ihres Lebenszyklus zu amortisieren. Dies erstreckt sich insbesondere auf Nebenprodukte der eigenen FuE, die nicht zu den Kerntechnologien zählen, und auf Technologien, die bereits einen gewissen Reifegrad erreicht haben.

Ein Beispiel für die externe Verwertung von FuE-Ergebnissen liefert das amerikanische Unternehmen *General Electric*:

> **Beispiel: General Electric Company**
>
> *General Electric* entwickelte Mikroorganismen zum Abbau von Erdöl. Nach jahrelangen Patentstreitigkeiten und der Erkenntnis, daß es sich nicht um eine Kerntechnologie des Hauses handelt, wurde die Technologie schließlich verkauft.

Die strategische *Make-or-Buy*-Entscheidung (s. Abbildung 3-23) beinhaltet kostenals auch strategierelevante Aspekte. Die *Gründe* für die externe Beschaffung von Know-how oder die externe Durchführung von FuE-Projekten sind vielfältig:

- Die Ressourcen reichen nicht aus, um FuE ausschließlich alleine zu betreiben, z.B. bei kleineren Unternehmen oder Unternehmen mit vielen Produkten in sich schnell verändernden Märkten,
- hohe Ressourcenbindung der FuE (hohes Fixkostenpotential),
- Streuung des finanziellen Risikos von FuE-Vorhaben,
- Rückgriff auf bereits generiertes Wissen („das Rad muß nicht zweimal erfunden werden"),
- Aufbrechen eingefahrener interner Strukturen,
- flexiblere Reaktion auf Veränderungen im technologischen Umfeld,
- Nutzung der FuE-Stärken des Partners bzw. sinnvolle Ergänzung,
- Konzentration der eigenen Ressourcen auf Kernkompetenzen.

Abbildung 3-23: Inhalte der FuE-Strategie: Make-or-Buy

Der Kauf von Technologien (z.B. auf Lizenzbasis) bietet sich bei Basistechnologien an, zu denen man sich Zugang verschaffen will, ohne diese Technologien jedoch nochmals im Unternehmen entwickeln zu müssen. Generell sollte ein Unternehmen jedoch die Schlüsseltechnologien selbst weiterentwickeln, falls es die finanziellen Möglichkeiten besitzt.

Weitere Inhalte der FuE-Strategie – neben den Fragen des „Make-or-Buy" und „Keep-or-Sell" – betreffen das Eingehen von Kooperationen oder die Internationalisierung der FuE-Tätigkeiten. Bei Kooperationen können die beteiligten Unternehmen von dem Know-how, den finanziellen Mitteln und den Anlagen der jeweiligen Partner profitieren. Eine Internationalisierung der FuE-Tätigkeiten bringt ferner eine Erweiterung des Wissens und der Möglichkeiten. Diese Aspekte sind Gegenstand des nächsten Kapitels.

3.6 Fazit

▷ Es gibt kein allgemeingültiges Rezept für die optimale Einbindung von FuE in die Organisationsstruktur eines Unternehmens. Um die Vorteile von sowohl zentraler als auch dezentraler Einbindung zu nutzen, verfolgt die Mehrzahl der Unternehmen eine Kombination aus beiden Ansätzen.

▷ Die FuE-Strategie muß aus den Wettbewerbs- und Technologiestrategien abgeleitet werden, kann diesen aber auch ihrerseits neue Impulse geben. Das heißt, die Strategiebildung ist ein dynamischer, rückgekoppelter Prozeß.

▷ Für die Rolle von FuE lassen sich zwei Extrempositionen definieren: Forschungs-Pionier oder schneller Nachfolger. Zu beiden Ansätzen gibt es erfolgreiche Beispiele.

▷ Weitere wichtige strategische Entscheidungen für FuE beinhalten die Aspekte „Keep-or-Sell" und „Make-or-Buy".

Literaturhinweise

Bleicher, K. (1991): Organisation: Strategien, Strukturen, Kulturen, 2. Auflage, Wiesbaden, Gabler 1991

Brecht, W. (1991): Effiziente F&E-Organisation – Strukturelle Aspekte zur F&E-Organisation als Modul eines integrierten Innovationsmanagement-Konzeptes, in: Booz, Allen & Hamilton (Hrsg.): Integriertes Technologie- und Innovationsmanagement, Berlin, Schmidt 1991

Bullinger, H.-J. (1994): Einführung in das Technologiemanagement: Modelle, Methoden, Praxisbeispiele, Stuttgart, Teubner 1994

Bürgel, H. D.; Haller, C.; Binder, M. (1996): F&E-Management, München, Vahlen 1996

Gerpott, T. J. (1995): Organisation der Forschung und Entwicklung (F&E) industrieller Unternehmen, in: Franz, O.: RKW-Handbuch Führungstechnik und Organisation Nr. 5402, Berlin, Schmidt 1995

Hinterhuber, H. H. (1989): Strategische Unternehmensführung, Band 1, 4. Auflage, Berlin, De Gruyter 1989

Hinterhuber, H. H. (1990): Wettbewerbsstrategie, 2. Auflage, Berlin, De Gruyter 1990

Industrial Research Institute Inc. (1995): Industrial R&D Organization and Funding Charts, Washington 1995

Meinhard, H. (1988): Optimierung des Portfolios in diversifizierten Unternehmen, in: Henzler, H. A. (Hrsg.): Handbuch strategische Führung, Wiesbaden, Gabler 1988, S. 135–146

Perillieux, R. (1991): Strategisches Timing von F&E und Markteintritt bei innovativen Produkten, in: Booz, Allen & Hamilton (Hrsg.): Integriertes Technologie- und Innovationsmanagement, Berlin, Schmidt 1991

Porter, M. E. (1992): Wettbewerbsstrategie – Methoden zur Analyse von Branchen und Konkurrenten, 7. Auflage, Frankfurt, Campus 1992

Saint-Exupéry, A. de (1993): Der kleine Prinz, Stuttgart, Deutscher Bücherbund 1993

Schanz, G. (1982): Organisationsgestaltung: Struktur und Verhalten, München, Vahlen 1982

Weule, H.; Mussa, S. (1999): Forschung im Industrie- und Dienstleistungssektor in Deutschland. Unveröffentlichte Studie, Institut für Werkzeugmaschinen und Betriebstechnik der Universität Karlsruhe, Karlsruhe 1999

Zahn, E. (1986): Innovations- und Technologiemanagement: Eine strategische Schlüsselaufgabe der Unternehmen, in: Zahn, E. (Hrsg.): Technologie- und Innovationsmanagement, Berlin, Duncker und Humblot 1986, S. 9–48

Zahn, E. (1991): Auf der Suche nach Erfolgspotentialen: Strategische Optionen in turbulenter Zeit, Stuttgart, Schäffer-Poeschel 1991

4 Kooperationen, Internationalisierung und Technologietransfer in Forschung und Entwicklung

„Alles selbst machen zu wollen,
ist das Kennzeichen des Unbegabten."
(Richard von Schaukal)

4.1 Einleitung

Kooperationen, Internationalisierung und Technologietransfer sind neben den in Kapitel 3 behandelten Elementen der Strategie weitere wesentliche Elemente der FuE-Strategie von Unternehmen (s. Abbildung 4-1).

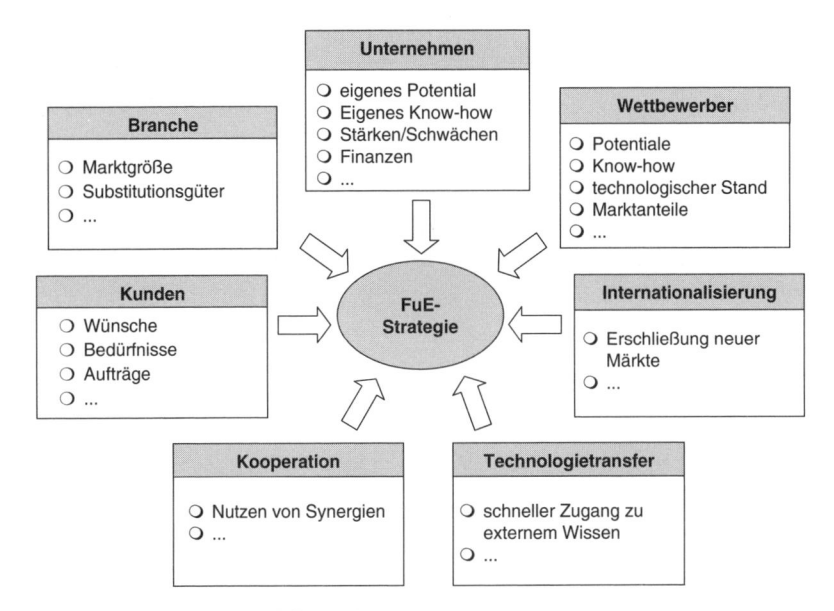

Abbildung 4-1: Elemente der FuE-Strategie

Folgende Fragen sollen dabei in diesem Kapitel geklärt werden:

FuE-Kooperationen:

- Welche Motive gibt es für eine Kooperation?
- Welche Formen kann die Zusammenarbeit haben?
- Was muß bei Kooperationen beachtet werden?

Internationalisierung:

- Welche Gründe gibt es für eine internationale Tätigkeit?
- Wie kann die Internationalisierung organisatorisch gestaltet werden?
- Welche Motive spielen bei der Standortauswahl eine Rolle?

Technologietransfer/Fördermöglichkeiten:

- Was ist Technologietransfer?
- Warum hat er eine wachsende Bedeutung?
- Welche Möglichkeiten des Technologietransfers gibt es in Deutschland?

4.2 FuE-Kooperationen

In einer aktuellen Studie wurde festgestellt [Weule/Mussa, 1999], daß praktisch alle Unternehmen über eigene Erfahrungen mit FuE-Kooperationen verfügen. Betrachtet man weiter, welchen Anteil ihres FuE-Budgets die Unternehmen für Kooperationen verwenden (s. Abbildung 4-2), so erkennt man, welche große Bedeutung dieses Thema für die Unternehmen gewonnen hat: ca. 43 % der Unternehmen, die hierzu eine Aussage gemacht haben, investieren mehr als 10 % ihres FuE-Budgets in Kooperationen. Das gilt sowohl für nationale wie auch für internationale Kooperationen. Auf der nationalen Ebene werden Unternehmenskooperationen insbesondere dazu initiiert, um über den erhofften technischen Fortschritt eine Stärkung der beteiligten einheimischen Unternehmen im internationalen Wettbewerb zu erreichen.

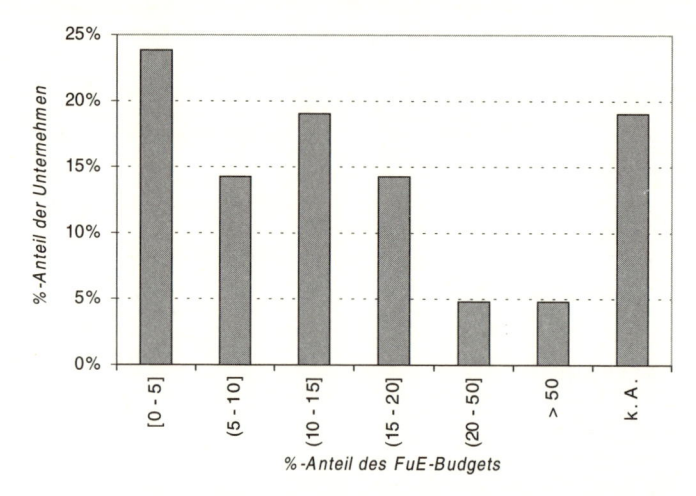

Abbildung 4-2: Anteil des FuE-Budgets für FuE-Kooperationen [Weule/Mussa, 1999]

Dieser Bedeutungszuwachs von Kooperationen hat verschiedene Hintergründe:
- Entwicklungszeiten,
- Kostenreduktion in Forschung und Entwicklung,
- steigende Kosten und Komplexität in der Technologieentwicklung sowie
- Mangel an innovativen Produkten.

Für die weiteren Ausführungen wird auf folgende Definition von FuE-Kooperationen zurückgegriffen:

„Eine *FuE-Kooperation* ist die bewußte, zwischenbetriebliche und freiwillige Zusammenarbeit selbständiger Unternehmen mit der Absicht, ohne Aufgabe der grundsätzlichen unternehmerischen Entscheidungsfreiheit durch Forschung und Entwicklung gemeinsame wirtschaftliche Ziele zu realisieren." [Düttmann, 1989]

4.2.1 Motive für FuE-Kooperationen

„FuE-Kooperationen können unternehmensinterne Forschung und Entwicklung nicht ersetzen. Lediglich gewisse Substitutionen, insbesondere bei Kooperationen in Form von Gemeinschaftsunternehmen, erscheinen denkbar." [Rotering, 1990] Dieses Zitat von *Rotering* macht deutlich, daß der Abwägung des für und wider von FuE-Kooperationen eine große Bedeutung zukommen muß. Weiterhin stellt sich im Vorfeld von FuE-Kooperationen die Frage, ob die technologische Zusammenarbeit mit einem anderen Unternehmen die firmeneigene Forschungstätigkeit ergänzen oder diese in Teilen ersetzen soll.

In seiner Datenerhebung findet *Teichert* zahlreiche Motive, die für den Aufbau von FuE-Kooperationen sprechen [Teichert, 1994]. Die folgende Aufzählung listet die *Motive* in der Reihenfolge ihrer Bedeutung für die Kooperationspartner auf:

- *Kostenreduktion* in Forschung und Entwicklung.
- *Synergieeffekte* durch die Nutzung komplementären Wissens, von FuE-Anlagen, FuE-Personal, Kapital.
- *Vertrauensaufbau* zwischen den Partnern. Kooperationen werden häufig als Test für langfristige zwischenbetriebliche Vereinbarungen angesehen.
- *Know-how-Transfer* durch Zugang zu technologischem Wissen der Kooperationspartner.
- *Risikoreduktion* im wirtschaftlichen und technischen Bereich durch Verringerung von Fehlschlägen.
- *Zugang zu neuen Märkten* durch Erweiterung der Produktpalette.
- *Zeitersparnis* bei der Neuproduktentwicklung („time to market").
- *Lernen zu kooperieren*, d.h. Erfahrungen sammeln für spätere Kooperationsprojekte.
- *Schaffung eines Informationsnetzwerks* für den übergreifenden Informationsaustausch.

- *Technologie-Beobachtung* zur Früherkennung technologischer Entwicklungen.
- *Konzentration* der eigenen Anstrengungen auf Kerntechnologien und damit eine Stärkung der eigenen Marktposition.
- *Internationalisierung* durch Kooperation eröffnet den Zugang zu neuen Märkten.
- *Lernen von Verfahren* des Kooperationspartners durch den Zugang zu dessen Geschäftsprozessen.
- Zugang zu neuen Märkten durch gemeinsame *Produktentwicklungen*.
- Durch die Kooperationen wird die *Standardisierung* von Produkten unterstützt.

Betrachtet man diese Liste, so stellt man fest, daß neben technischen und wirtschaftlichen Motiven auch soziale bzw. organisatorische Motive zur Gründung von FuE-Kooperationen führen. Um die Vielfalt von Kooperationsmotiven systematisch erfassen zu können, werden diese in drei Gruppen eingeteilt. Im folgenden werden die Motive gemäß des *technischen*, des *wirtschaftlichen* und aufgrund ihres *sozialen/organisatorischen* Bezuges unterschieden.

Kooperationsmotive

technischer Bezug	wirtschaftlicher Bezug	sozialer/ organisatorischer Bezug
○ Komplementarität	○ Kostenreduktion	○ Informationsnetzwerk
○ Know-how-Transfer	○ Zeitersparnis	○ Vertrauensaufbau
○ Konzentration	○ Produktentwicklung	○ Lernen zu kooperieren
○ Technologie-Beobachtung	○ Unsicherheitsreduktion	○ Lernen von Verfahren
○ Unsicherheitsreduktion	○ Standardisierung	

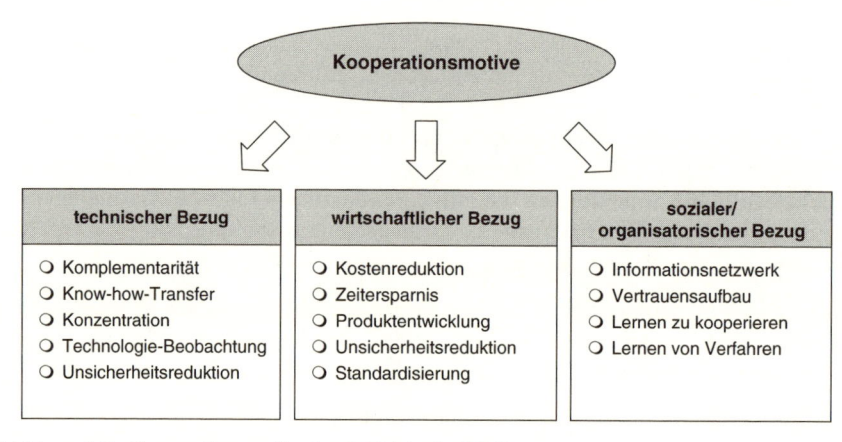

Abbildung 4-3: Kooperationsmotive (nach [Teichert, 1994])

Neben den Vorteilen, die FuE-Kooperationen bringen, gibt es natürlich auch *Nachteile bzw. Hemmnisse* in Unternehmen, die gegen FuE-Kooperationen sprechen (s. Tabelle 4-1). Unternehmen sehen hierbei die größten Gefahren bzw. Nachteile in der möglichen Entstehung von Abhängigkeitsverhältnissen und in den im Vorfeld der Zusammenarbeit anfallenden Verhandlungs- und Transaktionskosten. Trotz aller Verhandlungen und Konsultationen vor Beginn der gemeinsamen Arbeit bleiben die Schwierigkeiten bei der Auf- und Zuteilung von Beiträgen und Ergebnissen noch drittwichtigstes negatives Kriterium [Rotering, 1990].

Tabelle 4-1: Mögliche Nachteile zwischenbetrieblicher FuE-Kooperationen [Rotering, 1990]

Nachteile	Nennungen in %
Entstehung von Abhängigkeiten zu anderen Kooperationspartnern	54,1
Hohe Verhandlungs- und Transaktionskosten	44,4
Schwierigkeiten bei der Auf- und Zuteilung von Beiträgen und Ergebnissen	25,9
Geheimhaltungsprobleme	21,5
Probleme bei der Technologieadaption	20,0
Verlust des eigenen Wissensvorsprungs	11,1
Hemmung von Eigenentwicklungen	11,1

Die unterschiedlichen Motive zur Zusammenarbeit bestimmen maßgeblich die Form der Zusammenarbeit.

4.2.2 Formen der FuE-Kooperationen

FuE-Kooperationen lassen sich nach dem Grad der Intensität der gemeinsamen Zusammenarbeit unterscheiden. Im wesentlichen findet man die folgenden drei Formen der Zusammenarbeit (nach [Rotering, 1990]):

- Gemeinsame Durchführung von Forschungs- und Entwicklungsarbeiten in einem für diese Zwecke gegründeten *Gemeinschaftsunternehmen,*
- *planmäßig koordinierte Einzelforschung* mit institutionalisiertem Erfahrungsaustausch (ohne Zusammenlegung der gemeinsamen Aktivitäten),
- *nicht koordinierte Einzelforschung* mit Ergebnis- und Erfahrungsaustausch als Know-how Austausch (ohne direkte, institutionalisierte Zusammenarbeit).

FuE-Gemeinschaftsunternehmen (Joint Venture)

Ein zur gemeinsamen Durchführung von Forschungs- und Entwicklungsarbeiten gegründetes Gemeinschaftsunternehmen stellt die engste Form der Zusammenarbeit dar. Faktisch werden dabei die kooperationsrelevanten Teilbereiche aus der betriebsinternen FuE ausgegliedert und auf das gemeinsame Unternehmen übertragen. Aufgrund der Intensität der gemeinsamen Arbeiten gilt dieser Form der Zusammenarbeit hohe wettbewerbliche und politische Aufmerksamkeit. FuE-Gemeinschaftsunternehmen eignen sich besonders *für längerfristige Forschungsvorhaben,* werden aber zunehmend auch für einzelne Großprojekte gegründet.

4 Kooperationen, Internationalisierung und Technologietransfer in der FuE

```
   Unternehmen A              Unternehmen B
          ↘                        ↙
  ┌─────────────────────────────────────────┐
  │           Joint-Venture-Einheit          │
  │                                          │
  │  von zwei oder mehr Unternehmen neugegründete │
  │  Wirtschaftseinheit mit einem speziellen Ziel │
  │                                          │
  │  ○ rechtliche Selbständigkeit            │
  │  ○ Nutzung des Know-how-Potentials der Gründer- │
  │    unternehmen                           │
  │  ○ Vorteile einer kleinen Einheit:       │
  │     • flache Hierarchiestrukturen        │
  │     • klare Zielstrukturen               │
  │     • hoher Informationsfluß             │
  │     • großes Engagement der Mitarbeiter  │
  │     • große Flexibilität                 │
  │     • ...                                │
  └─────────────────────────────────────────┘
```

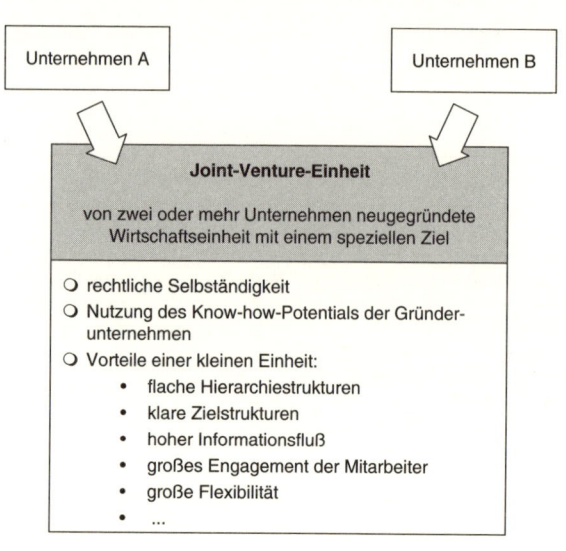

Abbildung 4-4: Joint Venture

Beispiel: INPRO GmbH (Innovationsgesellschaft für fortgeschrittene Produktionssysteme in der Fahrzeugindustrie mbH)

Beispiel für ein Joint Venture in der FuE ist das im Juni 1983 gegründete Gemeinschaftsunternehmen *INPRO GmbH*, Berlin. *INPRO* ist eine Beteiligungsgesellschaft der Firmen *DaimlerChrysler AG, Volkswagen AG, BASF Coatings AG, IWKA AG, Thyssen Krupp Automotive GmbH* und des Landes Berlin. Die Aufgabenstellung von *INPRO* (Innovative Lösungen für die Automobilproduktion) besteht darin, gemeinschaftlich Entwicklungen auf dem Gebiet fortgeschrittener Produktionssysteme in der Fahrzeugindustrie durchzuführen und damit ihren Gesellschaftern unter begrenztem zeitlichen und finanziellen Aufwand einen technologischen Vorsprung zu ermöglichen. Die innovative Leistung von *INPRO* besteht darin, Ergebnisse der Grundlagenforschung auf dem Gebiet der Produktionstechnik auf Anwendungen bei den Gesellschaftern zu übertragen (vgl. [Inpro, 2001]).

Joint-Venture-Einheiten sind gerade in der Forschung von großem Vorteil. Die Vorteile liegen in der gemeinsamen Nutzung des Know-hows, der Kombination der Technologien der Gründerunternehmen und geringen Größe der Einheit. Ein weiterer Vorteil besteht darin, auf die Ressourcen der Gründerunternehmen (Geschäftsbeziehungen, Anlagen, etc.) zurückgreifen zu können.

- Es handelt sich um eine Gemeinschaftsgründung, d.h. eine separate, eigenständige Einheit durch mindestens zwei Unternehmen, um ein bestimmtes For-

schungsprogramm zu verfolgen, mit entsprechenden Einlagen (Ressourcen, Invest) der Partner.
- Festgelegt werden müssen [Siemer, 1991]:
  – Gruppengröße und -zusammensetzung,
  – Ressourcenzugang und -ausstattung,
  – Strukturelle Einbettung und Integrationsgrad,
  – Zielstruktur.

Planmäßig koordinierte Einzel-FuE

Die Gestaltungsmöglichkeiten der planmäßig koordinierten Einzel-FuE mit institutionalisiertem Erfahrungs- und Ergebnisaustausch sind:
- *Parallelforschung mit im Wettbewerb stehenden Forschungsgruppen* ohne Aufteilung der Forschungsgebiete,
- *Spezialisierung der Kooperationspartner* auf bestimmte Arbeitsfelder,
- *gegenseitiger Informationsaustausch* über eine FuE-Zentrale.

Diese relativ intensive Zusammenarbeit ohne Ausgliederung von Forschungs- und Entwicklungsfunktionen wird vorwiegend bei zeitlich befristeten Projekten eingesetzt, insbesondere dann, wenn an der Zusammenarbeit verschiedene hochspezialisierte Unternehmen beteiligt sind. Eine besondere Unterform stellt die sog. *Systemgemeinschaft* dar. Hierbei arbeiten verschiedene Unternehmen unter Aufteilung der Arbeitsgebiete zusammen, um gemeinsam ein technologisch komplexes Verfahren oder Produkt zu entwickeln. Charakteristikum dieser Art der Kooperation ist, daß das angestrebte Ziel nur unter Zusammenfassung des technischen Wissens und der FuE-Kapazitäten von Spitzenunternehmen aus verschiedenen, technologisch fortgeschrittenen Branchen erreichbar ist. Beispiele dafür sind bei der Entwicklung zukünftiger Verkehrssysteme, im militärischen Bereich und vor allem in der Luft- und Raumfahrtindustrie zu finden.

Nicht koordinierte Einzel-FuE (Know-how-Austausch)

Bei dieser durch die geringste Intensität der Zusammenarbeit gekennzeichneten Form der zwischenbetrieblichen FuE-Kooperation vereinbaren die Beteiligten einen Austausch technischen Wissens (Know-how-Verträge), wobei die Auswertung und Verwendung der Informationen unternehmensintern und eigenständig verläuft. Es bestehen keine gegenseitigen Verpflichtungen zur Offenlegung unternehmensinterner FuE-Ergebnisse. Auch findet hier, im Unterschied zur koordinierten Einzel-FuE, keine Ausrichtung auf gemeinsame FuE-Ziele statt. Durch den Austausch von Informationen, der sich meist auf bestimmte, eng abgegrenzte Themengebiete bezieht, können sich Anstoßwirkungen für die ansonsten autonomen FuE-Arbeiten der beteiligten Unternehmen ergeben. Oftmals wird diese Organisationsform deshalb als ausbaufähige Grundlage weitergehender Vereinbarungen eingesetzt.

Welche Kooperationsformen wie häufig genutzt werden, ist aus Tabelle 4-2 ersichtlich. Danach ist die koordinierte Einzelforschung die bedeutsamste Organisationsform kooperativer Forschung und Entwicklung. Mit deutlichem Abstand folgen das FuE-Gemeinschaftsunternehmen und die nicht koordinierte Einzel-FuE.

Tabelle 4-2: Organisationsformen kooperativer FuE und ihre Bedeutung (nach [Rotering, 1990])

Kooperationsform	Anteil in %
FuE-Gemeinschaftsunternehmen	20,4
Koordinierte Einzel-FuE	70,8
Nicht koordinierte Einzel-FuE	8,8

Die in Tabelle 4-2 genannten Häufigkeiten werden auch durch die Studie [Weule/ Mussa, 1999] weitgehend bestätigt: Hiernach sind ca. 75 % der eingegangenen Kooperationen planmäßig koordinierte FuE-Kooperation, ca. 8 % sind nicht koordinierte Einzel-FuE. Abweichend von Tabelle 4-2 sind nach dieser Umfrage nur ca. 10 % der Kooperationen Gemeinschaftsunternehmen (s. Abbildung 4-5).

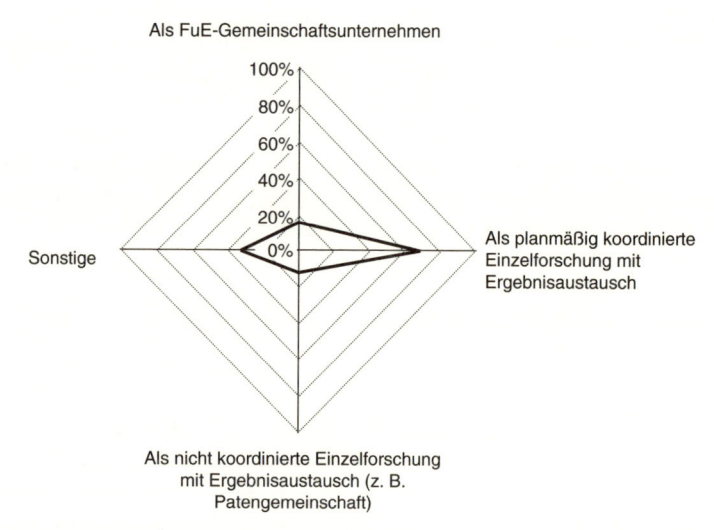

Abbildung 4-5: Häufigkeit der eingegangenen Kooperationsformen [Weule/Mussa, 1999]

Betrachtet man die Bedeutung der Kooperationsformen für Unternehmen in Abhängigkeit von deren Umsatz, so erkennt man, daß die relative Bedeutung von FuE-Gemeinschaftsunternehmen in bezug auf die koordinierte Einzel-FuE in Unternehmen mit weniger als einer Milliarde DM Jahresumsatz höher ist als für „größere" Unternehmen, die speziell die koordinierte Einzel-FuE mit Ergebnisaustausch einsetzen (s. Tabelle 4-3, die Bedeutungen beziehen sich auf einen Vergleichsmittelwert von 100).

Tabelle 4-3: Analyse der Kooperationsformen nach dem Kriterium der Unternehmensgröße (nach [Rotering, 1990])

Kooperationsform/ Unternehmensgröße	Gemeinschafts unternehmen	Koordinierte Einzel-FuE	Nicht koordinierte Einzel-FuE
Umsatz <1 Mrd. DM	114	85	185
Umsatz >1 Mrd. DM	91	109	49

Bezüglich der **Vor- und Nachteile der drei Kooperationsformen** kommt Rotering zu folgender Einschätzung [Rotering, 1990]:

Bei der Gründung eines *FuE-Gemeinschaftsunternehmens* stehen insbesondere eine Verringerung der Entwicklungsfehlschläge, die Risikoreduktion sowie die Verminderung von Doppelarbeit und Doppelinvestitionen im Vordergrund. Nur eine untergeordnete Rolle spielt der Aspekt der Entwicklungszeitverkürzung, die hingegen in Verbindung mit dem Austausch komplementärer, technischer Kenntnisse für die *koordinierte Einzel-FuE* von Bedeutung sind. Bei der *nicht koordinierten Einzel-FuE* geht es in erster Linie um die Reduzierung der FuE-Kosten über die Verminderung von Doppelarbeit. Ziel ist hierbei insbesondere die Verringerung von Entwicklungsfehlschlägen, die durch gezielte Lizenzabkommen erreicht werden soll.

Bei den nachteiligen Wirkungen fällt auf, daß die an einem *FuE-Gemeinschaftsunternehmen* beteiligten Firmen am meisten den Verlust des eigenen Wissensvorsprungs befürchten, während der Entstehung von gegenseitigen Abhängigkeitsverhältnissen eher unterdurchschnittliche Bedeutung beigemessen wird. Durch eine *Koordinierung der Einzel-FuE* werden insbesondere firmeneigene Entwicklungen gehemmt. Des weiteren spielen auch Abhängigkeitsverhältnisse und Probleme bei der Technologieadaption eine besondere Rolle. *Nicht koordinierte Einzel-FuE* weist überdurchschnittlich hohe Verhandlungs- und Transaktionskosten auf und die Partner klagen insbesondere über Schwierigkeiten bei der Auf- und Zuteilung von Beiträgen und Ergebnissen.

Bei der **Untersuchung der phasenspezifischen Kooperationshäufigkeit** in der Grundlagenforschung, angewandten Forschung und experimentellen Entwicklung stellt man fest, daß die Mehrheit der Kooperationen ihre Schwerpunkte in der Entwicklung hat (s. Abbildung 4-5). Allerdings muß hierbei berücksichtigt werden, daß sich die phasenspezifischen Kooperationshäufigkeiten je nach betrachteter Branche zum Teil wesentlich verschieben. Während beispielsweise die Pharmaindustrie schwerpunktmäßig Kooperationen im Bereich der Grundlagenforschung eingeht, findet man in der Datenverarbeitung hauptsächlich Kooperationen mit Schwerpunkt auf der experimentellen Entwicklung.

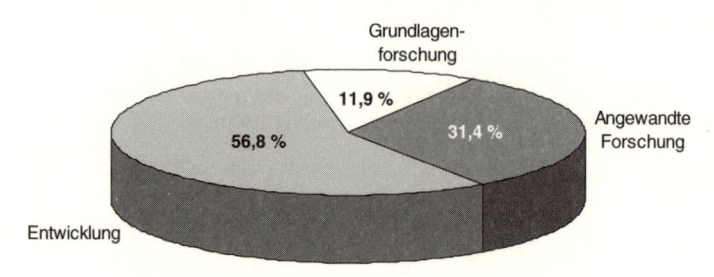

Abbildung 4-6: Kooperationshäufigkeiten in den Phasen des FuE-Prozesses [Rotering, 1990]

Betrachtet man in diesem Zusammenhang die wettbewerbspolitische Bedeutung der zwischenbetrieblich-technologischen Zusammenarbeit, so belegt eine 1987 vom *Ifo-Institut* durchgeführte Umfrage, daß diese von den Unternehmen als sehr hoch angesehen wird [Rotering, 1990]. Aufgrund der hohen Marktnähe gilt dies insbesondere für Kooperationen mit Schwerpunkt auf der Entwicklung. Aber auch FuE-Kooperationen in der Grundlagenforschung können durch eine frühzeitige Verständigung über industrieweite Standards erhebliche Markteintrittsbarrieren für den Wettbewerb schaffen. Diese Möglichkeit zur Schaffung von Industriestandards und Markteintrittsbarrieren spiegelt sich in dem Anteil der Kooperationen in den Bereichen Grundlagenforschung und angewandte Forschung wider. Eine Aussage, ob FuE-Kooperationen gegen wettbewerbsrechtliche Grundsätze verstoßen, kann aber nur durch eine Einzelprüfung getroffen werden.

4.2.3 Erfolgsfaktoren der FuE-Kooperationen

Der Erfolg von FuE-Kooperationen hängt von unterschiedlichen Faktoren ab. So läßt sich beispielsweise nur effizient arbeiten, wenn sich eine offene „*give-and-take*"-*Philosophie* zwischen den Beteiligten etabliert. Ebenso muß berücksichtigt werden, daß durch den engen Kontakt mit der jeweils anderen *Unternehmenskultur* die eigenen Wert- und Verhaltensmuster zunächst oft in Frage gestellt werden. Das kann u. a. zu Unsicherheiten und Unruhe innerhalb der Unternehmen führen, was Widerstände gegenüber der beabsichtigten Kooperation oder sogar ein Scheitern verursachen kann. Dieses Phänomen inkompatibler Unternehmenskulturen muß nicht auf nationalitätsspezifischen Gründen beruhen, sondern kann durchaus auch bei Kooperationen zwischen Unternehmen identischer Nationalitäten auftreten, bei denen unterschiedliche Unternehmenskulturen aufeinandertreffen [Backhaus/Piltz, 1990].

Unterteilt man Kooperationen in die Phasen der Planung und Durchführung, so lassen sich für diese je drei Erfolgsfaktoren bestimmen.

4.2 FuE-Kooperationen

Unter Beachtung der Soft Facts

Phase der Planung
- Festlegung einer klaren Zielstruktur
- Themenanalyse und Analyse alternativer Lösungsansätze
- Auswahl eines geeigneten Kooperationspartners

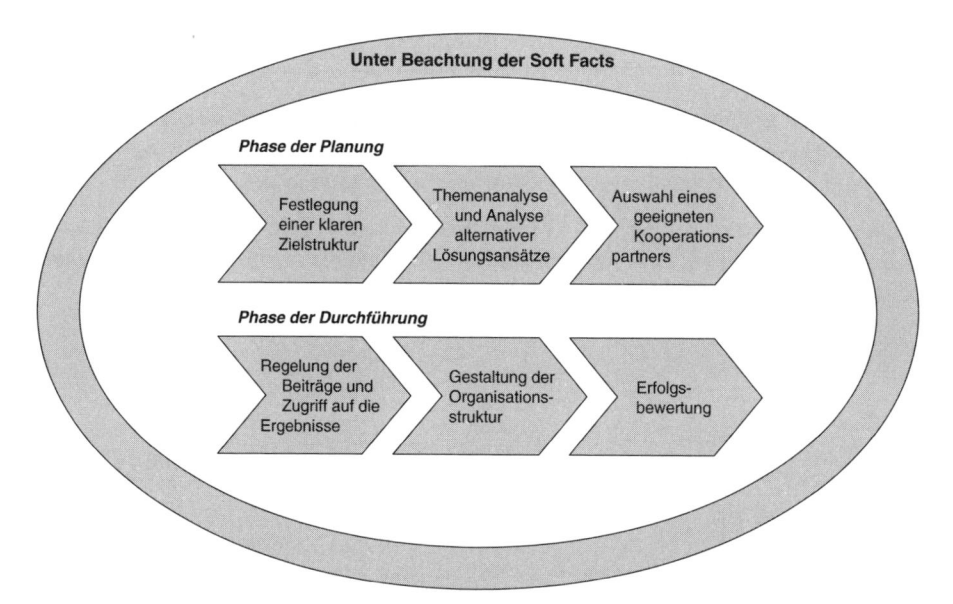

Phase der Durchführung
- Regelung der Beiträge und Zugriff auf die Ergebnisse
- Gestaltung der Organisationsstruktur
- Erfolgsbewertung

Abbildung 4-7: Erfolgsfaktoren für FuE-Kooperationen

1) Festlegung einer klaren Zielstruktur

Der Formulierung von klaren Zielvorstellungen kommt für die FuE-Kooperation eine grundlegende Bedeutung zu. Sie stellt sozusagen die strukturgebende Größe in diesem Entscheidungsprozeß dar. Kooperationen haben nur dann eine Chance auf Erfolg, wenn die jeweiligen Ziele aller Partner aufeinander abgestimmt sind. Erfahrungsgemäß kommt es innerhalb von Kooperationen immer dann zu Konflikten, wenn

- Ziele unscharf oder nicht operational genug formuliert werden,
- Ziele von mehreren Projektbeteiligten untereinander nicht kompatibel sind,
- es Diskrepanzen zwischen geäußerten und tatsächlich verfolgten Zielen gibt.

Eine fehlende eindeutige Zielstruktur führt zu Koordinierungsproblemen und Konflikten, die nur mittels zahlreicher, nachträglicher Abstimmungssitzungen gelöst werden können.

Um von vornherein latent angelegte Zielkonflikte auszuräumen, müssen die Teilnehmer einer FuE-Kooperation die Ziele klar formulieren. Diese Grundlage ermöglicht es den Beteiligten, sich auf solche Ziele „einzuschwören", die anschließend auch gemeinsam unterstützt werden. Diese Abstimmungsrunden finden in der Praxis mittels sog. „kick off meetings" statt. Andererseits ist es insbesondere in FuE-Kooperationen notwendig, möglichst flexibel in der Zielsetzung zu sein. In Abhängigkeit von erarbeiteten FuE-Ergebnissen entsteht oftmals die Notwendigkeit, Ziele abzuändern. Um dies zu ermöglichen, werden im Rahmen einer übergeordneten

Zielsetzung möglichst genau definierte Meilensteine geplant. Nach Erreichen eines Meilensteines werden die weiteren Ziele neu überdacht.

Eine weitere Bedingung, um eine klare Zielformulierung zu erreichen, liegt in der internen Formulierung präziser Ziele der einzelnen Partner. Nur so ist es möglich, überlappende Zielvorstellungen zu identifizieren („common denominator").

Abbildung 4-8 verdeutlicht, daß alle beteiligten Ebenen, d.h. die Unternehmensleitungen der jeweiligen Unternehmen und die beteiligten FuE-Mitarbeiter, von einer klaren Zielstruktur profitieren.

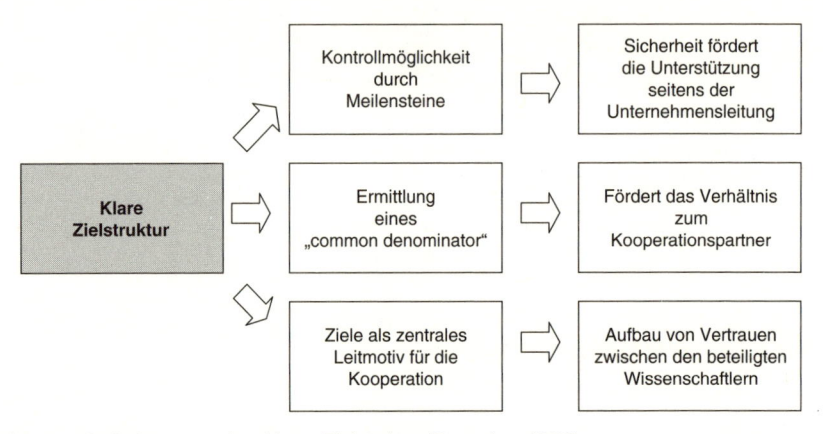

Abbildung 4-8: Leistungen einer klaren Zielstruktur [Pomrehn, 1995]

2) Themenanalyse und Analyse alternativer Lösungsansätze

Eine allgemeingültige Regel, welche Themenausrichtung zu einer erfolgreichen Kooperation führt, kann nicht aufgestellt werden. Zu betrachten ist, ob es sich um horizontale oder vertikale Kooperationen handelt. So wird das Zusammenspiel der Kooperationspartner in einer horizontalen Kooperation um so schwieriger, je näher die Inhalte zum Markt sind. Vorwettbewerbliche FuE-Kooperationen haben daher eine höhere Wahrscheinlichkeit, brauchbare Technologien zu entwickeln, sofern diese Kooperationen eine nicht zu große Themenbreite abdecken.

Die Zusammenarbeit im Grundlagenbereich gilt als überdurchschnittlich erfolgreich, da hierbei häufig Systemlösungen entwickelt werden. Dies führt zu einer Standardisierung, welche hilft, Unsicherheiten zu reduzieren und unterschiedliche technische Entwicklungen zusammenzuführen. Standards besitzen eine breite Palette an Vorteilen, wie z.B. die Verringerung von Transaktionskosten, eine ökonomischere Handhabung von Produkten durch einfachere Designs und leichteren Service. Die Zusammenarbeit in der Phase der angewandten Forschung wird auch als überdurchschnittlich erfolgreich bezeichnet. Die bedeutendste Ursache für diese positive Erfolgsbewertung wird vor allem in der eindeutig besseren Möglichkeit des Marktzugangs gesehen [Rotering, 1990].

Vertikale FuE-Kooperationen sind erfolgreicher zu beurteilen als horizontale Kooperationsarten. Die schwerwiegendsten Nachteile horizontaler FuE-Kooperationen werden in hohen Verhandlungs- und Transaktionskosten sowie in Schwierigkeiten bei der Auf- und Zuteilung von Beiträgen und gefundenen Ergebnissen gesehen. Speziell im Hinblick auf die Größe der Partner ist für horizontale Kooperationen darauf zu achten, daß zwischen den Beteiligten vergleichbare Strukturen, d.h. Ähnlichkeiten hinsichtlich Forschungsstand, FuE-Ressourcen und Marktsituation vorherrschen. Ein registrierbares Ungleichgewicht in den FuE-Ressourcen der Kooperationspartner kann während problematischer Phasen erhebliche Spannungen erzeugen, die häufig zu einer vorzeitigen Auflösung oder Neuausrichtung der Zusammenarbeit führen [Rotering, 1990]. Wichtig hierbei ist, daß die Kooperationspartner keinen Verlust an „kritischem Wettbewerbsvorteil" zu befürchten haben. Bei ungeeigneter Themenausrichtung besteht die Gefahr der Offenlegung der Innovationsstrategie, des Verlustes der technologischen Unabhängigkeit sowie des Abflusses unternehmensinternen Know-hows.

3) Auswahl eines geeigneten Kooperationspartners

Zahlreiche Untersuchungen kooperativer FuE-Aktivitäten stufen die Partnerwahl als den entscheidendsten Erfolgsfaktor ein.

Die erfolgreiche Anpassung der beteiligten Unternehmenskulturen ist eine weitere notwendige Bedingung für das Erreichen der mit einer Kooperation verfolgten Ziele. Ein Scheitern kooperativer FuE wird häufig mit einem „kulturellen Misfit" begründet [Backhaus/Piltz, 1990].

In der Praxis wird das Problem, den Kontakt mit dem richtigen Kooperationspartner herzustellen, häufig mittels bisher gemachter Kooperationserfahrungen gelöst. Dieser Lösungsansatz steht in Übereinstimmung mit der in der Literatur ausgesprochenen Empfehlung, für die Partneridentifikation das unternehmenseigene Netzwerk heranzuziehen. Weiterhin kann es sinnvoll sein, kooperative FuE mit einem vertrauten Geschäftspartner durchzuführen, obwohl ein anderes Unternehmen eventuell stärkere technologische Kompetenzen besitzt.

Eine weitere Kontaktmöglichkeit wird durch kooperationsvermittelnde und -anbahnende Institutionen, wie z.B. Industrie- und Handelskammer, Unternehmensberatungen oder Technologiezentren, bereitgestellt.

Die technologische Kompetenz des Partners ist ein weiteres bedeutendes Partnerauswahlkriterium. Für den Kooperationserfolg ist wichtig, daß die Gleichrangigkeit bei der technologischen Kompetenz von Kooperationspartnern gewährleistet ist. Bei gleicher technischer Kompetenz kann von einer gleichen Bedarfslage der internen FuE-Abteilungen ausgegangen werden. Dies führt dazu, daß die Definition der Zielstruktur der Kooperation leichter zu realisieren ist.

Nach *Rotering* kann davon ausgegangen werden, daß Kooperationen, die sich am technologischen Wissen des Partners orientieren und über persönliche Kontakte sowie bestehende Geschäftsbeziehungen zustande kommen, als erfolgreicher eingeschätzt werden als Kooperationen, welche aufgrund von Größenaspekten, der räumlichen Nähe oder durch Kontaktvermittler zustande kommen (s. Tabelle 4-4) [Rotering, 1990].

Tabelle 4-4: Erfolgsbeeinflussende Wirkung verschiedener Partnerwahlkriterien

Kooperation	Partnerwahlkriterien
Überdurchschnittlich erfolgreich	Technologisches Wissen, persönliche Kontakte, bestehende Geschäftsbeziehungen
Unterdurchschnittlich erfolgreich	Größenaspekte, räumliche Nähe, Kontaktvermittler

4) Regelung der Beiträge und Zugriff auf die Ergebnisse

Sicherlich ist die Regelung, welche Beiträge die Kooperationspartner liefern müssen und in welcher Form der Zugriff auf die Ergebnisse der Zusammenarbeit erfolgt, einer der wichtigsten Erfolgsfaktoren einer FuE-Kooperation. Die Grundlage hierfür wird bereits beim Aufbau der Zielstruktur gelegt. Die regelmäßige Kontrolle des Beitrags/Nutzen-Verhältnisses ist in der Praxis schwierig, stellt aber einen wesentlichen Bestandteil einer positiven Erfolgseinschätzung dar. Sie ermöglicht, bei Entstehen eines Ungleichgewichts entsprechend korrektiv entgegenzuwirken. Die somit erreichte Dynamik innerhalb der Kooperation trägt zur Motivation der Mitarbeiter bei. Weiterhin wird durch die regelmäßige Kontrolle die Gefahr eines nicht geplanten Abflusses von technologischem Know-how reduziert.

5) Gestaltung der Organisationsstruktur

FuE-Kooperationen stellen einen hohen Anspruch an die verwendeten Management-Methoden. Charakteristischerweise sind kooperative FuE-Projekte auf ein befristetes Problem ausgerichtet, d.h. es können Methoden des Projektmanagements angewandt werden. Die Person des Projektleiters ist dabei von höchster Bedeutung für den Projekterfolg. Der Projektleiter erfüllt eine Vielzahl von wichtigen Funktionen. Seine bedeutendsten Aufgaben liegen zum einen in der Konfliktregelung und zum anderen in der Rolle als Promotor. Gleichzeitig muß der Projektleiter mit einem hohen Grad an Entscheidungskompetenz ausgestattet sein [Pomrehn, 1995].

Weitere Erfolgsfaktoren sind die Aspekte Kommunikation und Kontaktmöglichkeiten. Diese beeinflussen mittels ihrer vertrauensbildenden Wirkung in hohem Maße den Kooperationserfolg. Sie dienen sozusagen als Trägermedium jeglicher Interaktion innerhalb der FuE-Kooperation. Der Aufbau einer „Infrastruktur" für kooperative FuE muß das Ziel der Organisation einer FuE-Kooperation sein, um somit einen optimalen Kommunikationsfluß zu ermöglichen.

Eine im Hinblick auf eine effektive Kooperationsorganisation besondere Aufgabe besteht schließlich darin, für eine Handlungsautonomie der Beteiligten zu sorgen. Eine gewisse Unabhängigkeit erleichtert die Zusammenarbeit zwischen den FuE-Mitarbeitern aus den einzelnen Unternehmen ganz entscheidend. Sie können sich so voll und ganz auf die Suche nach produktiven Lösungen konzentrieren. Ein weiterer positiver Aspekt ist darin zu sehen, daß durch eine gewisse Autonomie die egoistischen und kompetitiven Orientierungen der jeweiligen Unternehmensspitzen aus dem Verlauf der Kooperation ausgeblendet werden.

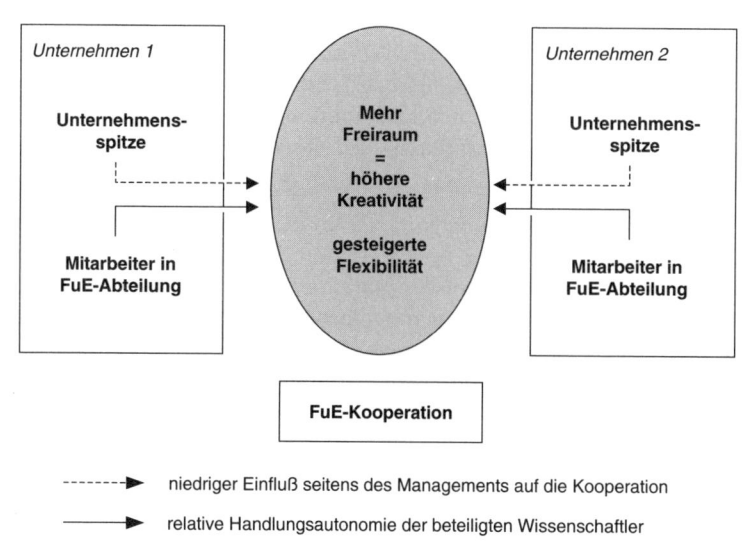

Abbildung 4-9: Handlungsautonomie innerhalb der FuE-Kooperation [Pomrehn, 1995]

6) Erfolgsbewertung

Während der Durchführung einer Kooperation ist eine regelmäßige Erfolgsbewertung der bereits vorliegenden Ergebnisse notwendig. Diese müssen insbesondere mit dem verfolgten Ziel verglichen werden. Die Bewertung erfolgt im allgemeinen über Definition von Meilensteinen, die rechtzeitige korrektive Maßnahmen erlauben.

In der gesamten Betrachtung der Faktoren für erfolgreiche Kooperationen müssen aber immer zusätzlich die sog. „soft facts", welche die zwischenmenschlichen Beziehungen zwischen den Kooperationspartnern beschreiben, berücksichtigt werden.

7) Soft facts

Eine Kooperation ähnelt in vielerlei Hinsicht einer engen zwischenmenschlichen Beziehung, welcher genügend Freiraum eingeräumt werden muß, damit sie sich weiterentwickeln kann. Die bisherige Betrachtung von Erfolgsfaktoren ging nicht auf diese Interaktion von Menschen mit ihren unterschiedlichen Meinungen, Einstellungen, Kulturen und Werten ein. Dieser Aspekt ist aber für den Erfolg einer Kooperation von wesentlicher Bedeutung. Diesem auf einer emotionalen Ebene aktiven Einfluß ist vor allem im Hinblick auf mögliche Barrieren, die einer Kooperation im Wege stehen, besondere Beachtung zu schenken. Es kann nämlich davon ausgegangen werden, daß von den Widerständen gegenüber FuE-Kooperationen nur etwa 10 % sichtbar und rational begründbar sind, während 90 % emotionaler Natur sind und im Verborgenen liegen [EITIRT, 1995], [Pomrehn, 1995]. Zu den wohl gravierendsten emotional begründbaren Widerständen bezüglich Kooperationen zählt in der FuE das sog. „not-invented-here"-Syndrom. Dabei kommt es, aufgrund der „Bedrohung" durch die externen Kooperationsprojekte, zu einer Be- oder Verhinderung der Zusammenarbeit seitens der internen FuE-Abteilung [Pomrehn, 1995].

Neben der rechtlichen Absicherung von FuE-Kooperationen muß daher auch diesen „weichen" Faktoren Rechnung getragen werden. Hierzu sind im wesentlichen die Faktoren Vertrauen, Erfahrung und Reputation zu berücksichtigen. So kann die Reputation eines Unternehmens Schaden nehmen, wenn das Unternehmen für einen nicht erfolgreichen Abschluß einer Kooperation verantwortlich ist. Haben die Kooperationspartner eine Reputation aufgebaut und messen sie ihr einen hohen Wert für ihre Geschäftstätigkeit bei, so resultiert im Falle der Vertragserfüllung zugleich eine Belohnungswirkung durch Erhöhung der Reputation. „Bei hoher Bedeutung der Reputation geht Eigennutz deshalb mit loyalem Verhalten einher." [Teichert, 1994]

Ergänzend soll noch der Aspekt der verschiedenen Unternehmenskulturen betrachtet werden. *Mey* merkt diesbezüglich an, daß anfänglich die Kooperation an sich belastet ist durch unterschiedliche Unternehmenskulturen [Mey, 1993]. Die zur Kooperation zu bewegenden FuE-Organe stammen oft aus Unternehmen, die auf dem Markt konkurrieren. In diesem Fall ist es schwierig, den Konkurrenzgedanken, der in der Regel zu Leistungen anspornt, durch das Bild eines Kooperationspartners, mit dem man effizient zusammenarbeiten soll, zu ersetzen.

Der Erfolgsfaktor „soft facts" wird von über 54 % der Unternehmen als das Fundament einer erfolgreichen Kooperation angesehen. Dieser Sachverhalt wird durch folgende Äußerung unterstrichen [Bruce, 1995]:

> *„You don't get collaboration between Company X and Company Y, you get a collaboration between people in Company X and Company Y."*

Zusammenfassend ist für die Planung kooperativer FuE festzustellen, daß die „soft facts" eine übergreifende Bedeutung besitzen, weil sie die in allen Stufen wichtige und notwendige Interaktion von Mitarbeitern beeinflussen.

Des weiteren gewinnt durch die zunehmende Internationalisierung der Wirtschaft die internationale Kooperation an Bedeutung. Der Internationalisierung von FuE-Aktivitäten ist das folgende Kapitel gewidmet.

4.3 Internationalisierung der FuE

Die Erschließung neuer Märkte durch ein Unternehmen kann über die Erweiterung der Produktpalette hinaus auch durch die Internationalisierung des Unternehmens erreicht werden. Diese läuft im allgemeinen in drei Phasen ab: Warenexport und Organisation eines internationalen Vertriebssystems, Aufbau von internationalen Produktionsstandorten, Internationalisierung der FuE-Aktivitäten.

Dabei ist der Begriff *Internationalisierung* allgemein wie folgt definiert:

> „Die Aufnahme des Auslandsgeschäfts – sei es durch Export von Erzeugnissen, Technologie sowie Management-Know-how oder durch Direktinvestitionen im Vertriebs- oder Fertigungsbereich – bedeutet für die einzelne Unternehmung Internationalisierung." [Dülfer, 1995]

Die Internationalisierung in FuE hat verschiedene Aspekte: Dazu zählen der Zugang zu internationalem Wissen (z.B. durch die Einstellung von ausländischem FuE-Personal), das Eingehen internationaler Kooperationen als auch der Aufbau von Forschungs- und Entwicklungseinrichtungen im Ausland.

In einer aktuellen Studie [Weule/Mussa, 1999] wurden deutsche Unternehmen nach dem Grad ihrer Internationalisierung befragt: in der Produktion, in FuE und in der Forschung. Abbildung 4-10 zeigt das Ergebnis:

- Die Internationalisierung der Produktionsstätten ist am weitesten fortgeschritten, sie umfaßt inzwischen alle Regionen der Welt.
- Die Internationalisierung von FuE – und insbesondere der Forschung – ist bislang weniger fortgeschritten. Sie konzentriert sich im wesentlichen auf Europa, Nordamerika und Asien.

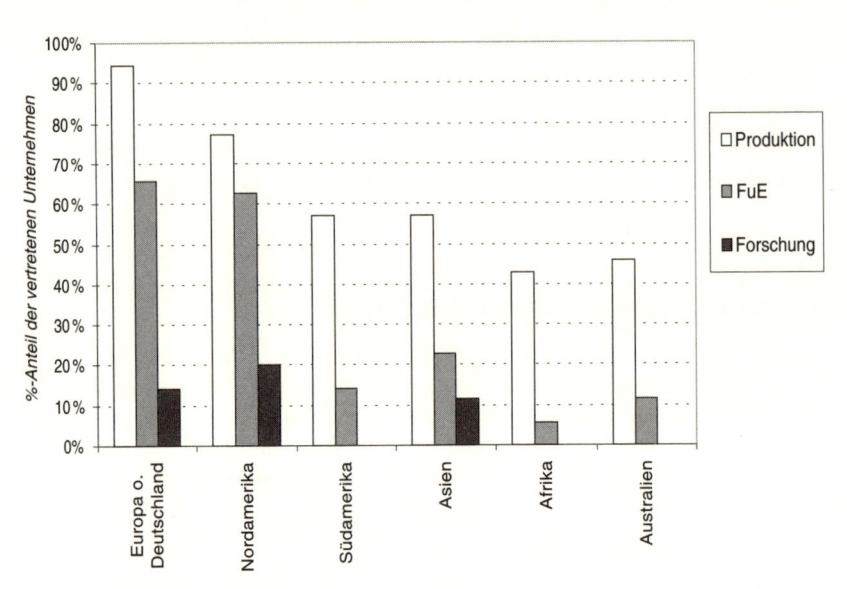

Abbildung 4-10: Verteilung internationaler Standorte deutscher Unternehmen nach Wirtschaftsregionen [Weule/Mussa, 1999]

4.3.1 Motive für die Internationalisierung der FuE

In Abbildung 4-11 sind die verschiedenen Ziele dargestellt, welche die Unternehmen mit der Internationalisierung ihrer FuE-Abteilungen verfolgen.

Ziele der Internationalisierung von FuE:
- Zugang zu knappen Ressourcen
- Kosten- und Risikosenkung
- Erhöhung der Marktnähe
- Vermeidung von rechtlichen Restriktionen im Inland

Abbildung 4-11: Motive für die Internationalisierung von FuE

- *Erhöhung der Marktnähe:* Die durch Internationalisierung erreichte Erhöhung der Marktnähe hat aus mehreren Gründen hohe Bedeutung. Eigene Produktionsstätten ermöglichen die Anpassung der Produkte an die lokalen Erfordernisse des Marktes (z.B. ist Coca-Cola geschmacklich regional verschieden). Die international unterschiedlichen Kundenbedürfnisse können vor Ort besser erfaßt werden. Durch die Internationalisierung der FuE kann auf marktspezifische Produktanpassungen leichter reagiert werden. Durch die Präsenz eines Unternehmens am Markt schafft es in diesem Arbeitsplätze. Dies führt zu einer engeren Bindung mit den Abnehmern.

- *Gesetzliche Vorschriften und Beschränkungen:* Weiterhin können Restriktionen, wie z.B. „Local-Content-Vorschriften" eingehalten werden. Doch auch die Vermeidung von rechtlichen Restriktionen im Inland wird durch den Aufbau internationaler FuE-Standorte erleichtert.

- Die *Senkung der FuE-Kosten* ist ein weiteres Motiv für die Internationalisierung der FuE. Hier wird eine Verlagerung der FuE in Länder mit niedrigen Arbeitskosten oder mit steuerlichen Vorteilen vorgenommen. Der Zeitaufwand für FuE läßt sich durch den Austausch von internationalen Patenten, Lizenzen etc. verringern. Dementsprechend können durch Forschungskooperationen mit ausländischen Unternehmen oder anderen ausländischen Institutionen, wie z.B. Forschungseinrichtungen und Universitäten, Kosten und Risiko der FuE-Arbeit reduziert werden.

- Als eine weitere wichtige Motivation ist der *Zugang zu Kompetenzen* zu sehen. Durch die Präsenz an Orten mit großem Know-how-Potential (z.B. Silicon Valley) haben Unternehmen schnellen Zugriff auf neuestes Wissen und hervorragendes Forschungspersonal. Gleichzeitig erleichtert die Internationalisierung die Beschaffung von Kapital: Der Aufbau von FuE-Standorten ermöglicht den Zugang zu lokalen Fördermitteln oder zum Venture-Capital-Markt des Gastlandes. Der Zugang zu Kompetenzen und die Erhöhung der Marktnähe sind die häufigsten Beweggründe für die Internationalisierung der FuE.

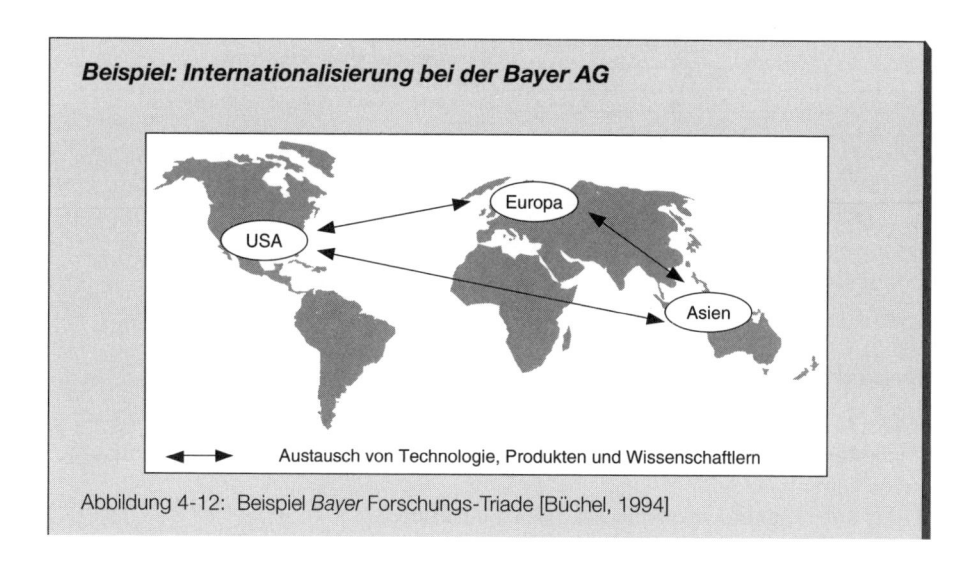

Beispiel: Internationalisierung bei der Bayer AG

USA ↔ Europa ↔ Asien

◄—► Austausch von Technologie, Produkten und Wissenschaftlern

Abbildung 4-12: Beispiel *Bayer* Forschungs-Triade [Büchel, 1994]

> *Bayer* sieht die Internationalisierung von FuE als Konsequenz aus dem Strukturwandel in der chemischen Industrie.
>
> *Bayer* nennt folgende Gründe für die Internationalisierung von FuE:
>
> - Technologieorientierte Unternehmen brauchen nicht nur die Märkte der Welt, sondern auch die Köpfe der Welt.
> - Wir brauchen den Weltmarkt zur Finanzierung von FuE.
> - Wir müssen die technologischen Entwicklungen unserer Abnehmerindustrien vor Ort begleiten und unsere internationalen Produktionsstätten durch FuE unterstützen.
> - Wir müssen die Chancen von neuen Technologien frühzeitig ausloten – weltweit und unabhängig von nationalen Rahmenbedingungen.

Abbildung 4-13 zeigt die Ergebnisse einer Studie [IBM, 1996], in der Unternehmen nach den Standortfaktoren befragt wurden, welche sie aus ihrer Sicht hinsichtlich ihrer FuE-Arbeit in Deutschland als positiv bzw. negativ einstufen.

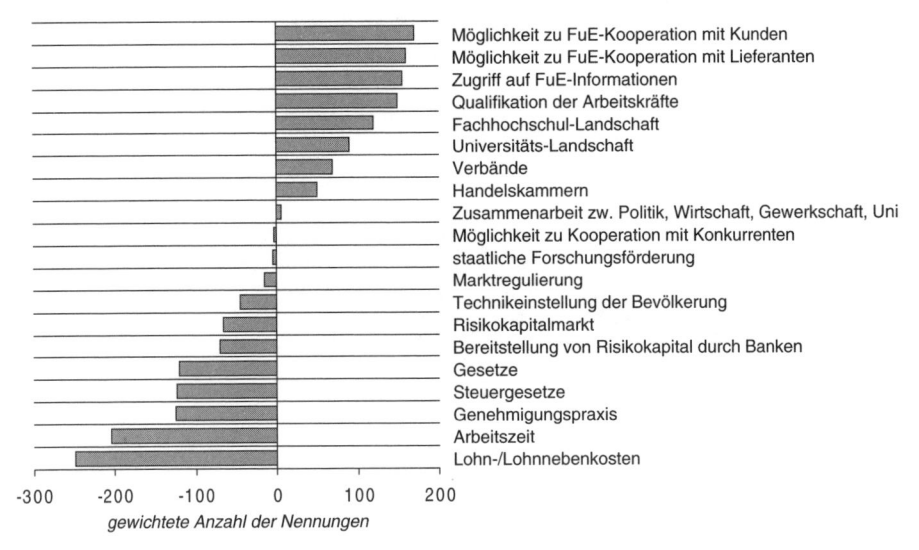

Abbildung 4-13: Standortfaktoren für die FuE-Tätigkeit der deutschen Industrie [IBM, 1996]

Pluspunkte des Standorts Deutschland:

- Die ausgeprägte und sehr konstruktive Kooperationskultur,
- die Zugriffsmöglichkeiten auf FuE-Informationen in Form von Patent- und anderen Datenbanken,
- das hohe Qualifikationsniveau der Arbeitskräfte,
- der positive Einfluß von Fachhochschulen, Universitäten, Verbänden und Handelskammern.

Minuspunkte des Standorts Deutschland:

- Die hohen Lohn- und Lohnnebenkosten,
- die mangelnde Flexibilität der Arbeitszeiten,
- die zeit- und motivationsraubende Praxis bei Genehmigungsverfahren, Steuergesetzgebung, sowie die in den innovativen Geschäftsfeldern allgemein hemmenden Gesetze, Vorschriften und Auflagen,
- Mangel an Risikokapital.

4.3.2 Gestaltung der Internationalisierung der FuE

Bei der Gestaltung einer internationalen FuE muß zunächst nach den Motiven für die Internationalisierung differenziert werden. Steht der Zugang zu externem Wissen im Vordergrund, so wird im allgemeinen die Internationalisierung von Forschungsabteilungen angestrebt. Ist hingegen eine marktspezifische Produktanpassung das Ziel der Internationalisierung, wird die Internationalisierung von Entwicklungsabteilungen verfolgt.

Die Internationalisierung von Entwicklungsabteilungen kann verschiedene Formen annehmen. Allen Formen gemeinsam ist, daß es im Stammhaus eine zentrale Abteilung für die Koordination der Entwicklungstätigkeiten gibt. Nach *Just* gibt es die folgenden vier unterschiedlichen Organisationsformen [Just, 1997]:

Vergabe von Entwicklungsaufgaben

Hier kommen der zentralen Koordinationsstelle und der Entwicklungsabteilung im Stammhaus die größte Bedeutung zu. Die Koordinationsabteilung bestimmt, welche Produkte entwickelt werden und vergibt zunächst den Entwicklungsauf-

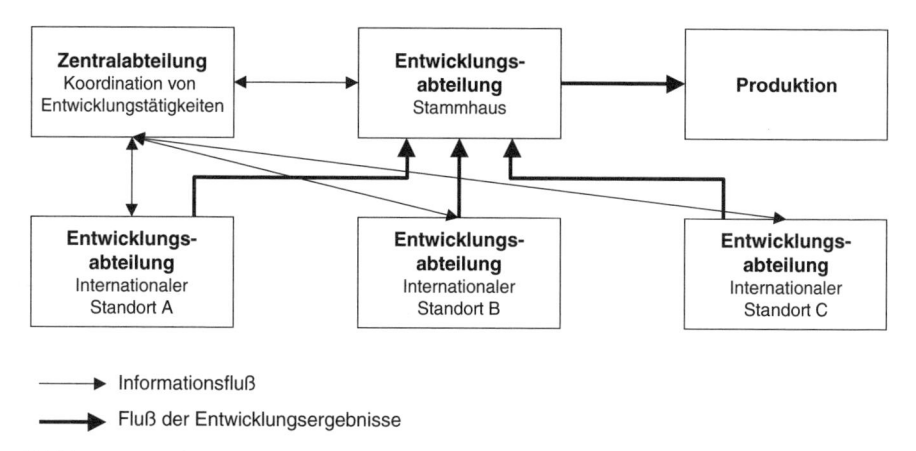

Abbildung 4-14: Organisationsform Vergabe von Entwicklungsaufgaben (nach [Just, 1997])

trag für das Produkt an die Entwicklungsabteilung im Stammland. Benötigt diese Unterstützung, wie z.B. für die Anpassung eines Produktes an ein Gastland, fordert sie diese über die Koordinationsstelle bei den ausländischen Entwicklungsabteilungen an. Die Aufträge werden von der Koordinationsstelle an die Entwicklungsabteilungen vergeben. Nach Abschluß des Auftrages berichten diese der Koordinationsstelle, die Ergebnisse hingegen fließen direkt an die Entwicklungs-Stammabteilung.

Vergabe von Produktmandaten an die Entwicklungsabteilungen

Im Gegensatz zur vorherigen Organisationsform sind hier alle Entwicklungsabteilungen gleichgestellt. Jede Entwicklungsabteilung erhält durch die Koordinationsstelle das weltweite Mandat für ein Produkt oder eine Produktgruppe und ist somit für den gesamten Produktentstehungsprozeß eigenverantwortlich. Der Informationsfluß der einzelnen Entwicklungsabteilungen wird wieder über die zentrale Koordinationsstelle abgewickelt, die Ergebnisse der einzelnen Entwicklungsabteilungen fließen nun jedoch direkt in die Produktion.

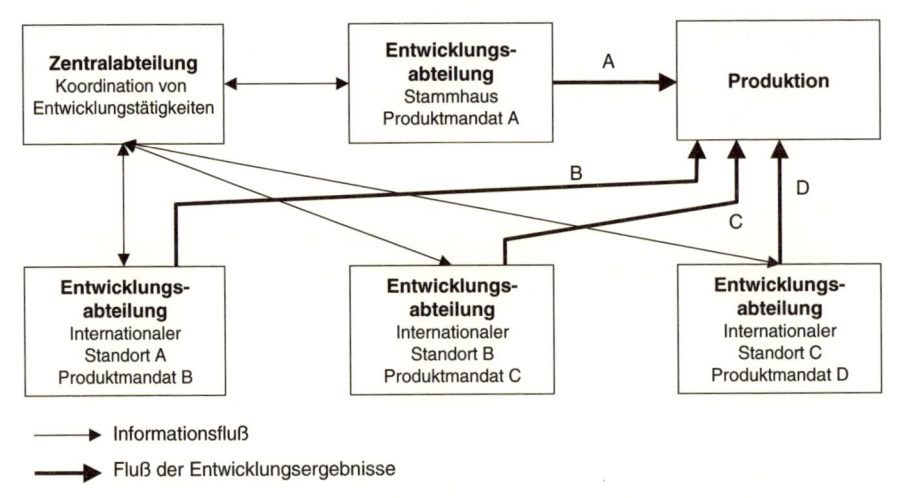

Abbildung 4-15: Organisationsform Vergabe von Produktmandaten (nach [Just, 1997])

Vergabe von Entwicklungs-Teilaufgaben

Bei dieser Form konzentriert sich jede Entwicklungsabteilung auf ein Spezialgebiet des Produktentstehungsprozesses. Die zentrale Koordinationsstelle ist für die Überwachung der Produktentwicklung während der gesamten Entstehungsphase verantwortlich und gibt die Entwicklungsergebnisse an die für die nächsten erforderlichen Entwicklungsarbeiten zuständige Entwicklungsabteilung weiter.

4.3 Internationalisierung der FuE

[Diagramm: Organisationsform mit Zentralabteilung (Koordination von Entwicklungstätigkeiten), Entwicklungsabteilung Stammhaus Spezialgebiet A, Produktion, sowie Entwicklungsabteilungen an Internationalen Standorten A, B, C mit Spezialgebieten B, C, D. Legende: → Informationsfluß, ▶ Fluß der Entwicklungsergebnisse]

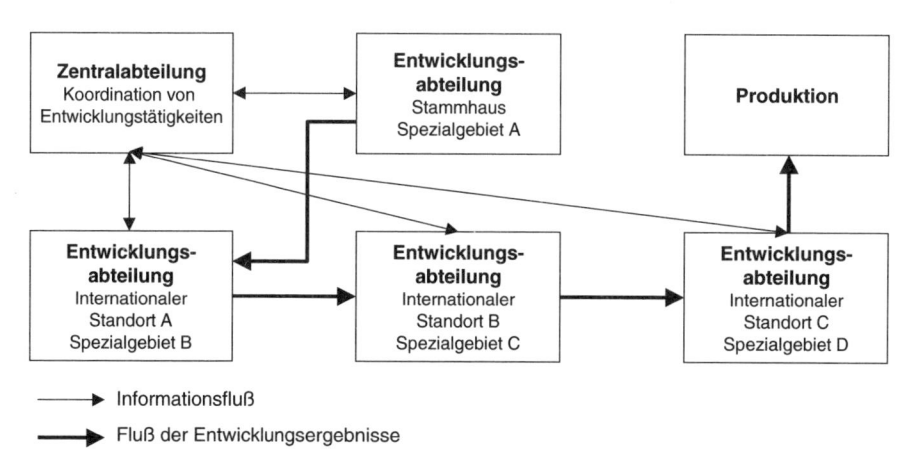

Abbildung 4-16: Organisationsform Vergabe von Entwicklungs-Teilaufgaben (nach [Just, 1997])

Vergabe von Produktmandaten an „interne Unternehmer"

Die zentrale Koordinationsstelle vergibt das Produktmandat an einen internen Subunternehmer. Dieser fungiert als Produktmanager und trägt die Verantwortung für den gesamten Produktentstehungsprozeß. In Abhängigkeit der jeweiligen Teilproblematik vergibt der Produktmanager wiederum an die – ebenso als Subunternehmen fungierenden – Entwicklungsabteilungen die entsprechenden Unteraufträge. Die Verantwortung für die Finanzierung der Produktentwicklung liegt weiterhin bei der Koordinationsstelle, sie agiert somit als Risikokapitalgeber für die „internen Unternehmer".

[Diagramm: Ähnlich wie Abbildung 4-16, zusätzlich mit gepunkteter Linie für Weg des „internen Unternehmers". Legende: → Informationsfluß, ▶ Fluß der Entwicklungsergebnisse, ▷ Weg des „internen Unternehmers"]

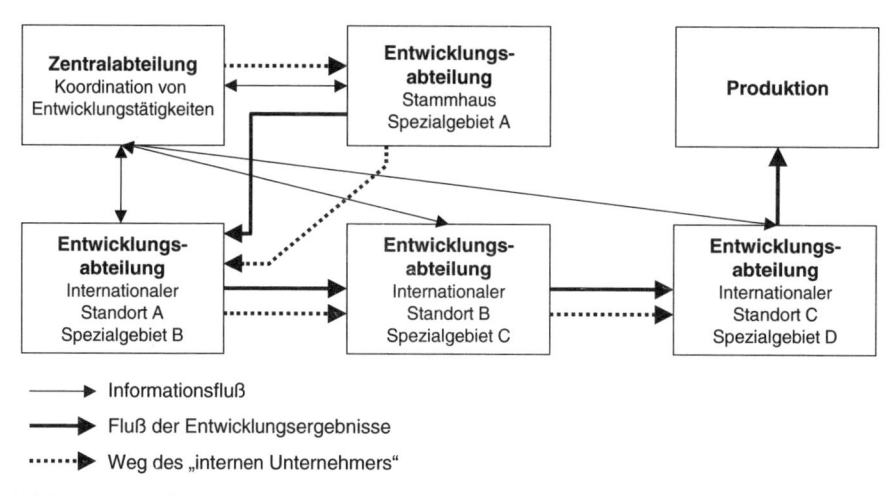

Abbildung 4-17: Organisationsform Vergabe von Produktmandaten an „interne Unternehmer" (nach [Just, 1997])

Einen Eindruck der derzeitigen Situation der Internationalisierung der Forschung in der Triade gibt die Abbildung 4-18. Sie zeigt:

- 9 von 23 Referenzfirmen (39 %) konzentrieren ihre gesamte Forschung an einem Forschungsstandort,
- 13 von 23 Referenzfirmen (57 %) haben eine auf mehrere Standorte verteilte Forschung mit eindeutiger „Zentralbasis",
- 1 Unternehmen hat ein internationales Forschungsnetzwerk mit einer zentralen Koordinationsstelle.

Auf Heimatstandorte konzentrierte Forschung	Teilweise internationalisiert mit starkem Heimatstandort	Multinationale Forschung
3 Unternehmen aus 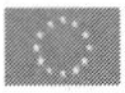 🇪🇺	4 Unternehmen aus 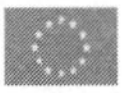 🇪🇺	1 Unternehmen aus  🇪🇺
4 Unternehmen aus 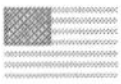 🇺🇸	4 Unternehmen aus 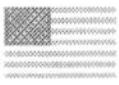 🇺🇸	
2 Unternehmen aus 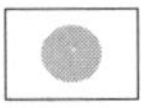 ⚪	5 Unternehmen aus 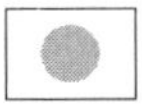 ⚪	

Abbildung 4-18: Internationalisierung der zentralen Forschung [Daimler-Benz AG, 1996]

Abschließend läßt sich sagen, daß FuE in Unternehmen derzeit noch sehr heimatbezogen stattfindet, aber zunehmend den Märkten folgt.

4.3.3 Standortfaktoren für die Internationalisierung der FuE

Dem Entschluß eines Unternehmens, FuE zu internationalisieren, folgt die Auswahl geeigneter Standorte. Diese hängt maßgeblich von der Form und der Motivation der Internationalisierung ab. Dennoch gibt es weitere Faktoren, die unabhängig davon zu berücksichtigen sind.

Immer zu betrachten ist hierbei, daß für den gewählten Standort

- ein vielversprechender Markt,
- ausreichend qualifiziertes Personal,
- eine geeignete Infrastruktur,
- ausreichende Möglichkeiten zur Kommunikation mit weiteren Standorten oder der Zentrale sowie
- ein kreatives Umfeld für FuE-Mitarbeiter

vorhanden sind.

Die Berücksichtigung von kulturellen, religiösen und sozialen Unterschieden sowie wirtschaftliche Faktoren – wie staatliche Investitionshilfen – sind weitere Aspekte, für die Standortwahl.

Für die Auswahl eines Standortes gibt es kein allgemeingültiges Rezept. Vielmehr muß im Vorfeld eine sorgfältige Überprüfung des Wunsch-Standortes stattfinden. Die Vorauswahl findet dabei am Heimatstandort statt. Die Prüfung in Frage kommender Standorte kann effektiv nur vor Ort durchgeführt werden.

4.4 Technologietransfer in FuE

Zwischenbetriebliche FuE-Kooperationen, die Internationalisierung der eigenen FuE-Aktivitäten – diese in den letzten beiden Teilkapiteln behandelten Themen – sind wichtige Aspekte in der FuE-Strategie eines Unternehmens. Ein weiterer Punkt, der zunehmend an Bedeutung gewinnt, ist der Technologietransfer. Darunter ist zu verstehen: die Umsetzung von an Universitäten und anderen öffentlichen Forschungseinrichtungen erzielten Forschungsergebnisse in die industrielle Anwendung.

4.4.1 Motive für den Technologietransfer

Dieser Technologietransfer ist für Unternehmen aus unterschiedlichen Gründen interessant. Die Motive können finanzieller Art sein, es kann aber auch darum gehen, Kapazitätsprobleme oder gar das Fehlen eigener FuE-Abteilungen wettzumachen.

- *Rascher Zugang zu neuem Wissen für kurzfristige Problemlösungen:* Die Entwicklung neuer Produkte in immer kürzerer Zeit macht es erforderlich, das benötigte technologische Wissen schnell aufzubauen. Sich dieses Wissen in eigenen FuE-Abteilungen anzueignen, ist im allgemeinen ein langwieriger Prozeß. Aus diesem Grund kaufen sich Unternehmen dieses Wissen extern ein.

- *Ersatz knapper Ressourcen:* Insbesondere Klein- und Mittelbetriebe sind aufgrund ihrer Struktur und Größe nicht in der Lage, große FuE-Abteilungen zu unterhalten. Um dennoch an das benötigte Wissen zu gelangen, beziehen sie dieses extern. Dieser Weg wird insbesondere dann gewählt, wenn es um Wissen und Technologien geht, die nicht zu den eigenen Kernkompetenzen zählen.

- *Reduzierung von Risiken:* Die Entwicklung neuer Technologien ist nicht nur zeitaufwendig und teuer, sondern meist auch mit Unsicherheiten behaftet. Vielversprechende Ansätze erweisen sich im nachhinein oftmals als nicht realisierbar. Um dieses Risiko möglicher Fehlschläge zu minimieren, weichen Unternehmen auf den Technologietransfer aus.

4.4.2 Möglichkeiten zur Förderung des Technologietransfers

FuE-Kooperationen zwischen Firmen und Forschungseinrichtungen

FuE-Kooperationen zwischen Firmen und Forschungseinrichtungen (wie Fachhochschulen, Universitäten, Max-Planck-Gesellschaft, Fraunhofer-Gesellschaft) nehmen in ihrer Bedeutung stark zu. Die Motive der Unternehmen wurden bereits genannt. Doch auch von staatlicher Seite wird der volkswirtschaftliche Nutzen solcher Kooperationen zunehmend erkannt und das Zustandekommen von Kooperationen entsprechend gefördert.

Abbildung 4-19 belegt allerdings, daß diese Kooperationen in Deutschland noch ein erhebliches Verbesserungspotential besitzen. Von insgesamt 57 Mrd. DM Aufwendungen für industrielle FuE wird gerade einmal rund 1 % für Aufträge an oder Kooperationen mit Hochschulen verwendet. Ebenfalls unterentwickelt ist der personelle Austausch: Zwar werden pro Jahr etwa 150 – 200 industrieerfahrene Ingenieure auf Professorenstellen in den Ingenieurwissenschaften berufen. Der umgekehrte Weg, daß Professoren (befristet) eine Tätigkeit im industriellen FuE-Management übernehmen, wird dagegen praktisch nicht genutzt.

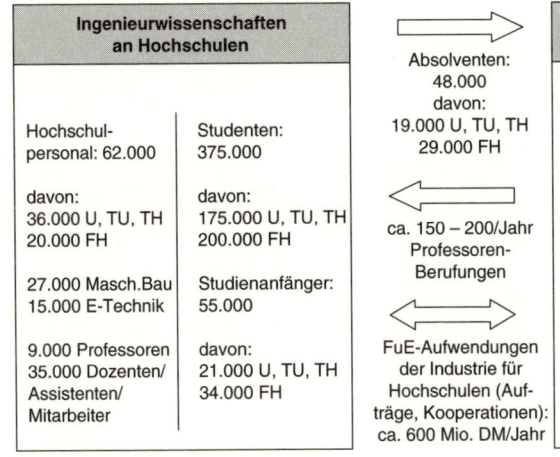

Ingenieurwissenschaften an Hochschulen			Industrielle FuE
		Absolventen: 48.000 davon: 19.000 U, TU, TH 29.000 FH	127.000 Ingenieure/Wissenschaftler 57 Mrd. DM FuE
Hochschulpersonal: 62.000	Studenten: 375.000		davon:
davon: 36.000 U, TU, TH 20.000 FH	davon: 175.000 U, TU, TH 200.000 FH	ca. 150 – 200/Jahr Professoren-Berufungen	Maschinenbau: 16.000 Ingenieure/Wissenschaftler 5 Mrd. DM FuE
27.000 Masch.Bau 15.000 E-Technik	Studienanfänger: 55.000		Fahrzeugbau: 17.000 Ingenieure/Wissenschaftler 12 Mrd. DM FuE
9.000 Professoren 35.000 Dozenten/ Assistenten/ Mitarbeiter	davon: 21.000 U, TU, TH 34.000 FH	FuE-Aufwendungen der Industrie für Hochschulen (Aufträge, Kooperationen): ca. 600 Mio. DM/Jahr	Elektrotechnik: 46.000 Ingenieure/Wissenschaftler 14 Mrd. DM FuE

Abbildung 4-19: Kooperation zwischen Industrie und Hochschulen in Deutschland [Weule, 1997]

Will man FuE-Kooperationen zwischen Wirtschaft und Wissenschaft strategisch auf die für die Zukunftsfähigkeit wichtigen Themen lenken, so erfordert das eine frühzeitige Verständigung zwischen Wissenschaft, Wirtschaft und Politik über die prioritären Handlungsfelder. Die vom BMBF initiierten Leitprojekte sind ein wichtiger erster Schritt in diese Richtung (s. hierzu auch [BMBF, 2000]).

4.4 Technologietransfer in FuE

Verbundforschung

Zur Förderung des Technologietransfers von Forschungseinrichtungen in die industrielle Anwendung wurde vom Bund das Konzept der Verbundforschung eingeführt. In Verbundprojekten arbeiten Industrie und Forschungseinrichtungen gemeinsam in einem Projekt. Dabei werden sowohl die Industrie- als auch Forschungspartner finanziell durch Bund und Länder unterstützt.

Förderung von Unternehmensgründungen

Junge Unternehmer bzw. technologieorientierte Unternehmensgründungen werden heute in vielerlei Hinsicht gefördert. Hierzu gehört der Aufbau von Transfer-Institutionen, die insbesondere beratende Funktion haben. Dazu zählen konkrete Beratungen im Bereich Management und Marketing, aber auch die Vermittlung von Beteiligungspartnern. Weiterhin werden Gründungen durch Venture-Kapital-Gesellschaften gefördert, die nach amerikanischem Muster Gründungskapital bereitstellen. Auch die Gründung eines Joint Venture zwischen einem etablierten Unternehmen und einem Jungunternehmer kann als Förderung des Technologietransfers angesehen werden. An Bedeutung gewinnt schließlich auch die direkte Unternehmensgründung aus universitären Forschungsprojekten heraus.

Die Entwicklung dieser Form von Unternehmensgründung wurde in [Weule/Hüntrup, 1999] näher untersucht. Betrachtet man die Existenzgründungen pro Hochschule und Jahr im Zeitraum 1982 bis 1997 (s. Abbildung 4-20), so erkennt man eine nahezu konstante Anzahl an Unternehmensgründungen bis zum Jahr 1995. Erst 1996 und 1997 ist ein Anstieg zu vernehmen. Ob dieser Trend wirklich ein Signal für eine verstärkte Gründungsaktivität ist und ob er sich fortsetzt, kann zum jetzigen Zeitpunkt noch nicht gesagt werden.

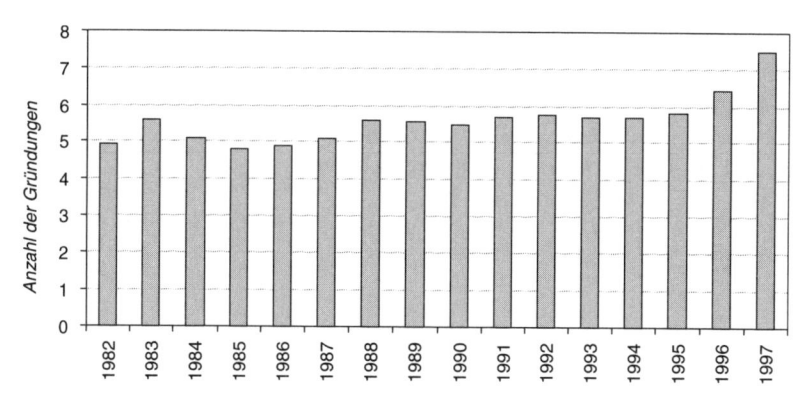

Abbildung 4-20: Existenzgründungen pro Hochschule und Jahr [Weule/Hüntrup, 1999]

Unternehmensgründungen im nationalen und internationalen Vergleich

Definiert man die Gründerquote als das Verhältnis von im betrachteten Zeitraum gegründeten Unternehmen zu den eingeschriebenen Studenten in Promille, zeigt der regionale Vergleich nach Bundesländern für das Wintersemester 1997/1998, daß Niedersachsen, Rheinland-Pfalz, Hamburg und Hessen auf den vorderen Rängen und Bayern, das Saarland und Bremen auf den hinteren Rängen liegen [Weule/Hüntrup, 1999].

In dieser Betrachtung wurden aufgrund ungleicher Randbedingungen die neuen Bundesländer nicht berücksichtigt. Diese weisen aber mit Ausnahme von Berlin-Brandenburg eine deutlich höhere Gründerquote auf. Die gemittelte Gründerquote für Deutschland liegt bei 4,0. Für den internationalen Vergleich wurden die Gründerquoten des *Massachusetts Institute of Technology (MIT)* und der *Carnegie Mellon University* berechnet. Sie liegen bei 46 bzw. 8,7. Das Fazit der Studie [Weule/Hüntrup, 1999] besagt, daß Unternehmensgründungen aus dem forschungsnahen Umfeld in Deutschland zwar noch sehr selten stattfinden, aber immer mehr junge Menschen in diesem Schritt eine Chance sehen. Zur Förderung dieser Form von Unternehmensgründung sind hierzu aber weitere Maßnahmen erforderlich: Die Aufnahme der Anzahl von Unternehmensgründungen aus den Hochschulen in das Hochschulranking wäre ein denkbarer Schritt.

Staatliches Engagement

Bund und Länder fördern mittlerweile den Technologietransfer direkt. Hierzu wurden Vermittlungsstellen an Forschungseinrichtungen aufgebaut, die auch direkt mit industriellen Transferstellen (wie z.B. Unternehmensberatungen, die sich auf Kontaktvermittlungen zwischen Hochschule und Industrie spezialisiert haben) zusammenarbeiten. Weitere Förderinstrumente sind an Universitäten angegliederte Anwenderzentren, der Aufbau von Technologie- und Innovationsparks sowie länderfinanzierte Investitionsförderungen und Personaltransfer-Programme. Beim Personaltransfer sollen insbesondere kleine und mittlere Unternehmen gefördert werden, um diesen die Möglichkeit zu eröffnen, hochqualifiziertes Personal einzustellen, welches sie alleine nicht finanzieren könnten.

4.5 Fazit

➪ Bei der Planung von FuE ist zu prüfen, ob das Projekt alleine durchführbar ist oder ob das Projektziel besser und schneller zu erreichen ist, indem eine Kooperation eingegangen wird.

➪ Die Definition einer klaren Zielstruktur und die Auswahl eines geeigneten Kooperationspartners sind wichtige Erfolgsfaktoren bei der Planung von FuE-Kooperationen.

⇨ Der weltweite Standort-Wettbewerb wird zunehmend auch zu einem Wettbewerb um die „besten Köpfe". Das bedeutet: Der Stellenwert der Internationalisierung für FuE wächst. Das reicht von der Einstellung ausländischen FuE-Personals bis zum Aufbau von FuE-Abteilungen im Ausland.

⇨ Die öffentlichen Forschungseinrichtungen verfügen über ein großes Know-how- und Technologiepotential. Jedes Unternehmen muß prüfen, wie es dies für seine Innovationsvorhaben nutzen kann.

Literaturhinweise

Backhaus, K.; Piltz, K. (1990): Strategische Allianzen, in: Zeitschrift für betriebswirtschaftliche Forschung (zfbf) Sonderheft 27, 1990, S. 1–10

BMBF (2000): Leitprojekte, http://www.bmbf.de/foerde01/forschung/3-2-0-0-1.htm, Homepage des BMBF 2000, Juni 2000

Bruce, M. (1995): Success factors for collaborative product development: A study of suppliers of information and communication technology, in: R and D Management, Band 25, Heft 1, 1995, S. 33–44

Büchel, K. H. (1994): Strukturwandel in der chemischen Industrie – Konsequenzen für die Forschung, Leverkusen, Bayer AG 1994

Daimler-Benz AG (1996): From Better to Best. Interne Studie des Ressorts Forschung und Technik, Stuttgart 1996

Dülfer, E. (1995): Internationales Management in unterschiedlichen Kulturbereichen, 3. Auflage, München, Oldenbourg 1995

Düttmann, B. (1989): Forschungs- und Entwicklungskooperationen und ihre Auswirkung auf den Wettbewerb, Bergisch Gladbach, Eul 1989

EITIRT (1995): EITIRT Workshop Project Management, Stuttgart 1995

IBM Unternehmensberatung GmbH (1996): Made in Germany, 2. Benchmark-Studie der IBM gemeinsam mit der Universität Regensburg, Regensburg 1996

INPRO GmbH (2001): Innovative Lösungen für die Automobilindustrie, http://www.inpro.de, 2001

Just, R. W. (1997): Die Internationalisierung der Unternehmensbereiche Forschung und Entwicklung, Frankfurt am Main, Europäischer Verlag der Wissenschaften 1997

Mey, H. (1993): Koordinationen bei Forschungs- und Entwicklungskooperationen, in: Ifo-Studien zur Innovationsforschung 1: Privates und staatliches Innovationsmanagement, 1993, S. 185-199

Pomrehn, M. (1995): Erfolgsfaktoren industrieller Forschungs- und Entwicklungskooperationen, Diplomarbeit, Fakultät der Wirtschafts- und Sozialwissenschaften, Christian-Albrechts-Universität Kiel, Kiel 1995

Rotering, C. (1990): Forschungs- und Entwicklungskooperationen zwischen Unternehmen – Eine empirische Analyse, Stuttgart, Schäffer-Poeschel 1990

Siemer, S. (1991): Diversifizieren mit Venture-Management, Berlin, Schmidt 1991

Teichert, T. A. (1994): Erfolgspotential internationaler F&E-Kooperationen. Betriebswirtschaftslehre für Technologie und Innovation, Band 4, Wiesbaden, Deutscher Universitäts-Verlag 1994

Weule, H. (1997): Technologietransfer lebt vom Personaltransfer, in: Wissenschaftsmanagement, Heft 1, 1997, S. 4–9

Weule, H.; Hüntrup, V. (1999): Firmengründung – Chef mit Forscherhorizont, in: Wissenschaftsmanagement, Heft 1, 1999, S. 12–18

Weule, H.; Mussa, S. (1999): Forschung im Industrie- und Dienstleistungssektor in Deutschland. Unveröffentlichte Studie, Institut für Werkzeugmaschinen und Betriebstechnik der Universität Karlsruhe, Karlsruhe 1999

5 Der Mensch in FuE

„Any company has two assets: its products and its people. Firms spend far more time worrying about the first than the second."
(Edgar Bronfman Jr.)

5.1 Einleitung – Personalmanagement

In FuE ist Personal die wichtigste Ressource und mit der Wahl der „richtigen Menschen" läßt sich (fast) jedes Problem lösen! Diese Aussage beschreibt die Problematik des Personalmanagements in FuE. Die Wahl des „richtigen Menschen" ist hierbei nicht nur in dem einmaligen Vorgang der Einstellung zu sehen, sondern heißt darüber hinaus Weiterentwicklung des Mitarbeiters durch Integration in das soziale Umfeld des Unternehmens, Weiterbildung und richtige Positionierung innerhalb von Projekten. Personalmanagement muß über allgemeine Aufgaben (wie z.B. Personaldatenverwaltung) hinaus den speziellen Anforderungen der einzelnen Unternehmensabteilungen genügen. Welche besonderen Anforderungen an das Personalmanagement in Forschung und Entwicklung gestellt werden, ist Gegenstand dieses Kapitels.

Das Personalmanagement nimmt in den Unternehmen einen immer höheren Stellenwert ein. Betrachtet man z.B. die Grundwerte und Unternehmensziele von *Hewlett-Packard (HP)*, so kann man neben der zu erwartenden wirtschaftlichen Ausrichtung auch die Integration personeller Aspekte in die Unternehmenskultur erkennen (s. Abbildung 5-1).

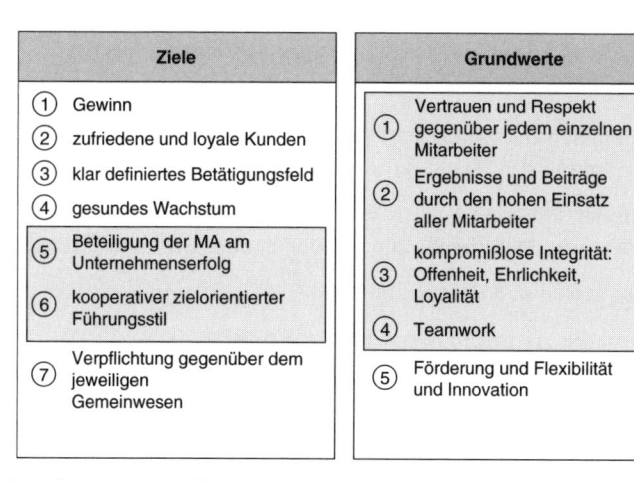

Ziele		Grundwerte	
①	Gewinn	①	Vertrauen und Respekt gegenüber jedem einzelnen Mitarbeiter
②	zufriedene und loyale Kunden	②	Ergebnisse und Beiträge durch den hohen Einsatz aller Mitarbeiter
③	klar definiertes Betätigungsfeld		
④	gesundes Wachstum		
⑤	Beteiligung der MA am Unternehmenserfolg	③	kompromißlose Integrität: Offenheit, Ehrlichkeit, Loyalität
⑥	kooperativer zielorientierter Führungsstil	④	Teamwork
⑦	Verpflichtung gegenüber dem jeweiligen Gemeinwesen	⑤	Förderung und Flexibilität und Innovation

Abbildung. 5-1: Grundwerte und Unternehmensziele von *Hewlett-Packard* [Schuller, 1995]

Hewlett-Packard gilt als ein besonders innovatives Unternehmen *(Umsatzzuwachs in den letzten Jahren 25 % p. a.)* und ist daher mit seinem kreativitätsfördernden Konzept ein Beispiel dafür, wie wichtig die Leistung des Personals in FuE ist. Der als „*HP*-Way" bezeichnete kooperative Führungsstil des Unternehmens bezieht die Mitarbeiter in die Unternehmenskultur ein, indem sie Bestandteil der Grundwerte und Unternehmensziele sind. Dadurch wird die Bedeutung des Personals zur Erreichung der Unternehmensziele bekräftigt.

Dabei wird bezüglich des Personals in weiche und harte Faktoren unterschieden, die eine entscheidende Rolle im FuE-Prozeß spielen. Diese lassen sich nach dem 7-S-Konzept nach *Peters/Waterman* [Peters/Waterman, 1984] beschreiben (s. Abbildung 5-2). Die *harten Faktoren* beinhalten Aspekte wie Strategie, Struktur und Organisationstechniken. Zu den *weichen Faktoren* des Personalmanagements zählen insbesondere personenbezogene Aspekte wie Fähigkeiten, Mitarbeiter und Führungsstil.

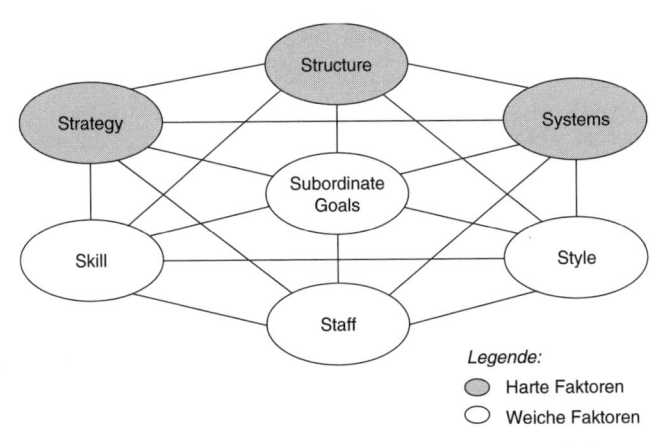

Abbildung 5-2: 7-S-Konzept nach *Peters/Waterman* [Peters/Waterman, 1984]

Nach den Ergebnissen der Studie von *Peters* und *Waterman* ist die Bedeutung der „weichen" Faktoren in den letzten Jahren enorm gestiegen.

Insbesondere in der FuE sind Kreativität, Engagement und eine überdurchschnittliche Qualifikation der Mitarbeiter von entscheidender Bedeutung für den Erfolg.

Folgende Fragen lassen sich daraus ableiten:
- Was sind denn die „richtigen Menschen" für FuE?
- Gibt es Menschen, die besonders geeignet sind als Forscher und Entwickler?
- Was ist Personalmanagement und welche Rolle spielt es insbesondere im FuE-Prozeß?
- Was bedeutet Führung im FuE-Prozeß und welchen Einfluß hat sie auf den Erfolg der FuE-Aktivitäten?

5.1 Einleitung – Personalmanagement

- Was zeichnet eine Führungsperson im FuE-Bereich aus?
- Wie wird geführt? Welche Methoden werden angewandt?
- Welche speziellen Anforderungen werden an Forscher und Entwickler gestellt?
- Nach welchen Kriterien und mit Hilfe welcher Verfahren werden Forscher und Entwickler ausgewählt?
- Wie wird das Potential der Mitarbeiter erhalten und erweitert?

Zunächst sollen die wichtigsten Begriffe zusammengefaßt und definiert werden (s. Abbildung 5-3).

```
Ziel:            ┌──────────────────────────┐
                 │     Erfolg in FuE        │
                 └──────────────────────────┘
                            ⇧
Voraussetzung:   ┌──────────────────────────┐
                 │  ○ Leistungsfähigkeit    │
                 │  ○ Leistungsbereitschaft │
                 └──────────────────────────┘
                            ⇧
                                    ○ Personalplanung
Grundlage:       Personalmanagement ─○ Personalführung
                                    ○ Personalentwicklung
```

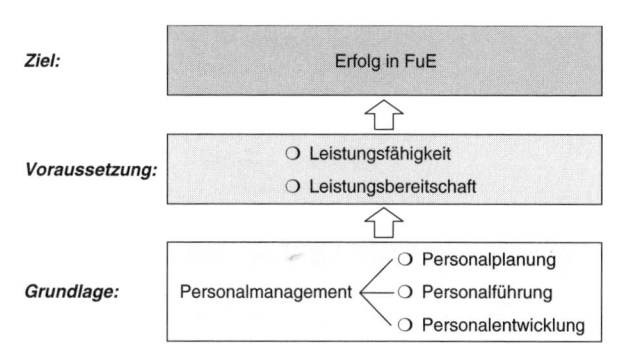

Abbildung 5-3: Personalmanagement

Das Personalmanagement hat die Teilaufgaben Personalplanung, Personalführung und Personalentwicklung. Diese zielen darauf ab, sowohl die Leistungsfähigkeit als auch die Leistungsbereitschaft zu erhalten und zu steigern. Leistungsfähigkeit ist dabei eng verknüpft mit den Begriffen „Kennen" und „Wissen", d.h. es geht hier um den Erhalt und Ausbau der in der Ausbildung oder durch die Berufserfahrung erworbenen Fähigkeiten. Leistungsbereitschaft ist im Unterschied dazu verknüpft mit dem Begriff „Wollen". Hier geht es vor allem um Maßnahmen zur Verbesserung von Motivation, Identifikation und Zufriedenheit.

Personalplanung ist die gedankliche Vorwegnahme zukünftiger personeller Maßnahmen und soll dafür sorgen, daß kurz-, mittel- und langfristig die im Unternehmen benötigten Arbeitnehmer in der erforderlichen Qualität und Quantität zum richtigen Zeitpunkt am richtigen Ort unter Berücksichtigung der unternehmenspolitischen Ziele zur Verfügung stehen [Gabler, 1993].

Personalführung bedeutet, die Mitarbeiter so zu motivieren, daß sie bereit sind, Teilverantwortung für die Zielerreichung zu übernehmen und diese als gemeinsame Aufgabe empfinden und verstehen [Hofmann, 1988].

Personalentwicklung umfaßt schließlich die Maßnahmen, die auf die Entwicklung und Verbesserung der Leistungsfähigkeit und -bereitschaft der Mitarbeiter abzielen [Gabler, 1993].

Das Personalmanagement unterliegt dabei verschiedenen Einflußgrößen (s. Abbildung 5-4).

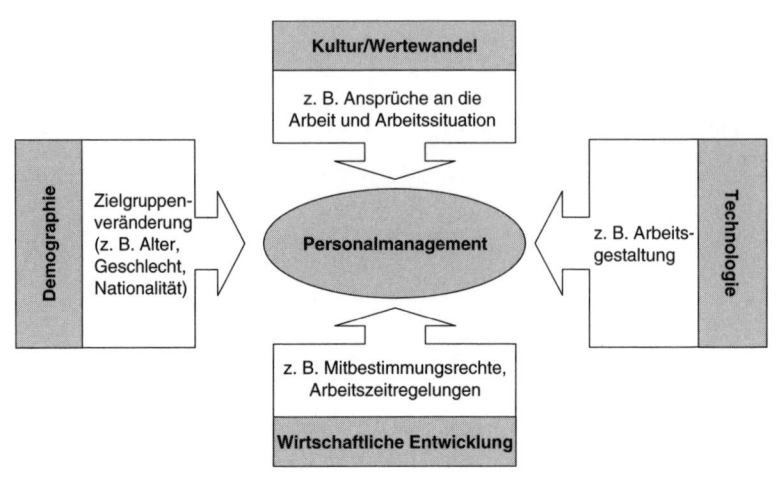

Abbildung 5-4: Einflußgrößen des Personalmanagements (in Anlehnung an [Wunderer, 1993])

Die Methoden des Personalmanagements ändern sich im Zuge der Veränderung einer Gesellschaft. Diese Aussage wird deutlich, wenn man die *historische Entwicklung* des Personalmanagements betrachtet. Diese Veränderung läßt sich nach *Wunderer* in vier Phasen darstellen [Wunderer, 1993]:

- In der *„Verwaltungsphase"* (bis ca. 1960) lag die Personalverantwortung im Bereich der Kaufmännischen Leitung. Sie verwaltete die Personalakten und traf personalpolitische Entscheidungen. Im wesentlichen handelte es sich um eine Bestandspflege von „Personalkonten".

- In den Jahren 1960 – 1970 *(„Institutionalisierung")* beschäftigt sich das Personalmanagement mit den Kernfunktionen (Verwaltung, Einstellung, etc.) sowie mit der Professionalisierung, Zentralisierung und Spezialisierung des Personalmanagements. In Groß- und z. T. auch Mittelbetrieben wurden hierzu speziell Personalleiter eingesetzt. In dieser Zeit wurde die Anpassung des Personals an die organisatorischen Anforderungen verfolgt.

- In der *„Integrationsphase"* (1970 – 1980) erlangt die Betrachtung des Personals eine zentrale Bedeutung. Das Personalmanagement ist in die Unternehmensführung integriert und Personal wird zur wichtigsten Ressource eines Unternehmens. Neben die verwaltungstechnischen Aufgaben des Personalmanagements treten zunehmend andere Aufgaben, wie Personalentwicklungskonzepte oder Motivationsstrategien. Beteiligt an der Personalverantwortung (in Form von Arbeitnehmervertretung) sind nun auch erstmals die Mitarbeiter selbst. Das Per-

sonalmanagement versucht nun die Organisation des Unternehmens an die Mitarbeiter anzupassen.
- Das Personalmanagement war in den 80er Jahren wesentlich durch die Anpassung an ökonomische Zwänge geprägt. Wesentliche Ziele waren die Rationalisierung und Flexibilisierung der Arbeit.

Das Personalmanagement wird heute in den Unternehmen vom Vorgesetzten in enger Kooperation mit dem Personalbereich wahrgenommen. Besonders in FuE ist das die „Hauptaufgabe" eines erfolgreichen Managers.

5.2 Personalplanung

Für die Auswahl eines Mitarbeiters ist es zunächst erforderlich, die Anforderungen an die zu besetzende Stelle näher zu spezifizieren. Dabei ist es in FuE sehr entscheidend, ob ein weit „voraus arbeitender Forscher" oder ein kurzfristig an den Marktbedürfnissen arbeitender Entwickler gesucht wird. Aus diesem Grund soll im folgenden auf die unterschiedlichen Anforderungsprofile von Forschern und Entwicklern eingegangen werden und der Versuch einer Typologisierung vorgenommen werden.

5.2.1 Anforderungsprofil für Forscher und Entwickler

Welche Eigenschaften neben dem fachlichen Wissen zeichnen einen „Fachmann" aus, um ihn als Forscher oder Entwickler zu bezeichnen?

Wesentliche Aufgabe des Forschers ist es, für neuartige Probleme Lösungswege zu finden. Das Finden dieser Lösungen ist im allgemeinen ein langwieriger Prozeß, der von häufigen Fehlschlägen begleitet wird. Die Komplexität des Problems erfordert ein breites Wissensspektrum und ein hohes Maß an Kreativität. Fehlschläge dürfen sich nicht negativ auf die Motivation des Forschers auswirken. Kreativität und „suchende Neugierde" sind daher von einem Forscher zu fordernde Eigenschaften. Weitere Anforderungen sind in Abbildung 5-5 dargestellt.

Im Unterschied zum Forscher ist es die Aufgabe des Entwicklers, vorhandene Lösungsansätze rasch in die Anwendung umzusetzen. Als wesentliche Anforderungen an den Entwickler sind daher insbesondere eine zielgerichtete Kreativität, konzipierende sowie konstruktive Fähigkeit und die Teamfähigkeit zu nennen. Weitere Anforderungen zeigt Abbildung 5-6.

5.2.1.1 *Typologisierung des Menschentyps in FuE*

Kienbaum untersucht in seiner Studie „The Return of Innovation" u. a. die Typologisierung der Mitarbeiter in FuE [Kienbaum, 1993]. Daraus folgernd kann man grundsätzlich sagen, daß es trotz des dargestellten Anforderungsprofils „den" typi-

```
                    /\
                   /  \
                  / Vielseitiges \
                 /    Wissen      \
                / Breitgestreute   \
               /    Interessen      \
              / Erhöhte Sensibilität für \
             /      neuartige Probleme    \
            /  Präferenz für komplexe Probleme \
           /   Überdurchschnittliche Intelligenz  \
          /      Hohe Ambiguitätstoleranz           \
         /       (Ambiguität = Mehrdeutigkeit)        \
        /   Hohe Frustrationstoleranz bei langwierigen \
       /              Lösungsprozessen                   \
      /                Risikobereitschaft                  \
     /                 Begeisterungsfähigkeit               \
    /_____\
```

Abbildung 5-5: Anforderungsprofil für Forscher

```
                    /\
                   /  \
                  / Kooperatives \
                 /    Verhalten    \
                /  Informationsverhalten \
               /   Integrationsverhalten   \
              /      Aufgeschlossenheit      \
             /         Selbstkontrolle         \
            /        Durchsetzungsvermögen       \
           /             Arbeitsantrieb             \
          /               Kontaktfreude               \
         /_____\
```

Abbildung 5-6: Anforderungsprofil für Entwickler

schen FuE-Mitarbeiter nicht gibt. Für die unterschiedlichen zur Bearbeitung anstehenden Aufgaben, welche die Basis für den Auswahlprozeß der Mitarbeiter sind, müssen einzelne Anforderungen mehr oder weniger stark ausgeprägt sein. So ist in Bereichen, in denen bereits bestehende Lösungen neu überdacht werden müssen, insbesondere der Analytiker gefordert. Für gänzlich neuartige Problemstellungen dagegen werden Visionäre benötigt, die diese mit neuartigen Ideen lösen. Insgesamt kann man den Versuch unternehmen, Forscher in sechs Kategorien zu typologisieren (s. Abbildung 5-7).

5.2 Personalplanung

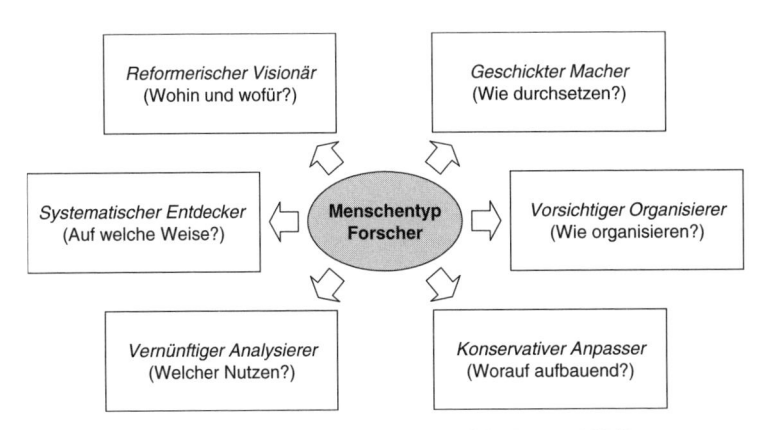

Abbildung 5-7: Typologisierung des Menschentyps in FuE [Kienbaum, 1993]

Berth charakterisiert die sechs Typen folgendermaßen:

- Der *Visionär* hat Ideen, drängt nach Neuem und ist sehr stark interessiert am sozialen Miteinander.
- Der *Entdecker* hat eine Vorliebe für Sachen und Prozesse. Er ist oftmals Bastler und meidet den sozialen Bereich. Sein Augenmerk liegt meistens auf der Verwirklichung.
- *Analysierer* (extrovertiert) und *Anpasser* (introvertiert) sezieren die Dinge, strukturieren und vereinfachen sie und sind häufig ordnungsorientiert.
- Der *Organisierer* plant vorausschauend, überläßt das Handeln aber eher dem Macher.
- Der *Macher* ist ein Aktionsmensch, der schnell handeln will, dabei ungestüm wirkt und unter Umständen etwas egoistisch ist.

5.2.1.2 Kreative Mitarbeiter in FuE

Von den in Abbildung 5-7 genannten Typen können dann auch wiederum unterschiedliche Ergebnisse erwartet werden. Insbesondere der kreativen Leistung kommt dabei offensichtlich ein hoher Stellenwert zu. Dies belegt eine Studie, die (auf der Grundlage des *Leavitt-Berth'schen* Tests, s. hierzu auch [Kienbaum, 1993]) zu folgendem Ergebnis kommt: Die zwei kreativsten Typen, der reformerische Visionär und der systematische Entdecker, machen zwar nur 16 % der Forscher aus, liefern aber 60 % der Ideen. Betrachtet man zusätzlich ihren Anteil an Verbesserungs- und Durchbruchsinnovationen (s. Abbildung 5-8), so läßt sich feststellen, daß der kreative Forschertyp weit über 50 % zur Lösungsfindung in der Forschung beiträgt.

Eine vertiefte Behandlung der Bedeutung von Kreativität für die Ideenfindung in FuE findet sich im Kapitel „Kreativität im Forschungs- und Entwicklungsprozess" (vgl. Kapitel 6).

Sehr kreative Typen	Anteil an den Ideen in %	Verbesserungs-innovationen in %	Durchbruchs-innovationen in %
Reformerischer Visionär	33	19	41
Systematischer Entdecker	27	36	18

Weniger kreative Typen	Anteil an den Ideen in %	Verbesserungs-innovationen in %	Durchbruchs-innovationen in %
Vernünftiger Analysierer	12	7	14
Konservativer Anpasser	9	14	7
Vorsichtiger Analysierer	7	17	4
Geschickter Macher	12	7	16

Abbildung 5-8: Ergebnisse von Innovations-Persönlichkeiten [Kienbaum, 1993]

5.2.2 Personalauswahl

Ist im Rahmen der Personalplanung das Anforderungsprofil für eine zu besetzende Stelle definiert, kommt der schwierigere Part der Personalplanung: der Auswahlprozeß. Hierbei muß beachtet werden, daß der Bewerber den Anforderungen an die Stelle genügt, entsprechend ausgebildet und in geeigneter Weise in das entstehende Team zu integrieren ist.

Zur systematischen Unterstützung des Auswahlprozesses existiert eine Reihe von Methoden. Diese sollten sowohl die fachliche Kompetenz als auch die soziale Kompetenz des Mitarbeiters berücksichtigen. Die verbreitetsten Methoden sind (s. Abbildung 5-9):

Personalauswahl
- Biographische Fragebögen
- Interviewmethoden
- Psychologische Tests
- Assessment-Center

Abbildung 5-9: Überblick über die Personalauswahlmethoden

- *Biographische Fragebögen*: Abfrage des Lebenslaufs (hier wird die soziale und menschliche Komponente vernachlässigt),
- *Interviewmethode*: Abfrage des Lebenslaufs, der Einstellungen und Zukunftspläne des Kandidaten mittels eines strukturierten Gesprächs (bei einem geübten Interviewer eine effektive Methode),
- *Psychologische Tests*: Überprüfung z.B. der Belastbarkeit anhand eines Streßtests (hängt viel von der Tagesform ab, die soziale Komponente wird vernachlässigt),
- *Assessment-Center*.

5.2 Personalplanung

Es ist zu beobachten, daß die Interviewmethode meist den ausschlaggebenden Eindruck hinterläßt. Ein persönlicher Kontakt, in dem der Auswählende eigene Fragen formulieren kann und den direkten Blickkontakt mit dem Bewerber hat, überzeugt mehr als die Durchführung eines formalen Tests.

Vertiefend soll nun aufgrund der wachsenden Bedeutung der Ablauf eines Assessment-Centers betrachtet werden (Abbildung 5-10).

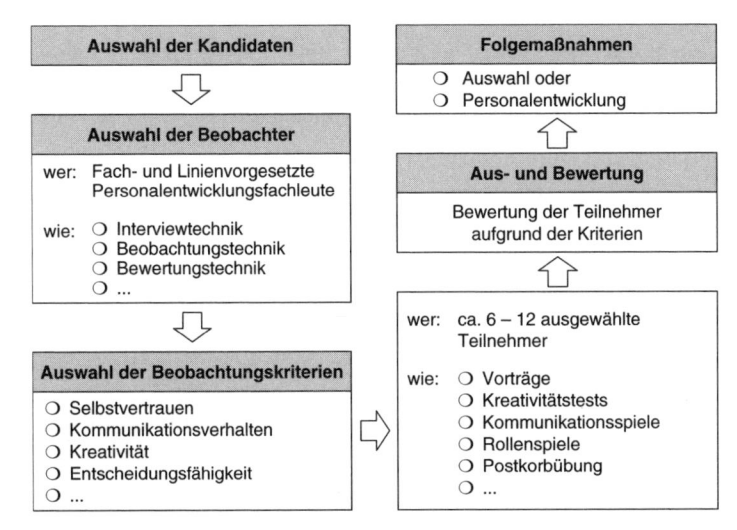

```
┌─────────────────────────────────┐         ┌─────────────────────────────────┐
│    Auswahl der Kandidaten       │         │        Folgemaßnahmen           │
└─────────────────────────────────┘         │  ○ Auswahl oder                 │
               ⇩                            │  ○ Personalentwicklung          │
┌─────────────────────────────────┐         └─────────────────────────────────┘
│     Auswahl der Beobachter      │                        ⇧
├─────────────────────────────────┤         ┌─────────────────────────────────┐
│ wer: Fach- und Linienvorgesetzte│         │        Aus- und Bewertung       │
│      Personalentwicklungsfachleute│       ├─────────────────────────────────┤
│ wie: ○ Interviewtechnik         │         │ Bewertung der Teilnehmer        │
│      ○ Beobachtungstechnik      │         │ aufgrund der Kriterien          │
│      ○ Bewertungstechnik        │         └─────────────────────────────────┘
│      ○ ...                      │                        ⇧
└─────────────────────────────────┘         ┌─────────────────────────────────┐
               ⇩                            │ wer: ca. 6 – 12 ausgewählte     │
┌─────────────────────────────────┐         │      Teilnehmer                 │
│ Auswahl der Beobachtungskriterien│   ⇨    │ wie: ○ Vorträge                 │
├─────────────────────────────────┤         │      ○ Kreativitätstests        │
│ ○ Selbstvertrauen               │         │      ○ Kommunikationsspiele     │
│ ○ Kommunikationsverhalten       │         │      ○ Rollenspiele             │
│ ○ Kreativität                   │         │      ○ Postkorbübung            │
│ ○ Entscheidungsfähigkeit        │         │      ○ ...                      │
│ ○ ...                           │         └─────────────────────────────────┘
└─────────────────────────────────┘
```

Abbildung 5-10: Ablauf eines Assessment-Centers

Durch speziell auf die Arbeitsaufgabe abgestimmte Übungen werden die Bewerber auf ihre Eignung für diese Tätigkeit getestet. Die verschiedenen Übungen werden dabei so angelegt, daß sie gezielt verschiedene Eigenschaften testen:

- Ideenreichtum und Originalität können anhand von Kreativitätstests u. ä. überprüft werden. Hierbei wird dem Bewerber häufig die Aufgabe gestellt, innerhalb eines bestimmten Zeitraums ein Lösungskonzept zu einem vorgegebenen Problem zu erarbeiten und anschließend zu präsentieren.
- Das soziale Verhalten kann im Rahmen einer Diskussion oder eines Kommunikationsspiels beobachtet werden. Hierbei wird z. B. darauf geachtet, ob der Bewerber in der Lage ist, andere Diskussionspartner ausreden zu lassen oder ob er versucht, diese durch „Killerphrasen" einzuschüchtern.
- Die Durchsetzungsfähigkeit zeigt sich in Diskussionen und Rollenspielen. Beispielsweise wird die Situation eines Workshops nachgestellt. Der Bewerber ist Moderator und wird durch das Publikum gezielt gestört. Anhand seiner Reaktionen kann man Rückschlüsse auf seine Fähigkeit ziehen, inhomogene Gruppen zu moderieren.

Letztlich ist aber auch nach diesem recht aufwendigen Auswahlprozeß nicht sicher, ob der „siegreiche Bewerber" nun ein herausragender, kreativer FuE-Mitarbeiter ist.

Es kann durchaus sein, daß ein introvertiert und in jeder Weise „blaß" wirkender Mitarbeiter sich als außerordentlich kreativ gestaltender FuE-Mitarbeiter „entpuppt".

5.2.3 Integration neuer Mitarbeiter

Nachdem ein neuer Mitarbeiter ausgewählt und eingestellt ist, hat dieser oft mit ganz eigenen Problemen zu kämpfen, von deren Bewältigung sein Verbleib in der Unternehmung abhängig sein kann. Dazu können zählen:

- Orientierungslosigkeit bezüglich der gestellten Erwartungen,
- Realitätsschock aufgrund eigener, enttäuschter Erwartungen,
- qualitative Unterforderung,
- Führungsdefizite des Vorgesetzten.

Um einer hohen Fluktuationsrate gerade in den ersten Monaten entgegenzuwirken und die Motivation der „Neulinge" auf hohem Niveau zu halten, gewinnt die Integration neuer Mitarbeiter immer mehr an Bedeutung. Unterstützung während der Einarbeitungszeit und auch darüber hinaus kann in Form von Traineeprogrammen und dem damit verbundenen Patenprinzip (s. Abbildung 5-11) gegeben werden.

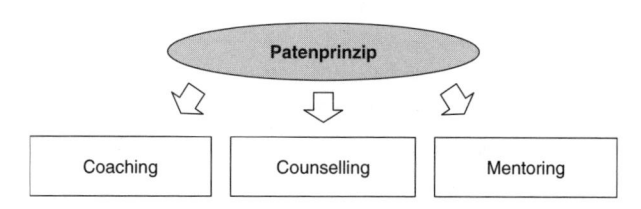

Abbildung 5-11: Patenprinzip

Beim *Coaching* versucht der Pate gezielt auf Lerninhalte und Lernprozesse des neuen Mitarbeiters Einfluß zu nehmen, wohingegen er beim Counselling und Mentoring eher eine Beraterfunktion inne hat und dem „Schützling" großen Spielraum zur Selbstentwicklung läßt. Unter *Counselling* versteht man eine eher kurzfristige Betreuung, die dem Trainee hilft, konkrete Probleme zu definieren und ihn dahingehend leitet, eine eigene Lösung zu finden und zu realisieren. Eher langfristig ausgelegt ist das *Mentoring*, bei dem sich eine enge Bindung zwischen Mentor und Trainee ergibt und eine große Affinität zur Karriereplanung besteht. Auch wenn diese Aktivitäten in der Unternehmung häufig in informellen Beziehungen ablaufen, läßt sich jede dieser Unterstützungsfunktionen durch bewußt geplante Programme institutionalisieren und gezielt steuern. Dies setzt allerdings auch eine spezielle Qualifizierung der Paten bezüglich ihrer Führungsaufgaben voraus [Herzhoff, 1991].

5.2.4 Personalstruktur in FuE

Da ein großer Anteil der Kosten in FuE Personalkosten sind, ist der Personalstruktur in FuE besondere Bedeutung zuzumessen. Die Aufgaben von FuE leiten sich aus der FuE-Strategie und den FuE-Zielen ab. Zur Erfüllung der Aufgaben in FuE ist eine optimale Zusammensetzung der Mitarbeiter erforderlich, was wiederum besondere Anforderungen an die Personalstruktur stellt. Aufgrund der Dynamik in FuE verändern sich aber die Aufgaben im allgemeinen schneller als die Anpassung der Personalstruktur möglich ist. Daher ist eine ideale Personalstruktur, die allen Anforderungen gerecht wird, in der Praxis nur schwer erreichbar [Bürgel, 1996].

Die Personalstruktur wird im wesentlichen durch vier Elemente bestimmt: Qualifikation, Altersverteilung, Fluktuation und Nationalität (s. Abbildung 5-12). Anhand ausgewählter Beispiele werden diese Elemente und ihre Bedeutung in FuE im folgenden untersucht.

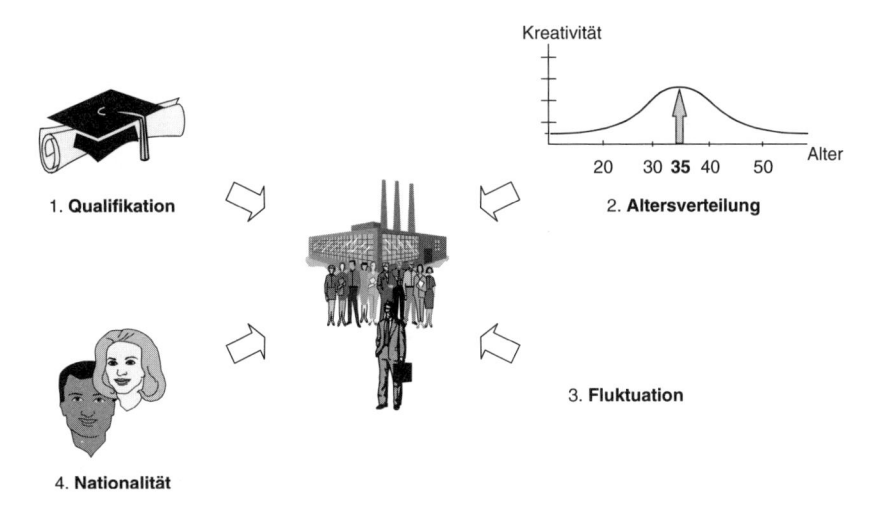

Abbildung 5-12: Bestimmende Elemente der Personalstruktur

Die Balance dieser Elemente hängt wesentlich von der jeweiligen FuE-Aufgabe ab. Eine Forschungsgruppe, die an grundsätzlich neuen Software-Architekturen arbeitet, wird recht junge, hochqualifizierte und internationale Universitätsabsolventen benötigen und vermutlich durch eine hohe Fluktuation eher angeregt als geschädigt werden.

Eine Entwicklungsgruppe, die Sitzsysteme für einen Pkw der Oberklasse auslegt, wird eine Mischung von älteren, sehr erfahrenen Ingenieuren und jüngeren, in modernen Rechenverfahren ausgebildeten Universitätsabsolventen sowie erfahrene CAD-Konstrukteure, Versuchstechniker und qualifizierte Facharbeiter benötigen.

Große Internationalität und hohe Fluktuationsraten werden im zeitlich kurzen Entwicklungsprozeß eher nachteilig sein.

Abbildung 5-13 zeigt die Qualifikationsstruktur einer Forschungsdirektion von *Daimler-Benz*. Die Abbildung belegt, daß ein Viertel der Arbeitsplätze in der Forschung mit zeitlich befristeten Positionen besetzt sind. Die dadurch erreichte Fluktuation hat mehrere Vorteile. Durch befristete Mitarbeiter (z. B. durch befristeten Personalaustausch zwischen Unternehmensbereichen) werden Kontakte geknüpft, die beispielsweise bei einer übergreifenden Projektabwicklung nützlich sein können. Die Mitarbeiter aus universitären Forschungseinrichtungen ermöglichen den Unternehmen Zugriff auf aktuelle Forschungsergebnisse sowie externe Informationsquellen.

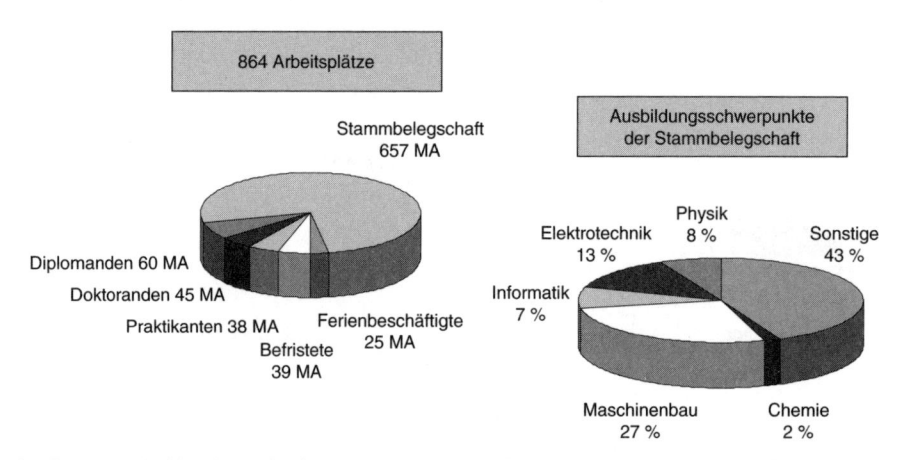

Abbildung 5-13: Verteilung der Arbeitsplätze und Ausbildungsschwerpunkte in einer Forschungsdirektion [Daimler-Benz AG, 1994]

Die Altersstruktur innerhalb der FuE-Abteilungen ist der zweite wesentliche Faktor, der die Personalstruktur beeinflußt, und muß somit auch bei der Personalauswahl berücksichtigt werden. Dabei gibt es zwischen den verschiedenen Regionen der Triade deutliche Unterschiede, wie eine 1996 von *Daimler-Benz* durchgeführte Benchmark-Studie belegt (s. Abbildung 5-14).

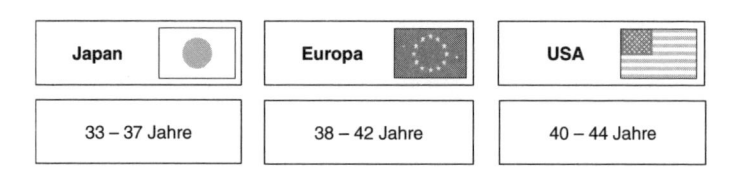

Japan	Europa	USA
33 – 37 Jahre	38 – 42 Jahre	40 – 44 Jahre

Abbildung 5-14: Durchschnittsalter von Forschern in der Triade [Daimler-Benz AG, 1996]

Auffällig ist insbesondere das in Japan gegenüber Europa und den USA deutlich geringere Durchschnittsalter der Forscher. Das ist Ausdruck der Tatsache, daß japanische Firmen dazu neigen, junge Forscher mit einem Master's Degree einzustellen und sie in der Firma weiterzuentwickeln, während in europäischen und US-Firmen neueingestellte Forscher eher hochspezialisierte und -qualifizierte Promovierte sind.

Die Hintergründe für diese unterschiedlichen Altersstrukturen liefert eine Untersuchung des *Ifo-Instituts* aus dem Jahr 1992 (s. Abbildung 5-15). Sie ergab, daß in Japan ein erheblich stärkerer Zusammenhang zwischen dem Alter und der Kreativität von Forschern vermutet wird als in Deutschland. Während in Japan angenommen wird, daß Spitzenleistungen in FuE nur in jungen Jahren erreicht werden können, gibt es in Deutschland und den USA dazu differenzierte Meinungen.

Altersstruktur

Lebensalter	Japan	Deutschland
Bis zu welchem Alter können Spitzenleistungen in einem FuE-Team erbracht werden, das sich mit neusten Technologien beschäftigt?	(in %)	(in %)
31 – 35 Jahre	20	1
36 – 40 Jahre	32	4
41 – 45 Jahre	26	7
46 – 50 Jahre	3	9
50 und älter	0	8
kein Zusammenhang mit dem Alter	17	72

Abbildung 5-15: Altersstruktur [Wiesner, 1992]

Mayas geht davon aus, daß der ideale Altersdurchschnitt einer FuE-Abteilung bei 35 Jahren liegen sollte, um ein Maximum an Kreativität zu erzielen [Mayas, 1993]. Denn dadurch werde eine ideale Kombination von „alten Hasen" und „jungen Mitarbeitern" erreicht, um kreativ und innovativ arbeiten zu können. Hierbei bringen die „alten Hasen" ihre Erfahrung ein, um die neuen Ideen der jungen Mitarbeiter zu bewerten (z.B.: „Wurde schon probiert, ging aber wegen ... nicht"). Und die „jungen Mitarbeiter" sind durch ihre Unvoreingenommenheit umgekehrt in der Lage, alte Strukturen in den Denkweisen aufzubrechen.

Zielsetzung der Fluktuation – also des dritten bestimmenden Elements der Personalstruktur – ist einerseits, den idealen Altersdurchschnitt aufrechtzuerhalten und andererseits einen kontinuierlichen Zufluß von externem Wissen sicherzustellen. Dieses Ziel kann dadurch erreicht werden, daß die überwiegende Zahl der Mitarbeiter nur für einen befristeten Zeitraum in der Forschung beschäftigt wird und anschließend in einen anderen Unternehmensbereich wechselt. Allerdings gibt es in fast allen Unternehmen Probleme mit der Fluktuation und dem Personaltransfer aus der Forschung hinaus, was zu einer „Überalterung" und einer zu geringen Personalrekrutierung aus den Universitäten führen kann.

In Japan, wo im Vergleich zu Deutschland kaum Fluktuationen nach außerhalb des Unternehmens stattfinden (s. Abbildung 5-16), ist die unternehmensinterne Fluktuation ein extrem langsam und behutsam praktizierter Prozeß. Während der ersten acht bis zehn Jahre der Firmenzugehörigkeit findet praktisch keine Entwicklung statt, weder in hierarchischer noch in finanzieller Hinsicht. An diese Phase schließt sich typischerweise der Wechsel aus der Forschung in einen anderen Unternehmensbereich an, der dann mit einem deutlichen Zuwachs an Gehalt und Führungsverantwortung einhergeht. Dieses System birgt zwar nicht die Gefahr einer Überalterung, aber die gezielte Zuführung von jungem Wissen wird erschwert. Als vorteilhaft ist anzusehen, daß durch dieses System Menschen mit Führungsaufgaben betraut werden, die sehr gute Kenntnisse der internen Abläufe des Unternehmens mitbringen.

Alter bei Eintritt in jetziges Unternehmen	Japan	Deutschland
Bis 25 Jahre	87 %	24 %
26 – 30 Jahre	11 %	49 %
31 – 40 Jahre	2 %	26 %

Arbeitgeberwechsel	Japan	Deutschland
Bisher noch kein Arbeitgeberwechsel	94 %	65 %
Bisher ein Arbeitgeberwechsel	5 %	22 %
Bisher zwei und mehr Arbeitgeberwechsel	1 %	13 %

Abbildung 5-16: Fluktuationsverhalten und Arbeitssuche im Vergleich [Wiesner, 1992]

Generell wird von vielen Unternehmen eine Transferrate für das wissenschaftliche Personal von 5 – 10 % pro Jahr als wünschenswert und angemessen erachtet. Allerdings erreichen nur wenige Firmen dieses Ziel, wie Abbildung 5-17 belegt.

Auch bei dem Thema „Nationalität", dem vierten Element der Personalstruktur, gibt es innerhalb der Triade deutliche Unterschiede. Bedingt durch die strengen Gesetze zur Beschäftigung von ausländischen Mitarbeitern gibt es in den USA offiziell nur einen geringen Anteil ausländischer Forscher. Jedoch ist der Anteil der Ausländer bei den promovierten Absolventen der naturwissenschaftlich-technischen Fachrichtungen an den amerikanischen Universitäten sehr hoch. Diese erhalten dann mit der Aufnahme einer Arbeit im allgemeinen die Einbürgerung. Auf diese Weise ist, trotz des formal kleinen Ausländeranteils, die Belegschaft amerikanischer Forschungsbereiche sehr international zusammengesetzt. In Japan ist der Anteil ausländischer Mitarbeiter meist kleiner als 2 %. Dies ist hauptsächlich in den „Kulturbarrieren" (z.B. Sprache, Schrift, Gesellschaft) zu sehen. In europäischen Unternehmen

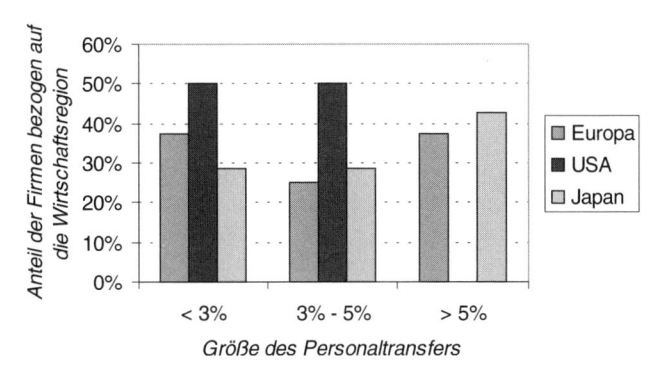

Abbildung 5-17: Personaltransfer in die Unternehmensbereiche (jährliche Transferraten) [Daimler-Benz AG, 1996]

schwankt der Ausländeranteil zwischen 1 % und 10 %. Gerade für den Wettbewerb im globalen Markt ist ein Anteil an ausländischen Mitarbeitern oder an Mitarbeitern, die im Ausland studiert haben, unerläßlich, da diese in kulturellen Fragen, neuen Strömungen u. ä. wichtige Impulse liefern können.

5.3 Personalführung

Es zeigt sich, daß das gesamte FuE-Management eine *Führungsaufgabe* ist, „bei der es darum geht, Mitarbeiter und deren Leistungen zu koordinieren (...)" [Saad et al., 1991]. Für diese Koordinationsaufgabe sind Qualifikationen notwendig, die über das für FuE-Vorhaben notwendige Fachwissen weit hinausgehen. Aus diesem Grunde treten im Führungsbereich von FuE oft Probleme auf, da die Führungsverantwortung überwiegend „naturwissenschaftlich-technisch" ausgebildeten Experten obliegt, die oftmals nur unzureichende Qualitäten im Führungsverhalten aufweisen [Mühlemeyer, 1992]. Die Übernahme von Führungsaufgaben kann nur unter Beherrschung bestimmter Führungsqualifikationen zur Förderung innovativer Leistung beitragen. Diese müssen an die gegenwärtige Entwicklung des Personalmanagements angepaßt sein.

Als aktuelle Elemente des Personalmanagements sind zu nennen (s. Abbildung 5-18):

- *Teamarbeit*: 97,2 % der Industrieforscher sehen einer Umfrage zufolge [Gerpott, 1991] Teamarbeit als Voraussetzung für erfolgreiche Forschung und Entwicklung. Die sich daraus ergebende Tendenz zur Bildung interdisziplinärer Projektteams macht aufgrund der unterschiedlichen Menschentypen eine Personaleinsatzplanung für Teams notwendig [Gerpott, 1991]. Dabei ist bei der Teambildung zu beachten, daß der gewählte Teamleiter von allen anerkannt wird, ein Gleichgewicht der Qualifikationen existiert und soziale Spannungen bereits im Vorfeld vermieden werden, da diese den Erfolg des Teams gefährden können.

- *Flexible Arbeitszeit*: Flexible Arbeitszeiten gewähren den Mitarbeitern persönliche Freiräume und stärken die Eigenverantwortlichkeit. So ist das Instrument der Gleitzeit nicht als Kontrollfunktion zu verstehen, sondern als Mittel zur persönlichen Arbeitsgestaltung. Der noch um 1970 in größeren Unternehmen vorhandene „wissenschaftliche Mitarbeiter" unterlag keiner zeitlichen Kontrolle, die im Angestelltenbereich zunehmende Regulierungsdichte beendete diesen für FuE-Mitarbeiter sinnvollen Freiraum. Seit 1995 experimentieren aber zahlreiche Firmen mit der Abschaffung von Zeiterfassungen in ausgewählten Bereichen wie zentralen Funktionen und den Forschungsbereichen. Neben den zeitlichen Freiräumen gewinnen mit der Tele-Arbeit auch örtliche Freiräume an Bedeutung.
- *Selbstverwirklichung*: Die Möglichkeit zur Selbstverwirklichung erhöht die Zufriedenheit des Mitarbeiters und stärkt die Identifikation mit dem Unternehmen.
- *Flexible Organisationsstruktur*: Mit dem Abbau von Hierarchieebenen ist eine Förderung der eigenverantwortlichen Handlungsweise verbunden.
- *Weiterbildung*: Die Förderung der fachspezifischen und -unspezifischen Kenntnisse sowie der sozialen Kompetenz gewinnt an Bedeutung.

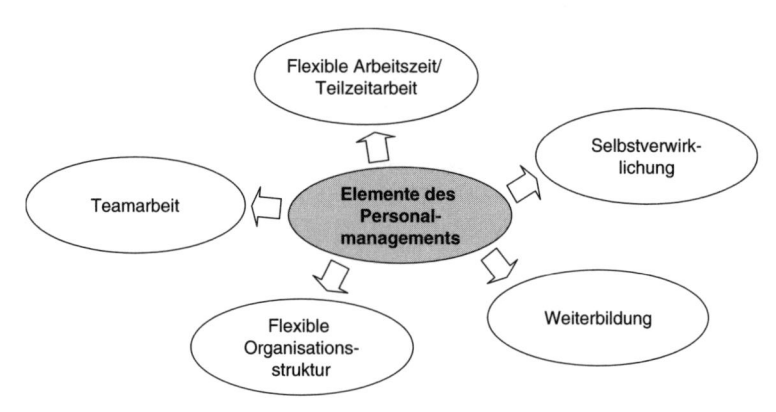

Abbildung 5-18: Gegenwärtige Elemente des Personalmanagements [Gerpott, 1991]

5.3.1 Aufgaben der Personalführung

Ziel der Mitarbeiterführung im FuE-Bereich muß sein, die Bemühungen der Mitarbeiter auf die Interessen des Unternehmens auszurichten, ohne ihnen dabei die Freiräume für eigene Ideen und Ansätze zu nehmen. Ein weiteres Ziel ist das Erkennen und Fördern von Nachwuchskräften.

5.3 Personalführung

Zur Erreichung dieser Ziele fallen die folgenden Führungsaufgaben in der FuE an:

- Förderung der Motivation (z.B. durch Anreize),
- Förderung der Qualifikation (z.B. durch ein spezielles Weiterbildungskonzept),
- Förderung der Kreativität (z.B. durch die Anwendung von Kreativitätstechniken),
- Förderung der Risikobereitschaft (z.B. durch Toleranz bei Fehlern),
- Information der Mitarbeiter (z.B. durch Selektion der relevanten Informationen und deren Weitergabe),
- Organisation (z.B. Auswahl geeigneter Teamstrukturen),
- Führen von Mitarbeitergesprächen zur Zielvereinbarung und deren Kontrolle.

Die Führung wird von der Führungsperson, den Mitarbeitern, der Arbeitsaufgabe und den Umgebungseinflüssen geprägt (s. Abbildung 5-19).

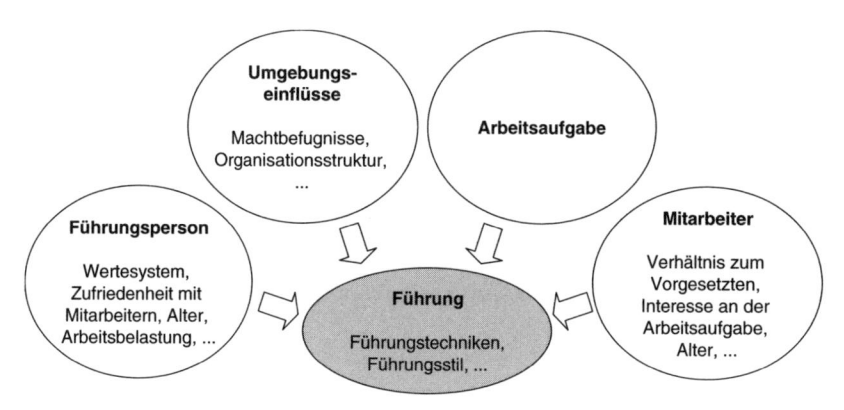

Abbildung 5-19: Einflüsse auf die Führung [Hofmann, 1988]

5.3.2 Qualifikation des Führungspersonals

Wenden wir uns zunächst der Führungsperson zu. Die spezifischen Aufgaben in FuE führen zu einem ausgeprägten Anforderungsprofil an die Führungsperson. Dieses umfaßt Kriterien in den Bereichen „Kennen", „Können" und „Wollen" (s. Abbildung 5-20). Die Aufgaben von Führungskräften in FuE sind nur noch teilweise fachorientiert, sondern eher koordinierender, strategischer und psychologischer Natur. Daraus resultiert eine Reihe neuer Schlüsselqualifikationen für FuE-Führungskräfte: Sach- und Fachkompetenz, Methodenkompetenz, Sozialkompetenz, moderatorische Kompetenz, kommunikative Kompetenz sowie Machtkompetenz. Nach *Bleicher* behindern dominante Führungspersonen die Ideenfindung [Bleicher, 1992]. Führungspersonen müssen demnach auch Verhaltensweisen entwickeln, die den Mitarbeitern ausreichende Freiräume lassen, um kreative Leistungen zu ermöglichen.

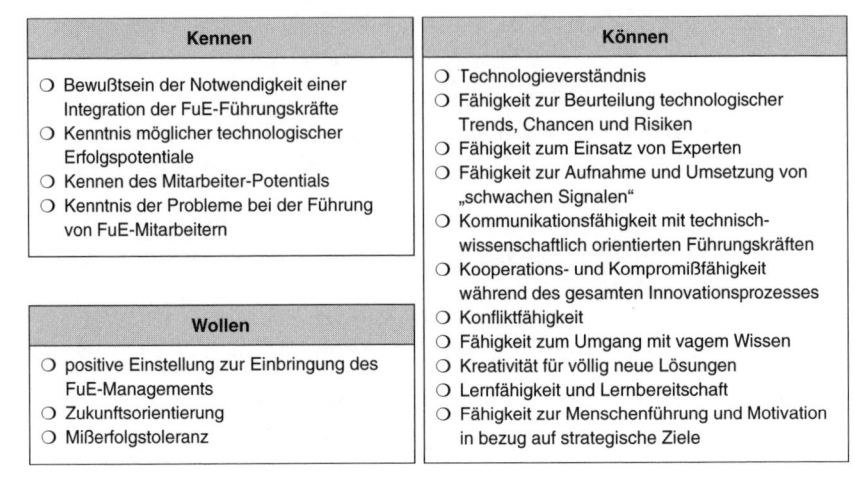

Kennen	**Können**
○ Bewußtsein der Notwendigkeit einer Integration der FuE-Führungskräfte ○ Kenntnis möglicher technologischer Erfolgspotentiale ○ Kennen des Mitarbeiter-Potentials ○ Kenntnis der Probleme bei der Führung von FuE-Mitarbeitern	○ Technologieverständnis ○ Fähigkeit zur Beurteilung technologischer Trends, Chancen und Risiken ○ Fähigkeit zum Einsatz von Experten ○ Fähigkeit zur Aufnahme und Umsetzung von „schwachen Signalen" ○ Kommunikationsfähigkeit mit technisch-wissenschaftlich orientierten Führungskräften ○ Kooperations- und Kompromißfähigkeit während des gesamten Innovationsprozesses ○ Konfliktfähigkeit ○ Fähigkeit zum Umgang mit vagem Wissen ○ Kreativität für völlig neue Lösungen ○ Lernfähigkeit und Lernbereitschaft ○ Fähigkeit zur Menschenführung und Motivation in bezug auf strategische Ziele
Wollen	
○ positive Einstellung zur Einbringung des FuE-Managements ○ Zukunftsorientierung ○ Mißerfolgstoleranz	

Abbildung 5-20: Qualifikation der Führungsperson [Berthel, 1988]

In der Literatur findet man unterschiedliche Analysen bezüglich der Führungsstile von FuE-Führungskräften.

Nach *Wunderer* können FuE-Führungskräften vier verschiedene Rollen zugeordnet werden [Wunderer, 1993] (s. auch Abbildung 5-21):

- *Leader*: motiviert die Mitarbeiter, regt sie zu kreativer Handlungsweise an,
- *Net-Worker*: regt den Informationsaustausch an, verbindet die Forschungsabteilung mit anderen Abteilungen,
- *Impresario*: organisiert den Arbeitsablauf, stellt geeignete Teams zusammen (verschiedene „Typen" u. ä.),
- *Wertschöpfungs-Center-Leiter*: vertritt die Forschungsabteilung nach „oben".

Eine andere Typisierung von Führungsrollen in der Forschung nimmt *Freimuth* vor [Freimuth, 1992]. Er unterscheidet zwischen Moderatoren und Gatekeepern (s. Abbildung 5-22).

Nach *Freimuth* liegen die Quellen für innovationsauslösende Informationen in den Gesprächen mit Mitarbeitern: „Ingenieure und Wissenschaftler verbringen 75 % ihrer Arbeitszeit im Gespräch mit Fachkollegen." [Freimuth, 1992] Gatekeeper fördern diesen Austausch und weiten den Kollegenkreis aus. Die Zusammenarbeit mehrerer Personen miteinander als auch die Vertretung der eigenen Position gegenüber oberen Instanzen birgt Konfliktpotential. Moderatoren vermitteln, schlichten, halten die Gruppe zusammen, sorgen für geordnete, faire Verhältnisse, fassen Ergebnisse zusammen und treten als Anwalt der Gruppe auf. Dabei kann es vorkommen, daß Schlüsselpersonen der Abteilung spontan und ungeplant eine dieser Führungsaufgaben übernehmen.

5.3 Personalführung

Leader	Net-Worker
○ Mitarbeitermotivation und -identifikation (v. a. über Vorbild, Sinn-, Spaß- und Selbstentwicklung ○ Charismatiker ○ Animateure ○ Entertainer	○ laterale Kooperation ○ Schnittstellenmanagement ○ abteilungsübergreifende und auf die Unternehmensziele ausgerichtete Zusammenarbeit ○ Synergie ○ Integration

Impresario	Wertschöpfungs-Center-Leiter
○ konstruktive Gestaltung und Interpretation der Arbeitssituation ○ Organisator ○ Personalmanager ○ höchstes Engagement, ○ größerer Zeitaufwand ○ entsprechende Qualifikation	○ Business-Verantwortung ○ kunden- bzw. marktnah denken und handeln ○ höhere Budget-Autonomie und Verantwortung

Abbildung 5-21: Führungsrollen [Wunderer, 1993]

Moderator	Gatekeeper
○ Anwalt der Gruppe ○ versucht Kreativität und Engagement der Gruppe zur Entfaltung zu bringen ○ vertritt organisatorische Ziele (z. B. Ecktermine) gegenüber der Gruppe ○ Autorität und Kompetenz durch Sachkundigkeit ○ Autorität durch vorhandenes Machtpotential ○ ausgeprägte soziale Intelligenz	○ verfügt über weitreichende externe Kontakte ○ verfolgt die einschlägigen Publikationen ○ befindet sich im Austausch mit anderen wissenschaftlichen Institutionen ○ besucht Kongresse ○ überdurchschnittlich häufig als interner Gesprächspartner gesucht ○ Katalysator in stockenden Prozessen ○ vernetzt separiert tätige Forscher ○ interner Berater ○ Gatekeeper unterhalten Netzwerke untereinander, so daß sich ihr innovationsauslösendes Potential noch einmal vervielfacht

Abbildung 5-22: Moderatoren und Gatekeeper

Die ideale Führungskraft in FuE wird im allgemeinen nicht nur eine Rolle annehmen, sondern situativ in die unterschiedlichsten Rollen schlüpfen.

Noch in den 70er Jahren war die Führung in FuE stark hierarchisch ausgeprägt. Heute hingegen geht die Tendenz zu „möglichst wenig" bis „keine" Hierarchie für Entwicklung, Vorentwicklung und Forschung.

5.3.3 Führungsstile

Ein weiteres wichtiges Element der Personalführung ist der Führungsstil. Es existiert eine Reihe unterschiedlicher Führungsstile, die man nach dem Entscheidungsspielraum des Vorgesetzten unterscheidet (s. Abbildung 5-23).

autoritär	patriarchalisch	informierend	beratend	kooperativ	partizipativ	demokratisch
Vorgesetzter entscheidet und ordnet an ohne Konsultation der MA	Vorgesetzter entscheidet, ist aber bestrebt die Untergebenen zu überzeugen	Vorgesetzter entscheidet, gestattet und beantwortet jedoch Fragen, um Akzeptanz zu erhalten	Vorgesetzter informiert und gibt MA vor der Entscheidung die Möglichkeit der Meinungsäußerung	Gruppe entwickelt Vorschläge; Vorgesetzter entscheidet sich für den von ihm favorisierten	Gruppe entscheidet in vom Vorgesetzten vorgegebenen Spielraum	Gruppe entscheidet; Vorgesetzter koordiniert die Entscheidung nach innen und außen

Autoritärer Führungsstil ◄──────────────► Kooperativer Führungsstil
Entscheidungsspielraum des Vorgesetzten / Entscheidungsspielraum der Gruppe

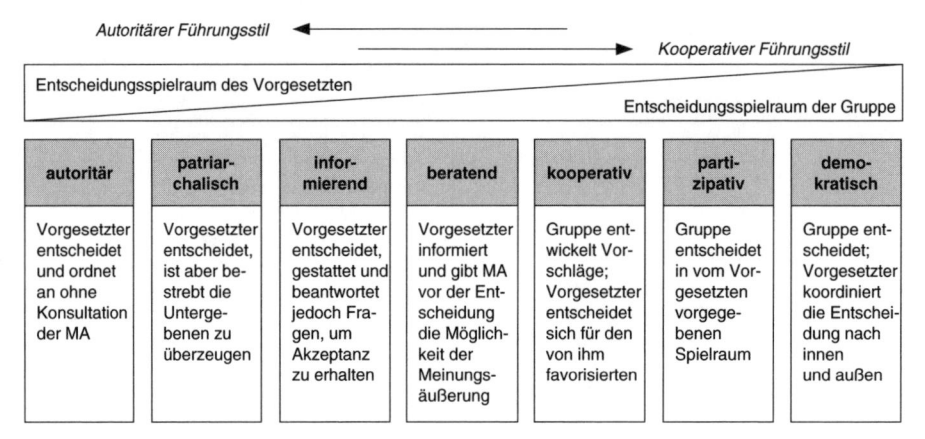

Abbildung 5-23: Führungsstile (nach [Wunderer, 1993])

Ein kooperativer Führungsstil ermöglicht den Meinungs- und Informationsaustausch von Führungsperson und Mitarbeiter und fördert dadurch die Motivation und Kreativität der Mitarbeiter. Die Entscheidung über eingebrachte Vorschläge aber fällt allein die Führungsperson. Daher sind Vorschläge immer unter dem Aspekt der Interessen und der fachlichen Qualifikation der Führungsperson zu entwickeln, was sich unter Umständen einschränkend auf die Kreativität und Innovationskraft des Mitarbeiters auswirkt. Auch der partizipative Führungsstil ermöglicht den Meinungs- und Informationsaustausch von Führungsperson und Mitarbeiter und fördert damit gleichfalls die Motivation und Kreativität. Stärker als der kooperative Stil unterstützt er aber die Eigeninitiative und Eigenverantwortung der Mitarbeiter und fördert so die Innovationsfähigkeit. Beim demokratischen Führungsstil wird häufig der wirtschaftliche Rahmen aus den Augen verloren [Engelhardt, 1991].

In FuE erscheinen Führungsstile in der Spannweite kooperativ bis partizipativ am geeignetsten, da hier die Mitarbeiter am Entscheidungsprozeß teilnehmen. Dabei müssen Arbeitsziele klar abgestimmt und zu treffende Entscheidungen zwischen dem Vorgesetzten und dem Mitarbeiter regelmäßig beraten werden. Allerdings erfordert dieser Führungsstil sehr viel Zeit bei der Entscheidungsfindung. Aus diesem Grund kann es in Ausnahmefällen vonnöten sein, Projekte, die unter zeitlich sehr engem Rahmen stehen, durch stärker autoritäre Führungsstile zu betreuen. Letztlich bedeutet das: Der Führungsstil ist ein Element, das die Grundwerte der Unternehmensführung widerspiegelt, gleichzeitig aber einer situativen Ausprägung unterliegt.

Der Führungsstil wird mit Hilfe verschiedener Führungstechniken umgesetzt. Im folgenden werden diese Instrumente vorgestellt.

5.3.4 Führungstechniken

Abbildung 5-24 gibt einen Überblick über existierende Führungstechniken.

Führungskonzepte \ Bestandteile und Prinzipien (X = berücksichtigt)	Aufgabenfestlegung	Führungsinitiative	Selbststeuererwartung	Delegation	Partizipativer Führungsstil	Ausnahmeregelungen	Stellenbeschreibung	Zielbilder (Ziele, Leistungsstandards)	periodische Ziel-Ergebnis-Analysen	Kontrolldaten – feed back (Kontrollsystem)	Informationsbilder	revolvierendes Plansystem	periodischer Management-zyklus	Regeln für die Zielbildungs-, -anpassungs- und Abstimmungsprozesse	ziel- bzw. erfolgsorientierte Mitarbeiterbeurteilung	zielbezogene Leistungs- und Lernmotivation	zielbezogenes Anreizsystem	System der Führungspotentialentwicklung (Management Development)	integriertes Führungs-informationssystem (IMICS)
Führung durch Selbstvollzug (Pseudoführung)																			
Führung durch Einzelauftrag (Management by Direction and Control)	X																		
Führung durch Eingriffsverzicht (Laissez-faire)		X																	
Führung durch Aufgabendelegation („Harzburger Modell")	X	X	X	X		X	X												
Führung durch Ausnahmeeingriff (Management by Exception)	X	X	X	X	X	X	X	X	X										
Führung durch Zielvereinbarung	X	X	X	X	X	X	X	X	X	X	X	X	X	X	X				
Führung durch Systemsteuerung (Management by System)	X	X	X	X	X	X	X	X	X	X	X	X	X	X	X	X	X	X	X

Abbildung 5-24: Führungstechniken [Freund, 1990]

Die in FuE am häufigsten eingesetzte Führungstechnik ist die Führung durch Zielvereinbarung oder „Management by Objectives – MBO". MBO dient insbesondere in der Forschung der kooperativen Zielfindung. Abbildung 5-25 zeigt den grundsätzlichen Ablauf einer Zielvereinbarung.

Die Zielvereinbarung dient vor allem

- der Verständigung über die erwarteten Ergebnisse und damit der vorausschauenden, systematischen Aufgabenplanung und -steuerung,
- der ständigen qualitativen Weiterentwicklung des Bereiches im Sinne kontinuierlicher Verbesserungsprozesse,
- der Steigerung und Koordination von Leistungsprozessen,
- der Bewertung von Leistung und Förderung der Mitarbeiter [Krieg, 1994].

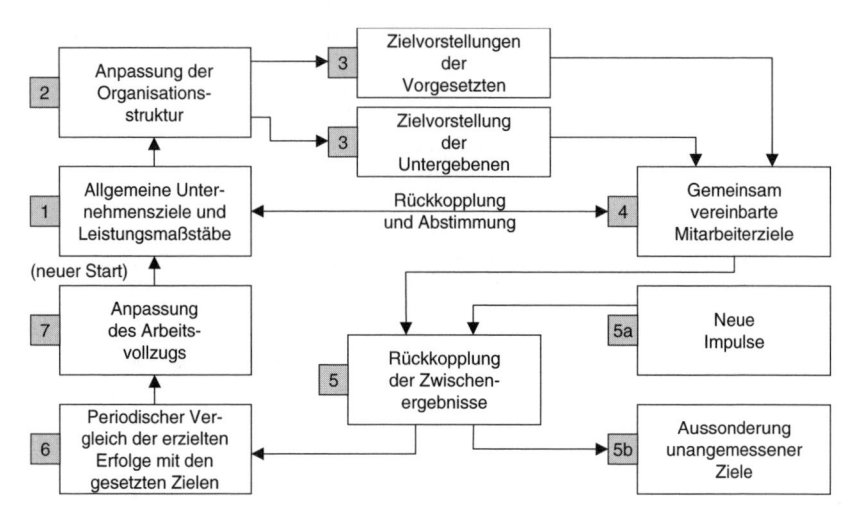

Abbildung 5-25: Management by Objectives [Oechsler, 1992]

Ziel ist es, die Ergebnisorientierung der Handlungen und Entscheidungen zu fördern und die Führungs- und Kommunikationsbeziehungen zwischen Vorgesetzten und Mitarbeitern zu stärken.

Eine Studie von *Daimler-Benz* aus dem Jahre 1995 bei erfolgreichen Unternehmen in der Triade belegt, daß die MBO-Technik sich weltweit auch in der Forschung durchsetzt (s. Abbildung 5-26).

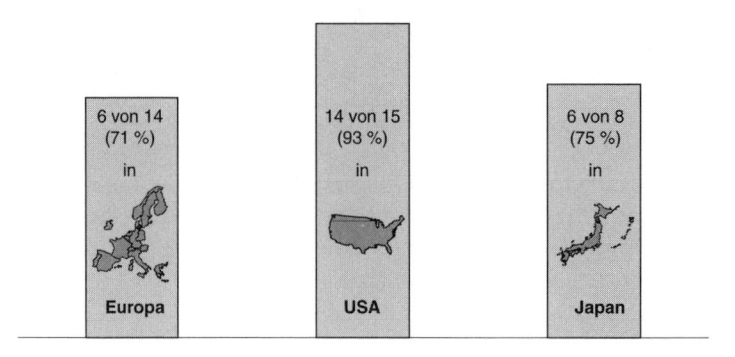

Abbildung 5-26: MBO in der Forschung im internationalen Vergleich [Daimler-Benz AG, 1995]

Neben dem Instrument der Zielvereinbarung spielen auch Anreizsysteme eine wichtige Rolle. Anreizsysteme zielen auf die Erhöhung der Arbeitszufriedenheit und damit der Leistungsbereitschaft der Mitarbeiter ab.

Die Notwendigkeit von Anreizsystemen hat unterschiedliche Gründe. Die Innovationsleistung eines Unternehmens wird geprägt durch das Innovationsverhalten.

5.3 Personalführung

Dieses hängt neben der Möglichkeit (z.B. Know-how, Anlagen und Maschinen) und Fähigkeit des Unternehmens zur Innovation (Ausbildung und Erfahrung des Personals) sehr stark von der Bereitschaft des Mitarbeiters zu Innovation ab. Die Existenz eines Anreizsystems erhöht die Arbeitszufriedenheit des Mitarbeiters (mehr Geld, mehr Freiraum, ...), bringt so einen Motivationsschub und wirkt sich damit unmittelbar auf seine Innovationsbereitschaft aus. Eine über das Anreizsystem gesteigerte Innovationsleistung kann in Form neuer Anreize in das System zurückfließen (s. Abbildung 5-27).

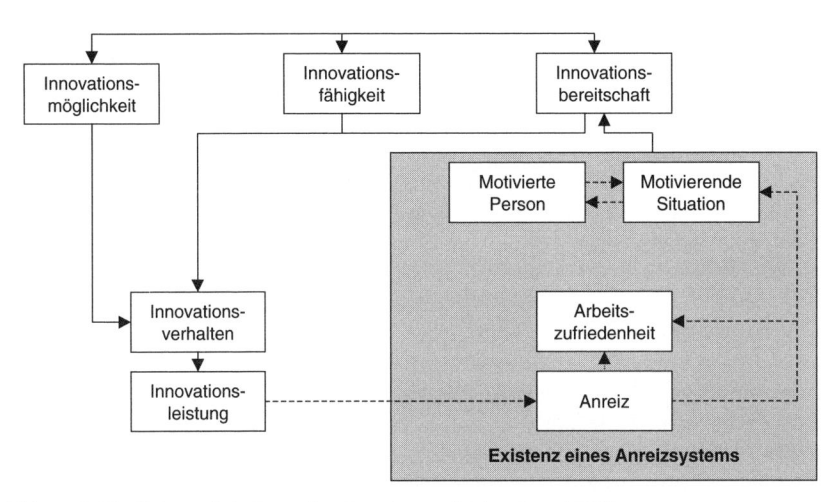

Abbildung 5-27: Notwendigkeit von Anreizsystemen [Schmelzer, 1992]

Einen Überblick über mögliche Anreizsysteme gibt Abbildung 5-28.

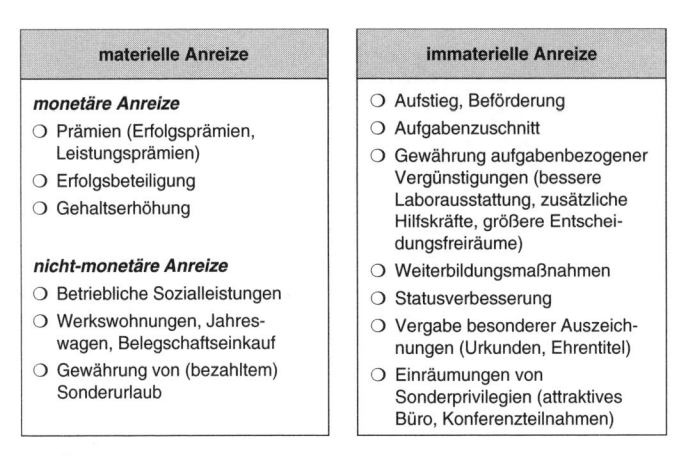

materielle Anreize	immaterielle Anreize
monetäre Anreize ○ Prämien (Erfolgsprämien, Leistungsprämien) ○ Erfolgsbeteiligung ○ Gehaltserhöhung **nicht-monetäre Anreize** ○ Betriebliche Sozialleistungen ○ Werkswohnungen, Jahreswagen, Belegschaftseinkauf ○ Gewährung von (bezahltem) Sonderurlaub	○ Aufstieg, Beförderung ○ Aufgabenzuschnitt ○ Gewährung aufgabenbezogener Vergünstigungen (bessere Laborausstattung, zusätzliche Hilfskräfte, größere Entscheidungsfreiräume) ○ Weiterbildungsmaßnahmen ○ Statusverbesserung ○ Vergabe besonderer Auszeichnungen (Urkunden, Ehrentitel) ○ Einräumungen von Sonderprivilegien (attraktives Büro, Konferenzteilnahmen)

Abbildung 5-28: Überblick über mögliche Anreizarten

Anreize können sowohl materiell als auch immateriell sein. Die materiellen Anreize lassen sich dabei wiederum in monetäre und nicht-monetäre Anreize unterscheiden (s. auch [Bürgel, 1996]).

Eine Untersuchung der verschiedenen Anreizarten und ihrer Beliebtheit in der Forschung führten *Domsch* und *Ladwig* durch [Domsch, 1995]. Nach Abbildung 5-29 ist die Teilnahme an Seminaren und Tagungen der häufigste Anreiz in den FuE-Bereichen der Unternehmen. Bei solchen Veranstaltungen ist die Weiterbildung nur ein Aspekt; sehr viel wichtiger können sekundäre Aspekte sein wie das Kennenlernen von FuE-Kollegen, die fachliche Kommunikation oder Anregungen von Wettbewerbern, auch aus anderen Arbeitsgebieten.

Anreiz	Prozentanteil der FuE-Bereiche, in denen Anreizfaktoren für FuE-Experten tatsächlich vorhanden sind	Mittelwert der Wichtigkeit 1 – sehr wichtig 5 – unwichtig
Möglichkeiten zur Teilnahme an Seminaren und Tagungen	99 %	2,6
Möglichkeiten zur Fort- und Weiterbildung	94 %	2,5
Sozialleistungen	94 %	2,9
Sicherheit des Arbeitsplatzes	87 %	2,3
Entgelt	87 %	2,5
Aufstiegsmöglichkeiten im Unternehmen	87 %	2,6
Aufstieg im eigenen Forschungsbereich	81 %	2,6
Flexible Arbeitszeitregelung	71 %	3,3
Leistungszulagen, Prämien für erfolgreich abgeschlossene Projekte	56 %	2,8
Zeitweilige Freistellung für eigene Publikationen	25 %	3,9
Zeitweilige Freistellung von der Arbeit für eigene Forschungstätigkeiten	8 %	4,2

Abbildung 5-29: Die wichtigsten Anreize in FuE [Zahn, 1995]

Abbildung 5-30 zeigt das Vorgehen eines Unternehmens beim Thema „Anreize durch Vergütung" am Beispiel eines Herstellers von Computer- und Medizintechnik: Nach einigen Berufsjahren endet der aufgrund der Dauer der Unternehmenszugehörigkeit gewährte Gehaltsanstieg. Eine Erhöhung des Gehalts kann nur noch durch das Erreichen von höheren Leistungsklassen erzielt werden. Das Leistungssystem ist auch nach unten dynamisch, d.h. eine erreichte Leistungsklasse kann auch wieder verloren werden. Die Einstufung in Leistungsklassen findet in regelmäßigen Abständen statt. In der Summe bedeutet das also Vergütung nach Leistung.

5.4 Personalentwicklung

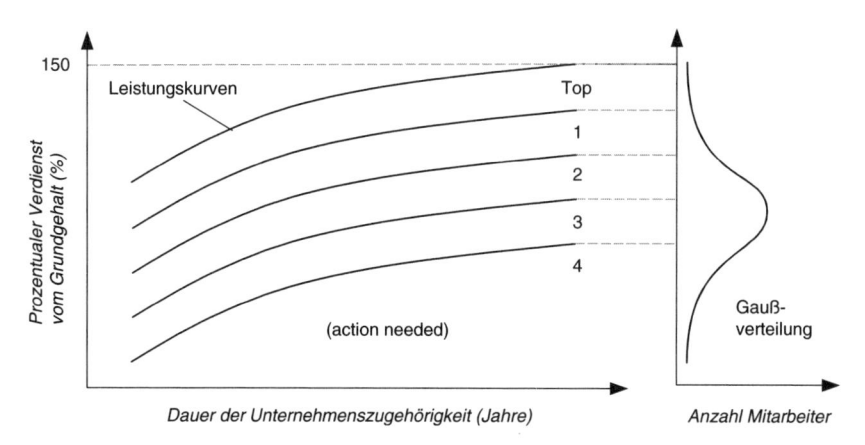

Abbildung 5-30: Vergütungsmodell am Beispiel eines Herstellers von Computer- und Medizintechnik [Walter, 1997]

5.4 Personalentwicklung

Die primäre Aufgabe der Personalentwicklung im FuE-Bereich besteht darin, den Mitarbeitern jene Qualifikationen zu vermitteln, die zur erfolgreichen Mitarbeit in gegenwärtigen, aber auch zukünftigen Arbeitsprozessen erforderlich sind [Specht et al., 1996]. Je nach verursachenden Faktoren lassen sich fünf Schwerpunkte für eine Personalentwicklung identifizieren:

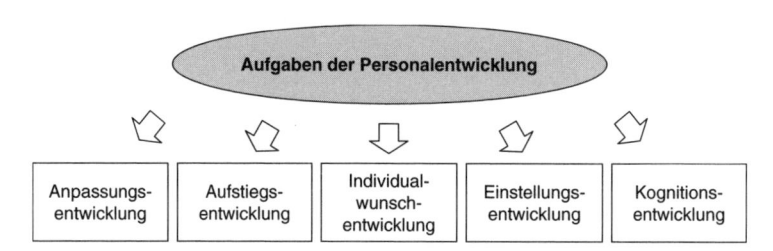

Abbildung 5-31: Aufgaben der Personalentwicklung

Entsteht bei einer aktuellen oder geplanten Veränderung der Stellenaufgabe eine Diskrepanz zwischen der vorhandenen Qualifikation des Mitarbeiters und den geforderten Fähigkeiten, so ist eine Anpassungsentwicklung vorzunehmen.

Sollen innerbetrieblich Führungskräfte rekrutiert werden, so ist im Vorfeld eine Aufstiegsentwicklung (Management Development) durchzuführen, um geeignete Mitarbeiter zu identifizieren und sie auf die veränderte Aufgabenstellung vorzubereiten.

Bezieht das Personalentwicklungssystem persönliche Entwicklungsbedürfnisse von Mitarbeitern in sein Kalkül ein, so ist die Möglichkeit einer Individualwunsch-Entwicklung gegeben.

Eine Einstellungsentwicklung zielt auf eine Veränderung der Werturteilsysteme von Mitarbeitern im Hinblick auf geänderte Umweltbedingungen oder auf eine veränderte Unternehmensstrategie ab. Sie berücksichtigt auch unternehmenskulturelle Implikationen.

Aufgrund des rasanten technischen Fortschritts und der Informationsflut veraltet technisches Wissen immer schneller, weshalb die fachlichen Anforderungen an Mitarbeiter in FuE einem starken Wandel unterliegen. Die Bearbeitung heutiger Probleme in interdisziplinär besetzten Teams erfordert außerdem, daß die sozial-kooperativen Fähigkeiten der Mitarbeiter geschult werden. Die Maßnahmen hierzu werden unter dem Begriff Kognitionsentwicklung zusammengefaßt [Scheuten, 1994].

Ziele der Personalentwicklung der Unternehmen sind:

- Strategiegerechter Einsatz der Ressource „Personal", um durch überlegene Fähigkeiten zu einer überlegenen Marktleistung zu gelangen.
- Förderung der strategischen Kompetenz zur Unterstützung der Unternehmensstrategie, die wiederum die Human Ressources berücksichtigen muß.
- Personalentwicklung gilt als Transporteur der Unternehmenskultur [Riekhof, 1992].

Vor diesem Hintergrund kann die Personalentwicklung auf verschiedene Weise erfolgen. Abbildung 5-32 faßt die Instrumente zusammen, die zur Verbesserung der vorhandenen Qualifikationen der Mitarbeiter zum Einsatz kommen.

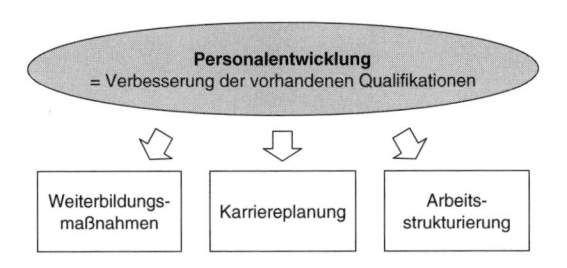

Abbildung 5-32: Instrumente der Personalentwicklung

Weiterbildungsmaßnahmen: Durch Teilnahme an Seminaren, Workshops (off-the-job), Mitwirkung an Entscheidungsprozessen, Projektverantwortung (on-the-job) wird der Mitarbeiter weitergebildet [Berthel, 1988]. Diese Maßnahme dient nicht unbedingt einem internen Stellenwechsel, sondern der Erhöhung der Qualifikation.

Karriereplanung: Durch gezielte Versetzungen, die Übernahme von Projektleitungsaufgaben, die zeitweilige Arbeit in anderen Abteilungen und das „dual ladder"-Prinzip in FuE (Forscher- und Managerlaufbahn) kann der Mitarbeiter gezielt für spätere Führungsaufgaben ausgebildet werden.

Arbeitsstrukturierung: Hierzu zählen innovatives Lernen, Erfahrungslernen (Mentoring, Coaching), job rotation, externer befristeter Aufenthalt (z.B. beim Kunden) sowie das „job enrichment" und „job enlargement" (vgl. Kapitel 5.4.3).

5.4.1 Instrumente der Potentialanalyse

Bevor die Personalentwicklung der einzelnen Mitarbeiter geplant und festgesetzt wird, muß eine individuelle Analyse des Potentials des Mitarbeiters erfolgen, um speziell geeignete Maßnahmen zur Entwicklung auszuwählen. Hierzu werden verschiedene Instrumente eingesetzt, die in Abbildung 5-33 zusammengestellt sind. Das bereits in Kapitel 5.2.4 im Zusammenhang mit der Auswahl neuer Mitarbeiter vorgestellte Assessment-Center ist auch für die Personalentwicklung geeignet.

Instrumente der Potentialanalyse
- Leistungsbeurteilung
- Mitarbeiter-Gespräch
- Expertenportfolios
- Assessment-Center
- Mitarbeiter-Befragung

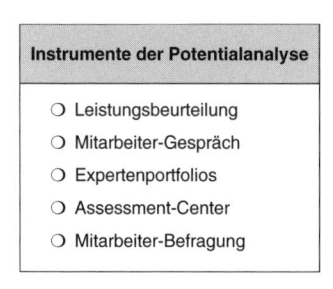

Abbildung 5-33: Instrumente der Potentialanalyse

Für die *Leistungsbeurteilung* (s. Abbildung 5-34) ist es unabdingbar, den individuellen Leistungsbeitrag messen zu können. Im Bereich der industriellen FuE wird auf eine entsprechende konkrete Bestimmung der individuellen Leistung aber häufig verzichtet, denn wegen der Aufgabenkomplexität, der Einmaligkeit und Neuigkeit von wissenschaftlich-technischen Leistungen und aufgrund der vorwiegenden Teamarbeit in diesem Bereich gilt die exakte Beurteilung des individuellen Leistungsbeitrages des einzelnen Wissenschaftlers und Ingenieurs als größtenteils ungelöstes Problem [Jochum, 1987].

Eine Möglichkeit zur individuellen Leistungsbeurteilung bieten die Vereinbarung und Kontrolle von Zielabsprachen [Wagner, 1991]. Durch ein entsprechendes Vorgehen, das sich an das MBO (vgl. Abbildung 5-25) anlehnt, wird zudem erreicht, daß die Leistungsbeurteilung für den beurteilten Mitarbeiter transparent wird, da er an der Ausarbeitung seiner Arbeitsziele und deren Erreichung beteiligt ist.

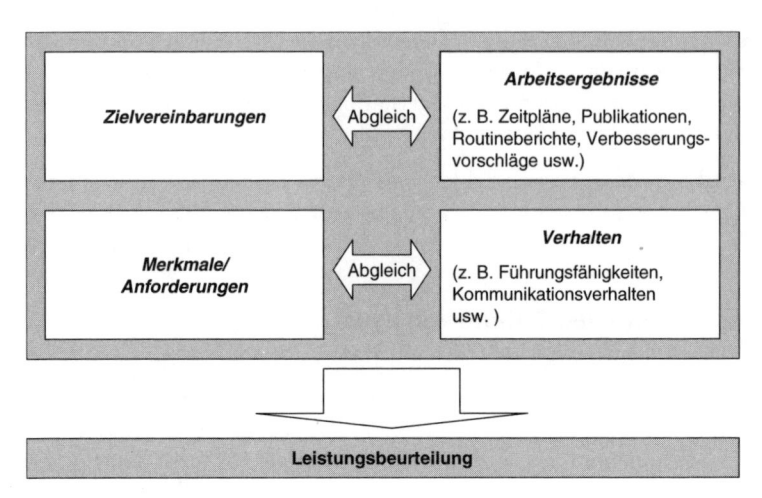

```
┌─────────────────────────┐     ┌──────────────────────────────┐
│                         │     │  Arbeitsergebnisse           │
│  Zielvereinbarungen     │⇔ Abgleich ⇔│  (z. B. Zeitpläne, Publikationen,│
│                         │     │  Routineberichte, Verbesserungs-│
│                         │     │  vorschläge usw.)            │
└─────────────────────────┘     └──────────────────────────────┘

┌─────────────────────────┐     ┌──────────────────────────────┐
│                         │     │  Verhalten                   │
│  Merkmale/              │⇔ Abgleich ⇔│  (z. B. Führungsfähigkeiten, │
│  Anforderungen          │     │  Kommunikationsverhalten     │
│                         │     │  usw. )                      │
└─────────────────────────┘     └──────────────────────────────┘

                    ⇩
┌─────────────────────────────────────────────────────────────┐
│                    Leistungsbeurteilung                      │
└─────────────────────────────────────────────────────────────┘
```

Abbildung 5-34: Leistungsbeurteilung

Das *Mitarbeitergespräch* (s. Abbildung 5-35), als ein weiteres Instrument der Potentialanalyse, ist gerade für einen partizipativen Führungsstil durch die Einbeziehung des Mitarbeiters geeignet. Bei dem Mitarbeitergespräch verfolgen die Führungsperson und der Mitarbeiter auch unterschiedliche Ziele [Fehrenbacher et al., 1993]:

Ziele der Führungsperson:

- Leistungsfähigkeit und Motivation der Mitarbeiter steigern
- Mitarbeiter im Unternehmen halten
- Planung des zukünftigen Personaleinsatzes

Ziele des Mitarbeiters:

- eigene Entwicklungsmöglichkeiten erkennen
- zukunftsorientierte Förderung
- Aufzeigen beruflicher Perspektiven

Bei vielen Unternehmen ist das Mitarbeitergespräch institutionalisiert. Es findet regelmäßig und in einem festgelegten Rahmen statt.

Ein weiteres Instrument der Potentialanalyse liefert das *Expertenportfolio* (s. Abbildung 5-36). Es ist ein Instrument der Personalentwicklung in gezielte Orientierungs-Richtungen. Domsch und Ladwig unterscheiden dabei zwei Orientierungen:

- *Local* versus *cosmopolitan:* FuE-Experten mit „Local"-Orientierung sind intern in der eigenen Abteilung orientiert, während FuE-Experten mit „Cosmopolitan"-Orientierung abteilungsübergreifend und unternehmensextern Gatekeeperfunktionen erfüllen.

5.4 Personalentwicklung

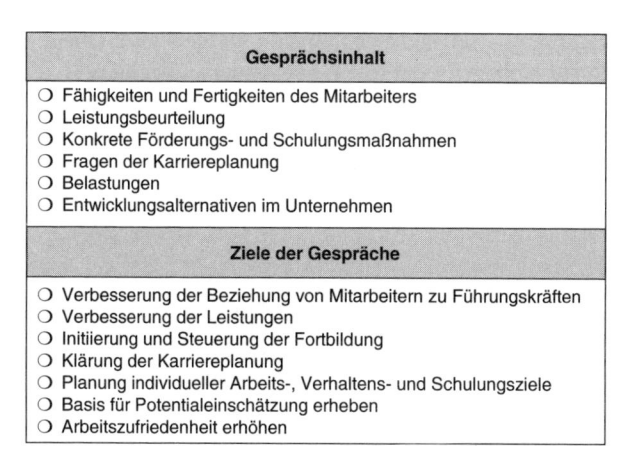

Gesprächsinhalt
- Fähigkeiten und Fertigkeiten des Mitarbeiters
- Leistungsbeurteilung
- Konkrete Förderungs- und Schulungsmaßnahmen
- Fragen der Karriereplanung
- Belastungen
- Entwicklungsalternativen im Unternehmen

Ziele der Gespräche
- Verbesserung der Beziehung von Mitarbeitern zu Führungskräften
- Verbesserung der Leistungen
- Initiierung und Steuerung der Fortbildung
- Klärung der Karriereplanung
- Planung individueller Arbeits-, Verhaltens- und Schulungsziele
- Basis für Potentialeinschätzung erheben
- Arbeitszufriedenheit erhöhen

Abbildung 5-35: Inhalte und Ziele von Mitarbeitergesprächen [Berthel 1997]

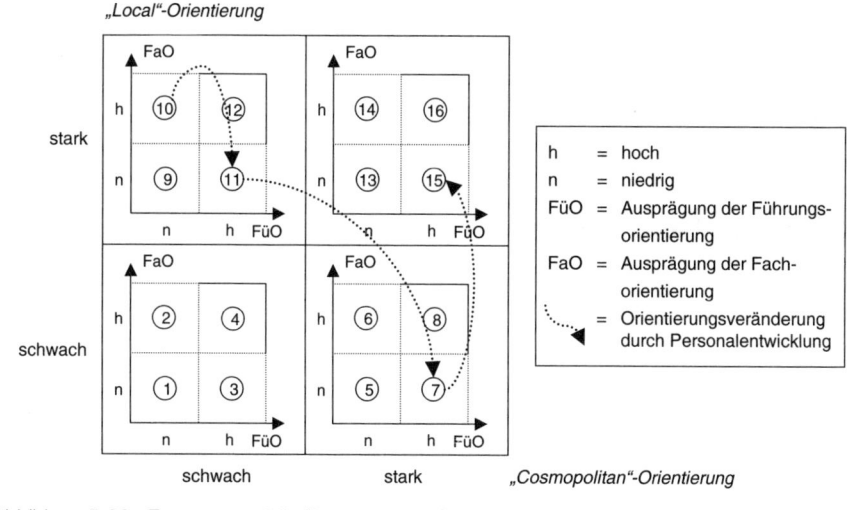

Abbildung 5-36: Expertenportfolio [Domsch, 1995]

- **Führungsorientiert versus fachorientiert:** FuE-Experten mit Führungsorientierung denken ökonomisch, besitzen Autorität etc., während FuE-Experten mit Fachorientierung eher die technisch-wissenschaftliche Seite vertreten.

Bei der im Bild dargestellten Personalentwicklung müssen die entsprechenden Fähigkeiten und Neigungen des betreffenden Mitarbeiters beachtet werden.

Die **Mitarbeiterbefragung** ist das letzte hier zu erwähnende Instrumentarium zur Potentialanalyse in der Personalentwicklung. Das Hauptziel der Mitarbeiterbefragungen besteht darin, aus Selbsteinschätzungen und aus anonymen, freiwilligen Befragungen zu einem Kollegen oder zur Qualität der Führung und Zusammenarbeit Stärken und Schwächen herauszuarbeiten und entsprechende Veränderungen einzuleiten (s. Abbildung 5-37). Diese Methodik ist jedoch nur sehr behutsam einzusetzen, da der folgende gruppendynamische Prozeß ohne Betreuung negative Auswirkungen haben kann.

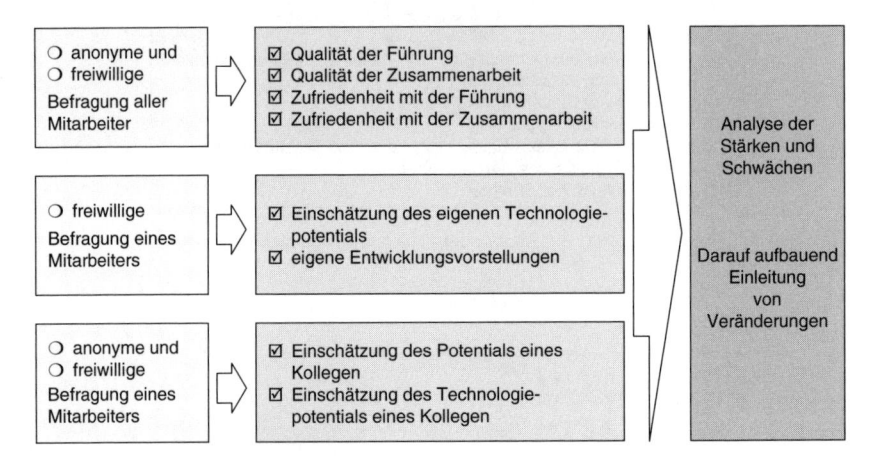

anonyme und freiwillige Befragung aller Mitarbeiter	☑ Qualität der Führung ☑ Qualität der Zusammenarbeit ☑ Zufriedenheit mit der Führung ☑ Zufriedenheit mit der Zusammenarbeit	Analyse der Stärken und Schwächen
freiwillige Befragung eines Mitarbeiters	☑ Einschätzung des eigenen Technologiepotentials ☑ eigene Entwicklungsvorstellungen	Darauf aufbauend Einleitung von Veränderungen
anonyme und freiwillige Befragung eines Mitarbeiters	☑ Einschätzung des Potentials eines Kollegen ☑ Einschätzung des Technologiepotentials eines Kollegen	

Abbildung 5-37: Mitarbeiterbefragung

5.4.2 Weiterbildungsmaßnahmen

Nach der Analyse des Potentials und der Wünsche des Mitarbeiters und gegebenenfalls der Einschätzung des Vorgesetzten können die entsprechenden Maßnahmen eingeleitet werden.

Die Weiterbildung kann dabei auf Wissen (fachliche Kompetenz) und auf Verhalten (soziale Kompetenz) abzielen (s. Abbildung 5-38):

Die **Weiterbildungsbereiche** lassen sich wie folgt weiter unterteilen:

- *Fachbezogen:* Hierbei werden für die eigenen Bereiche wichtige Themen gewählt. Das eigene Wissen wird hier vertieft und geübt.
- *Fachfremd:* Vorbeugen von einseitiger Sichtweise, indem auch Themen anderer Fachbereiche angeboten werden.
- *Affektiv:* Hier werden eigene Verhaltensweisen und Möglichkeiten analysiert und weiterentwickelt (Beispiel: Arbeitsweise).
- *Gruppenzentriert:* Umgangsformen und Kommunikationsgewohnheiten werden in der Gruppe analysiert und gegebenenfalls verändert.

Weiterbildungsmöglichkeiten müssen nicht auf die eigenen Mitarbeiter beschränkt sein; sie können auch externen Teammitgliedern angeboten werden. Ein Beispiel hierzu: Der japanische Faxhersteller *Ricoh* trainierte Ingenieure des amerikanischen

5.4 Personalentwicklung

Papierproduzenten *Azon*, um für innovative *Ricoh*-Faxgeräte bereits bei ihrer Einführung auf dem US-Markt hochwertige Faxpapiere verfügbar zu haben [Gerpott, 1991].

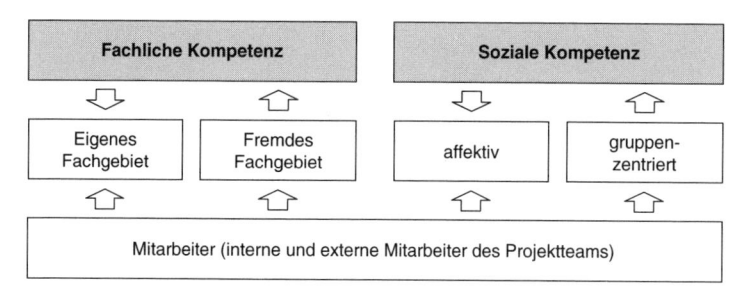

Abbildung 5-38: Personalentwicklung durch Weiterbildung

Das Weiterbildungsverhalten weist dabei länderspezifische Unterschiede auf. Abbildung 5-39 zeigt dies anhand des Vergleichs der Weiterbildungspraxis in Japan und in Deutschland.

Effiziente Methoden der Erweiterung von Kenntnissen	●	▬
Anleitung von Vorgesetzten, erfahrenen Kollegen	64	49
autonomes Studium	57	40
interne Präsentation der Forschungsergebnisse	52	(39)
Beschäftigung mit den neuesten FuE-Themen	48	46
Studien an der Universität	42	(31)
interne Kurse außerhalb der Arbeitsstelle	(26)	51
externe Kurse (unternehmensfinanziert)	(5)	40

Grund für Teilnahme	●	▬
Verbesserung der technischen Fähigkeiten	54	65
Verbesserung der Managementfähigkeiten	38	41
Erhöhung der Aufstiegschancen	(5)	18
kein bestimmter Grund	17	(6)

Mitgliedschaft in einer fachlichen Gruppierung	●	▬
Fachvereinigung (unternehmensextern)	72	(14)
Arbeitskreis/Forschungsgruppe (unternehmensintern)	(10)	31
keine Zugehörigkeit	26	47

Teilnahme an Weiterbildungskurs im vergangenen Jahr	●	▬
Ja, auf Anweisung	35	20
Ja, auf eigenen Wunsch	27	50
Nein	38	30

Abbildung 5-39: Weiterbildungsverhalten [Wiesner, 1992]

- Es existieren verschiedene *Methoden zur Erweiterung der Kenntnisse*. Japaner halten Kurse für weniger sinnvoll als arbeitsbegleitende Kenntniserweiterung und autonome Studien (z.B. Mentoring).
- Die *Teilnahme an Weiterbildungskursen* kann auf Anweisung oder eigenen Wunsch erfolgen. Deutsche sind persönlich in einem deutlich höheren Maße an Weiterbildungsmaßnahmen interessiert.

- Neben verschiedenen Weiterbildungsformen existieren vor allem in Japan *fachliche Gruppierungen*, die den Kenntnisstand erweitern. Japaner sind um ein vielfaches häufiger Mitglieder in diesen unternehmensexternen Fachvereinigungen als ihre Kollegen in Deutschland.

5.4.3 Karriereentwicklung

Im abschließenden Teil dieses Kapitels werden die möglichen Karrierewege innerhalb des FuE-Bereichs betrachtet (s. Abbildung 5-40).

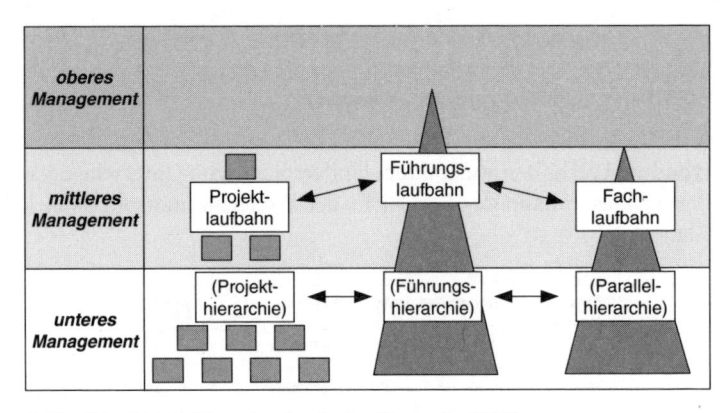

Abbildung 5-40: Beispiel FuE-Experten-Laufbahn [Domsch, 1995]

Die Ziele, die Forscher bei ihrer beruflichen Entwicklung verfolgen, sind vielfach sehr unterschiedlich. Manche möchten auf Dauer in der Forschung bleiben, andere sehen die Forschungstätigkeit als eine Durchlaufstation für eine spätere Tätigkeit in der Entwicklung oder für die Übernahme einer Führungsaufgabe. Nur ein kleiner Teil der Forscher in Unternehmen strebt eine Fachlaufbahn an, oft wird die Tätigkeit in den Forschungsabteilungen als eine Durchlaufstation mit vielfältigen Karrieremöglichkeiten angesehen. Der Entwickler hingegen verbleibt dauerhafter in den Entwicklungsabteilungen, in vielen Unternehmen wird zunehmend ein Wechsel zwischen Produktion und Entwicklung gefördert.

Die Erfordernisse der FuE-Bereiche mit den individuellen Zielen des Mitarbeiters zu verbinden, ist eine wichtige Aufgabe der Laufbahnplanung. Es lassen sich dabei drei Laufbahnarten unterscheiden:

- *Fachlaufbahn:* Hoher Anteil an Fach-, geringer Anteil an Verwaltungs- und Personalführungsaufgaben, hauptsächlich fachliche Kompetenz gefragt (wissenschaftliche Beraterfunktion). (In Japan wird z.B. auf eine gleichwertige und hochwissenschaftliche Fachlaufbahn im Vergleich zur Führungslaufbahn geachtet.)

5.4 Personalentwicklung

- *Projektlaufbahn:* Projektleiter, Verantwortlicher in neuen Geschäftsfeldern, Koordinator, etc..
- *Führungslaufbahn:* Hoher Anteil an Verwaltungs- und Personalführungsaufgaben.

Auch für die Karriereplanung gilt das im Zusammenhang mit der Weiterbildung Gesagte: Sie muß das individuelle Potentialprofil des betreffenden Mitarbeiters beachten. Gleichzeitig muß sie die Attraktivität aller drei Laufbahnen gewährleisten. Diese „psychologische" Aufgabe ist nicht zu unterschätzen, da Fachlaufbahnen häufig weniger positiv angesehen sind als Führungslaufbahnen.

Eine weitere Möglichkeit der Personalentwicklung ist die Mitarbeit in unterschiedlichen Arbeitsstrukturen (s. Abbildung 5-41). Hierzu existiert eine Reihe von Maßnahmen, mit denen der fachliche Horizont der Mitarbeiter erweitert werden soll:

- *Job-Enlargement:* Erweiterung der Arbeitsaufgaben generell.
- *Job-Rotation:* Erweiterung der Arbeitsaufgabe durch regelmäßigen Arbeitsplatzwechsel/Arbeitsplatztausch.
- *Job-Enrichment:* Erweiterung der Arbeitsaufgabe durch den Einbezug der Mitarbeiter in verschiedene Entscheidungsinstanzen.
- *Mentoring:* Wissenserweiterung durch „training on the job" mit Hilfe von Kollegen (siehe auch Kapitel 5.2.3).
- *Externe Erfahrung:* Wissenserweiterung durch den regelmäßigen befristeten Aufenthalt bei Kunden oder Lieferanten.

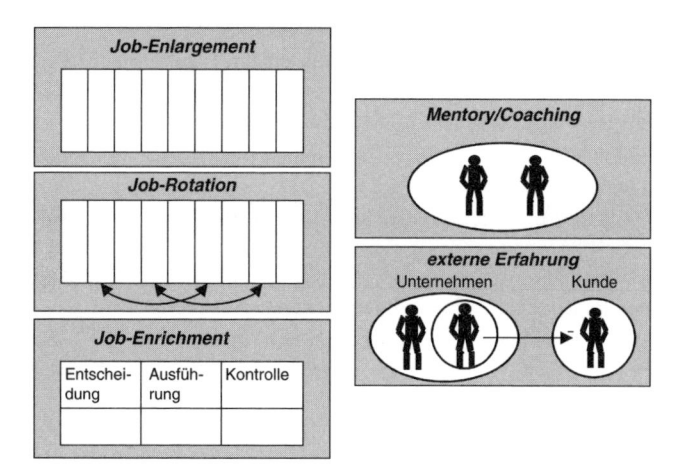

Abbildung 5-41: Arbeitsstrukturierung

5.5 Fazit

⇨ Die Menschen mit ihren unterschiedlichen Qualitäten und individuellen Bedürfnissen sind das wichtigste Element für erfolgreiche FuE-Arbeit. Daher muß der Personalplanung, Personalführung und Personalentwicklung besondere Aufmerksamkeit gewidmet werden.

⇨ Ergebnistransfer funktioniert am besten über Menschen. Deshalb muß ein intensiver Austausch zwischen der FuE-Abteilung und den anderen Bereichen des Unternehmens gefördert werden. Das sichert gleichzeitig den „Nachschub" an jungen Kräften und sorgt so für eine gesunde Altersstruktur in den FuE-Bereichen.

⇨ Das hohe Qualifikationsniveau der FuE-Mitarbeiter stellt besondere Anforderungen an die Führungskräfte.

Literaturhinweise

Berthel, J. (1988): Forschungsbericht 1 – Manager-Qualifikationen für eine effiziente Einbindung des Forschungs- und Entwicklungsmanagements in die strategische Unternehmensführung, Forschungsinstitut für Innovations- und Personal-Management e. V., Gesamthochschule Siegen 1988

Berthel, J. (1997): Personalmanagement, Stuttgart, Schäffer-Poeschel 1997

Bleicher, K. (1992): Das Konzept Integriertes Management, Frankfurt a. M./New York, Campus 1992

Bürgel, H. D. (1996): F&E-Management, München, Vahlen 1996

Daimler-Benz AG (1995): Führung durch Zielvereinbarung. Interne Studie des Ressorts Forschung und Technik, Stuttgart 1995

Daimler-Benz AG (1996): From Better to Best. Interne Studie des Ressorts Forschung und Technik, Stuttgart 1996

Domsch, M. (1995): Humanressourcen und Technologiepotential, in: Zahn, E. (Hrsg.): Handbuch Technologiemanagement. Stuttgart, Schäffer-Poeschel 1995

Engelhardt, H. D. (1991): Innovation durch Organisation – Unterwegs zu problemangemessenen Organisationsformen, 1. Auflage, Fachbereich Sozialwesen, Fachhochschule München 1991

Fehrenbacher-Handwerker, U.; Moser, K. (1993): Die Führungskraft als Berater – Laufbahnberatung im Mitarbeitergespräch, in: Zeitschrift für Organisation, Nr. 62/3, 1993, S. 147–154

Freimuth, J. (1992): Zur Entfaltung sozialer Kompetenz in der industriellen Forschung und Entwicklung, in: Personal, Heft 2/1992, S. 58–62

Freund, F. (1990): Praxisorientierte Personalwirtschaftslehre, Stuttgart, Kohlhammer 1990

Gabler (1993): Gabler Wirtschafts-Lexikon, 13. Auflage, Wiesbaden, Gabler 1993

Gerpott, T. J. (1991): Innovationsbeschleunigung durch Personalmanagement, in: Personal, Heft 9/1991, S. 276–280

Herzhoff, S. (1991): Innovations-Management – Gestaltung von Prozessen und Systemen zur Entwicklung und Verbesserung der Innovationsfähigkeit von Unternehmungen, Dissertation an der Universität Siegen, Bergisch Gladbach, Eul 1991

Hofmann, M. (1988): Einführende und grundsätzliche Überlegungen zum funktionalen Management, in: Hofmann, M.; Rosenstiel, L. von (Hrsg.): Funktionale Managementlehre, Berlin/Heidelberg, Springer 1988

Jochum, E. (1987): Gleichgestelltenbeurteilung: Führungsinstrument in der industriellen Forschung und Entwicklung, Stuttgart, Schäffer-Poeschel 1987

Kienbaum und Partner (Hrsg.) (1993): The Return of Innovation, Werkstudie des Kienbaum Forums Akademie für Führung und Innovation in Wirtschaft und Gesellschaft, Berlin 1993

Krieg, H.-J. (1994): Führen durch Ziele – Die Renaissance der Zielvereinbarung. Beitragspapier zum Seminar „Führung durch Zielvereinbarung", München, Techno Congress 1994

Mayas, L. (1993): Kennzahlen als Instrument zur Steuerung von F&E. Vortragsunterlagen „Controlling in Forschung und Entwicklung", Eschborn/Taunus, Management Circle 1993

Mühlemeyer, P. (1992): Personalmanagement in der betrieblichen Forschung und Entwicklung (F&E), Institut für angewandte Innovationsforschung, Ruhr-Universität Bochum 1992

Oechsler, W. A. (1992): Personal und Arbeit, München, Oldenbourg 1992

Peters T. J.; Waterman, R. H. (1984): Auf der Suche nach Spitzenleistungen: Was man von den bestgeführten US-Unternehmen lernen kann, 10. Auflage, Landsberg/Lech, Moderne Industrie 1984

Riekhof, H.-C. (1992): Strategien der Personalentwicklung, Wiesbaden, Gabler 1992

Saad, K. N.; Roussel, P. A.; Tiby, C.; Arthur D. Little (Hrsg.) (1991): Management der FuE-Strategie, Wiesbaden, Gabler 1991

Scheuten, W. (1994): Hat das Management versagt?, in: Der Bürger im Staat, 44. Jahrgang, Heft 2, Juni 1994

Schmelzer, H. J. (1992): Organisation und Controlling von Produktentwicklungen, in: Domsch, M. (Hrsg.): F&E-Management, Stuttgart, Schäffer-Poeschel 1992

Schuller, F. (1995): Innovative Geschäftsführung als Erfolgsfaktor. Tagungsband Deutscher Wirtschaftsingenieurtag, München 10./11. November 1995

Specht, G.; Beckmann, C. (1996): F&E – Management, Stuttgart, Schäffer-Poeschel 1996

Wagner, D. (1991): Organisation, Führung und Personalmanagement: Neue Perspektiven durch Flexibilisierung und Individualisierung, 2. Auflage, Freiburg, Haufe 1991

Walter, W. (1997): Erfolgversprechende Muster für betriebliche Ideenfindungsprozesse, Forschungsberichte aus dem Institut für Werkzeugmaschinen und Betriebstechnik der Universität Karlsruhe, Band 75, Karlsruhe 1997

Wiesner, G. (1992): Personalmanagement in der Forschung und Entwicklung: Ein Vergleich zwischen der japanischen und deutschen Industrie, IFO Schnelldienst, 11/1992

Wunderer, R. (1993): Unternehmerisches Personalmanagement – Konzepte, Prognosen und Strategien für das Jahr 2000, Frankfurt a. M./New York, Campus 1993

Zahn, E. (1995): Handbuch Technologiemanagement, Stuttgart, Schäffer-Poeschel 1995

6 Kreativität im Forschungs- und Entwicklungsprozeß

> „Alle Mittel bleiben nur stumpfe Instrumente,
> wenn nicht ein lebendiger Geist sie zu gebrauchen versteht."
> (Albert Einstein)

6.1 Einleitung

Kreativität ist eine der zentralen Voraussetzungen für die Ideenfindung und damit für die Entstehung von Innovationen. Diese wichtige Rolle der Kreativität für den Fortschritt hat eine große Anzahl von Wissenschaftlern bewogen, das Phänomen der Kreativität zu beleuchten und Mechanismen zu entwickeln, um sie zu fördern. In diesem Kapitel sollen Antworten auf die folgenden Fragen gegeben werden:

- Was ist Kreativität?
- Wie hängen Kreativität und Innovation zusammen?
- Was bestimmt die Kreativität im Unternehmen?
- Wie kann ein Unternehmen Kreativität fördern
  - über den Menschen,
  - über den Prozeß,
  - über Techniken?

6.2 Der Kreativitätsbegriff

6.2.1 Definition der Kreativität

Der Begriff Kreativität kommt vom lateinischen „*Creator*" = Schöpfer, Vater. Mit der Übersetzung ist aber der Bedeutungsgehalt des Wortes noch nicht ausreichend wiedergegeben. Daher kann man in der Literatur eine Vielzahl von Definitionen finden, die versuchen, die Semantik dieses Begriffes deutlicher zu fassen. Die folgenden Definitionen stellen eine Auswahl dar:

> *Kreativität* ist ...
> ... die Fähigkeit, Beziehungen zwischen vorher unbezogenen Erfahrungen zu finden, die sich in einer Form neuer Denkschemata als neue Erfahrungen, Ideen oder Produkte ergeben [Ulmann, 1968];
> ... die Fähigkeit eines Individuums oder einer Gruppe, phantasievoll, assoziativ und gestaltend zu denken und zu handeln, um dadurch mit bewußten oder unbewußten Zielen etwas Neues zu erreichen oder hervorzubringen [Johannson, 1978];
> ... die Fähigkeit, neue Lösungen bzw. neue Ideen zu finden [Kneiß, 1995].

Die Auswahl zeigt, daß die unterschiedlichen Definitionen die gleiche Zielrichtung aufweisen und von der Kernaussage her sehr ähnlich sind: Aufbauend auf vorhandenem Wissen soll etwas Neues entwickelt werden.

6.2.2 Klassifizierung der Kreativität

Trotz des gleichen Charakters der Definitionen gibt es verschiedene Ausprägungen der Kreativität (s. Abbildung 6-1), die für erfolgreiche Produkte synergetisch genutzt werden sollten.

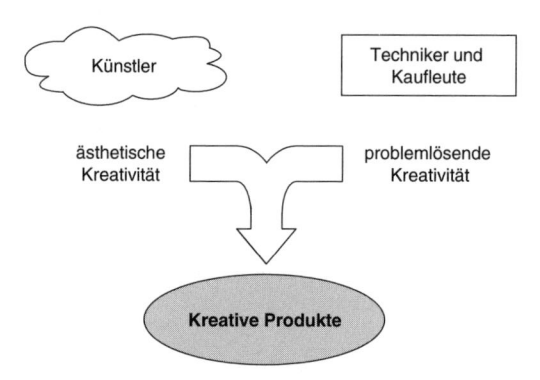

Abbildung 6-1: Kreativitätsformen zur Entwicklung kreativer Produkte [Nütten, 1988]

Eine Grobklassifizierung kann in ästhetische und problemlösende Kreativität vorgenommen werden.

Die *ästhetische Kreativität* ist hauptsächlich bei Künstlern zu finden. Sie äußert sich z.B. in Gemälden oder Gedichten, aber spielt z.B. auch in der Formgestaltung für das Design eine wichtige Rolle. Die *problemlösende Kreativität* findet man bei Technikern und Kaufleuten. Sie äußert sich in Entwicklungen und Erfindungen und orientiert sich meistens an potentiellen Kunden.

Um erfolgreiche, innovative Produkte am Markt zu plazieren, bedarf es der Zusammenarbeit beider Kreativitätscharaktere (Designer und Ingenieur), wobei eine Ausrichtung an den Marktbedürfnissen gewährleistet sein muß.

Kreativität unterliegt zum einen der Begabung, die von Natur aus gegeben ist. Sie wird aber auch durch den beeinflußbaren Willen sowie die trainierbare Fähigkeit eines jeden einzelnen bestimmt und kann daher gefördert werden. Um Fördermöglichkeiten zu erkennen, ist es zunächst notwendig, die Elemente der Kreativität zu beleuchten.

6.3 Elemente der Kreativität

Das Kernelement der Kreativität ist der kreative Prozeß. Als Input steht auf der einen Seite der Mensch, als Output auf der anderen Seite das kreative Produkt. Alle Elemente werden vom Umfeld maßgeblich beeinflußt (s. Abbildung 6-2).

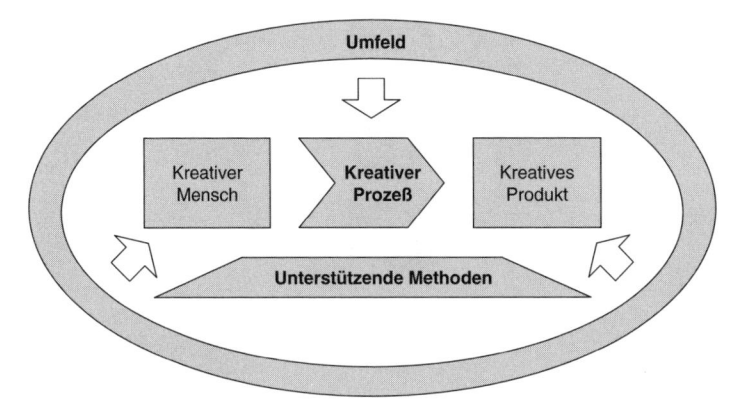

Abbildung 6-2: Elemente der Kreativität (in Anlehnung an [Meyer, 1993])

Im folgenden werden die einzelnen kreativen Elemente mit Ausnahme des Faktors Umfeld erläutert. Auf die Umfeldeinflüsse wird in Kapitel 7.3 näher eingegangen.

6.3.1 Der kreative Mensch

Ausgangspunkt für jegliche Form der Kreativität ist der Mensch. Welche Aussagen wissenschaftliche Erkenntnisse zur Kreativität zulassen, soll anhand verschiedener Untersuchungen verdeutlicht werden.

6.3.1.1 Kreativitätsveranlagungen

Kreativität ist nach heutiger Meinung ebenso wie viele andere menschliche Eigenschaften fest im Gehirn verankert. Am ehesten kann die Kreativität anhand des Hemisphärenmodells des Gehirns lokalisiert werden. Dieses Modell wurde 1981 vom amerikanischen Hirnbiologen *Roger W. Sperry* aufgestellt, der dafür den Nobelpreis für Medizin erhielt. Ihm war der Nachweis gelungen, daß das Großhirn funktionell gegliedert ist. Dabei wird das Gehirn in zwei Hälften aufgeteilt, denen unterschiedliche Spezialisierungen zugeordnet werden (s. Abbildung 6-3).

Demnach ist die *linke* Seite des Gehirns primär für logische, analytische Vorgänge konzipiert. Sie arbeitet sequenzlogisch, arithmetisch und computerartig. Die *rechte* Hemisphäre ist auf ganzheitliches, strukturelles und bildhaftes Denken ausgerichtet. Sie arbeitet mit Bildern, Mustern und nonverbalen Ideen.

Links Rechts

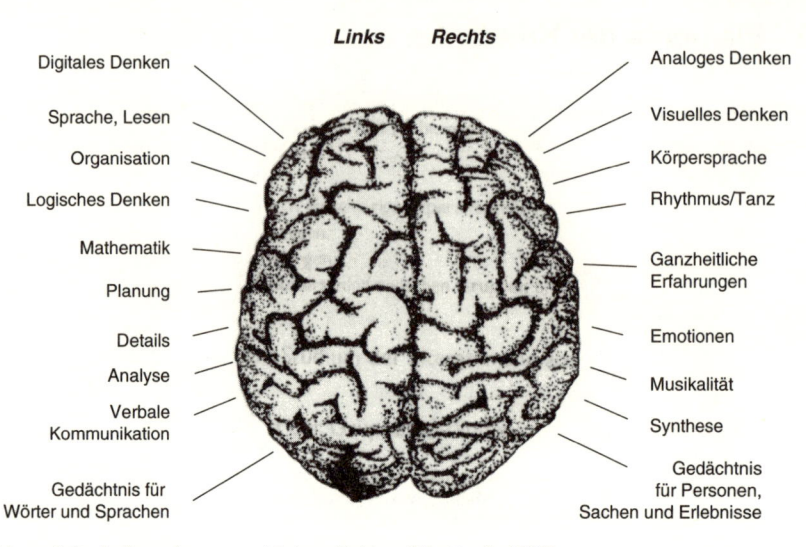

Links:
- Digitales Denken
- Sprache, Lesen
- Organisation
- Logisches Denken
- Mathematik
- Planung
- Details
- Analyse
- Verbale Kommunikation
- Gedächtnis für Wörter und Sprachen

Rechts:
- Analoges Denken
- Visuelles Denken
- Körpersprache
- Rhythmus/Tanz
- Ganzheitliche Erfahrungen
- Emotionen
- Musikalität
- Synthese
- Gedächtnis für Personen, Sachen und Erlebnisse

Abbildung 6-3: Aufbau des menschlichen Gehirns [Kirckhoff, 1992]

Im Laufe seiner Entwicklung benutzt der Mensch als Kind zunächst vorwiegend das Rechtshirn. Mit dem Eintritt in die Schule beginnt die intensive Förderung der linksliegenden Gehirnfunktionen. Da die „ideenspendenden Funktionen" auf der rechten Seite liegen, in der gesamten Ausbildungszeit vorwiegend jedoch die linksseitigen Funktionen benutzt und trainiert werden, weisen viele Menschen eine Linkshirn-Dominanz und damit verbunden einen Mangel an Kreativität auf [Kirckhoff, 1992]. Dies wird in Abbildung 6-4 durch die Gegenüberstellung von Kreativität und Erfahrung in Abhängigkeit vom Lebensalter weiter verdeutlicht:

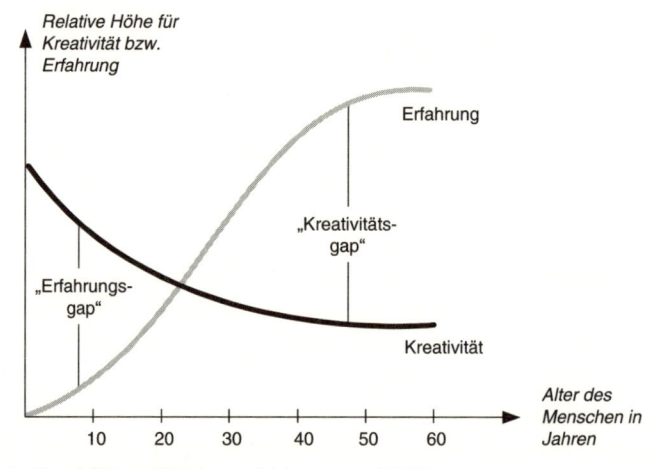

Abbildung 6-4: Kreativität und Erfahrung [Johannson, 1985]

6.3 Elemente der Kreativität

Die Grafik zeigt den qualitativen Verlauf der Kreativität und der Erfahrung für den Bevölkerungsdurchschnitt. Auffallend ist der frühe Zeitpunkt, ab dem die Erfahrung die Kreativität überwiegt. Als Ursache für den Verlauf wird häufig das westliche Ausbildungssystem angesehen.

Da Kreativität vor allem aber personenabhängig ist, gibt es durchaus Menschen, die bis ins hohe Alter sehr kreativ sind.

Viele Autoren behandeln die Frage, welche *Eigenschaften einen kreativen Menschen* auszeichnen, sehr ausführlich. In Abbildung 6-5 sind die kreativen Eigenschaften nach *Delhees* aufgezeigt.

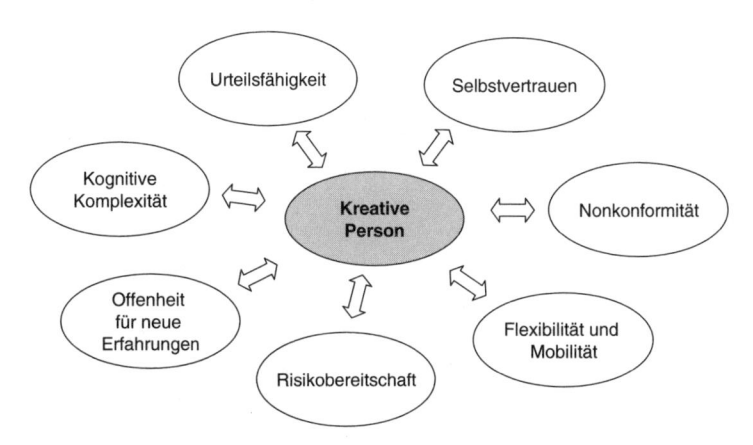

Abbildung 6-5: Kreative Eigenschaften nach *Delhees* [Delhees, 1991]

Torrance nennt als die wichtigsten Eigenschaften [Linneweh, 1978]:
- hohe Problemsensibilität,
- vielseitiges Wissen,
- große Flexibilität und geistige Beweglichkeit,
- kritisches Urteilsvermögen und
- Durchsetzungsvermögen.

Weitere in der Literatur häufig genannte Eigenschaften sind:
- Fähigkeit zu divergentem Denken,
- großes Unabhängigkeitsbedürfnis,
- Sinn für Ästhetik.

Es ist schwierig, eine Priorisierung der Eigenschaften vorzunehmen. Vielmehr ist es das Zusammenspiel aller Eigenschaften, das den kreativen Menschen auszeichnet. Analysiert man die unterschiedlichen Forschertypen (s. Abbildung 5-6) auf ihr Kreativitätspotential, so kristallisieren sich zwei Personentypen als besonders kreativ heraus (s. Abbildung 5-8):

Der „*Reformerische Visionär*" ist der mit Abstand innovativste Personentyp. Zusammen mit dem „*Systematischen Entdecker*" liefert er 60% aller Ideen und auch 60% aller Durchbruchsinnovationen. Dabei besitzt der Visionär einen wesentlich größeren Anteil an wirklich neuen Erfindungen. Der Anteil der beiden kreativsten Personentypen an der Gesamtbevölkerung beträgt der Studie zufolge aber nur 16% [Kienbaum, 1993].

6.3.1.2 Kreativitätshemmnisse

Jeder Mensch besitzt die Anlage, kreativ zu sein. Es existieren jedoch innere und äußere Faktoren, die der Nutzung dieses Potentials entgegenstehen (Abbildung 6-6).

1. Die Suche nach der „richtigen Antwort".
2. Die Vermeidung von allem, was nicht logisch ist.
3. Das Gebot, „immer den Regeln zu folgen".
4. Die Frage „nach der praktischen Realisierbarkeit".
5. Das Vermeiden von „Unklarheit und Mehrdeutigkeit".
6. Der Zwang, „nicht irren zu dürfen".
7. Der Glaube, es sei „frivol, zu spielen".
8. Die Angst vor allem, was „außerhalb des eigenen Arbeitsgebietes liegt".
9. Das Bestreben, „kein Narr zu sein".
10. Die Haltung „ich selbst bin nicht kreativ".

Mentale Blockaden als „Kette um unseren Kopf"

Abbildung 6-6: Kreativitätshemmnisse [Oech, 1983]

Bewertet man die Auflistung nach *von Oech*, so kann man feststellen, daß sich der Mensch oft selbst im Wege steht und die Blockaden meist mentaler Art sind.

Johannson hat folgende **Kreativitätssperren** identifiziert [Johannson, 1978]:

- *Auffassungssperren*: Schwierigkeiten bei der Abgrenzung, Isolierung des Problems, Einseitigkeit des Betrachtens,
- *Emotionale Sperren*: kein Interesse, Angst vor Mißerfolg oder Chaos, Übermotivation,
- *Kulturelle Sperren*: „Spielen dürfen nur Kinder", „Humor ist nicht erlaubt", Tabus,
- *Umweltsperren*: Mangel an Vertrauen zu Kollegen, ignoranter Chef,
- *Intellektuelle Sperren*: Mangel an Informationen, starre Anwendung von Problemlösungs-Strategien,
- *Ausdruckssperren*: Sprachfähigkeiten, langsame Ausdrucksweise,
- *Phantasiesperren*: Mangel an imaginärer Kontrolle oder Unterbewußtsein.

Wer diese Blockaden überwinden will, muß sich mit dem kreativen Prozeß beschäftigen (vgl. Kapitel 6.3.2) und analysieren, durch welche Methoden diese Sperren abgebaut werden können (vgl. Kapitel 6.3.3). Neben der methodischen Unterstützung des kreativen Prozesses spielt die Bereitstellung eines geeigneten Umfelds eine bedeutende Rolle (vgl. Kapitel 7.3).

6.3.2 Der kreative Prozeß

Kreative Leistungen entstehen fast immer im Rahmen eines zeitaufwendigen, längeren Prozesses. Dieser läßt sich nach *Geschka* in verschiedene Phasen zerlegen (s. Abbildung 6-7) [Geschka, 1995]:

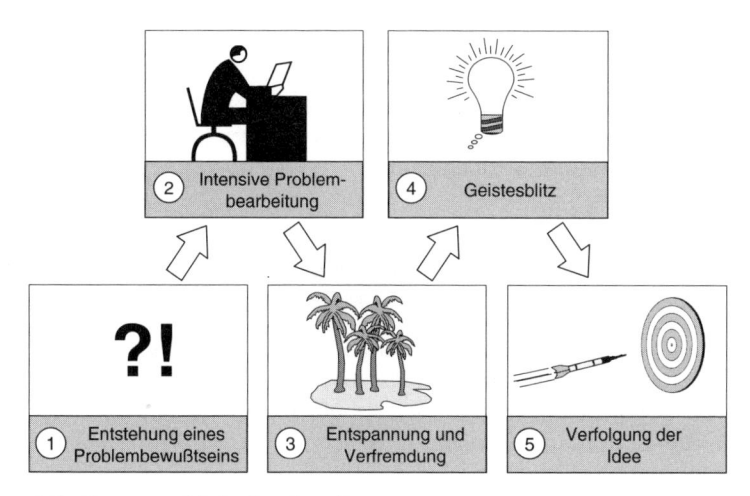

Abbildung 6-7: Phasenmodell des kreativen Prozesses

In der Phase 1 wird das Problem erkannt, analysiert und verstanden. In der zweiten Phase findet eine intensive Beschäftigung mit dem Problem statt. Dabei wird zunächst der Stand der Technik aufgearbeitet, aus dem oftmals Teillösungen entstehen. In der Folge stagniert der Lösungsfortschritt, das Ende dieser Phase ist nicht selten von Frustration gekennzeichnet. Die Phase 3 der Entfremdung wird als die entscheidende angesehen. Sie ist gekennzeichnet von entspannten Aktivitäten und problemfremden Tätigkeiten. Das Problem ist im Unterbewußtsein aber immer vorhanden. Abschluß dieser Phase ist der direkte Übergang in Phase 4, den Geistesblitz. Dabei handelt es sich um eine plötzliche Idee, eine intuitive Einsicht, die durch problemfremde Wahrnehmungen ausgelöst wird. Ideen entstehen daher auch in Halbwachphasen. In der letzten Phase wird die Idee durchdacht, präzisiert und werden weitere Überlegungen angestrengt.

Die Literatur kennt eine ganze Reihe verschiedener Phasenmodelle, die nach *Wack* auf die o. g. Elemente rückführbar sind [Wack, 1993]. Er bezeichnet die Phasen lediglich anders:

- Phase 1: Problematisierung,
- Phase 2: Exploration,
- Phase 3: Inkubation,
- Phase 4: Illumination/Synthese,
- Phase 5: Elaboration.

Zu jeder Phase gibt es unterstützende Methoden, die u. a. helfen sollen, Kreativitätshemmnisse zu überwinden. Im folgenden sollen einige Methoden vorgestellt werden, wobei der Schwerpunkt auf die Kreativitätstechniken gelegt wird.

6.3.3 Unterstützende Kreativitätstechniken

Zunächst gilt es, den Begriff Kreativitätstechniken zu definieren. Auch hier kann man wieder verschiedene Aussagen finden, die vom Kern her sehr ähnlich sind. Beispielhaft seien zwei Definitionen angeführt:

> Als *Kreativitätstechnik* ist ein in sich geschlossener Satz von Anweisungen für das Denken und Verhalten einer Gruppe oder eines Individuums zu verstehen, die das Zustandekommen von Ideen begünstigen [Geschka, 1995].
>
> *Kreativitätstechniken* sind systematische, strukturierte Techniken, um das kreative Potential eines Individuums oder einer Gruppe zu fördern und zu erhöhen, vorwiegend mit dem Ziel, Probleme und Fakten zu finden, sowie Ideen, Alternativen und Lösungen zu einem Problem zu entwickeln [Johannson, 1985].

Der Aufschwung der Kreativitätsforschung begann in den USA in den 50er Jahren und erhielt v. a. durch den „Sputnik-Schock" einen kräftigen Schub.

Ende der 60er Jahre kamen auch in Europa die ersten Kreativitätstechniken zum Einsatz. Die Leistungsfähigkeit der Techniken wurde in den 70er Jahren allerdings weit überschätzt und führte zu Enttäuschung und Ernüchterung. Seit Beginn der 80er Jahre kann von einer gesicherten Anwendung der Methoden und Techniken gesprochen werden.

Eine Studie von *Dahlem* bei 153 deutschen Unternehmen verdeutlicht, daß nahezu jede neunte Innovation aus der Anwendung von Kreativitätstechniken resultiert (s. Abbildung 6-8) [Dahlem/Geschka, 1995]. Der Studie nach ist bei erfolgreichen Unternehmen sogar jede achte Innovation auf Kreativitätstechniken rückführbar.

6.3 Elemente der Kreativität

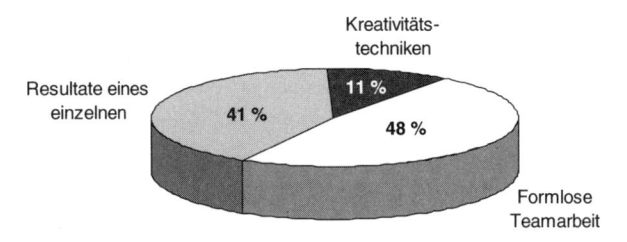

Abbildung 6-8: Quellen für erfolgreiche Ideen [Dahlem/Geschka, 1995]

Die Gliederung der Problemlösungstechniken soll in Anlehnung an *Johannson* und *Beriger* [Beriger, 1991] geschehen, da beide Autoren Wert auf einen starken Praxisbezug legen, der an den Phasen des Innovationsprozesses festgemacht wird und eine Gliederung in nur drei Hauptgruppen zur Folge hat (s. Abbildung 6-9):

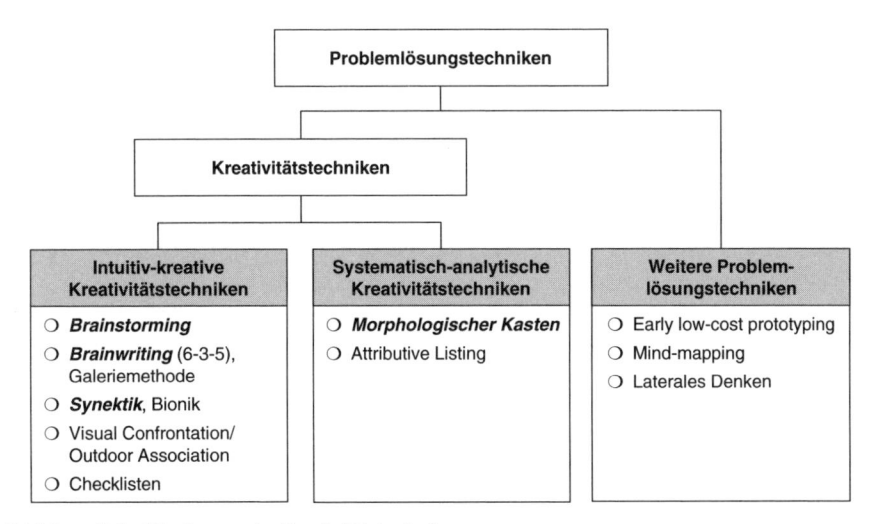

Abbildung 6-9: Gliederung der Kreativitätstechniken

Die Kreativitätstechniken als wichtigste Untergruppe der Problemlösungstechniken werden ihrerseits in intuitiv-kreative und systematisch-analytische Techniken gegliedert (Johannson, 1978):

Intuitiv-kreative Kreativitätstechniken sind Verfahren, die sich durch wechselseitige Assoziation und Stimulation, Analogiebildung, Strukturübertragung sowie spontane Eingebungen aus dem Unterbewußtsein charakterisieren lassen.

Bei den *systematisch-analytischen Techniken* werden Ideen und Problemlösungen als Systeme betrachtet, die in Subsysteme unterteilt werden können. Diese werden dann zu einer neuen Gestalt kombiniert oder geformt.

Die weiteren Problemlösungstechniken können keiner spezifischen Phase des Innovationsprozesses zugeordnet werden und werden meist sehr individuell angewandt. Sie sollen hier nicht weiter betrachtet werden. Erläuterungen dazu finden sich bei *Knieß* [Knieß, 1995], *Schlicksupp* [Schlicksupp, 1992] und *de Bono* [Bono, 1996].

In den beiden folgenden Unterkapiteln sollen einige der Kreativitätstechniken vertieft vorgestellt werden. Die Auswahl erfolgte nach den Kriterien:

- Beschreibung von elementaren Techniken, die als Grundlage für viele andere Techniken dienen,
- Eignung für Probleme aus dem Aufgabenfeld des Ingenieurs (z.B. für die Bereiche Entwicklung, Konstruktion, Suche nach neuen Produkten, Produktverbesserung).

6.3.3.1 Intuitiv-kreative Kreativitätstechniken

a) Brainstorming

Das Brainstorming ist sozusagen die „Mutter aller Kreativitätstechniken". *Alex Osborn* entwickelte die Methode in den 30er Jahren als Reaktion auf das von ihm beobachtete negative Konferenzdenken. Die ständige negative Kritik vieler Teilnehmer führte nach seiner Beobachtung meist nur zu langatmigen Diskussionen, selten jedoch zu brauchbaren Lösungen.

Da die Brainstorming-Methode die bekannteste und als erste entwickelte Kreativitätstechnik ist, soll ihr Ablauf hier exemplarisch ausführlich dargestellt werden (s. Abbildung 6-10):

Vorbereitungsphase
- Problemdefinition
- Reservierung des Sitzungsraumes
- Rechtzeitige Einladung von 5 – 7 Teilnehmern
- Bereitstellung der Präsentations- und Arbeitsmittel

Durchführungsphase
- Vorstellung des Problems
- Ideenaustausch unter Beachtung der 4 Grundregeln
- Beendigung der Sitzung

1. Keine Kritik
2. Quantität vor Qualität
3. Freier Lauf der Assoziationen
4. Aufgreifen und Weiterentwickeln von Ideen Dritter

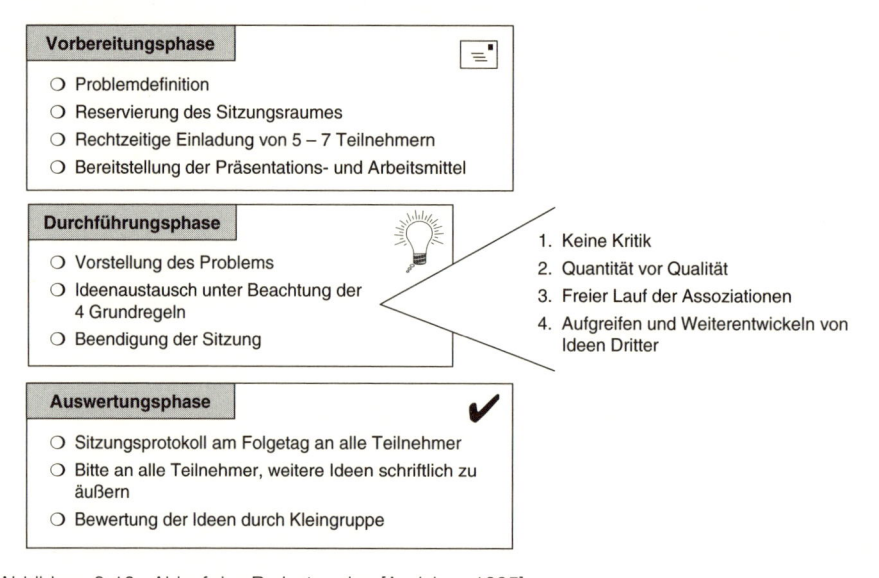

Auswertungsphase
- Sitzungsprotokoll am Folgetag an alle Teilnehmer
- Bitte an alle Teilnehmer, weitere Ideen schriftlich zu äußern
- Bewertung der Ideen durch Kleingruppe

Abbildung 6-10: Ablauf des Brainstorming [Audehm, 1995]

Zuerst muß das zu bearbeitende *Problem definiert* werden. Für die spätere Sitzung werden die Teilnehmer ausgewählt, wobei eine interdisziplinäre *Besetzung des Teams* mit Personen aus unterschiedlichen Bereichen des Betriebes, mit unterschiedlichen Kenntnissen und Erfahrungen sowie unterschiedlichen Persönlichkeitstypen sinnvoll ist [Schlicksupp, 1992].

Eine wichtige Rolle spielt die *Einladung*. Clark betont, daß die Aufforderung zu einem Brainstorming immer eine Einladung und keine Vorladung sein sollte [Clark, 1966]. Wenn ein Teilnehmer nicht kommen möchte oder einen Vertreter schicken will, sollte man dies zulassen. Denn wer gezwungenermaßen kommt, wird kaum mit guten Einfällen hervortreten. Das Einladungsschreiben sollte die Teilnehmer frühzeitig erreichen und die Problemstellung, einige erläuternde Hinweise zum Problemumfeld und eventuell einige „Musterideen" enthalten, damit die Teilnehmer wissen, was von ihnen erwartet wird. Präsentations- und Arbeitsmittel sollten zur Sitzung vorhanden sein.

In der *gemeinsamen Sitzung* wird zunächst das Problem vorgestellt. Den zweiten Schritt bildet der Ideenaustausch. Jeder Teilnehmer äußert spontan unter Beachtung von vier **Grundregeln** seine Ideen:

- *Keine Kritik*: Mit dieser Regel wird die Ideenproduktion streng von der Ideenbewertung getrennt. Damit wird erreicht, daß der Ideenfluß nicht unterbrochen wird und die Teilnehmer nicht durch „Killerphrasen" oder „Killerfaces" (nonverbale Kritik) blockiert werden.

- *Quantität vor Qualität*: Wichtig ist, daß viele Ideen produziert werden. Dadurch steigt die Wahrscheinlichkeit, daß unter diesen der „Gewinner" ist [Knieß, 1995]. Durch diese Regel bleiben die einzelnen Beiträge der Teilnehmer kurz und prägnant. Zudem gewinnt der Gedankenfluß an Spontaneität, und es werden mehr ungewöhnliche Ideen hervorgebracht.

- *Freier Lauf der Assoziationen*: Jede Anregung und Idee ist willkommen. Damit wird auch die Teilnahme von Laien ermöglicht, die durchaus interessante und ungewöhnliche Vorschläge einbringen können.

- *Aufgreifen und Weiterentwickeln von Ideen Dritter*: Dies ist beim Brainstorming nicht nur erlaubt, sondern sogar erwünscht. Jeder Teilnehmer kann so die positiven Aspekte einer bereits genannten Idee aufgreifen und weiterentwickeln, statt durch negative Kritik die Untauglichkeit der Idee nachzuweisen.

Besonders wichtig für den Ablauf der Sitzung sind eine entspannte Atmosphäre und das korrekte Verhalten des *Moderators*. Er muß sich als „primus inter pares" verstehen, auf die Einhaltung der vier Regeln achten, gruppendynamische Probleme unter Kontrolle halten und auf die Beibehaltung des Themas („roter Faden") achten.

Trägt man die Anzahl der Ideen über die Zeit auf, so erhält man einen für das Brainstorming typischen Verlauf (s. Abbildung 6-11):

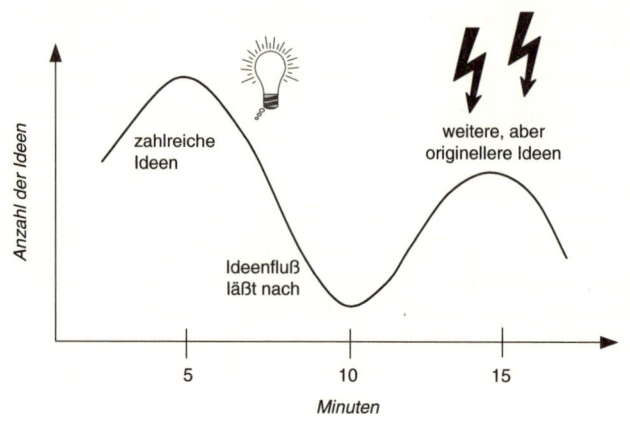

Abbildung 6-11: Ideenfluß beim Brainstorming

Wie die Abbildung 6-11 zeigt, läßt der Ideenfluß nach gewisser Zeit nach. In dieser Phase ist der Moderator gefordert, neue Impulse zu geben und eigene Ideen einzubringen (die er zweckmäßigerweise bis zu diesem Zeitpunkt zurückgehalten hat), um die Teilnehmer zum zweiten Maximum der Kurve zu bringen. In dieser zweiten Phase entstehen hauptsächlich unkonventionelle Ideen, in der ersten Phase dagegen meist konventionelle [Knieß, 1995].

Das *Protokoll*, für alle sichtbar auf einem Flipchart erstellt, sollte den Teilnehmern möglichst schon am nächsten Tag zur Verfügung gestellt werden. Durch die erneute Konfrontation mit den Vorschlägen angeregt, entstehen so bei den Teilnehmern weitere neue Ideen; ebenso können neue Ideen bereits in der Zwischenzeit durch die Beschäftigung des Unterbewußtseins mit dem Problem entstanden sein. Daher sollte jeder Teilnehmer gebeten werden, weitere Ideen zu äußern.

Die *Bewertung aller Ideen* erfolgt durch eine kleine Gruppe von Personen. Wichtig für die Steigerung der Motivation ist schließlich die Rückmeldung über das Ergebnis des Brainstorming in Form einer Sitzung.

Tabelle 6-1 verdeutlicht die Vor- und Nachteile des Brainstorming in einer übersichtlichen Darstellung.

6.3 Elemente der Kreativität

Tabelle 6-1: Bewertung der Methode „Brainstorming"

Vorteile	Nachteile
• Die Technik verursacht nur geringe Kosten. • Die Anwendungsmöglichkeiten sind breit. • Brainstorming ist über die konkrete Problemstellung hinaus zugleich ein sinnvolles Kommunikationstraining. • Es verbessert die Arbeitsatmosphäre und wirkt sich positiv auf die Motivation aus. • Unnötige und unproduktive Diskussionen werden durch die einzuhaltenden Regeln vermieden. • Brainstorming ist kurzfristig durchführbar; man benötigt wenig Vorbereitungszeit und geringes Methodenwissen. Auch die Durchführung beansprucht nur wenig Zeit. • Die Technik ist einfach zu erlernen und auf allen hierarchischen Stufen des Unternehmens einsetzbar.	• Inhaltliche Bindungen der Teilnehmer an Erfahrungen und Gesetzmäßigkeiten verhindern das Finden neuer Perspektiven. Diese Schwierigkeit wird durch die Brainstorming-Methode nicht überwunden. • Es werden kaum außergewöhnliche Lösungsansätze gefunden; die Innovationshöhe der Ideen ist gering. • Dominanz einzelner Teilnehmer ist möglich und kann zu gruppendynamischen Konflikten führen. • Der Erfolg hängt in erheblichem Maße vom Moderator ab. • Die Ideenselektion ist sehr aufwendig.

b) Brainwriting

Die Brainwriting-Methode „6-3-5" wurde in den 60er Jahren von *Rohrbach* entwickelt. Sie entstand als Reaktion auf die Schwächen des Brainstorming. Denn: Brainstorming erfordert „ein aufgeschlossenes Kommunikationsklima und einen Moderator mit Geschick" [Geschka/Reibnitz, 1980]. Diese Voraussetzungen sind nicht immer gegeben. Während aufgrund ihrer kulturellen Prägung den Menschen in Amerika und Asien z.B. eher das Brainstorming liegt, kommt in Europa den Brainwriting-Methoden eine wesentlich höhere Bedeutung zu.

Abbildung 6-12 zeigt den Ablauf des Brainwriting: Nach der *Problemstellung* wird Gelegenheit zum Nachfragen gegeben (*Problemklärung*). Eventuell kann dann auch eine Neuformulierung des Problems erfolgen, um dieses weiter einzugrenzen und zu konkreter verwendbaren Vorschlägen zu kommen.

Anschließend erhält jeder Teilnehmer ein DIN A4-Formblatt. Dieses wird in drei Spalten und sechs Zeilen unterteilt. Jeder Teilnehmer hat nun fünf Minuten Zeit, in die erste Zeile drei Vorschläge einzutragen (Text oder auch Skizzen, Zeichnungen etc.). Dann geben alle ihre Blätter im Kreis an den Nachbarn weiter. Dieser entwickelt die eingetragenen Vorschläge weiter oder fügt neue Ideen hinzu. Nach wiederum fünf Minuten werden die Blätter wieder im Kreis weitergegeben, usw.

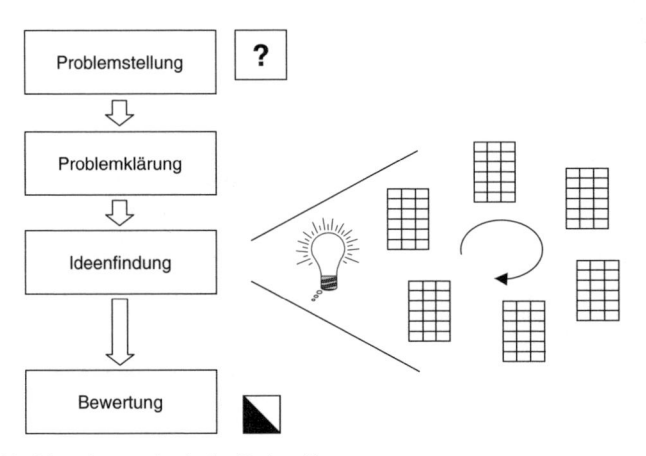

Abbildung 6-12: Vorgehensweise beim Brainwriting

Um zunächst neun, zwölf oder gar 15 Vorgängerideen durchlesen zu können, sollten die Zeitintervalle in späteren Runden vergrößert werden (6, 7, 8 Minuten). Da gelegentlich Doppelnennungen auftreten oder Felder leer bleiben, wird die maximal mögliche Zahl von 108 Ideen kaum erreichbar sein.

Im Anschluß kann noch eine gemeinsame *Bewertungsphase* stattfinden. So besteht die Möglichkeit, daß jeder Teilnehmer einfach auf jedem Formular drei Vorschläge als positiv kennzeichnet und drei weitere als negativ.

Aufgrund der Abwandlung der Methode des Brainstorming in ein „schriftliches Verfahren" ergeben sich für das Brainwriting folgende Vor- und Nachteile (Tabelle 6-2):

Tabelle 6-2: Bewertung der Methode „Brainwriting"

Vorteile	Nachteile
• Das Brainwriting ist schnell und kostengünstig anwendbar. • Die nicht einfach zu steuernde Gruppendynamik und die separate Protokollierung entfallen. • Die Methode steuert ihren Ablauf selbst, ein Moderator ist nicht nötig. • Ideen werden nicht zerredet. • Die Bindung an Formulare wirkt seriöser als beim Brainstorming. • Die Beschäftigung mit den Ideen anderer wirkt inspirierend. • Die Gefahr der Problemausdehnung über das eigentliche Thema hinaus ist gering.	• Hauptnachteil ist die große Zahl der auftretenden Wiederholungen, da jeder Teilnehmer nur maximal 53,3 % aller Ideen zur Ansicht bekommt [Geschka/ Reibnitz, 1980]. • Es sind keine Rückfragen möglich. • Der Zeitdruck wirkt hemmend. • Die unmittelbare intuitive Anregung und kreative Atmosphäre gehen gegenüber dem Brainstorming verloren.

c) Synektik

Die von *William Gordon* 1961 entwickelte Synektik („Auseinanderliegendes zusammenfügen") hebt sich von den meisten anderen Kreativitätstechniken durch ihre komplexe Vorgehensweise ab. Die Methode entstand auf der Grundlage von intensiven Studien über Denk- und Problemlösungsprozesse und stellt bis heute daher die psychologisch fundierteste Methode dar.

Eine Synektiksitzung umfaßt die in Abbildung 6-13 dargestellten acht Schritte. Diese Schritte setzen insbesondere die zwei wichtigen synektischen Prinzipien „Mache Dir das Fremde vertraut" (Problemanalyse) und „Entfremde das Vertraute" (Analogiebildungen) um.

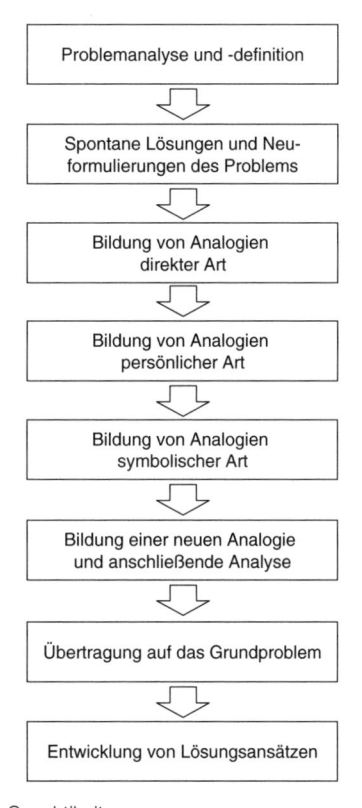

```
┌─────────────────────────────────┐
│ Problemanalyse und -definition  │
└─────────────────────────────────┘
                ⇩
┌─────────────────────────────────┐
│ Spontane Lösungen und Neu-      │
│ formulierungen des Problems     │
└─────────────────────────────────┘
                ⇩
┌─────────────────────────────────┐
│ Bildung von Analogien           │
│ direkter Art                    │
└─────────────────────────────────┘
                ⇩
┌─────────────────────────────────┐
│ Bildung von Analogien           │
│ persönlicher Art                │
└─────────────────────────────────┘
                ⇩
┌─────────────────────────────────┐
│ Bildung von Analogien           │
│ symbolischer Art                │
└─────────────────────────────────┘
                ⇩
┌─────────────────────────────────┐
│ Bildung einer neuen Analogie    │
│ und anschließende Analyse       │
└─────────────────────────────────┘
                ⇩
┌─────────────────────────────────┐
│ Übertragung auf das Grundproblem│
└─────────────────────────────────┘
                ⇩
┌─────────────────────────────────┐
│ Entwicklung von Lösungsansätzen │
└─────────────────────────────────┘
```

Abbildung 6-13: Ablauf einer Synektiksitzung

Nach der *Analyse und Definition des Problems* bietet die zweite Phase Gelegenheit zu *ersten spontanen Lösungen*. Dieses Vorgehen hilft auch beim Erkennen falsch verstandener Fragestellungen, die dann neu formuliert werden müssen.

In den folgenden vier Schritten werden Analogien verschiedener Art gebildet. Diese Schritte dienen der systematischen Verfremdung des Problems. Begonnen wird mit der Bildung *direkter Analogien*: Das vorliegende Problem wird in andere Bereiche wie Natur, Soziologie, Wirtschaft, Kunst, Geschichte u. a. übertragen. Der jeweilige Bereich wird in Abhängigkeit der Problemstellung gewählt. Die von der Gruppe ausgewählte direkte Analogie wird als Ausgangspunkt für die Bildung *persönlicher Analogien* verwendet. Diese Analogien werden in Ich-Form gebildet und tragen dadurch zur Identifikation der Gruppe mit den direkten Analogien bei. Zu den persönlichen Beiträgen werden nun *symbolische Analogien*, sog. Kontradiktionen, erdacht. Diese bestehen aus einem Substantiv und einem zugehörigen paradoxen Adjektiv, z.B. „kaltes Feuer". Abschließend werden wiederum *direkte Analogien* auf der Basis einer ausgewählten symbolischen Analogie gebildet. Eine oder mehrere dieser direkten Analogien werden in ihre Strukturmerkmale zerlegt und beschrieben.

Erst im nun folgenden siebten Schritt erfolgt die *Übertragung auf das Grundproblem*. Die Strukturmerkmale der ausgewählten direkten Analogie des letzten Schrittes werden hierbei auf das Ausgangsproblem transferiert. Diese Phase kann methodisch als Brainstorming gestaltet werden.

Im letzten Schritt werden dann *Lösungsansätze entwickelt* (Bewertung, Ausgestaltung der Ideen).

Beispiel: Synektischer Ideenfindungsprozeß [Schlicksupp, 1992]

Problemdefinition: Es sind Medikamentenverpackungen zu entwickeln, die von Erwachsenen aufgrund der Kenntnis eines ebenso einfachen wie wirkungsvollen Sperrmechanismus zwar leicht zu öffnen sind, Kindern den Zugriff zu den Medikamenten jedoch erschweren.

Spontane Lösungen: Sicherung eines Tablettenröhrchens durch eine Art Zahlenschloß; Drehverschluß mit Schlitz, in den man eine Münze stecken muß.

Neuformulierung des Problems: Wie Ausgangsproblem, jedoch mit der Bedingung, daß die Verpackung bzw. der Verschluß nur sehr geringe Mehrkosten verursachen darf.

Bildung von Analogien direkter Art (die jeweils im nächsten Schritt weiterverwendete Analogie ist *kursiv*): Gesucht werden dazu Fälle, in denen sich die Natur vor Zugriffen schützt: Augenlid, Muschel, Stinktier, Dornen, *Eßkastanie*.

Bildung von Analogien persönlicher Art: Die Gruppe muß sich mit einer Eßkastanie identifizieren: Bin stolz auf meine Stacheln, *möchte jemand auf die Glatze fallen*; ich ersticke in meiner Schale.

> *Bildung von Analogien symbolischer Art*: defensive Aggression, halsbrecherische Freude, lustvolle Trauer, *morbide Lebenslust*, herausfordernde Blankheit.
>
> *Bildung einer neuen direkten Analogie*: aus dem Bereich der Technik zu „morbide Lebenslust": Rennwagen, Charterflug, Skalpell, Feuerwerk, *alte Dampflok*, Starfighter.
>
> *Analyse der Analogie*: Benennen von Merkmalen: 1. stößt Rauch und Ruß aus; 2. hat verschlungene Leitungen; 3. Hinundherbewegungen der Kolben werden in Rotation umgesetzt; 4. Schrauben müssen nachgezogen werden.
>
> *Übertragung auf das Grundproblem, Entwicklung von Lösungsansätzen:*
>
> zu 1.: Ein kleines Schwämmchen, getränkt mit beißender oder übelriechender Flüssigkeit, liegt zwischen Öffnung und Medikament.
>
> zu 2.: Pillendose mit Innenlabyrinth. Pille wird nur bei vorgeschriebenen Drehbewegungen freigegeben.
>
> zu 3.: Federnd angebrachter Drehverschluß, der nur mit einer in einem Zug erfolgenden Drehung um 360° zu öffnen ist.
>
> zu 4.: Der Verschluß einer Medikamentenflasche hat einen Innensechskant. Der Löffelstiel eines mitgelieferten Einnahme-Löffels ist als Sechskantschlüssel ausgebildet.

Für die Synektik läßt sich die folgende Bewertung ableiten:

Tabelle 6-3: Bewertung der Methode „Synektik"

Vorteile	Nachteile
• Die Synektik ist eine psychologisch fundierte Methode. • Sie erleichtert die Findung außergewöhnlicher Ideen, • ist auch für komplexe Aufgabenstellungen geeignet • und bietet gute Chancen auf eine echte Neulösung.	• Die Technik ist sehr zeitintensiv. • Die Teilnehmer benötigen eine Synektik-Schulung (hohe Kosten). • Der Moderator benötigt eine spezielle, umfangreiche, zeitintensive Schulung. • Die Gefahr von Akzeptanzproblemen bei Teilnehmern und deren Umfeld ist groß.

Insbesondere der Schritt zu den persönlichen Analogien stößt häufig auf mangelnde Akzeptanz. Vielen Teilnehmern ist die Methode „zu verrückt". Sie halten sie für „blanken Unfug" und erachten sie als „unseriös" [Schaude, 1997]. Bei den Experten besteht jedoch Einigkeit darüber, daß sie das größte Innovationspotential bietet [Schlicksupp, 1992]. Eine besonders wichtige Voraussetzung für das Gelingen einer Synektiksitzung stellt die Eignung des Moderators dar. An ihn werden besonders hohe Ansprüche gestellt, die häufig nur von sehr erfahrenen Moderatoren erfüllt werden können.

Um die dargestellte Problematik zu umgehen, werden oft abgespeckte Synektikmethoden angewandt, welche die problematischen Analogien durch „handfestere" ersetzen.

6.3.3.2 Systematisch-analytische Kreativitätstechniken

Aus dem Bereich der systematisch-analytischen Methoden soll der Morphologische Kasten beispielhaft vorgestellt werden (s. Abbildung 6-14).

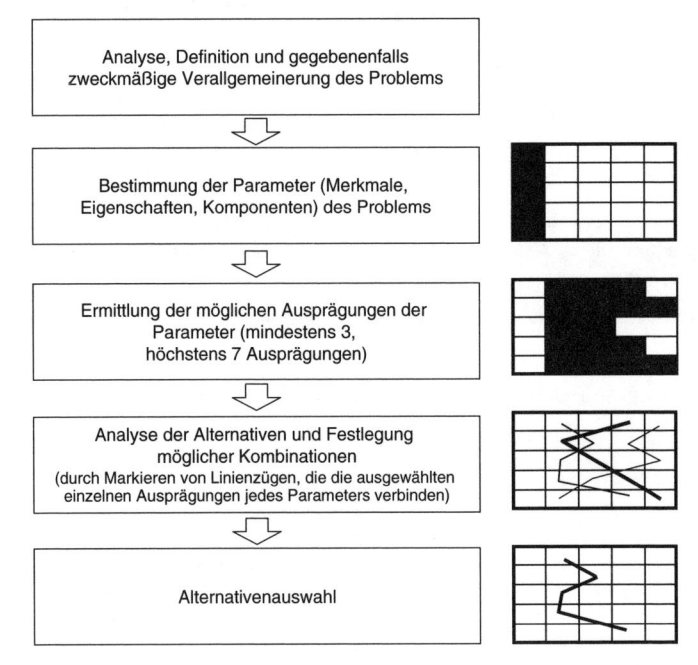

Abbildung 6-14: Vorgehensweise beim Morphologischen Kasten

Der *Morphologische Kasten* ist eine der ältesten Kreativitätstechniken. Er wurde 1966 vom Schweizer Astrophysiker *Fritz Zwicky* entwickelt. *Zwicky* sah es als möglich an, mit dem Morphologischen Kasten ein „Totallösungssystem" aufzubauen, das alle denkbaren Lösungsmöglichkeiten umfaßt.

„Morphologie ist die Lehre von den Gebilden, Gestalten oder Formen eines Sach- oder Sinnbereiches." [Knieß, 1995] Übertragen auf die Ideenfindung steht die Morphologie für die Lehre vom geordneten Denken.

Der Morphologische Kasten ist sowohl für Einzelarbeit als auch zur Verwendung im Team geeignet. Fundiertes fachliches Wissen zum Problemfeld ist für jeden Teilnehmer Voraussetzung.

Zunächst wird das *Problem* wieder *analysiert und definiert*. Gegebenenfalls müssen Verallgemeinerungen vorgenommen werden, um das Suchfeld nicht unzweckmäßig einzuengen. Anschließend wird das Problem in seine Bestandteile zerlegt. Diese Bestandteile oder Komponenten der Lösung werden als *Parameter* bezeichnet. Am besten beginnt man mit allen denkbaren Parametern und wählt dann die wichtigsten aus.

Zu diesen ausgewählten Parametern werden alle möglichen *Ausprägungen* bestimmt. Diese sollten folgende Merkmale erfüllen:

- Sie sollten alternativ und konkret sein,
- sie sollten mit der Zielsetzung übereinstimmen,
- die Zahl der Ausprägungen sollte zwischen drei und sieben liegen.

Im Morphologischen Kasten selbst werden die Parameter in der ersten Spalte einer Tabelle eingetragen. Die Ausprägungen zu jedem Parameter stehen in der Zeile des jeweiligen Parameters in den weiteren Spalten. Nun werden die möglichen *Alternativen* analysiert und sinnvolle Kombinationen von Ausprägungen durch *Linienzüge* im Kasten markiert. Schließlich wird die beste Alternative ausgewählt.

Im Rahmen der Anwendung des Morphologischen Kastens können auch andere Techniken sinnvoll eingebunden werden, so beispielsweise ein „Mini-Brainstorming" bei der Suche nach Ausprägungen für einen Parameter.

Ein besonderes Problem besteht im Finden der Parameter. Hier muß genau darauf geachtet werden, daß

- die gewählten Parameter unabhängig voneinander sind,
- nicht gleiche Eigenschaften durch verschiedene Parameter erfaßt werden und
- keine sachlich unzutreffenden Parameter verwendet werden.

Ein weiteres Problem ist die aus der Vielzahl der möglichen Kombinationen der Ausprägungen resultierende Unübersichtlichkeit.

Beispiel: Systematische Lösungsfindung mit Hilfe des Morphologischen Kastens

Problem: Gestaltung eines Stadtfahrrades

Bestimmung der Parameter: Bereifung, Rahmenform, Gepäcktransport, Schaltung, Kraftübertragung. Die Parameter „Ständer" und „Beleuchtung" werden als weniger wichtig aussortiert.

> Die *Ausprägungen der Parameter* werden im Tableau ausgeführt.
>
> | Parameter | Ausprägungen | | | | |
> |---|---|---|---|---|---|
> | Bereifung | Ballonreifen | Vollgummi | geschäumt | | |
> | Rahmenform | Sitzbank | Dreirad | „Minimalfahrrad" | verkleidet | „Kettcar" |
> | Gepäcktransport | Körbe | Gepäcktaschen | Anhänger | Rahmenausformung | |
> | Schaltung | ohne | Nabe | Kette | Automatik | |
> | Kraftübertragung | Kette | Kardan | Zahnriemen | Reibrad | |
>
> Abbildung 6-15: Anwendung des Morphologischen Kastens
>
> Anschließend können mehrere mögliche Kombinationen markiert und dann die beste ausgewählt werden (eine mögliche Kombination ist als Linienzug markiert).

Die Anwendung des Morphologischen Kastens setzt eine eindeutig vorgegebene, konkretisierte Aufgabenstellung voraus, die man durch die systematisierte Vorgehensweise löst. Aus dieser Art der Problembehandlung ergibt sich folgende Bewertung der Methode:

Tabelle 6-4: Bewertung der Methode „Morphologischer Kasten"

Vorteile	Nachteile
• Die Methode des Morphologischen Kastens zwingt zur genauen Analyse des Problems. • Der Problemlösungsprozeß wird systematisiert. • Der Problembereich wird strukturiert. • Es besteht eine hohe Wahrscheinlichkeit, daß alle wesentlichen Aspekte des Problems berücksichtigt werden. • Die Methode ist universell anwendbar. • Es entsteht eine sehr große Zahl von Lösungen.	• Durch die Vielzahl der Parameter und deren Ausprägungen ist die Methode bei komplexen Problemen unübersichtlich. • Die Lösungen bleiben im Rahmen des aufgestellten Parametersatzes. • Abstrahierendes Denken ist erforderlich. • Es handelt sich um eine arbeits- und zeitintensive Methode.

6.4 Fazit

⇨ Kreativität ist eine zentrale Voraussetzung für die Entstehung von Ideen. Der Mensch ist mit zahlreichen, individuell unterschiedlichen Kreativitätsanlagen ausgestattet, die gefördert oder unterdrückt werden können.

⇨ Manager müssen sich mit dem Phänomen der Kreativität auseinandersetzen und die Kreativitätsanlagen der FuE-Mitarbeiter durch das Unternehmensklima, den Führungsstil und durch Fortbildungsmaßnahmen fördern.

⇨ Je nach Zielrichtung der Forschungs- und Entwicklungsprozesse (z.B. langfristige Vorlaufforschung oder konkrete Entwicklung von Produktalternativen) können Kreativitätstechniken den Ideenfindungsprozeß maßgeblich unterstützen. Diese Techniken sollten von den Führungspersonen gekannt und bedarfsgerecht eingesetzt werden.

Literaturhinweise

Audehm, D. (1995): Systematische Ideenfindung, Renningen, Expert 1995

Beriger, P. (1991): Quality Circles und Kreativität, Bern, Haupt 1991

Bono, E. de (1996): Serious Creativity, Stuttgart, Schäffer-Poeschel 1996

Clark, C. (1966): Brainstorming, München, Moderne Industrie 1966

Dahlem, S.; Geschka, H. (1995): Kreativität und Unternehmenserfolg, Tagungsband Deutscher Wirtschaftsingenieurtag, München 10./11. November 1995

Delhees, K. H. (1991): Grundlagen der Kreativität und Innovation – Die Förderung der persönlichen Kreativität, Seminar, Roschau 1991

Geschka, H.; Reibnitz, U. (1980): Vademecum der Ideenfindung, 4. Auflage, Frankfurt, Batelle-Institut 1980

Geschka, H. (1995): Das kreative Unternehmen – Organisationsformen, Führungsstil, Techniken. Tagungsband Deutscher Wirtschaftsingenieurtag, München 10./11. November 1995

Johannson, B. (1978): Kreativität und Marketing, Dissertation, Hochschule St. Gallen 1978

Johannson, B. (1985): Kreativität und Marketing, Frankfurt, Lang 1985

Kienbaum und Partner (Hrsg.) (1993): The Return of Innovation. Werkstudie des Kienbaum Forums Akademie für Führung und Innovation in Wirtschaft und Gesellschaft, Berlin 1993

Kirckhoff, M. (1992): Mind Mapping, Berlin, Synchron 1992

Knieß, M. (1995): Kreatives Arbeiten, München, dtv 1995

Linneweh, K. (1978): Kreatives Denken, Karlsruhe, Gitzel 1978

Meyer, J.-A. (1993): Kreativitätstechniken, in: Wirtschaftswissenschaftliches Studium. Heft 9, 1993, S. 446–450

Nütten, I.; Sauermann, P. (1988): Die anonymen Kreativen – Instrumente einer innovationsorientierten Unternehmenskultur, Wiesbaden, Gabler 1988

Oech, R. von (1983): A Whack on the Side of the Head: How You Can Be More Creative, New York, Warner Books 1983

Schaude, G. (1997): Erfahrungen mit anspruchsvollen Kreativitätstechniken, in: Darmstädter Kreis (Veranst.): Kreativität – Basis aller Innovationen, Symposium, Karlsruhe 1997

Schlicksupp, H. (1992): Innovation, Kreativität und Ideenfindung, 4. Auflage, Würzburg, Vogel 1992

Servatius, H.-G. (1988): New Venture Management, Wiesbaden, Gabler 1988

Ulmann, G. (1968): Kreativität, Weinheim, Beltz 1968

Wack, O. G. (1993): Kreativ sein kann jeder, 2. Auflage, Hamburg, Windmühle 1993

7 Der Ideenfindungsprozeß

> *„You have to kiss a lot of frogs to find the prince.*
> *But remember, one prince can pay for a lot of frogs."*
> (Art Fry)

7.1 Einleitung

Ideenfindung und Ideenumsetzung – das sind in einer groben Betrachtung die beiden Elemente eines Innovationsprozesses. In diesem Kapitel soll der Prozeß der Ideenfindung näher untersucht werden. Dabei spielen das Provozieren einer „zündenden Idee" und die richtige Einschätzung ihres Potentials eine wichtige Rolle. Um diesen Prozeß zu verstehen und mit unterstützenden Methoden beeinflussen zu können, sollen folgende Fragen geklärt werden:

- Wie lassen sich strategische Themenfelder identifizieren, um die Kreativität und damit den Ideenfluß der Mitarbeiter zielgerichtet einsetzen zu können?
- Wie laufen Ideenfindungsprozesse ab? Welche Elemente beeinflussen die Effektivität und die Effizienz? Wie können diese innovationsstimulierend gestaltet werden?
- Wie können möglichst viele Ideen angeregt werden? Welche internen und externen Quellen stehen zur Verfügung? Wie können diese optimal einbezogen werden?
- Wie lassen sich die gefundenen Ideen in bezug auf die Unternehmensstrategie bewerten?
- Was sind die Randbedingungen für einen erfolgreichen Ideenfindungsprozeß? Wie kann ein Unternehmen diese aktiv gestalten?

7.2 Analyse des Ideenfindungsprozesses

In Kapitel 6 wurde die Bedeutung der Kreativität für die Entstehung von Ideen verdeutlicht. Damit die Mitarbeiter ihre Kreativität zum Nutzen für das Unternehmen effektiv einsetzen können, muß diese Kreativität zielgerichtet stimuliert werden. Um dies tun zu können, ist es notwendig, den Ideenfindungsprozeß in seinem Ablauf zu verstehen. Dazu wird der Ideenfindungsprozeß in seine Bestandteile zerlegt und werden diese einzeln analysiert. In einer phasenorientierten Betrachtung (s. Abbildung 7-1) sind das die *Ideenanregung*, die *Ideengenerierung* und die *Ideenbewertung*. Die sich daran anschließende Phase der *Ideenumsetzung* ist nicht Gegenstand dieses Kapitels.

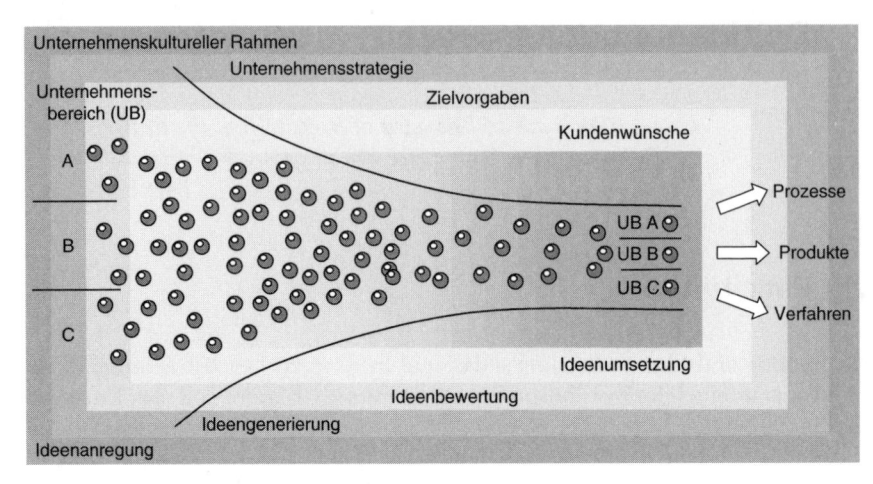

Abbildung 7-1: Analyse des Ideenfindungsprozesses (nach [Walter, 1997])

Der Prozeß der Ideenfindung läuft in einem Rahmen ab, der von jedem Unternehmen selbst gestaltet wird. Dieser Rahmen sollte so definiert werden, daß das Kreativitätspotential der Mitarbeiter zur Verbesserung der wettbewerbsrelevanten Unternehmenskompetenzen kanalisiert wird. Dazu ist es zunächst notwendig, eine Suchfeldfestlegung vorzunehmen.

7.2.1 Suchfeldfestlegung

Die Suchfeldfestlegung sollte aus der Unternehmensstrategie abgeleitet werden. Diese muß sich wiederum an den langfristigen technischen, politischen, ökonomischen und gesellschaftlichen Tendenzen und Entwicklungen orientieren, aus denen die zukünftigen Geschäftsfelder unternehmensspezifisch abgeleitet werden.

Für die Identifikation der potentialträchtigsten Geschäftsfelder ist eine möglichst gute „Kenntnis" des dann herrschenden Marktumfelds vorteilhaft. Um sich dabei nicht nur auf Vermutungen verlassen zu müssen, wurden verschiedene Prognosemethoden entwickelt. Sie ermöglichen es, von einem Ist-Zustand ausgehend unterschiedliche Zukunftsbilder zu zeichnen.

Da es sich bei der Festlegung der Unternehmensstrategie und der zukünftigen Geschäftsfelder eines Unternehmens um langfristige Entscheidungen handelt, eignen sich zur Unterstützung nur Methoden, die ebenfalls einen langfristigen Prognosehorizont besitzen. Dazu gehören die Szenariotechnik, die Delphi-Methode sowie die bibliometrische Analyse. Diese drei Methoden sollen im folgenden vorgestellt werden.

Szenariotechnik

Die Szenariotechnik zeigt ausgehend von einer Ist-Situation alternative, zeitliche Entwicklungsrichtungen auf und konstruiert daraus mögliche Zukunftsbilder, die man als *Szenarien* bezeichnet (s. Abbildung 7-2). Durch den mit ihr überschaubaren Prognosezeitraum von zehn bis 20 Jahren eignet sich die Szenariotechnik besonders für den Investitionsgüterbereich oder zur Identifikation neuer Märkte, da in diesen Bereichen längere Entwicklungszeiten veranschlagt werden müssen und somit der Bedarf für ein aussagekräftiges Prognoseinstrument in starkem Maße vorhanden ist.

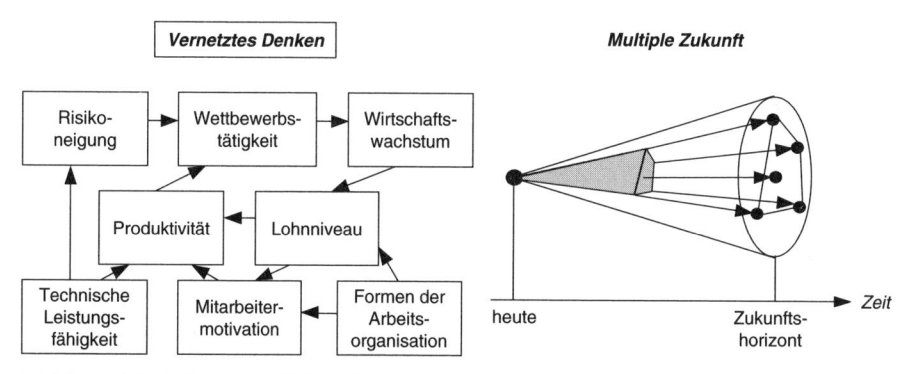

Abbildung 7-2: Aufgabe und Ziel der Szenariotechnik [Gausemeier/Fink, 1996]

Szenarien berücksichtigen komplexe Faktoren, um eine visionäre Zukunft abzubilden. Sie sind also ein Instrument der *Zukunftsanalyse*, das es erlaubt, mit der Vernetztheit und Komplexität der Zielumwelt und ihren möglichen multiplen Ausprägungen zurechtzukommen, indem die Zielumwelt strukturiert wird, ihre Vernetzungen erkannt und hierauf Strategien aufgebaut werden. Bei langfristigen Prognosen müssen nicht nur die Technologie an sich und der dazugehörige Markt, sondern auch globale Faktoren wie Gesetzgebung, Politik und Gesellschaft berücksichtigt werden. Ein so gewonnenes Szenario kann den Rahmen für die Entwicklung von Visionen, Leitbildern und Strategien bilden und somit Grundlage für die Identifikation neuer Forschungsaufgaben sein.

Abbildung 7-3 zeigt zwei mögliche Szenarien, die im Rahmen eines von *Daimler-Benz* durchgeführten Projektes entwickelt wurden. Ziel dieser Analyse war die Erarbeitung von möglichen Verkehrsszenarien für europäische Ballungsräume im Jahr 2010.

Ökopolis

Plausible Fortschreibung

Technopolis

Abbildung 7-3: Beispiel Verkehrsszenario [Daimler-Benz AG, 1992]

Sehr vereinfacht können die Ergebnisse durch folgende Grundausrichtungen der zwei entwickelten Szenarien beschrieben werden:

Tabelle 7-1: Verkehrsszenarien für europäische Ballungsräume im Jahr 2010

Szenario I „Technopolis"	Szenario II „Ökopolis"
• Gesellschaft hedonistisch, wohlstandsorientiert, (auto-)mobil wohlhabend. • Wirtschaftswachstum hat hohes Gewicht. • Erhebliche Mittel für den Verkehr, wenig Restriktionen, keine Priorität für Ökologie, dennoch ökologische Maßnahmen. • Große Umweltprobleme. • Verkehrswachstum (Personen und Güter). Trotz erheblichem Ausbau der Infrastruktur Engpässe mit Staus.	• Gesellschaft sozial-/sinnorientiert, umweltorientiert, sinkendes Mobilitätsbedürfnis, Wohlstand auf niedrigem Niveau. • Ungünstige Wirtschaftsentwicklung, die Ballungsräume besonders treffen würde. • Mitteleinsatz mit Schwerpunkt Umweltschutz, wenig Mittel für Verkehr, Verschärfung der Umweltgesetze, drastische Verkehrsrestriktionen. • Umweltbelastungen reduziert, Treibhauseffekt gebremst. • Weniger Verkehr (Personen und Güter), trotzdem gelegentlich Engpässe zu Spitzenzeiten.

7.2 Analyse des Ideenfindungsprozesses

Das Ziel der Szenarioanalyse ist nicht in der möglichst exakten Vorhersage der Zukunft zu sehen. Konträre Entwicklungsrichtungen dienen der Identifizierung vorhandener Stärken und Schwächen in der Unternehmensausrichtung oder sogar bei geplanten Produktentwicklungen und verschaffen einen Gesamteindruck über das zu erwartende Chancen-Risiko-Verhältnis. Da Szenarien immer mit Unsicherheiten behaftet sind und sich im Verlauf der Zeit ändern können, ist eine laufende Aktualisierung notwendig. Aus den Szenarien können schließlich Perspektiven entwickelt und Konsequenzen für das Unternehmen und seine Geschäftsfelder abgeleitet werden.

Delphi-Analyse

Die Delphi-Analyse ist ein methodisches Instrumentarium zu einer übergreifenden, langfristigen *Technikvorausschau*. Die Delphi-Analyse dient dazu, Erfahrungswissen für eine langfristige Orientierung zu aktivieren und mögliche gegenwärtige Erkenntnisdefizite aufzudecken. Gleichzeitig regt sie zum kreativen Nachdenken über zukünftige Forschungsmöglichkeiten und -notwendigkeiten an.

Bei der Delphi-Methode werden Fragebögen entwickelt, die einem bestimmten Expertenkreis mehrfach zugesandt werden. In diesen sog. „Runden" werden ab der zweiten Runde die Resultate der vorausgegangenen Runden zurückgespielt, so daß die eigenen Antworten unter dem Eindruck der kollektiven Expertenmeinung verändert werden können (aber nicht müssen, s. Abbildung 7-4). Die Teilnehmer bleiben untereinander und der Öffentlichkeit gegenüber anonym. Aus den so gewonnenen Ergebnissen entsteht häufig ein belastbarer Konsens der Meinungen. Die

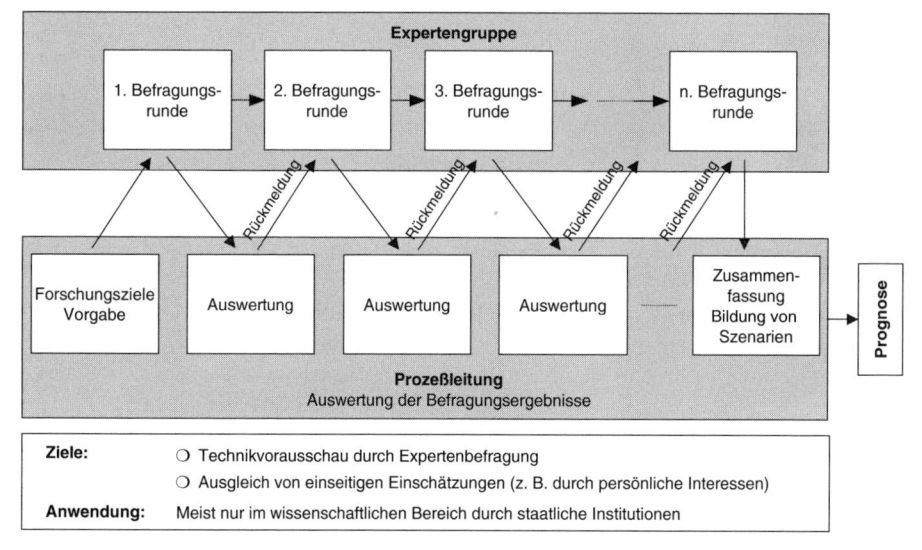

Abbildung 7-4: Delphi-Technik

Delphi-Expertenumfrage ist somit eine *Ideenfindungs-, Meinungsbildungs- und Prognosemethode*, welche die Einsichten und Zukunftseinschätzungen ausgewählter Fachleute systematisch erhebt und ausmittelt [BMBF, 1995].

Die Durchführung von Delphi-Analysen ist entsprechend dem beschriebenen Ablauf sehr aufwendig. Bei der Verwendung der Ergebnisse sollte beachtet werden, daß insbesondere die Einschätzungen der Realisierungszeiträume häufig sehr optimistisch ist. Sie verschieben sich von Befragungs- zu Befragungsrunde bei den wiederaufgegriffenen Thesen um durchschnittlich fünf bis zehn Jahre in die Zukunft [BMBF, 1998]. So wurden beispielsweise 1971 von 71 % der beteiligten japanischen Wissenschaftler bereits für das Jahr 1980 Stadtautos prophezeit, die keine Umweltschäden verursachen. Diese zu optimistische Einschätzung erklärt sich daraus, daß viele Experten häufig zu den „Pushern" der Technologie gehören und somit Diffusionshemmnisse, die z. B. durch Firmenstrategien, Genehmigungszeiten und konkurrierende Techniken verursacht werden, unterschätzen.

Bibliometrische Analyse

Im Unterschied zur Delphi-Analyse, bei der auf Wissen und Meinung von Experten zurückgegriffen wird, stellt die bibliometrische Analyse eine Möglichkeit dar, mit Hilfe von Datenbanken Tendenzen zu erfassen, darzustellen und zu interpretieren. Die Analyse erlaubt Rückschlüsse und Prognosen von der Entwicklung der Wissensgebiete bis hin zur Ebene der treibenden Institutionen und Autoren (Experten).

Die Analyse basiert auf der rechnergestützten *Auswertung wissenschaftlicher Literatur- und Patent-Datenbanken*, die zunächst in Abhängigkeit von einer vorgegebenen Fragestellung ausgewählt werden müssen. Im einfachsten Fall wird in diesen Datenbanken nach bestimmten Schlagwörtern gesucht und die Häufigkeit und das paarweise Auftreten von Schlagwörtern festgestellt.

Zur Veranschaulichung der erhaltenen Informationen wird häufig auf eine graphische Präsentationstechnik, das Verfahren der *Multidimensionalen Skalierung* (MDS), zurückgegriffen, (s. Abbildung 7-5). Dieses Verfahren zeichnet eine zweidimensionale Landkarte mit Punkten und Kreisen für Begriffe, die durch die Schlagworte charakterisiert werden. Das am häufigsten in der Literatur zitierte Schlagwort wird dabei in der Mitte angeordnet. Der Radius des Kreises entspricht der Zitationshäufigkeit des Wortes. Der Abstand zweier Worte ist ein Maß für die relative Beziehungsstärke („Co-Zitationen"). Eng verwandte Worte liegen dicht beieinander, selten zusammen zitierte Worte liegen am Rande der Karte.

Werden solche Karten über mehrere Jahre erzeugt, so erlaubt diese Darstellung neben der Verdichtung großer Datenmengen vor allem die Visualisierung zeitlicher Veränderungen.

Die aufgezeigten Methoden unterstützen die Festlegung der Unternehmensstrategie. Mit ihrer Definition ist der Rahmen, innerhalb dessen sich das Unternehmen fortentwickeln soll, vorgegeben. Aus der Unternehmensstrategie leiten sich die Stra-

7.2 Analyse des Ideenfindungsprozesses

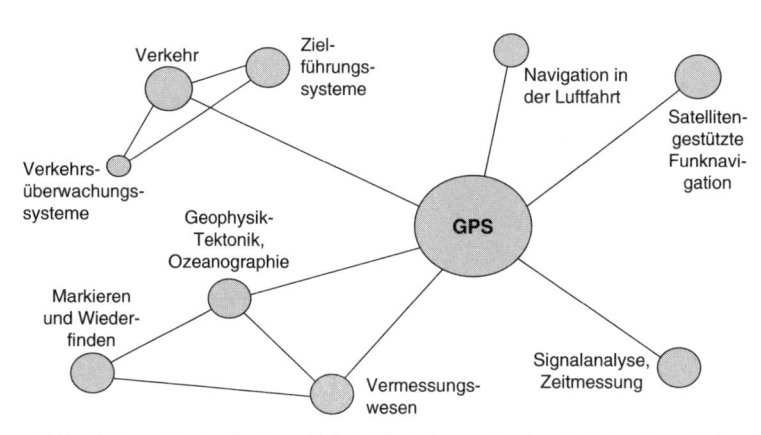

Abbildung 7-5: Bibliometrische Analyse, Beispiel Satellitennavigation [Daimler-Benz AG]

tegien der einzelnen Unternehmensbereiche ab, so auch die FuE-Strategie. Die Unternehmensstrategie gibt also den Suchraum für die Strategien der Unternehmensbereiche vor. Das Management der einzelnen Bereiche kann nun den Suchraum, auf den sich die Kreativität der Mitarbeiter konzentrieren soll, weiter detaillieren. Innerhalb dieses Suchraums laufen jetzt die einzelnen Phasen des Ideenfindungsprozesses ab, auf die im folgenden detailliert eingegangen werden soll.

7.2.2 Ideenanregung

Nachdem das Suchfeld definiert ist, stellt sich die Frage, wie innerhalb dieses gesteckten Rahmens Ideen entstehen können und wie der Prozeß dazu angeregt werden kann. Diese Anstöße für neue Ideen können von den verschiedensten Quellen ausgelöst werden: Von der Kommunikation mit Menschen, von der Recherche in Schriften und Datenbanken oder auch von der Betrachtung und Analyse von Produkten bzw. Verfahren (s. Abbildung 7-6).

Eine zweite Unterteilung erfolgt nach dem Ort der Ideenentstehung: unternehmensintern oder unternehmensextern.

Insbesondere bei kleinen und mittleren Unternehmen gehen die meisten Anregungen auf externe Informationsquellen zurück. *Staudt* kommt in einer empirischen Studie des Informationsverhaltens von innovationsaktiven kleinen und mittleren Unternehmen zu dem Ergebnis, daß dieses zu über 80% durch die Nutzung externer Quellen geprägt ist [Staudt et al., 1992]. Abbildung 7-7 zeigt, welche externen Informationsquellen wie häufig genutzt werden.

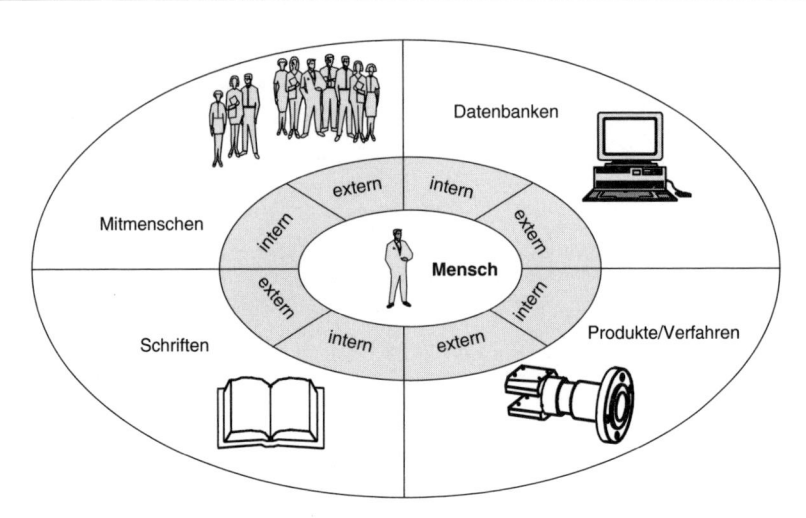

Abbildung 7-6: Einteilung der Informationsquellen

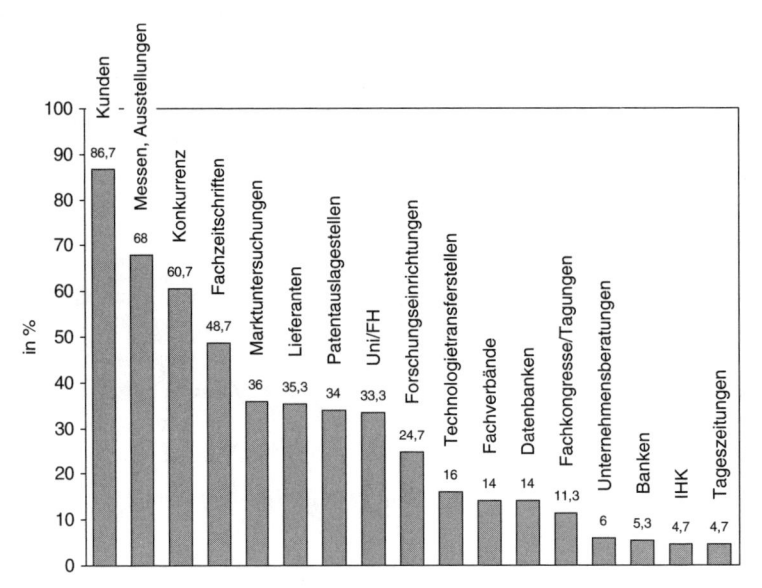

Abbildung 7-7: Bedeutung externer Informationsquellen für kleine und mittlere Unternehmen [Staudt et al., 1992]

Die verschiedenen externen Quellen liefern dabei auch unterschiedliche Informationen:

- *Kunde*: Zufriedenheit, Wünsche, Anregungen, Kritik,
- *Konkurrenz*: aktuelle Projekte, Produktpalette, Erfolgskriterien, Methoden/Verfahren,

- *Lieferanten*: Anregungen, Kritik, Problemstellungen,
- *Universitäten, Forschungseinrichtungen*: aktuelle Forschungsergebnisse, technische Möglichkeiten, Trends,
- *Datenbanken, Bibliotheken*: aktuelle Trends, Forschungsergebnisse, Patente,
- *Medien*: Trends, aktuelle Problemstellungen, Konkurrenz,
- *Ministerien/Patentamt*: laufende Projekte, Finanzierungsmöglichkeiten, Patentanmeldungen, Trends.

Die Studie von *Staudt* verdeutlicht, daß der Kunde die wichtigste externe Informationsquelle ist. Daher sind der Kontakt der FuE-Abteilung zum Kunden sowie die Aufmerksamkeit des Vertriebs von sehr hoher Bedeutung für eine effiziente Ausrichtung der Forschung und Entwicklung. Zur Nutzung dieser Quelle werden u.a. folgende organisatorische Maßnahmen ergriffen:

1. *Ideenbörse*: Vertriebsmitarbeiter erfassen über ein Formblatt die Kundenwünsche bzw. -probleme oder Informationen über Konkurrenzprodukte. Im Formblatt sind z.B. folgende Punkte enthalten: Anwendungsprobleme, Einsatz von Konkurrenzprodukten (Häufigkeit), Konkurrenzpreise.

2. *Externe Rotation*: Der Einsatz des eigenen Produktes wird direkt verfolgt, Probleme und Wünsche werden sofort registriert. Die FuE-Mitarbeiter können dabei tageweise, aber auch über einen längeren Zeitraum beim Kunden sein.

3. *FuE-Mitarbeiter im Service*: Durch den direkten Kontakt mit Kunden können Ideen und Verbesserungsvorschläge gewonnen werden.

Es gibt zahlreiche weitere Möglichkeiten, auf externe Informationsquellen zuzugreifen (z.B. Beschwerdenmanagement, Kunden- und Anwenderpanels). Dieses Thema soll hier nicht vertieft werden. Weiterführende Informationen finden sich in [Linde, 1993] und [Walter, 1997].

7.2.3 Ideengenerierung

Ziel der Phase der Ideengenerierung ist es, aus den zur Verfügung gestellten Informationen möglichst effizient viele *Inventionen* zu generieren. Dabei sollen unter dem Begriff Invention in diesem Zusammenhang „zündende Ideen" verstanden werden, die nach einer ersten spontanen Bewertung hinsichtlich des Neuigkeitsgrades erfolgversprechend erscheinen.

In Anlehnung an *Holt* soll die Phase der Ideengenerierung in die Methoden Ideensammlung und Ideenentwicklung unterteilt werden [Holt et al., 1984]. Die Ideengenerierung kann nach *Hauschildt* auch durch eine dritte Variante erfolgen, den Ideenzukauf (s. Abbildung 7-8) [Hauschildt, 1993].

Dabei wird beim *„Ideen sammeln"* vor allem auf vorhandene Informationen zurückgegriffen. Im Mittelpunkt steht die Sammlung und Auswertung von Informationsquellen; als Ergebnis werden Innovationschancen und -bedürfnisse abgeleitet.

Die Ideensammlung läuft kontinuierlich ab und hat einen relativ weit gefaßten Suchraum als Vorgabe.

Die *Ideenentwicklung* hat im Unterschied dazu das Ziel, neues Wissen zu generieren. Sie hat überwiegend ein konkretes Suchfeld oder eine definierte Problemstellung vorgegeben und erzeugt Lösungsideen durch die Anwendung von speziellen Hilfsmitteln wie Kreativitäts- und Ideenfindungstechniken (vgl. Kapitel 6.3.3).

Merkmal	„Ideen sammeln"	„Ideen entwickeln"	„Ideen zukaufen"
Art der Informations-gewinnung	Erfassung vorhandener Informationen	Generierung neuer Ideen	Kauf vorhandener Ideen
externe Ideenquelle	sind eher passiv	werden aktiv einbezogen	entwickelt Lösung
Suchfeld	offen, ungerichtet	ist vorgegeben (relativ konkret)	ist konkret vorgegeben
Durchführung	kontinuierlich	bei Bedarf	bei Bedarf
Ergebnis-arten	problem-identifizierende Ideen	problemlösende Ideen	problemlösende Ideen

Abbildung 7-8: Klassifikation der Methoden zur Ideengenerierung [Walter, 1997]

Die dritte Methode zur Ideengenerierung ist der *Ideenzukauf*. Hier kauft die betrachtete Unternehmung innovative Güter und Prozeßvarianten (i. d. R neuartige Technologien) auf einem Markt, auf dem andere Unternehmen oder Institutionen diese Innovationen anbieten. Ganz ähnlich gestaltet sich die Vorgehensweise bei der Lizenznahme, mit der ein Unternehmen sich das Recht auf Nutzung eines Verfahrens oder Produktes erwirbt, dessen Patent oder Gebrauchsmuster einem Dritten gehört. Die umfassendste Form des Einkaufs einer Innovation liegt schließlich darin, innovative Unternehmen als Ganzes zu kaufen.

Im folgenden soll aufgezeigt werden, wie sich durch den *Einsatz moderner Kommunikations- und Informationstechnologie* neue Möglichkeiten für die Ideenanregung und -entwicklung eröffnen: Rechnerunterstützung steht heute für viele Arbeitsprozesse und -schritte zur Verfügung. Seit Beginn der 90er Jahre wird versucht, auch die kreative Ideenfindung per Computer zu unterstützen. In Anlehnung an Abkürzungen wie CAD und CAM findet sich hierfür der Begriff „CAC" (computer aided creativity) oder – in neueren Veröffentlichungen – auch „CSC" (computer supported creativity).

7.2 Analyse des Ideenfindungsprozesses

Die Verwendung von Rechnern dient dabei nicht dazu, die menschliche Kreativität zu ersetzen, sondern sie anzuregen. Neben einer Verbesserung der Informationsbereitstellung besteht auch die Möglichkeit, spezifische Methoden und Techniken zu unterstützen.

Den Kern dieser Computerprogramme bilden vielfach Methodiken und Erkenntnisse, die aus umfangreichen Forschungsarbeiten hervorgegangen sind. So untersuchte beispielsweise *Altschuller* ca. 40.000 Patente, um eine Methodik zur Lösung technischer Problemstellungen zu entwickeln [Altschuller/Selijuzki, 1983]. In einem ersten Schritt identifizierte er die Anforderungen an ein minimales technisches System, das drei Bestandteile besitzen muß (s. Abbildung 7-9) [Altschuller 1984]:

- Einen Stoff S_1, der bearbeitet, umgewandelt und kontrolliert werden muß,
- einen Stoff S_2 als Werkzeug oder Medium mit notwendiger Wirkung,
- ein Feld F, das die Energie bzw. Kraft erzeugt, das also die Wirkung von S_1 auf S_2 (deren Wechselwirkung) sichert.

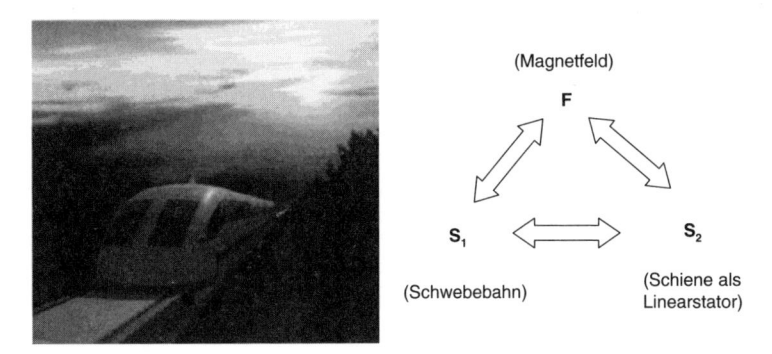

Abbildung 7-9: Beispiel eines minimalen technischen Systems

Kennt man nun Regeln zum Aufbau von minimalen technischen Systemen, so kann man Erfindungsaufgaben methodisch lösen. Um diese Regeln zu identifizieren, untersuchte *Altschuller* zunächst eine begrenzte Anzahl von Patenten, die ihn zu folgendem Ergebnis führten:

- Es gibt eine überschaubare Anzahl von Prinzipien (Verfahren), auf denen die meisten Erfindungen beruhen.
- Diese Prinzipien können gefunden und dann systematisch genutzt werden.
- Dadurch läßt sich die aufwendige „Neuentdeckung" bereits gefundener Schritte und Verfahren vermeiden.

Zur Identifikation der Prinzipien weitete *Altschuller* seine Patentrecherche aus und analysierte zum einen „Patentbohrlöcher", zum anderen „Patentschichten" (s. Abbildung 7-10).

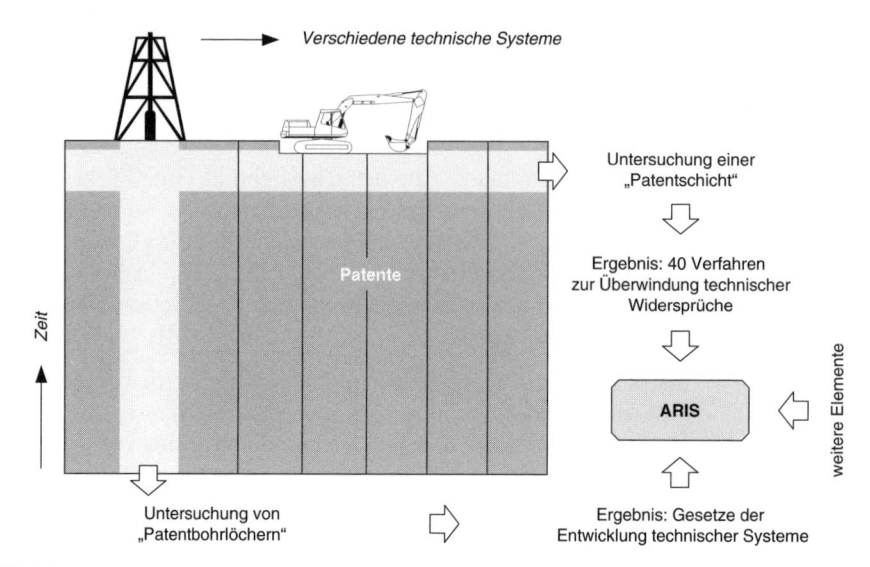

Abbildung 7-10: Vorgehensweise bei *Altschullers* Patentanalyse [Altschuller/Selijuzki, 1983]

Die Untersuchung von *„Patentbohrlöchern"*, also die Beobachtung der Entwicklung eines technischen Systems über einen langen Zeitraum, ermöglicht die Ableitung von Gesetzen, nach denen diese Entwicklungen ablaufen.

Untersucht man dagegen *„Patentschichten"* als eine Menge von Patenten aus verschiedensten Bereichen, die z.B. in den vergangenen fünf Jahren erteilt wurden, so erhält man die Verfahren, auf denen die meisten Erfindungen beruhen. *Altschuller* fand bei der Analyse der 40 000 Patentschriften gerade einmal 40 Lösungsprinzipien. Tabelle 7-2 gibt auszugsweise einige Verfahren wider:

Tabelle 7-2: Verfahren zur Lösung technischer Problemstellungen

Auswahl der 40 Verfahren zur Überwindung technischer Widersprüche (Auszug aus [Möhrle/Pannenbäcker, 1996])	
1. Verfahren der Zerlegung	2. Verfahren der Abtrennung
3. Verfahren der örtlichen Qualität	4. Verfahren der Asymmetrie
...	...
...	...
37. Verfahren der Anwendung von Wärme(aus)dehnung	38. Verfahren der Anwendung starker Oxidationsmittel
39. Verfahren der Anwendung eines trägen Mediums	40. Verfahren der Anwendung zusammengesetzter Stoffe

7.2 Analyse des Ideenfindungsprozesses

Aus den Entwicklungsgesetzen technischer Systeme und den 40 Lösungsprinzipien entwickelte *Altschuller* eine Erfindungsmethodik (ARIS), die sich sehr gut als Basis einer CAC-Software eignet. Der Benutzer beschreibt dabei dem Computer zunächst eine konkrete technische Problemstellung. Der Rechner sucht in einer Datenbank nach ähnlichen Problemstellungen oder Schlagwörtern und liefert dem Benutzer Vorschläge für Lösungsprinzipien, die auf den 40 *Altschuller'schen* Verfahren basieren. Um die abstrakten Lösungsprinzipien mit Leben zu füllen, wurde in dem Softwarepaket eine große Zahl von Beispielen hinterlegt. Darüber hinaus sind die meisten physikalischen Effekte in einer Datenbank abgelegt. Zusätzlich lassen sich Entwicklungskurven technischer Systeme anzeigen, die ebenfalls neue Ideen für die Lösung des spezifischen Problems anregen können. Der Benutzer kann das Programm somit sowohl zur Ideenanregung als auch zur Ideengenerierung oder Problemlösung einsetzen. In Abbildung 7-11 sind zwei mögliche Einsatzgebiete von CAC-Software dargestellt.

Beispiel: Einsatz einer Software zur rechnerunterstützten Ideenfindung

Ergebnis der Analyse von „Patentbohrlöchern"

→ *Trends of Technology Evolution*

Aufgabe: Weiterentwicklung eines mobilen Telefons

Lösungsansatz: Betrachtung von Technologietrends technischer Systeme und Lösungsfindung durch Assoziation

Beispiel: Nach der Einführung von „Gelenken" stellt sich die Frage, wie man ein „elastisches" mobiles Telefon erzeugen könnte. *Sharp* patentierte den „phone pen", der die Tastatur auf einer ausziehbaren Folie trägt.

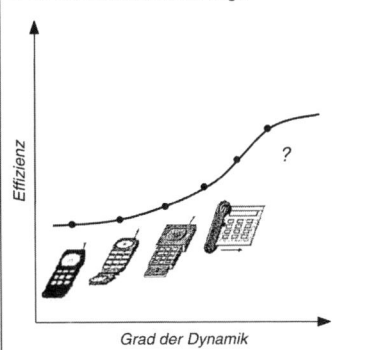

Variationen technischer Systeme

→ *Software Module: Prediction*

Aufgabe: Verbesserung der Technik Wasserstrahlschneiden

Lösungsansatz: Ein minimales technisches System wird bezüglich der drei möglichen Größen Stoff 1, Stoff 2 und Feld variiert. Mögliche Variationen werden systematisch anhand von Beispielen durchgearbeitet. Ziel ist die Lösungsbildung durch Assoziation.

Beispiel: Kartoffelschälen mit Strahl aus Eisgranulat

Assoziation: Verbesserung der Technik Wasserstrahlschneiden durch Einsatz von abrasivem Eisgranulat

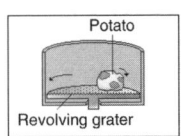

Alte Lösung: Kartoffelschälen mit einer rotierenden abrasiven Scheibe

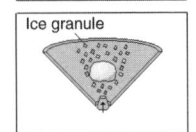

Neue Lösung: Kartoffelschälen mit einem Strahl aus Eisgranulat

Abbildung 7-11: Beispiel für den Einsatz einer Software zur rechnerunterstützten Ideenfindung (Abbildungen vgl. TechOptimizer 3.0 Professional Edition der Fa. Invention Machine Corp.)

7.2.4 Ideenbewertung

Nachdem in der Phase der Ideengenerierung möglichst viele und originelle Lösungsideen entwickelt worden sind, kommt der Ideenbewertungsphase die Aufgabe zu, diejenigen Alternativen auszuwählen, die das größte wirtschaftliche Potential besitzen bzw. den höchsten Kundennutzen versprechen. Große Bedeutung hat die Auswahl der richtigen Bewertungskriterien. Dabei sollte insbesondere die Ideenherkunft berücksichtigt und das zum Auslöser wechselseitige Element besonders beachtet werden: War der Auslöser ein Marktimpuls, so sollten technische Aspekte gezielt analysiert werden – und umgekehrt.

Der Bewertungsprozeß ist in der Regel ein zweistufiger Filtrationsvorgang mit den Phasen Grobselektion und Feinbewertung [Majaro, 1984]. Jede dieser Phasen kann durch verschiedene Methoden unterstützt werden.

Die Realisierungsmöglichkeit jeder eingereichten Idee soll zuerst näher geklärt werden. Aufgabe der *Ideengrobselektion* ist es daher, alle Ideen auszuschalten, die kein Potential haben, vom Markt angenommen oder vom Unternehmen realisiert zu werden. Dabei können schon spontane Fragen, die bestimmte Muß-Kriterien abklopfen (wie „Welche Ideen sind neu? Welche Ideen sind zielführend? Sind die Ideen realisierbar?"), zu einer ersten Filterung führen [Walter, 1997]. Ein ausgereifteres Filterverfahren stellt z.B. ein Algorithmus dar, durch den verschiedene Kriterien abfragt werden, die ein Bewertungsteam zuvor festgelegt hat. Er kann für die Ideenbewertung eigenständig oder in Verbindung mit anderen Verfahren genutzt werden. Abbildung 7-12 zeigt, wie ein derartiger Algorithmus aussehen könnte.

Die Gestaltung des Algorithmus ist davon abhängig, wie ein Unternehmen den Reifeprozeß von der Idee zur Umsetzung gestaltet und wie es Projektinhalte ermittelt, sichtet und überprüft. Der Algorithmus muß daher immer unternehmensspezifisch erarbeitet werden.

In der Praxis haben sich zur Grobselektion Checklisten und Algorithmen mit Ja/Nein-Charakter oder einfacher Punktevergabe durchgesetzt. Sie sind gut anwendbar und liefern ein eindeutiges Ergebnis [Böhm, 1996]. Für einen effizienten Einsatz ist es empfehlenswert, diese Verfahren unternehmensspezifisch zu standardisieren.

An die Grobbewertung schließt sich die *Feinbewertung der Ideen* an, die einen wesentlich höheren Detaillierungsgrad aufweist. Methoden zur Feinbewertung werden in Kapitel 8.5 und Kapitel 9.4 behandelt.

7.2 Analyse des Ideenfindungsprozesses

1. Betrachtung der Unternehmensziele:

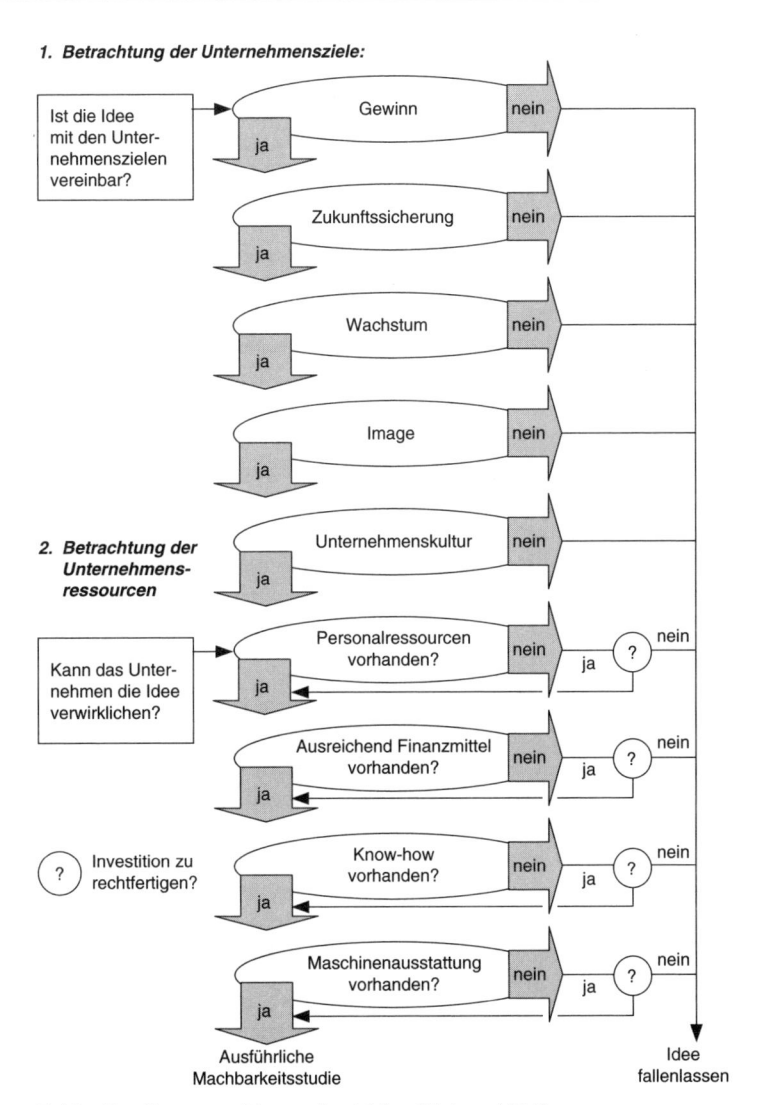

Ist die Idee mit den Unternehmenszielen vereinbar?
- Gewinn — ja / nein
- Zukunftssicherung — ja / nein
- Wachstum — ja / nein
- Image — ja / nein

2. Betrachtung der Unternehmensressourcen

Kann das Unternehmen die Idee verwirklichen?
- Unternehmenskultur — ja / nein
- Personalressourcen vorhanden? — ja / nein → ? → ja / nein
- Ausreichend Finanzmittel vorhanden? — ja / nein → ? → ja / nein
- Know-how vorhanden? — ja / nein → ? → ja / nein
- Maschinenausstattung vorhanden? — ja / nein → ? → ja / nein

? Investition zu rechtfertigen?

→ Ausführliche Machbarkeitsstudie
→ Idee fallenlassen

Abbildung 7-12: Algorithmus zur Ideengrobselektion [Majaro, 1984]

7.2.5 Ideenabsicherung (Intellectual Property Management)

Neue Ideen sichern die Zukunft von Unternehmen – aber nur, wenn die Ideen durch Schutzrechte gesichert sind.

Intellectual Property Management (IPM) setzt sich inhaltlich mit der Frage auseinander, wie Ideen als erarbeitetes „geistiges Eigentum" von Unternehmen gesichert werden können, um Vorteile gegenüber Wettbewerbern zu erzielen. Erfolgreiches IPM sollte als Teilfunktion von Forschung und Entwicklung gesehen werden und ebenso wie der Ideenfindungsprozeß auf die strategischen Ziele des Unternehmens ausgerichtet sein. Das Management sollte IPM als Schlüsselfunktion im Wettbewerb verstehen.

Erfolgreiche IP-Arbeit setzt voraus, daß die IP-Experten *aktiv* am Forschungs- und Entwicklungs-Prozeß beteiligt werden. Sie sollten idealerweise in die entsprechenden Forschungs- und Entwicklungs-Teams (Projektteams) integriert sein. Dies bedingt sowohl eine organisatorische Verzahnung innerhalb der Technologiebereiche als auch entsprechende finanzielle Rahmenbedingungen. Die IP-Arbeit kann als Bestandteil der FuE-Arbeit mit einem bestimmten Mindestprozentsatz der dafür von den Unternehmen zur Verfügung gestellten Mittel finanziert werden. Die Mittel können aber auch im Rahmen der Finanzierung der einzelnen Projekte ebenfalls als Mindestprozentsatz geplant werden. Erfahrungswerte zeigen, daß der für IPM bereitgestellte prozentuale Betrag am FuE-Budget branchenabhängig ist. So liegt der Anteil in der chemischen Industrie bei ca. 3%, während der Maschinenbau nur 1% des FuE-Gesamtetats für IPM aufwendet. Diese Werte geben damit einen Anhaltspunkt für die Positionierung von IP in den verschiedenen Branchen.

Für den Schutz des geistigen Eigentums gibt es als gesetzliche Grundlage den *„Gewerblichen Rechtsschutz"*, über den gewerbliche Leistungen abgesichert werden können. Mit der Erteilung eines Schutzrechts erhält der Inhaber ein zeitlich begrenztes Recht zur alleinigen Herstellung, Anwendung und Vermarktung des „Schutzgegenstandes". Dieser Gegenstand kann grundsätzlich technischer oder nicht-technischer Art sein. *Technische Leistungen* werden als Erfindung, gleichbedeutend mit einer „Lehre zum technischen Handeln", bezeichnet. Hier kommen vor allem das **Patent**, aber auch **Gebrauchsmuster** (geringere Anforderungen als beim Patent) sowie **Halbleiterschutzrechte** (Schutz der Topographie) zur Anwendung. Alle drei Schutzrechtarten ermöglichen den *Schutz von Erzeugnissen*, d.h.

- körperliche Gegenstände (z.B. Werkzeuge, Gebrauchsgegenstände),
- Vorrichtungen (Arbeitsmittel zur Durchführung von Herstellungs- oder Arbeitsverfahren),
- Anordnungen oder Schaltungen (Arbeitsmittel, die räumlich und zeitlich nebeneinander wirken und durch ein technisches Prinzip (Schaltschema) miteinander verbunden sind),
- Stoffe (z.B. Medikamente).

Patente ermöglich darüber hinaus auch den *Schutz von Verfahren*. Dazu gehören

- Herstellungsverfahren (z.B. Verfahren zur Beschichtung einer Bügeleisensohle),
- Arbeitsverfahren (z.B. Reinigungsverfahren),
- Verwendung von bereits Bekanntem zu neuem Zweck (z.B. Rostschutzmittel als Gleitmittel).

Neben den technischen Leistungen können auch *nicht-technische Leistungen* Schutzrechte erlangen. So werden mit **Geschmacksmustern** Gestaltungen und Formen geschützt, während durch das **Urheberrecht** z.B. auch Computerprogramme unter bestimmten Voraussetzungen geschützt werden können. Das **Markenrecht** umfaßt darüber hinaus Wörter, Abbildungen etc. bis hin zu charakteristischen Klängen.

Für den Bereich der Forschung und Entwicklung stellt das Patent das entscheidende Schutzrecht für geistiges Eigentum dar. Erfindungen kann man nach ihrer Bedeutung bzw. nach ihrem Schutzumfang in folgende Kategorien einteilen:

- *Ur*erfindungen (z. B das Rad),
- *Basis*erfindungen (z. B. das Automobil),
- *Element*erfindungen (z. B. der Ottomotor),
- *Elementverbesserungs*erfindungen (z. B. die elektro-hydraulische Ventilsteuerung).

Ziel eines auf den Forschungs- bzw. Entwicklungsprozeß ausgerichteten IPM muß es sein, zum richtigen Zeitpunkt – in der Regel ist das frühzeitig, jedenfalls vor Veröffentlichung bzw. vor Kontakten zu Dritten – breiten Schutz durch entsprechend ausgewählte und plazierte Schutzrechte zu erlangen. In der Technik kann das durch die Plazierung von mehreren Patentanmeldungen, z. B. für die eigentlich in Frage kommende technische Lösung und für eine oder mehrere Alternativen bzw. Umgehungslösungen, geschehen. Damit können Positionen besetzt und Entwicklungen bei Wettbewerbern gestört werden.

Von steigender Bedeutung sind die dem Unternehmen durch erteilte Patente zuwachsenden Ansprüche gegenüber Dritten: Mit der Erteilung eines Patents entsteht ein Exklusivrecht für die ausschließliche wirtschaftliche Nutzung des patentierten Gegenstands für den maximalen Zeitraum von 20 Jahren, gerechnet vom Anmeldetag. Dieses Recht ist allerdings auf ein bestimmtes Territorium (z.B. Deutschland) beschränkt. Da mit jeder Erweiterung des Geltungsbereiches erhebliche Aufwände (z.B. für Jahresgebühren) verbunden sind, werden Patente meist nur in ausgewählten Ländern angemeldet. Für ein Patent aus dem Kfz-Bereich könnten dies beispielsweise die Automobil-produzierenden Nationen sein.

Patente können damit gezielt als *strategisches Mittel*

- beim Eintritt in neue Märkte,
- bei der Erschließung neuer Kundenkreise,
- zur Stärkung der Position bei Kooperationen,
- zur Sicherung exklusiver Positionen bei verringerter Entwicklungs- und Fertigungstiefe sowie
- bei der Vergabe von Lizenzen

eingesetzt werden.

Neben der Absicherung eigener Ideen können Patente als *Informationsquelle* genutzt werden. Patentliteratur ist eine äußerst wichtige, wenn nicht die wichtigste Informationsquelle für Forscher und Entwickler. Keine andere Dokumentation deckt in dieser konzentrierten Form alle Gebiete der Technik und fast alle Länder der Erde ab. Das in der Patentliteratur veröffentlichte Wissen wird nur zu etwa 10 % in der sonstigen wissenschaftlichen oder technischen Fachliteratur wiedergegeben – und dies in aller Regel erst relativ lange (bis zu fünf Jahre) nach der Veröffentlichung von Patenten bzw. Gebrauchsmustern. Demgegenüber sind 85–90 % des weltweit veröffentlichten technischen Wissens in der Patentliteratur enthalten. Gleichzeitig besitzt sonst keine andere Literaturart eine so umfangreiche und fein eingeteilte Klassifikation. Die *internationale Patentklassifikation* (IPC) teilt die Technik in über 60 000 Gebiete ein. Durch Verwenden eines Klassifikationssymbols (z.B. A47D1/02) kann in einer Datenbank national und/oder weltweit die Summe aller Schriften der Patentliteratur auf diesem Gebiet gefunden und ausgewertet werden. Für einen gezielten Zugang zu diesem Wissen ist dennoch das Geschick eines Patentfachmanns notwendig. Ihm stehen dazu heute zahlreiche elektronische Datenbanken für Patentrecherchen zur Verfügung. Derartige Recherchen werden generell vor Beginn von FuE-Projekten sowie bei längeren Projekten in regelmäßigen Abständen durchgeführt.

Allerdings muß in diesem Zusammenhang vor falschen Erwartungen an die nach 18 Monaten veröffentlichten Patentanmeldungen (sog. *Offenlegungsschriften*) gewarnt werden: Die technische Umsetzbarkeit ist bei diesen Offenlegungsschriften nicht geprüft. Selbst bei erteilten Patenten erfolgt eine technische Machbarkeitsprüfung in der Regel nur theoretisch. Insofern ist nicht ausgeschlossen, daß in ungeprüften, veröffentlichten Patentanmeldungen „perpetuum mobiles" auftauchen, für die in letzter Konsequenz ein Patent vergeben wird.

7.3 Randbedingungen für einen erfolgreichen Ideenfindungsprozeß

In Kapitel 6 wurden entsprechend Abbildung 6-1 verschiedene Elemente der Kreativität definiert. Im Mittelpunkt standen dort insbesondere die inneren Elemente des kreativen Prozesses und die zur Unterstützung dieses Prozesses dienenden Methoden. Für das Zustandekommen des kreativen Prozesses und damit des Ideenfindungsprozesses bedarf es aber darüber hinaus ganz bestimmter Randbedingungen, die durch das Element „Umfeld" definiert werden. Dieses Umfeld ist aber nicht nur dafür „verantwortlich", ob der kreative Prozeß in Gang kommt; es ist auch entscheidend für die Umsetzung der kreativen Ideen. So stellt *Csikszentmihalyi* fest, „daß Kreativität nicht nur die Erfindung eines Individuums ist, sondern immer auch ein gesellschaftliches Umfeld braucht, um gedeihen zu können. Erfindungen erfolgen in einer Domäne ... und verpuffen immer dann folgenlos, wenn nicht ein kongeniales Umfeld den kreativen Akt erkennt und preist." [Bierbach/Groothuis, 1997]

Während ein kongeniales Umfeld, das den kreativen Akt entsprechend würdigt, sehr stark personenabhängig ist, kann ein Umfeld, das den Ablauf des kreativen Prozesses fördert, vom Unternehmen gestaltet und beeinflußt werden, indem es eine spezifische Unternehmenskultur und ein innovationsfreundliches Unternehmensklima schafft.

7.3.1 Unternehmenskultur

Die Bedeutung der Unternehmenskultur für alle Unternehmen wird von mehreren Studien bestätigt (z.B. [Kieser, 1986]). Vergleichende Untersuchungen zwischen erfolgreich innovierenden Unternehmen und ihren weniger erfolgreichen Konkurrenten haben gezeigt, daß neben den strukturellen Eigenschaften vor allem das Wertesystem, die Art und Weise, wie es vermittelt wird, und die dadurch erreichte Motivation und Koordination der an Innovationen Beteiligten den Unterschied zwischen Erfolg und Mißerfolg ausmachen [Corsten, 1989].

Unternehmenskultur ist dabei zu verstehen als „die Summe der Überzeugungen, Regeln und Werte, die das Typische und Einmalige eines Unternehmens ausmachen" [Heinen, 1987] und die das Verhalten aller Mitglieder der Unternehmung prägen.

Schuller sieht eine ausführliche Analogie zwischen einem Baum und der Unternehmenskultur (s. Abbildung 7-13):

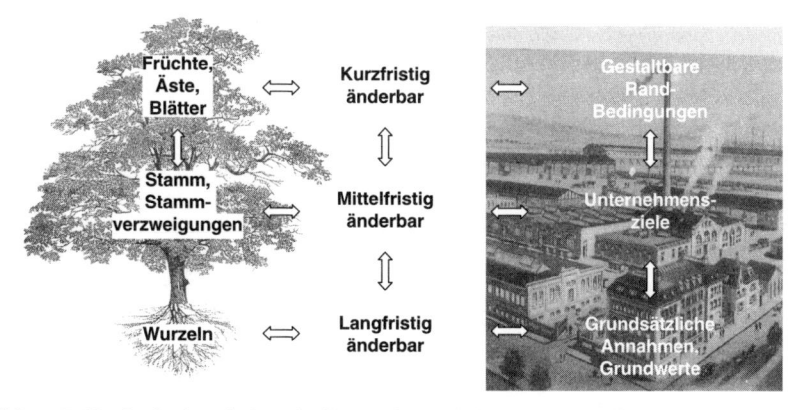

Abbildung 7-13: Analogie zwischen der Unternehmenskultur und einem Baum

„Das Entscheidende an einem Baum erkennt man nicht. Es sind die Wurzeln, das Fundament des Baumes – auf ein Unternehmen übertragen: die Grundwerte, denen sich ein Unternehmen verpflichtet fühlt. Obwohl diese Werte oft gar nicht bewußt sind, baut doch alles weitere auf ihnen auf. Aus den Grundwerten des

Unternehmens ergeben sich die Unternehmensziele – auf das Bild des Baumes übertragen sind das der Stamm und die Stammverzweigungen. Jeder Gärtner weiß nun, daß nach einigen Jahren ein Baum so stark mit der Erde verbunden ist, daß er kaum noch zu verpflanzen ist: Die Grundwerte des Unternehmens sind langfristig angelegt, sie wandeln sich kaum. Die Unternehmensziele dagegen müssen flexibel sein, sie müssen anpaßbar sein über die Zeit, sie müssen ergänzt werden können – so wie der Baum nachgibt im Sturm und sogar seine Lage verändert bei permanentem Wind und im Wachstum zum Licht. Die Äste, die Blätter, die Früchte, das, was der Baum hervorbringt, immer wieder neu und in gewandelter Form – das sind die Instrumente der Unternehmenskultur: Sie sind veränderbar und sie haben verschiedenste Ausprägungen und entwickeln sich über die Zeit." [Schuller, 1995]

Nach *Schein* kann man die Unternehmenskultur in drei *Ebenen* einteilen:

- gestaltbare Randbedingungen,
- Werte und
- grundsätzliche Annahmen.

Auf die Analogie des Baumes übertragen repräsentieren die Wurzeln die grundsätzlichen Annahmen. Stamm und Verzweigungen entsprechen der Schnittstelle zwischen Werten und grundsätzlichen Annahmen, während Äste, Blätter und Früchte zu den gestaltbaren Randbedingungen gehören. Während grundsätzliche Annahmen in der Regel nur sehr langfristig veränderbar sind, können Werte lang- bis mittelfristig und die gestaltbaren Randbedingungen mittel- bis kurzfristig geändert werden. Randbedingungen und Werte bauen auf dem Fundament der grundsätzlichen Annahmen auf und müssen mit ihnen in Einklang stehen. Abbildung 7-14 ordnet den einzelnen Ebenen erläuternde Maßnahmen und Inhalte zu.

Diese Ebenen können noch durch eine *Vision* ergänzt werden. Eine Vision oder ein Leitbild ist die subjektive innere Sicht einer Möglichkeit, die später einmal Wirklichkeit werden kann (unscharfes Zukunftsbild). Trotz des unscharfen Zukunftsbildes sollte man versuchen, Visionen so klar wie möglich zu formulieren [Collins/Porras, 1995] (vgl. Kapitel 3.4).

Bei der Formulierung von Zielen und Visionen als Motivationsfunktion ist es wichtig, einfache, für alle Mitarbeiter nachvollziehbare und gut kommunizierbare Visionen und Ziele zu definieren. Kriterien für Unternehmensvisionen sind herausfordernde, aber erreichbar und plausibel erscheinende Vorstellungen für einen überschaubaren Zeitraum (15–20 Jahre). Visionen müssen Platz für die Ideen anderer lassen und rational und emotional attraktiv sein. In einer Untersuchung von *Walter*, in der 22 Unternehmen der technischen Konsum- und Investitionsgüterbranche verschiedener Größenordnung befragt wurden, konnten zwei Arten von Visionen identifiziert werden [Walter, 1997]:

- *technologieorientierte Ziele*, wie Leistungs- oder Technologieführerschaft des eigenen Produktes („Wir bauen die besten Staubsauger der Welt"),

- *wirtschaftlich orientierte Ziele*, wie Marktanteile oder Umsatzziele („Bis zum Jahr 2000 wollen wir eine Umsatzschwelle von 4 Mrd. DM überschreiten" oder „Our company satisfies the unarticulated need of the customers").

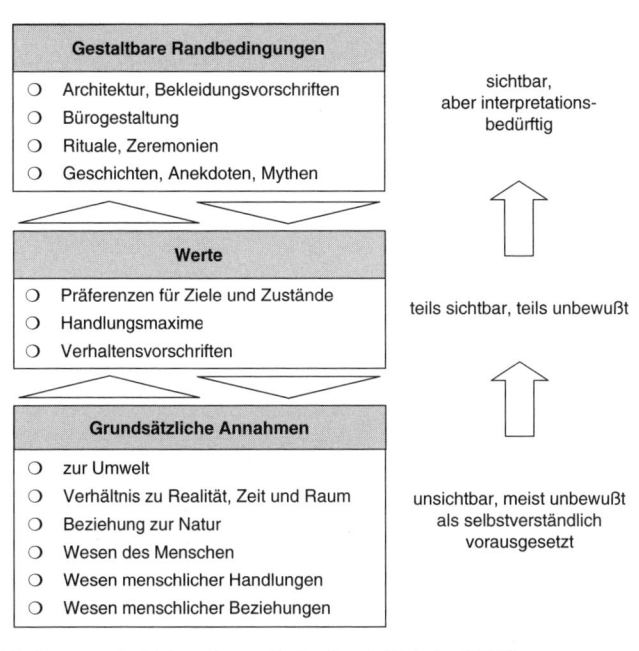

Gestaltbare Randbedingungen
- Architektur, Bekleidungsvorschriften
- Bürogestaltung
- Rituale, Zeremonien
- Geschichten, Anekdoten, Mythen

sichtbar, aber interpretationsbedürftig

Werte
- Präferenzen für Ziele und Zustände
- Handlungsmaxime
- Verhaltensvorschriften

teils sichtbar, teils unbewußt

Grundsätzliche Annahmen
- zur Umwelt
- Verhältnis zu Realität, Zeit und Raum
- Beziehung zur Natur
- Wesen des Menschen
- Wesen menschlicher Handlungen
- Wesen menschlicher Beziehungen

unsichtbar, meist unbewußt als selbstverständlich vorausgesetzt

Abbildung 7-14: Ebenen der Unternehmenskultur (nach [Schein, 1985])

7.3.2 Unternehmensklima und -organisation

Um Kriterien zu finden, die ein gutes Unternehmensklima auszeichnen, wird zunächst der Begriff „Klima" definiert:

Klima ist die durch bestimmte Ereignisse oder Umstände hervorgerufene Atmosphäre oder Beziehungen zwischen Personen, Gruppen, Staaten o.ä. (nach [Duden, 1991]).

Ereignisse und Umstände können so gestaltet werden, daß ein kreativitätsförderndes Klima im Unternehmen entsteht. Dieses „Arbeitsklima" beschreibt *Friedrichs* folgendermaßen:

Das *Arbeitsklima* „ist ein Barometer dafür, wie Arbeitnehmer in einem Unternehmen gefühlsmäßig den täglichen Arbeitsablauf, das Zusammenleben untereinander und die Führung durch die Unternehmensleitung und die Führungskräfte erleben." [Friedrichs, 1982]

Um einen Ideenfindungsprozeß in Gang zu setzen, ist die Ideenanregung notwendig. Wie in Kapitel 7.2.2 beschrieben wurde, stellt die *Kommunikation* als Basis des Informationsaustausches ein wichtiges Mittel zur Ideenanregung dar. Kommunikation wiederum findet umso eher statt, je besser das Arbeitsklima ist. Zur Nutzung der internen Informationsquellen ist insbesondere die Kommunikation der Mitarbeiter untereinander besonders wichtig.

Kommunikation läßt sich durch organisatorische Maßnahmen stark beeinflussen. Im folgenden werden die Erkenntnisse vorgestellt, die die Basis für die organisatorischen Maßnahmen bilden. Abbildung 7-15 zeigt hierzu die Abhängigkeit der Kommunikation von der räumlichen Nähe der Kommunikationspartner.

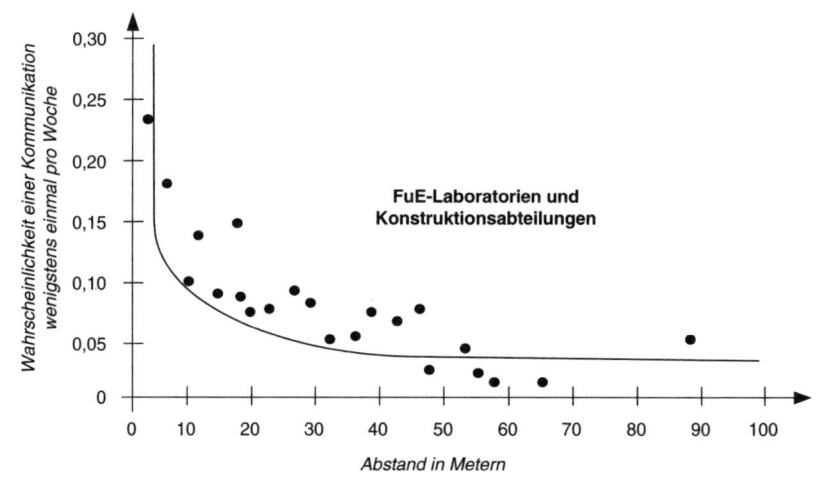

Abbildung 7-15: Auswirkung der räumlichen Nähe auf die Kommunikation [Peters/Waterman, 1984]

Die Analyse belegt: Die Wahrscheinlichkeit einer Kommunikation sinkt ab einem Abstand von ca. zehn Metern rapide. Daraus kann geschlossen werden, daß eine Verkürzung der Kommunikationswege zu einem intensiveren Austausch führt. Daher sollte versucht werden, daß relevante Bereiche so nah wie möglich beieinander liegen. Eine Umsetzungsmöglichkeit ist die Einrichtung von richtig gestalteten Großraumbüros.

Kommunikation ist aber nicht nur eine Funktion des räumlichen Abstands. Abteilungsdenken gehört sehr oft zu den größten Kommunikationshindernissen. Auf massive Schwierigkeiten zwischen FuE und Marketing/Vertrieb weist *Souder* hin, der über zehn Jahre 289 Entwicklungs- und Innovationsprojekte in 56 verschiedenen Unternehmen der Konsumgüter- und Investitionsgüterindustrie beobachtete (s. Abbildung 7-16).

7.3 Randbedingungen für einen erfolgreichen Ideenfindungsprozeß

Zu-/Mißstände	Anteil der in Projekten auftretenden Zustände
Leichte Unstimmigkeiten	
Mangel an Zusammenarbeit	7,6
Mangel an Kommunikation	6,6
Vetternwirtschaft	6,3
Zwischenstand	20,5
Schwere Mißstände	
Mangel an Akzeptanz	26,9
Mißtrauen	11,8
Zwischenstand	38,7
Mißstände gesamt	**59,2**
Harmonische Zustände	
Gleichwertige Partner	11,7
Gewichtete Partner	29,1
Harmonische Zustände gesamt	**40,8**
Summe Zustände	100,0

Abbildung 7-16: Kommunikationsschwierigkeiten zwischen Marketing und FuE [Souder, 1988]

Gerade zwischen Marketing und FuE sollte aber ein gutes Verhältnis herrschen, um den guten Kontakt des Marketing zum Kunden in die FuE einfließen zu lassen und die Marktnähe der FuE zu sichern. Denn Kommunikationsschwierigkeiten an dieser Stelle können verschiedene negative *Folgen* haben:

1. Entwicklung von Produkten ohne eigenen Markt,
2. Produkte werden überperfektioniert und daher überteuert („Over-Engineering"),
3. Verlängerung der Entwicklungszeiten.

Eine Möglichkeit zur Überwindung dieser Schwierigkeiten sind *interdisziplinäre, teamorientierte Strukturen*, in denen Vertreter aus unterschiedlichen Abteilungen zusammenarbeiten. Durch Diskussionen, die die direkte Auseinandersetzung mit der Denkweise des Mitarbeiters der anderen Abteilung fördern, können abteilungsübergreifende Probleme direkt gelöst und das Verständnis füreinander geschult werden. Teamorientierte Strukturen sind im Gegensatz zu hierarchischen Strukturformen, bei denen eine Instanz als vorgesetzte Stelle mit Entscheidungsbefugnis ausgestattet ist, durch eine multipersonale Entscheidungsfällung sowie den vollständigen bzw. weitgehenden Verzicht auf hierarchische Innenstrukturierung gekennzeichnet [Bendixen, 1976], [Bleicher, 1991], [Link, 1985].

Die Team-Mitglieder sind neben ihrer Aufgabe in der Gruppe i. d. R. parallel dazu in anderen Subsystemen tätig, in denen sich ihr eigentlicher Arbeitsbereich befindet. Somit nehmen sie Multisystempositionen ein. Eine Ausnahme bilden Arbeitsgruppen, die durch die Besonderheit der kontinuierlichen und auf Dauer angelegten Zusammenarbeit gekennzeichnet sind. Tabelle 7-3 gibt einen Überblick über teamorientierte Strukturen, die in Unternehmen eingesetzt werden. Einige als besonders erfolgversprechend eingeschätzte Ansätze sollen kurz vorgestellt werden [Walter, 1997]:

Tabelle 7-3: Formen teamorientierter Strukturen zur Kommunikations- und Informationsförderung [Redel, 1982], [Link, 1985]

Zusammenarbeit	Existenz	
	auf Dauer/unbefristet	auf Zeit/befristet
kontinuierlich (ständig)	• Innovationsmanager • Innovationsbüro [Goldberg, 1984]	• Innovationspool • Erfindungs-Workshops • Kreativ-Workshops • Ideenfindungssitzungen
diskontinuierlich (aussetzend)	• Innovations-Scouts • Qualitätszirkel • IBIS-Teams („Ich bin innovativ. Ständig") • CIP-Gruppen (Continous Improvement Process) • Produktbeirat • Kundenbeirat	• Fraktale • Champion-Teams

- *Innovationsmanager/Innovationsbüro*: Bei der Institution des Innovationsbüros bei größeren Unternehmen bzw. des Innovationsmanagers bei kleineren handelt es sich um eine dauerhafte Einrichtung, die sich ausschließlich mit der Stimulierung des Innovationsprozesses befaßt. Der Innovationsmanager ist ein aus der Routineorganisation herausgelöster Mitarbeiter, der sich um alle innovationsfördernden Maßnahmen im Unternehmen kümmert.

- *Innovationspool*: Ein Pool besteht aus drei bis fünf Mitarbeitern, die für eine befristete Zeit (typischerweise ein bis drei Monate) in separaten Räumlichkeiten ungestört, ohne Einmischung von außen arbeiten können. Ausgestattet ist das Team neben technischen Hilfsmitteln auch mit einem festgesetzten Budget für Reisen, Recherchen, etc. Der Innovationspool hat die Aufgabe, eine vorgegebene Anzahl von Ideen bzw. Projektvorschlägen zu generieren. Im Gegenzug stellt die Unternehmensführung sicher, daß wenigstens eine innovative Idee jedes Pool-Teams erprobt bzw. umgesetzt wird.

- *Erfindungs-/Kreativitätsworkshops/Ideenfindungssitzungen*: Im Rahmen von speziell zu diesem Zweck organisierten Veranstaltungen werden mit ausgewählten kreativen Mitarbeitern quasi „spielerisch" neue Ideen und Lösungsansätze entwickelt. Diese Veranstaltungen finden regelmäßig und meist sowohl räumlich als auch zeitlich außerhalb der normalen Arbeitsumgebung statt. In diesen interdisziplinär zusammengesetzten Teams wird versucht, mit Hilfe von verschiedenen Kreativitätstechniken (vgl. Kapitel 6.3.3) für vorgegebene Problemstellungen und Suchfelder neue Lösungsansätze zu entwickeln.

- *Innovations-Scout*: In kleineren Unternehmen werden eher einzelne Innovations-Scouts eingesetzt, die Innovationsideen und -aktivitäten stimulieren sollen. Für diesen Zweck werden sie für 10–15% ihrer Arbeitszeit freigestellt. Sie sind Anlaufstelle für innovative Ideen, organisieren Ideenfindungssitzungen, besuchen Messen (z.B. Erfindermessen) und stehen mit externen Stellen wie Technologietransfer-Stellen und Ingenieurbüros in Kontakt.

- *Qualitätszirkel (IBIS-Teams, CIP-Gruppen)*: Qualitätszirkel sind unter verschiedenen Bezeichnungen in den Unternehmen vertreten. Die Namen reichen von IBIS („Ich bin innovativ. Ständig") über Lernstatt-Team bis CIP (Continous Improvement Process)-Team. In diesen Teams finden sich freiwillig Mitarbeiter aus allen Hierarchieebenen zusammen und arbeiten etwa 5–10% ihrer Arbeitszeit an Problemstellungen und Ideen für alle Arten von Innovationen und Verbesserungen.

- *Produktbeirat*: Zu festen Zeitintervallen setzen sich erfahrene Mitarbeiter des Verkaufs (Vertriebs)- und Entwicklungsbereiches der verschiedenen Produktsparten zur Abstimmung zusammen. Das Meeting läuft nach einem einfachen Verfahren ab, das auf einer festen Agenda beruht und bei dem größtmögliche Kontinuität der Teilnehmer gefordert ist, um einen standardisierten Kommunikationsprozeß zu gewährleisten. Diskutiert werden hier z.B. Erfahrungen der Kunden mit den Produkten des Unternehmens, Vorstöße der Konkurrenz oder neue Einsatzfelder, für die es bislang noch keine Lösung gibt.

- *Kundenbeirat*: Der Kundenbeirat tagt jährlich zweimal und besteht aus ca. zwölf Kundenvertretern unterschiedlicher Berufsgruppen (jede ist nur einmal vertreten) aus den verschiedenen Branchen des Kundenkreises. Hier werden Produktwünsche und Ideen aus dem Kundenkreis vorgetragen und von den Mitarbeitern des Unternehmens aus den Bereichen Verkauf und FuE sorgfältig erfaßt und analysiert.

- *Fraktale*: Fraktale sind multidisziplinäre Projektgruppen, die sich aus Fachleuten aller am Prozeß beteiligten Abteilungen zusammensetzen (FuE, Produktion, Einkauf, Vertrieb und Service) und mit einer Entwicklungsaufgabe betraut sind. Das Entwicklungsteam ist in eine größere, straffer organisierte Einheit eingebunden (Abteilung, Unternehmen), die den Rahmen absteckt und Zielvorgaben formuliert, aber es ist in einem räumlich getrennten Bereich (z.B. Großraumbüro) zusammengeführt.

- *Champion-Teams*: Champion-Teams sind temporäre Teams (ca. ein halbes Jahr). Sie setzen sich aus Mitarbeitern des Produktmanagements und der Produktentwicklung zusammen, die sich unter Mitwirkung von externen Experten und der Anwendung entsprechender Problemlösungsmethoden mit einem vorgegebenen

Suchfeld beschäftigen. Externe Teilnehmer sind Moderatoren und Fachexperten, aber auch Kunden und Endanwender, die vom Unternehmen angeworben werden.

Neben diesen direkten Wegen, Kommunikation zwischen den Mitarbeitern zielgerichtet zu fördern, können auch indirekte Wege beschritten werden. Denn Quellen für innovationsauslösende Informationen liegen vor allem in den Gesprächen der Mitarbeiter untereinander. Dazu gehört auch die *informelle Kommunikation*, die zwischen den Mitarbeitern in lockerer Atmosphäre, zum Teil auch rein zufällig stattfindet. Folgende Maßnahmen zur Förderung der informellen Kommunikation können angeführt werden:

- die Ausrichtung des Führungsstils am sog. *„Management by Wandering Around"*, dabei können „Probleme von Mitarbeitern jederzeit mit Vorgesetzten diskutiert werden" [Walter, 1997],
- die bereits vorgestellten *teamorientierten Organisationsformen*,
- die Gestaltung der Räumlichkeiten durch Einrichtung von *Cafeteria-Ecken*, die als zentraler Treffpunkt der Mitarbeiter aller Abteilungen dienen und den ungehinderten Kommunikationsaustausch zwischen den Mitarbeitern fördern sollen, oder auch die außergewöhnliche architektonische Gestaltung der Räumlichkeiten und Büros,
- Maßnahmen zur *Förderung des Betriebsklimas*, wie die Veranstaltung sog. „social events", um das Gemeinschaftsgefühl zu stärken.

Fast alle aufgezeigten Maßnahmen dienen zwei Zielen: Zum einen soll das Verständnis der Mitarbeiter und damit die Kommunikation untereinander verbessert werden. Zum anderen sollen viele dieser Maßnahmen auf die Motivation der Mitarbeiter stimulierend wirken. Wenn die Unternehmenskultur und das -klima dafür das passende Umfeld bereitstellen, wird sich dies positiv auf die Innovationskraft einer Firma auswirken.

7.4 Fazit

⇨ Für die zielgerichtete Ausrichtung der Kreativität der Mitarbeiter muß zuallererst eine Suchraumfestlegung vorgenommen werden. Diese orientiert sich an der langfristigen Unternehmensstrategie.

⇨ Der Ideenfindungsprozeß läuft in den drei Phasen *Ideenanregung, Ideengenerierung und Ideenbewertung* ab. Für alle Phasen sind *Kommunikation und Information* der Mitarbeiter die wichtigsten Voraussetzungen.

⇨ Für einen späteren Markterfolg ist die Auswahl der *richtigen Ideen* von entscheidender Bedeutung. Dazu ist eine stufenweise Bewertung der Ideen sinnvoll, die in eine Grob- und Feinbewertung gegliedert ist. In der Phase der Grobselektion haben sich aufwandsarme Bewertungsmethoden als vorteilhaft erwiesen.

⇨ Die Absicherung von Ideen ist bei den meisten Unternehmen stark unterentwickelt. Ideen sichern aber erst dann die Zukunft eines Unternehmens, wenn sie durch Schutzrechte abgesichert sind. Erfolgreiche Patentarbeit setzt voraus, daß die „Intellectual Property"-Experten aktiv am FuE-Prozeß beteiligt werden.

⇨ Eine innovationsfreundliche Unternehmenskultur muß von der Unternehmensspitze aktiv gefördert und gefordert werden. Organisatorische Maßnahmen, die bereichsübergreifende, teamorientierte Strukturen fördern, können einen wesentlichen Beitrag leisten, um den Ideenfindungsprozeß effizient und effektiv zu gestalten.

Literaturhinweise

Altschuller, G. S.; Selijuzki, A. (1983): Flügel für Ikarus – Über die moderne Technik des Erfindens, Leipzig, Urania 1983

Altschuller, G. S. (1984): Erfinden – Wege zur Lösung technischer Probleme, Berlin, Technik 1984

Bendixen, P. (1976): Kreativität und Unternehmensorganisation, Köln, Kiepenheuer & Witsch 1976

Bierbach, B.; Groothuis, U. (1997): So kühn wie Edison, in: Wirtschaftswoche Nr. 1/2 1997, S. 40–44

Bleicher, K. (1991): Organisation – Formen und Modelle, 2. Auflage, Wiesbaden, Gabler 1991

Böhm, E. (1996): Marktorientierte Bewertungsverfahren für Investitionsgüter-Innovationen, Dissertation, Universität Karlsruhe 1996

BMBF (1995): Delphi-Bericht 1995. Studie zur globalen Entwicklung von Wissenschaft und Technik, Bundesministerium für Bildung, Wissenschaft, Forschung und Technologie, Bonn 1995

BMBF (1998): Delphi-Bericht 1998. Studie zur globalen Entwicklung von Wissenschaft und Technik. Bundesministerium für Bildung, Wissenschaft, Forschung und Technologie, Bonn/Berlin 1998

Collins, J.; Porras, J. I. (1995): Visionary Companies, München, Artemis & Winkler 1995

Corsten, H. (1989): Die Gestaltung von Innovationsprozessen, Berlin, Schmidt 1989

Duden (1991): Rechtschreibung der deutschen Sprache, 20. Auflage, Mannheim, Dudenverlag 1991

Friedrichs, H. (1982): Betriebsklima, München, Moderne Industrie 1982

Gausemeier, J.; Fink, A. (1996): Neue Wege zur Produktentwicklung – Erfolgspotentiale der Zukunft, 1. Auflage, Paderborn, HNI-Verlagsschriftenreihe 1996

Goldberg, W. H. (1984): Die Pflege innovativer Ideen – Empirische Beobachtungen systematisiert, in: DBW, 44. Jg. 1984, Nr. 4, S. 565–577

Hauschildt, J. (1993): Innovationsmanagement, München, Vahlen 1993

Heinen, E. (1987): Unternehmenskultur, München, Oldenbourg 1987

Holt, K.; Geschka, H.; Peterlongo, K. (1984): Need Assessment, Chichester, John Willey & Sons 1984

Kieser, A. (1986): Unternehmenskultur und Innovation, in: Staudt, E. (Hrsg.): Das Management von Innovationen, 1. Auflage, Frankfurt, Frankfurter Allgemeine Zeitung 1986, S. 47–49

Linde, H. J. (1993): Erfolgreich erfinden, Darmstadt, Hoppenstedt Technik 1993

Link, J. (1985): Organisation der strategischen Planung, Heidelberg, Physica 1985

Majaro, S. (1984): Erfolgsfaktor Kreativität – Ertragssteigerung durch Ideenmanagement, London, Mc Graw-Hill 1984

Möhrle, M. G.; Pannenbäcker, T. (1996): Erfinden per Methodik, in: Technologie und Management. 45. Jg. 1996, Heft 3., S. 112–118

Peters, T. J.; Waterman, R. H. (1984): Auf der Suche nach Spitzenleistungen: Was man von den bestgeführten US-Unternehmen lernen kann, 10. Auflage, Landsberg/Lech, Moderne Industrie 1984

Redel, W. (1982): Kollegienmanagement, Bern, Haupt 1982

Schein, E. H. (1985): Organizational Culture and Leadership, 2. Edition, San Francisco, Jossey-Bass 1985

Schuller, F. (1995): Innovative Unternehmensführung als Erfolgsfaktor. Tagungsband Deutscher Wirtschaftsingenieurtag, München 10./11. November 1995

Souder, W. E. (1988): Managing Relations Between R&D and Marketing in New Product Development Projects, in: The Journal of Product Innovation Management, 1, 1988, S. 6–19

Staudt, E.; Bock, J.; Mühlemeyer, P. (1992): Informationsverhalten von innovationsaktiven, kleinen und mittleren Unternehmen, in: ZfB, 62 (1992) Heft 9, S. 989–1008

Walter, W. (1997): Erfolgversprechende Muster für betriebliche Ideenfindungsprozesse, Forschungsberichte aus dem Institut für Werkzeugmaschinen und Betriebstechnik der Universität Karlsruhe, Band 75, Karlsruhe 1997

8 Der Forschungsprozeß

> *„There is a way of doing it better, find it."*
> (Thomas Alva Edison)

8.1 Einleitung

In den vorausgegangenen Kapiteln wurden, ausgehend von der Einordnung der Forschung und Entwicklung in die Struktur eines Unternehmens, strategische und organisatorische Fragen von FuE diskutiert, Fragen des Forschungspersonals und des Personalmanagements in der Forschung behandelt sowie Prozesse der Ideenfindung dargestellt. Dieses Kapitel konzentriert sich nun auf den Forschungsprozeß an sich.

In einer ersten Betrachtung kann der Forschungsprozeß als „Black Box" aufgefaßt werden, dessen Input eine Mission bzw. Aufgabe und ein Budget und dessen Output Forschungsergebnisse sind, auf deren Basis erfolgreiche Produkte und Prozesse entwickelt werden können.

Innerhalb des Forschungsprozesses können mehrere Teilschritte unterschieden werden (s. Abbildung 8-1):

- *Aufgabenfindung,*
- *Generierung, Bewertung und Priorisierung von Projekten* (Herausfiltern einer finanzierbaren Liste von Projekten),
- *Forschungs-Projektmanagement,*
- *Bewertung der Ergebnisse und Transfer* in die Unternehmensbereiche.

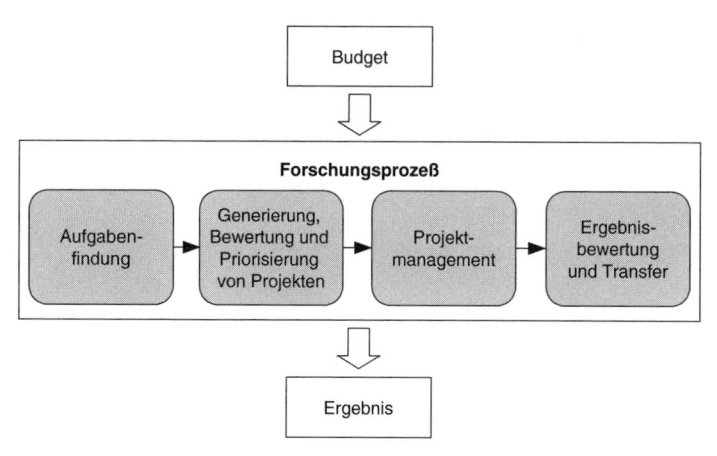

Abbildung 8-1: Forschungsprozeß

Die folgenden Ausführungen orientieren sich an diesen Teilschritten. Zuvor wird jedoch auf die Frage eingegangen, nach welchen Kriterien das Forschungsbudget ermittelt wird und wie es sich zusammensetzt.

8.2 Budgetierung

Welche Mittel muß ein Unternehmen für seine technologische Zukunftssicherung bereitstellen? Welche Mittelanteile sind für die kurz- bis mittelfristige Produktentwicklung einzusetzen, welche Anteile eher für längerfristige Vorentwicklungs- oder Forschungsaktivitäten?

Es hat den Anschein, daß derartige Fragen in Unternehmensleitungen – im Gegensatz zu ausführlichen Diskussionen über Marktentwicklungen, über Probleme der laufenden Produktion, über notwendige Rückstellungen zu laufenden Aufträgen – eher weniger diskutiert werden. Die Bilanzen und Statistiken weisen in der Regel nur das FuE-Gesamtbudget aus. Entsprechend beziehen sich die Studien, die sich mit den Kriterien der Budgetierung befassen, zumeist auf dieses Gesamtbudget.

Abbildung 8-2 zeigt das Ergebnis einer solchen Untersuchung: Sie belegt, daß sich die meisten Unternehmen bei der Bestimmung des FuE-Budgets am Budget der Vorperiode, an Projektvorschlägen oder am Umsatz orientieren [Brockhoff, 1990].

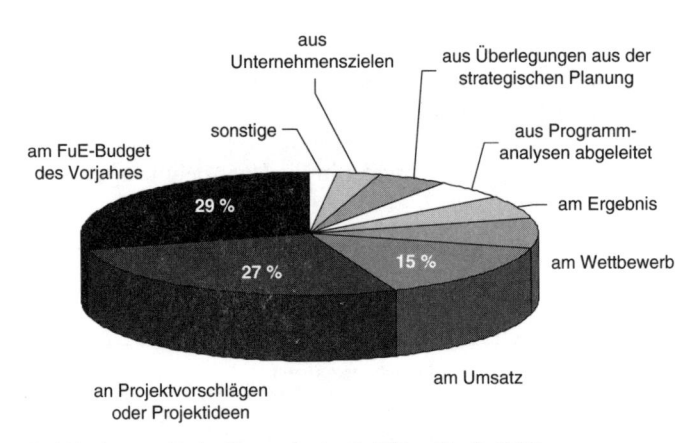

Abbildung 8-2: Kriterien zur Budgetierung in der FuE [Brockhoff, 1990]

Eine gemeinsame Budgetierung von FuE erscheint jedoch problematisch, da sich das Entwicklungsbudget immer stark an laufenden Produktentwicklungen orientiert, während Forschungsarbeit langfristigen Charakter hat. Daraus ergibt sich die schwierige Frage, welche Regeln oder Methoden denn nun speziell zur Bestimmung des Forschungsbudgets zur Anwendung gebracht werden können. Abbildung 8-3 zeigt die Ergebnisse einer aktuellen Umfrage unter 35 deutschen Unternehmen zu

8.2 Budgetierung

dieser Fragestellung [Weule/Mussa, 1999]. Sie deuten darauf hin, daß bei der Dimensionierung des Budgets zunehmend strategische Überlegungen eine Rolle spielen. So gab knapp die Hälfte der Unternehmen an, daß sie sich bei der Budgetierung ihrer Forschung an den Unternehmenszielen orientieren, während nur vier der Unternehmen eine Orientierung am Umsatz angeben (Mehrfachnennungen möglich).

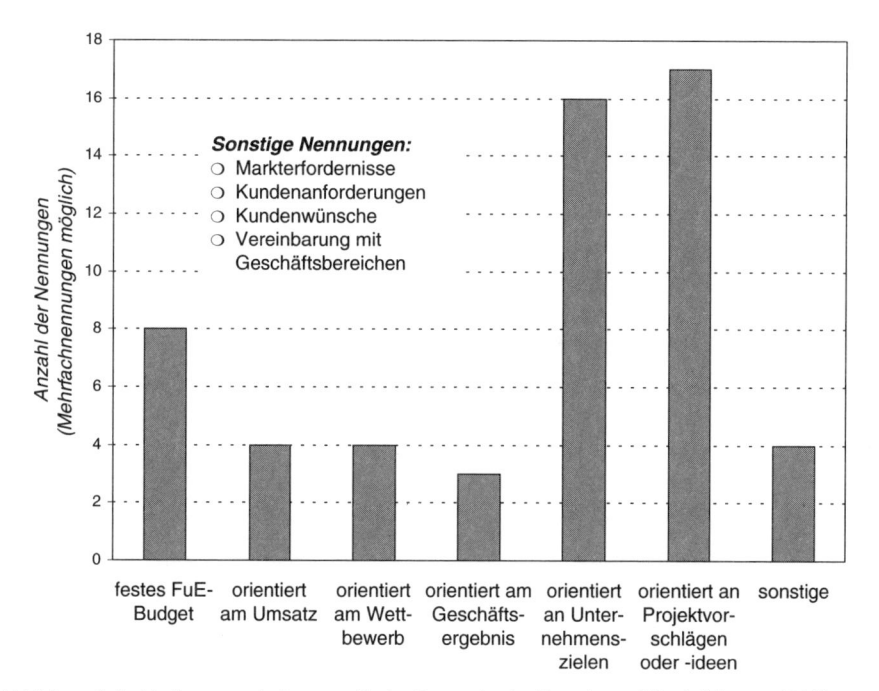

Abbildung 8-3: Umfrageergebnisse zur Budgetierung in der Forschung [Weule/Mussa, 1999]

Wie sieht es nun mit der Höhe des Budgets aus? Auch hierzu zunächst ein Blick auf das FuE-Gesamtbudget: Abbildung 8-4 zeigt eine nach Branchen aufgeschlüsselte Statistik, in der die FuE-Ausgaben in Relation zum Umsatz dargestellt sind. Die Zahlen wurden aus Angaben des *Stifterverbands für die Deutsche Wissenschaft* von 1997 (national) und Untersuchungen der *Daimler-Benz AG* von 1996 (international) zusammengestellt. Die höchsten FuE-Quoten finden sich in der Luft- und Raumfahrtindustrie, mit fast 40% stellt z.B. ein US-Unternehmen den höchsten Anteil für FuE zur Verfügung. An diesem Beispiel zeigt sich jedoch auch die begrenzte Aussagefähigkeit dieser Angaben, da dieses Unternehmen stark durch Verteidigungsaufträge geprägt ist, die den FuE-Ausgaben zugeordnet sind. In den Branchen Elektrotechnik, Chemie, Kfz- sowie Maschinenbau bewegt sich der FuE-Anteil am Umsatz zwischen 3 und 10%. Abbildung 8-5 zeigt ein ähnliches Bild aus einer aktuellen Umfrage unter deutschen Unternehmen [Weule/Mussa, 1999].

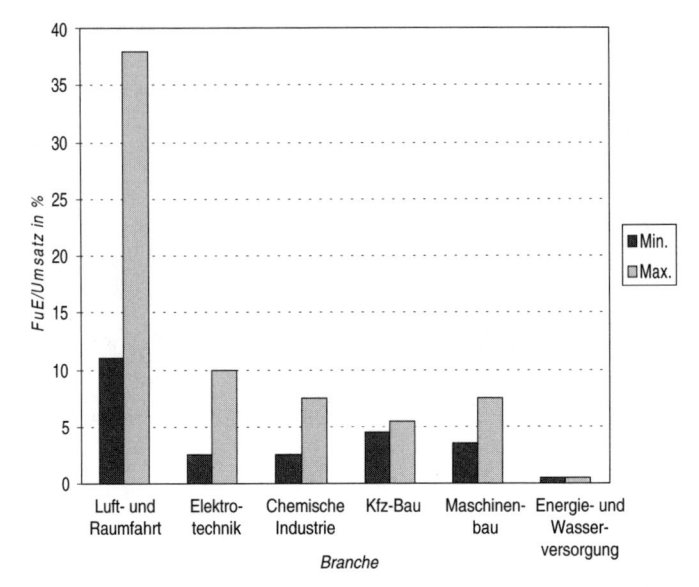

Abbildung 8-4: FuE-Budget in Abhängigkeit von der Branche [Stifterverband, 1997], [Daimler-Benz AG, 1996a]

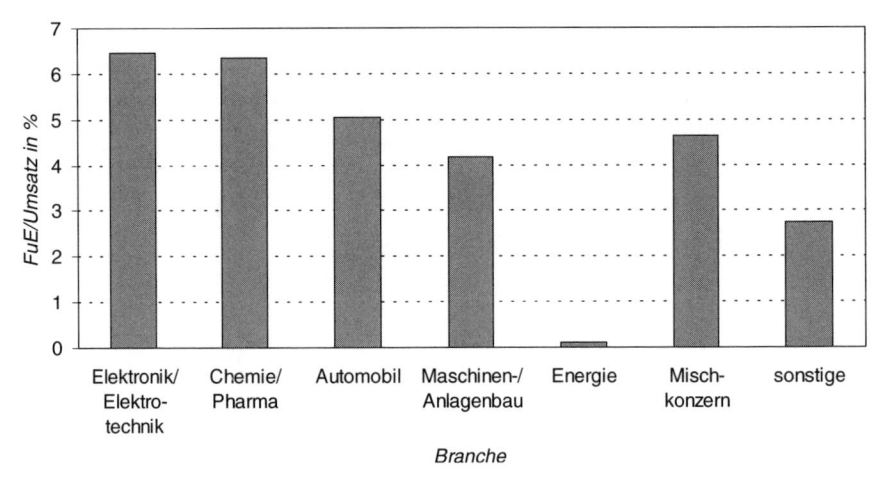

Abbildung 8-5: FuE-Budget in Abhängigkeit von der Branche [Weule/Mussa, 1999]

Die Summe der Ausgaben für Forschung und Entwicklung, wie sie in den Abbildungen 8-4 und 8-5 dargestellt ist, läßt wiederum nur begrenzt Rückschlüsse auf das Forschungsbudget selbst zu. Im Rahmen eines internationalen Benchmarking der *Daimler-Benz AG* wurde daher der Frage nachgegangen, welchen Anteil das Forschungsbudget am gesamten FuE-Budget bei dem befragten Unternehmen hat.

8.2 Budgetierung

Abbildung 8-6 zeigt, daß – ebenso wie das FuE-Budget insgesamt – auch das Verhältnis zwischen Forschungs- und Entwicklungsbudget stark von der Branche abhängig ist. Gerade in der chemischen Industrie besteht durchweg ein hoher Anteil an Forschungsausgaben, da hier ein anderes Verständnis von Forschungs- und Entwicklungsaufgaben herrscht als z.b. im Maschinenbau. Auch innerhalb der einzelnen Branchen existieren aufgrund dieser Zuordnungsproblematik große Unterschiede, die Zahlen können daher nur einen groben Eindruck vermitteln. Lediglich für den Kfz-Bau und den Maschinenbau sind die Ergebnisse relativ konsistent.

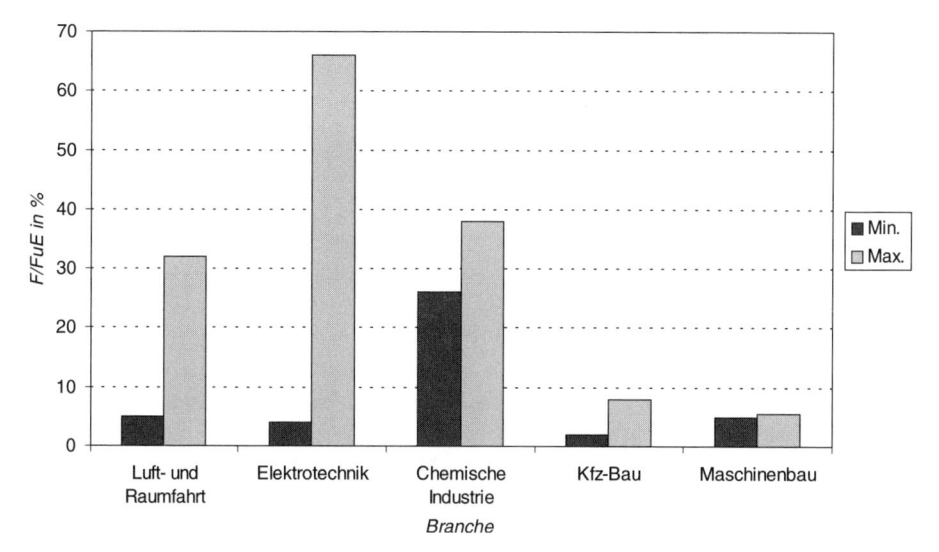

Abbildung 8-6: Verhältnis zwischen Forschungs- und FuE-Gesamtbudget (international) [Daimler-Benz AG, 1996a]

Abbildung 8-7 zeigt die Ergebnisse einer aktuellen Umfrage zur gleichen Fragestellung unter 35 deutschen Unternehmen [Weule/Mussa, 1999]. Rund zwei Drittel dieser Unternehmen geben 10 % oder weniger des FuE-Budgets für Forschung aus. Auch hier stellt sich jedoch die Frage, welche Aktivitäten der Forschung und welche der Entwicklung zugeordnet werden.

Die Umfrage bestätigte jedoch die als branchenübergreifenden Durchschnittswerte häufig verwendeten Anhaltswerte von 10 % für den Anteil des Forschungs- am FuE-Gesamtbudget sowie von 0,5 % für den Anteil der Forschungsaufwendungen am Umsatz.

Doch woher kommen die Mittel, aus denen sich ein bestimmtes Forschungsbudget zusammensetzt und wie spiegelt sich dies in der Art der Forschung wider?

Der größte Teil des Budgets setzt sich in der Regel aus Konzernmitteln und Unternehmensbereichsmitteln zusammen. Im Falle der durch Unternehmensbereiche fi-

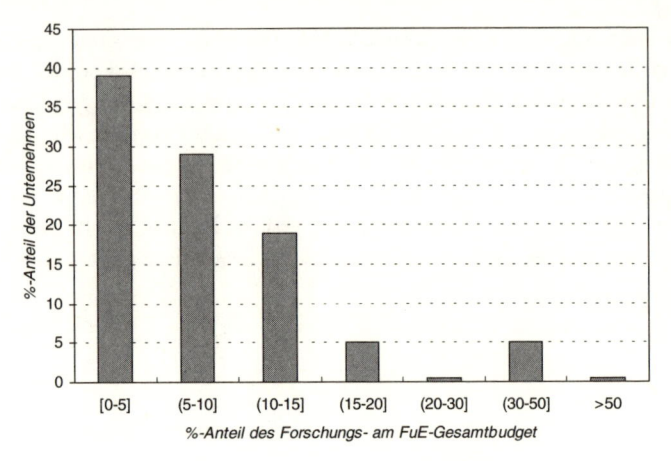

Abbildung 8-7: Verhältnis zwischen Forschungs- und FuE-Gesamtbudget (national)

nanzierten Projekte wird die Forschung von diesen beauftragt oder Unternehmensbereiche und Forschung definieren gemeinsam die Projektinhalte. Meist handelt es sich dabei um eher kurz- bis mittelfristige Projekte. Dieser Anteil des Forschungsbudgets wird also nicht zentral bestimmt, sondern ergibt sich aus den Mechanismen des unternehmensinternen „Marktes" für Forschungsdienstleistungen. Die Forschungsleitung kann hier allenfalls stimulierend oder – z.B. im Falle von Projekten, die der Forschungsstrategie widersprechen – bremsend wirken.

Der konzernfinanzierte Anteil des Budgets steht den Forschungsbereichen dagegen für strategische Aufgabenstellungen zur Verfügung und wird daher meist für langfristige Projekte eingesetzt.

Abbildung 8-8 zeigt die Ergebnisse einer Umfrage zur Finanzierungsstruktur der Forschung bei 35 deutschen Unternehmen [Weule/Mussa, 1999]. Danach werden Forschungsprojekte etwa zu zwei Dritteln durch Unternehmensbereichsmittel und zu einem Drittel durch Konzernmittel finanziert. Hinzu kommen Gelder von anderen Unternehmen für Auftragsforschungen (sog. externe Mittel) und Fördermittel der EU, des Bundes und der Länder.

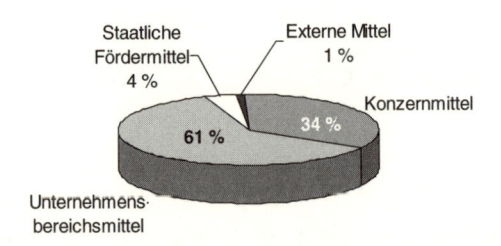

Abbildung 8-8: Umfrageergebnisse zur Finanzierungsstruktur der Forschung [Weule/Mussa, 1999]

8.2 Budgetierung

Betrachtet man die Verteilung zwischen Konzern- und Unternehmensbereichsmitteln in unterschiedlichen Branchen und Weltregionen, so stellt man große Unterschiede fest (s. Abbildung 8-9 bis Abbildung 8-11). In den USA wird die Forschung über alle Branchen hinweg relativ häufig ausschließlich durch Konzernmittel finanziert, während in Europa und Japan ein eher ausgewogenes Verhältnis zwischen den Finanzierungsarten besteht. Auch ist hier der Einsatz von Fremdmitteln im Gegensatz zu einigen amerikanischen Unternehmen gering.

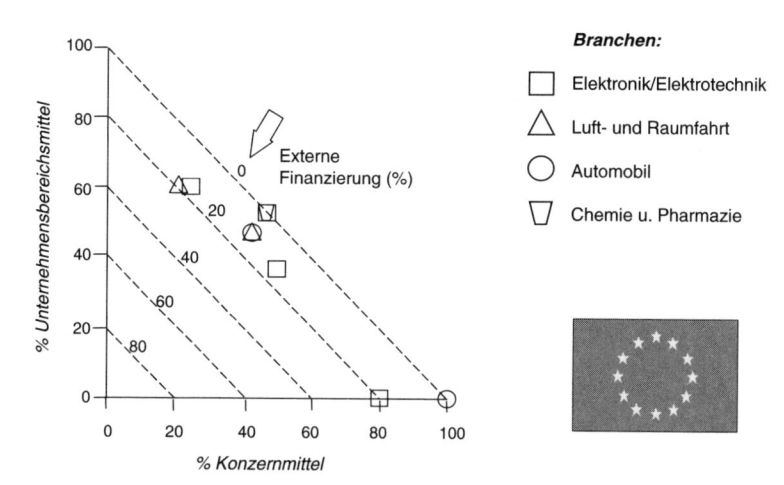

Abbildung 8-9: Vergleich der Forschungsfinanzierung in europäischen Unternehmen [Daimler-Benz AG, 1996a]

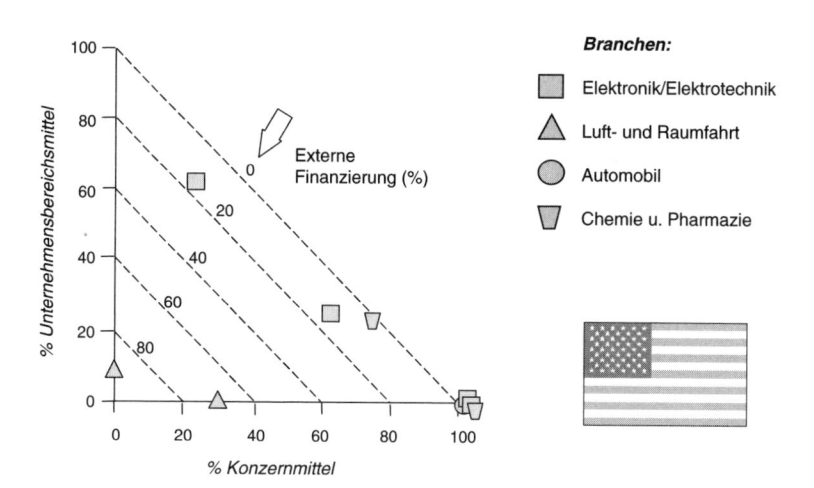

Abbildung 8-10: Vergleich der Forschungsfinanzierung in US-amerikanischen Unternehmen [DaimlerChrysler AG, 1996a]

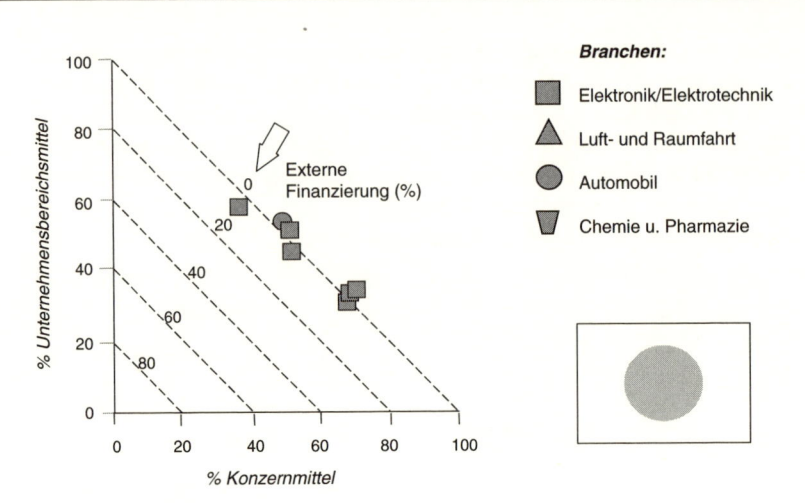

Abbildung 8-11: Vergleich der Forschungsfinanzierung in japanischen Unternehmen [Daimler-Benz AG, 1996a]

Letztendlich bleibt festzustellen: Eine „goldene" Regel zur Feststellung des Forschungsbudgets gibt es nicht. Die hier angestellten Betrachtungen liefern nur Hinweise für eine unternehmensspezifische Festlegung.

Ausgangspunkt zur Bestimmung des Forschungsbudgets sollte jedoch die Auseinandersetzung mit der Frage sein, wie hoch das FuE-Gesamtbudget sein soll. Anschließend muß sich das betreffende Unternehmen fragen, wie viele Mittel es für langfristige Aufgaben der Forschung investieren will. Diese Fragen sollten stets im Kontext der gesamtstrategischen Situation in der Unternehmensleitung diskutiert werden und schließen den Vergleich mit dem Wettbewerb ein. Zum Forschungsbudget sollten außerdem aber auch Mittel aus den Unternehmensbereichen für kurz- bis mittelfristige Aufgaben beitragen.

8.3 Forschungsplanungsprozeß

Ist nun ein Budget bestimmt worden, so stellt sich die Frage, wofür dieses Geld ausgegeben werden soll. In einer etablierten Industrieforschung ist dieser Entscheidungsweg kein einmaliger Vorgang, sondern muß als ein kontinuierlicher Planungsprozeß verstanden werden.

Der Prozeß der Aufgaben- und Projektdefinition ist mit den „Planungskalendern" des Unternehmens in Einklang zu bringen, um das Forschungsbudget im Planungsfolgejahr sowie mittelfristig einplanen zu können und durch die Unternehmensleitung bewilligen zu lassen.

8.3 Forschungsplanungsprozeß

Neben der Entscheidung, welche neuen Projekte mit welchem Mitteleinsatz gestartet werden sollen, muß bestimmt werden, welche der laufenden Projekte

- bei gleichbleibendem Mitteleinsatz,
- bei verstärktem Mitteleinsatz oder
- bei reduziertem Mitteleinsatz

fortgeführt werden und welche Projekte beendet werden sollen (s. Abbildung 8-12). Dabei stehen sowohl Projekte, die aus Konzernmitteln finanziert werden, als auch Aufträge der Unternehmensbereiche zur Diskussion.

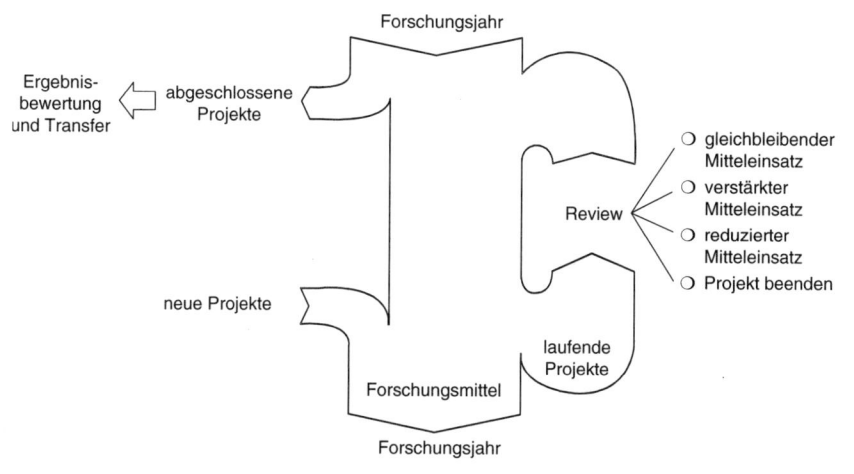

Abbildung 8-12: Planungsabläufe in der Forschung

Zur Optimierung des Ressourceneinsatzes – der finanziellen Mittel wie auch der Personalressourcen – sollten alle, also Führungskräfte und Mitarbeiter der Forschung beitragen. Zur Entscheidungsfindung kommen daher sowohl Top-Down- als auch Bottom-Up-Prozesse zum Einsatz (s. Abbildung 8-13).

Doch woran sollen sich diese Entscheidungen orientieren? Letztlich muß die Forschung an der Strategie des Unternehmens ausgerichtet sein. Diese ist jedoch nicht statisch, sondern muß selbst immer wieder neu definiert werden (vgl. Kapitel 3.4). Die dynamische Umsetzung einer sich wandelnden Unternehmensstrategie in die Forschung ist die eigentliche „Kunst" des Forschungsmanagements. Sie stellt eine Aufgabe dar, die für die Effektivität, Effizienz und Qualität der Forschung höchste Bedeutung hat. So kann z.B. ein zu frühes oder zu spätes Schließen eines Forschungsfeldes weitreichende Folgen für das Unternehmen haben.

Eine wichtige Voraussetzung dafür ist eine Positionierung der Forschungsleitung in der obersten Führungsebene des Unternehmens, da dies die Möglichkeit zur Einbindung und Mitgestaltung der Strategiefindungsprozesse des Unternehmens bietet.

Der Forschungsleiter kann so außerdem als Machtpromotor wirkungsvoller die Interessen der Forschung innerhalb des Unternehmens vertreten (vgl. Kapitel 9.2.3). Aber auch jeder einzelne Forscher muß die Unternehmensziele kennen und die Möglichkeit haben, sich mit seinen Ideen in die Prozesse zur Strategiefindung des Unternehmens einzubringen.

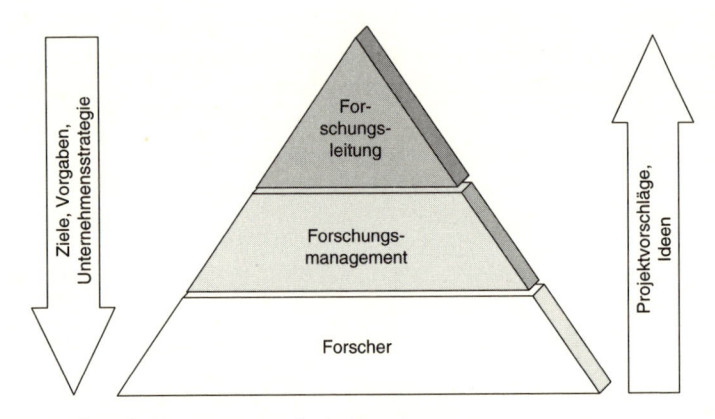

Abbildung 8-13: Entscheidungsprozesse in der Forschung

Doch selbst wenn das Forschungspersonal an der Unternehmensstrategie teilhat, entsteht bei der Einbeziehung der Forscher in die Entscheidungsprozesse zur Ressourcenverteilung ein natürliches Dilemma, da ein entscheidender Punkt für den Erfolg eines Projektes ja das Personal selbst ist. Es liegt offensichtlich am „Beharrungsvermögen" des Menschen, daß Forscher gern auf bestehenden, ihnen vertrauten Forschungsfeldern arbeiten wollen. Außerdem ist sehr oft eine jahrelange Qualifikation von Forschern und Forschungsteams nötig, um zu herausragenden, für den Produkterfolg nötigen Forschungsleistungen zu kommen. Auf der anderen Seite ergeben sich aus den strategischen Überlegungen des Unternehmens immer wieder neue Aufgaben für die Forschungsabteilungen. Eine gute Möglichkeit, diesem Dilemma zu begegnen, ist der „Transfer über Menschen": Forscher wechseln mit einem abgeschlossenen Projekt in einen Unternehmensbereich, was sowohl den Know-how-Transfer in den Geschäftsbereich sicherstellt und gleichzeitig zu einer kontinuierlichen Erneuerung und Verjüngung des Personals im Forschungsbereich beiträgt (vgl. Kapitel 5.2.4, Kapitel 8.7.3).

Doch unabhängig von der Schwierigkeit, daß die Ausrichtung einer Forschung aufgrund bestehender Vorhaben und menschlicher Verhaltensweisen nicht von heute auf morgen geschehen kann, stellt sich grundsätzlich die Frage, wie denn eine – meist sehr generelle – Unternehmensstrategie auf das tägliche Forschungsgeschehen einwirken kann.

8.4 Aufgabenfindung

Der Weg von einem bestimmten Budget bis zu einer Liste finanzierbarer Projekte kann in zwei wesentliche Schritte unterteilt werden: In einem ersten Schritt müssen aus der Unternehmensstrategie Aufgaben für die Forschung abgeleitet werden. Diese bilden Ausgangspunkt und Maßstab für die im zweiten Schritt zu generierenden und zu selektierenden Projekte.

Bei der Aufgabenfindung kommen je nach Finanzierungsart und Unternehmensstrategie unterschiedliche Methoden zum Einsatz (s. Abbildung 8-14). So wird ein Teil der Aufgaben im Zusammenspiel mit den finanzierenden Unternehmensbereichen definiert und werden daraus direkt Projekte abgeleitet. Dabei spiegelt sich die Unternehmensstrategie sowohl aus der Sichtweise der Forschung als auch aus der Sicht des am Markt agierenden Unternehmensbereich wider. Da es sich meist um kurz- bis mittelfristige Problemstellungen handelt, kommen wohl – seitens der Unternehmensbereiche – vor allem die klassischen Methoden der Marktforschung zum Einsatz.

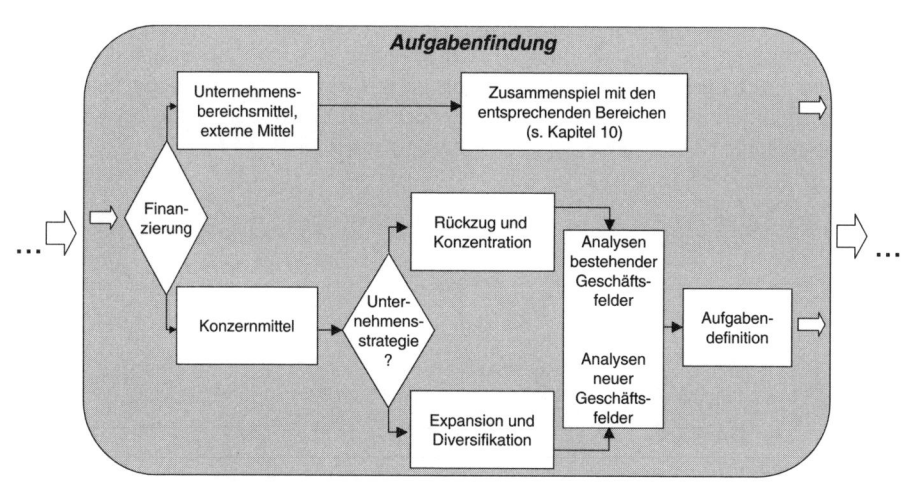

Abbildung 8-14: Aufgabenfindung in der Forschung

Wie in Kapitel 7 beschrieben, muß sich die Unternehmensstrategie an langfristigen technischen, politischen, ökonomischen und gesellschaftlichen Tendenzen und Entwicklungen orientieren. Dort, wo der Forschung Konzernmittel zur Verfügung stehen, müssen daher längerfristige Methoden zum Einsatz kommen, um die zukünftigen Forschungsaufgaben abzuleiten. Die Methoden dienen – je nach Unternehmensstrategie – der Analyse neuer oder bestehender Geschäftsfelder. So sollen Methoden – wie die in Kapitel 7.2.1 erläuterte Szenariotechnik, Delphi-Analyse und bibliometrische Analyse – Veränderungen dieser Felder sowie deren Umfelder untersuchen.

Neben diesen langfristig angelegten Analysen der Geschäftsfeld-Aktivitäten sind Informationen aus den Unternehmensbereichen, wie Problemstellungen aus aktuellen Entwicklungsprojekten, die wichtigste Quelle zur Aufgabenfindung. Der Austausch zwischen den Forschern untereinander und zwischen den anderen Bereichen des Unternehmens und der Forschung muß daher gezielt durch organisatorische Maßnahmen gefördert werden, wie z.B. gemeinsame Workshops. Diese „Vernetzung über gemeinsame Arbeit" kann bis zum gemeinsamen Besuch von Vertriebs- und Forschungsmitarbeitern bei Kunden reichen.

Daneben können Vortrags-, Kongreß-, und Tagungsbeobachtungen, Patentrecherchen, Expertenhearings, -workshops und -befragungen, Trendextrapolationen sowie externe Informationsdienste wertvolle Beiträge zur Findung von Forschungsaufgaben liefern.

8.5 Generierung, Bewertung und Priorisierung von Projekten

Um aus den Forschungsaufgaben Projekte zu generieren, müssen Ideenfindungsprozesse (Abbildung 8-15, vgl. Kapitel 7.2) angestoßen werden. Die Aufgaben dienen dabei der Festlegung des Suchfeldes. Nach einer Grobselektion der Ideen können Projekte definiert werden und im Rahmen der Feinselektion, auf die im weiteren noch eingegangen wird, bewertet und priorisiert werden.

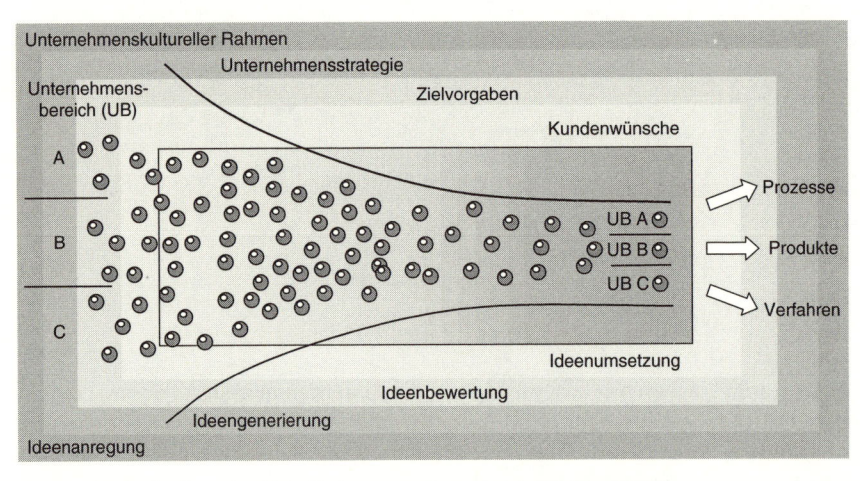

Abbildung 8-15: Analyse des Ideenfindungsprozesses (nach [Walter, 1997])

Diese Feinselektion der Projektvorschläge stellt eine besonders schwierige Aufgabe innerhalb der Planungsabläufe dar. Sie ist nötig, da in einer „guten", ideenreichen Forschung der Gesamtumfang der vorgeschlagenen Projekte immer höher ist (und

8.5 Generierung, Bewertung und Priorisierung von Projekten

sein sollte), als es das Budget zuläßt. Aus diesem Grund ist eine Priorisierung notwendig, die durch unterschiedliche Bewertungsmethoden unterstützt werden kann (s. Abbildung 8-16). Dabei werden prinzipiell zwei verschiedene Arten von Methoden unterschieden:

- eindimensionale, quantitative Verfahren und
- mehrdimensionale, qualitative Verfahren.

Bewertungsmethoden

Eindimensionale, qualitative Verfahren	Mehrdimensionale, qualitative Verfahren
○ Einfach-Zielsetzung auf rein quantitativer Basis	○ Mehrere, auch konkurrierende Ziele ○ Zeitfaktor geht mit ein ○ Berücksichtigung sowohl quantitativer als auch qualitativer Größen
Beispiele	**Beispiele**
Statische Verfahren: ○ Kostenvergleichsrechnung ○ Gewinnvergleichsrechnung ○ Rentabilitätsrechnung ○ Amortisationsrechnung	*Dynamische Verfahren:* ○ Kapitalwertmethode ○ Interne Zinsfußmethode ○ Annuitätenmethode	*Qualitative Verfahren:* ○ Projektprofile ○ Portfolio-Analyse	*Semi-qualitative Verfahren:* ○ Nutzwertanalyse ○ Multiattributive Verfahren
Nachteile	**Nachteile**
○ Einfach-Zielsetzung zur Beurteilung komplexer Forschungsvorhaben nicht ausreichend ○ Zeitfaktor nicht oder nur ungenügend berücksichtigt ○ Mangelnde Berücksichtigung des Risikos	○ Komplexität, die nicht mehr überschaubar ist ○ Ermittlung des Datenmaterials teilweise schwierig ○ Auswahl der Ziele willkürlich ○ Gefahr der Manipulation der Ergebnisse durch subjektive Bewertungen
⇨ Nur für die Beurteilung kurzfristiger, entwicklungsnaher Projekte geeignet	⇨ Nur als Hilfsmittel für Entscheidungsfindung geeignet; Entscheidung bleibt beim Forschungsmanager

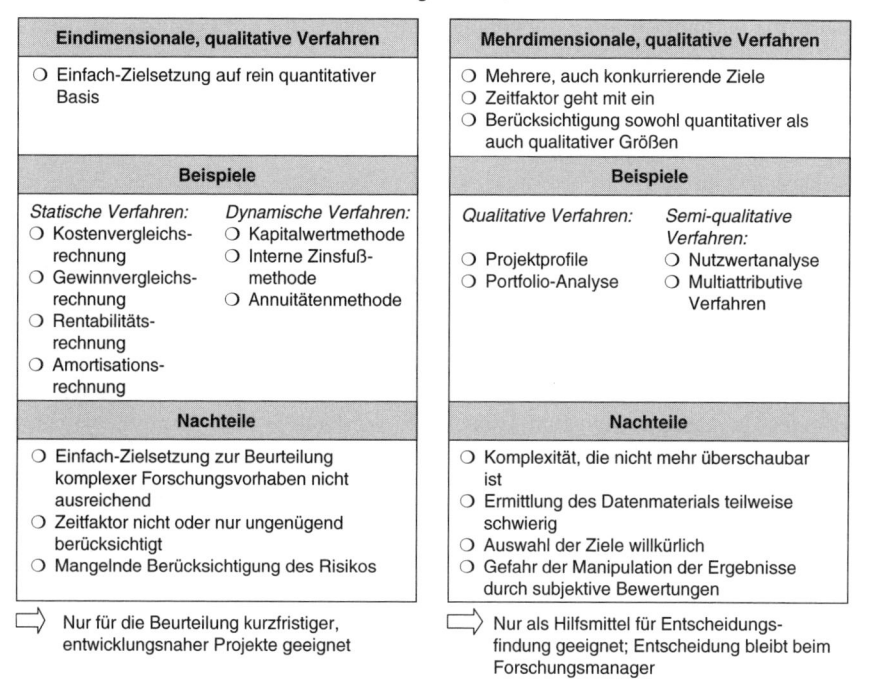

Abbildung 8-16: Bewertungsmethoden (nach [Thoma, 1989])

Eindimensionale Verfahren (z. B. statische und dynamische Investitionsrechnung) eignen sich nur zur Beurteilung kurzfristiger, entwicklungsnaher Projekte, da sie nur Einfachzielsetzungen auf rein quantitativer Basis erlauben.

Mehrdimensionale Verfahren berücksichtigen neben dem Zeitfaktor und mehreren, konkurrierenden Zielen auch quantitative und qualitative Größen. Sie können in qualitative Verfahren, wie z.B. Projektprofile oder Portfolio-Analyse, und semi-quantitative Verfahren, wie z.B. Nutzwertanalyse oder multiattributive Verfahren unterteilt werden. Letztere transformieren qualitative Informationen in rechenbare Größen, was allerdings die Gefahr einer „Scheingenauigkeit" in sich birgt. Die mehrdimensionalen Verfahren sind z. T. universell einsetzbar, erreichen dabei aber eine Komplexität, die häufig schwer überschaubar ist. Zudem ist die Ermittlung des

Datenmaterials teilweise schwierig (z.B. Ermittlung von Wahrscheinlichkeiten, marktseitige Informationen), die Auswahl der Ziele willkürlich, und es besteht die Gefahr, daß die Ergebnisse durch subjektive Bewertungen manipuliert werden.

Die Auswahl von Projekten und die Verteilung der Ressourcen ist daher letztendlich die Entscheidungsaufgabe des Forschungsmanagers. Die genannten Methoden können dabei den Bewertungsprozeß unterstützen. Aufgrund der beschriebenen Schwierigkeiten beim Einsatz der Methoden hängt der Erfolg aber wesentlich von der fachlichen Kompetenz der Forschungsleitung auf den diskutierten Forschungsfeldern ab. Die Forschungsleitung muß daher aktiv die Entwicklung der Märkte und Technologien verfolgen und einschätzen können, ob und wie eine Aufgabe im Unternehmen durchsetzbar und umsetzbar ist. Der Fähigkeit zur Kommunikation, insbesondere zum Zuhören und zum Dialog, kommt hierbei eine wichtige Bedeutung zu. Eingebunden in strategische Prozesse, mit einem großen Wissen und Gestaltungskraft kann so mit vorausschauendem „Gespür" eine integrale Bewertung durch die Forschungsleitung getroffen werden.

8.6 Forschungs-Projektmanagement

Hat ein Forschungsprojekt die Priorisierungs- und Bewertungshürde erfolgreich genommen, geht es in die Umsetzung. In dieser Phase kommen in modifizierter Form Methoden der Organisation zum Tragen, wie sie aus dem „klassischen" Projektmanagement bekannt sind.

Das Projektmanagement kann dementsprechend in die Teile Projektplanung und Projektsteuerung/-kontrolle eingeteilt werden. Die Projektplanung umfaßt insbesondere die Strukturierung des Projektes, die Zuordnung der Tätigkeiten sowie die Kapazitäts- und Kostenplanung (s. Abbildung 8-17).

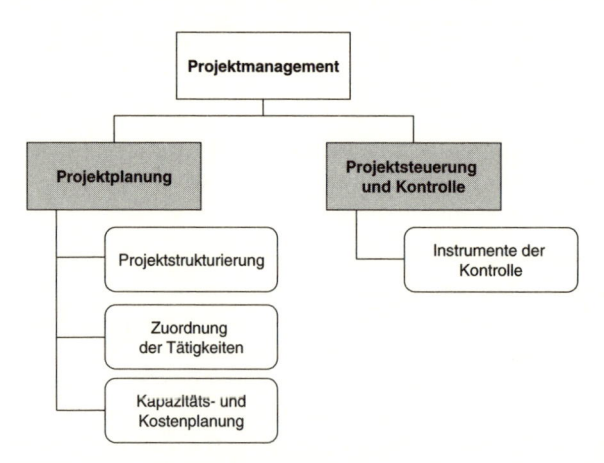

Abbildung 8-17: Teilfunktionen des Projektmanagements

8.6 Forschungs-Projektmanagement

Als Ergebnis der Projektplanung zeigen Abbildung 8-18 und Abbildung 8-19 beispielhaft einen Projektbeschreibungsbogen, wie er bei der *Daimler-Benz AG* zum Einsatz kam. Er enthält neben der Beschreibung der eigentlichen Projektinhalte terminliche und finanzielle Eckdaten sowie den zu erwartenden Kundennutzen und die Wettbewerbssituation.

Technische Zielsetzung:							
Angestrebtes Ergebnis:							
Meilensteine:				Projektlaufzeit:		bis	
Termin:	Zwischenergebnis:			Review erforderlich?			
					ja		nein
					ja		nein
Projektfinanzierung	Jahre	Jahre	Jahre	Jahre	Folgejahre		
F1:							Σ F1
F2:							Σ F2
Konzernmittel:							Σ Konzernmittel
UB-Mittel:							Σ UB-Mittel
Fördermittel:							Σ Fördermittel
Gesamt:							Σ Gesamt

Abbildung 8-18: Beispiel für eine Projektbeschreibung (Teil 1)

Einsatzgebiete:
Pkw ☐ Nfz ☐ Bahnsysteme ☐ Dieselantriebe ☐ Mikroelektronik ☐ Luftfahrt ☐ Antriebe Luft ☐ Verteidigung/ ziv. Systeme ☐ Raumfahrt ☐ debis ☐ %

Strategische Zielsetzung des GF: ....
Beitrag des Projektes: ....
Nutzen für andere GF: ....
Umsatzvolumen durch Projektergebnis: .... Mio. DM (Produktinnovation)
Kosteneinsparungspotential durch Projektergebnis: .... Mio. DM (Prozeßinnovation)
Projektergebnis in die Langfristplanung des GF aufgenommen? ☐ ja   geplant ab: .... ☐ nein

Kundennutzen: ☐ Zeitvorteil   ☐ Qualitätsvorteil   ☐ Erschließung neuer
                  ☐ Kostenvorteil ☐ Erschließung neuer Geschäftsmöglichkeiten   Zielgruppen

Wettbewerbssituation:
Wichtigste Forschungswettbewerber: ....
Eigene Position bzgl. Wettbewerbern: ☐ besser ☐ gleich ☐ schlechter   Ursache: ....
Stand des Wissens (Patent-, Literaturrecherche etc.): ....
Zusammenarbeit mit Externen?   ☐ ja   ☐ nein   Partner: ....

Projektbewertung: hoch   mittel   niedrig   sehr gut   gut – befried.   nicht befried.
Strategische Bedeutung: ☐   ☐   ☐   Technische Zielsetzung: ☐   ☐   ☐
Innovationspotential: ☐   ☐   ☐   Zeitlicher Ablauf: ☐   ☐   ☐
Umsetzungschancen im GF: ☐   ☐   ☐
Kommentar: ....

Abbildung 8-19: Beispiel für eine Projektbeschreibung (Teil 2)

Der Natur der Forschung entsprechend ändern sich jedoch Inhalte, Ziele und Kosten im Verlauf eines Projektes sehr viel stärker, als dies z.B. bei Entwicklungsprojekten der Fall ist. Abbildung 8-20 verdeutlicht diesen Unterschied. Während Entwicklungsziele meist relativ direkt erreicht werden, ist der Forschungsprozeß durch „Krisenpunkte", häufiges Umplanen und zufällige Ziele charakterisiert [Bleicher, 1990]. Das hat verschiedene Besonderheiten zur Folge, die bei der Planung und Steuerung eines Forschungsprojektes berücksichtigt werden müssen.

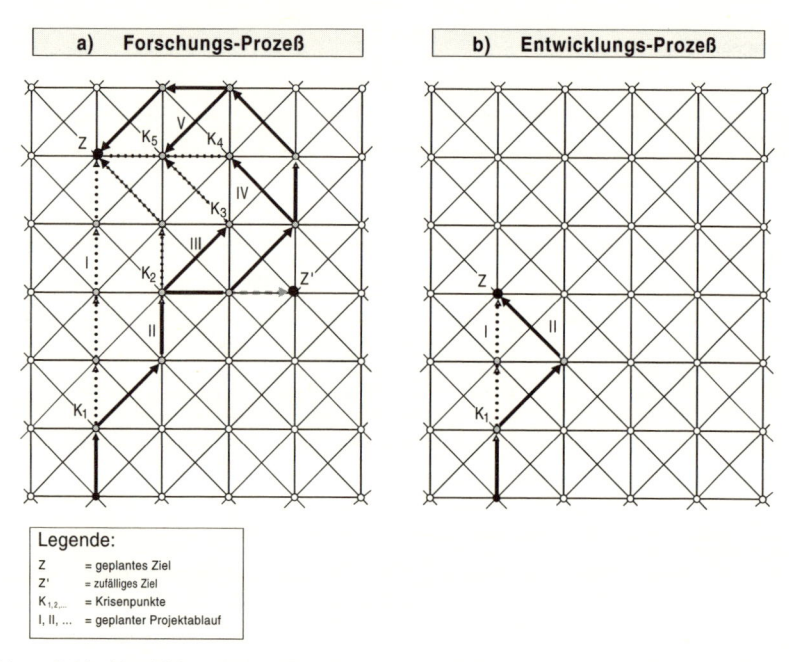

Abbildung 8-20: Vergleich zwischen Forschungs- und Entwicklungs-Prozeß [Bleicher, 1990]

Bei der Planung gilt: Je „unschärfer" das erwartete Projektergebnis, desto weniger ist eine detaillierte Planung möglich. Entsprechendes gilt für die Steuerung und Kontrolle: Sie sollte bei „unscharfen Zielen" nicht zu detailliert sein. Zwar muß das Ziel mit Konsequenz angesteuert werden, jedoch muß auch eine dynamische Veränderung des Projektablaufes zugelassen werden. Dabei darf aber nicht das Ziel aus den Augen verloren werden, mit den eingesetzten Mitteln ein möglichst optimales Ergebnis für das Unternehmen zu erreichen.

Die Projektorganisation ist seit den 80er Jahren auch in den Forschungsbereichen weitgehend eingeführt. Allerdings ist eine Aufbauorganisation, die sich ausschließlich an Projekten orientiert und daher das fachübergreifende Projektteam in den Vordergrund stellt, für bestimmte Teilbereiche der Forschung ungeeignet. So fordern z.B. der Aufbau und die Pflege bestimmter technologischer Fähigkeiten oder

8.6 Forschungs-Projektmanagement

Dienstleistungen längerfristige Strukturen. Hier wird besser ein sog. „Center-Konzept" angewendet, d. h. fachlich qualifizierte Gruppen (Center) mit einer gewissen Grundfinanzierung bieten gegen Bezahlung Dienstleistungen für andere Bereiche an (z.B. thermodynamische Berechnungen). Um die Vorteile beider Ansätze zu kombinieren, bietet sich die matrixartige Vernetzung an: Es werden center-übergreifende Projekte definiert, in welche die beteiligten Center ihre jeweilige, spezifische Technologiekompetenz einbringen.

Ein „Übermaß" an Organisation in Projekten birgt die Gefahr in sich, daß dem Unternehmen „nicht geplante" Ergebnisse sowie Kreativität verlorengehen. Hier geht es also letztlich um ein ausgewogenes Verhältnis zwischen völlig freier Forschung und einem rein zielorientierten Vorgehen (s. Abbildung 8-21). Eine freie Forschung hat den Vorteil, daß auch auf ungeplante, zufällige Zwischenergebnisse flexibel eingegangen wird und die menschliche Kreativität dadurch zu völlig unkonventionellen Lösungen angeregt wird. Diese Lösungen können zu Produkten mit einem völlig neuen Markt führen. Allerdings besteht die Gefahr, daß am Markt vorbei geforscht wird und die Ideen nicht in Produkte bzw. Prozesse umgesetzt werden können. Eine freie Forschung kann dann zu einem erheblichen finanziellen Risiko werden. Eine stark zielorientierte Forschung hat den Vorteil, daß sämtliche Aktivitäten klar strukturiert und an den Erfordernissen des Marktes orientiert sind. Der Erfolg der Forschung läßt sich direkt aus dem Vergleich von eingesetztem und gewonnenen Kapital ermitteln. Dieses Vorgehen birgt jedoch das Problem, daß ein erhebliches Potential an Ideen verlorengeht und Forschungsprojekte aufgrund eines „verwalterischen" Vorgehens kreatives Handeln blockieren. Deswegen werden in vielen Unternehmen 5 – 15 % der Kapazität für eine sog. „freie Forschung" eingeräumt (vgl.

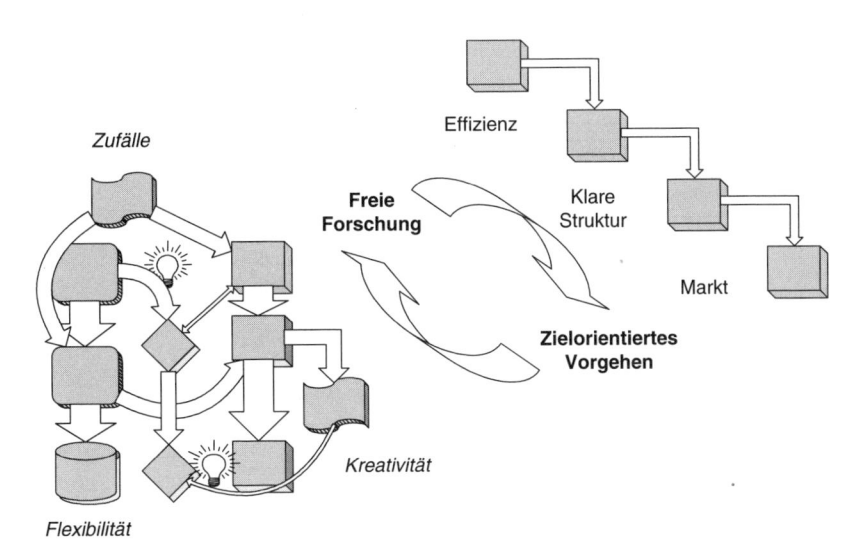

Abbildung 8-21: Planungsdilemma

Kapitel 10.3.2). Problematisch ist hierbei allerdings die Ergebniskontrolle, da diese freien Forschungskapazitäten sehr oft zweckentfremdet, d. h. beispielsweise zur Korrektur von Planungsfehlern eingesetzt werden. Trotz solcher möglichen „Mißbräuche" sollte aber in jedem Forschungsbereich für Forscher, Forscherteams und Führungskräfte ein sinnvolles Maß an Flexibilität möglich sein.

8.7 Ergebnisbewertung und Transfer

8.7.1 Problematik der Ergebnisbewertung

Beim „klassischen" Projektmanagement lassen sich die Ergebnisse meist einfach an den zuvor definierten Projektzielen messen. Im Falle von Forschungsprojekten kann und muß jedoch – wie erwähnt – sehr oft die Zielsetzung während des Projektes den Zwischenergebnissen und Rahmenbedingungen angepaßt werden. Auch führt eine abgeschlossene Forschungsarbeit nicht unbedingt direkt zu einem Produkt, wenn z. B. Entwicklungen auf anderen Gebieten Voraussetzung für den serienmäßigen Einsatz sind. So wurden beispielsweise schon früh Methoden der Finiten Elemente untersucht; erst durch die enorme Leistungssteigerung der Rechner konnten diese Methoden jedoch zum breiten Einsatz kommen.

Häufig münden die Ergebnisse von Forschungsarbeiten außerdem nicht in das ursprünglich geplante Produkt – gerade wenn sie in mehreren Abschnitten und über Jahre durchgeführt wurden –, sondern finden sich in völlig anderen Produkten wieder.

Zeitaspekte und die Problematik der Identifizierung von Forschungsleistungen in Produkten machen daher eine objektive Beurteilung der Forschungsarbeit sehr schwierig (s. Abbildung 8-22).

Idealbild	
Eine Idee wird zum Forschungsprojekt und führt zu einem neuen Produkt.	
⇨	Forschungsarbeit läßt sich an Quantität und Qualität der entstandenen Produkte messen.
Probleme	
○ Identifizierung:	Welche (Teil-)Projekte sind genau welchen Produkten zuzuordnen?
○ Zeitaspekt:	Wie sind Forschungsleistungen zu bewerten, die erst nach 10 – 15 Jahren zu einem Produkt führen?

Abbildung 8-22: Problematik der Ergebnisbewertung

> **Beispiel: Bremsassistent**
>
> Ein Beispiel für einen kurzfristigen Erfolg eines Forschungsprojektes ist der sog. Brems-Assistent. Das von *Mercedes-Benz* entwickelte System wird aktiv, wenn Autofahrer in Notsituationen zu zaghaft bremsen [Daimler-Benz AG, 1996b]. So wird z.B. bei einer Geschwindigkeit von 100 km/h der Anhalteweg um bis zu 45% verkürzt. Erste grundlegende Forschungsarbeiten zum Brems-Assistenten fanden 1988/89 in Fahrsimulatoruntersuchungen statt. Von 1990 bis 1993 wurde ein Vorentwicklungsprojekt, seit 1994 ein Serienentwicklungsprojekt durchgeführt. Bereits Ende 1996 wurde das Produkt in den Markt eingeführt.

> **Beispiel: Anti-Blockier-System (ABS)**
>
> Ein Beispiel für ein sehr langes „Forschungsprojekt" ist das Anti-Blockier-System (ABS) [Arthur D. Little, 1993]. Erste Überlegungen zu Bremskraftreglern entstanden in den 20er Jahren. 1940 wurde ein mechanisch-elektrischer Bremskraftregler für den Pkw entwickelt. Intensive Entwicklungsarbeiten mit dem Ziel eines breiten Einsatzes wurden jedoch erst Anfang der 60er Jahre gestartet. Das ABS, wie wir es heute kennen, setzte aber Entwicklungen auf dem Gebiet der digitalen Signalverarbeitung voraus, und kam deshalb erst Ende der 70er Jahre zum Durchbruch.

Die Beispiele zeigen, daß die Umsetzung eines Forschungsprojektes nicht immer sofort geschehen kann. Das heißt aber nicht, daß die Forschungsarbeit nicht dennoch erfolgreich war, da z.B. wichtige Grundlagen gelegt werden konnten. Eine Beurteilung von Projektergebnissen erfordert daher eine sehr differenzierte Betrachtung.

8.7.2 Methoden der Ergebnisbewertung

Um der dargestellten Problematik zu begegnen, müssen auf verschiedenen Ebenen unterschiedliche Methoden der Ergebnisbewertung zum Einsatz kommen. Dazu werden in den Forschungsbereichen der Unternehmen derzeit verschiedene Methoden erprobt. So gaben 80% der in einer aktuellen Studie befragten deutschen Unternehmen an, daß sie regelmäßige Bewertungen ihrer Forschungsarbeiten durchführen [Weule/Mussa, 1999]. Dabei kommen eine Fülle von Methoden zum Einsatz, wie „steering commitees", Portfolio-Evaluierungsprozesse, Reviews etc. Welche Methoden am effizientesten sind und sich durchsetzen werden, wird sich allerdings erst in den nächsten Jahren herausstellen.

Eine relativ breite Bewertungssystematik hat seit 1992 die Forschung der *Daimler-Benz AG* entwickelt. Die verwendeten Bewertungsmethoden decken dabei sowohl die ergebnisorientierte als auch die prozeßorientierte Sichtweise ab (s. Abbildung 8-23). Im Rahmen von flächendeckenden Projektbewertungen wird ein Überblick über die gesamte Forschung des Unternehmens geschaffen, während durch Forschungsaudits punktuell und sehr detailliert die Prozesse in den Forschungsbereichen beleuchtet werden.

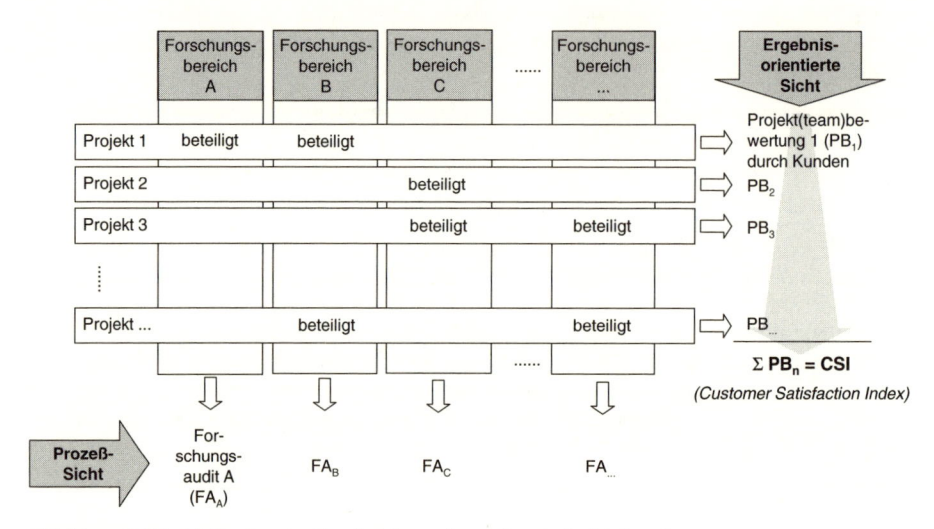

Abbildung 8-23: Methoden der Ergebnisbewertung einer Industrieforschung

Projektbewertung durch die Kundenbereiche

Für Projekte, die durch die Unternehmensbereiche finanziert werden, kann die Forschungsarbeit im Rahmen von Befragungen bewertet werden. Nach Abschluß von Forschungsprojekten sollte grundsätzlich eine Bewertung durch den entsprechenden „Kunden", d. h. durch den beauftragenden Unternehmensbereich, durchgeführt werden, da dies den direktesten Weg der Rückführung darstellt und Erkenntnisse unmittelbar in neue Projekte einfließen können. Bei der *Daimler-Benz AG* wurde eine solche Projektbewertung durch die Kunden aus den Unternehmensbereichen eingeführt, in der diese Aussagen zu Termintreue, Umfang und Qualität der Arbeit, zur Zusammenarbeit zwischen Forschung und Unternehmensbereich sowie zum vorgesehenen Transfer der Forschungsergebnisse in Produkte und Prozesse machen. Abbildung 8-24 zeigt beispielhaft einen Erfassungsbogen, wie er bei der *DaimlerChrysler AG* zu solch einer Bewertung eingesetzt wird.

8.7 Ergebnisbewertung und Transfer 209

Abbildung 8-24: Projektbewertung durch Unternehmensbereiche: Erfassungsbogen [Daimler-Benz AG, 1993]

Customer Satisfaction Index (CSI)

Um ein projektübergreifendes Maß für die Zufriedenheit der Kunden mit der Forschungsarbeit zu erzeugen, werden die Bewertungen der verschiedenen für einen Kunden durchgeführten Projekte jährlich zu sog. Kundenreviews zusammengefaßt und ausgewertet (s. Abbildung 8-25). Der „Customer Satisfaction Index" (CSI) – als Mittelwert über alle Projekte für einen Unternehmensbereich – spiegelt so die Zufriedenheit des jeweiligen Unternehmensbereichs mit der Forschung wider. Über seine zeitliche Entwicklung lassen sich dabei insbesondere auch Veränderungen in der Kundenzufriedenheit verfolgen.

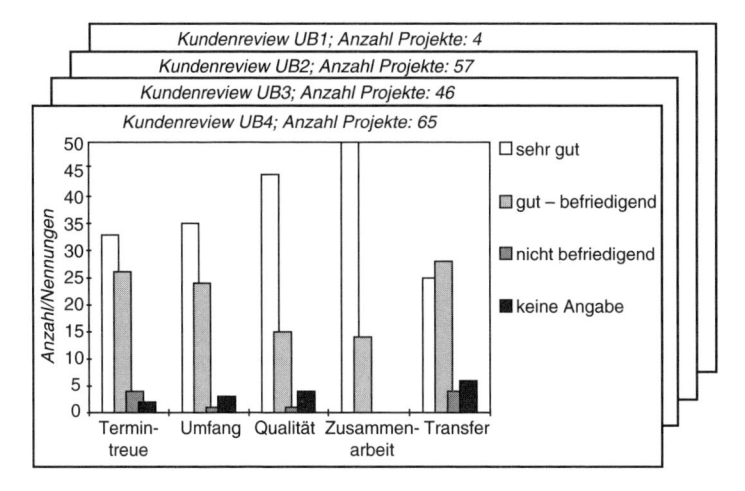

Abbildung 8-25: Kundenreview: Beispiel für eine Auswertung

Forschungsaudit

Projektbewertungen und deren Verdichtung zu einem CSI stellen eine rein ergebnisorientierte Betrachtung von Forschungsleistungen dar. Ausschlaggebend dabei ist allein die Zufriedenheit der unternehmensinternen Kunden. Über die wissenschaftliche Qualität der Forschung geben diese Beurteilungen allerdings nur begrenzt Aufschluß. Um beide Aspekte abzudecken – Kundenzufriedenheit und wissenschaftliche Qualität –, wurde bei der damaligen *Daimler-Benz AG* Anfang der 90er Jahre das sog. „Forschungsaudit" entwickelt. Mit dem Forschungsaudit sollte ein Instrument zur Untersuchung der Effektivität, Effizienz und Qualität einer Forschungsgruppe sowohl in bezug auf die Anforderungen der Kunden als auch in bezug auf die Wettbewerbssituation geschaffen werden. Das Forschungsaudit ist ein Führungselement und soll helfen, die forschungsstrategischen Entscheidungen zu verbessern (s. Abbildung 8-26).

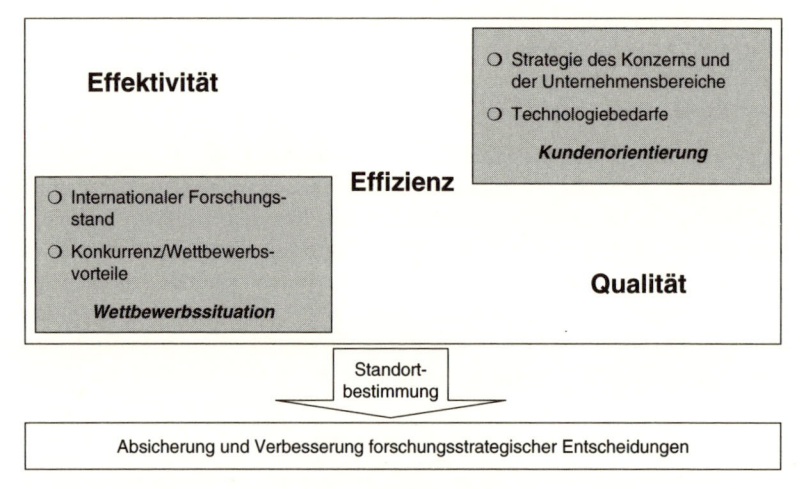

Abbildung 8-26: Aufgaben und Ziele des Forschungsaudits

Das Forschungsaudit wurde in Anlehnung an das von der *Deutschen Forschungsgemeinschaft (DFG)* eingesetzte Verfahren zur Begutachtung von Sonderforschungsbereichen entwickelt und in der europäischen Industrieforschung als erstes von der *Daimler-Benz AG* angewandt. Aufgrund des hohen Aufwandes wird es im Gegensatz zu Projektbewertungen nicht flächendeckend, sondern gezielt drei- bis viermal pro Jahr zur Auditierung einzelner Forschungsgruppen von zehn bis 25 Personen eingesetzt. Die zu auditierenden Themen oder Gruppen werden nach einer Diskussion im Forschungsleitungskreis durch den Forschungsleiter festgelegt.

Im einzelnen werden folgende Kernfragen untersucht:

- Beurteilung des Forschungsstandes und der erreichten Forschungsergebnisse,
- Beurteilung der Ausrichtung der laufenden Forschungsaktivitäten und Ziele,

8.7 Ergebnisbewertung und Transfer

- Beurteilung von Art und Weise sowie der Effizienz der Forschungsaktivitäten,
- Beurteilung der Umsetzung der erzielten bzw. Anwendung der geplanten Forschungsergebnisse.

Um dem Ziel eines Vergleichs mit dem internationalen Forschungswettbewerb gerecht zu werden, ist es von entscheidender Bedeutung, daß als Auditoren externe, internationale Spitzenforscher des jeweiligen Forschungsgebietes gewonnen werden. Um andererseits auch der „Kundensicht" gerecht zu werden, kommen außerdem interne Fachleute des oberen und mittleren Managements von „Kunden"-Unternehmensbereichen hinzu.

Die an einem Audit beteiligten Personengruppen haben folgende Aufgaben (s. Abbildung 8-27):

- *Unternehmensleitung/Kernmannschaft:* Gibt den Anstoß für eine Auditierung, gibt den zeitlichen und inhaltlichen Rahmen vor, wählt die Auditoren aus, nimmt Einfluß auf die Gestaltung der Fragenkataloge.
- *Auditoren:* Sind auf dem Gebiet spezialisierte Fachleute (intern und extern), erarbeiten den Fragenkatalog, setzen sich mit dem betreffenden Forschungsbereich auseinander, beurteilen den Forschungsbereich während des Audits, erarbeiten Verbesserungsvorschläge.
- *Zu auditierender Forschungsbereich:* Bearbeitet den Fragenkatalog, präsentiert den Forschungsbereich, diskutiert mit den Auditoren über den Bereich.
- Eventuell noch ein *neutraler Moderator/Leiter* für den Audit-Tag.

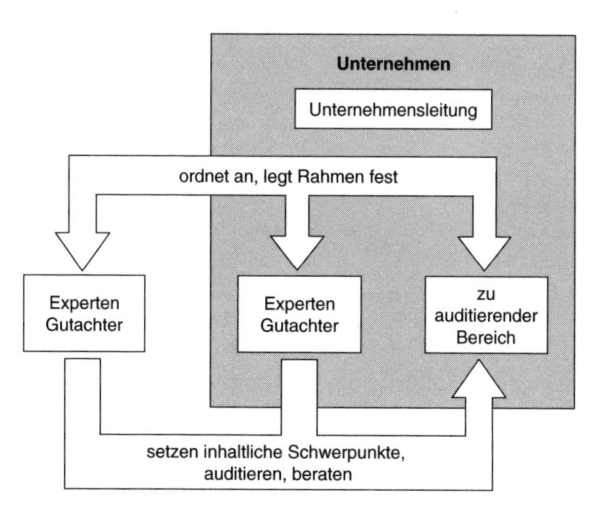

Abbildung 8-27: Audit-Beteiligte

In einem Wechsel aus Präsentationen des Bereichs, Interviews und Beratungen der Auditoren wird schließlich die wissenschaftliche Position im Vergleich zum Weltstandard sowie die Ausrichtung auf die Unternehmensstrategie und die Bedürfnisse der internen Kunden herausgearbeitet. Die folgende Ergebnisgliederung eines Forschungsaudits macht deutlich, daß Forschungsaudits dabei das gesamte Gerüst einer Forschungsabteilung beurteilen:

- Forschungsinhalte und Prioritäten,
- präzise, detaillierte Wettbewerbspositionierung,
- Dimensionierung von Kapazitäten,
- Forschungsinfrastruktur (Laboreinrichtungen, …),
- Arbeitsteiligkeit (Strukturen und Prozesse),
- Mitarbeiterqualifikationen und Mitarbeiterstruktur,
- aktuelle Probleme, strategische Handlungsbedarfe.

Abbildung 8-28 zeigt beispielhaft den Zeitplan für ein Audit.

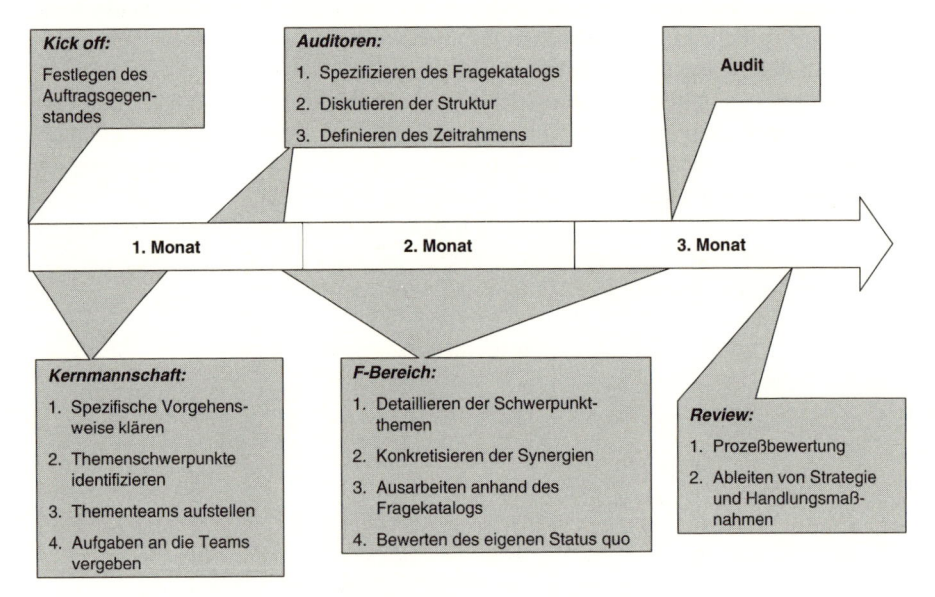

Kick off:
Festlegen des Auftragsgegenstandes

Auditoren:
1. Spezifizieren des Fragekatalogs
2. Diskutieren der Struktur
3. Definieren des Zeitrahmens

Audit

1. Monat | 2. Monat | 3. Monat

Kernmannschaft:
1. Spezifische Vorgehensweise klären
2. Themenschwerpunkte identifizieren
3. Thementeams aufstellen
4. Aufgaben an die Teams vergeben

F-Bereich:
1. Detaillieren der Schwerpunktthemen
2. Konkretisieren der Synergien
3. Ausarbeiten anhand des Fragekatalogs
4. Bewerten des eigenen Status quo

Review:
1. Prozeßbewertung
2. Ableiten von Strategie und Handlungsmaßnahmen

Abbildung 8-28: Beispiel eines Audit-Zeitplanes

Nachteilig am Forschungsaudit ist das sehr aufwendige Verfahren. Zudem gibt es Risiken bei der Offenlegung von Forschungsaktivitäten gegenüber externen Gutachtern. Die bisherigen Erfahrungen haben insgesamt jedoch gezeigt, daß das Forschungsaudit ein nützliches Instrument zur Absicherung inhaltlicher, personeller und kapazitiver Entscheidungen des Forschungsmanagements darstellt.

Neben der hier diskutierten Anwendung (Inhalte und/oder Qualität von Forschungsgruppen) sind mit Hilfe dieses Werkzeugs auch spezifische Fragestellungen innerhalb des Forschungsprozesses auditierbar, z.B. der Transfer der Forschungsergebnisse in die Unternehmensbereiche (s. Abbildung 8-29).

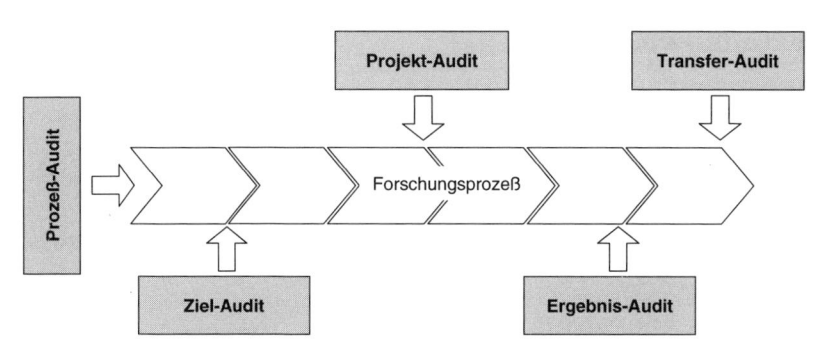

Abbildung 8-29: Forschungsaudit zur Untersuchung spezifischer Fragestellungen

8.7.3 Transfer

Letzter und entscheidender Teilschritt des Forschungsprozesses ist der Transfer in die Unternehmensbereiche. An dieser Schnittstelle ist besondere Sorgfalt geboten, da die Weiterverwendung von Forschungsergebnissen meist umfangreiches Expertenwissen voraussetzt und die Gefahr besteht, daß (teuer) erarbeitete Ergebnisse falsch, unvollständig oder überhaupt nicht zum Einsatz kommen. Der Transfer kann grundsätzlich über Dokumente, Hardware (z.B. Prototypen) oder Menschen erfolgen.

Grundsätzlich kann der Transfer über Personen als der sicherste gelten, da hier unmittelbar Wissen und Erfahrung sowie Motivation für eine Umsetzung vorliegen. Zudem stellt der Transfer von Ergebnissen der Forschung über Personen einen optimalen Weg zur Erneuerung und Verjüngung eines Forschungsbereiches dar (vgl. Kapitel 5).

8.8 Fazit

⇨ Die Forschung sollte in den Strategiefindungsprozeß des Unternehmens eingebunden sein und Strategieveränderungen folgen.

⇨ Für die Forschung ist die Budgetierung von elementarer Bedeutung. Zur Festlegung des Budgets ist die Orientierung an den Forschungsausgaben des Wettbewerbsumfelds sinnvoll und notwendig.

⇨ Erfolgreiche Forschung benötigt eine gesunde Mischung aus „kreativ-chaotischem" und zielorientiertem Vorgehen.

⇨ Forschung braucht – wie alle anderen Funktionen eines Unternehmens – eine Ergebnisorientierung; Bewertungsmethoden dazu sind in Erprobung, aber noch nicht breitflächig etabliert.

⇨ Der Transfer von Forschungsergebnissen läßt sich am besten über Personen gestalten.

Literaturhinweise

Arthur D. Little (Hrsg.) (1993): Management erfolgreicher Produkte, Wiesbaden, Gabler 1993

Bleicher, F. (1990): Effiziente Forschung und Entwicklung – Personelle, organisatorische und führungstechnische Instrumente, Wiesbaden, Deutscher Universitätsverlag 1990

Brockhoff, K. (1990): Stärken und Schwächen industrieller Forschung und Entwicklung, 1. Auflage, Stuttgart, Schäffer-Poeschel 1990

Daimler-Benz AG (1996a): From Better to Best. Interne Studie des Ressorts Forschung und Technik, Stuttgart 1996

Daimler-Benz AG (1996b): Presse-Information „Brake-Assist: Mercedes-Benz Entwicklung zur Verbesserung der Fahrsicherheit", Stuttgart 1996

Stifterverband für die Deutsche Wissenschaft (1997): FuE-Info 1/1997, Informationsschrift, Essen 1997

Thoma, W. (1989): Erfolgsorientierte Beurteilung von F&E-Projekten, 1. Auflage, Darmstadt, Toeche-Mittler 1989

Walter, W. (1997): Erfolgversprechende Muster für betriebliche Ideenfindungsprozesse, Forschungsberichte aus dem Institut für Werkzeugmaschinen und Betriebstechnik der Universität Karlsruhe, Band 75, Karlsruhe 1997

Weule, H.; Mussa, S. (1999): Forschung im Industrie- und Dienstleistungssektor in Deutschland. Unveröffentlichte Studie, Institut für Werkzeugmaschinen und Betriebstechnik der Universität Karlsruhe, Karlsruhe 1999

9 Der Entwicklungsprozeß

> *„Science can amuse and fascinate us all,*
> *but it is engineering that changes the world."*
> (Isaac Asimov)

9.1 Einleitung

Unternehmerische Aufgabe ist neben der Erwirtschaftung eines Gewinns die Schaffung von Potentialen zur Sicherung des langfristigen Fortbestandes des Unternehmens. Im Käufermarkt stellt die Differenzierung der Produkteigenschaften einen wesentlichen Erfolgsfaktor dar. Grundlage für Produkt- und Prozeßinnovationen zur Schaffung von Wettbewerbspotentialen ist die systematische Durchführung entsprechender Forschungs- und Entwicklungsaktivitäten. Nachdem im letzten Kapitel der Forschungsprozeß näher betrachtet wurde, soll in diesem Kapitel die Entwicklung im Mittelpunkt stehen. Die zentralen Fragen lauten:

- Welche Bedeutung hat die Entwicklung im Unternehmen?
- Wie ist die Entwicklung organisatorisch ins Unternehmen eingliederbar?
- Welche Ziele und Randbedingungen zeichnen Entwicklungsprojekte aus?
- Welche Methoden sind in einzelnen Phasen des Produktentwicklungsprozesses anwendbar?
- Wie kann der Erfolg von Entwicklung bewertet werden bzw. wie „produktiv" arbeitet die Entwicklung?

9.2 Aufgabe und Stellung der Produktentwicklung im Unternehmen

9.2.1 Wesen und Bedeutung der Produktentwicklung

Innovation wird durch den FuE-Bereich vorangetrieben. Der Übergang zwischen Forschung und Entwicklung ist dabei sowohl inhaltlich als auch zeitlich nicht eindeutig abgrenzbar, er gestaltet sich fließend (vgl. Kapitel 3.3). Der Entwicklung können je nach Innovationsgrad des Produktes Vorentwicklung und Forschung vorausgehen.

Um den langfristigen Erfolg des Unternehmens zu sichern, ist es notwendig, daß sich das Produktprogramm aus Produkten zusammensetzt, die sich in verschiedenen Lebenszyklusphasen befinden. Man unterscheidet hierbei umsatzbezogen die Phasen der Entwicklung, Markteinführung und Aufstiegsphase, Konsolidierung und Niedergangsphase. Die Markteinführung neuer Produkte sollte so terminiert sein, daß sich der Umsatzrückgang alter Produkte und der Anstieg neuer Produkte mindestens kompensieren. Dabei ist zu beachten, daß die Entwicklung neuer Produkte im Vorfeld in der Regel mehr Zeit und Aufwand in Anspruch nimmt, als die Modifizierung eines bestehenden Produktes (Variante). Finanzielle Ressourcen, die für Forschung und Entwicklung neuer Produkte benötigt werden, müssen durch alte Produkte vorfinanziert werden.

Der Entwicklungsprozeß kann als *„Black Box"* betrachtet werden: Den Input bilden Ideen und/oder die Anforderungen des Marktes sowie die Kompetenzen des Unternehmens und sonstige Rahmenbedingungen, die durch den Entwicklungsprozeß in ein markt- und produktionsgerechtes Produkt transformiert werden.

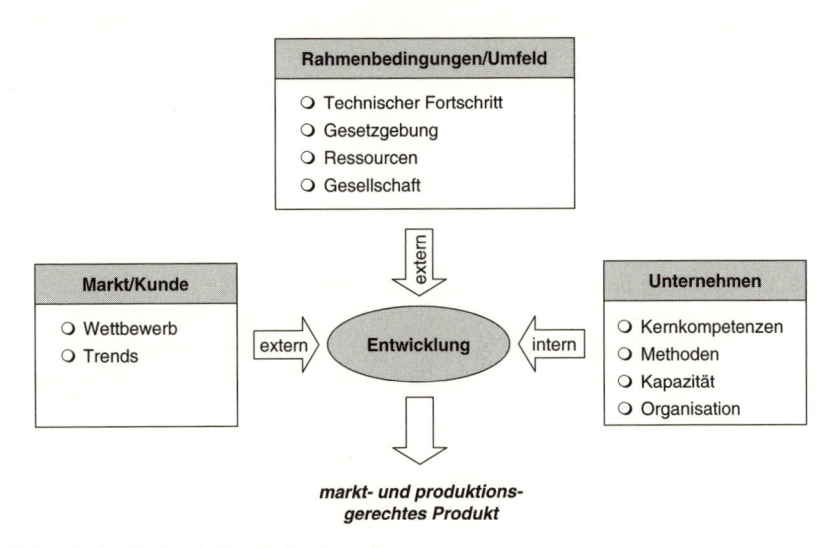

Abbildung 9-1: Die Black Box „Entwicklung"

Aufgabe der Entwicklung ist die Transformation der durch den Markt oder das Unternehmen kommunizierten Anforderungen in ein Entwicklungsprodukt, wobei Vorgaben bezüglich der drei Zielgrößen Zeit, Kosten und Qualität sowohl für das Entwicklungsprodukt wie auch für den Entwicklungsprozeß selbst einzuhalten sind:

- Das Produkt muß zum richtigen *Zeitpunkt* auf den Markt kommen. Das Entwicklungsergebnis muß folglich innerhalb eines beschränkten Zeitraums erarbeitet werden.
- Die *Kosten* eines Produktes müssen sowohl den Preisvorstellungen des Kunden als auch den Renditevorstellungen des Unternehmens genügen. Folglich sind für die Entwicklung die zu erreichenden Produkt-Herstellkosten restriktiv.
- Das Produkt soll die geforderten Eigenschaften weder über- noch untererfüllen, d.h. die *Qualität* des Produktes muß optimiert werden.

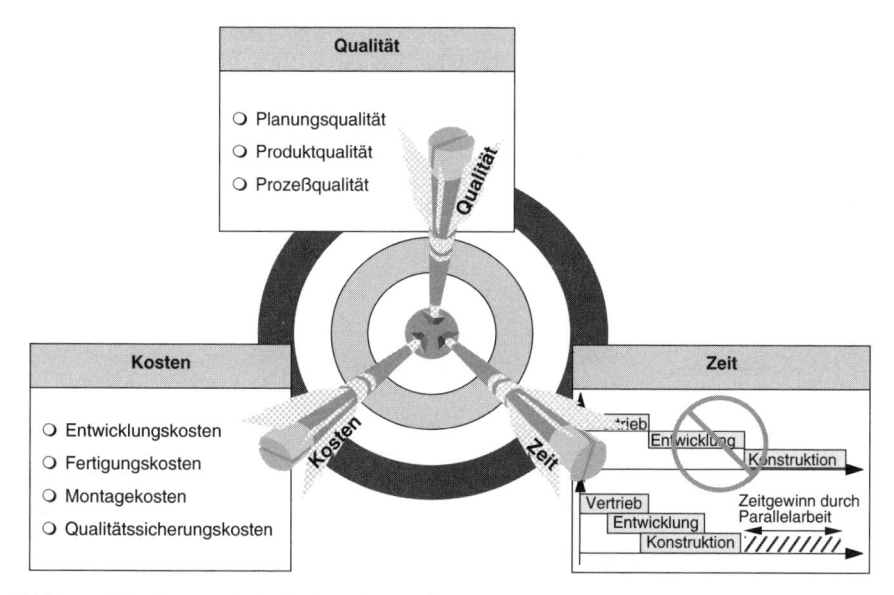

Abbildung 9-2: Das magische Dreieck für den Entwicklungsprozeß (nach [Eversheim, 1995])

Die Problematik des magischen Dreiecks infolge der gegenseitigen Beeinflussung der drei Größen im Entwicklungsprozeß soll folgender Sachverhalt aufzeigen: Eine sehr hohe Qualität kann nur realisiert werden, indem in Qualitätssicherung investiert wird, was zum einen nicht-produktive Zeit beansprucht und zum anderen zusätzliche Kosten verursacht.

9.2.2 Organisatorische Eingliederung

Die am Entwicklungsprozeß beteiligten Menschen sind wesentliche Erfolgsfaktoren für die Erreichung der gesetzten Ziele. Eine durch den *Berliner Kreis* initiierte Untersuchung für den Wirtschaftsstandort Deutschland „Neue Wege zur Produktentwicklung" [Grabowski/Geiger, 1997] zeigt, daß die primäre Problematik des Produktentwicklungsprozesses in der betrieblichen Kommunikation verschiedener Funktionsbereiche besteht. Die bereichsübergreifende Kommunikation ist zu verbessern, um beispielsweise Fehlentwicklungen frühzeitig entgegensteuern zu können. Die Orientierung der Produktentwicklung am Markt und an den Bedürfnissen der Kunden sowie die Zielfindung sind weitere Problembereiche. Die durchgängige Übersetzung von Kundenanforderungen in marktfähige Produkte ist oft nicht gewährleistet. Als wichtiger Erfolgsfaktor wird in der Studie die Zusammenarbeit der Produktentwicklung mit der Produktplanung und dem Produktmarketing genannt. Defizite in der Methodenanwendung beziehen sich zum einen auf die zögerliche Einführung bekannter Methoden wie QFD (Quality Function Deployment, vgl. Kapitel 9.3.3) und FMEA (Failure Modes and Effects Analysis, vgl. Kapitel 9.4.4);

zum anderen bestehen Schwierigkeiten in der Umsetzung abstrakter Methoden wie Simultaneous Engineering oder Projektmanagement.

Die erfolgreiche betriebliche Kommunikation setzt geeignete Organisationsformen voraus. Damit Entwicklungsaktivitäten effektiv und effizient ablaufen, sind Rahmenbedingungen für die Mitarbeiter zu schaffen, die den kreativen Prozeß angemessen unterstützen. Dazu gehört die geeignete Gestaltung der Strukturen (Aufbauorganisation) und der Prozesse (Ablauforganisation), wie in Kapitel 3 beschrieben.

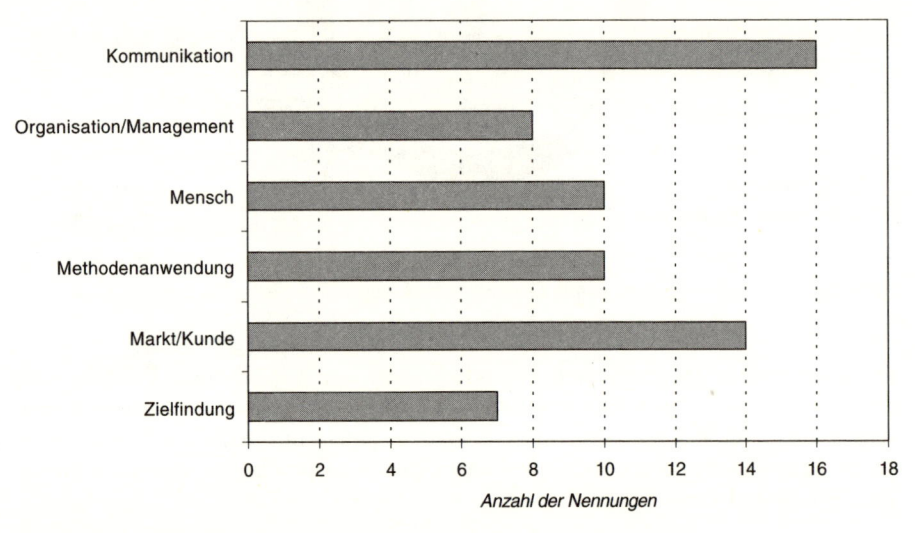

Abbildung 9-3: Primäre Ursachen von Problemen der Produktentwicklung [Grabowski/Geiger, 1997]

Organisatorische Betrachtungen sind dabei zum einen auf der Ebene der generellen Einbindung des Entwicklungsprozesses in die Aufgaben und Funktionsbereiche des Unternehmens als auch für einzelne Entwicklungsprojekte anzustellen. Die kompetenzorientierte Betrachtung der Entwicklungsaufgabe wird durch aufgabenorientierte Formen der Zusammenarbeit ergänzt.

9.2.2.1 Aufbauorganisation

Entwicklung als Funktionsbereich

Durch die Festlegung, wie die Entwicklung in die Aufbauorganisation des Gesamtunternehmens eingebaut werden soll, werden wichtige Aspekte wie Kundenorientierung, Informations- und Kommunikationsbeziehungen bestimmt [Walter, 1997]. Sie hat tendenziell längerfristige Geltungsdauer.

9.2 Aufgabe und Stellung der Produktentwicklung im Unternehmen

Die Eingliederung kann zentral, dezentral oder in Mischform stattfinden. Überdies muß die Gestaltung der Arbeitsabläufe in FuE bzw. die Strukturierung der Bereiche selbst festgelegt werden. Dies kann nach Entwicklungsphasen, wissenschaftlich technischen Disziplinen und/oder nach Produkten bzw. Produktgruppen erfolgen.

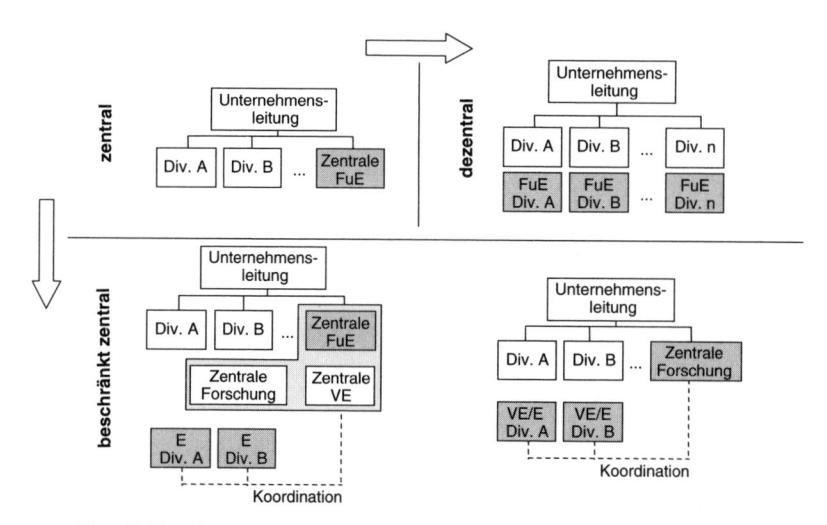

Div. : Division (Unternehmensgliederung nach Objekten wie Produktgruppen, Kundengruppen, ...)
F : Forschung
VE : Vorentwicklung
E : Entwicklung

Abbildung 9-4: Organisatorische Eingliederung der Entwicklung (in Anlehnung an [Gerpott, 1995])

Aufgrund einer wachsenden Marktdominanz und der Erkenntnis, daß Entwicklung und Produktion räumlich und strukturell möglichst eng verknüpft sein sollten, besteht in den letzten Jahren ein starker Trend in den Unternehmen, eine marktorientierte Organisation durch dezentrale Entwicklungseinheiten zu untermauern. Aber auch Unternehmen mit zentral eingeordneter Entwicklung agieren nach wie vor erfolgreich am Markt, wenn dadurch Synergien gezielt ausgeschöpft werden können.

Mögliche Organisationsstrukturen der Entwicklung sollen an verschiedenen Beispielen, die typisch für die jeweilige Größe des Unternehmens sind, erläutert werden.

Beispiel: Zentrale Eingliederung der Entwicklung bei einem Zulieferer von Automobilkomponenten

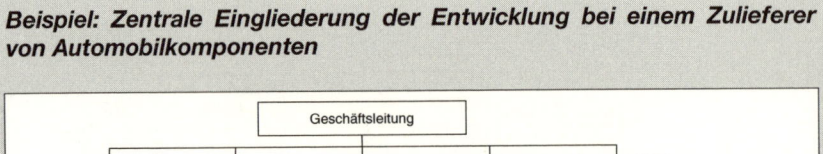

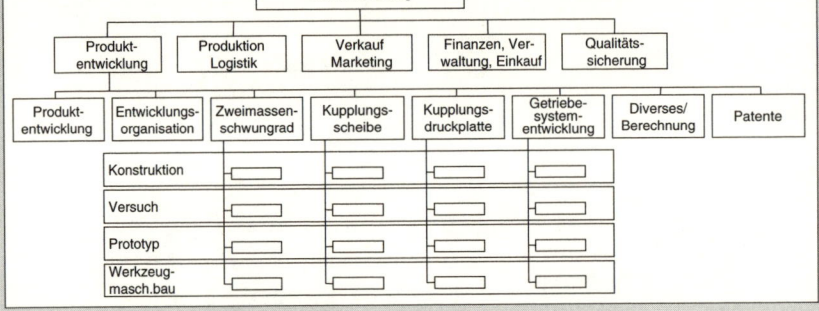

Abbildung 9-5: Einbindung der Entwicklung in die Aufbauorganisation – Beispiel

Die Produktentwicklung ist als eigenständiger Teil neben anderen Abteilungen in das Unternehmen und dessen Organisationsstruktur eingebunden. Die Abteilung selbst gliedert sich hier im Beispiel in Organisation, produktbezogene Entwicklungsbereiche, die im Sinne einer Matrix mit Bereichen (Konstruktion, Versuch, ...) verknüpft sind und zentrale Bereiche mit Funktionen wie Patentwesen, Pflege von Hilfsmitteln für die Produktentwicklung und Versuchsstände sowie spezielle sonstige Fragestellungen.

In der Entwicklung arbeiten 5 % der gesamten Belegschaft; knapp 3 % des Umsatzes stehen der Entwicklung als Budget zur Verfügung.

9.2 Aufgabe und Stellung der Produktentwicklung im Unternehmen

Bei der beschränkt zentralen Eingliederung gibt es sowohl zentrale als auch regional angesiedelte Entwicklungsabteilungen im Unternehmen.

Beispiel: Beschränkt zentrale Eingliederung der Entwicklung bei einem mittelgroßen Familienunternehmen aus der Reinigungsgeräte-Branche

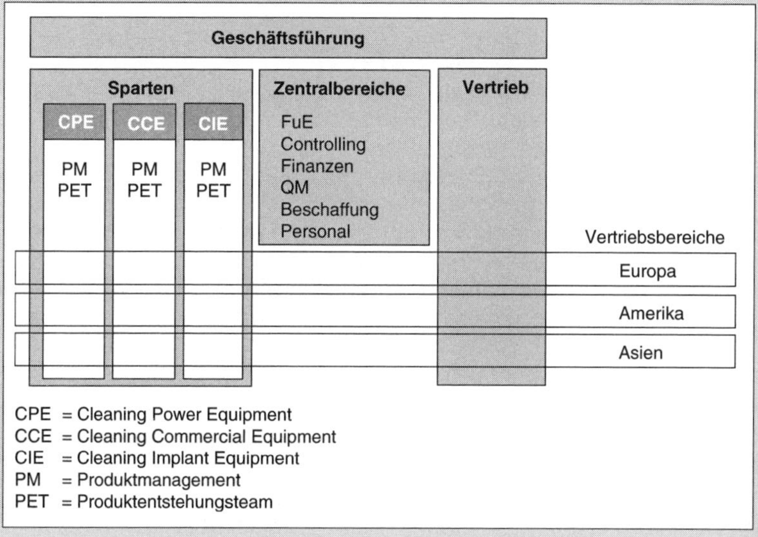

```
                        Geschäftsführung
        Sparten            Zentralbereiche        Vertrieb
   CPE    CCE    CIE       FuE
                           Controlling
   PM     PM     PM        Finanzen
   PET    PET    PET       QM
                           Beschaffung
                           Personal
                                              Vertriebsbereiche
                                              Europa
                                              Amerika
                                              Asien
```

CPE = Cleaning Power Equipment
CCE = Cleaning Commercial Equipment
CIE = Cleaning Implant Equipment
PM = Produktmanagement
PET = Produktentstehungsteam

Abbildung 9-6: Einbindung der Entwicklung in die Aufbauorganisation – Beispiel

Die zentrale FuE hat neben Koordinationsaufgaben (Entwicklungsplanung) die Aufgabe, Querschnittstechnologien zu entwickeln und die zentralen Labors und Prüfstände zu betreuen. Dieser Zentralbereich arbeitet weitgehend als Dienstleister für die Geschäftsbereiche (Finanzierung 75 % über Geschäftsbereiche, 25 % über Umlage). Die Geschäftsbereiche bestehen jeweils aus dem Produktentstehungsteam (PET), dem Produktmanagement (PM) und den Produktionsstätten. Das PET besteht aus klassischer Produktentwicklung und dem Einkauf, um frühzeitig Make-or-Buy-Entscheidungen in die Entwicklung einzubeziehen. Diese Struktur wird horizontal von einer Regionalstrukturierung nach den Vertriebsregionen überlagert.

Neben den Produktentstehungsteams der Geschäftsbereiche gibt es an die ausländischen Produktionsbetriebe angegliederte, kleine nationale FuE-Bereiche, die neu zu entwickelnde Produkte auf nationale Gegebenheiten anpassen, Kontakt mit nationalen Prüf- und Abnahmestellen halten und Markt und Rahmenbedingungen beobachten.

Eine dezentrale Organisation der Entwicklung ist vor allem empfehlenswert, wenn sie marktgerecht gesteuert werden soll. Wenn sich beispielsweise die Kundenanforderungen an das zu entwickelnde Produkt regional unterscheiden, sollte die Produktentwicklung in enger räumlicher Nähe zum Markt geschehen.

> **Beispiel: Dezentrale Eingliederung der Entwicklung bei einem Konzern**
>
> Das global agierende Unternehmen (70.000 Mitarbeiter) ist in die Bereiche „Industrial Consumer" und „Life Science" geteilt. Darunter befinden sich 40 selbständige und eigenverantwortlich tätige Divisionen, die sich an Markt und Produktgruppen orientieren. Die Organisationsstruktur stellt eine komplexe Matrixorganisation dar, die sich stark am Markt ausrichtet. Es gibt wenig zentrale Steuerung, welche die Divisionen koordiniert. Das Unternehmen strebt an, nach dem Prinzip „split-and-grow" relativ kleine Geschäftseinheiten von ca. 100 Mitarbeitern zu halten. Innovative Ansätze werden als Projekte begonnen, bei Erfolg in eigene Abteilungen überführt und ab einer bestimmten Größe als eigene Division geführt. FuE-Mitarbeiter, die sich erfolgreich für ein neues Produkt einsetzen, erhalten die Chance, im Rahmen eines eigenen Projektes, einer eigenen Abteilung oder Sparte das entsprechende Produkt zu betreuen. Diese Maßnahme fördert internes Unternehmertum und wirkt motivierend.

Für den Erfolg einer dezentralen Organisation der Entwicklung ist es entscheidend, daß die Kommunikation zwischen den einzelnen Einheiten funktioniert.

Als nächstes gilt es zu untersuchen, wie der Prozeß der Produktentwicklung von seinem Ablauf her organisiert werden kann.

9.2.2.2 *Ablauforganisation*

Die ablauforganisatorische Gestaltung des Entwicklungsprozesses stellt in seiner Gesamtheit eine komplexe Aufgabe dar, an der meist eine größere Zahl von Personen beteiligt ist. Als organisatorische Anleitung dienen Vorgehenspläne bzw. Phasenschemata, welche die Folge von Aktivitäten beschreiben. Die Aktivitäten sollten durch ein klares Ziel, definierten In- und Output bzw. eindeutige, zeitlich und inhaltlich fixierte informelle Schnittstellen gekennzeichnet sein. Die Aktivitäten können wiederum hierarchisch detailliert werden. Die Abbildung 9-7 zeigt die Verknüpfung von Aufbau- und Ablauforganisation. An der Aufgabe „Kalkulieren" sind beispielsweise die Funktionsbereiche Vertrieb sowie FuE beteiligt. Für das „Kalkulieren" gilt es dann zu spezifizieren, welche Informationen als Input benötigt werden und was das Ergebnis dieser Aufgabe ist.

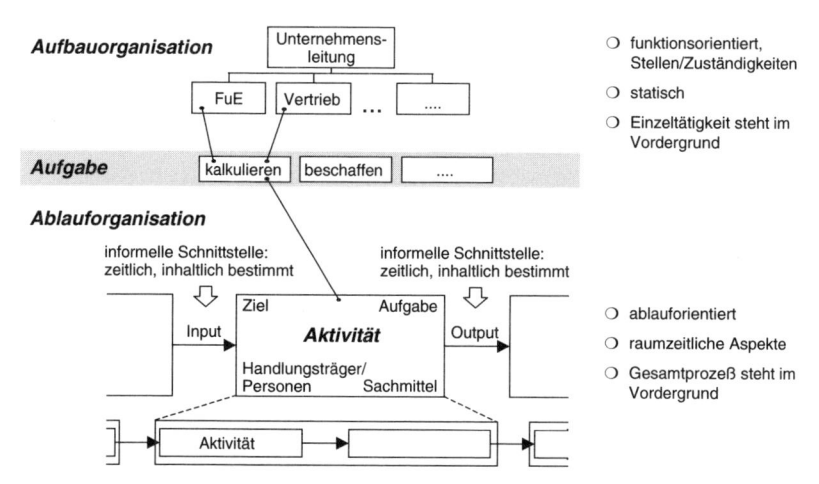

Abbildung 9-7: Zusammenhang von Aufbau- und Ablauforganisation (in Anlehnung an [Hanewinckel, 1994])

Neben der administrativen Organisation der Abläufe (z.B. Berichtswesen) muß auch die technische Ablauforganisation (z.B. Festlegung der Werkzeuge und Verfahren, zweckmäßige Strukturierung und Organisation) bestimmt werden. Unterstützt wird die Ablauforganisation durch das Projektmanagement (vgl. Kapitel 9.5).

Im Innovationsprozeß spielt auch die Überwindung von Hemmnissen und Widerständen eine wesentliche Rolle. Es reicht nicht aus, die Aufbauorganisation und die Abläufe effektiv und effizient zu gestalten, sondern wesentlich ist es, den Menschen als Treiber von Innovationen zu verstehen. Das Promotorenmodell zeigt auf, wie der Innovationsprozeß durch Personen, die eine Machtstellung, Fachwissen, Prozeßkenntnisse oder gute Beziehungen zu anderen Personen besitzen, gefördert wird.

9.2.3 Das Promotorenmodell

Der Promotoren-Ansatz wurde in seiner ursprünglichen Form bereits 1973 von *Witte* aufgestellt und von verschiedenen Autoren erweitert (vgl. [Hauschildt/Gemünden, 1998]).

Promotoren sind Personen, die ihre Persönlichkeit, ihr Position, ihre Sanktionsinstrumente, ihr Wissen und Wollen in die Entscheidung und in die Durchsetzung des Neuen einbringen. Sie fördern den Innovationsprozeß *aktiv und intensiv*. Die Tabelle 9-1 zeigt, welche Arten von Promotoren unterschieden werden.

Diese Rollen der Promotoren können entweder in *Gespann-Struktur* (die Funktionen werden durch verschiedene Personen besetzt) oder in *Personal-Union* (durch nur eine Person) ausgeübt werden. Die Wirksamkeit des Einsatzes von Promotoren wird durch eine innovationsfreundliche Unternehmenskultur unterstützt.

Tabelle 9-1: Promotoren der Innovation (in Anlehnung an [Hauschildt, 1998])

Art	Beschreibung
Machtpromotor	Der Machtpromotor fördert den Innovationsprozeß durch sein hierarchisches Potential. Seine Position verleiht hinreichend formalen Einfluß, um die Opponenten mit Sanktionen zu belegen und Innovationswillige zu schützen. Der Machtpromotor bricht Willensbarrieren (vgl. Kapitel 10.3). Ihm steht hierfür das gesamte Instrumentarium moderner Führungsstile zur Verfügung, z. B. Anordnungen, Überzeugungs- und Begeisterungskraft sowie die Gewährung von Anreizen aller Art.
	Dabei muß der Machtpromotor auch über Fachwissen verfügen, um z.B. die Neuerungen mit den strategischen Überlegungen des Top-Managements in Einklang zu bringen und fachlichen Einwendungen hochrangiger Opponenten entgegentreten zu können.
	Seine Aufgaben sind somit die Zielbildung und das Blockieren von Opposition.
Fachpromotor	Der Fachpromotor fördert den Innovationsprozeß durch sein objektspezifisches Fachwissen. Seine hierarchische Position ist dabei unerheblich. Das fachliche Wissen muß er sich häufig erst erwerben, wobei er meist auf fachliche Vorkenntnisse aufbauen kann. Der Fachpromotor vermehrt sein Fachwissen ständig und setzt es gegenüber Innovationswilligen und Opponenten als Argumentationskraft ein. Er bricht somit Fähigkeitsbarrieren.
	Die Aufgaben des Fachpromotors sind die Informationsbeschaffung, Aufbau von Fachwissen und die Lösungssuche.
Prozeßpromotor	Der Prozeßpromotor fördert den Innovationsprozeß durch organisatorische Verknüpfungen: Er weiß, wer von der Innovation betroffen sein könnte, verhindert Insellösungen, stellt Verbindungen zwischen Macht- und Fachpromotor her und ist in der Lage, zwischen Sprachwelten zu vermitteln. Der Prozeßpromotor bricht Kommunikationsbarrieren.
	Koordination, Verhandlung und Schnittstellenmanagement sind die Aufgaben des Prozeßpromotors.
	Um diese Funktionen ausüben zu können, muß der Prozeßpromotor sich ebenfalls Fachwissen aneignen. Nur dann kann er die Betroffenen und Beteiligten bestimmen und für ein Projekt gewinnen, die Sprache der Technik in die des Anwenders übersetzen und zwischen verschiedenen Gruppen (Fach- und Machtpromotoren, Technikern und Kaufleuten, Spezialisten und Generalisten) als Dolmetscher und Vermittler auftreten.

Tabelle 9-1: Fortsetzung

Art	Beschreibung
Beziehungs-promotor	Beziehungspromotoren fördern aktiv und intensiv unternehmensübergreifende Innovationsprozesse auf der Basis ihrer guten persönlichen Beziehungen zu Schlüsselpersonen in den Partnerorganisationen und wichtigen Drittparteien, die über kritische Ressourcen verfügen. Die Aufgaben des Beziehungspromotors bestehen im Erreichen und Zusammenbringen von Personen, der Dialogführung mit Personen, dem Steuern ihrer Interaktionsprozesse und der Förderung sozialer Bindungen zwischen den Partnern. Hierfür müssen sie über bestimmte persönliche Eigenschaften (Expertenwissen, Wissen über Partner, soziale Kompetenz, Charisma, Kooperationserfahrung) und Positionen im Unternehmen (hierarchische Position, Netzwerkposition) verfügen (vgl. [Gemünden/Walter, 1998]).

Promotoren müssen sich auf offene sowie verdeckte Opposition einstellen, welche die Innovation zumindest verzögern oder verändern wollen. Aber gerade durch die Kombination von Promotoren und konstruktiven Opponenten kann eine besonders effiziente Zusammenarbeit gelingen. Die Herausforderung durch Opponenten stimuliert den Prozeß und verbessert die Lösung.

Das Modell wurde zunächst für das Problem der Erstbeschaffung von Computern in Deutschland eingesetzt. Es hat in den vergangenen Jahren eine Weiterentwicklung seiner ursprünglichen Form erlebt und ist so in der Lage, auch heutigen Anforderungen gerecht zu werden.

Die *Effizienz und Effektivität von Innovationen* wird im wesentlichen davon bestimmt,

- daß die Promotoren sich für ihre Durchsetzung engagieren,
- wie individuell die Promotoren sich auf den Wandel der Innovationen und Widerstände einstellen,
- wie intensiv sich die Fach-, Macht- und Prozeßinnovatoren in die jeweiligen Bereiche ihrer Mitpromotoren einarbeiten,
- ob einer der Promotoren bewußt die Rolle eines Beziehungspromotors einnimmt, wenn Innovationen auf einer Kooperation mit externen Partnern beruhen,
- daß die Promotoren ihre Rollen im Innovationsprozeß frühzeitig und bewußt übernehmen und – ganz wesentlich –
- von der Erfahrung, welche die Promotoren aus anderen Innovationsprozessen und in einer anderen Promotorenrolle gesammelt haben [Hauschildt, 1998].

Welche konkreten Phasenschemata, Vorgehensmodelle und Methodenkombinationen zur Gestaltung des Entwicklungsprozesses in Theorie und Praxis entwickelt wurden, soll nun näher betrachtet werden.

9.2.4 Konventionelle versus integrierte Produkterstellung

Ende der 80er Jahre hat der Zwang zur Verkürzung der Entwicklungszeiten zu einer Parallelisierung der Teilaktivitäten der Produktentwicklung geführt. Diese Strategie des **Simultaneous Engineering** (SE) bedeutete die Zusammenarbeit aller an der Produktentstehung beteiligten Bereiche des Unternehmens sowie der Zulieferer und Kunden. Dieser Ansatz führte von der konventionellen zur integrierten Produkterstellung.

Die konventionelle Produkterstellung ist im wesentlichen durch die sequentielle Abfolge von z. B. Vertriebs-, Konstruktions- und Fertigungsvorbereitungsprozessen gekennzeichnet. Studien belegen, daß durch dieses Vorgehen vor allem organisatorische Probleme durch die Nachteile der Arbeitsteilung entstehen. Überzeichnet kann man die Situation folgendermaßen veranschaulichen: Die Mitarbeiter in den einzelnen Abteilungen verlieren ihre Identifikation und damit ihre Motivation für das Ganze, das Produkt. Der Arbeitsablauf innerhalb der einzelnen Abteilungen wird bis ins Detail optimiert, wobei die Gesamtheit des Produkts aus den Augen verloren wird. Die Abteilungsoptimierung verdrängt die ganzheitliche Produktoptimierung. Durch die unterschiedlichen Ausbildungen und Fachsprachen der Sachbearbeiter werden unterschiedliche Probleme bearbeitet, zu wenig miteinander diskutiert und anstelle dem Unternehmen zum Erfolg zu verhelfen, werden die erarbeiteten Informationen „teilnahmslos über die Abteilungsmauern geworfen". Dieses „Mauerndenken" wird als Hauptursache für Zeit-, Qualitäts- und Kostenprobleme identifiziert [Ehrlenspiel, 1995].

Die integrierte Produkterstellung stellt einen Lösungsansatz dar, bei dem alle am Entwicklungsprozeß beteiligten Abteilungen und die betroffenen Spezialisten eng und unmittelbar zusammenarbeiten. Neben der Überwindung der Probleme heutiger, stark arbeitsteiliger Produkterstellung wird dabei zusätzlich eine Parallelisierung der früher sequentiell bearbeiteten Tätigkeiten und damit eine Zeiteinsparung erreicht.

9.3 Vorgehensmodelle zur Produktentwicklung

Im folgenden sollen die wichtigsten Verfahren zur Unterstützung der Produktentwicklung aufgezeigt werden.

9.3.1 Konstruktionsmethodische Ansätze

Seit Mitte der 60er Jahre entwickelte sich die Konstruktionsmethodik im deutschsprachigen Raum langsam aus den Arbeiten verschiedener Methodiker wie *Hansen* oder *Rodenacker*. Mitte der 80er Jahre entstanden mit der *VDI-Richtlinie 2221* ein Vorgehensplan und Einzelmethoden zum Konzipieren technischer Produkte. Damit konnte auch die durch die Vielzahl der Methodiker stark ausgeprägte Schulenbildung überwunden werden. Die *VDI-Richtlinie 2221* und die hinsichtlich einer all-

9.3 Vorgehensmodelle zur Produktentwicklung

gemeinen, branchenunabhängigen Anwendung überarbeitete *VDI-Richtlinie 2222* waren das Ergebnis konsolidierender Bestrebungen bzgl. Inhalt, Terminologie und Struktur der bis dahin meist in Form von Flußdiagrammen vorliegenden, verschiedenen konstruktionsmethodischen Modelle zu einem generischen Vorgehensmodell. Abbildung 9-8 zeigt das Vorgehensmodell, seine Arbeitsschritte und die dadurch erreichten Arbeitsergebnisse.

Arbeitsschritte	Arbeitsergebnisse	Konstruktionsphasen (VDI 2222)
Aufgabe		**Planen** — Festlegen des Entwicklungsauftrags
1 Klären und präzisieren der Aufgabenstellung	Anforderungsliste	**Konzipieren** — Ausarbeiten der Anforderungsliste
2 Ermitteln von Funktionen und deren Strukturen	Funktionsstrukturen	Abstrahieren, Aufgliedern der Gesamtfunktion in Teilfunktionen
3 Suchen nach Lösungsprinzipien und deren Strukturen	Prinzipielle Lösungen	Suchen und Kombinieren von Lösungsprinzipien; Erarbeiten von Konzeptvarianten, Bewertung; Entscheidung
4 Gliedern in realisierbare Module	Modulare Strukturen	**Entwerfen** — Erstellen eines maßstäblichen Entwurfs
5 Gestalten der maßgebenden Module	Vorentwürfe	Optimieren der Gestaltungszonen; Festlegen des bereinigten Entwurfs
6 Gestalten des gesamten Produkts	Gesamtentwurf	**Ausarbeiten** — Gestalten und Optimieren der Einzelteile
7 Ausarbeiten der Ausführungs- und Nutzungsangaben	Produktdokumentation	Ausarbeiten der Ausführungsunterlagen; Entscheiden (Fertigungsfreigabe)
Weitere Realisierung		

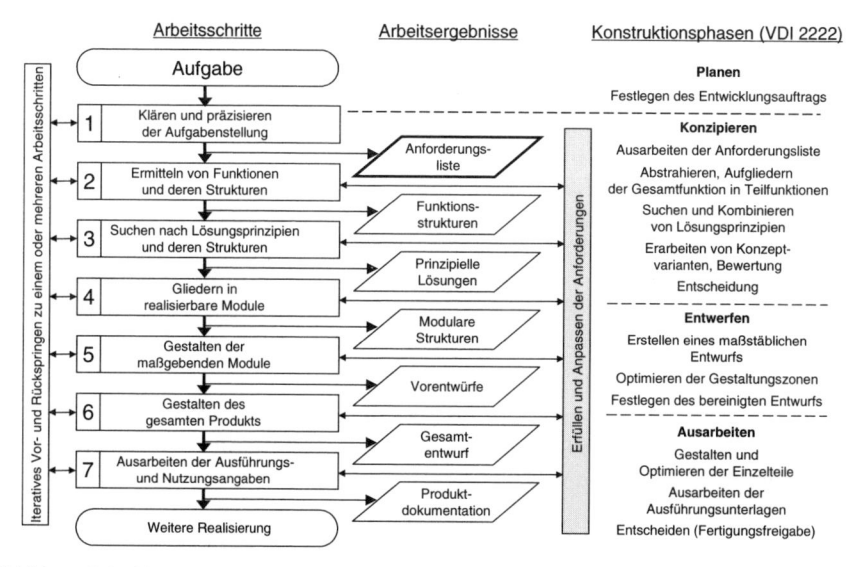

(links: Iteratives Vor- und Rückspringen zu einem oder mehreren Arbeitsschritten; rechts: Erfüllen und Anpassen der Anforderungen)

Abbildung 9-8: Vorgehensplan nach VDI-Richtlinie 2221/2222 und Zuordnung konkreter Arbeitsergebnisse und Konstruktionsphasen (in Anlehnung an [Kläger, 1993])

Ein wesentliches Teilarbeitsergebnis stellt die Anforderungsliste dar. Sie enthält das Resultat einer geklärten Aufgabenstellung, der Anforderungen des Kunden und der Produktplanung sowie alle weiteren relevanten Restriktionen und Vorgaben aus Sicht des Konstrukteurs. Die grau hinterlegte Fläche in Abbildung 9-8 symbolisiert, daß die Anforderungsliste stets aktuell gehalten werden muß und als konstruktionsbegleitende Arbeitsunterlage wesentlichen Einfluß auf die nachgelagerten Phasen des Entwicklungsprozesses hat.

Trotz der umfangreichen Ausbildung an deutschen Hochschulen hat sich die Konstruktionsmethodik entgegen anfänglichen Erwartungen in der Praxis nur teilweise durchgesetzt. Hierfür werden folgende Gründe genannt. Die Beweisführung des Nutzens von Konstruktionsmethoden ist schwierig und führt oft dazu, daß die Dringlichkeit einer unternehmensinternen Förderung durch das Management unterschätzt wird.

Darüber hinaus sind die bestehenden Konzepte stark auf die prinzipielle Lösungssuche ausgerichtet. Es besteht aber zunehmend der Bedarf, bei grundsätzlich bekannten und erprobten Lösungen (z.B. Pumpen, Getriebe) weitere nun dringlicher gewordene Probleme zu lösen (z.B. stärkerer Kundennutzenbezug, Design-to-Cost oder Recycling- und Demontagegerechtheit [Ehrlenspiel, 1995]).

Unter *Design-to-Cost* (DTC) versteht man das Entwerfen und Konstruieren nach Kostengesichtspunkten unter Berücksichtigung der gegebenen Rahmenbedingungen („Konstruiere so, daß unter den vorgegebenen Prämissen das Kostenziel eingehalten wird"). Somit werden die Kosten neben den technischen Leistungen und Terminen zu einem wichtigen Entwurfparameter.

Hasler stellt hierzu fest, daß die hohe Arbeitsintensität für Konzeption, Training und Implementierung der bisher betrachteten klassischen Produktenwicklungsinstrumentarien dabei die Gesamtkosten meist nur wenig verringert, und er beobachtet, daß die eigentliche Entwicklungsaufgabe vor der Methodik teilweise sogar in den Hintergrund tritt [Hasler/Androschin, 1997]. Außerdem sieht er aufgrund fehlender, adäquater Kostenrechnungssysteme Schwachstellen in der Erfolgsnachweiskontrolle, was zur Folge hat, daß Design-to-Cost-Ansätze gar nicht auf ihren Ergebnisbeitrag hin untersucht werden können.

Die Methodik ist im wesentlichen eine Sachmethodik, d. h. personen- und organisationsneutral, und vernachlässigt die für Produktentstehungsprozesse so wichtigen interdisziplinären Organisationsformen. Dieses Defizit wurde von den Konstruktionsmethodikern erkannt und erforscht.

Betrachtet man Abbildung 9-8, so ist keine systematische Verknüpfung der eher konstruktionsorientierten Vorgehensschritte mit Kunden- oder Wettbewerbsdaten erkennbar. Beispielsweise unterbleibt der grundlegende Schritt der Messung der Kundenforderungen, d. h. die systematische, methodisch gestützte Übertragung der Kundensicht in die Unternehmenssicht fehlt. Folglich bieten diese Vorgehensmodelle insbesondere in den frühen Phasen der Produktentwicklung keine ausreichende Hilfestellung.

Kundenanforderungen/-wünsche sind vom Kunden erwünschte Eigenschaften des Produkts (z.B. sportliches Fahrgefühl).

Stärken der Konstruktionsmethodik bestehen in der strukturierten Lösungssuche und Funktionsorientierung, in der Transparenz darüber, wofür die in den frühen Phasen der Produktentstehung gewonnenen Daten genutzt werden, und allgemein in der methodischen Unterstützung von Problemlösungsprozessen.

9.3.2 Wertanalyse und Value Management

Die Wertanalyse wurde im Jahre 1947 von *Miles* als Methode zum Lösen komplexer Probleme entwickelt [VDI-Zentrum Wertanalyse, 1991]. Die damalige Situation war aufgrund der aus dem Zweiten Weltkrieg resultierenden Rohstoffverteue-

9.3 Vorgehensmodelle zur Produktentwicklung

rung durch einen hohen Kostendruck geprägt. Man unterscheidet die Wertanalyse (VA = Value Analysis) bzw. Wertverbesserung von der Wertgestaltung (VE = Value Engineering). Die *Wertgestaltung* ist dabei als eine Erweiterung auf Produktneuentwicklungen anzusehen, wird aber im deutschsprachigen Raum trotz der grundlegenden Unterschiede unter dem Oberbegriff Wertanalyse geführt. Auch die Wertanalyse stellt dem Anwender ein anwendungsneutrales Vorgehensmodell zur Verfügung (s. Abbildung 9-9).

Nr.	Grundschritt	Teilschritt	
1	Projekt vorbereiten	○ Moderator benennen ○ Auftrag übernehmen, Grobziel mit Bedingungen festlegen ○ Team bilden ○ Untersuchungsrahmen abgrenzen ○ Projektorganisation festlegen ○ Projektablauf planen	Vorbereitung
2	Objektsituation analysieren	○ Objekt- und Umfeld-Informationen beschaffen ○ Kosteninformationen beschaffen ○ Funktionen ermitteln ○ Lösungsbedingende Vorgaben ermitteln ○ Kosten den Funktionen zuordnen	Situationsanalyse Kundenwünsche Markt u. Wettbewerb Funktionen Kosten Schwachstellen
3	SOLL-Zustand beschreiben	○ Informationen auswerten ○ Soll-Funktionen festlegen ○ Lösungsbedingende Vorgaben festlegen ○ Kostenziele den Soll-Funktionen zuordnen ○ Aufgabenstellung prüfen	Strategie SOLL-Ziel-Erfüllung Bearbeitungsbereiche
4	Lösungsidee entwickeln	○ Vorhandene Ideen sammeln ○ Neue Ideen entwickeln	Ideensuche Kreativität
5	Lösungen festlegen	○ Bewertungskriterien festlegen ○ Lösungsideen bewerten ○ Ideen zu Lösungssätzen verdichten und darstellen ○ Lösungsansätze bewerten ○ Lösungen ausarbeiten ○ Lösungen bewerten ○ Entscheidungsvorlage erstellen ○ Entscheidungen herbeiführen	Konzepte Einzellösungen Auswahl
6	Lösungen verwirklichen	○ Realisierung im Detail planen ○ Realisierung einleiten ○ Realisierung überwachen ○ Projekt abschließen	Realisierung

Abbildung 9-9: Arbeitsplan der Wertanalyse [DIN 69 910, 1987]

Das Ziel der *Wertanalyse* besteht darin, den Wert des Objektes zu steigern, d.h. nicht nur die Kosten zu senken, sondern auch den Nutzen zu vergrößern. Ähnlich wie bei der Konstruktionsmethodik ist eine abstrakte Definition des Problems in Funktionen zentraler Bestandteil. Ausgehend von einem durch das Wertanalyse-Team vorgegebenen Kostenziel werden dann sog. Funktionskosten ermittelt, die mit den Kosten zu suchender, möglicher Lösungen verglichen werden. Auswahlkriterium für die beste Lösung ist maximale Funktionalität bei geringsten Kosten. Die überwiegende Anzahl von Wertanalyseprojekten wird zum Kostensenken von Produkten durchgeführt [Ehrlenspiel, 1995]. Gegenstand einer Wertanalyse können aber auch Verfahren, Dienstleistungen oder Informationsprozesse sein.

Nakagami hat Anfang der 90er Jahre über einen Zeitraum von fünf Jahren in einer Untersuchung von 190 japanischen Unternehmen der Investitionsgüterindustrie einen starken Wechsel des Schwerpunktes von Wertanalyseprojekten festgestellt. Statt der bisher vorherrschenden Verbesserung bestehender Produkte verlagerten sich die wertanalytischen Aktivitäten zu den früheren Phasen der Produktentstehung. Dennoch beobachtete er keine bedeutenden Fortschritte in der systematischen Umsetzung dieser neuen Ausrichtung in Japan. Für dringend notwendig befindet er, adäquate Methoden zur Erfassung von Kundenforderungen in den Unternehmen zu etablieren und eine Methodik zur Ableitung von (Kunden-)Funktionen aus diesen Forderungen zu entwickeln: „... they (gemeint ist die Industrie; Anm. des Verfassers) have to have a sure grip on customer requirements and master the methods to define necessary functions in accordance with requirements from customers." [Nakagami, 1994]

Großunternehmen wenden die Wertanalyse meist sehr viel strukturierter an als Klein- und Mittelbetriebe. Die Ursache ist darin zu vermuten, daß der Aufwand zur korrekten Anwendung als relativ hoch angesehen wird. Insbesondere mit Blick auf Japan scheint sich dieser Aufwand jedoch mittel- bis langfristig bezahlt zu machen. Insgesamt besitzt die Wertanalyse in Deutschland nur eine geringe Verbreitung.

Als Hauptkritik gilt der fehlende Marktinput. Auch die Wertanalytiker fordern zwar eine Marktorientierung über marktorientierte Produktfunktionen, geben aber keine Hinweise, wie diese bestimmt und anschließend in ihrer Bedeutung gewichtet werden sollen. Die Kostenziele der Funktionskosten werden daher nur intern ermittelt. Als vorteilhaft gilt, daß die Wertanalyse durch ihre Funktionsorientierung und Abstraktion eine allgemeine Methodik zur Problemlösung darstellt. Dem Trend zu wertgestalterischen Aktivitäten stehen jedoch fehlende Methoden zur Umsetzung gegenüber.

Die Wertanalyse wurde in den letzten Jahren zum *Value Management* weiterentwickelt, das eine Verknüpfung von Wertanalyse, Projekt- und Managementinstrumentarien sowie von Methoden zur positiven Gestaltung des psychosozialen Bereiches darstellt.

9.3.3 Qualitätsorientierte Ansätze, TQM und QFD

Mit Beginn des zunehmenden Verdrängungswettbewerbs wandelte sich das Verständnis von Qualität. Wurde ursprünglich unter einer Qualitätssicherung lediglich das Aussortieren fehlerhafter Produkte verstanden, d. h. Qualität wurde *erprüft*, sollte nun Qualität *erzeugt* werden. „Qualität muß in ein Produkt von Anfang an hineinentwickelt werden!" [Brunner/Wagner, 1999] wurde zum Leitmotiv. Die Japaner verstanden es als erste, bereits Anfang der 60er Jahre ein neues Qualitätsbewußtsein in ihre Unternehmensphilosophie zu integrieren, und erzielten damit beeindruckende Markterfolge. Der hiervon ausgehende Wettbewerb zwang nun auch die westlichen Unternehmen zu einem Umdenken.

Dieser Verständniswandel führte zu einer Vielzahl von Methoden und Philosophien, welche seit den 80er Jahren in dem Begriff *Total Quality Management* (TQM) gebündelt werden und später in der europäischen DIN EN ISO 8402 genormt wurden.

> Die Norm definiert *Qualität* als „... die Gesamtheit von Merkmalen einer Einheit bezüglich ihrer Eignung, festgelegte und vorausgesetzte Erfordernisse zu erfüllen." [DIN EN ISO 8402, 1995]

Neben dieser sehr formal geprägten Definition ist insbesondere die Qualitätsphilosophie von *Taguchi* interessant. Er verstand es erstmals, Qualität in der Sprache des Managements, d. h. in Kosten, zu formulieren, indem er mangelhafte Qualität mit einem monetären Verlust gleichstellt, welcher der gesamten Gesellschaft entsteht [Taguchi, 1989].

TQM ist mehr als nur eine Methode, die durch vordefinierte Bausteine eingeführt und realisiert wird, sondern entspricht dem Generieren einer qualitätsorientierten Unternehmenskultur. Die *Ziele von TQM* sind: Die Totale bzw. umfassende Einbeziehung aller Mitglieder des Unternehmens sowie der Kunden und Lieferanten zur Steigerung des Nutzens für alle Beteiligten. Die Qualität steht für eine gesamtheitliche Betrachtung der Qualität. Das Management hat größte Verantwortung zur Schaffung des „umfassenden Qualitätsmanagements" und muß sich als Unterstützer der Mitarbeiter verstehen.

TQM ist somit an allen Phasen des Produktlebenszyklus beteiligt. Auf die Produktentstehung bezogen, bedeutet *Qualität* nach diesem Verständnis also *die Erfüllung der explizit formulierten und implizit gewollten Kundenwünsche*. Wesentlich für den Erfolg ist die Integration aller an der Produkterstellung beteiligten Fachbereiche. Durch das Prinzip des internen Kunden müssen dabei die teilweise gegensätzlichen Ziele der einzelnen Fachbereiche abgestimmt werden, ohne daß das Oberziel der Kundenorientierung verlorengeht. Daraus leitet sich der Bedarf nach einem Hilfsmittel zur durchgängigen Anforderungsbearbeitung und zur Unterstützung der unternehmensweiten Kommunikation ab.

Eine Methode zur ganzheitlichen Anforderungsbearbeitung stellt das erstmals in den 60er Jahren von *Akao* [Akao, 1992] eingeführte *Quality Function Deployment* (QFD) dar. „Grundlegender Ansatz von QFD ist die Strukturierung von vernetzten Informationen aus verschiedenen Begriffswelten und Unternehmensfunktionen sowie deren Verbindung in Matrizen." [Reinhart et al., 1996] Die erstellten Matrizen dienen als Kommunikationsmittel und Schnittstellen für die interdisziplinäre Entwicklungsarbeit, und sie sind flexibel zur Abstimmung der unterschiedlichen Unternehmensfunktionen einsetzbar.

In allen QFD-Ansätzen ist es die Aufgabe der ersten Matrix, des *„House of Quality"* (HoQ), die Kundenforderungen im Rahmen der Produktplanung in lösungsneutrale Produktmerkmale umzusetzen. Abbildung 9-10 zeigt, wie die Methode QFD durchgängig Kundenanforderungen von der Produktplanung über die Komponenten- und Prozeßplanung in die Produktionsplanung übersetzt. Durch diese vier Übersetzungsmatrizen soll sichergestellt werden, daß die Kundenorientierung im Produktentwicklungsprozeß nicht verlorengeht, sondern systematisch bis zur Produktion des Produktes durchgezogen wird.

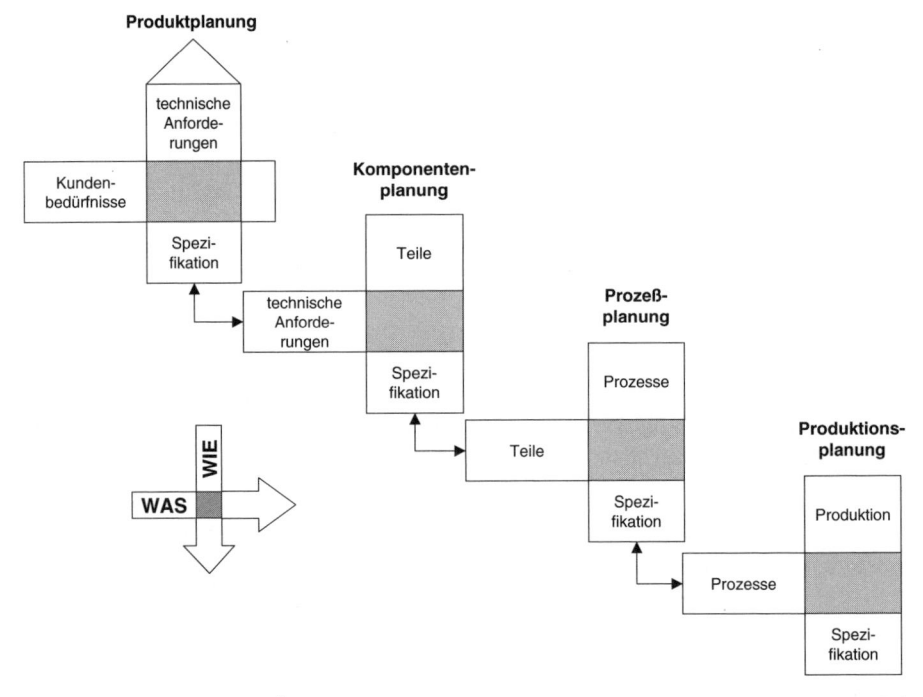

Abbildung 9-10: Ablauf der Übersetzungsprozesse im Rahmen der QFD [VDI Richtlinie 2247, 1994]

Anhand dem in Abbildung 9-10 dargestellten „House of Quality" soll die Vorgehensweise am Beispiel eines Außenspiegels erläutert werden.

> **Beispiel: Quality Function Deployment**
>
> Die ersten Schritte bestehen in der Ermittlung, Strukturierung und Gewichtung der Kundenforderungen. Die Strukturierung wird dabei meist in einer Baumstruktur vorgenommen, wobei nur die wesentlichen Kundenanforderungen in das Formblatt der QFD übernommen werden. Im Beispiel des Außenspiegels sind dies die Kundenanforderungen „kein toter Winkel", „funktioniert gut", „ist leise" und „hält lange".

9.3 Vorgehensmodelle zur Produktentwicklung

Nach der vollständigen Beschreibung der Kundensicht erfolgt im nächsten Schritt die Generierung von Produktmerkmalen („Windgeräusch", „Reflexionsgrad" etc.) und damit die Übersetzung der Sprache des Kunden in die Sprache der Technik. Ziel ist die Umsetzung der subjektiven Kundenforderungen in objektiv meßbare und somit kontrollierbare (bzw. vom Unternehmen beeinflußbare) technische Parameter. Das Qualitätsmerkmal „Windgeräusch" darf in diesem Falle als Zielgröße höchstens den Wert 2 dB haben. Dabei ist auf die Lösungsneutralität der technischen Parameter zu achten. Das Qualitätsmerkmal „Windgeräusch" sagt noch nichts über die spätere technische Lösung aus. Für jeden dieser Parameter wird dann jeweils eine Optimierungsrichtung festgelegt. Das Qualitätsmerkmal „Windgeräusch" z.B. ist unerwünscht, so daß es minimiert werden sollte.

Kundenforderungen	Gewichtung	Wasserdicht	Motorleistung	Windgeräusch	Motorgeräusch	Reflexionsgrad	Oberfläche	Steifigkeit	besser Konkurrenz schlechter
kein toter Winkel	2								
funktioniert gut	5		3					1	
ist leise	3			3	1				
hält lange	3	3	2					2	
Zielgröße		kein Leck	6 W	< 2 dB	< 2 dB	< 6 dB	getönt		
Schwierigkeitsgrad		4	1	2	4	1	2	4	
besser Konkurrenz schlechter									
Bedeutung		9	21	9	3		11		

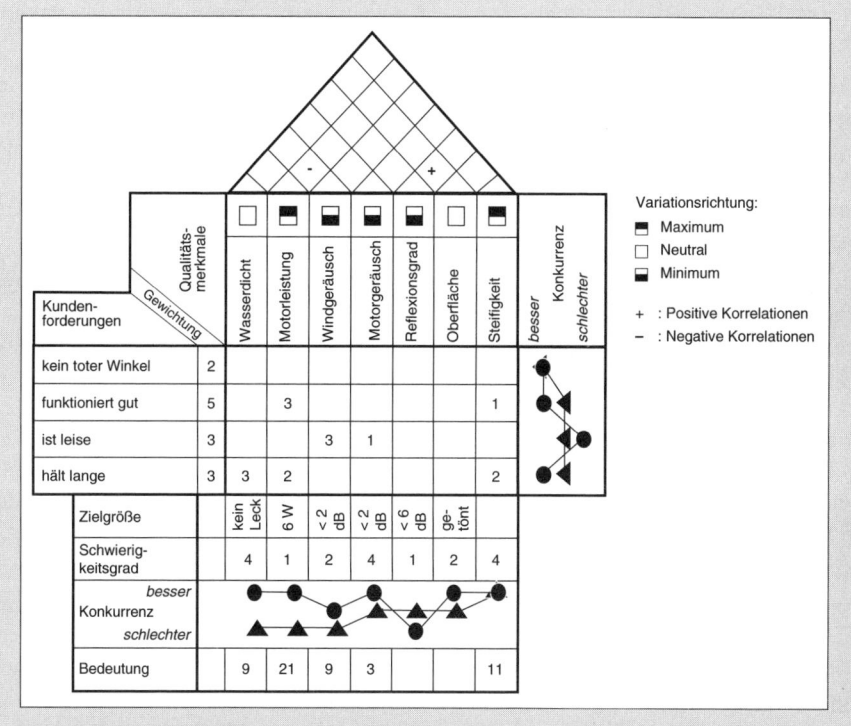

Variationsrichtung:
■ Maximum
☐ Neutral
■ Minimum

+ : Positive Korrelationen
− : Negative Korrelationen

Abbildung 9-11: QFD-Beispiel eines elektrisch verstellbaren Außenspiegels [Pfeifer, 1993]

Die wechselseitigen Beziehungen von Qualitätsmerkmalen untereinander sind im nächsten Schritt zu bestimmen. Im Fallbeispiel des Außenspiegels sind „Motorleistung" und „Windgeräusch" negativ korreliert. Das bedeutet, daß eine Verbesserung des Qualitätsmerkmals „Motorleistung" mit der Verschlechterung des Qualitätsmerkmals „Windgeräusch" einhergeht, da bei schnellerem Fahren in der Regel stärkere Windgeräusche auftreten.

> Anschließend werden in der Beziehungsmatrix die Zusammenhänge zwischen den Produktmerkmalen und den Kundenforderungen ermittelt. Das Qualitätsmerkmal „Windgeräusch" ist stark mit der Kundenanforderung „ist leise" korreliert und wird deshalb mit dem Gewicht „3" bewertet. Entsprechend wird für jedes Qualitätsmerkmal bestimmt, inwieweit es zur Erfüllung der Kundenanforderung beiträgt. Die Bedeutung eines einzelnen Qualitätsmerkmals wird durch Multiplikation mit dem Gewicht der Kundenanforderung und zeilenweiser Summierung bestimmt. Für das Qualitätsmerkmal „Motorleistung" erhält man den Wert 5 x 3 + 3 x 2 = 21.
>
> Für die Kundenanforderungen und Qualitätsmerkmale wird schließlich noch untersucht, ob diese von Konkurrenzprodukten besser oder schlechter erfüllt werden. Die Ergebnisse werden im Rahmen von Profilen visualisiert.

Das Hauptziel der QFD ist die Entwicklung eines Produktes, das genau die vom Kunden geforderten und erwarteten Merkmale aufweist und das sich durch höchste Gebrauchstauglichkeit auszeichnet, ohne jedoch unbedingt eine technisch optimale Lösung darstellen zu müssen. Ferner soll neben der bereits erwähnten Unterstützung der Kommunikation vor allem auch eine Anforderungstransparenz und eine systematische Dokumentationsbasis geschaffen werden.

Die ganzheitlichen Ansätze von *Akao* und *King* [King, 1994] bzw. die von *Pugh* [Pugh, 1990] geschaffene Erweiterung der QFD-Systematik von Produktverbesserungen hin zu Neuentwicklungen bestehen in ihrem Kern aus riesigen Matrizensystemen (z.T. 30 Matrizen und Arbeitsblätter), bei denen der Aufwand zur vollständigen Erstellung in keinem Verhältnis zum Nutzen stehen würde. Es ist vielmehr Aufgabe des Entwicklungsteams, mit Hilfe der ersten Matrizen Prioritäten zu setzen und sich dann auf neue, wichtige oder kritische Faktoren zu konzentrieren. Daher werden in der Praxis in der Regel nur die Produktplanung und die Teileplanung der QFD-Methode angewandt.

Die Ermittlung und insbesondere die Gewichtung der Kundenforderungen werden von den verschiedenen Methodikern wie *Akao*, *King* und *Pugh* jedoch nur unzureichend thematisiert. Man beschränkt sich auf qualitative Aussagen, welche vom Projektteam vorgenommen werden sollen. Der Verzicht auf eine marktforschungsgestützte Ermittlung und Gewichtung von Kundenforderungen ist somit eine der Hauptfehlerquellen in der QFD-Anwendung und läßt den beachtlichen Aufwand in späteren QFD-Phasen zweifelhaft erscheinen. Darüber hinaus ist der Schlüsselprozeß, nämlich die Umsetzung von Kundenforderungen in Produktmerkmale, nur in Ansätzen systematisiert und wird in der Literatur zudem kontrovers diskutiert.

Der Aufwand für QFD ist beträchtlich. Die Methodik wird, wenn überhaupt, meist nur in Großunternehmen genutzt. Die Praxis zeigt, daß fast ausschließlich das House of Quality angewandt wird. Als Hauptgründe für den Abbruch von QFD-Aktivitäten werden die hohe Komplexität und das Fehlen der Kundenforderungen(!) genannt (Ergebnis einer Studie in der deutschen Automobil- und Zulieferindustrie [Curtius/Ertürk, 1994]). *Griffin* konnte in einer Studie in 35 amerikanischen Firmen die in der Literatur angegebenen Erfolge von QFD (z.B. Reduktion der Entwicklungszeiten und -kosten) nicht nachweisen [Griffin, 1992]. Als Erfolgsfaktoren identifizierte sie insbesondere ein hohes Engagement aller beteiligten Führungskräfte und Mitarbeiter sowie die Erfassung und Bereitstellung detaillierter, für QFD geeigneter Marktforschungsergebnisse. Die Vielfalt der Matrizen und Arbeitsblätter führt schnell zu einer Unübersichtlichkeit und damit Orientierungslosigkeit des Anwenders und bedingt einen erfahrenen QFD-Moderator zum Gelingen von QFD-Projekten.

Von Vorteil ist die klare Dokumentationsstruktur, die eine funktionsübergreifende Kommunikation fördert und die Konsensbildung zwischen allen Beteiligten unterstützt. Die dadurch geschaffene transparente Zielsetzung für alle Beteiligten wird allgemein als wichtiger Motivationsfaktor für Produktentwicklungen angesehen.

9.3.4 Target Costing und methodische Ansätze zur Kostenbestimmung

9.3.4.1 Target Costing

Target Costing ist ein Ansatz des Kostenmanagements, der 1965 von *Toyota* entwickelt wurde und seit den 70er Jahren in japanischen Unternehmen zum Einsatz kommt. Erst gegen Ende der 80er Jahre gelangte das Target Costing in den englischen und deutschen Sprachraum. Aufgrund der weltweiten Rezession Anfang der 90er Jahre hat das Target Costing in Deutschland in relativ kurzer Zeit deutlich an Bedeutung gewonnen (vgl. [Niemand, 1996]).

Die Kosten eines Produktes werden durch eine Vielzahl von Einflußgrößen bestimmt, deren verantwortliche Festlegung durch verschiedene Abteilungen im Unternehmen erfolgt (Entwicklung/Konstruktion, Einkauf, Produktion, ...). Die Kostenfestlegung hat Regelkreischarakter, wobei möglichst viele Kosteninformationen bereits in den frühen Phasen der Produktentwicklung vorliegen sollten. Bestimmung, Steuerung und Kontrolle des Kostenziels sind Inhalte des Target Costing (Strategisches Zielkostenmanagement). Die zielkostenorientierte Vorgehensweise löst sich von der rein sequentiellen Sichtweise auf die Produktentwicklung. Sie propagiert einen kontinuierlichen Abgleich zwischen Markt und Produktmodell/-kosten.

Der Grundgedanke des strategischen Zielkostenmanagements basiert auf der Erkenntnis, daß etwa 80 % der späteren Herstellkosten eines Produktes bereits in der Planungs- und Entwicklungsphase festgelegt werden. Die größten Einsparungseffekte sind daher in den frühen Phasen des Produktlebenszyklus zu erzielen. Gleichwohl handelt es sich bei Target Costing um einen ganzheitlichen und geschlossenen Ansatz, der auf die gesamte Nutzungsdauer eines Produktes (also auch auf sog. „After-sales-costs") abzielt.

Die Grundidee des Target Costing stellt das traditionelle Kostenmanagement auf den Kopf. Die Preisberechnung im Verkäufermarkt fand traditionell derart statt, daß Kosten zuzüglich einem Gewinnzuschlag den Preis ergaben (Preis = Kosten + Gewinn). Die Wandlung zum Käufermarkt macht eine Revision dieser Vorgehensweise nötig. Soll marktorientiert geplant werden, so muß davon ausgegangen werden, daß es sog. vom Markt erlaubte Kosten gibt, die sich aus dem Marktpreis ergeben und die Renditevorstellungen des Unternehmens widerspiegeln. Die zentrale Frage des Zielkostenmanagements lautet: „Wieviel darf ein Produkt kosten?" Dabei sind die Produktkosten so zu planen und zu steuern, daß dem Unternehmen beim angestrebten Zielpreis noch eine angemessene Gewinnmarge verbleibt. Die Produktentwicklung richtet sich nun nicht mehr am technologisch Machbaren aus, sondern an den am Markt erzielbaren Produktpreisen. Renditevorstellungen des Unternehmens werden mit den im Unternehmen realisierbaren geschätzten Kosten abgeglichen, die anhand von Erfahrungswerten unter Berücksichtigung der Produktionsbedingungen ermittelt werden. Überschreiten die tatsächlich zu erwartenden Kosten das vorgegebene Zielkostenlimit, so kann durch gezielte Kosteneinsparungsmaßnahmen rechtzeitig gegengesteuert werden. Ergebnis dieses Abgleichs sind die sog. „Target Costs" (Zielkosten), die durchschnittlich geplanten Selbstkosten einer Produkteinheit. Die Zielkosten dienen als vorgegebener Kostenrahmen. Sie liefern Hinweise zum Auffinden von Rationalisierungsmöglichkeiten bestehender Konzepte bzw. legen Kostenschwerpunkte fest.

Auf der Basis einer neuen Produktidee wird ein grobes Anforderungsprofil für das Produkt erstellt (s. Abbildung 9-12). Ausgehend von diesen ersten Vorstellungen

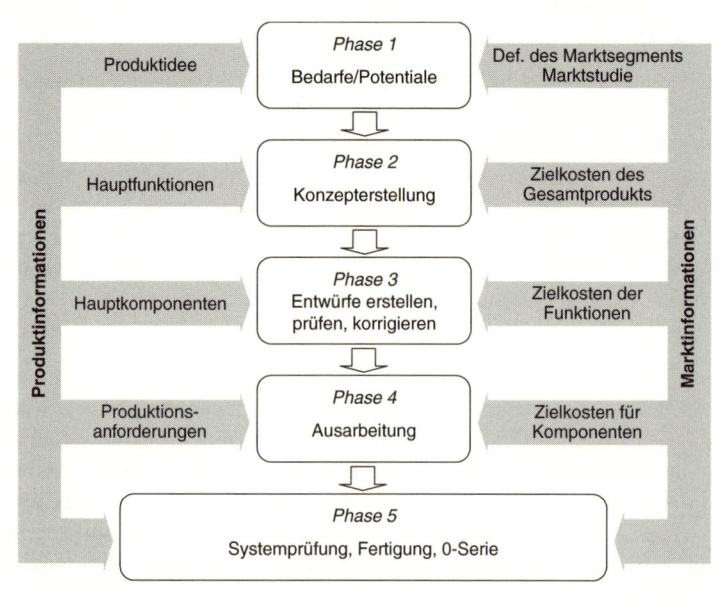

Abbildung 9-12: Target Costing in den Phasen der Produktentwicklung (in Anlehnung an [Horváth et al., 1994])

9.3 Vorgehensmodelle zur Produktentwicklung

über das Produkt kann ein damit zu belieferndes Marktsegment definiert werden. Marktforschung in diesem Segment dient dazu, die funktionalen Anforderungen der Kunden an das Produkt sowie den dafür maximal akzeptierten Preis herauszufinden. Die sich daraus ergebenden Gesamtzielkosten und das Lastenheft bzw. die Anforderungsliste sind in den dann folgenden Phasen der Entwurfserstellung und der Ausarbeitung Ausgangspunkt für die Ermittlung von detaillierteren Kostenvorgaben für einzelne Teilkonzepte bzw. Funktionen des Produkts. In der letzten Phase bis zur Serie wird das Produktionssystem unter den Restriktionen des Target Costing anhand entsprechender Budgetvorgaben geplant.

Im folgenden wird das Vorgehen näher erläutert.

Zunächst werden vom Marketing Informationen über die vom Markt geforderten Produktmerkmale und Preisvorstellungen sowie Absatzprognosen erfaßt (s. Abbildung 9-13). Aus der mittelfristigen Ergebnis- und Finanzplanung wird der produktanteilig geplante Gewinn von dem vom Markt geforderten Preis abgezogen. Daraus ergeben sich durch einen Abgleich mit den geschätzten Kosten die vom Markt erlaubten Kosten, die Zielkosten für das Produkt.

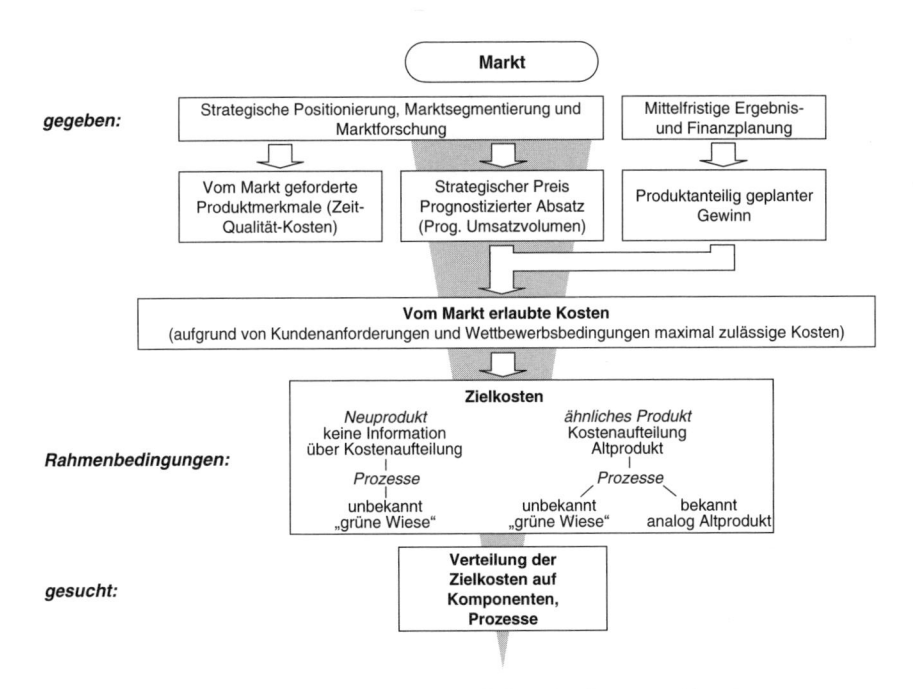

Abbildung 9-13: Target Costing – Problemstellung, Rahmenbedingungen, Vorgehen (in Anlehnung an [Seidenschwarz, 1996])

Gesucht ist die Verteilung der Kosten auf die einzelnen Teile des Projektes und Produktes. Die Aufteilung soll so erfolgen, daß sich die Zielkosten der einzelnen Produktfunktionen bzw. -komponenten zu den Gesamtzielkosten so verhalten, wie der Nutzenbeitrag der Funktion bzw. Komponente zum Gesamtnutzen des Produktes. Erreicht werden kann dies durch eine produktfunktionale Ausrichtung der Zielkostenplanung: Den Produktfunktionen werden in dem Maß Ressourcen (Geld) zur Verfügung gestellt, wie diese aus der Sicht des Kunden nutzenstiftend wirken.

Die *Zielkostenspaltung* kann als kritische Verbindung, als methodische Schnittstelle zwischen der marktbezogenen Zielkostenermittlung und dem unternehmensbezogenen Zielkostenmanagement bezeichnet werden. Abhängig davon, ob es sich um eine Varianten- oder Neuentwicklung handelt, kommen bei der Zielkostenspaltung, der Aufteilung der Zielkosten auf Komponenten, Bauteile und letztlich Produktionsprozesse, unterschiedliche Methoden zur Anwendung (vgl. Komponentenmethode und Funktionsmethode im Kapitel 9.4.4 „Produktkonzepterstellung"). Sie werden abhängig von Art und Umfang der vorhandenen Informationen angewandt.

Die Verteilung der Zielkosten auf Komponenten und Prozesse kann in verschiedene Stufen gegliedert werden (s. Abbildung 9-14). Ausgehend von der Produktidee bzw. den Anforderungen an das Produkt findet eine Aufspaltung und Gewichtung der Funktionen/Merkmale statt. Diesen können wiederum Produktkomponenten zugeordnet werden, die der Funktionserfüllung dienen. Hier herrscht ein Unschärfebereich, denn die Übersetzung von Funktionen in Komponenten wird durch die Methoden der Kostenspaltung selbst nicht unterstützt. Das bedeutet, daß zur Durchführung der Zielkostenspaltung die Komponenten bekannt sein müssen. In

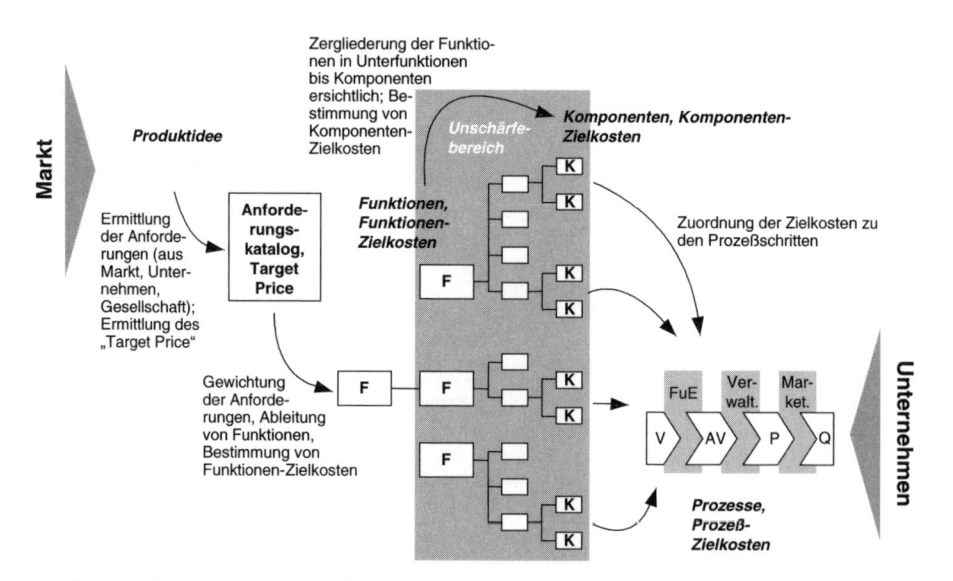

Abbildung 9-14: Target Costing – Stufen der Zielkostenspaltung [Spath/Riedmiller, 1997]

9.3 Vorgehensmodelle zur Produktentwicklung

Abbildung 9-15 ist dargestellt, wie am Beispiel eines zu entwickelnden Transportmittels für eine Person die Funktionen schrittweise in Komponenten überführt werden können. Diese Komponenten fließen als Eingangsgröße in die nutzenorientierte Verteilung der Funktions-Zielkosten auf Komponenten-Zielkosten. Die dritte Stufe stellt die Zuordnung der Komponenten-Zielkosten zu Prozessen bzw. Schritten der Wertschöpfungskette dar.

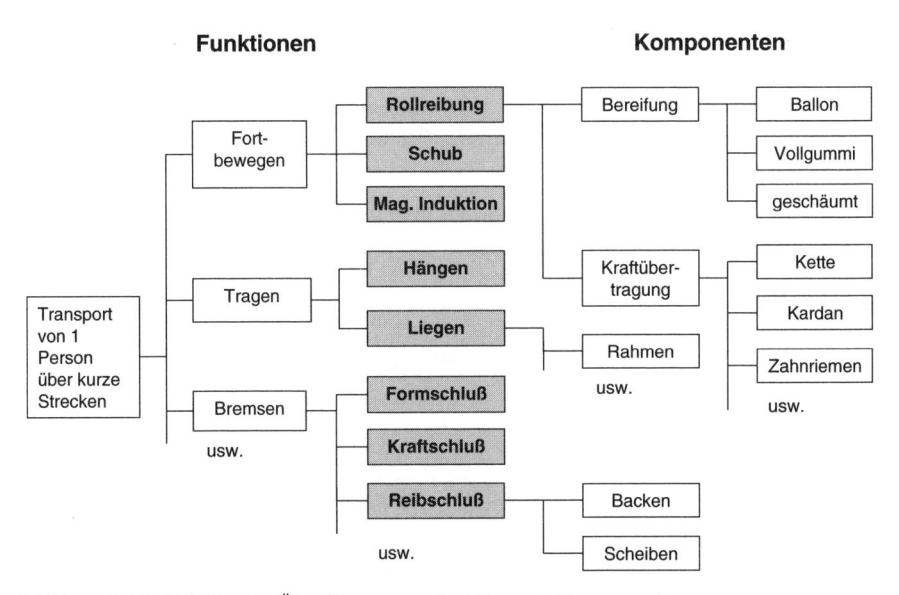

Abbildung 9-15: Schrittweise Überführung von Funktionen in Komponenten

Die Kostenstruktur bzw. die Teilzielkosten müssen bezüglich ihrer Realisierbarkeit überprüft werden und gegebenenfalls entsprechende Kostenverschiebungen zwischen den Baugruppen vorgenommen werden. Ansonsten besteht die Gefahr, daß unrealistische Ziele festgelegt werden.

Während der Ausarbeitung bis in die Produktion wird im Rahmen eines kontinuierlichen Verbesserungsprozesses (Kaizen Costing) nach weiteren Möglichkeiten zur Kostensenkung gesucht. Hierbei rücken neben den Einzelkosten (direkte Fertigungs- und Materialkosten) vor allem die Gemeinkosten (Logistik-, Verwaltungs- und Vertriebskosten) in den Mittelpunkt.

9.3.4.2 Methoden zur Kostenbestimmung

In diesem Kapitel soll gezeigt werden, wie die für das Target Costing notwendige Bestimmung der „geschätzten Kosten" vor allem in frühen Phasen des Entwicklungsprozesses methodisch unterstützt wird.

Die *Kostenbestimmung* – im Sinne einer Kostenkalkulation – dient als Überbegriff für verschiedenste Ansätze zur Ermittlung bzw. Abschätzung von in der Zukunft liegenden Produktkosten. Innerhalb der Kostenbestimmung kommt insbesondere der Identifikation der sog. Kostenbestimmungsfaktoren mit deren Auswirkungen bzw. Einfluß auf die Größe der Produktkosten eine bedeutende Rolle zu. Im Gegensatz zur Kostenrechnung, die im wesentlichen eine vergangenheitsbezogene Sicht auf entstandene Kosten unterstützt, ist die Kostenbestimmung eine ausschließlich in die Zukunft gerichtete Methode zur Ermittlung von Produktkosten.

Unter der *Kalkulation von Kosten* ist im weiteren Sinn jede Art der rechnungsbezogenen Zusammenfassung von Kosteninformationen zu verstehen. Im engeren Sinn verfolgt sie als Kostenträgerstückrechnung das Ziel, die Kosten einzelner Einheiten (Kostenträger) zu ermitteln. Kostenträger sind beispielsweise Produkte.

Die verschiedenen Methoden und Ansätze zur Kostenbestimmung können primär in Abhängigkeit ihres Kostenergebnisses in qualitative und quantitative Ansätze unterteilt werden (s. Abbildung 9-16).

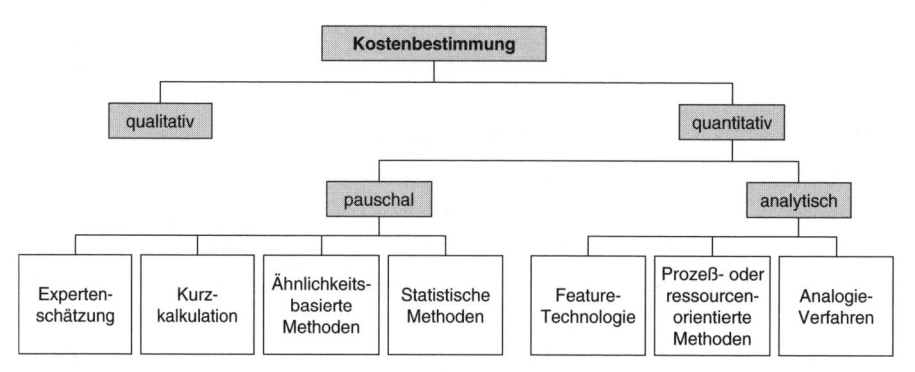

Abbildung 9-16: Gliederung der methodischen Ansätze zur Kostenbestimmung (vgl. [Trender, 2000])

Qualitative Ansätze sind dazu geeignet, aus einer Anzahl verschiedener Produktalternativen durch eine vergleichende Gegenüberstellung die kostengünstigste Lösung zu identifizieren. Sie bieten jedoch nicht die Möglichkeit, die absoluten Kosten eines Produktes zu ermitteln.

Dies führt dazu, daß ein Abgleich mit einem vorgegebenen Kostenziel nicht durchgeführt werden kann, und somit qualitative Kostenbestimmungsmethoden für eine Entwicklungsintegration nicht geeignet sind.

Quantitative Ansätze ermitteln Produktkosten auf Basis vorhandener betriebswirtschaftlicher Informationen aus der Nachkalkulation. Sie können nach *Scheer* weiter in *pauschale* und *analytische* Verfahren unterteilt werden (vgl. [Scheer, 1985]). Im Gegensatz zu den analytischen Verfahren, welche die Kostenbestimmung mittels spezifischer Kostenfunktionen in Abhängigkeit sowohl geometrischer als auch fertigungstechnischer Detailinformationen durchführen, berücksichtigen die *pauschalen* Verfahren nicht die produktionstechnischen Einzelheiten des Kalkulationsobjektes. Sie bestimmen die Kosten über einen oder wenige konstruktive Parameter, deren Wirkung in einer einzigen Kostenfunktion abgebildet ist.

Zu der Gruppe der pauschalen Verfahren zählen beispielsweise die Expertenschätzung, die Kurzkalkulation, die Kostenbestimmung auf Basis von Ähnlichkeitsbeziehungen sowie die statistische Methode der Kostenbestimmung.

Die konventionelle Zuschlagskalkulation sowie Analogieverfahren sind der Gruppe der analytischen Verfahren zuzuordnen.

Expertenschätzung

Ausgehend von großen Informationsmengen in Verbindung mit Vereinfachungen, kaum bekannten Fakten, Faustregeln und Heuristiken wird die Kosten- oder Expertenschätzung von einer oder mehreren Personen durchgeführt. Die Basis für die Kostenschätzung bildet die subjektive Einschätzung bzw. der subjektive Vergleich mit ähnlichen bereits realisierten Produkten. Die Qualität der Kostenschätzung korreliert somit direkt mit dem Erfahrungswissen des bzw. der Experten.

Kurzkalkulation

Unter dem Begriff der Kurzkalkulation werden vereinfachte Verfahren zur schnellen Kostenprognose zusammengefaßt, welche in frühen Phasen der Produktentwicklung zur Bestimmung der Produktherstellungs- bzw. Produktselbstkosten eingesetzt werden können (vgl. [Scheer et al., 1991]). Die Grundlage aller Kurzkalkulationsverfahren bildet eine mathematische Korrelation zwischen den geometrischen oder physikalischen Parametern eines Produktes und den Kostengrößen.

Aufgrund der beschriebenen methodischen Ausprägung kommen in frühen Entwicklungsphasen zur Produktkostenkalkulation in Unternehmen verschiedenster Branchen bislang Kurzkalkulationsverfahren zum Einsatz (vgl. [Hamaker, 1995]). Die bekannteste Kurzkalkulation ist die Kilogramm-Kosten-Methode, die auf der Annahme basiert, daß das Verhältnis der Materialkosten zu den gesamten Herstellungskosten bei vergleichbaren Produkten und vergleichbaren Fertigungsverfahren nahezu unverändert bleibt.

Die Methoden der Kurzkalkulation lassen sich in die empirische Kostenermittlung, die parametrische Kostenkalkulation und die theoretische Kostenermittlung, die Kostenkalkulation über Wachstumsgesetze, unterteilen.

Im Bereich der *parametrischen* Kostenschätzung haben sich verschiedene Softwareprodukte wie z.B. PRICE™ (Programmed Review of Information for Costing and Evaluation) auf dem Markt etabliert. Kennzeichnend für diese Systeme ist die Aggregation der gesamten Produktkosten auf wenige ausgewählte Kenngrößen für

Entwicklung und Produktion. Diese Kenngrößen werden mit Hilfe empirischer Untersuchungen, d. h. unter Verwendung einer historischen Datenhaltung bzw. Datenermittlung, in statistisch-mathematische Funktionen zur Kostenbestimmung überführt und innerhalb der Systeme abgebildet. Aufgrund der damit einhergehenden mangelnden Transparenz über die Kostenentstehung werden diese Kurzkalkulationsverfahren auf Grundlage der Parametrik auch als „Black-Box"-Kalkulationsverfahren bezeichnet. Der Vorteil der beschriebenen Methoden bzw. Systeme liegt somit in der Möglichkeit, eine grobe Kostenschätzung zu einem frühen Entwicklungszeitpunkt vornehmen zu können. Der Nachteil der parametrischen Kostenkalkulation besteht in der mangelnden Detaillierung der Kostenentstehung in Abhängigkeit spezifischer Produktparameter. Die Möglichkeit, kostenreduzierende Produktänderungen gezielt vornehmen zu können, besteht somit nicht. Weitere Nachteile bestehen in der aufwendigen Erstellung der Modelle, der mangelnden Flexibilität hinsichtlich Änderungen in den der empirischen Datenbasis zugrundeliegenden Herstell- bzw. Entwicklungsprozessen und der Fehlerentstehung durch die Obsoleszenz der verwendeten historischen Daten für zukünftige Kostenschätzungen.

Die *theoretische* Kostenermittlung, die Kostenkalkulation über Wachstumsgesetze, kommt innerhalb der Kostenkalkulation von geometrisch ähnlichen oder halbähnlichen Objekten einer Baureihe zum Einsatz (vgl. [Pickel, 1989]). Hierbei wird zum Aufbau eines Kostenwachstumsgesetzes auf der Grundlage algorithmischer Kostengleichungen ein Entwurf mit einem Folgeentwurf unterschiedlicher geometrischer Abmessungen oder physikalischer Parameter (z.B. Leistung) verglichen sowie die Kostenkalkulation für die beiden Entwürfe durchgeführt. Mit Hilfe des Vergleichs der verschiedenen Kalkulationsergebnisse kann eine Wechselwirkung zwischen Geometrie oder physikalischem Parameter und den Kosten identifiziert und mathematisch in einem Kostenwachstumsgesetz abgebildet werden (vgl. [Pahl/Rieg, 1982]).

Ähnlichkeitsbasierte Methoden

Eine Kalkulation von Produktkosten aufgrund von technischen Ähnlichkeiten basiert auf drei Prämissen: Das Betrachtungsobjekt läßt sich in einem Merkmalsraum darstellen, die Ähnlichkeit zweier Betrachtungsobjekte läßt sich durch die räumliche Nähe im Merkmalsraum ausdrücken und, ausgehend von der Ähnlichkeit der Ausprägung der Betrachtungsobjekte, kann auf deren Kostenähnlichkeit geschlossen werden (vgl. [König, 1995]).

Ähnlichkeitsbasierte Methoden zur Kostenkalkulation, zu denen die Suchkalkulation zählt, versuchen, das Kostenbestimmungsproblem auf Vergangenheitswerte zurückzuführen. Hierzu werden bereits realisierte Produkte oder durchgeführte Arbeitsfolgen mitsamt ihren Kosten in einem Merkmalsraum abgelegt. Dieser ist ein abstrakter Raum, der von den zur Ähnlichkeitsbetrachtung herangezogenen Merkmalen aufgespannt wird (vgl. [Pickel, 1989]). Das Kalkulationsergebnis des neuen

Produktes wird unter Verwendung der aus der Merkmalsausprägung eines technisch vergleichbaren Produktes resultierenden Kosten ermittelt. Durch die Erweiterung der Datenbasis im Umfeld des Kalkulationsobjektes kann die Genauigkeit der Kostenbestimmung gesteigert werden.

Statistisch-mathematische Methoden

Statistisch-mathematische Methoden wie die Regressionsanalyse, die Optimierungsrechnung und der Einsatz von Bemessungsgleichungen sind dadurch gekennzeichnet, daß sie auf Basis historischer Daten die Zusammenhänge zwischen den Produktausprägungen und den Kostenauswirkungen in mathematischen Relationen abbilden.

Bei der *Regressionsanalyse* wird untersucht, in welcher Beziehung die endogenen (erklärten) Variablen zu einer oder mehreren exogenen (erklärenden) Variablen stehen. Im Zusammenhang mit der Kostenkalkulation entsprechen die Kosten den endogenen Variablen und die kostenbestimmenden Produkteigenschaften den exogenen Variablen. Mit Hilfe der Regressionsanalyse ist es möglich, einen funktionalen Zusammenhang zwischen den Produktausprägungen und den damit verbundenen Kosten mathematisch zu identifizieren. Meist müssen für die Erstellung einer geeigneten Funktion mehrere Ansätze aufgestellt und auf ihre Eignung geprüft werden. Dieses iterative Vorgehen kann mit Hilfe der mathematischen *Optimierungsrechnung* umgangen werden. Zur Beschreibung der Optimierungsrechnung als Methode zur Erstellung von Kostenzusammenhängen sei auf weiterführende Literatur verwiesen (vgl. [Baumann, 1982]).

Im Gegensatz zu der Regressionsanalyse, die die funktionalen Zusammenhänge zwischen Produktmerkmalen und Kosten rechnerisch bestimmt, wird die mathematische Form der *Bemessungsgleichungen* für die Kostenbestimmung durch logische Überlegungen ermittelt.

Bemessungsgleichungen bilden die Zusammenhänge zwischen den technischen Einflußgrößen und den Kosten eines Produktes in Form mathematisch geschlossener Formeln ab. Sie bieten den Vorteil, die wesentlichen Einflußparameter sowohl qualitativer als auch quantitativer Ausprägung in einem funktionalen Zusammenhang darzustellen und somit die kostengünstige Konstruktion zu unterstützen. Der Nachteil der Bemessungsgleichungen besteht in der schwierigen Abbildung der Abhängigkeiten zwischen den technischen Ausprägungen des Produktes und den damit in direktem Zusammenhang stehenden Kosten in Form mathematischer Gleichungen. Daher eignen sie sich nicht für komplexe Produkte.

Neuere Ansätze zur Kostenkalkulation innerhalb der Produktentwicklung bringen *neuronale Netze* zur Bestimmung von Kostenfunktionen zum Einsatz (vgl. [Büttner, 1995]). Im Vergleich zur dargestellten Methodik der Regression kommen bei neuronalen Netzen folgende Vorteile zum Tragen: Es gelten weit weniger einschränkende Prämissen als bei einer Regression und es können auch nichtlineare Zusammenhänge zwischen Produktparametern und Kosten in guter Näherung abgebildet werden. Der entscheidende Nachteil der neuronalen Netze besteht darin, daß – im Gegensatz zur Regression – keine Abhängigkeit zwischen den Eingangs- und den Ausgangsgrößen analytisch ermittelt werden kann. Eine Identifikation der kostentreibenden Produktparameter ist daher nicht möglich (vgl. [König, 1995]).

Feature-Technologie

Unterhalb der analytischen Verfahren, die eine weitere Gliederung der Kosten anhand von geometrischen und fertigungstechnischen Detailinformationen zulassen, ist der featurebasierte Ansatz einzuordnen. Die *Feature-Technologie* hat vorrangig das Ziel, die Konstruktion am CAD durch die Integration einer Wissensbasis zu rationalisieren. Hierzu erfolgt die Konstruktion nicht länger in Punkten und Linien, sondern mit Hilfe von geometrischen Objekten, den Features. Neben den reinen geometrischen Informationen können Features um weitere Informationen wie Fertigungstechnologie, Einsatz und Kosten ergänzt werden. Die Belegung der Features mit Kosteninformationen ermöglicht eine frühzeitige Kostenabschätzung zum Zeitpunkt der Konstruktion.

Der Nachteil dieses Ansatzes zur Kostenbestimmung liegt in der direkten und damit starren Verknüpfung von Objekt und Kosteninformation, wodurch sich eine der Konstruktion nachgelagerte exaktere Kostenbestimmung nicht vermeiden läßt (vgl. [Männel, 1996]).

Prozeß- und ressourcenorientierte Methode

Im Unterschied zur Feature-Technologie, welche die Geometrie in direkten Bezug zu den Kosten setzt, kommt bei der *prozeß- und ressourcenorientierten Kostenbestimmung* den für die Realisierung eines Produktes notwendigen Prozessen der direkten und indirekten Unternehmensbereiche eine besondere Bedeutung zu. Im Gegensatz zu den direkten Bereichen sind die in den indirekten Leistungsbereichen des Unternehmens entstehenden Kosten dem Produkt nicht unmittelbar anrechenbar.

Die Grundlagen der prozeßorientierten Sichtweise wurden von *Kaplan* und *Cooper* in den USA erarbeitet (vgl. [Cooper/Kaplan, 1988]). Auslöser für die Erarbeitung des Activity Based Costing (ABC) oder Cost Driver Accounting waren die Unzulänglichkeiten des bestehenden Rechnungswesens, Kosten im direkten Leistungsbereich der Fertigung zu erfassen. In Deutschland veröffentlichten *Horváth* und *Mayer* 1989 die Grundlagen der Prozeßkostenrechnung als Controllinginstrument (vgl. [Horváth/Mayer, 1989]). Im Gegensatz zum ABC aus den USA, das die verursachungsgerechte Kalkulation von Produkten in den Vordergrund stellt, zielt die in Deutschland angewandte Prozeßkostenrechnung auf die Erhöhung der Kostentransparenz in den indirekten Leistungsbereichen durch die Aufschlüsselung der Gemeinkosten. Zur Umsetzung des ABC werden die zur Herstellung eines Produktes erforderlichen Teilprozesse zusammengefaßt und ein Maschinenstundensatz für einen kompletten Prozeß definiert. Durch die Verrechnung der zeitlichen Inanspruchnahme eines oder mehrerer Prozesse mit dem Maschinenstundensatz können die Produktkosten berechnet werden.

> Die *Prozeßkostenrechnung* ist ein Vollkostenrechnungssystem, das versucht, durch die Analyse der Betriebsabläufe die Aktivitäten, die Tätigkeiten, die Teil- bzw. Hauptprozesse zu identifizieren, um daraus Bezugsgrößen für eine verursachungsgerechte Verteilung von Gemeinkosten auf die Kostenträger zu ermitteln. Die Prozeßkostenrechnung ergänzt die übliche Plankosten- und Deckungsbeitragsrechnung, ersetzt sie aber nicht.

Um die Prozeßkostenrechnung für ein strategisches Kostenmanagement zu nutzen, ermittelt *Horváth* die für die indirekten Leistungsbereiche maßgebenden Kostentreiber qualitativ und quantitativ (vgl. [Horváth/Mayer, 1989]). Aufgrund der mangelnden Detaillierungstiefe ist nach Einschätzung von *Horváth* die in ihrer heutigen Form bekannte Prozeßkostenrechnung nicht dazu geeignet, Produktkosten zu kalkulieren (vgl. [Horváth/Mayer, 1993]). *Glaser* sieht die Prozeßkostenrechnung in erster Linie als Hilfsmittel der Prozeßanalyse. Er bemängelt, daß innerhalb der Methodik der Prozeßkostenrechnung keine allgemeinen Regeln für die Differenzierung der Prozesse bestehen und daß eine Ableitung der Prozeßplanmengen aus den Leistungsmengen nur schwer möglich ist (vgl. [Glaser, 1992]).

Neben den Zielen der Prozeßkostenrechnung – Erhöhung der Gemeinkostentransparenz, Ermittlung der Gemeinkostentreiber und Unterstützung des strategischen Kostenmanagements – verfolgt die *ressourcenorientierte Prozeßkostenrechnung* das Ziel, die entwicklungsintegrierte Produktkalkulation zu unterstützen. Grundlage der ressourcenorientierten Prozeßkostenrechnung bildet das von *Schuh* auf Basis der funktional differenzierten Kostenrechnung entwickelte Ressourcenmodell (vgl. [Schuh, 1994]). Hierbei handelt es sich um eine Methode, die den Werteverzehr an Ressourcen in einem Unternehmen quantitativ erfaßt und den Produktvarianten verursachungsgerecht zuweist. Den Kern des Ressourcenmodells bildet die funktionale Beschreibung der Zusammenhänge zwischen den kostenbeeinflussenden Produktmerkmalen und den dadurch verursachten Kosten in Form von sog. Verbrauchs- und Kostenfunktionen. Die Verbrauchsfunktionen quantifizieren den Ressourcenverbrauch, die Kostenfunktionen den funktionalen Zusammenhang zwischen Ressourcenverbrauch und den dadurch entstehenden Kosten. Unter Verwendung eines Nomogramms kann die Abhängigkeit der Kostenfunktion von der Verbrauchsfunktion graphisch dargestellt werden (s. Abbildung 9-17).

Die ressourcenorientierte Prozeßkostenrechnung unterscheidet sich von den bekannten Ansätzen der Prozeßkostenrechnung durch folgende drei Punkte: „Es wird eine Prozeßhierarchie auf Basis der kleinsten Einheit – Ressource je Teilprozeß – aufgebaut, es wird konsequent zwischen technischem und wertmäßigem

Ressourcenverzehr getrennt und Prozeßveränderungen werden zur Kostenprognose in Entwicklung und Produktion durch Verbrauchsfunktionen antizipiert." [Schuh, 1994]

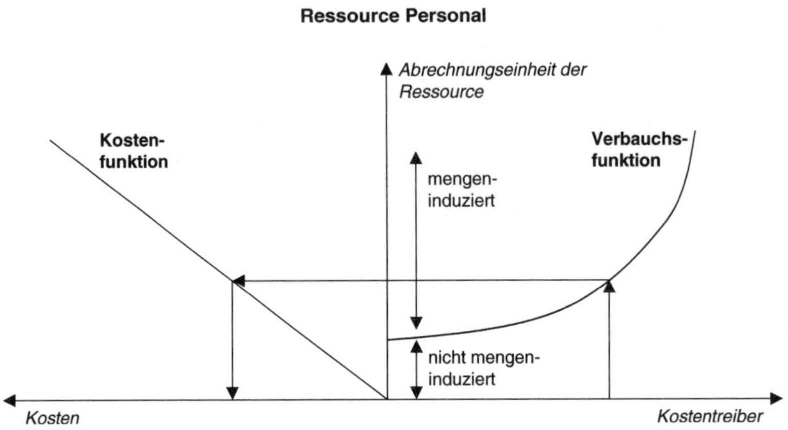

Abbildung 9-17: Nomogramm – funktionale Korrelation zwischen Ressourcenverbrauch und Kosten (in Anlehnung an [Schuh, 1997])

Für den Aufbau der ressourcenorientierten Prozeßkostenrechnung ist es notwendig, alle Tätigkeiten bzw. Teilprozesse eines Unternehmens in Abhängigkeit von mindestens einer Ressource und einem Kostentreiber, der die Inanspruchnahme der entsprechenden Leistung bestimmt, abzubilden.

Durch die Abhängigkeit der Prozesse von der individuellen Quantität der Kostentreiber und durch die flexible Verknüpfung der Teilprozesse zu Prozeßketten kann auf sich ändernde Unternehmensstrukturen reagiert werden.

Aufgrund der beschriebenen Eigenschaften und der Tatsache, daß innerhalb der ressourcenorientierten Prozeßkostenrechnung zwischen einmalig und laufend in Anspruch genommenen Prozessen unterschieden werden kann, ermöglicht die ressourcenorientierte Prozeßkostenrechnung eine lebenszyklusbezogene Kosten- und Leistungsrechnung von Produkten.

Analogiemethode

Die *Analogiemethode* ist ein Verfahren zur Bestimmung von Produktkosten auf Grundlage der Herstell- bzw. Fertigungsprozesse [Pickel, 1989]. Somit handelt es sich bei der Analogiemethode um ein fertigungsorientiertes Verfahren, das die Produktkosten mit Hilfe der Hauptzeitformel, über Statistiken oder unter Verwendung von neuronalen Netzen berechnet. Für die notwendige detaillierte Abbildung der Herstell- bzw. Fertigungsprozesse mit Auswahl der Fertigungsmittel, der Spannmittel und der Schnittfolgenbestimmung ist technologisches Detailwissen aus der

Arbeitsplanung notwendig. Dies führt dazu, daß die Anwendung der Analogiemethode der Arbeitsplanung vorbehalten bleibt, und die Nutzung als entwicklungsintegrierte Kostenbestimmungsmethode durch den Konstrukteur bzw. Entwickler nur sehr eingeschränkt erfolgen kann.

In diesem Kapitel wurden verschiedene methodische Ansätze zur entwicklungsbegleitenden Kostenbestimmung vorgestellt, die durch unterschiedlich detaillierte Kostenaussagen und Anwendungszeitpunkte gekennzeichnet sind. Für eine tiefergehende Darstellung der Thematik sei auf weiterführende Literatur verwiesen [Trender, 2000].

9.3.5 Methodenkombinationen

In der dogmatischen Anwendung einer einzelnen Methode lauert die Gefahr einer zu einseitigen Entwicklungsstrategie. Diese Erkenntnis hat zu den unterschiedlichsten Methodenkombinationen geführt. Die wichtigsten werden im folgenden kurz diskutiert.

Customer Driven Robust Innovation (QFD/TRIZ/Taguchi)

Von *Terninko* [Terninko et al., 1997] wird für eine kundengetriebene, innovative Produktentwicklung ein Methodenverbund aus QFD, der Erfindungsmethodik TRIZ [Altshuller, 1994] und *Taguchi* [Taguchi, 1989], einem Verfahren der qualitätsorientierten Versuchsmethodik, vorgeschlagen. *QFD* dient der Erfassung der Kundensicht und deren Umsetzung in technische Merkmale. Auf dieser Beschreibungsebene setzen die unterschiedlichen *TRIZ-Bausteine* mit dem Ziel verschiedener, innovativer Lösungskonzepte auf. Da TRIZ keinen entscheidenden Beitrag zu Fragen der konstruktiven Details eines Konzeptes leistet, wird die Gesamtmethodik um die *Taguchi*-Methode ergänzt. Die *Taguchi*-Methode versucht, die kundenorientiert entwickelten Lösungskonzepte in hinsichtlich ihrer Funktionsfähigkeit robuste Produkte umzusetzen.

Die grundsätzliche Idee dieses Methodenverbundes erscheint aufgrund der Verknüpfung von analytischen bzw. analytisch-systematischen und intuitiv-kreativen Methoden sehr interessant. So werden beispielsweise die im Dach des HoQ aufgezeigten technischen Zielkonflikte direkt als Grundlage für eine *Widerspruchsanalyse* [Terninko et al., 1997] in TRIZ genutzt. Auch beim *Customer Driven Robust Innovation*-Ansatz werden aber die Probleme der Forderungsmodellierung im QFD nicht näher betrachtet und lassen daher Schwachstellen bzgl. einer validen Modellierung der Kundensicht erkennen. Eine Kostenbetrachtung wird nicht einbezogen. Auch sind bisher keine praktischen Erfahrungen publiziert. Das Verfahren nach *Taguchi* wird als „fragwürdig und sehr empfindlich gegenüber Scheineffekten" bezeichnet [Kuhn, 1990]. Darüber hinaus kann das Verfahren nach *Taguchi* erst am Ende der Produktentwicklung, wenn schon Bauteile vorhanden sind, ansetzen. Es fehlt also der systematische Übergang von der Konzeption zum Entwurf.

Kombination von QFD und Wertanalyse (Value Engineering)

Die Wertanalyse hat eine Problembeschreibung über Funktionen und deren Relationen als Basis. Darauf aufbauend versucht das Wertanalyseteam, Alternativen zur Funktionserfüllung bei niedrigeren Kosten zu suchen. Das QFD hilft bei der ganzheitlichen Anforderungsbearbeitung durch die Strukturierung vernetzter Informationen aus den verschiedenen Unternehmensbereichen und die konsequente Ausrichtung dieser Informationen an den Kundenforderungen. Der Schwerpunkt der Wertanalyse liegt also in der Problemlösung, wohingegen das QFD die Identifikation einer kundenorientierten Problemstellung zum Ziel hat. Daher können sich die beiden Ansätze grundsätzlich sinnvoll ergänzen. Als Hindernis können die nicht ausreichend vorhandene Verknüpfung der beiden Methoden und die uneinheitliche Verwendung des Funktionenbegriffes angesehen werden.

Kombination von Target Costing und Wertanalyse

Wertanalytisches Gedankengut bildet einen wesentlichen Kernpunkt im Target Costing. Analysiert man die beiden Methoden, so stellt man nur zwei wesentliche Unterschiede fest. Zum einen ist die Wertanalyse stark technisch und primär unternehmensintern ausgerichtet, wohingegen das Target Costing die systematische Marktorientierung als Hauptmerkmal hat. Auch die Wertanalytiker fordern zwar marktorientierte Produktfunktionen, geben aber keine konkreten Hinweise, wie deren Bestimmung oder die Gewichtung erfolgen soll. Der zweite Hauptunterschied besteht in dem allgemeineren Charakter der Wertanalyse.

Zusammenfassend kann man festhalten, daß die Wertanalyse durch ihre Funktionsorientierung und die Funktionskostenmatrix ein wesentlicher Bestandteil marktorientierten Zielkostenmanagements ist, welcher in Verbindung mit Target Costing um die systematisierte Ableitung der Marktsicht erweitert wird.

9.3.6 Kritische Würdigung der Vorgehensmodelle

In Abbildung 9-18 werden die betrachteten Vorgehensmodelle anhand methodisch/systematischer Kriterien sowie anhand der Indikatoren eines erfolgreichen Produktentwicklungsprozesses eingestuft.

Die Hauptdefizite der Vorgehensmodelle bestehen insbesondere bei der systematischen Marktorientierung, der methodischen Weiterentwicklung eines integrierten Kostenmanagements, dem Aufbau einer ganzheitlichen Problemlösungsstrategie sowie dem Abbau von methodischen Schnittstellenproblemen.

Eine wesentliche Erkenntnis hinsichtlich des Methodeneinsatzes in der Produktentwicklung ist, daß die Methoden bzw. Vorgehensmodelle immer kontextspezifisch angepaßt werden müssen. Die Anpassung erfolgt dabei anhand von Faktoren wie Produktspektrum, Mitarbeiterzahl, Organisationsstruktur oder auch bestehender Methodenkompetenz.

Kriterium			Methode	VDI	QFD	VA	TC
Methodisch/Systematisch	Stellgröße Marktorientierung		Werden die Kundenforderungen erarbeitet?	◐	●	○	●
			Werden Wettbewerbsvorteile erarbeitet?	○	◐	○	◐
			Werden die Schritte der Marktorientierung systematisch unterstützt (operativ)?	○	◐	◐	◐
			Ist die interne Transparenz der relevanten Entscheidungsgrößen gewährleistet?	○	●	○	◐
	Kostenmanagement		Ist eine Kostenorientierung implementiert?	○	○	●	●
			Wird die Kostenorientierung systematisch unterstützt?	○	○	◐	◐
	Problemlösung		Ist das Vorgehen innovationsfördernd? (Basis: Praxiserfahrungen, empirische Ergebnisse)	●	○	●	○
			Wird die Problemlösung systematisch unterstützt?	●	◐	●	○
Indikatoren			Werden erkennbare Produktvorteile generiert und kontinuierlich hinterfragt?	○	◐	○	◐
			Werden Synergien zwischen int. Kompetenzen und ext. Marktchancen genutzt und gefördert?	○	◐	◐	◐
			Wird grundsätzlich das Kostenbewußtsein in Entwicklung und Konstruktion gefördert?	○	○	●	●
			Existiert eine positive Auswirkung auf die Verkürzung der Entwicklungszeiten?	◐	○	○	○
Schnittstellen			Bestehen aus methodischer Sicht Kompatibilitäten?				

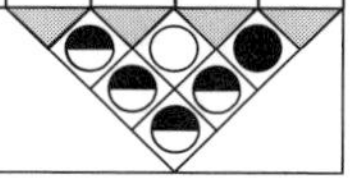

VDI : Konstruktionsmethodik nach VDI 2221/22
QFD : Quality Function Deployment
VA : Wertanalyse
TC : Target Costing

● : erfüllt
◐ : z. T. erfüllt
○ : nicht erfüllt

Abbildung 9-18: Zusammenfassung der Defizite bestehender Vorgehensmodelle [Geisinger, 1999]

9.4 Integrierte Prozeßkette Entwicklung im Unternehmen

Wie im letzten Kapitel gezeigt, existieren sowohl in der betriebswirtschaftlichen als auch in der ingenieurwissenschaftlichen Literatur eine Vielzahl verschiedener Prozeßketten oder Phasenmodelle, die den Prozeß der Produktentstehung darstellen. Je nach Schwerpunkt der behandelten Problemstellung sind diese in unterschiedlichen Phasen detaillierter ausgestaltet oder lassen Prozeßschritte, z.B. die Produktion, vermissen. Allgemein betrachtet gleichen sich die Prozeßmodelle in wesentlichen Punkten. Das hier vorgestellte Modell (s. Abbildung 9-19) beruht auf der Integration von marketing- und ingenieurwissenschaftlichen Prozeßketten, erweitert um betriebswirtschaftliche Aspekte der Budgetierung, Kostenrechnung und Investitionsplanung. Das Grundschema umfaßt folgende Prozesse: Produktstrategieplanung, Produktideengenerierung, Produktanforderungsermittlung, Produktkonzepterstellung, Produktionskonzepterstellung, Produktion und Markteinführung. Diese logische Kette ist so aufgebaut, daß die Prozesse, welche in der Regel sinnvoll sind, um von der abstrakten Produktstrategie und Idee über das Konzept zum konkreten

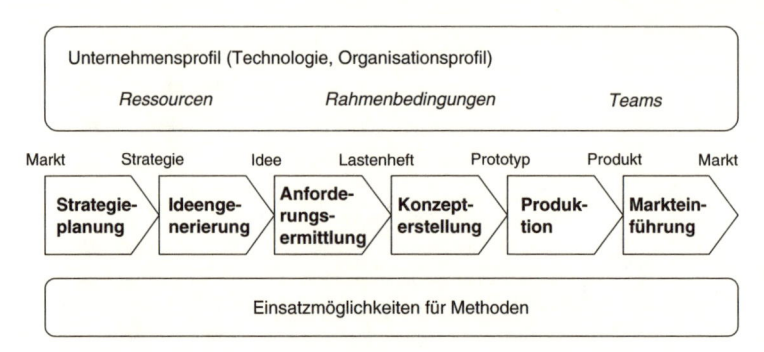

```
┌─────────────────────────────────────────────────────────────────┐
│  Unternehmensprofil (Technologie, Organisationsprofil)          │
│                                                                 │
│    Ressourcen        Rahmenbedingungen          Teams           │
└─────────────────────────────────────────────────────────────────┘

  Markt    Strategie    Idee    Lastenheft  Prototyp   Produkt    Markt

  ┌─────────┐┌─────────┐┌────────┐┌─────────┐┌────────┐┌─────────┐
  │Strategie││Ideenge- ││Anforde-││Konzept- ││Produk- ││Marktein-│
  │planung  ││nerierung││rungs-  ││erstellung││tion   ││führung  │
  │         ││         ││ermittlung│         ││       ││         │
  └─────────┘└─────────┘└────────┘└─────────┘└────────┘└─────────┘

  ┌─────────────────────────────────────────────────────────────┐
  │           Einsatzmöglichkeiten für Methoden                 │
  └─────────────────────────────────────────────────────────────┘
```

Abbildung 9-19: Modell der integrierten Prozeßkette Entwicklung (in Anlehnung an [Spath et al., 1999])

Produkt zu gelangen, sequentiell angeordnet sind. Die *Produktstrategieplanung* zeigt auf, daß die Produktentwicklung für ein spezielles Produkt auf langfristige Ziele angelegt und mit der Unternehmensplanung abgestimmt sein sollte. Im Prozeß der *Ideengenerierung* sind diejenigen Aktivitäten zusammengefaßt, welche die Kreativitätsprozesse für das Finden neuer Produkte unterstützen. In der industriellen Praxis ist es natürlich auch möglich, daß zuerst neue Produktideen entstehen, die dann in eine Produktstrategie übergeführt werden. Die *Anforderungsermittlung* soll vor allem sicherstellen, daß die von den Kunden, vom Unternehmen und der Umwelt an das zu entwickelnde Produkt gestellten Anforderungen systematisch ermittelt und strukturiert werden. Die *Produktkonzepterstellung* umfaßt die klassischen Aufgaben der Entwicklung, vom Konzipieren des Produktes bis zur Prototypenerstellung. In der *Produktionskonzepterstellung* sind Aktivitäten des Technologiemanagements und der Arbeitsvorbereitung zusammengefaßt. Die „*Produktion* und *Markteinführung*" hat die Aufgabe, das neu entwickelte Produkt zu produzieren und erfolgreich in den Markt einzuführen. Die (Serien-)Produktion gehört streng genommen nicht mehr zum Entwicklungsprozeß, da sie Teil des zweiten wichtigen Geschäftsprozesses im Unternehmen, der Auftragsabwicklung, ist.

Diese groben Prozeßschritte werden verfeinert in zwei weitere Ebenen, wie in den Abbildungen zu den jeweiligen Prozessen dargestellt (s. z.B. Abbildung 9-20). Diese generische Prozeßkette gilt es, im jeweiligen Unternehmen spezifisch anzupassen. Bei der Planung eines bestimmten Produktentwicklungsprozesses im Unternehmen sind auch die Ressourcen sowie die technologischen und organisatorischen Rahmenbedingungen zu berücksichtigen.

Der reale Produktinnovationsprozeß erfolgt jedoch nicht sequentiell, sondern ist eher geprägt von Iterationsschritten und Parallelisierung. Die Abbildung dieses Vorgehens ist nicht Ziel dieses Kapitels. In den einzelnen Phasen ist in der industriellen Praxis unter Umständen ein eher chaotisches Verhalten zu beobachten. Best-Practice-Studien haben jedoch gezeigt, daß erfolgreiche Unternehmen ihre Produktinnovationen systematisch planen und durchführen [Griffin, 1997]. In den nächsten Abschnitten soll gezeigt werden, wie die einzelnen Prozesse durch Methoden systematisch unterstützt werden können.

Es existiert eine Vielzahl von Methoden, die einzelne Schritte des Produktinnovationsprozesses unterstützen. Viele davon können sogar in verschiedenen Prozeßschritten eingesetzt werden. Beispielsweise sind Methoden der Ideenanregung sinnvollerweise nicht nur in der Phase der Produktideengenerierung, sondern auch bei der Produktkonzepterstellung zum Finden kreativer Lösungen für Komponenten einzusetzen. Methoden der Budgetierung, Investitionsplanung und Kostenrechnung kommen kontinuierlich entlang den marketing- und ingenieurwissenschaftlichen Prozeßketten zur Anwendung, werden aber der Übersicht wegen zusammengefaßt dargestellt. Das hier vorgestellte Konzept entspricht einem prozeßorientierten *Methodenbaukasten*, und soll damit kein allgemeingültiges Vorgehensmodell darstellen. Ähnlich der *VDI*-Richtlinie 2221 sind die Begriffe auf den Maschinenbau zugeschnitten, eine Übertragung auf Branchen wie Verfahrenstechnik, Feinwerktechnik oder auch Softwareentwicklung ist sinngemäß möglich.

Die integrierte Prozeßkette Entwicklung sowie die Möglichkeiten zu ihrer methodischen Unterstützung dürfen jedoch nicht losgelöst vom jeweiligen Unternehmen betrachtet werden. Zum Unternehmensprofil gehören die vorhandenen Ressourcen, das technische Know-how sowie die Organisationsstruktur. Manche empfehlenswerten Methoden sind beispielsweise nur einsetzbar, wenn auch bereits eine teamorientierte Unternehmenskultur entwickelt wurde. Des weiteren ist eine prozeßorientierte Unternehmensorganisation notwendig, damit der Produktentwicklungsprozeß erfolgreich implementiert werden kann.

9.4.1 Produktstrategieplanung

In der Produktstrategieplanung (s. Abbildung 9-20) steht eine allgemeine, weitgehend produktunabhängige Betrachtung im Vordergrund. Sie dient dem Aufdecken von interessanten strategischen Geschäftsfeldern für die Neuproduktentwicklung.

Handlungsbedarf bestimmen

Ein Ansatz für die Identifizierung des Handlungsbedarfs ist die Suche nach internen Defiziten. Die *Gap-Analyse* hat zum Ziel, alternative zukünftige Entwicklungen, die auf unterschiedlichen Annahmen beruhen, darzustellen. Die dabei entstehende Lücke („Gap") gilt es zu interpretieren und möglichst zu schließen. Mit Hilfe von *Portfolioanalysen* wie einer Produkt-Markt-Matrix kann diese strategische Analyse vertieft werden. Durch *Expertenbefragungen* lassen sich eigene Schwächen ermitteln. Um externe Veränderungen rechtzeitig zu erkennen, werden Methoden wie die strategische Frühaufklärung immer bedeutender.

Prozeß-baustein	Produktstrategie planen			
1. Ebene	Handlungsbedarf bestimmen	Markt und Umfeld analysieren	Unternehmen analysieren	Kapazitäten ermitteln und bereitstellen
2. Ebene	Interne Defizite aufdecken / Externe Veränderungen aufdecken	Rahmenbedingungen untersuchen / Konkurrenz und Zielgruppen ermitteln	Produktprogramm analysieren / Funktions-/ Produktpotential bestimmen	Budgetierung / Investitionsplanung
Methoden	Gap-Analyse, Portfolioanalyse, Expertenbefragung / Strategische Frühaufklärung, Erfolgsfaktorenforschung, Trendforschung	Marktforschungsmethoden, Strategische Frühaufklärung, Patentanalyse / Benchmarking, Product Reverse Engineering, Stärken-/Schwächen-Analyse, Marktsegmentierung	Lebenszyklusanalyse, Portfolioanalyse / Checklisten, Potentialanalyse	Target Budgeting, Zero-Base Budgeting, Standardbudgetierung / Bilanzanalyse, Risikoanalyse, Amortisationsrechnung

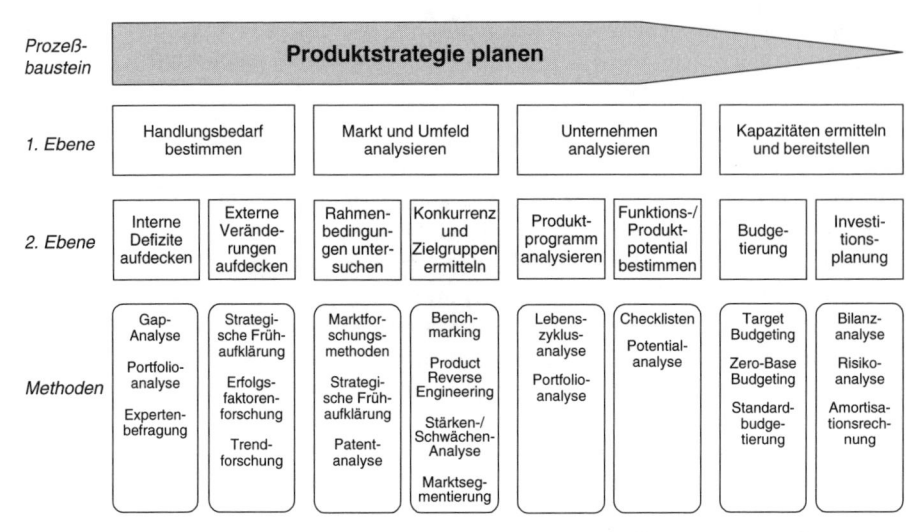

Abbildung 9-20: Prozeß „Produktstrategie planen" (in Anlehnung an [Spath et al., 2000])

Strategische Frühaufklärung ist ein Führungsinstrumentarium, mit dessen Hilfe Unternehmen versuchen, auf eine turbulente und komplexe Umwelt zu reagieren. Durch frühzeitiges Identifizieren von Gefahren und Chancen soll ausreichend Zeit für die Formulierung und Durchführung von Reaktionsstrategien gewonnen werden (vgl. [Hammer, 1992]).

Auch das Technologiemanagement hilft, „die Analyse, Planung, Durchführung und Kontrolle von Entscheidungen und Maßnahmen zum Auf- und Ausbau technologischer Leistungspotentiale von Unternehmen" zu unterstützen [Specht/Schmelzer, 1992]. Wesentlich ist dabei, daß bei den verschiedenen Analysen der Produktstrategieplanung das Unternehmen relativ zu den Wettbewerbsunternehmen betrachtet wird.

Technologiemanagement ist eine Führungslehre, die zur zielgerichteten Nutzenanwendung von Technik anleiten soll. Dazu gehört die Anleitung, technische Prozesse durchzuführen, technische Systeme aufzubauen und zu verändern sowie das technische Wissen zum Nutzen der Gesellschaft umzusetzen (vgl. [Spur, 1998]).

Mit Hilfe der strategischen Erfolgsfaktoren aus der Erfolgsfaktorenforschung wird eine Konzentration auf die wesentlichen Erfolgskriterien in der Gestaltung von Entwicklungsprozessen ermöglicht [Trommsdorff, 1990]. Zu den bekanntesten Studien der Erfolgsfaktorenforschung gehört die Studie von *Peters* und *Waterman* „In

Search for Excellence" [Peters/Waterman, 1984]. Eine kontinuierliche Identifizierung von Erfolgsfaktoren seit 1974 bietet das PIMS (Profit Impact of Market Strategies)-Projekt des *Strategic Planning Institute, Cambridge, Mass.*. Die Daten mehrerer tausend Unternehmen sind in einer umfangreichen Datenbank gespeichert mit dem Ziel, die Wirkungsweise von Geschäftsfeldstrategien zu untersuchen. Eine der Aussagen lautet, daß auf lange Sicht der wichtigste Einzelfaktor, der den Erfolg einer Geschäftseinheit bestimmt, die *Qualität* ihrer Produkte und Dienstleistungen im Vergleich zu ihren Konkurrenten ist [Buzell/Gale, 1989].

Zur Abschätzung von Trends bieten sich *quantitative Prognosetechniken* an. Diese basieren auf mathematisch-statistischen Verfahren und führen zu rechnerischen Ergebnissen. Davon zu unterscheiden sind kausale Methoden wie die *Regressionsanalyse* einerseits und Zeitreihenprojektionen mit der *Trendextrapolation* als Hauptvertreter andererseits. Die Trendextrapolation kommt zum Einsatz, wenn die bisherige Entwicklung einer Größe (des Untersuchungsobjekts) einer mathematisch definierbaren Gesetzmäßigkeit folgt. Der beobachtete Trend wird dann in die Zukunft verlängert.

Qualitative Prognosen, sog. Projektionen, beruhen lediglich auf zweckmäßigen, methodisch erarbeiteten Prognoseregeln.

Markt und Umfeld analysieren

Hat man den konkreten Handlungsbedarf erkannt, ist es notwendig, sowohl den relevanten Markt als auch das Unternehmensumfeld zu analysieren. Denn nur dadurch wird es möglich, die „richtigen Produkte zur richtigen Zeit" auf den Markt zu bringen.

Dabei müssen die relevanten gesetzlichen Regelungen (und Änderungen) beachtet werden. Das gilt natürlich für alle relevanten Märkte, also bei exportorientierten Unternehmen vor allem auch für die internationalen Bedingungen. Als Beispiele solcher zu beachtender Regelungen seien hier einige kurz genannt: Sicherheitsvorschriften, Materialanforderungen, Umweltschutzbestimmungen, Recyclingbestimmungen, usw.. Darüber hinaus gilt es auch, veränderte Konsumgewohnheiten zu erkennen, um nicht am Markt „vorbei" zu produzieren. Die bekannten Marktforschungsmethoden leisten hierzu einen wichtigen Beitrag (s. Abbildung 9-21), da sie ihr „Ohr direkt am Kunden" haben.

Ebenso ist es von Bedeutung, technologische Fortschritte, wie neue Fertigungsverfahren oder innovative Produktideen, rechtzeitig zu erkennen. Zu den Feldern der *Umfeldanalyse* gehören die Branche (Lieferanten, Abnehmer, Wettbewerber), relevante Gruppen (Kapitalgeber, staatliche Institutionen, Arbeitnehmer, Gewerkschaften, Verbände) sowie die globale Umwelt (politische, gesellschaftliche, technologische, ökologische und wirtschaftliche Rahmenbedingungen). Zur Definition der Zielgruppe wird die *Marktsegmentierung* als Ausgangspunkt verwendet. Es wird dabei ermittelt, wie man welches Neuprodukt in welchem Marktsegment plazieren

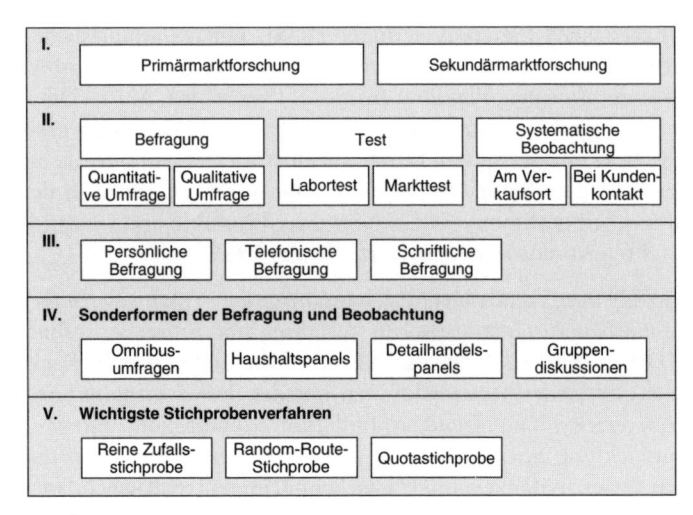

Abbildung 9-21: Übersicht über Marktforschungsmethoden [VDI, 1982]

will. Zur Unterstützung einer systematischen Vorgehensweise können Checklisten eingesetzt werden. Hierbei kommt der *Stärken/Schwächen-Analyse* doppelte Bedeutung zu. Einerseits werden die Konkurrenzunternehmen untereinander verglichen, andererseits auch die Position des eigenen Unternehmens. Unterstützt wird dieses Vorgehen durch das *Benchmarking* (s. Abbildung 9-22).

Diese Methode und der allgemeine Vergleich mit Konkurrenzprodukten und -unternehmen dienen auch als wichtige Grundlage für andere Methoden wie das *Quality Function Deployment (QFD)*. Auf die *Patentanalyse* wird im Kapitel 7.2.3 näher eingegangen.

Wettbewerb analysieren

Zur Analyse von Konkurrenzprodukten kann das *Product Reverse Engineering* eingesetzt werden. Lassen sich zwischen vergleichbaren Produkten wesentliche funktionale Unterschiede feststellen, ist zu klären, ob ein dadurch entstehender Mehraufwand eine angemessene Funktionsverbesserung erzeugt oder ein Minderaufwand keine übermäßige Funktionsverschlechterung mit sich bringt. Man kann dabei von einem systematischen Lernen von der Konkurrenz sprechen (vgl. hierzu auch das Konzept der „Produktklinik" in [Wildemann, 1996]).

Product Reverse Engineering ist das Zerlegen von Fremdfabrikaten, um deren Unterschiede in den Produktfunktionen, Kosten, Materialien u. a. zu untersuchen.

9.4 Integrierte Prozeßkette Entwicklung im Unternehmen

Benchmarking

Ziel: Suche nach den besten Prozessen und Abläufen in der Industrie mit dem Ziel, überlegene Leistungen zu erreichen

Durchführung

1. **Definition des Benchmarking-Objekts**

   z. B. Time-to-market, Typenvielfalt, Vertriebsform, Preise oder Qualität des Produktes sowie strukturelle Eigenschaften der Geschäftsprozesse

2. **Auswahl der Benchmarking-Partner**

   in eigener Branche, bei Großunternehmen auch innerhalb des Unternehmens, überdurchschnittlich erfolgreiche Partner

3. **Datenerfassungsmethoden bestimmen und Daten sammeln**

   Erstellung eines Fragebogens, gemeinsame Bewertung der Interviewergebnisse im Team

4. **Projektion der zukünftigen Leistungslücke**

5. **Kommunikation der Ergebnisse und Sicherung der Akzeptanz**

   Erläuterung der Ergebnisse an Führungskräfte sowie den Betriebsrat und die Mitarbeiter

6. **Festlegen der Ziele**

   Definition der Ziele und der Zielmärkte unter Berücksichtigung der Vision und Marktposition des eigenen Unternehmens

7. **Definition der Aktionspläne**

   kontinuierliche Verbesserung, Neustrukturierung vorhandener Prozesse bis zu grundlegenden Veränderungen (Reengineering)

8. **Neue Benchmarks definieren**

Anwendungsbereich: im Rahmen der Konkurrenzanalyse zum Vergleich von Produkten und Prozessen, Wettbewerbsvergleich bei der Methode QFD

Stärken: Belegen erreichbarer Standards durch etablierte Benchmarks; Legitimierung entsprechender Zielsetzungen; Verbesserungen in der Produktivität, technologischer Durchbruch und Wettbewerbsvorteile möglich durch neu gewonnene Erkenntnisse; Geschäftsentscheidungen aufgrund konkreter Daten und harter Fakten möglich

Schwächen: Daten der Benchmarking-Partner nicht immer in direkt vergleichbarer Form vorhanden; oftmals Konkurrenzdenken und fehlender Mangel an Offenheit bei den interessantesten, weil direktesten Wettbewerbern

Abbildung 9-22: Benchmarking als Methode zum Wettbewerbsvergleich

Die Verfügbarkeit und Ermittlung von Informationen erweist sich für externe Analysen, besonders für die *Konkurrenzanalyse*, in der Regel als schwierig. Ein aus den USA stammender Ansatz ist das Konzept der *Corporate Intelligence (CI)*. Es basiert auf der systematischen Erfassung jeder frei verfügbaren Information über Konkurrenten (s. Abbildung 9-23).

Unternehmen analysieren

Bei der Unternehmensanalyse ist das Produktprogramm zu analysieren, z.B. mit der *Lebenszyklusanalyse* und der *Portfolioanalyse* [Nieschlag et al., 1994]. Über das Produktprogramm hinaus muß auch eine Bestimmung des (Funktions-)Potentials

Corporate Intelligence (CI)	
Ziel: Gewinnung wettbewerbsrelevanter Informationen, um durch systematische Beobachtung immer besser informiert zu sein als die Konkurrenz	
Durchführung eines CI-Audits	
1. **Entwicklung eines Wettbewerbsprofils** Ermittlung direkter Konkurrenten durch exakte Analyse der Branche aus Kundensicht mittels *Befragung von Kunden und Mitarbeitern* mit engem Kundenkontakt	4. **Beschreibung der spezifischen Datenbedürfnisse** besonderes Interesse vor allem an „weichen", empirischen Daten wie Meinungen, Einstellungen oder Erfahrungsberichte aus der Perspektive des Kunden
2. **Ermittlung der CI-Bedürfnisse** Gespräche mit Angehörigen des Unternehmens, eventuell kombiniert mit Benutzung eines Arbeitsblatts, einer Hypothesenliste	5. **Festlegung eines Zeitrahmens** großer Einfluß der Festlegung eines realistischen Zeitrahmens auf die CI-Daten und die Methode, die der Datengewinnung zugrunde gelegt wird; „Halbwertzeit" von CI-Daten oft nur wenige Wochen
3. **Das vorhandene Wissen bewerten** Sortierung der Daten bzgl. direkter, geringfügiger und keiner unmittelbaren Bedeutung	
Anwendungsbereich: umfassendes Konzept, Einsatz außer bei Forschungs- und Entwicklungsaktivitäten auch bei der Unternehmensplanung, Unternehmenszusammenschlüssen und -zukäufen, Marketing, etc.	
Stärken: große Auswahl an Instrumenten bei der Informationsermittlung, fokussiert auf den wirklich notwendigen Informationsbedarf im Vergleich zu Checklisten zur Konkurrenzanalyse	
Schwächen: aufwendig, Strukturierung und Aufbereitung der vielfältigen Daten problematisch; sorgfältige Auswahl der Informationsquellen durch indirekte Erfassung der Informationen besonders kritisch	

Abbildung 9-23: Methode „Corporate Intelligence" (CI) zur kontinuierlichen Sammlung von Wettbewerbsinformationen

erfolgen. Bei der *Potentialermittlung* geht es nicht nur um technische Fähigkeiten, sondern auch um die Analyse der Vermögens- und Kapitalstruktur im Rahmen einer *Bilanzanalyse* sowie die *Abschätzung der Gewinn- und Cash-Flow-Situation*. Daraus abgeleitete Informationen sind wichtige Grundlage für alle weiteren Überlegungen, insbesondere dann, wenn Investitionen für die Entwicklung und Produktion der Produktinnovationen erforderlich sind.

Kapazitäten ermitteln und bereitstellen

Im Rahmen einer strategischen Unternehmensplanung sind Budgets für die Entwicklungstätigkeiten festzulegen (vgl. auch Kapitel 8.2). Die Budgethöhe orientiert sich entweder an Vergangenheitswerten („*Standardbudgetierung*"), dem Kosten-Nutzen-Verhältnis („*Zero-Base Budgeting*") oder sie erfolgt im Rahmen der Target Costing-Philosophie markt- und zielorientiert („*Target Budgeting*"). Beim Target Budgeting wird die Philosophie des Target Costing auf die Budgetierung übertragen, d.h. es wird für die Entwicklung ein Zielbudget aus dem Markt und den Zielen des Unternehmens abgeleitet. Des weiteren sind produktionstechnische Kapazitäten zu überprüfen. Da es aufgrund der hohen Unsicherheit in diesem Bereich kaum möglich ist, genaue Prognosen für die konkreten Rückflüsse abzugeben, lassen sich kaum zuverlässige Zahlungsreihen für die klassischen Methoden der Wirtschaftlichkeitsbetrachtungen wie *Amortisationsrechnung* oder *Kapitalwertmethode* ermitteln. Effektiver sind daher Entscheidungen, die sich auf weniger mathematische Methoden berufen. Oftmals werden Investitionsentscheidungen auch ausschließlich aus strategischen Überlegungen getroffen. Die *Risikoanalyse* stellt eine Erweiterung der Kosten/Nutzen-Analyse dar. Dabei wird das bekannte Kosten/Nutzen-Verhältnis (N/K) mit einer zu schätzenden Erfolgswahrscheinlichkeit (P) der Zielerreichung so verknüpft, daß sich daraus das Risiko (R) eines Projektes beurteilen läßt:

$$R = (1 - P)^{N/K}$$

Wird die Produktidee weiter verfolgt, sollte die Bewertung in regelmäßigen Abständen wiederholt werden.

Die *Machbarkeitsstudie* enthält die Erkenntnisse, die aus den durchgeführten Analysen gewonnen wurden. Dabei werden selbstverständlich auch Fakten festgehalten, die nicht nur direkt mit dem Produktentwicklungsprozeß in Zusammenhang stehen. Es werden z.B. auch hier bereits Marketingstrategien, geplante Absatzmengen, angestrebte Renditen usw. berücksichtigt.

Tabelle 9-2: Literatur zur methodischen Unterstützung der Produktstrategieplanung

Methode	Literatur
Handlungsbedarf bestimmen	
Gap-Analyse	[Nieschlag et al., 1994]
Portfolioanalyse	[Nieschlag et al., 1994]
Strategische Frühaufklärung	[Hammer, 1992], [Susen, 1995]
Erfolgsfaktorenforschung	[Trommsdorff, 1990], [Peters/Waterman, 1984], [Buzell/Gale, 1989]
Unternehmen analysieren	
Klassische Unternehmensanalyse	[Born, 1995]
Portfolioanalyse	[Nieschlag et al., 1994]
Prozeßkostenrechnung	[Horváth, 1993], [Horváth & Partner, 1998], [Männel, 1995]
Konkurrenz analysieren	
Benchmarking	[Schloske, 1996], [Richert, 1995a], [Richert, 1995b], [Camp, 1994]
Corporate Intelligence (CI)	[McGonagle/Vella, 1994]
Product Reverse Engineering	[Dreger, 1992]
Lebenszyklusanalyse	[Nieschlag et al., 1994]

Tabelle 9-2: Fortsetzung

Methode	Literatur
Markt analysieren Klassische Marktanalyse Marktsegmentierung	[Kotler/Bliemel, 1992] [Kotler/Bliemel, 1992]
Umfeld analysieren Klassische Umfeldanalyse Patentanalyse Stärken/Schwächen-Analyse Chancen/Risiken-Analyse	[Susen, 1995] [Merkle, 1989] [Hinterhuber, 1996] [Hinterhuber, 1996]
Budgetierung Target Budgeting Zero-Base Budgeting Standard Budgeting	[Hilbert, 1995], [Stockbauer, 1991] [Dilger, 1991], [Horváth, 1993] [Dilger, 1991]
Investitionsplanung Amortisationsrechnung Kapitalwertmethode	[Blohm/Lüder, 1995] [Blohm/Lüder, 1995]

9.4.2 Produktideengenerierung

Dem Ideenfindungsprozeß (s. Abbildung 9-24) ist im Rahmen dieses Buches ein eigenes Kapitel gewidmet. Daher werden an dieser Stelle nur die Prozeßschritte und ihre methodische Unterstützung zusammenfassend dargestellt, um die Ideenfindung

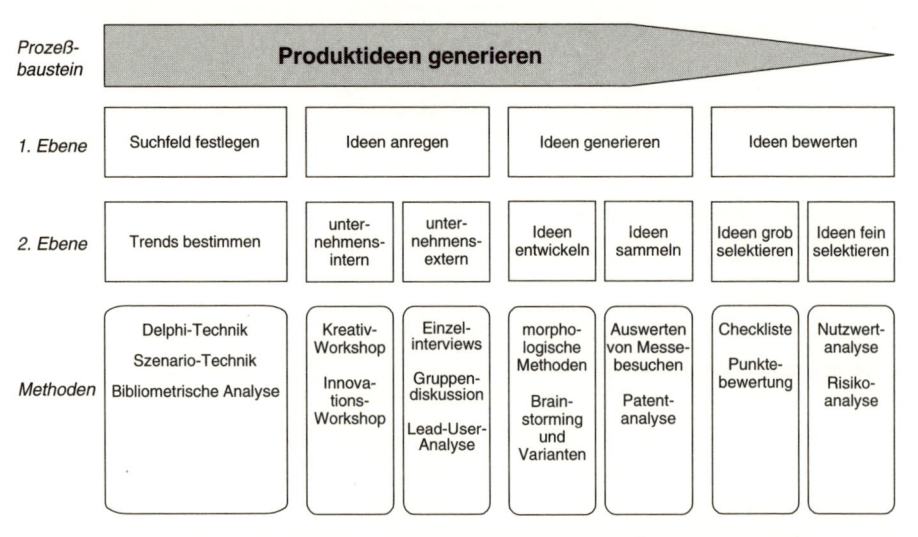

Prozeß- baustein	Produktideen generieren							
1. Ebene	Suchfeld festlegen		Ideen anregen		Ideen generieren		Ideen bewerten	
2. Ebene	Trends bestimmen	unter- nehmens- intern	unter- nehmens- extern	Ideen entwickeln	Ideen sammeln	Ideen grob selektieren	Ideen fein selektieren
Methoden	Delphi-Technik Szenario-Technik Bibliometrische Analyse	Kreativ- Workshop Innova- tions- Workshop	Einzel- interviews Gruppen- diskussion Lead-User- Analyse	morpho- logische Methoden Brain- storming und Varianten	Auswerten von Messe- besuchen Patent- analyse	Checkliste Punkte- bewertung	Nutzwert- analyse Risiko- analyse

Abbildung 9-24: Prozeß „Produktideen generieren" (in Anlehnung an [Spath et al., 2000]

im Rahmen des Produktentwicklungsprozesses herauszustellen. Die Methoden der *Suchfeldbestimmung* wie Delphi-Analyse, Szenario-Technik, bibliometrische Analyse sind ausführlich in Kapitel 7.2.1 beschrieben. Auf einzelne Kreativitätstechniken zur *Ideenanregung* und *Ideengenerierung* wird in diesem Kapitel ebenfalls nicht mehr speziell eingegangen, da diese in Kapitel 6.3.3 ausführlich behandelt werden.

Zum *Sammeln* von Ideen werden anstelle von Methoden im wesentlichen Möglichkeiten der Informationsbeschaffung wie die Auswertung von Messebesuchen angegeben. Für die *Grobbewertung* von Ideen bieten sich *Checklisten* (vgl. Kapitel 7.2.4) an, welche Fragen beinhalten, die für die Problemlösung relevant sind. Sie sollen gewährleisten, daß keine wesentlichen Aspekte bei der Beurteilung einer Produktidee unberücksichtigt bleiben. Der Aufbau der Checklisten ist stark vom jeweiligen Problem abhängig.

Zur *Feinbewertung von Produktideen* kann die *Nutzwertanalyse* eingesetzt werden, wobei deren relevante Eigenschaften durch Vergleiche mit selbst festgelegten Wertskalen über Punktwerte beurteilt werden. Ihr Vorteil besteht darin, eine Entscheidung zu ermöglichen, die weitgehend frei von subjektiven Einflüssen ist. Allerdings sind durch die Auswahl der Kriterien und die Höhe der Kriteriengewichtung Manipulationen bei der Bewertung möglich.

9.4.3 Produktanforderungsermittlung

Ziel der Anforderungsermittlung ist die Erstellung des Lastenheftes. Nur beim Kunden selbst kann man ermitteln, welche Probleme ihn beschäftigen, welche Produktmerkmale ihm Vorteile bringen, welche Präferenzen er hat und für welche Bedürfnisse er bereit wäre, Geld auszugeben. Hauptaufgabe der Anforderungsermittlung (s. Abbildung 9-25) ist es somit, den Innovationsbedarf beim Kunden zu identifizieren und zu evaluieren.

(Kunden-)Anforderungen ermitteln

An zunehmender Bedeutung gewinnt zur Zeit das sog. *Customer Relationship Management*. Dies kann als die Strategie eines Unternehmens verstanden werden, eine ausgeprägte Kundenorientierung zu erreichen. Dabei werden Maßnahmen ergriffen, um durch die Orientierung am Kunden eine hohe Kundenzufriedenheit und Kundenbindung zu schaffen und davon langfristig auch ökonomisch zu profitieren. Um die Kundenanforderungen zu ermitteln, ist es notwendig, sich auf eine (oder mehrere) Zielgruppe(n) festzulegen, um den Markt zu segmentieren. Mittels des *Beschwerdemanagements* und eines Kundeninformationssystems lassen sich z.B. konkrete Gruppierungen durchführen. Ein Beschwerdemanagement kann durch die Einrichtung einer zentralen Anlaufstelle für Beschwerden und Reklamationen, einer institutionalisierten Kunden- und Verbraucherabteilung oder einer gebührenfreien telefonischen Hotline aufgebaut werden.

Prozeß- baustein	Anforderungen ermitteln			
1. Ebene	Kunden-/Produkt- anforderungen ermitteln	Anforderungen strukturieren/gewichten	Kostenplanung durchführen	Marketingstrategie erarbeiten
2. Ebene	Zielgruppe festlegen / Informationen sammeln	Anforderungen strukturieren / Anforderungen gewichten	Zielkosten ermitteln / Zielkosten realisieren	Absatz-/Umsatzprognose / Vermarktung gestalten
Methoden	Beschwerdemanagement / Marktsegmentierung / Lead-User-Befragung / Kreativitätssitzung / Fokusgruppenbefragung	Expertenbefragung / Kano-Methode / Analytischer Hierarchie-Prozeß (AHP) / Conjoint-Analyse	Target-Costing-Methoden / Benchmarking / Product Reverse Engineering / Näherungsverfahren zur frühen Kostenermittlung	Preisexperimente / Vorgänger-/Konkurrenzproduktanalyse / Werbewirkungsanalyse / Verpackungstest

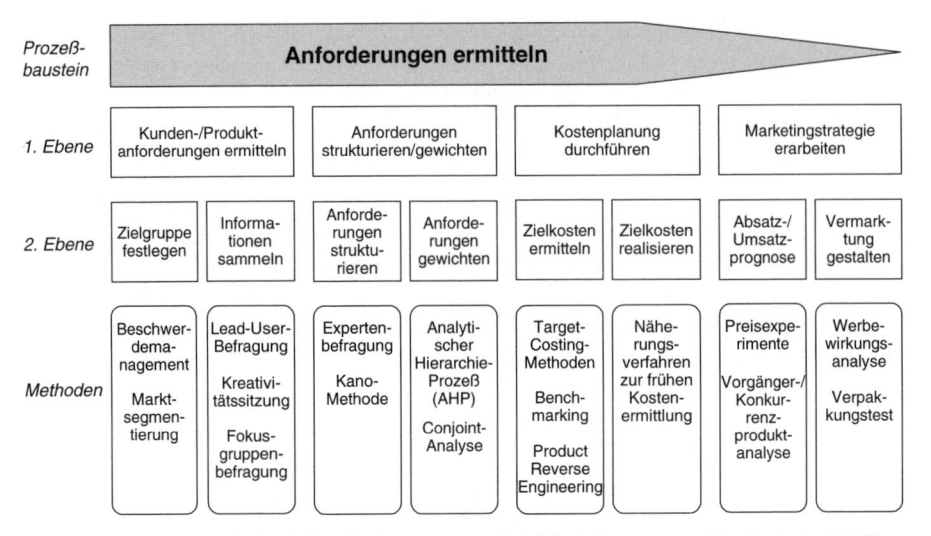

Abbildung 9-25: Prozeß „Produktanforderungen ermitteln" (in Anlehnung an [Spath et al., 2000])

Mit Hilfe des *Lead-User-Ansatzes* lassen sich ausgewählte Kunden gezielt in die Produktentwicklung einbinden. Das Unternehmen begibt sich nach ersten Abschätzungen und Gesprächen hinsichtlich möglicher neuer Produkte, in denen die eigenen Ziele dargelegt werden, auf die Suche nach geeigneten Abnehmer-Repräsentanten, sog. Lead-Usern, die die Kriterien des Marktes maßgeblich bestimmen. Nach der Identifikation der Lead-User erarbeitet das Unternehmen in Kooperation mit diesen ein Produktkonzept, das dann am Markt erprobt wird. Der Vorteil des Ansatzes besteht darin, daß der Kunde durch direkte Vorschläge an der Entwicklung der Produkte teilhaben kann, die er letztlich kaufen möchte.

(Kunden-)Anforderungen strukturieren und gewichten

Um die ermittelten Kundenanforderungen weiter zu verarbeiten, ist eine geeignete Strukturierung wichtig. Da es sich meistens um sehr viele Kundenanforderungen handelt, sind diese sowohl zu strukturieren als auch auf die relevanten zu reduzieren. Das *Kano-Modell* stellt ein *nicht-hierarchisches Strukturierungsverfahren* dar, bei dem die Anforderungen in Basis-, Leistungs- und Begeisterungsanforderungen eingeteilt werden. *Hierarchische Verfahren* haben demgegenüber den Vorteil, daß sie durch die Hierarchiebeziehungen die Anforderungen gleichzeitig strukturieren und reduzieren.

Das Kano-Modell

Basisanforderungen werden als selbstverständlich angesehen und erzeugen auch bei hohem Erfüllungsgrad keine ausreichende Kundenzufriedenheit.

Leistungsanforderungen beeinflussen die Kundenzufriedenheit in Abhängigkeit von ihrem Erfüllungsgrad (z. B. Motorleistung eines Autos).

Begeisterungsanforderungen sind durch ihren Überraschungscharakter gekennzeichnet. Mit ihrer Hilfe kann die Kundenzufriedenheit ganz erheblich erhöht werden. Ihre Abwesenheit tut dem Produkt zwar keinen Abbruch, jedoch wird ihre Anwesenheit vom Kunden positiv aufgenommen und honoriert.

Beispiel: „Airbag"

Besonders in innovativen Märkten ist die dynamische Entwicklung der Anforderungen zu beachten. War z. B. der „Airbag" Mitte der 80er Jahre noch eine Begeisterungsanforderung, stellte er Anfang der 90er Jahre bereits eine Leistungsanforderung dar und ist heute auf dem besten Weg, sich zu einer Basisanforderung zu entwickeln.

Um die Bedeutung der einzelnen Anforderungen zu ermitteln, sind diese zu gewichten. Dies kann durch eine direkte Kundenbefragung in Verbindung mit mathematischen Marktforschungsmethoden wie dem *Analytischen Hierarchie-Prozeß (AHP)* erfolgen. Ziel des AHP ist es, die Bedeutung von Unterzielen und Eigenschaften für übergeordnete Zielsetzungen – in diesem Falle die Hauptanforderungen der Kunden – zu ermitteln und die Konsistenz der Aussagen zu überprüfen. Da die Eigenschaften von Neuprodukten oftmals nicht genau bekannt sind, eignen sich indirekte Meßverfahren wie die *Conjoint-Analyse* (s. Abbildung 9-26) oftmals besser.

Kostenplanung durchführen

Wie bereits in Kapitel 9.3.4 erläutert, wird im Rahmen des *Target Costing* der Zielpreis (Target Price) für das Produkt schon vor der technischen Realisierung des Produktes ermittelt. Abhängig vom Grad der Neuigkeit des Produktes eignen sich unterschiedliche Methoden. Falls es sich „nur" um Weiterentwicklungen handelt, kann z. B. die Analyse der *Preise von Konkurrenzprodukten* oder die Durchführung von *Preisexperimenten* mit entsprechenden Testprodukten Aufschluß über den Zielpreis geben. Preisexperimente untersuchen beispielsweise, inwieweit sich das Kaufverhalten ändert, wenn nur die Preise bei sonst identischen Kaufentscheidungen differieren. Mit Hilfe der Methode des *Product Reverse Engineering* werden durch Vergleich mit einem Konkurrenzprodukt Differenzen im Funktionsumfang

> **Conjoint-Analyse (CA)**
>
> **Ziel:** Ermitteln der Bedeutung einzelner Produkteigenschaften für das Zustandekommen der Gesamtpräferenz, um auf diese Weise die Präferenzen der Konsumenten für alternative Produktkonzepte zu erklären, beeinflussen und vorauszusagen
>
> **Durchführung**
>
> 1. **Festlegung der Eigenschaften und ihrer Ausprägungen**
>   Ausüben eines vermutlich kaufentscheidenden Einflusses der berücksichtigten Eigenschaften und Beeinflußbarkeit durch den Hersteller wichtig; Berücksichtigung von eher objektiven Produkteigenschaften als subjektiv wahrgenommenen Attributen wird empfohlen
>
> 2. **Festlegung des Erhebungsdesigns**
>   Reduzierung der Anzahl beim vollständigen Erhebungsdesign (Profilmethode) durch Ansätze wie die Trade-off-Methode oder unvollständig faktorielles Design
>
> 3. **Bewertung der Stimuli**
>   Erfolgt gewöhnlich auf der Basis von Rangfolgen, Ratingwerten oder Paarvergleichen (mit Hilfe computergestützter Interviews)
>
> 4. **Schätzung der Teilnutzwerte**
>   Schätzung der Teilnutzwerte auf Basis einer Vielzahl unterschiedlicher Algorithmen; Ergebnis: Teilnutzwerte der Eigenschaftsausprägungen, die angeben, welchen Beitrag die jeweilige Eigenschaftsausprägung für das Zustandekommen der Gesamtpräferenz leistet
>
> 5. **Aggregation der Teilnutzwerte**
>   Präferenzmodell der CA: generell das *additive Teilnutzwertmodell*; Aggregation der Teilnutzwerte durch individuelle Ermittlung und anschließende Durchschnittsbildung über mehrere Befragte oder durch gemeinsame Durchführung der CA für die interessierende Zielgruppe.
>
> **Anwendungsbereich:** Gewichten der Kundenanforderungen durch Ermittlung der wichtigsten Produktmerkmale aus Kundensicht
>
> **Stärken:** genaue Ermittlung der Nutzenwerte
>
> **Schwächen:** sehr aufwendig, umfangreiche statistisch-mathematische Kenntnisse erforderlich

Abbildung 9-26: Conjoint-Analyse-Methode zur ganzheitlichen Produktbeurteilung auf der Basis von Teilnutzenwerten

identifiziert und die Verschiedenartigkeit technischer Lösungen ermittelt, um auf dieser Basis Kostenunterschiede erklärbar zu machen.

Bei revolutionären Innovationen hingegen eignen sich *Kunden- und Expertenbefragungen* besser. Einen wichtigen Beitrag zur frühzeitigen Abschätzung und Beeinflussung der Kosten leisten auch *Näherungsverfahren*. Sie sind ausführlich in Kapitel 9.3.4 beschrieben. Neben der Ermittlung von Zielpreisen und Zielkosten sowie der Erstellung der Absatz- und Umsatzprognosen sind erste Marketingmaßnahmen zu treffen.

9.4 Integrierte Prozeßkette Entwicklung im Unternehmen

Marketingstrategie erarbeiten

Zur Sicherstellung der Marktorientierung ist es notwendig, die „Marketingabteilung" in den Produktentwicklungsprozeß kontinuierlich einzubinden. So sind, um den wirtschaftlichen Erfolg der Produkte zu unterstützen, bereits frühzeitig Marketingmaßnahmen zu treffen. Es können schon erste *Werbewirkungsanalysen* und evtl. sogar schon *Verpackungstests* durchgeführt werden.

Dokumentation der Anforderungen im Lastenheft

Die strukturierten und für wichtig empfundenen Anforderungen sind abschließend im Lastenheft zu dokumentieren (s. Abbildung 9-27). Neben den Produktanforderungen sind auch weiterführende Informationen, wie etwa die Absatzprognosen, festzuhalten. Das Lastenheft muß allen am Produktentwicklungsprozeß Beteiligten zur Verfügung gestellt werden. Dies ist die Basis, um eine durchgehende Berücksichtigung der Kunden- und Marktanforderungen in der gesamten Prozeßkette zu gewährleisten.

Lastenheft

Ziel: Zusammenstellung aller Anforderungen der Kunden hinsichtlich des Leistungsumfangs des Produktes

Durchführung/Inhalt
1. Ermittlung der Anforderungsträger
2. Ermittlung der Produktanforderungen aus Kundensicht
3. Ermittlung der kaufentscheidenden Faktoren
4. Ermittlung der Anforderungen aus dem Umfeld
5. Anforderungen aus dem Unternehmen ermitteln
6. Anforderungen des Vertriebs ermitteln
7. Anforderungen von Lieferanten und Kooperationspartnern ermitteln
8. Ermitteln von Produktprofilen für die Zielmarktsegmente

Anwendungsbereich: prinzipiell für alle möglichen Produkte erstellbar, wenn auch in stark unterschiedlicher Ausführung

Stärken: einheitliche Vorgabe für alle am Entwicklungsprozeß Beteiligten, weniger Mißverständnisse und Versäumnisse durch systematische Dokumentation

Schwächen: muß für jedes Neuprodukt individuell erstellt werden (keine Standardisierung möglich), bei Erstellung hoher Aufwand

Abbildung 9-27: Erstellung eines Lastenheftes

Abbildung 9-28 zeigt exemplarisch den Inhalt eines Lastenheftes von *Mercedes-Benz*. Darin finden sich auch Elemente aus der Produktstrategieplanung wieder, wie die Umfeldanalyse oder Wettbewerbsanalyse. Die Inhalte eines Lastenheftes sind nicht einheitlich festgeschrieben. Auch wird nicht immer zwischen Lastenheft und Pflichtenheft (vgl. Kapitel 9.4.4) unterschieden.

0. Inhaltsverzeichnis
1. Umfeldanalyse
  1.1 Umfeldszenario Kernaussagen
  1.2 Anforderungen an die Baureihe
  1.3 Gesetzliche Entwicklungen
2. Die Marke Mercedes-Benz
3. Zielkunden
  3.1 Analyse der aktuellen Kundenstruktur der Baureihe
  3.2 Kaufgründe
  3.3 Stärken/Schwächen-Analyse
  3.4 Fokussierung der Zielgruppen
  3.5 Beschreibung der Zielgruppen
  3.6 Weitere Kundengruppen (Taximarkt, Vermietgeschäft)
  3.7 Marktspezifische Anforderungen Volumenmärkte/USA/Japan
4. Wettbewerbsanalyse
  4.1 Wettbewerbsstrategien
  4.2 Anlaufsituation/Wettbewerbsszenario
  4.3 Technische Wettbewerbsanalyse
  4.4 Ergebnisse der Wettbewerbsvergleichsfahrt
  4.5 Imagemonitor-Leistungsprofil
  4.6 Trend Grund-/Sonderausstattungen
5. Produktpositionierung
  5.1 Vergleichsklassenabgrenzung
  5.2 Marktanalyse/-entwicklung
  5.3 Programmeinordnung
  5.4 Produktvarianten-Basispositionierungen
  5.5 Mengengerüst
  5.6 Preisprämissen
  5.7 Einführungstermine/Laufzeiten
  5.8 Lebenszyklusmanagement
  5.9 Lines
  5.10 Zielsetzungen (Kosten, Verbrauch, Gewicht)
  5.11 Rahmenterminpläne
6. Produktausprägungen
  6.1 Produktausprägungen Steckbriefe
  6.2 Maßkonzepte
  6.3 Aerodynamik
  6.4 Gesamtfahrzeug
  6.5 Kommunizierbare Innovation
  6.6 Grundumfang-/Standardausstattungsliste
  6.7 Kapazität/Standort/Bezugsart
7. Funktionsgruppenübergreifende Anforderungen
  7.1 Sicherheit
  7.2 Kundendienst/Service
  7.3 Qualität
  7.4 Produktion
  7.5 Ökologie/Umweltverträglichkeit
8. Funktionsgruppen Zusammenfassung
  8.1 Karosserie/Exterieur
  8.2 Ausstattung/Interieur
  8.3 Elektrik/Elektronik
  8.4 Fahrwerk
  8.5 Motor/Triebstrang

Abbildung 9-28: Lastenheft – Beispiel

Tabelle 9-3: Literatur zur methodischen Unterstützung der Produktanforderungsermittlung

Methode	Literatur
(Kunden-)Anforderungen ermitteln Befragung von Lead-Usern Fokusgruppenbefragung Aktives Beschwerdemanagement Kreativitätssitzungen mit Anwendern	[Herstatt, 1991]; [Nagel, 1993] [Schmidt, 1996]; [Greenbaum, 1998] [Hansen et al., 1995]; [Stauss/Seidel, 1998] [Herstatt, 1991]; [Kleinschmidt et al., 1996]
(Kunden-)Anforderungen strukturieren Kano-Methode	[Bailom et al., 1996]; [Rösler, 1995]
(Kunden-)Anforderungen gewichten Analytischer Hierarchie-Prozeß (AHP) Conjoint-Analyse (CA)	[Schmidt, 1996] [Schmidt, 1996]; [Backhaus et al., 1994]

9.4.4 Produktkonzepterstellung

Die Konzepterstellung (s. Abbildung 9-29) findet auf Basis eines im Idealfall durch alle beteiligten Bereiche gemeinsam ausformulierten Lastenheftes statt. Ausgehend davon werden ein oder mehrere Grobkonzepte erstellt und im Entwurf detailliert.

9.4 Integrierte Prozeßkette Entwicklung im Unternehmen

Prozeßbaustein: Produktkonzept erstellen

1. Ebene: technisches Konzept erstellen | (Ziel-)Kosten festlegen | Konzept auswählen | Konzept testen

2. Ebene: Anford. in techn. Merkmale übertragen | technische Merkmale ermitteln | Kosten ermitteln | Kosten einhalten | Konzept grob auswählen | technisch/wirtschaftl. Bewertung | Prototyp entwickeln | Prototyp testen

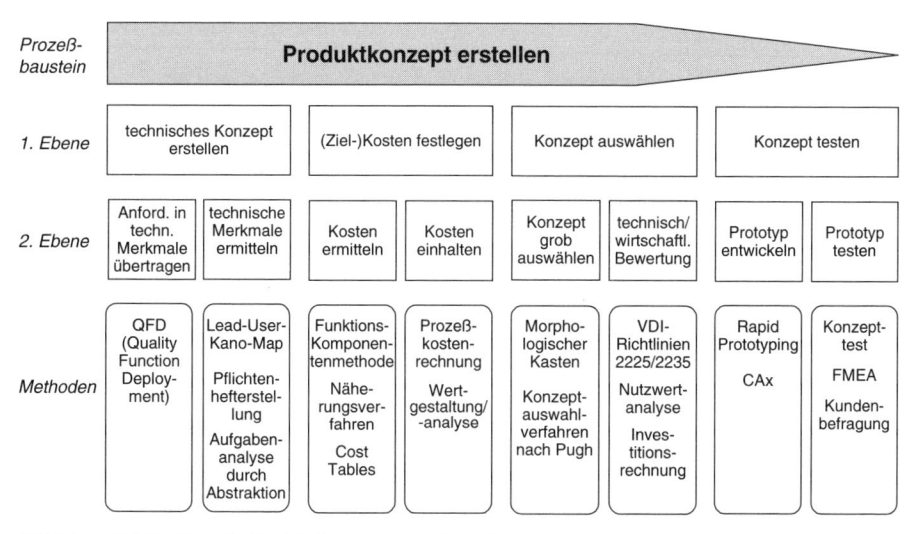

Methoden:
- QFD (Quality Function Deployment)
- Lead-User-Kano-Map; Pflichtenhefterstellung; Aufgabenanalyse durch Abstraktion
- Funktions-Komponentenmethode; Nährungsverfahren; Cost Tables
- Prozeßkostenrechnung; Wertgestaltung/-analyse
- Morphologischer Kasten; Konzeptauswahlverfahren nach Pugh
- VDI-Richtlinien 2225/2235; Nutzwertanalyse; Investitionsrechnung
- Rapid Prototyping; CAx
- Konzepttest; FMEA; Kundenbefragung

Abbildung 9-29: Prozeß „Produktkonzept erstellen" (in Anlehnung an [Spath et al., 2000])

In der Konzeptionsphase werden die Anforderungen detailliert, Funktionen in Teilfunktionen aufgegliedert und es wird untersucht, wie und mit welchen Mitteln das Produkt prinzipiell realisiert werden kann. Verschiedene Lösungsprinzipien werden erarbeitet und technisch-wirtschaftlich bewertet. Die Suche in Lösungssammlungen, Katalogen oder Analogiebildung ist hierbei hilfreich. Im Entwurf wird die konstruktive Ausführung wesentlicher Bauteile/-gruppen im Sinne von funktionsfähigen und fertigbaren Gebilden, die eine definierte Form und Geometrie besitzen, gestaltet. Teilentwürfe werden integriert. Grobe Stücklisten werden erstellt, alle geometrischen und stofflichen Merkmale werden definiert. Die qualitativen Vorgaben aus der Konzeptionsphase werden quantifiziert und gestaltet. Die Auslegung des Produkts erfolgt meist mit begleitenden Berechnungen.

Das Ergebnis sind ein oder mehrere technisch freigegebene Entwürfe, die aus mehreren Lösungsvarianten ausgewählt werden. Sie sind dokumentiert durch Skizzen, grobmaßstäbliche Zeichnungen und erste Prototypen ausgereifter Lösungen. Die einzelnen Schritte werden anschließend näher erläutert.

Technisches Konzept erstellen

Als erstes sind die im Lastenheft festgeschriebenen (Kunden-)Anforderungen in die „Sprache der Ingenieure", d.h. in technische Daten und Produktmerkmale, zu übersetzen und im *Pflichtenheft* (s. Abbildung 9-30) zu dokumentieren. Dieser Übersetzungsprozeß kann durch *Quality Function Deployment* (QFD) unterstützt werden (vgl. Kapitel 9.3.4).

Pflichtenheft
Ziel: Beschreibung der Realisierung aller Anforderungen des Lastenheftes sowie der technischen Realisierungsanforderungen
Inhalt eines Pflichtenheftes 1. Allgemeines 2. Marktsituation 3. Beschreibung der technischen Spezifikationen 4. Qualitätsanforderungen 5. Konstruktionsrichtlinien und Vorschriften 6. Qualitätsprüfungen an Protoypen und Serien-Erzeugnissen 7. Stückzahlen – Termine – Kosten
Anwendungsbereich: prinzipiell für alle möglichen Produkte erstellbar, wenn auch in stark unterschiedlicher Ausführung
Stärken: Entwicklungssicherheit durch eindeutige Anforderungsdokumentation, klare und verbindliche Aufgabenstellung und Zielformulierung für nachfolgende Schritte
Schwächen: Koordination aller Bereiche des Unternehmens erforderlich, muß für jedes Neuprodukt individuell erstellt werden (kaum Standardisierung möglich)

Abbildung 9-30: Erstellung eines Pflichtenheftes

Das *Pflichtenheft* ist die Beschreibung der Anforderungen, die zur Realisierung der Kundenanforderungen im Lastenheft notwendig sind [Eversheim, 1995].

Was Inhalt des Pflichtenheftes sein kann, ist in Abbildung 9-31 dargestellt. In der Regel sind außer den Produktmerkmalen auch wirtschaftliche Kenngrößen Bestandteil des Pflichtenheftes. Während eine Projektbeschreibung mit Terminangaben dokumentiert wird, finden sich darin nur selten Angaben zur Projektorganisation und Projektrichtlinien. Angaben zum Produktlebenszyklus – wie Produktionsmerkmale der Fertigung und Montage, Instandhaltung und Recycling sowie Entsorgung – gehören ebenfalls dazu.

Die *Aufgabenanalyse durch Abstraktion* ist ein Verfahren aus der Konstruktionsmethodik, bei dem grundlegende Intentionen des Produktes untersucht werden, indem die Anforderungen stark abstrahiert und dann „top-down" analysiert werden. Bei der Black-Box-Betrachtung wird die Funktion des Entwicklungsgegenstandes durch die Ein- und Ausgänge einer Black-Box dargestellt. Mit zunehmender Abstraktionsstufe wird die Ursachen-Wirkungskette aufgedeckt (s. Abbildung 9-32)

Bei der Lösungsdefinition werden die zuvor geforderten Funktionen betrachtet und dahingehend untersucht, wie diese in einem Produkt realisiert werden können. Hierfür sind Kreativitätstechniken wie der *Morphologische Kasten, Brainstorming, Kartenabfragen o.ä.* geeignet.

9.4 Integrierte Prozeßkette Entwicklung im Unternehmen

Produktmerkmale	~100%
Projektbeschreibung	~90%
Termine	~90%
Gebrauch	~80%
Wirtschaftliche Kenngrößen	~80%
Qualitätsanforderungen	~80%
Verpackung, Transport, Logistik	~65%
Versuch, Test	~65%
Produktionsmerkmale (Fertigung/Montage)	~55%
Zulieferer	~55%
Recycling, Entsorgung	~40%
Instandhaltung	~40%
Projektorganisation, Projektrichtlinien	~20%
Preis, Varianten, Wertigkeit (Ausstattung)	~20%

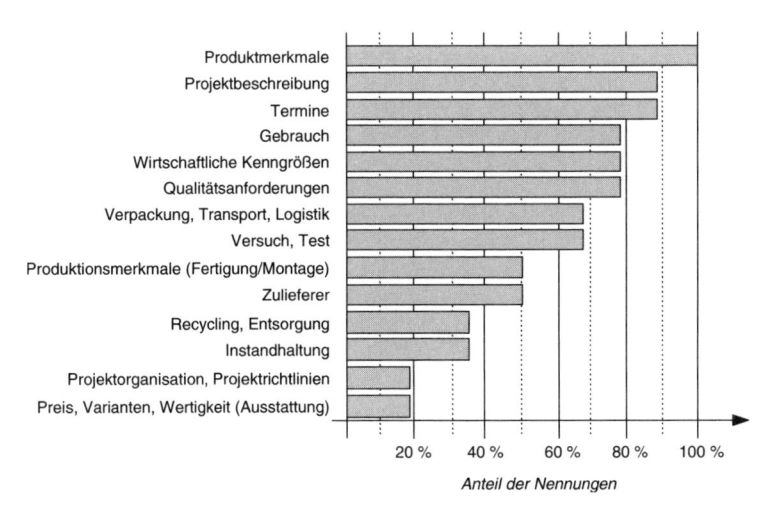

Anteil der Nennungen

Abbildung 9-31: Inhalte des Pflichtenheftes – Studie (15 Unternehmen vorwiegend aus der Automobil- und -zuliefererindustrie) [Eversheim, 1995]

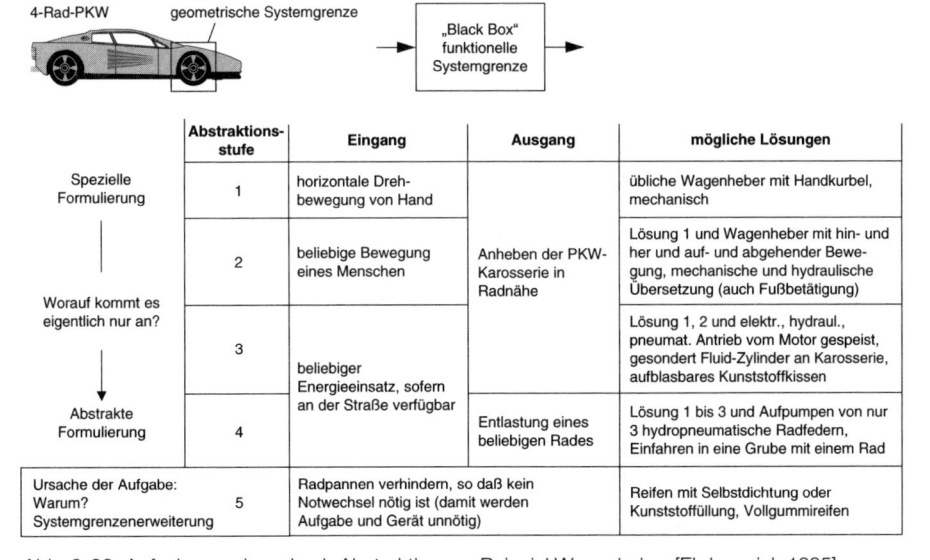

4-Rad-PKW — geometrische Systemgrenze → „Black Box" funktionelle Systemgrenze →

	Abstraktionsstufe	Eingang	Ausgang	mögliche Lösungen
Spezielle Formulierung	1	horizontale Drehbewegung von Hand	Anheben der PKW-Karosserie in Radnähe	übliche Wagenheber mit Handkurbel, mechanisch
↓ Worauf kommt es eigentlich nur an? ↓ Abstrakte Formulierung	2	beliebige Bewegung eines Menschen		Lösung 1 und Wagenheber mit hin- und her und auf- und abgehender Bewegung, mechanische und hydraulische Übersetzung (auch Fußbetätigung)
	3	beliebiger Energieeinsatz, sofern an der Straße verfügbar		Lösung 1, 2 und elektr., hydraul., pneumat. Antrieb vom Motor gespeist, gesondert Fluid-Zylinder an Karosserie, aufblasbares Kunststoffkissen
	4		Entlastung eines beliebigen Rades	Lösung 1 bis 3 und Aufpumpen von nur 3 hydropneumatische Radfedern, Einfahren in eine Grube mit einem Rad
Ursache der Aufgabe: Warum? Systemgrenzenerweiterung	5	Radpannen verhindern, so daß kein Notwechsel nötig ist (damit werden Aufgabe und Gerät unnötig)		Reifen mit Selbstdichtung oder Kunststoffüllung, Vollgummireifen

Abb. 9-32: Aufgabenanalyse durch Abstraktion am Beispiel Wagenheber [Ehrlenspiel, 1995]

Systematiken wie *Checklisten, Ordnungsschemata* (z.B. morphologische Schemata) oder Listen prüfen die Vollständigkeit von zu berücksichtigenden Merkmalen oder Lösungselementen bzw. ordnen sie nach festen Kriterien zum Aufzeigen von Lösungsalternativen oder Finden von Lücken in der Gesamtlösung als Summe von Teillösungen.

Das Erstellen von Detailzeichnungen bzw. die Produktmodellierung der konkreten Lösungsalternative geschieht meist unter Zuhilfenahme von CAD. Konstruktionskataloge enthalten eine Sammlung bewährter, beherrschter Lösungen. Durch den Einsatz von Datenbanken können unter Umständen bereits realisierte ähnliche Probleme analysiert und als Referenz herangezogen werden.

Es sind technische Konzepte für das Produkt (z.B. elektrische und mechanische Problemlösung) zu erstellen ebenso wie ein Fertigungs- bzw. Montagekonzept.

Anhand der erstellten Unterlagen werden Muster gefertigt, die zur Validierung herangezogen und kritisch hinterfragt werden. Problempunkte werden in einem iterativen Prozeß korrigiert

(Ziel-)Kosten festlegen

Da das Target Costing bereits zuvor in Kapitel 9.3.4 beschrieben wurde, soll an dieser Stelle nur auf die methodische Unterstützung der Zielkostenspaltung eingegangen werden. Die *Komponentenmethode* bricht die Zielkosten des Produktes direkt auf die Komponenten herunter und ist daher eher für Produkte mit geringem Innovationsgrad geeignet. Bei der *Funktionsmethode* werden die Zielkosten erst für Funktionen und in einer zweiten Zielkosten-Matrix für Komponenten bestimmt. Diese Methode eignet sich besonders in Verbindung mit QFD und Wertanalyse, da auch bei diesen die funktionsorientierte Betrachtungsweise im Mittelpunkt steht. Zur Zielkostenerreichung auf Produkt- oder Komponentenebene eignen sich die Methoden zur *Wertgestaltung/-analyse*. Für einzelne Bauteile (und gegebenenfalls auch Komponenten) sind dazu weitere Methoden geeignet: Konzeptalternativen, Kostentableaus (*Cost Tables*), Zielkostenkontrolldiagramme und andere *Näherungsverfahren* zur frühzeitigen Kostenermittlung. Einen wesentlichen Beitrag zur Zielkostenerreichung liefert auch die *Prozeßkostenrechnung* (vgl. Kapitel 9.3.4). Durch die Identifikation der Kostentreiber erlaubt sie es, frühzeitig Schwerpunkte für Kostensenkungsmaßnahmen zu erkennen.

Konzept auswählen und Prototyp entwickeln

Existieren mehrere Produktkonzepte, so ist es notwendig, diese zu bewerten und das erfolgversprechendste auszuwählen. Hierzu dienen u. a. Vorauswahllisten, der *morphologische Kasten*, die *VDI-Richtlinien 2225* und *2235* sowie die *Nutzwertanalyse*. Zur wirtschaftlichen Bewertung von Produktkonzepten eignen sich Methoden der *Investitionsrechnung*.

Für ein oder auch mehrere zu realisierende Produktkonzepte sollten möglichst frühzeitig Prototypen entwickelt werden. Das Erstellen von Prototypen erhöht die Qualität der Kommunikation zwischen Fachleuten aus verschiedenen Unternehmensbereichen, da Vorschläge der Entwickler besser verstanden werden, als wenn nur eine technische Zeichnung vorliegt. Prototypen können auch extern beim Kunden zur Durchführung von Konzept- und Produkttests genutzt werden. Dies wiederum erlaubt Rückschlüsse, ob die Kundenorientierung in der Produktentwicklung eingehalten wurde.

Mit Hilfe von *Rapid-Prototyping-Verfahren* werden physikalische dreidimensionale Modelle direkt aus dreidimensionalen CAD-Computerdaten erstellt, ohne daß dafür Werkzeuge und Formen hergestellt werden müssen. Die im CAD-System gespeicherten 3D-Geometrie-Informationen werden virtuell in Schichtinformationen überführt, auf deren Basis reale Schichtmodelle durch das Aneinanderfügen inkrementeller Volumenelemente aufgebaut werden. Das bekannteste Verfahren ist die Stereolithographie, bei der ein flüssiges Polymer mit Hilfe eines UV-Lasers (Polymerisation) schichtweise ausgehärtet wird [Gebhardt, 1996].

> *Rapid Prototyping* umfaßt alle Anwendungen generativer Verfahren, die im weitesten Sinne der Anschauung und dem Prototypenbau, also der Herstellung eines (positiven) Modells dienen [Gebhardt, 1996].

In Abhängigkeit von der jeweiligen Phase im Entwicklungsprozeß werden verschiedene Modelltypen unterschieden. So dient ein Proportionsmodell vor allem in der Phase der Produktideengenerierung der Veranschaulichung von Produkteigenschaften. Bei einem Funktionsmodell können bereits einige Funktionen geprüft werden, wobei die äußere Form eine untergeordnete Rolle spielt. Der eigentliche Prototyp unterscheidet sich vom Serienprodukt nur dadurch, daß er mit anderen Fertigungsverfahren, also nicht unter Serienbedingung, erstellt wird.

Mit den Verfahren des Rapid Prototyping können auch Werkzeuge und Formen schnell erstellt werden, was als *Rapid Tooling* bezeichnet wird.

Ein wichtiges Hilfsmittel, das in der Konzeptplanung angewandt wird, ist die FMEA (*Failure Modes and Effects Analysis*). Sie zielt darauf ab, mögliche Fehler bereits frühzeitig, d.h. in der Planungsphase, aufzudecken, um entsprechende Präventivmaßnahmen ergreifen zu können und nachträgliche Änderungen zu vermeiden (s. Abbildung 9-32). Dadurch können Fehlerkosten vermieden werden, und gleichzeitig verkürzt das die Produktentstehungszeit, da die Anzahl an Regelschleifen reduziert wird. Entsprechend dem Entwicklungsfortschritt werden *System-FMEA* (Zusammenwirken der Komponenten), *Konstruktions-FMEA* (konstruktive Fehler, Auslegung, usw.) und *Prozeß-FMEA* (Fertigungsschritt und Qualität) unterschieden. Das Fehlerrisiko wird mittels der *Risikoprioritätszahl (RPZ)* abgeschätzt, die sich aus der Multiplikation der Wahrscheinlichkeit des Auftretens (A) eines Fehlers, der Bedeutung für den Kunden (B) sowie einer Einschätzung der Entdeckungswahrscheinlichkeit (E) ergibt. Abbildung 9-34 zeigt die Durchführung einer Konstruktions-FMEA mit Hilfe des Softwaretools *IQ-FMEA*.

Fehlermöglichkeits- und -einflußanalyse (FMEA)

Ziel: Erkennung und Beseitigung möglicher Schwachstellen in Konstruktions- und Fertigungsentwürfen bereits vor Beginn des Fertigungsanlaufs

Durchführung

1. **Auswahl der Untersuchungsinhalte und organisatorische Vorbereitung**

   Auswahl des Analysegegenstands, Bestimmung des Verantwortlichen, Aufstellung des Terminplans, Festlegung der Teamzusammensetzung

2. **Beschreibung und Strukturierung des Analysegegenstands**

   Systemanalyse: Schrittweise Aufteilung des Analysegegenstands in sinnvolle Betrachtungseinheiten (z. B. zunächst Hauptfunktionsträger, dann Funktionsträger etc.)

3. **Durchführung der Risikoanalyse**

   Risikobeschreibung (potentielle Fehler, Fehlerfolgen und Fehlerursachen) und Risikobewertung (nach Bedeutung B, Eintrittswahrscheinlichkeit A und Entdeckungswahrscheinlichkeit E) für jede Betrachtungseinheit, Bestimmung der Risikoprioritätszahl (RPZ): RPZ = B x A x E

4. **Risikominimierung**

   Festlegung von Maßnahmen anhand der RPZ, erneute Bewertung nach Durchführung der Maßnahmen zur Erfolgskontrolle

Anwendungsbereich: bei der Entwicklung besonders neuartiger Produkte oder Einsatz völlig neuer Verfahren und zur systematischen Sammlung des Wissens über Fehlerzusammenhänge und Qualitätseinflüsse im Unternehmen

Stärken: die FMEA ist eine vielseitig einsetzbare präventive Methode mit hoher Durchgängigkeit; sie bedient sich interdisziplinärer Zusammenarbeit und führt zu höherer Planungsqualität, Verkürzung der Entwicklungszeit und Vermeidung von Doppelarbeit

Schwächen: der Durchführungsaufwand (zeitlich und personell) und die Komplexität (Koordinationsaufwand für die Informationen aus allen Unternehmensbereichen) sind hoch; Subjektivität der Risikoprioritätszahlen; Bürokratisierung durch Formblätter

Abbildung 9-33: Methode FMEA zur Schwachstellenerkennung in der Planungsphase

---

Im Zuge der Ausarbeitung werden Details gestaltet und maßliche Festlegungen getroffen. Begleitend zum Entwurf finden erste Systemprüfungen statt, die im Rahmen der Ausarbeitung intensiviert werden. Stücklisten, Einzelteilzeichnungen und sonstige Unterlagen in Zusammenhang mit der Arbeitsvorbereitung werden angefertigt.

9.4 Integrierte Prozeßkette Entwicklung im Unternehmen

F M E A						Nummer:	1.2.2.4
Konstruktion						Seite:	1/1
Typ/Modell/Fertigung/Charge: Stopperzylinder			Sach-Nummer:		Verantwortlich: Firma: wbk	Erstellt:	06.10.99
			Änderungsstand:				
Systemelement: Endplatte			Sach-Nummer: PE-AL-016-09		Verantwortlich: Firma: wbk	Erstellt:	06.10.99
			Änderungsstand:			Verändert:	07.10.99
Mögliche Fehlerfolgen	B	Mögliche Fehler	Mögliche Fehlerursachen	Vermeidungs-maßnahmen	A	Entdeckungs-maßnahmen	E	RPZ	V/T
Funktion: **Endpositionierung bei Stoppfreigabe**									
Druckluftverluste	6	Endlage nicht planparallel zum Gehäuseteil	Druckluftaustritt	Anfangsstand: 06.10.99 Dichtungselement anbringen	2	Leckagemessung	2	*24	Konstruktion, Versuch 20.09.99 abgeschlossen
Schaltgeräusch	7	Bauteilberührung bei Positionierung zur Endlage zu stark/keine Endlagendämpfung	Werkstoffkombination bei Berührung mit Gehäuse ungünstig	Anfangsstand 06.10.99 Dämpfungselement anbringen, mit Dichtungsfunktion	2	Geräuschmessung	2	*28	Konstruktion, Versuch 20.09.99 abgeschlossen

Abbildung 9-34: Konstruktions-FMEA am Beispiel der Entwicklung einer pneumatischen Komponente

Tabelle 9-4: Literatur zur methodischen Unterstützung der Produktkonzepterstellung

Methode	Literatur
Kundenanforderungen in technische Merkmale übersetzen und dokumentieren Quality Function Deployment (QFD) Quality Cost Deployment (QCD) Pflichtenhefterstellung	[Akao, 1992]; [Call, 1997] [Call, 1997] [VDI/VDE 3694, 1991]; [Fricke/Lohse, 1997]
Zielkosten ermitteln und einhalten Funktionsmethode Komponentenmethode Kostentableaus (Cost Tables) Zielkostenkontrolldiagramm	[Buggert/Wielpütz, 1995] [Buggert/Wielpütz, 1995] [Seidenschwarz, 1994] [Buggert/Wielpütz, 1995]
Aufgabenstellung abstrahieren Progressive Abstraktion Black-Box-Darstellung	[Schmelzer, 1992]; [Ehrlenspiel, 1995] [Ehrlenspiel, 1995]
Funktionsstruktur erstellen Funktionsanalyse Functional Analysis and System Technique (FAST)	[Akiyama, 1994] [Radtke/Dalheimer, 1997]
Technische Lösung suchen Kreativitätstechniken	[Schlicksupp, 1992]
Konzept testen Rapid Prototyping FMEA (Failure Modes and Effects Analysis)	[Westkämper et al., 1996]; [Horváth et al., 1994]; [Gebhardt, 1996] [Pfeiffer, 1993]

9.4.5 Produktionskonzepterstellung

Für eine erfolgreiche Produktentwicklung und Markteinführung ist es wichtig, daß dem Entwicklungsteam auch die der Prototypenerstellung nachgeschalteten Prozesse bekannt sind. Daher wird in diesem und dem nächsten Abschnitt kurz auf die Erstellung des Produktkonzeptes sowie auf die Produktfertigung und Markteinführung eingegangen (s. Abbildung 9-35).

Prozeßspezifikationen festlegen

Bei der Arbeitsvorbereitung muß die Produktion festgelegt und die Durchführung – auch terminlich – geplant und überwacht werden. Dazu ist festzulegen, mit welchen Prozessen die Produkte hergestellt werden. Aus den Konstruktionsunterlagen (Stücklisten und Zeichnungen) werden die Arbeits-, Montage- und Prüfpläne abgeleitet. Für nähere Informationen über die (teilweise automatisierbare) Ableitung der

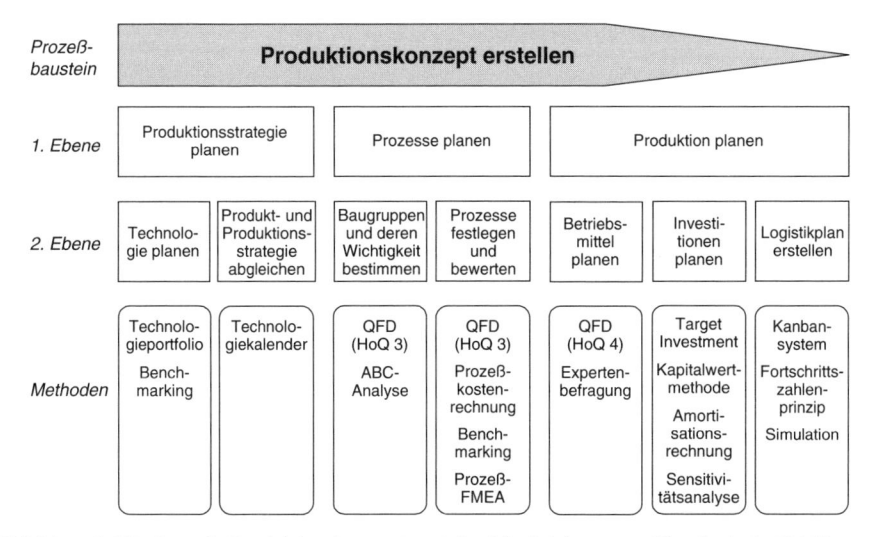

9.4 Integrierte Prozeßkette Entwicklung im Unternehmen

Prozeß-baustein	Produktionskonzept erstellen						
1. Ebene	Produktionsstrategie planen		Prozesse planen		Produktion planen		
2. Ebene	Technologie planen	Produkt- und Produktionsstrategie abgleichen	Baugruppen und deren Wichtigkeit bestimmen	Prozesse festlegen und bewerten	Betriebsmittel planen	Investitionen planen	Logistikplan erstellen
Methoden	Technologieportfolio, Benchmarking	Technologiekalender	QFD (HoQ 3), ABC-Analyse	QFD (HoQ 3), Prozeßkostenrechnung, Benchmarking, Prozeß-FMEA	QFD (HoQ 4), Expertenbefragung	Target Investment, Kapitalwertmethode, Amortisationsrechnung, Sensitivitätsanalyse	Kanbansystem, Fortschrittszahlenprinzip, Simulation

Abbildung 9-35: Prozeß „Produktionskonzept erstellen" (in Anlehnung an [Spath et al., 2000])

verschiedenen Pläne siehe z.B. [Eversheim et al., 1996]. Als Methoden sind hier CAx-Systeme wie CAP (Computer Aided Planning) und CAQ (Computer Aided Quality) zu nennen. In vielen Fällen wird man alternative Prozesse zur Verfügung haben. So lassen sich beispielsweise einige Arbeitsvorgänge mit unterschiedlichen Fertigungsmitteln durchführen. Zur Auswahl und Bestimmung der Prozesse aufgrund wirtschaftlicher Kriterien kommen daher auch Relativkostenkataloge zum Einsatz. Auch das QFD unterstützt die Auswahl geeigneter Prozesse im dritten House of Quality (HoQ 3) „Prozeßplanung".

Werkzeuge und Ausrüstung planen

Spätestens mit der Festlegung der Prozesse sind auch die notwendigen Betriebsmittel (Werkzeuge, Fertigungsmittel, Lagermittel, Transportmittel, Ver- und Entsorgungsanlagen, Prüfmittel, Gebäude und Grundstücke) zu ermitteln und zu planen. Bei Einführung neuer Technologien bietet sich die Expertenbefragung an.

Neben technischen Gesichtspunkten müssen bei der Auswahl von Werkzeugen und Ausrüstungen auch die wirtschaftlichen Aspekte berücksichtigt werden. Zu den Methoden der Investitionsplanung gehört die *Amortisationsrechnung*, bei der berechnet wird, nach wie vielen Jahren der Investitionsbetrag über Umsätze wieder in das Unternehmen zurückgeflossen ist. Die *Kapitalwertmethode* berücksichtigt die gesamte Lebensdauer des Investitionsobjektes, indem die gesamten Ein- und Auszahlungen auf den Anfangszeitpunkt $t = 0$ diskontiert werden. Beim *Target Investment* wird die Ziel- und Marktorientierung des Target Costing auf die Investitionsrechnung übertragen. Wirtschaftliche Interessen wie die Renditeerwartungen der Aktionäre werden zusätzlich zu den bestehenden Markterfordernissen betrachtet.

Logistik und Lieferantenplan erstellen

Parallel hierzu müssen die Logistik und der Materialfluß geplant werden. Das erfordert eine möglichst rechtzeitige Abstimmung mit den beteiligten Lieferanten. Methodische Unterstützung bieten „Just in Time", Simulationsprogramme und Lieferantenratings. Auch Layoutplanungsverfahren kommen für den innerbetrieblichen Materialfluß zur Anwendung. Gekennzeichnet ist der Abschluß dieser Phase durch den kompletten Aufbau der Fertigungslinien und die Freigabe zur Serienproduktion (oder bei Einzelaufträgen die Freigabe zur Fertigung).

Tabelle 9-5: Literatur zur methodischen Unterstützung der Produktionskonzepterstellung

Methode	Literatur
Prozesse festlegen Benchmarking Prozeßkostenrechnung	[Schloske, 1996]; [Richert, 1995a]; [Richert, 1995b]; [Camp, 1994] [Horváth & Partner, 1998]; [Männel, 1995]
Investitionen planen Sensitivitätsanalyse Target Investment Kapitalwertmethode Amortisationsrechnung	[Blohm/Lüder, 1995] [Claassen/Ellßel, 1997] [Blohm/Lüder, 1995] [Blohm/Lüder, 1995]

9.4.6 Produktion und Markteinführung

Produkt am Markt testen

Zuerst sollte mit optimierten Prototypen oder Produkten der Vorserie das Produkt am Markt getestet werden (s. Abbildung 9-36). Hierzu wählt man einen *Testmarkt* aus. Auch *Simulationen* und *Produkttests* kommen erneut zum Einsatz. Zusätzlich werden jetzt auch *Werbetests* durchgeführt, die überprüfen, ob das Produkt und das Produktimage übereinstimmen. In der anschließenden Marktphase wird mit *Positionierungstests* das eigene Produkt und dessen Marktposition mit den Konkurrenzprodukten verglichen.

Serienfertigung und Markteinführung

Verlaufen auch diese letzten Tests positiv, ist die Serienfertigung zu starten. Sollten die Tests Schwierigkeiten oder Probleme aufzeigen, so sind diese möglichst noch vor Produktionsbeginn zu beheben. Rechtzeitige *Kundenzufriedenheitsanalysen* tragen dazu bei, relativ schnell noch vorhandene Fehler zu erkennen und auszubessern. Denn insbesondere dann, wenn diese Mängel erst nach der Markteinführung erkannt und behoben werden, kann dies zu erheblichen Imageschäden führen.

9.5 Entwicklungsprojekt-Organisationsformen   275

Prozeß-baustein	**Produkt fertigen und am Markt einführen**				
1. Ebene	Produkt am Markt testen	Serienfertigung und Markteinführung	Kontrollen		
2. Ebene	Tests vor der Markteinführung und in der Marktphase	Produktion starten	Produkt verkaufen	Kosten- und Budget-kontrolle	Investitions-kontrolle
Methoden	Testmarkt Simulation Produkttest Werbetest Positionierungstest	Kaizen Bench-marking	Kunden-zufrieden-heits-analyse Beschwer-dema-nagement	Target Budgeting Näherungs-verfahren Prozeß-kosten-rechnung	Target-Investment Interne-Zinsfuß-Methode Kapital-wert-methode

Abbildung 9-36: Prozeß „Produkt fertigen und am Markt einführen"
(in Anlehnung an [Spath et al., 2000])

Kontrollen durchführen

Im Anschluß an die Markteinführung empfiehlt es sich, Kontrollen durchzuführen. Ob die Umsetzung der zu Beginn ermittelten Kundenanforderungen in ein geeignetes Produkt gelungen ist, zeigen die Absatzzahlen. Gründe für eine eventuelle Überschreitung von Budgetvorgaben sind zu überprüfen und zu beurteilen. Das kann wichtige Erkenntnisse vor allem für nachfolgende Projekte liefern. Analog sind auch die geplanten und durchgeführten Investitionen „nachzurechnen", um festzustellen, ob sie erfolgreich waren.

Die Abwicklung des Entwicklungsprozesses benötigt einen geeigneten organisatorischen Rahmen. Deshalb sollen im nächsten Kapitel verschiedene Organisationsformen für Entwicklungsprojekte betrachtet werden.

9.5 Entwicklungsprojekt-Organisationsformen

Aufgabe der Entwicklung ist es, neue oder verbesserte Produkte in Verbindung mit strengen Anforderungen im Hinblick auf kurze Entwicklungszeiten, geringe Entwicklungskosten und hohe Qualität der Ergebnisse mit begrenzten Ressourcen zu erarbeiten. Entwicklungsaufgaben weisen *Projektcharakter* auf (s. Abbildung 9-37).

Werden keine komplett neuen Produkte entwickelt, sondern Varianten bzw. ähnliche Produkte erzeugt, so sind die Rahmenbedingungen und Ziele der Entwicklung weitgehend bekannt, und es kann auf existierende Erfahrungen bzgl. der Abwicklung (Aufgaben, Intensität, Ressourcen) des Projektes zurückgegriffen werden. Das Entwicklungsprojekt weist somit einen mehr oder weniger stark ausgeprägten Wiederholungscharakter auf.

Entwicklungsaufgaben haben Projektcharakter

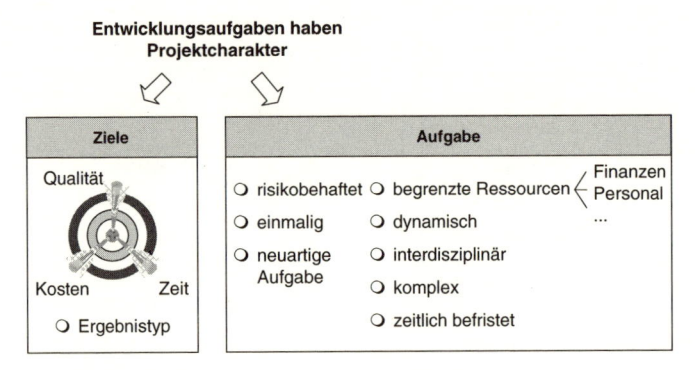

Ziele	Aufgabe	
Qualität	○ risikobehaftet ○ begrenzte Ressourcen	← Finanzen Personal
	○ einmalig ○ dynamisch	...
Kosten Zeit	○ neuartige ○ interdisziplinär Aufgabe	
	○ komplex	
○ Ergebnistyp	○ zeitlich befristet	

Abbildung 9-37: Projektcharakter von Entwicklungsaufgaben

Risiken einer Entwicklung liegen z.B. im Erfolg der Entwicklung selbst, dem Umfang an Ressourcenverzehr sowie dem wirtschaftlichen Erfolg. Sie betreffen außerdem die mehr oder weniger unscharfen Vorgaben an das Produkt zu Beginn des Entwicklungsprozesses, die in der Regel im Laufe des Projektes eine Modifizierung erfahren, z.B. aufgrund neuer, veränderter oder genauer spezifizierter Wünsche des Kunden. Die Art der benötigten Ressourcen sowie die inhaltliche Aufgabenbeschreibung und -bearbeitung sind i. d. R. bekannt.

Bei der Festlegung der Budgets für die Produktentwicklung bzw. der Produktkosten ist es wichtig, diese Risiken ins Kalkül einzubeziehen (s. Abbildung 9-38).

Neben der generellen Einordnung der Entwicklung als Funktionsbereich existieren für die Dauer eines Entwicklungsprojekts zeitlich beschränkte Projektorganisationsformen, in welche die Mitarbeiter eingebunden sind.

Eine gute Projektorganisation zeichnet sich dadurch aus, daß für verschiedene Arten von Projekten verschiedene Konstellationen von Projektteams eingesetzt werden. Dauer, Wichtigkeit des Projektes für das Unternehmen, Qualität des Projektleiters sowie die erforderlichen Entwicklungsressourcen (Größe des Teams) bestimmen die Art der Projektorganisation [Wheelwright et al., 1994]. Abhängig von den Anforderungen an die Entwicklung muß eine geeignete Aufbau- und Ablauf-Projektorganisation gewählt werden.

9.5 Entwicklungsprojekt-Organisationsformen

Planungsrisiken und technische Risiken	Terminrisiken
○ Projektziele unvollständig und unrealistisch ○ Unterlagen zur Projektdurchführung nicht vollständig ○ Arbeitspakete nicht vollständig ○ Kapazität in Quantität und Qualität nicht sichergestellt ○ Bedarf an Material, Leistung und Anlagen unzureichend geplant ○ Demonstratoren nicht eingeplant ○ Auftraggeber, Ansprechpartner und Auftragnehmer nicht eingebunden und informiert ○ Ergebnistransfer nicht organisiert ○ keine Ersatzziele bei Nichterreichen der geplanten Ziele ○ keine Patentstrategie ○ keine Sicherung wesentlicher Resultate durch Patente ○ organisatorische Abläufe nicht ausreichend definiert ○ kein Änderungsmanagement ○ Kommunikationswege und -inhalte nicht festgelegt	○ Zeiträume zu knapp bemessen ○ Verzögerungen ○ Meilensteine nicht mit den Auftraggebern abgestimmt ○ Ergebnisse der Arbeitspakete nicht detailliert und terminlich nicht prüfbar
	Vertragsrisiken
	○ Gewährleistungsansprüche (Garantie, Kulanz) ○ Leistungen nicht schriftlich dokumentiert ○ Abbruchkriterien nicht definiert
	Wirtschaftliche Risiken
	○ Kostenschätzungen unrealistisch ○ Preissteigerungen für Folgejahre nicht berücksichtigt ○ Vorfinanzierung für Teile des Projekts erforderlich ○ Projektbedingte Investitionen nicht berücksichtigt

Abbildung 9-38: Risiken in Entwicklungsprojekten

In der industriellen Praxis sind vier *Grundformen von Entwicklungsteams* zu beobachten, wobei unterschiedliche Bezeichnungen dafür zu finden sind ([Wheelwright et al., 1994] und [Eversheim, 1995]):

- „Funktionales Team" oder „funktionale Struktur",
- „Light-Weight-Team" oder „Einfluß-Projektmanagement",
- „Heavy-Weight-Team" oder „Matrix-Projektmanagement",
- „Autonome Teamstruktur" oder „Reines Projektmanagement".

In Abbildung 9-39 sind die letzten drei Grundtypen schematisch dargestellt.

Im *funktionalen Team* wird die Projektverantwortung von Abteilung zu Abteilung weitergereicht. Diese Organisationsform hat den Vorteil, daß nicht zwischen Ergebnis- und Durchführungsverantwortung getrennt wird. Des weiteren können die Teilbereiche ihr Spezialwissen sehr gut in verschiedene Entwicklungsprojekte einbringen. Auf der anderen Seite bedeutet das aber auch, daß der Spezialist Produktkomponenten optimal im Hinblick auf seinen eigenen Bereich entwickelt. Die Orientierung am Gesamtsystem oder den Kundenanforderungen tritt dabei in den Hintergrund. Das *„Light-Weight"-Team* (Einflußprojektmanagement) unterscheidet sich vom funktionsorientierten Team dadurch, daß ein Projektleiter, z.B. der Produktmanager, im Sinne eines Gesamtkoordinators für das Projekt tätig ist. Als Nachteil ist vor allem zu sehen, daß der Projektleiter keine disziplinarischen Befug-

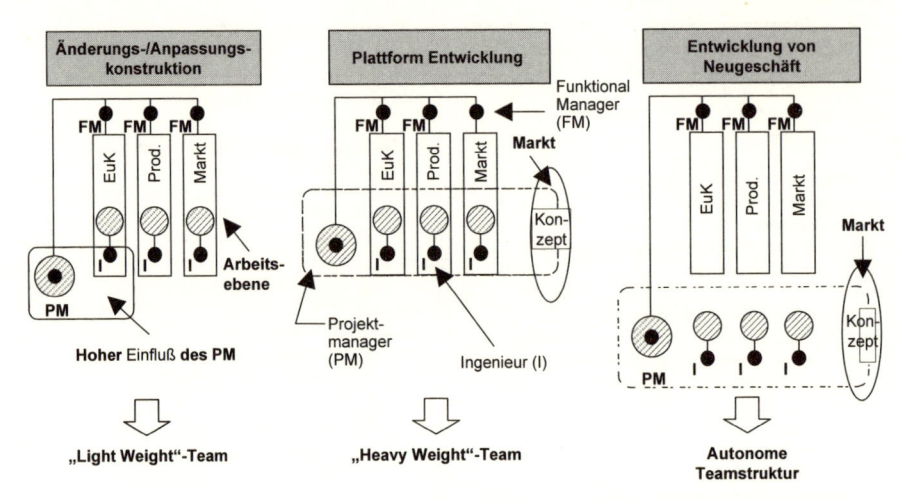

Abbildung 9-39: Projektorganisationen für die Entwicklung (nach [Wheelwright et al., 1994])

nisse hat, sondern diese weiter bei den Funktionsleitern („*Functional Manager*") liegen. Beim *„Heavy-Weight"-Team* (Matrix-Projektmanagement) ist der Projektleiter mit Verantwortung und Kompetenzen ausgestattet und nimmt in der Unternehmenshierarchie eine Stellung ein, die mindestens derjenigen der Funktionsleiter entspricht. Die *autonome Teamstruktur* (reines Projektmanagement) ist dadurch gekennzeichnet, daß alle Teammitglieder nur in diesem Projekt arbeiten und räumlich zusammengelegt sind. Das fördert die Identifikation der Mitglieder mit den Projektzielen und ermöglicht eine schnelle und effiziente Produktentwicklung. Schwierig gestaltet sich jedoch die Integration von „Heavy-Weight"-Teams und autonomen Teams in das Gesamtunternehmen, da diese aufgrund ihrer weitreichenden Befugnisse zur Verselbständigung tendieren. Nachteilig wirken sich bei diesen beiden Projekttypen unter Umständen die mangelnden Detailkenntnisse der Teammitglieder aus, wie sie im funktionalen Team zu finden sind.

Servicefunktionen wie der Prototypen- oder Musterbau können auch außerhalb des eigentlichen Entwicklungsteams als „externe Dienstleister" fungieren. Der Bereitstellung einer geeigneten Infrastruktur ist vor allem vor dem Hintergrund einer immer stärkeren informationstechnischen Durchdringung aller Phasen des Entwicklungsprozesses besondere Aufmerksamkeit zu schenken.

Eine Studie bei 22 Automobilherstellern gibt einen Einblick bzgl. der tatsächlich in der Praxis eingesetzten Organisationsformen (s. Abbildung 9-40).

Die Typen „funktionale Struktur" und „reines Projektmanagement" sind selten oder gar nicht vertreten. Das gleiche gilt für das Matrix-Projektmanagement. Am häufigsten kommen – aufgrund seiner einfachen Realisierbarkeit – das Einfluß-Projektmanagement sowie Mischformen zwischen Einfluß- und Matrix-Projektmanagement vor.

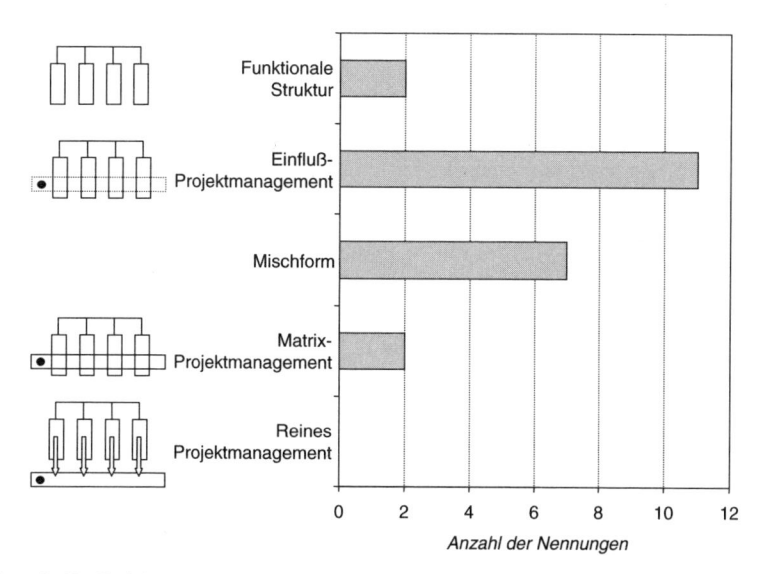

Abbildung 9-40: Projektorganisation in der Praxis (nach [Clark/Fujimoto, 1992])

9.6 Entwicklungsprojekt-Bewertung

Im Zuge eines Controlling ist zu überwachen, inwieweit der Entwicklungsprozeß bzw. die Entwicklung *effizient* (die Dinge richtig tun) und *effektiv* (die richtigen Dinge tun) abgewickelt werden. Dabei muß unterschieden werden zwischen der Bewertung einzelner Projekte und der Bewertung von ganzen Abteilungen. Ausgangspunkt sind die Zielvorgaben des jeweiligen Betrachtungsbereichs.

Der Markt bildet lediglich ab, ob er das Produkt akzeptiert oder nicht. Das Bewertungsproblem, ob die am Entwicklungsprozeß Beteiligten wirklich gute Arbeit geleistet haben, bleibt bestehen. Die Frage nach der Entwicklungsproduktivität läßt sich folglich nicht allein mit dem Erfolg des Endproduktes beantworten. Bewertet werden kann neben dem Entwicklungsinhalt („Wurden die technischen Inhalte erreicht?") insbesondere der Verlauf des Entwicklungsprojektes.

Als *Kennzahlen für die Bewertung des Entwicklungsprozesses* werden verwendet (s. Abbildung 9-41):

- Time-to-Market, Entwicklungszeiten,
- Anzahl neuer Produkte pro Jahr,
- Erfolgsquote und Ausfallrate neuer Produkte,
- Anzahl der Änderungen nach Entwicklungsabschluß,
- Anteil neuer Produkte am Gesamtumsatz, Innovationsrate,
- Patente je Entwickler,
- Effizienzkennzahlen: Termintreue, Kostentreue (Plan/Ist-Vergleich).

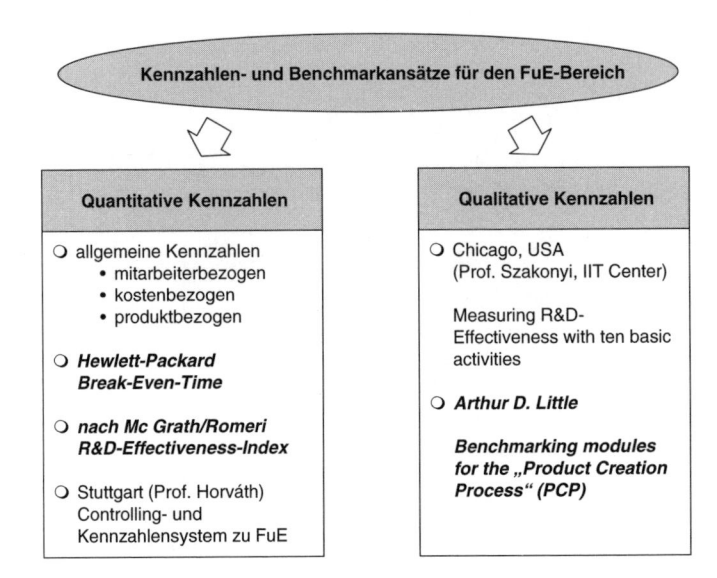

Kennzahlen- und Benchmarkansätze für den FuE-Bereich

Quantitative Kennzahlen
- allgemeine Kennzahlen
  - mitarbeiterbezogen
  - kostenbezogen
  - produktbezogen
- *Hewlett-Packard* Break-Even-Time
- nach Mc Grath/Romeri R&D-Effectiveness-Index
- Stuttgart (Prof. Horváth) Controlling- und Kennzahlensystem zu FuE

Qualitative Kennzahlen
- Chicago, USA (Prof. Szakonyi, IIT Center)
  Measuring R&D-Effectiveness with ten basic activities
- *Arthur D. Little*
  Benchmarking modules for the „Product Creation Process" (PCP)

Abbildung 9-41: Bewertung von Entwicklungsprojekten (nach [McGrath/Romeri, 1994])

Neben der Bewertung über Kenngrößen bietet sich eine Bewertung mittels *Verfahren der Investitionsrechnung* an (z. B. Kostenvergleichsrechnung, Gewinnvergleichsrechnung, Rentabilitätsrechnung, finanzmathematische Methoden). Darüber hinaus kommen *spezielle Methoden* zum Einsatz; Beispiele sind das Konzept der *Break Even Time* von *Hewlett-Packard*, der *R+D-Effectiveness-Index* oder der qualitative Ansatz von *Arthur D. Little*.

9.6.1 Konzept der Break Even Time von *Hewlett-Packard*

Die Methode der Break Even Time berücksichtigt sowohl die zeitliche Komponente (Time-to-Market) als auch den wirtschaftlichen Erfolg bei der Bewertung einer Entwicklung. Sie kann als interne und externe Benchmark-Größe für Projekte herangezogen werden.

> Die *Break Even Time* ist als Zeitspanne definiert, in der sich Forschungs- und Entwicklungsinvestitionen amortisieren (s. Abbildung 9-42).

Die Bewertung berücksichtigt, ob ein Produkt spät am Markt eingeführt wird und erfolgreich ist bzw. ob das Projekt zwar planmäßig fertiggestellt, aber wirtschaftlich nicht erfolgreich ist.

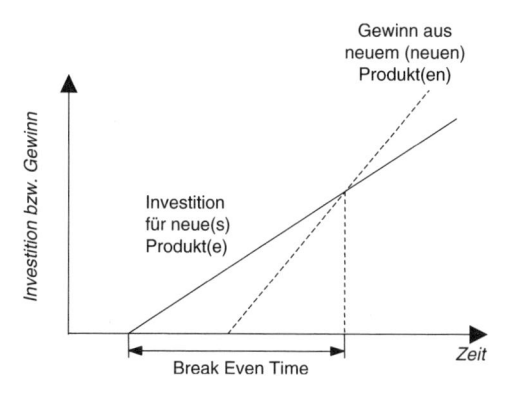

Abbildung 9-42: Break Even Time

9.6.2 Der R+D-Effectiveness-Index von *McGrath* und *Romeri*

Der R+D-Effectiveness-Index (R+D steht für Research and Development) ist nach *McGrath* und *Romeri* nicht nur zur Bewertung einzelner Entwicklungsprojekte, sondern auch als Erfolgsgröße für die unternehmensweite Effektivität von Produktentwicklungen geeignet [McGrath/Romeri, 1994]. In die Bewertung fließen neben erfolgreichen Projekten auch abgebrochene Entwicklungstätigkeiten ein, die als „verschwendete" Mittel betrachtet werden.

Grundlage des Index ist das Verhältnis zwischen dem Umsatzanteil von Neuprodukten und dem Anteil an Forschungs- und Entwicklungsaufwendungen am Umsatz. Alle Angaben sind in Prozent des Umsatzes angegeben. Ein Index größer 1 sagt aus, daß der Rückfluß aus den neuen Produkten größer als die benötigten FuE-Aufwendungen ist. Die Berechnung entspricht der eines *Return on Investment* (ROI). Dieser wird bestimmt aus dem Verhältnis von Gewinn (hier Umsatzerlösen aus Neuprodukten x Rendite [Rentabilität + FuE-Aufwand, der erwirtschaftet werden mußte]) und eingesetztem Kapital (hier: die eingesetzten FuE-Mittel). Angenommen, ein Unternehmen hat eine Rentabilität von 9% und investiert 6% des Umsatzes in FuE. Des weiteren werden 40% des Umsatzes aus Neuprodukten generiert. Daraus ergibt sich ein R+D-Effectiveness-Index von 1,0 [Berechnung: 40%x(9%+6%)/6%]. Die in Abbildung 9-43 dargestellte Verteilung des R+D-Effectiveness-Index ergab sich aus einer Studie mit 45 Unternehmen der Elektronikbranche.

Der *Gewinn aus Neuprodukten* ergibt sich dabei aus den Umsätzen aus Neuprodukten multipliziert mit der durchschnittlichen Rentabilität, die sich üblicherweise aus dem Gewinn vor Steuern ermittelt (hinzugerechnet werden müssen die FuE-Aufwendungen). Grundlage der Ermittlung können sowohl direkte Erfolgsgrößen von Neuprodukten sein als auch ein „representative average profit". Dies ist vor dem Hintergrund der schwierigen Ermittlung von individuellen Produkterfolgen dienlich [McGrath/Romeri, 1994].

R+D-Effectiveness-Index = $\dfrac{\text{Umsätze aus Neuprodukten [\%] x (Rentabilität [\%] + FuE-Aufwendungen [\%])}}{\text{FuE-Aufwendungen [\%]}}$

Erläuterung: Neuprodukte: Produkte in der ersten Hälfte des Produktlebenszyklus
Rentabilität: durchschnittlicher Gewinn vor Steuern bezogen auf den Umsatz
FuE-Aufwendungen: FuE-Aufwendungen bezogen auf den Umsatz

Studie von *Pittiglio*, *Rabin*, *Todd* und *McGrath*:

○ Elektronikindustrie
○ 45 Unternehmen aus Amerika, Asien und Europa
○ Produktentwicklungsprozeß
○ elektronische Systeme mit Softwarekomponente

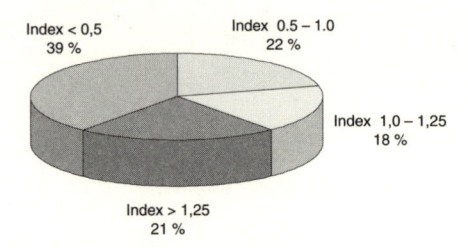

Index < 0,5 — 39 %
Index 0.5 – 1.0 — 22 %
Index 1,0 – 1,25 — 18 %
Index > 1,25 — 21 %

Abbildung 9-43: Der R+D-Effectiveness-Index (nach [McGrath/Romeri, 1994])

Die *FuE-Aufwendungen* (bzw. „FuE-Investitionen", [McGrath/Romeri, 1994]) werden als prozentualer Anteil am Umsatz des laufenden Geschäftsjahrs ermittelt. Vereinfachend wirkt die Annahme, daß Unternehmen über einen längeren Zeitraum jeweils einen konstanten Anteil ihres Umsatzes in FuE investieren.

Die *Interpretation des Index* läßt verschiedene Schlüsse zu:

- *Relative Veränderung*: ständige Verbesserung der Effektivität und Effizienz
- *Absolutwert als Maß für den ROI*: tatsächlicher Erfolg der FuE-Aktivitäten
- *Vergleichswert verschiedener Abteilungen*: Fortschritt in einzelnen Bereichen
- *Vergleichswert bzgl. Möglichkeiten unterschiedlicher Industrien*: Erfolgspotentiale in Branchen mit niedrigem Index
- *Vergleichswert zwischen Unternehmen*: Herausfinden geeigneter Benchmark-Partner

Dieser Ansatz stellt ein nützliches Hilfsmittel dar, um den Produktentstehungsprozeß zu managen [McGrath/Romeri, 1994].

9.6.3 Bewertungsansatz von *Arthur D. Little*

Der qualitative Bewertungsansatz von *Arthur D. Little* hat zum Ziel, den eigenen Entwicklungsprozeß im Vergleich zu anderen im Sinne eines Benchmarking darzustellen und so zu einem Qualitätsurteil zu kommen. Er zeigt überdies Problempunkte auf, für die gezielt Optimierungsmöglichkeiten ermittelt und umgesetzt werden können.

Das Vorgehen gliedert sich in drei Schritte (s. Abbildung 9-44):

- Im ersten Schritt werden die wichtigsten Prozeßschritte identifiziert, um eine Konzentration auf das Wesentliche zu fördern. Hierzu wurden zehn Benchmark-

9.6 Entwicklungsprojekt-Bewertung

ing-Module identifiziert, die für den Entwicklungsprozeß als entscheidend angesehen werden.

- Daraufhin wird im zweiten Schritt beurteilt, welche Aktivitäten kritisch für einen Prozeßschritt sind. Dadurch erhält man eine Übersicht über die wichtigen Aktivitäten eines Projektes und ist in der Lage, diesen Aktivitäten das nötige Gewicht zu geben.
- Die Beurteilung der kritischen Aktivitäten erfolgt nach den Kriterien „sub-standard", „acceptable", „advanced" und „world-class", wobei den vier Bewertungsstufen eine detaillierte Beschreibung der Ausprägungen zugrunde liegt.

Schritt 1:
Identifizierung der wichtigsten Prozeßschritte (Benchmarking Module)

1. Aktive Produkt- und Marktbeobachtung
2. Definition der Produktstrategie
3. Planung des Produktlebenszyklus
4. Definition und Integration der Produkt- und Servicekonzepte
5. Organisation des Produktentwicklungsprozesses über Definition von Meilensteinen
6. Implementierung eines strategischen Projektmanagements
7. Auswahl von Entwicklungsmethoden und -werkzeugen
8. Prototyperstellung und Testphase
9. Definition der Wechselwirkung relevanter Funktionsbereiche
10. Kenndaten zur Leistungsbewertung des FuE-Prozesses festlegen

Schritt 2:
Bestimmung der kritischen Aktivitäten für jeden Prozeßschritt

Beispiel: Aktive Produkt- und Marktbeobachtung

- Bestimmung der Produkt- und Marktsegmente
- Zuordnung der Wettbewerber zu den Produkt- und Marktsegmenten
- Bestimmung der Applikationen für die Produkt- und Marktsegmente
- Sammlung von Preis- und Deckungsbeitragsinformationen
- Ermittlung der Zusammenhänge zwischen Preis und Nachfrage
- Untersuchung der Kundenanforderungen
- Sammlung der Produktprofile

Schritt 3:
Bewertung der kritischen Aktivitäten

Abbildung 9-44: Bewertungsansatz von FuE-Projekten nach *Arthur D. Little* [Arthur D. Little, 1994]

In Abbildung 9-45 ist ein Beispiel aus dem Benchmark-Modul „Definition und Integration der Produkt- und Servicekonzepte" dargestellt. Eine der kritischen Aktivitäten ist die Strukturierung von Anforderungen nach Basis-, Leistungs- und Begeisterungsanforderungen (vgl. auch „Kano-Modell" in Kapitel 9.4.3). Unternehmen, die schlechter als der Standard sind, sammeln Produktanforderungen nur in einer unstrukturierten Liste. Fortgeschrittene Unternehmen strukturieren nicht nur ihre Produkte als ganzes, sondern auch deren Versionen und Varianten nach Basis-, Leistungs- und Begeisterungsanforderungen. Die besten Unternehmen verwenden neben dieser Methode weitere Hilfsmittel wie QFD oder Conjoint-Analyse, bei denen zusätzlich der Anwender Nutzenabwägungen zwischen verschiedenen Anforderungen vornehmen muß.

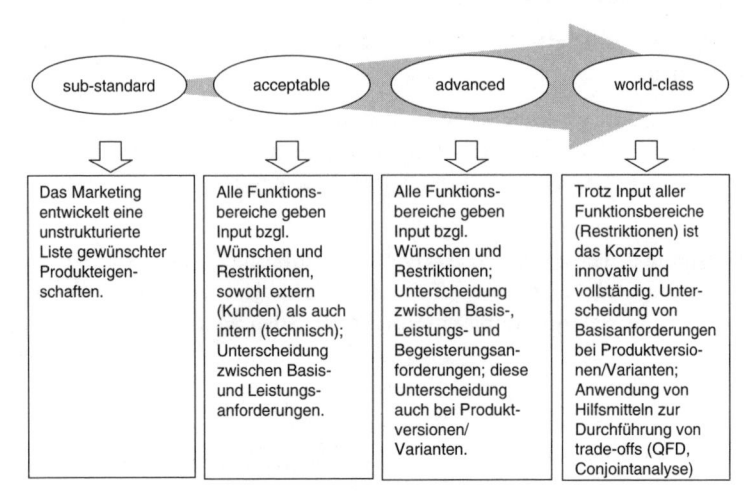

sub-standard	acceptable	advanced	world-class
Das Marketing entwickelt eine unstrukturierte Liste gewünschter Produkteigenschaften.	Alle Funktionsbereiche geben Input bzgl. Wünschen und Restriktionen, sowohl extern (Kunden) als auch intern (technisch); Unterscheidung zwischen Basis- und Leistungsanforderungen.	Alle Funktionsbereiche geben Input bzgl. Wünschen und Restriktionen; Unterscheidung zwischen Basis-, Leistungs- und Begeisterungsanforderungen; diese Unterscheidung auch bei Produktversionen/ Varianten.	Trotz Input aller Funktionsbereiche (Restriktionen) ist das Konzept innovativ und vollständig. Unterscheidung von Basisanforderungen bei Produktversionen/Varianten; Anwendung von Hilfsmitteln zur Durchführung von trade-offs (QFD, Conjointanalyse)

Abbildung 9-45: Bewertung kritischer Aktivitäten nach *Arthur D. Little* [Arthur D. Little, 1994]

9.7 Fazit

⇨ Die Entwicklung nimmt unter strategischen Gesichtspunkten eine zentrale Stellung im Unternehmen ein, da hier zielorientiert Differenzierungspotentiale für das Unternehmen geschaffen werden.

⇨ Der Entwicklungsprozeß fordert die Integration aller Unternehmensbereiche.

⇨ Das Entwickeln neuer Produkte gehört zu den Kernaufgaben von Unternehmen und ist ein maßgeblicher Faktor für die Zukunftssicherung.

⇨ Zur Unterstützung des Entwicklungsprozesses wurde ein umfangreiches Methodeninstrumentarium entwickelt, das es kontextspezifisch anzuwenden gilt. Welche Methoden zum Einsatz kommen sollten, hängt sowohl vom Unternehmen selbst, seinem Umfeld, aber auch von der Qualifikation der Mitarbeiter ab.

Literaturhinweise

Akao, Y. (1992): QFD – Quality Function Deployment, Landsberg/Lech, Moderne Industrie 1992

Akiyama, K. (1994): Funktionenanalyse – der Schlüssel zu erfolgreichen Produkten und Dienstleistungen, Landsberg/Lech, Moderne Industrie 1994

Altshuller, H. (1994): The Art of Inventing – And Suddenly the Inventor Appeared, Worcester/USA, Technical Innovation Center 1994

Arthur D. Little International (1994): Product Creation Process, Benchmarking Modules, o. A. 1994

Backhaus, K. (1992): Investitionsgütermarketing, 3. Auflage, München, Vahlen 1992

Backhaus, K.; Erichson, B.; Plinke, W.; Weiber, R. (1994): Multivariate Analysemethoden – eine anwendungsorientierte Einführung, 7. Auflage, Berlin, Springer 1994

Bailom, F.; Hinterhuber, H.; Matzler, K.; Sauerwein, E. (1996): Das Kano-Modell der Kundenzufriedenheit, in: Marketing Zeitschrift für Planung, 1996, Heft 2, S. 117–126

Baumann, G. (1982): Ein Kosteninformationssystem für die Gestaltungsphase im Betriebsmittelbau, Dissertation, Universität München (TU) 1982

Blohm, H.; Lüder, K. (1995): Investition, 8. Auflage, München, Vahlen 1995

Born, K. (1995): Unternehmensanalyse und Unternehmensbewertung, Stuttgart, Schäffer-Poeschel 1995

Brunner, F. J.; Wagner, K. W. (1999): Taschenbuch Qualitätsmanagement: der praxisorientierte Leitfaden für Ingenieure und Techniker, München, Hanser 1999

Buggert, W.; Wielpütz, A. (1995): Target Costing – Grundlagen und Umsetzung des Zielkostenmanagements, München, Hanser 1995

Büttner, K.; Kohlhase, N.; Birkhofer, H. (1995): Rechnerunterstütztes Kalkulieren komplexer Produkte mit neuronalen Netzen, in: Konstruktion 47, Berlin, Springer 1995

Buzell, R. D.; Gale, B. T. (1989): Das PIMS-Modell, Wiesbaden, Gabler 1989

Call, G. (1997): Entstehung und Markteinführung von Produktneuheiten, Wiesbaden, Gabler 1997

Camp, R. C. (1994): Benchmarking, München, Hanser 1994

Claassen, U.; Ellßel, R. (1997): Target Investment: Methoden zur Optimierung des Investitionsmittelumfangs bei Fahrzeugneuentwicklungen, in: Zeitschrift für betriebswirtschaftliche Forschung (zfbf) 1997, Heft 12, S. 1091–1101

Clark, Kim B.; Fujimoto, T. (1992): Automobilentwicklung mit System: Strategie, Organisation und Management in Europa, Japan und USA, Frankfurt a. M., Campus 1992

Cooper, R.; Kaplan, R. S. (1988): Measure Costs Right: Make the Right Decisions, in: Harvard Business Review, Vol. 66, Sept./Okt. 1988, S. 96–103

Curtius, B.; Ertürk, Ü. (1994): QFD-Einsatz in Deutschland. Status und Praxisbericht, in: Qualität und Zuverlässigkeit 1994, Heft 4, S. 394–402

Dilger, F. (1991): Budgetierung als Führungsinstrument, Köln, Müller Botermann 1991

DIN EN ISO 8402 (1995): Qualitätsmanagement – Begriffe, Berlin, Beuth 1995

DIN 69 910 (1987): Wertanalyse, Berlin, Beuth 1987

Dreger, W. (1992): Konkurrenzanalyse und Beobachtung – mit System zum Erfolg im Wettbewerb, Esslingen, Expert 1992

Ehrlenspiel, K. (1995): Integrierte Produktentwicklung: Methoden für Prozeßorganisation, Produkterstellung und Konstruktion, München, Hanser 1995

Eversheim, W. (Hrsg.) (1995): Simultaneous Engineering, Berlin, Springer 1995

Eversheim, W.; Schuh, G. (Hrsg.) (1996): Betriebshütte: Produktion und Management, 7. Auflage, Berlin, Springer 1996

Fricke, G.; Lohse, G. (1997): Entwicklungsmanagement, Berlin, Springer 1997

Gebhardt, A. (1996): Rapid Prototyping: Werkzeug für schnelle Produktentwicklung, München, Hanser 1996

Geisinger, D. (1999): Ein Konzept zur marktorientierten Produktentwicklung, Dissertation, Universität Karlsruhe (TH) 1999

Gemünden, H. G.; Walter, A. (1998): Beziehungspromotoren – Schlüsselpersonen für zwischenbetriebliche Innovationsprozesse, in: Hauschildt, J.; Gemünden, H. G. (Hrsg.): Promotoren – Champions der Innovation, Wiesbaden, Gabler 1998

Gerpott, T. J. (1995): Organisation der Forschung und Entwicklung (F&E) industrieller Unternehmen, in: Franz, O.: RKW-Handbuch Führungstechnik und Organisation, Berlin, Ernst Schmidt 1995, Nr. 5402

Glaser, H. (1992): Prozeßkostenrechnung – Darstellung und Kritik, in: Zeitschrift für betriebswirtschaftliche Forschung (zfbf) 1992, 44. Jahrgang, Heft 3, S. 275–288

Grabowski, H.; Geiger; K. (Hrsg.) (1997): Neue Wege zur Produktentwicklung, Stuttgart, Raabe 1997

Greenbaum, T. (1998): The handbook for focus group research, Thousand Oaks, SAGE 1998

Griffin, A. (1992): Evaluating QFD's use in US Firms as a Process for developing products, in: Journal of Product Innovation Management 1992, Heft 9, S. 171–187

Griffin, A. (1997): PDMA research on new product development practices: updating trends and benchmarking best practices, in: Journal of Product Innovation Management (1997), Heft 14, S. 429–458

Hamaker, J. (1995): Parametric Estimating. In: Stewart, R. D.; Wyskida, R. M.; James, J.: Cost Estimators Reference Manual, 2nd edition, New York/USA 1995, S. 233

Hammer, R. (1992): Strategische Planung und Frühaufklärung, 2. Auflage, München, Oldenbourg 1992

Hanewinckel, F. (1994): Entwicklung einer Methode zur Bewertung von Geschäftsprozessen, Dissertation, Universität Hannover 1994

Hansen, U.; Jeschke, K.; Schöber, P. (1995): Beschwerdemanagement – Die Karriere einer kundenorientierten Unternehmensstrategie im Konsumgütersektor. Marketing, in: Zeitschrift für Planung 1995, Heft 2, S. 77–87

Hasler, R.; Androschin, C. (1997): Restrukturierung von Entwicklungs- und Konstruktionsprozessen (E+K-Prozesse), in: VDI-Berichte 1338 Unternehmenserfolg durch Restrukturierung von Entwicklungs- und Konstruktionsprozessen, Düsseldorf, VDI 1997, S. 43–62

Hauschildt, J. (1998): Zur Weiterentwicklung des Promotoren-Modells, in: Hauschildt, J.; Gemünden, H. G. (Hrsg.): Promotoren – Champions der Innovation, Wiesbaden, Gabler 1998, S. 235–262

Hauschildt, J.; Chakrabarti, A. K. (1998): Arbeitsteilung im Innovationsmanagement, in: Hauschildt, J.; Gemünden, H. G. (Hrsg.): Promotoren – Champions der Innovation, Wiesbaden, Gabler 1998

Hauschildt, J.; Gemünden, H. G. (Hrsg.) (1998): Promotoren – Champions der Innovation, Wiesbaden, Gabler 1998

Herstatt, C. (1991): Anwender als Quellen für die Produktinnovation, Zürich, ADAG 1991

Hilbert, H. (1995): Target Budgeting in Forschung und Entwicklung bei Volkswagen, in: Controlling 1995, Heft 6, S. 354–364

Hinterhuber, H. H. (1996): Strategische Unternehmensführung. Band I, 6. Auflage, Berlin, de Gruyter 1996

Horváth & Partner GmbH (Hrsg.) (1998): Prozeßkostenmanagement, 2. Auflage, München, Vahlen 1998

Horváth, P. (1998): Controlling, 7. Auflage, München, Vahlen 1998

Horváth, P.; Lamala, J.; Höfig, M. (1994): Rapid Prototyping – Der schnelle Weg zum Produkt. In: Harvard Business Manager 1994, Heft 3, S. 42–53

Horváth, P.; Mayer, R. (1989): Prozeßkostenrechnung, der neue Weg zu mehr Kostentransparenz und wirkungsvollen Unternehmensstrategien, in: Controlling 1989, Jahrgang 1, Heft 4, S. 214–219

Horváth, P.; Mayer, R. (1993): Prozeßkostenrechnung – Konzeption und Entwicklungen, in: krp Kostenrechnungspraxis (Sonderheft 2/93), Wiesbaden, Gabler 1993, S. 15–28

King, B. (1994): Doppelt so schnell wie die Konkurrenz: QFD – Quality Function Deployment, 2. Auflage, St. Gallen, gfmt 1994

Kläger, R. (1993): Modellierung von Produktanforderungen als Basis für Problemlösungsprozesse in intelligenten Konstruktionssystemen, Dissertation, Universität Karlsruhe (TH), Aachen, Shaker 1993

Kleinschmidt, E.; Geschka, H.; Cooper, R. (1996): Erfolgsfaktor Markt – Kundenorientierte Produktinnovation, Berlin, Springer 1996

König, T. (1995): Konstruktionsbegleitende Kalkulation auf Basis von Ähnlichkeitsvergleichen, Bergisch Gladbach, Eul 1995

Kotler, P.; Bliemel, F. (1992): Marketing Management, Teil III, Stuttgart, Schäffer-Poeschel 1992

Kuhn, H. (1990): Möglichkeiten und Grenzen der Taguchi-Methode, in: VDI Seminar (Nr. 470401), Düsseldorf, VDI 1990

Liellich, L. (1992): Nutzwertverfahren, Heidelberg, Physica 1992

Litke, H.-D. (1995): Projekt-Management: Methoden, Techniken, Verhaltensweisen, 3. Auflage, München, Hanser 1995

Männel, W. (Hrsg.) (1995): Prozeßkostenrechnung, Wiesbaden, Gabler 1995

Männel, W. (Hrsg.) (1996): Frühzeitiges Kostenmanagement – Kalkulationsmethoden und DV-Unterstützung, Wiesbaden, Gabler 1996

McGonagle, J.; Vella, C. (1994): Outsmarting – Wie man der Konkurrenz ganz legal in die Karten schaut, Stuttgart, Schäffer-Poeschel 1994

McGrath, M. E.; Romeri, M. N. (1994): The R&D Effectiveness Index – A Metric for Product Development Performance, in: The Journal of Product Innovation Management, 1994, Nr. 6, Vol. 11, S. 213–220

Merkle, E. (1989): Die Analyse technologischer Entwicklungen auf der Grundlage von Patentinformationen, in: Raffée, H.; Wiedmann, K.-P. (Hrsg.): Strategisches Marketing, Stuttgart, Schäffer-Poeschel 1989

Nagel, R. (1993): Lead User Innovationen, Wiesbaden, Deutscher-Universitäts-Verlag 1993

Nakagami, Y. (1994): Present VE Applications and potential Needs in the Japanese Industry, in: SAVE Annual Proceedings, http://www.value-eng.com/proceedings/1994/9418.pdf 1994

Niemand, S. (1996): Target Costing für industrielle Dienstleistungen, München, Vahlen 1996

Nieschlag, R.; Dichtl, E.; Hörschgen, H. (1994): Marketing, 18. Auflage, Berlin, Duncker & Humblot 1994

Pahl, G.; Rieg, F. (1982): Kostenwachstumsgesetze nach Ähnlichkeitsbeziehungen für Baureihen, in: VDI-Berichte Nr. 457, Düsseldorf, VDI 1982. S. 62-69

Peters, T. J.; Waterman, R. H. (1984): Auf der Suche nach Spitzenleistungen: Was man von den bestgeführten US-Firmen lernen kann, 10. Auflage, Landsberg/Lech, Moderne Industrie 1984

Pfeifer, T. (1993): Qualitätsmanagement, München, Hanser 1993

Pickel, H. (1989): Kostenmodelle als Hilfsmittel zum kostengünstigen Konstruieren, München, Hanser 1989

Pugh, S. (1990): Total Design: Integrated Methods for Successful Product Engineering, Wokingham/England, Addison-Wesley 1990

Radtke, P.; Dalheimer P. (1997): Der Customer Input Process, in: io Management 1997, Heft 10, S. 30–34

Reinhart, G.; Lindemann, U.; Heinzl, J. (1996): Qualitätsmanagement: ein Kurs für Studium und Praxis, Berlin, Springer 1996

Richert, U. (1995a): Benchmarking: Ein Werkzeug des Total Quality Management, Teil 1, in: Qualität & Zuverlässigkeit 1995, Band 40, Heft 3, S. 283–286

Richert, U. (1995b): Benchmarking: Ein Werkzeug des Total Quality Management, Teil 2, in: Qualität & Zuverlässigkeit 1995, Band 40, Heft 4, S. 414–419

Rösler, F. (1995): Kundenanforderungen als Determinante des Kostenmanagements komplexer Produkte, in: Kostenrechnungspraxis 1995, Heft 4. S. 214–219

Scheer, A.-W. (1985): Konstruktionsbegleitende Kalkulation in CIM-Systemen, Veröffentlichung des Instituts für Wirtschaftsinformatik, Heft 50, Saarbrücken 1985, S. 20 ff.

Scheer, A.-W.; Bock, M.; Bock, R. (1991): Konzeption einer Expertensystem-Shell zur konstruktionsbegleitenden Kalkulation, in: Information Management, Jahrgang 6, Heft 2. 1991. S. 50–63

Schierenbeck, H. (1993): Grundzüge der Betriebswirtschaftslehre, 11. Auflage, München, Oldenbourg 1993

Schlicksupp, H. (1992): Innovation, Kreativität und Ideenfindung, 4. Auflage, Würzburg, Vogel 1992

Schloske, A. (1996): Benchmarking. In: Warnecke, H.-J.: Handbuch Qualitätstechnik: Methoden und Geräte zur effizienten Qualitätssicherung, Landsberg/Lech, Moderne Industrie 1996

Schmelzer, H. J. (1992): Organisation und Controlling von Produktentwicklungen: Praxis des wettbewerbsorientierten Entwicklungsmanagements, Stuttgart, Schäffer-Poeschel 1992

Schmidt, R. (1996): Marktorientierte Konzeptfindung langlebiger Gebrauchsgüter, Wiesbaden, Gabler 1996

Schuh, G. (1997): Wohin bewegt sich das Kostenmanagement?, in: krp Kostenrechnungspraxis, 41. Jahrgang, Wiesbaden, Gabler 1997, S. 34–39

Schuh, G.; Kaiser, A. (1994): Kostenmanagement in Entwicklung und Produktion mit der ressourcenorientierten Prozeßkostenrechnung, in: krp Kostenrechnungspraxis, Sonderheft 1/94, Wiesbaden, Gabler 1994, S. 76–82

Seidenschwarz, W. (1994): Target Costing – verbindliche Umsetzung marktorientierter Strategien, in: Controlling 1994, Band 6, Heft 1. S. 74–80

Seidenschwarz, W. (1996): Target Costing in Deutschland – Praxisbeispiele zur Umsetzung. Deutsch-Japanische Target Costing-Fachkonferenz, Stuttgart, Horváth & Partner 1996

Spath, D.; Dill, C.; Scharer, M. (2000): Unterstützung der Produktentstehung mit einem prozeßbegleitenden Methodenbaukasten auf Intra-/Internetbasis, in: VDI-Gesellschaft Systementwicklung und Projektgestaltung: Erfolgreiche Produktentwicklung – Methoden und Werkzeuge zur Planung und Entwicklung von marktgerechten Produkten, Tagungsunterlagen, Stuttgart, 5./6. Oktober 2000

Spath, D.; Riedmiller, S.; Matt, D. (1997): Marktorientiertes Produkt- und Kostenmanagement – Target Costing ein Hilfsmittel?, in: wt Werkstattstechnik 1997, Band 87, Heft 11/12. S. 527–530

Spath, D.; Scharer, M.; Barrho, Th. (1999): Flexible Methodenunterstützung der Prozeßkette „Vom Markt zum Produkt": Konzept zur flexiblen, unternehmensspezifisch angepaßten Methodenbereitstellung, in: Zeitschrift für Wirtschaftlichen Fabrikbetrieb 1999, ZwF Band 95, Heft 9. S. 517–520

Specht, G.; Schmelzer, H. J. (1992): Instrumente des Qualitätsmanagements in der Produktentwicklung, in: Zeitschrift für betriebswirtschaftliche Forschung (zfbf) 1992, Band 44, Heft 6, S. 531–547

Spur, G. (1998): Technologie und Management: zum Selbstverständnis der Technikwissenschaft, München, Hanser 1998

Stauss, B.; Seidel, W. (1998): Beschwerdemanagement, 2. Auflage, München, Hanser 1998

Stockbauer, H. (1991): F&E-Budgetierung aus der Sicht des Controlling, in: Controlling 1991, Heft 3, S. 136–143

Susen, S. (1995): Innovationsmarketing, Frankfurt a. M., Lang 1995

Taguchi, G. (1989): Einführung in Quality Engineering, München, gfmt 1989

Terninko, J.; Zusman A.; Zlotin, B. (1997): STEP-by-STEP TRIZ: Creating Innovative Solution Concepts, Nottingham/USA, Responsible Management Inc. 1997

Trender, L. (2000): Entwicklungsintegrierte Kalkulation von Produktlebenszykluskosten auf Basis der ressourcenorientierten Prozeßkostenrechnung, Dissertation, Universität Karlsruhe (TH) 2000

Trommsdorff, V. (1990): Innovationsmanagement in kleinen und mittleren Unternehmen, München, Vahlen 1990

VDI (Hrsg.) (1982): Marketing und Produktplanung, Düsseldorf, VDI 1982

VDI Richtlinie 2247 (1994): Entwurf zum Qualitätsmanagement in der Produktentwicklung, Düsseldorf, VDI 1994

VDI/VDE Richtlinie 3694 (1991): Lasten-/Pflichtenheft für den Einsatz von Automatisierungssystemen, Düsseldorf, VDI 1991

VDI-Zentrum Wertanalyse (Hrsg.) (1991): Wertanalyse: Idee-Methode-System, 4. Auflage, Düsseldorf, VDI 1991

Walter, W. (1997): Erfolgversprechende Muster für betriebliche Ideenfindungsprozesse, Forschungsberichte aus dem Institut für Werkzeugmaschinen und Betriebstechnik der Universität Karlsruhe, Band 75, Karlsruhe 1997

Westkämper, E.; Englert, E.; Kempf, M.; Koch, K. U. (1996): Qualitätsmanagement im Rapid Prototyping, in: Zeitschrift für wirtschaftlichen Fabrikbetrieb 1996, ZWF Band 91, Heft 12, S. 616–619

Wheelwright, S.; Clark, C.; Kim, B. (1994): Revolution der Produktentwicklung: Spitzenleistungen in Schnelligkeit, Effizienz und Qualität durch dynamische Teams, Frankfurt, Campus 1994

Wildemann, H. (1996): Die Produktklinik – Eine Keimzelle für Lernprozesse, in: Harvard Business Manager 1996, Heft 1, S. 39–48

Witte, E. (1998): Das Promotoren-Modell, in: Hauschildt, J.; Gemünden, H. G. (Hrsg.): Promotoren – Champions der Innovation, Wiesbaden, Gabler 1998, S. 9–41

10 Erfolgreiches Innovationsmanagement durch integriertes FuE-Management

Letzten Endes kann man alle wirtschaftlichen Vorgänge auf drei Worte reduzieren: Menschen, Produkte und Profite. Die Menschen stehen an erster Stelle. Wenn man kein gutes Team hat, kann man mit den beiden anderen nicht viel anfangen.

(Lee Iacocca)

Unternehmen erkennen zunehmend, daß sich ihnen durch ein gezieltes Management von Innovationen die Möglichkeit eröffnet, ihre Zukunft *aktiv* zu gestalten. Während zu Beginn der 90er Jahre, verbunden mit dem Ziel der Kostenreduzierung, Ansätze des Lean-Managements im Vordergrund standen, rückt inzwischen das Innovationsmanagement immer mehr in den Blickpunkt der Unternehmensführungen. Eine Studie von *Arthur D. Little* zu diesem Thema zeigt jedoch auf, daß Unternehmen Innovationsleistungen zwar einen hohen strategischen Stellenwert einräumen, aber nur wenige sich selbst als effektive Innovatoren sehen [Sommerlatte/Jonash, 2000].

Mit den folgenden Ausführungen soll die Möglichkeit gegeben werden, aus den Vorgehensweisen anderer Anregungen für die eigenen Aktivitäten zu gewinnen, um so die eigene Innovationsfähigkeit zu steigern.

In diesem Kapitel sollen folgende Fragen beantwortet werden:

- Welche Rahmenbedingungen beeinflussen den Innovationsprozeß?
- Welche Hemmnisse können im Innovationsprozeß auftreten?
- Wie hat sich die Sichtweise auf das FuE-Management in den letzten Jahren entwickelt?
- Welches sind die Kennzeichen für ein erfolgreiches FuE-Management?
- Wie gestalten und unterstützen erfolgreiche Unternehmen ihren FuE-Prozeß?

10.1 Innovationsmanagement

Innovationen sind qualitativ neuartige Produkte oder Verfahren, die am Markt oder im Unternehmen eingeführt werden, um die Bedürfnisse von internen und externen Kunden zu befriedigen und die Unternehmensziele zu erreichen. Dabei bezieht sich die Neuartigkeit auf das entsprechende Unternehmen (vgl. Kapitel 2.3).

Innovationsmanagement umfaßt dabei alle Aktivitäten, die durch Neuerungen zur Stärkung der Wettbewerbsposition beitragen und die Zukunft des Unternehmens sichern.

Innovationsmanagement kann aus zwei Perspektiven betrachtet werden. Die *Prozeßsicht* bezieht sich auf die Definition von Strategien und Zielen, das Treffen von Entscheidungen, die Bestimmung und Beeinflussung von Informationsflüssen, die Herstellung und Gestaltung sozialer Beziehungen sowie das Einwirken auf die Partner in diesen sozialen Beziehungen, um die getroffenen Entscheidungen zu realisieren. Bei dieser Betrachtungsweise stehen Entscheidungs- und Durchsetzungsaspekte im Mittelpunkt. Vom *system-theoretischen Standpunkt* aus werden nicht die einzelnen Prozesse betrachtet, sondern auch die Institutionen im Unternehmen, innerhalb der die Prozesse ablaufen [Hauschildt, 1997]. *Innovationsfähigkeit* ist die Fähigkeit eines Unternehmens, den gegenwärtigen und zukünftigen Innovationsbedarf zu erkennen und zu decken – durch neues Wissen oder Marktverständnis neue Ideen zu entwickeln und erfolgreich in neue Produkte umzusetzen.

„Es ist das Ziel des Innovationsmanagements, diese Fähigkeit zu steigern. Zu diesem Zweck muß ausgehend von der übergeordneten Philosophie des Unternehmens die Innovationspolitik, -kultur und eine geeignete Verfassung der Strukturen abgestimmt werden." [Brandenburg et al., 1999] Neuere Ansätze betrachten das Innovationsmanagement im Sinne einer Funktion deshalb als eine *integrierte Querschnittsdimension* im Unternehmen. Es hat sich dabei eine Vielzahl an innovationsorientierten Philosophien, Strategien, Techniken, Methoden und Werkzeugen entwickelt (s. Abbildung 10-1).

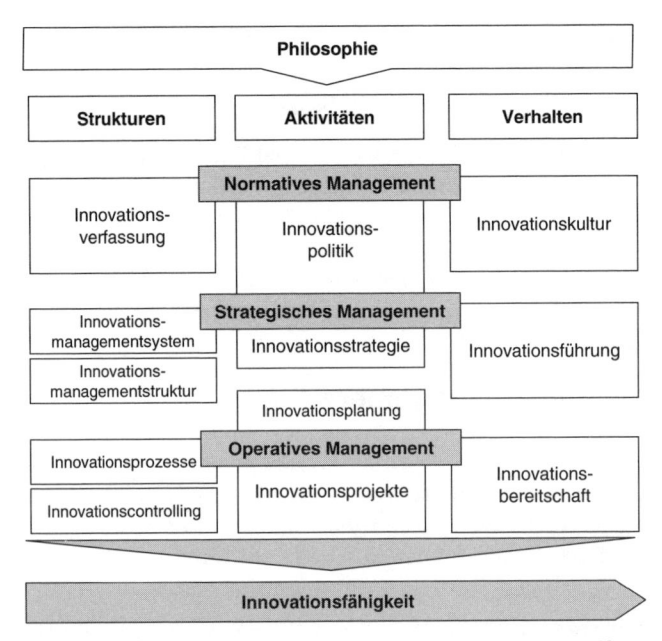

Abbildung 10-1: Integriertes Innovationsmanagement [Brandenburg et al., 1999]

10.1 Innovationsmanagement

Eine wichtige Voraussetzung für den Erfolg von Unternehmen ist die kontinuierliche Weiterentwicklung und Verbesserung von Prozessen und Produkten. Zielorientierung, Qualität und Geschwindigkeit dieser Veränderungsprozesse sind nur einige der großen Anforderungen für einen dauernden Unternehmenserfolg. FuE-Aktivitäten dürfen daher nicht zufällig erfolgen, sondern müssen – wie alle unternehmerischen Abläufe und Entwicklungen – geplant und gefördert werden, damit hieraus erfolgreiche Innovationen werden können. Hierfür gilt es zunächst, den Prozeß von der Idee bis zum Markt sowie die auf diesen Prozeß wirkenden Einflußfaktoren darzustellen (vgl. Kapitel 10.1.1 und 10.1.2).

10.1.1 Der Innovationsprozeß

Der Innovationsprozeß umfaßt die Schritte von der Idee bis zur erfolgreichen Einführung einer Neuerung im Unternehmen oder am Markt (s. Abbildung 10-2). Hierbei kann eine *Idee* Forschungsaktivitäten auslösen, umgekehrt können durch die *Forschung* auch Ideen für neue Produkte, Produktkomponenten oder Prozesse entstehen.

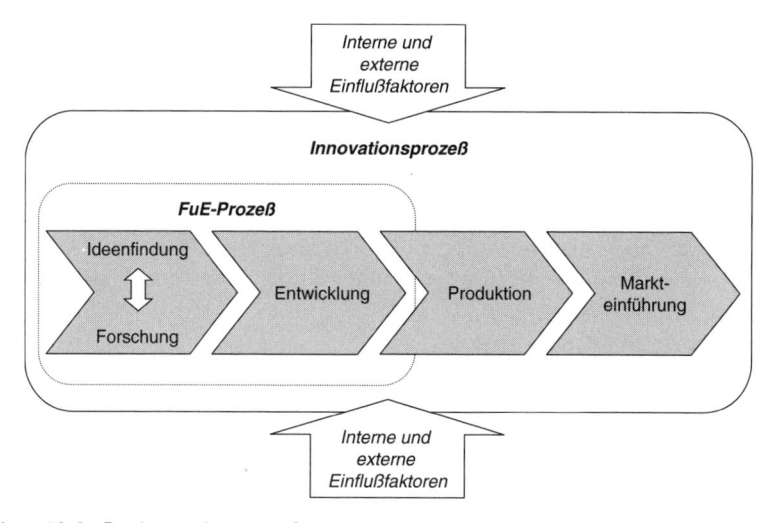

Abbildung 10-2: Der Innovationsprozeß

Auch wenn (für die vereinfachte Darstellung in Abbildung 10-2) die einzelnen Schritte des Innovationsprozesses sequentiell dargestellt sind, sind sie im Unternehmen dennoch in komplexer Weise vernetzt. So sollten schon in der Forschung und Entwicklung Herstellungs- und Umsetzungsaspekte berücksichtigt werden. Auch die für die Markteinführung verantwortlichen Bereiche Marketing und Vertrieb sind bereits frühzeitig einzubinden, die FuE-Aktivitäten sind mit ihnen abzustimmen.

10.1.2 Einflußfaktoren auf den Innovationsprozeß

Der Innovationsprozeß wird durch eine Vielzahl unternehmensinterner und -externer Faktoren beeinflußt. Eine aufmerksame Beobachtung dieser Einflußgrößen und die gezielte Einbindung aller Akteure sind wesentliche Bestimmungsfaktoren des Erfolgs aller FuE-Aktivitäten des Unternehmens. Es wird hierdurch in die Lage versetzt,

- bei Erkennen von Entwicklungen durch die Schaffung eines zeitlichen Vorsprungs frühzeitiger zu reagieren, ja sogar zu agieren, da bestimmte Ereignisse antizipiert werden können,
- unter Umständen seine Umgebung und die Einflußfaktoren aktiv gestalten zu können.

Die durch die internen und externen Einflußfaktoren beschriebene Umwelt des Unternehmens stellt gleichzeitig einen Rahmen für mögliche Ideenquellen und Suchfelder für Innovationsideen auf.

10.1.2.1 Akteure des Innovationsprozesses

Unter den *Akteuren des Innovationsprozesses* versteht man alle das Unternehmen und seine Innovationsaktivitäten beeinflussenden Interessengruppen (Funktionen). *Interne* Akteure finden sich dabei innerhalb, *externe* Akteure im engeren und weiteren Umfeld des Unternehmens.

Abbildung 10-3 zeigt die wesentlichen internen und externen Akteure, welche die Innovationsaktivitäten eines Unternehmens und seinen Erfolg wesentlich beeinflussen. Sie sind wichtige Ideenquellen für neue Technologien, Prozesse, Produkte und Dienstleistungen. Im folgenden werden einige wichtige Akteure herausgegriffen und näher betrachtet.

Interne Akteure

Die Arbeit eigener *Forschungs- und Entwicklungsabteilungen* sichert dem Unternehmen den Erhalt der technologischen Unabhängigkeit sowie die Exklusivität des gewonnenen Wissens. Das Unternehmen hat die Kontrolle über den gesamten FuE-Prozeß und kann ihn auf seine speziellen Erfordernisse ausrichten. Unternehmensspezifisch optimierte Aufbau- und Ablaufstrukturen, eine geeignete interne Vernetzung mit anderen Funktionsbereichen und die Sensibilisierung für wichtige externe Einflußgrößen sind wesentlich für den Erfolg der eigenen FuE.

Im Bereich der *Produktion* ist die Festlegung der Kernkompetenzen und der damit verbundenen Fertigungstiefen ein wichtiger strategischer Schritt des Unternehmens (vgl. Kapitel 2.4). Die Einbindung der Produktion und ihrer spezifischen Anforderungen, Erfahrungen und Möglichkeiten in einer sehr frühen Phase ist von großer Bedeutung für den Erfolg des Innovationsprozesses.

10.1 Innovationsmanagement

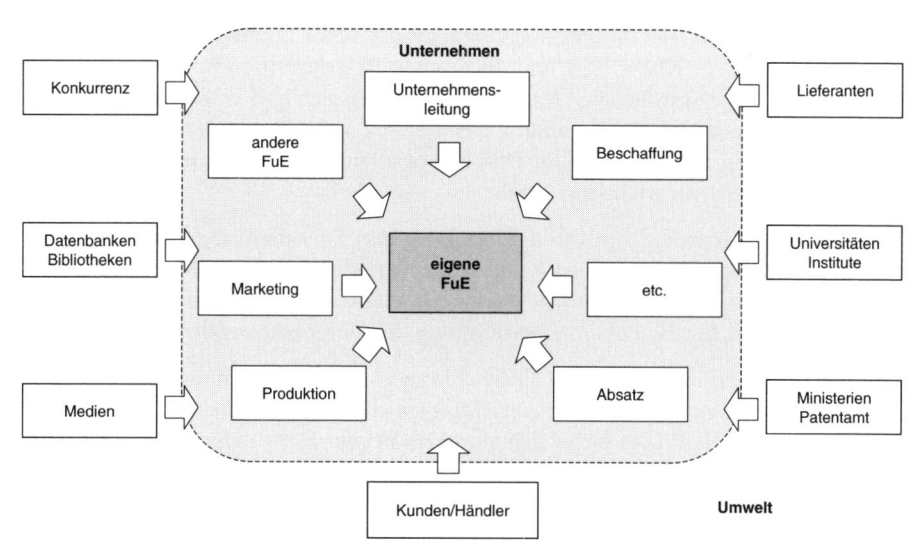

Abbildung 10-3: Akteure im Innovationsprozeß (nach [Walter, 1997])

Marketing, Vertrieb und Kundendienst eines Unternehmens spielen wegen der externen Ausrichtung ihrer Aufgaben als interne Akteure eine besondere Rolle. Sie müssen den Informationsfluß zwischen den Kunden und den FuE-Abteilungen gewährleisten. Zum einen sind durch Marketinguntersuchungen die Trends und Wünsche der Kunden zu antizipieren oder rechtzeitig in Erfahrung zu bringen, zum anderen muß durch guten Kundendienst und Service das notwendige Feedback eingeholt werden.

Der *Unternehmensführung* kommt im Innovationsprozeß eine zentrale Bedeutung zu. Visionäre Zielsetzungen sowie die Gestaltung und Entwicklung kultureller Rahmenbedingungen haben einen großen Einfluß auf den Ablauf und Erfolg von FuE-Vorhaben. Zu jedem Zeitpunkt und in jeder Phase des Prozesses muß die innere Verpflichtung (das „Commitment") der Unternehmensleitung zu den FuE-Aktivitäten vorhanden sein und allen Akteuren kommuniziert werden.

Externe Akteure

Den *Kunden* kommt als Beteiligten am Innovationsprozeß und als Ideenquelle für Innovationen eine wichtige Bedeutung zu, da sie die Anforderungen an die Produkteigenschaften festlegen. Der Kunde kann im Innovationsprozeß auch indirekt über den *Händler* agieren. Dieser nimmt mit seinem hohen Informationsstand über die Bedürfnisstruktur und Reaktionen des Kunden eine wichtige Transferfunktion ein – er ist „Gatekeeper" (Pförtner) für Informationen.

Die Zusammenarbeit mit *Lieferanten, Wettbewerbern, branchenfremden Unternehmen* kann im Rahmen von Kooperationen den Zugang zu neuem technologischen

Wissen, Ressourcen und Märkten ermöglichen. Zudem können so das im Unternehmen vorhandene Know-how und die eigenen Ressourcen im Innovationsprozeß gezielter eingesetzt werden (vgl. Kapitel 4.2 und Beispiel 10-5 in Kapitel 10.3). Besondere Vorteile bieten die Verteilung des Risikos auf mehrere Unternehmen und die Vergrößerung der Marktmacht. Dies ist vor allem für kleinere und mittelständische Unternehmen ein wichtiger Aspekt.

Wettbewerber versuchen mit ihren Produkten und Dienstleistungen die Wünsche und Anforderungen der gleichen Kunden zu befriedigen. Durch Konkurrenz- und Substitutionsprodukte wird immer wieder ein Maßstab für die eigenen Aktivitäten gesetzt, der Basis für die Positionsbestimmung des Unternehmens ist.

Von der Ideenfindung bis hin zur Entwicklung von Produkten kann auf *Dienstleister, Forschungs- und Ausbildungseinrichtungen* sowie weitere *staatliche Stellen* zurückgegriffen werden. Dies bietet sich an, wenn bei der Entwicklung von Produkten völlig neue Wege gegangen werden sollen. Viele Unternehmen greifen auf diese Fremdquellen auch aus Kosten- oder Zeitgründen zurück, da die eigenen FuE-Abteilungen hierdurch entlastet werden. Oft treten jedoch Probleme bei der Implementierung dieser Lösungen auf, die durch das „*Not-invented-here-Syndrom*" verstärkt werden können. Ein weiterer Nachteil ist, daß diese Quellen auch anderen Unternehmen zugänglich sind und die einzelnen FuE-Leistungen somit für die jeweilige Firma ihren Exklusivitätsstatus verlieren (vgl. Kapitel 4.4).

10.1.2.2 Rahmenbedingungen des Innovationsprozesses

Zusammen mit den im vorangehenden Kapitel beschriebenen Akteuren bilden weitere, im folgenden kurz beschriebene Einflußfaktoren die Rahmenbedingungen für die Innovationsaktivitäten eines Unternehmens.

Interne Rahmenbedingungen

In der *Unternehmensstrategie* sind die langfristigen Ziele sowie die für die Zielerreichung notwendigen Ressourcen und Maßnahmen beschrieben. Sie soll Ziel- und Aktionsräume unter dem Aspekt der Erschließung und Sicherung von Erfolgspotentialen abgrenzen und ausfüllen (vgl. Kapitel 3.4 und 3.5).

Größe und Wachstum des Unternehmens haben wesentlichen Einfluß z.B. auf die Kooperationsmöglichkeiten und den Kooperationsbedarf von Forschung und Entwicklung. Zu beachten ist, daß die Unternehmensgröße an sich noch nicht zwangsläufig einen Innovationsvorteil darstellt. Sie muß vielmehr die besonderen technologischen Bedingungen einer Branche oder eines Industriebereichs berücksichtigen, insbesondere die Anforderungen hinsichtlich der Flexibilität der Produktion. In Branchen mit hohem technologischen Potential, z.B. der Elektroindustrie, überwiegen die großen Unternehmen, während im Maschinenbau kleinere Unternehmen als Spezialisten einen erheblichen innovativen Beitrag leisten [Spur, 1998].

10.1 Innovationsmanagement

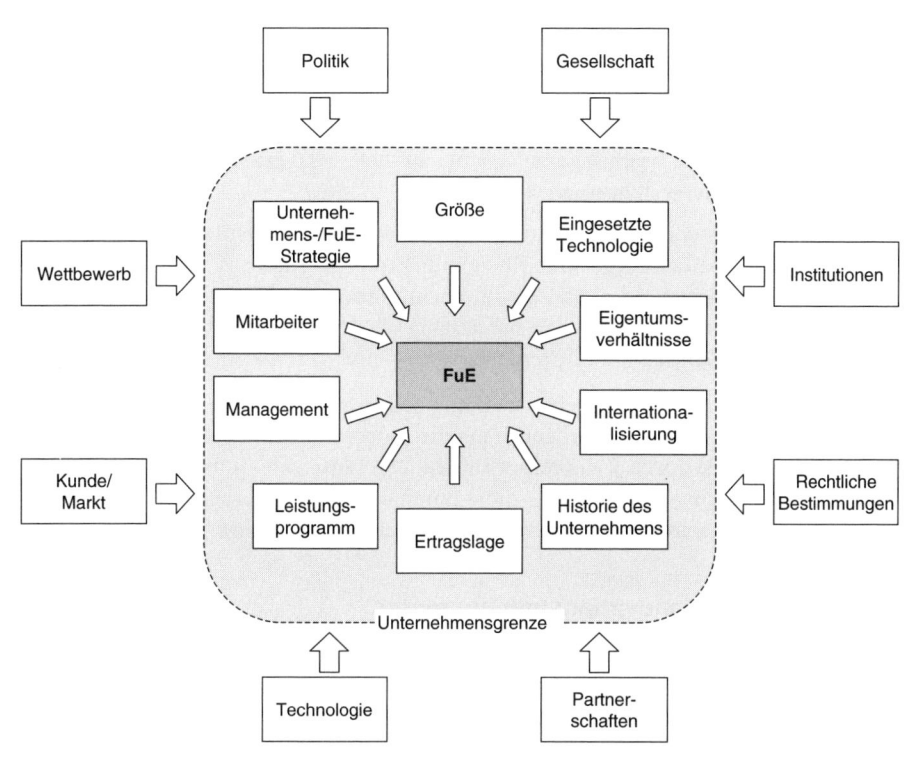

Abbildung 10-4: Rahmenbedingungen für Innovationen (in Anlehnung an [Kieser/Kubicek, 1992], [Walter, 1997])

Die *Internationalisierung* ist das Ergebnis einer strategischen Entscheidung. Sie hat Auswirkungen auf die Strukturen im Unternehmen und auf die Unternehmenskultur. Dies wirkt bis in die FuE-Bereiche des Unternehmens hinein, in denen der Unternehmenskultur eine besondere Bedeutung zukommt. Anforderungen aus internationalen Märkten sowie internationale Mitarbeiter mit unterschiedlichen Kulturen sind wichtige Faktoren im Innovationsprozeß (vgl. Kapitel 4.3).

Die Qualifikation und das Entwicklungspotential der *Mitarbeiter* sind wesentliche Kriterien für den Erfolg der FuE-Aktivitäten eines Unternehmens. Es gilt, die Mitarbeiter gezielt zu fördern, zu unterstützen und zu motivieren (vgl. Kapitel 5.4). Die Mitarbeiter müssen Neuem gegenüber aufgeschlossen sein, es sogar fordern. Grundlage hierfür sind eine offene, innovationsfreundliche *Unternehmenskultur* sowie ein diese Kultur unterstützendes *Personalmanagement*.

Externe Rahmenbedingungen

Bei Betrachtung der *Technologie* als Einflußfaktor des Innovationsprozesses muß zwischen Technologiedynamik und Technologiekomplexität unterschieden werden. Die *Technologiedynamik* gibt den Änderungsgrad an, dem die in einem Unternehmen eingesetzten Technologien unterliegen. Die technologische Dynamik im Umfeld eines Unternehmens erfordert Forschung und Entwicklung, um auf dem aktuellen Stand der Technik zu sein. *Technologiekomplexität* entsteht, wenn mehrere Technologien miteinander kombiniert und eingesetzt werden. Beide Aspekte werden wesentlich davon beeinflußt, in welcher Branche ein Unternehmen tätig ist und welche Produkte hergestellt werden.

Politische Einflüsse können vielfältiger Natur sein. Wirtschaftsordnung sowie Konjunktur- und Arbeitsmarktpolitik üben indirekten Einfluß auf ein Unternehmen aus. Durch internationale politische Entwicklungen, wie die Integration Europas, können neue Bedingungen für Unternehmen geschaffen werden. Von großer Bedeutung ist auch der Einfluß staatlicher Forschungs- und Technologiepolitik.

Gesellschaftliche Einflüsse ergeben sich aus dem sozio-kulturellen Umfeld des Unternehmens. Wesentlich ist hierbei das gesellschaftliche Werte- und Normensystem, das geprägt ist z.B. durch Religion, geschichtliche Entwicklung, herrschenden Zeitgeist, das Ausbildungssystem sowie die – durch die Medien verbreiteten – Wertvorstellungen von einzelnen und Interessengemeinschaften [Grochla, 1995].

10.1.3 Ziele des Innovationsmanagements

Innovationsmanagement zielt auf die Steigerung der Fähigkeit des Unternehmens ab, durch neues Wissen oder Marktverständnis neue Ideen zu entwickeln, diese erfolgreich in neue Produkte, Prozesse und Dienstleistungen umzusetzen und so die Zukunft des Unternehmens durch die Stärkung der Wettbewerbsposition zu sichern.

Es lassen sich verschiedene *Teilziele des Innovationsmanagements* unterscheiden [Booz, Allen & Hamilton, 1991]:

- Realisierung von Wachstumschancen,
- Verbesserung der Erfolgschancen von Innovationen,
- Bewältigung der Globalisierungsanforderungen,
- Verkürzung der Innovationszeiten,
- Reduzierung der Innovationskosten.

Die Konzentration auf einzelne dieser Teilziele ist wenig sinnvoll. Vielmehr muß versucht werden, in einer ganzheitlichen Vorgehensweise die Abhängigkeiten zwischen diesen Zielen zu berücksichtigen und eine Gesamtlösung zu erarbeiten. Wesentlich hierfür ist die Schaffung eines Rahmens, innerhalb dessen durch „Regeln" die Ideengenerierung, -bewertung und -umsetzung festgelegt ist. Es gilt, ziel- und bedarfsgerecht innovationsfördernde Bedingungen zu schaffen hinsichtlich der Unternehmenspolitik und -kultur, der Information und Kommunikation im Unternehmen, der Organisation und des Personalsystems (vgl. auch [Herzhoff, 1991]). Gezieltes, vorausschauendes Innovationsmanagement versetzt das Unternehmen somit in die Lage, *aktiv* seine Zukunft zu gestalten statt nur auf Änderungen reagieren zu müssen.

10.1.4 Hemmnisse und Erfolgsfaktoren für Innovationen

Sommerlatte und *Jonash* beschreiben in einer Studie aus dem Jahr 1997 wesentliche Hindernisse und Erfolgsfaktoren für Innovationen. Danach liegen die wichtigsten **Hindernisse** in den Bereichen Strategieanpassung und Entscheidungsfindung [Sommerlatte/Jonash, 2000]:

- Aufspüren und Hervorbringen neuer Ideen für die eigene Geschäftstätigkeit,
- Beschaffung von Informationen, um Entscheidungen über neue Ideen treffen zu können,
- Auswahl der vielversprechendsten Ideen, um entsprechende Ressourcen bereitstellen zu können,
- Sicherstellen, daß die innovativen Aktivitäten innerhalb der Unternehmensstrategie ausgeübt werden,
- Management von Entwicklungsprojekten im Rahmen der vorgegebenen Zeiten und Budgets mit hoher Qualität.

Abbildung 10-5 zeigt, welche *Erfolgsfaktoren* in der Studie als wesentlich angesehen werden.

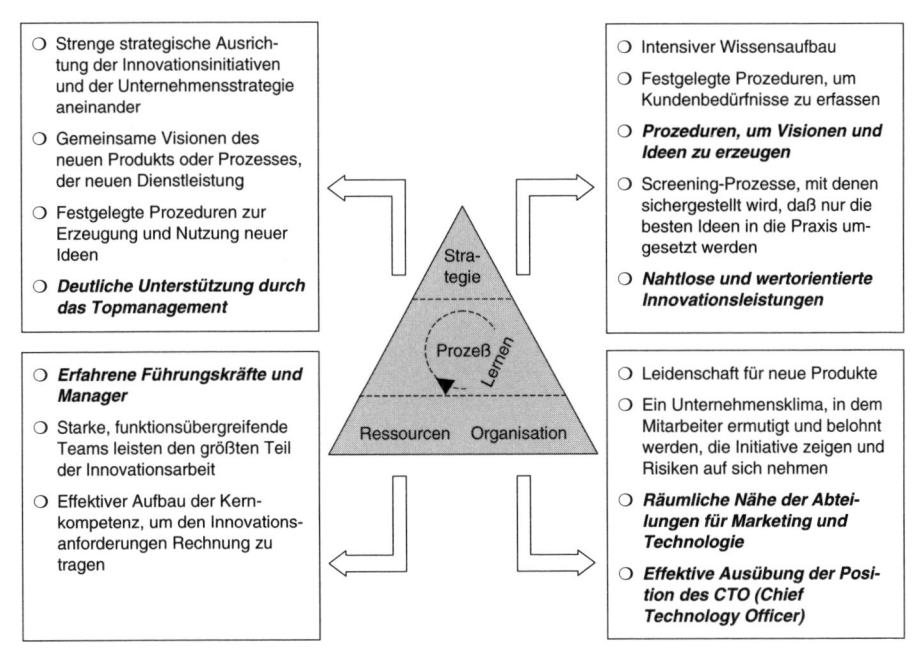

- Strenge strategische Ausrichtung der Innovationsinitiativen und der Unternehmensstrategie aneinander
- Gemeinsame Visionen des neuen Produkts oder Prozesses, der neuen Dienstleistung
- Festgelegte Prozeduren zur Erzeugung und Nutzung neuer Ideen
- *Deutliche Unterstützung durch das Topmanagement*

- *Erfahrene Führungskräfte und Manager*
- Starke, funktionsübergreifende Teams leisten den größten Teil der Innovationsarbeit
- Effektiver Aufbau der Kernkompetenz, um den Innovationsanforderungen Rechnung zu tragen

- Intensiver Wissensaufbau
- Festgelegte Prozeduren, um Kundenbedürfnisse zu erfassen
- *Prozeduren, um Visionen und Ideen zu erzeugen*
- Screening-Prozesse, mit denen sichergestellt wird, daß nur die besten Ideen in die Praxis umgesetzt werden
- *Nahtlose und wertorientierte Innovationsleistungen*

- Leidenschaft für neue Produkte
- Ein Unternehmensklima, in dem Mitarbeiter ermutigt und belohnt werden, die Initiative zeigen und Risiken auf sich nehmen
- *Räumliche Nähe der Abteilungen für Marketing und Technologie*
- *Effektive Ausübung der Position des CTO (Chief Technology Officer)*

Abbildung 10-5: Erfolgsfaktoren für hohe wirtschaftliche und innovative Leistungsfähigkeit [Sommerlatte/Jonash, 2000]

10.2 Entwicklung des integrierten FuE-Managements

Innovationsmanagement betrachtet den gesamten Prozeß von der Idee bis zur Einführung und alle daran beteiligten Unternehmensbereiche und ihre Aktivitäten. *FuE-Management* hingegen fokussiert auf die Bereiche Forschung und Entwicklung. Die Umsetzung in der Produktion steht in einem engen Zusammenhang mit den Aktivitäten von FuE. Aus diesem Grund muß die Produktion in die folgenden Ausführungen einbezogen werden.

10.2.1 Die drei Generationen des FuE-Managements

Die Rolle von Forschung und Entwicklung in den Unternehmen hat sich in den letzten Jahren relativ stark verändert. Rückblickend lassen sich drei Generationen des FuE-Managements erkennen, die durch unterschiedliche Strategien, Managementausrichtung und Managementmethoden gekennzeichnet sind.

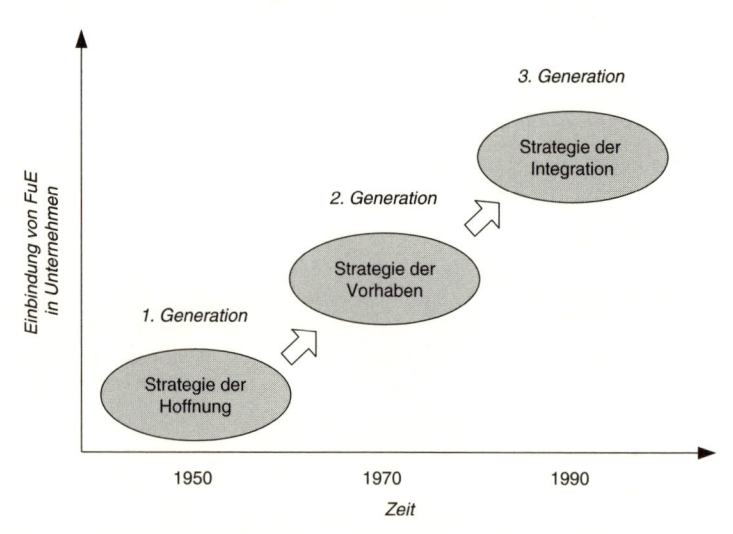

Abbildung 10-6: Generationen des Forschungs- und Entwicklungsmanagements (in Anlehnung an [Saad et al., 1991], [Sommerlatte/Jonash, 2000])

FuE-Management der 1. Generation: Strategie der Hoffnung

Kennzeichen dieser in den 50er und 60er Jahren verbreiteten Haltung war, daß lediglich Forschungs- und Entwicklungs-*Ressourcen* und die Erzielung technischer Überlegenheit gemanagt wurden. Es wurde Personal eingestellt sowie für die entsprechende Ausrüstung und die benötigten finanziellen Mittel gesorgt. Die Forscher und Entwickler konnten weitgehend nach ihren Vorstellungen arbeiten. Grundlage dieses Vorgehens war die Hoffnung, auf diese Weise neue, erfolgreiche Produkte zu entwickeln. Die Intuition und das Know-how der Forscher und Entwickler bestimmten die Richtung, eine strategische Lenkung erfolgte nicht. Die Mittel wurden nicht an einzelne FuE-Projekte gebunden, sondern an Abteilungen verteilt. Aufwendungen für Forschung und Entwicklung stellten Gemeinkosten dar, unabhängig davon, ob FuE eine zentrale Einrichtung oder den Geschäftsbereichen zugeordnet war. Die Ergebnisse wurden anhand von Tätigkeitsberichten beurteilt.

Management der 2. Generation: Strategie der Vorhaben

In den 70er Jahren wurde versucht, die FuE-Aufwendungen systematisch an die Geschäftsanforderungen zu koppeln. Die Verteilung der Mittel erfolgte nun über konkrete Vorhaben und Projekte, die bestimmte Ziele verfolgten. Dies ermöglichte es, auf Basis der Betrachtung der Zielerreichung ein Controlling durchzuführen. Auch wenn die Abstimmungsprozesse mit anderen Funktionsbereichen wie Marketing und Fertigung intensiviert wurden, so waren die Aktivitäten des FuE-Managements weiterhin im Schwerpunkt auf den eigenen Bereich konzentriert. Eine strategische Betrachtung und Einordnung der Projekte in ein Portfolio fand nur teilweise statt und war nicht durchgehend gewährleistet.

Management der 3. Generation: Strategie der Integration

Seit Beginn der 90er Jahre wird das FuE-Geschehen vermehrt auf die Unternehmensstrategie abgestimmt. Die Integration von Forschung und Entwicklung in die gesamten Abläufe des Unternehmens gewinnt an Bedeutung. Strategisches Mitdenken und Transparenz kennzeichnen das Verhältnis zwischen Unternehmensführung und FuE-Verantwortlichen: Sie setzen *gemeinsam* die Schwerpunkte und Prioritäten für FuE, aufbauend auf den Anforderungen der einzelnen Bereiche und des Gesamtunternehmens. *Gemeinsam* werden Risiken, Kosten, Erfolgspotentiale und strategische Beiträge der Projekte beurteilt und das FuE-Portfolio entsprechend ausgerichtet. Diese gezielte Einbindung des FuE-Prozesses in das gesamte Unternehmensmanagement gilt als ein Grund für die Schnelligkeit, mit der erfolgreiche Unternehmen in den letzten Jahren immer wieder auf Marktentwicklungen reagieren konnten [Saad et al., 1991].

Die bisherigen Ausführungen haben gezeigt, daß das Management von Forschung und Entwicklung nicht statisch gesehen werden darf. Vielmehr ist es erforderlich, aufgrund der Komplexität der FuE-Prozesse und der dynamischen internen und externen Rahmenbedingungen entsprechend zu reagieren.

10.2.2 Hemmnisse des FuE-Prozesses

Ein Unternehmen kann innovationsfördernde Visionen und Ziele haben, über eine scheinbar optimale Aufbau- und Ablauforganisation verfügen sowie sich um eine kreative FuE-Kultur mühen. Trotzdem, so zeigt es die betriebliche Praxis, sind dies keine hinreichenden Bedingungen für eine erfolgreiche Innovationskultur. Welche Erkenntnis ist daraus für das Management zu ziehen? Menschen sind keine „programmierbaren" Automaten. Auch in einer sachorientierten Zusammenarbeit zeigen sie Sympathien und Antipathien, bei Entscheidungen rangiert gelegentlich persönliches Machtstreben vor Unternehmenserfolg. Das menschliche Beharrungsvermögen scheint oft deutlich größer als die Bereitschaft zur Veränderung zu sein. Daher soll in diesem Kapitel die Diskussion der *Hemmnisse* im Vordergrund stehen, welche die Innovationsprozesse beeinträchtigen oder gar zum Scheitern bringen können. Ursachen für das Scheitern können einerseits in der Gestaltung des Innovationsprozesses und seiner Teilprozesse und in der mangelnden methodischen Unterstützung der einzelnen Abläufe und Schritte liegen. Andererseits liegt ein großes Hemmnispotential in der Vielzahl der am Innovationsproze\beta beteiligten Akteure, die durch ihre eigenen Interessen, Ziele und Vorgehensweisen in ihrem Handeln gesteuert werden.

Abbildung 10-7 zeigt die Hemmnisse zwischen den wichtigen internen Akteuren des Innovations- bzw. FuE-Prozesses auf. Dabei ist zu beobachten, daß zwischen Entwicklung und Produktion meist geringere Hemmnisse bestehen als zu bzw. zwischen den Funktionen Forschung und Marketing/Vertrieb. Ein Grund hierfür liegt in der starken „Realitätsnähe" von Entwicklung und Produktion. Sie sitzen sozusagen „in einem Boot" in ihrer kunden- und marktnahen Aufgabe. Forschung und Marketing/Vertrieb haben hingegen durch ihre sehr unterschiedliche Ausrichtung der Aufgaben oft keinen direkten Zwang zum kooperativen Handeln, so daß zwischen ihnen und Entwicklung/Produktion stärkere Hemmnisse entstehen und wirken können. Die im wesentlichen von menschlichen Verhaltensformen und Eigenschaften geprägten Hemmnisse bestehen im Nicht-Wissen, Nicht-Können, Nicht-Wollen und Nicht-Dürfen. Erst wenn das Management eines Unternehmens sich permanent mit diesen Hemmnissen auseinandersetzt, kann damit gerechnet werden, daß die FuE-Aktivitäten erfolgreich den Grundstein zu einem dynamischen Innovationsgeschehen im Unternehmen legen.

10.2.2.1 Ursachen und Argumente für Hemmnisse

Eine der menschlichen Grunderfahrungen ist die Erkenntnis, daß Neuerungen unbekannte Risiken bergen. Daher wird in vielen Fällen mit rational klingenden Argumenten versucht, Neuerungen zu verhindern. *Technologische* Argumente sind Zweifel an der Funktionsfähigkeit eines neuen Produkts oder einer neuen Technologie, Einwände gegen einen zu frühen Innovationszeitpunkt oder das Risiko hoher Kulanzkosten. Fragen nach Nebeneffekten, Folgeerscheinungen und technische Risiken kennzeichnen häufig dieses Hemmnis so wie die Forderung nach neuen absichernden Versuchen. Unter *ökonomischen* Gesichtspunkten wird häufig argumentiert, daß Innovationen zu hohe Investitionen und Vorleistungen erfordern, die Stückzahlvorstellungen viel zu hoch sind und die zu erwartende Rendite außerordentlich niedrig ist. Aussagen wie „entbehrlicher Luxus", „unkontrollierte Budgetverschwendung", „riskanter Mitteleinsatz" bis hin zu „Zerstörung wertvoller Substanz" können die Diskussion beherrschen. *Ökologische* Argumente zielen auf die oft unbekannten Folgen der Neuerung für die Umwelt ab [Hauschildt, 1998].

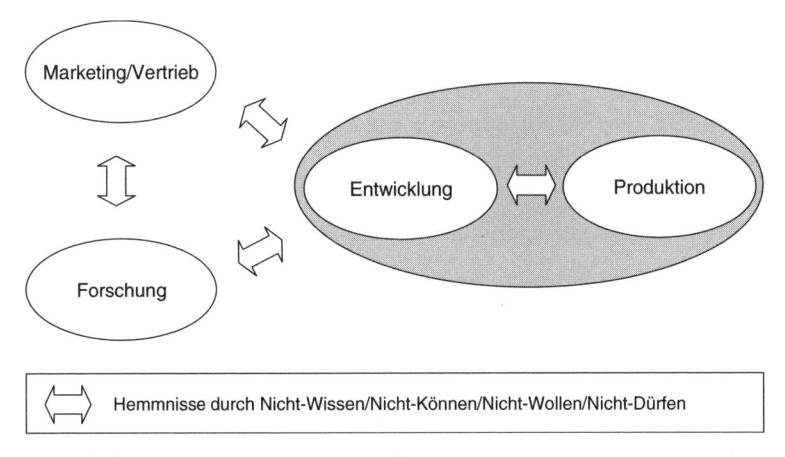

10.2 Entwicklung des integrierten FuE-Managements

Abbildung 10-7: Hemmnisse zwischen internen Akteuren

Abbildung 10-8 zeigt, welche Ursachen den nach außen kommunizierten „offiziellen" Argumenten gegen Neuerungen eigentlich oft zugrunde liegen. Diese Hemmnisse können in allen Phasen des FuE-Prozesses sowohl innerhalb der einzelnen beteiligten Bereiche als auch zwischen den Bereichen auftreten.

Wissens- bzw. Fähigkeitsbarrieren entstehen, wenn aufgrund fehlender Informationen oder nicht vorhandener Fähigkeiten eine Problemstellung nicht wahrgenommen, nicht akzeptiert oder nicht bearbeitet werden kann. Hierzu zählt auch man-

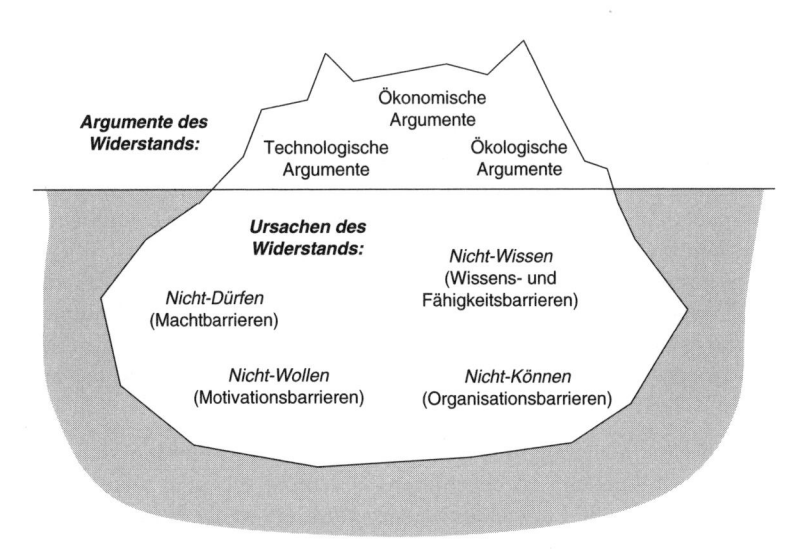

Abbildung 10-8: Eisberg der Hemmnisse

gelndes Hintergrundwissen, wodurch die Interpretation und Wertung vorliegender Informationen behindert wird. Neuerungen erfordern intensives Lernen und Auseinandersetzen mit dem Neuen. Hierzu sind die Opponenten entweder tatsächlich oder aber auch nur vermeintlich nicht in der Lage.

Bei der Verletzung persönlicher Interessen oder Werte können sich **Motivations- bzw. Willensbarrieren** aufbauen. Als mögliche Reaktion wird versucht, die Neuerung zu verhindern, zu verzögern oder zu verändern.

Machtbarrieren treten auf, wenn FuE-Vorhaben aufgrund mangelnder Machtkompetenzen nicht durchgeführt oder durch den gezielten Einsatz von Macht verhindert werden. Die gezielte Filterung von Informationen oder eine zurückhaltende Beurteilung von Vorschlägen können z.B. die Durchführung von Projekten be- oder verhindern.

Ein großer Teil der Informationsvermittlung, der Gewinnung von Unterstützung sowie des Kontakts zu Stellen mit Entscheidungskompetenz ist durch bestehende organisatorische Regeln festgelegt. Hierdurch können **Organisationsbarrieren** entstehen: Fehlen klare Zuständigkeiten, so ist nicht bekannt, wer für die Durchsetzung verantwortlich ist bzw. Unterstützung liefern kann. Sind die Zuständigkeiten zwar bekannt, aber die entsprechenden Personen nur über den organisatorischen Dienstweg erreichbar, so kann dies zur Verzögerung oder Blockade von Vorhaben führen (vgl. [Grochla, 1995], [Hauschildt, 1997], [Hauschildt, 1998]).

10.2.2.2 Hemmnisse innerhalb und zwischen den verschiedenen Funktionsbereichen

Die Ursachen für die Probleme zwischen den am Innovationsprozeß beteiligten Funktionsbereichen können vielfältiger Natur sein. Abbildung 10-9 gibt hierzu einen Überblick.

Der *Forschungsbereich* soll „zielorientiert" in eine unbekannte Zukunft vorstoßen. Eine mangelnde Stimulierung des Forschungsprozesses durch Marketingbereiche, durch die eigene Entwicklung und oftmals mangelnde Forschungsstrategien führen jedoch oft dazu, daß nicht genügend umsetzbare Ideen vorhanden sind. Das Fehlen „kreativer Unruhe" hat zur Folge, daß vorhandene Barrieren nicht überwunden werden. Als Ergebnis ist zu beobachten, daß Forscher sich zwar mit Erkenntnisgewinn beschäftigen, häufig aber keinen zielorientierten Beitrag zum Unternehmenserfolg leisten können. Hat der Forscher hervorragende Ideen, scheitert andererseits oft die Übernahme in die Entwicklungsbereiche an dem „Not-invented-here-Syndrom".

Der *Entwickler* hat die Aufgabe, eine Produktdefinition in eine funktions- und kostengerechte Produktlösung zu überführen. Der meist sehr klar strukturierte und unter Zeitdruck stehende Entwicklungsprozeß läßt oft wenig Zeit, eigene Kreativität beizutragen. Da in jedem Entwickler aber auch ein Forscher steckt, ist die Neigung groß, sich für den „besseren Forscher" zu halten. Dies hat häufig zur Folge,

10.2 Entwicklung des integrierten FuE-Managements

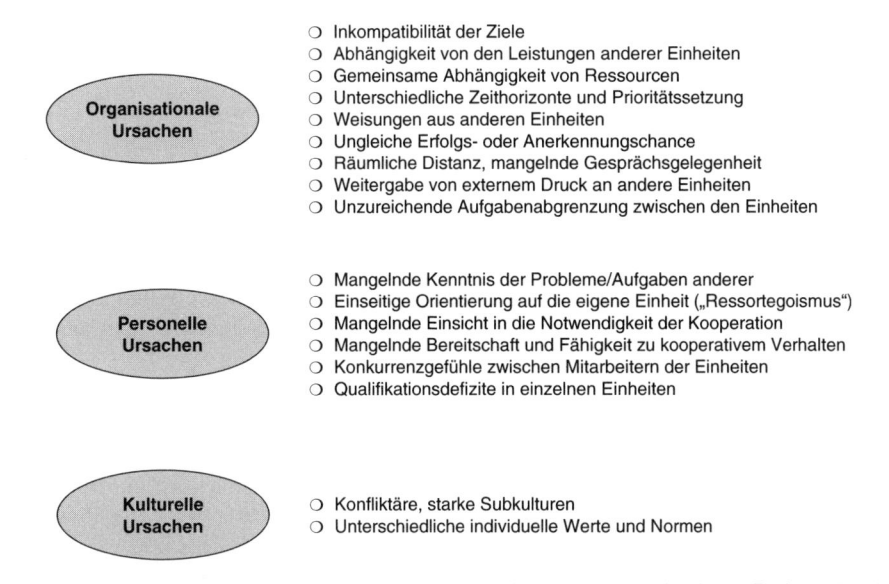

Organisationale Ursachen
- Inkompatibilität der Ziele
- Abhängigkeit von den Leistungen anderer Einheiten
- Gemeinsame Abhängigkeit von Ressourcen
- Unterschiedliche Zeithorizonte und Prioritätssetzung
- Weisungen aus anderen Einheiten
- Ungleiche Erfolgs- oder Anerkennungschance
- Räumliche Distanz, mangelnde Gesprächsgelegenheit
- Weitergabe von externem Druck an andere Einheiten
- Unzureichende Aufgabenabgrenzung zwischen den Einheiten

Personelle Ursachen
- Mangelnde Kenntnis der Probleme/Aufgaben anderer
- Einseitige Orientierung auf die eigene Einheit („Ressortegoismus")
- Mangelnde Einsicht in die Notwendigkeit der Kooperation
- Mangelnde Bereitschaft und Fähigkeit zu kooperativem Verhalten
- Konkurrenzgefühle zwischen Mitarbeitern der Einheiten
- Qualifikationsdefizite in einzelnen Einheiten

Kulturelle Ursachen
- Konfliktäre, starke Subkulturen
- Unterschiedliche individuelle Werte und Normen

Abbildung 10-9: Konfliktursachen in der Zusammenarbeit zwischen verschiedenen Funktionsbereichen [Herzhoff, 1991]

daß einerseits der Forschungsbereich Ideen bis zum Prototyp treibt und andererseits der Entwicklungsbereich sich mit der Erforschung prinzipieller Zusammenhänge befaßt, um die für die angestrebte Entwicklung notwendigen Grundlagen zu schaffen. Beide Seiten, der Forscher und der Entwickler, haben oft große Probleme, aufgrund ihres Nichtwissens über die Fähigkeiten und Möglichkeiten des anderen diesen unvoreingenommen anzusprechen.

Die *Produktion* soll das fertig entwickelte Produkt kosten-, termin- und qualitätsgerecht produzieren und dem Vertrieb übergeben. Neue Produkte und Prozesse bergen jedoch häufig unerkannte Risiken in sich, so daß der Produktionsmitarbeiter oft aus Erfahrung Neuem gegenüber zunächst grundsätzlich zurückhaltend ist. Da er über das Wissen über die Machbarkeit „verfügt", werden Produkt- und Prozeßinnovationen auf diese Weise oft verhindert.

Marketing und Vertrieb kommt die Aufgabe zu, aus den Markterfordernissen eine Produktdefinition zu erstellen und die produzierten Produkte im Markt zu vertreiben. Sehr konkrete Fragen aus dem Entwicklungs- oder Produktionsbereich, wie die Bewertung von Produktnutzen oder Stückzahlfestlegungen, können jedoch häufig nicht in der erhofften Präzision beantwortet werden. In der Vergangenheit wurde seitens der technischen Bereiche daher oft der Vorwurf erhoben, man würde aus den Bereichen, die im engen Kundenkontakt stehen und deshalb von besonderer Bedeutung sind, nur „weiche" Antworten erhalten. Umgekehrt fordern Marketing und Vertrieb, daß Forschung und Entwicklung angeben müßten, welche Produkte mit welchen Spezifikationen in den nächsten Jahren angeboten werden sollen – erst dann könne man die entsprechenden Märkte abschätzen.

Die beschriebenen, vielschichtigen Probleme zeigen die Notwendigkeit auf, durch ein gezieltes FuE-Management die Hemmnisse innerhalb und zwischen den am FuE-Prozeß beteiligten Bereichen abzubauen. Hierfür werden im folgenden die entscheidenden Elemente des FuE-Managements zusammengestellt und anhand von Beispielen Handlungsempfehlungen gegeben. Dabei ist zu berücksichtigen, daß nur durch das Bewußtsein der Zusammenhänge zwischen den wichtigen Elementen des FuE-Managements und die gleichzeitige Berücksichtigung der eigenen Situation Maßnahmen des FuE-Managements langfristig den Erfolg des Unternehmens sichern können.

10.2.3 Integriertes FuE-Management

Erfolg im internationalen Innovationswettbewerb wird im wesentlichen durch die Effektivität der Umsetzung von Ideen in Produkte und Prozesse sowie die effiziente Nutzung der hierfür eingesetzten FuE-Ressourcen bestimmt. Nur wer es schafft, Forschung und Entwicklung miteinander in Einklang zu bringen und auf den Markt auszurichten, wird als Sieger aus dem Innovationswettbewerb hervorgehen. Es gilt, hierfür im Rahmen eines *integrierten* FuE-Managements die gemeinsame Ausrichtung und das gemeinsame Voranschreiten von Forschung und Entwicklung herzustellen. Dies bedeutet als Folgerung

- die Verzahnung der Potentiale von Forschungs- und Entwicklungsbereichen, um Ressourcen zu sparen,
- die frühe Integration der Forschung in das Produktplanungsgeschehen, um Zeit zu sparen, sowie
- die zielorientierte Ausrichtung der Forschung auf heutige und zukünftige Bedürfnisse der Entwicklung, um *aktiv* die Wettbewerbsfähigkeit des Unternehmens mitzugestalten.

Um dies durch die Abstimmung der eingebrachten Potentiale, Strategien und Technologien zu erreichen, müssen Forschung und Entwicklung bei allen Aktivitäten „um einen Tisch sitzen" (s. Abbildung 10-10, [Weule, 1995]).

Die Generierung sowie die effektive und effiziente Umsetzung neuer Ideen muß durch entsprechende Maßnahmen gefördert, die Risikobereitschaft zur Entwicklung und Markteinführung innovativer Produkte und Prozesse muß erhöht werden. Es muß hierfür ein Innovationsklima geschaffen und durch einen entsprechenden Prozeß unterstützt werden [Weule, 1996]. Es gilt, den Mitarbeitern die Visionen und Strategien des Unternehmens zu vermitteln und den innovativen Kräften einen Rahmen für ihr Tun zu bieten. Das Top-Management muß zu jedem Zeitpunkt in diesen Prozeß eingebunden sein.

10.2 Entwicklung des integrierten FuE-Managements

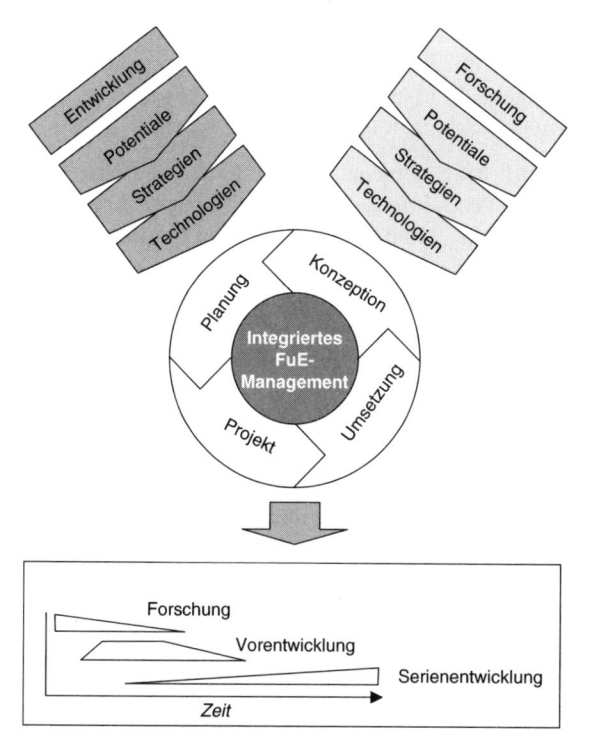

Abbildung 10-10: Integriertes FuE-Management

> *Integriertes FuE-Management* ist ein Prozeß, mit dem die innovativen Kräfte eines Unternehmens in Bewegung gebracht werden, um Neues schnell und gezielt in Produkte umzusetzen. Integriertes FuE-Management bedeutet somit
>
> - die aktive Einbindung von FuE in die Unternehmensstrategie,
> - die Gestaltung des Zusammenspiels von Forschung, Entwicklung, Produktion und Marketing/Vertrieb sowie
> - die optimale Unterstützung des FuE-Prozesses durch die entsprechende Gestaltung der Rahmenbedingungen und den Einsatz von Methoden unter Berücksichtigung der spezifischen Unternehmenssituation.

Im Rahmen des Forschungs- und Entwicklungsmanagements gilt es nun, unter Berücksichtigung der eigenen Unternehmenssituation die Voraussetzungen für erfolgreiche FuE-Aktivitäten zu schaffen. Es sind die entsprechenden Rahmenbedingungen zu schaffen und der Prozeß methodisch zu unterstützen. Die wesentliche Frage lautet: Wie kann dies erreicht werden?

Durch die funktionale Spezialisierung von Forschung, Entwicklung, Produktion und Marketing ist der Koordinationsaufwand im Unternehmen sehr hoch. Die große Anzahl notwendiger Schnittstellen führt zu Reibungsflächen und Verzögerungen, die gerade bei Neuentwicklungen deren Erfolg gefährden.

Die Aufgabe des FuE-Managements besteht darin, die einzelnen Bereiche (Forschung, Entwicklung, Produktion, Marketing/Vertrieb) in ein *zielorientiertes* Zusammenspiel zu bringen (s. Abbildung 10-11). Von besonderer Bedeutung dafür ist die Kommunikation und die Koordination der Zusammenarbeit zwischen allen Beteiligten. Die Herausforderung an den Unternehmer besteht somit darin, die Mitarbeiter über die Bereichsgrenzen hinweg zur Kommunikation zu bewegen – sei es freiwillig oder unter „Zwang", indem durch formelle Regelungen ein Mindestmaß an Kommunikation sichergestellt wird. In den konzentrierten, unter Zeit- und Kostendruck stehenden Unternehmensbereichen entsteht ein solches Zusammenspiel nicht von selbst, da jeder Bereich zunächst seine eigenen Themen und Probleme sieht. Ausgangsbasis für einen solchen Prozeß müssen deutliche und klare Willensbekundungen des oberen Managements über einen längeren Zeitraum hinweg sein, daß man eine solche integrierte Kultur haben will. Aber auch dieses reicht häufig nicht, um das gewünschte Innovationsklima zu erzeugen, so daß gegebenenfalls deutlich „härtere" **Kopplungsmechanismen** erforderlich sind:

- *Organisatorische Verkopplung*: Festlegung organisatorischer Strukturen und Abläufe; Definition und Kontrolle bereichsübergreifender Mechanismen.
- *Personelle Verkopplung*: Einbindung von Führungskräften, die verschiedene Funktionen ausüben; Austausch von Mitarbeitern auf operativer Ebene.
- *Finanzielle Verkopplung*: Zwang zur Zusammenarbeit über ein gemeinschaftliches Budget für Forschung *und* Entwicklung, über dessen Verwendung gemeinsam entschieden werden muß.

Besondere Bedeutung kommt aber auch der informellen Kommunikation zu, die z.B. durch die Schaffung von Freiräumen und geeigneten „Events" gefördert werden kann.

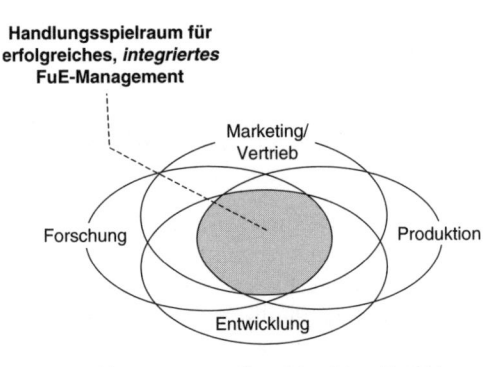

Abbildung 10-11: Integration als Voraussetzung für erfolgreiches FuE-Management

Ein wichtiges Teilziel des FuE-Managements muß die Steigerung von Quantität und Qualität der Ideen sein. Dies ist im wesentlichen eine Frage der „kreativen Personen", der Unternehmenskultur und der organisatorischen Unterstützung von Ideenfindungsprozessen. Unverzichtbare Grundlage für erfolgreiches FuE-Management ist die Schaffung einer ausreichenden Dynamik für FuE im Unternehmen. Dies wird vor allem durch anspruchsvolle, fordernde Zielsetzungen und eine Führung erreicht, die durch fachliche Kompetenz, Überzeugungsfähigkeit und große Motivationskraft geprägt ist. Nur dann wird die Kreativität der Mitarbeiter gefordert und gefördert. Interne Ideenträger müssen an den Markt gekoppelt werden, damit sie die Bedürfnisse des Marktes erkennen und die Chancen ihrer Ideen einschätzen können. Eine dauernde Herausforderung für das FuE-Management ist die richtige Balance zwischen kurzfristigen, marktorientierten und meist unter hohem Termindruck stehenden Aufgaben einerseits und langfristigen Aufgaben andererseits. Aus den Erfahrungen vieler Unternehmen scheint eine Relation von 10 : 1 sinnvoll zu sein.

Die in den vorangegangenen Kapiteln beschriebenen Elemente des FuE-Managements lassen sich unterscheiden in *Gestaltungsparameter*, durch deren gezielte Festlegung die Rahmenbedingungen aktiv beeinflußt werden können (vgl. Kapitel 3 bis 6), und **Methoden**, welche die einzelnen Beteiligten und die Phasen des FuE-Prozesses unterstützen sollen (vgl. Kapitel 7 bis 9). Abbildung 10-12 verdeutlicht diesen Zusammenhang. *Sommerlatte* und *Jonash* identifizieren ebenfalls diese Aspekte als bedeutsam für den erfolgreichen Beitrag der FuE-Aktivitäten zum Unternehmenserfolg. Sie ziehen die Analogie zu einem Hochleistungsmotor, der von fünf Zylindern angetrieben wird: Strategie, Prozesse, Ressourcen, Organisation und Lernkultur [Sommerlatte/Jonash, 2000].

Der Erfolg von FuE-Aktivitäten wird wesentlich durch die daran beteiligten Personen bestimmt. Wir müssen deshalb die „richtigen Menschen" auswählen und weiterentwickeln (vgl. Kapitel 5). Sie müssen aktiv in die Strategie und Zielfindung für Forschung und Entwicklung eingebunden werden (vgl. Kapitel 3.4 und 3.5). Es gilt, ihnen einen aufgabenorientierten organisatorischen Rahmen zu geben (in der Forschung lockerer, in der Entwicklung straffer; vgl. Kapitel 3.2 und 3.3) und eine Unternehmenskultur zu schaffen, in der die Entwicklung und schnelle Umsetzung herausragender Ideen (vgl. Kapitel 6 und 7), das konsequente Aufgreifen und Nutzen von externem Wissen und Erfahrungen im nationalen und internationalen Rahmen (vgl. Kapitel 4) elementare, gelebte Elemente sind.

Diese Aspekte bilden den grundlegenden Rahmen für die FuE-Prozesse im Unternehmen. Die optimale Nutzung der sich hieraus ergebenden Potentiale kann nur durch Erprobung, Einführung und *Leben* der jeweils besten methodischen Ansätze in einem dynamischen Prozeß realisiert werden (vgl. Kapitel 8 und 9).

Viele Verhaltens- und Vorgehensweisen sind fest in der Vergangenheit verankert. Es bedarf Ausdauer, Geduld und Durchsetzungsvermögen bei allen Beteiligten, um alte, verkrustete Strukturen aufzubrechen und so den nachhaltigen Erfolg eines integrierten FuE-Managements sicherzustellen.

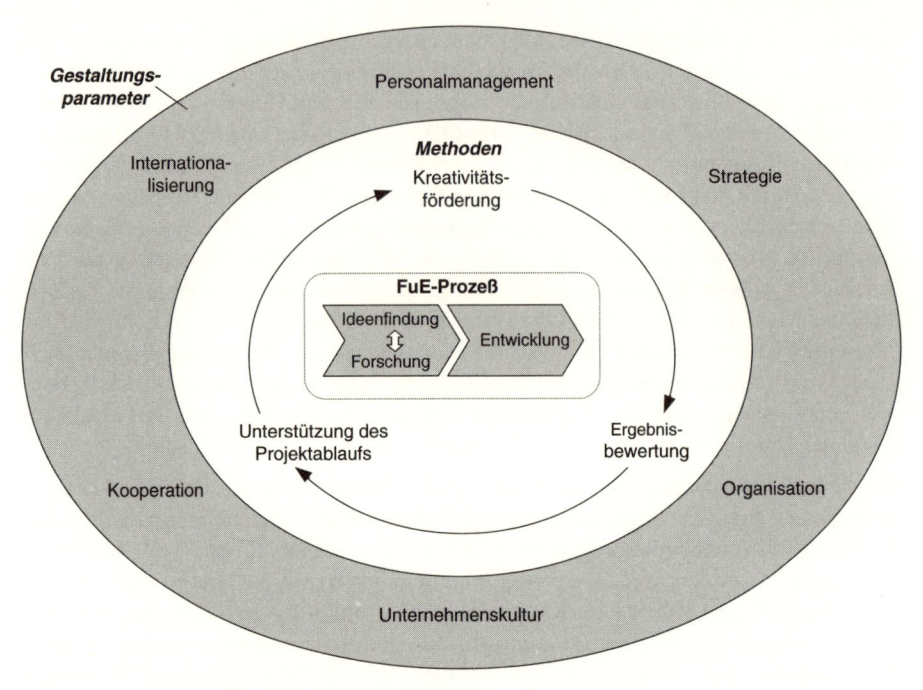

Abbildung 10-12: Elemente des FuE-Managements

10.3 Beispiele für die Gestaltung der Elemente des FuE-Managements

Die im folgenden beschriebenen Beispiele basieren auf einer Reihe vom Autor initiierter Untersuchungen zum Stand des FuE-Managements in Unternehmen sowie auf eigenen Erfahrungen. Sie zeigen anschaulich, welche Maßnahmen in der Unternehmenspraxis ergriffen werden, um das Geschehen in Forschung und Entwicklung zu unterstützen und zum Erfolg für das Unternehmen zu führen. Die eindeutige Zuordnung zu den beschriebenen Gestaltungsparametern ist nicht immer möglich; vielmehr nehmen die Maßnahmen oft gleichzeitig auf verschiedene Aspekte Einfluß (s. Abbildung 10-13). Für die folgenden Ausführungen erfolgte die Zuordnung zum jeweiligen Einsatzschwerpunkt.

10.3.1 Strategie

Um als Unternehmen pro-aktiv handeln zu können, muß im Rahmen einer *Vision* die Zukunft des Unternehmens und seiner technologischen und sozio-ökonomischen Umwelt *vorausgedacht* werden. Die *Strategie* beschreibt den Weg, den das Unternehmen und seine Teilbereiche einschlagen, um die Vision zu verwirklichen (vgl. Kapitel 3.4).

10.3 Beispiele für die Gestaltung der Elemente des FuE-Managements

Praxisbeispiel	Strategie	Organisation	Kooperation	Internationalisierung	Unternehmenskultur	Personalmanagement	Ideengenerierung und -bewertung
10-1 Vision und Unternehmensleitbild eines Hausgeräteherstellers	✓				✓		
10-2 Trendextrapolation als Auslöser für Innovationsideen	✓		✓				✓
10-3 „Fraktale" als innovative Zellen im Unternehmen		✓					
10-4 Unternehmensweite Expertennetzwerke bei einem Hausgerätehersteller			✓				
10-5 Vertikales Innovationssystem im Anlagenbau			✓				✓
10-6 Internationale Entwicklung bei einem Automobilzulieferer	✓			✓		✓	
10-7 Innovative Führungskultur eines Großunternehmens		✓			✓	✓	
10-8 Innovationskultur eines Großunternehmens					✓	✓	
10-9 „Innovationspool" zur Stimulierung von Innovationen					✓		✓
10-10 Explizit gewährter Freiraum für Forscher					✓		✓
10-11 Mitarbeiterbefragungen zum Organisationsklima					✓		
10-12 Mitarbeiterorientiertes Beurteilungssystem in einem Großunternehmen						✓	
10-13 Bedeutung der Führungskräfte im Innovationsprozeß					✓	✓	
10-14 Kreativ-Workshops mit weiterentwickelten Kreativitätstechniken							✓
10-15 Systematischer Ideenbewertungsprozeß im Maschinenbau							✓
10-16 Kombination von Elementen des integrierten FuE-Managements in einem Großkonzern	✓	✓	✓	✓	✓	✓	✓
10-17 Weg eines Automobilherstellers zu einem neugestalteten Entwicklungsmanagement		✓			✓	✓	

Abbildung 10-13: Praxisbeispiele für die Gestaltungsparameter eines integrierten FuE-Managements

Eine Vision, aus der sich das Unternehmensleitbild ableitet, muß somit Grundlage für die unternehmerischen Aktivitäten sein. Das *Unternehmensleitbild* dient dabei der Kommunikation der Unternehmensziele und der Ausrichtung der Aktivitäten der Mitarbeiter auf die Erreichung dieser Ziele. Im folgenden wird ein Beispiel aus der Hausgerätebranche vorgestellt.

> **Beispiel 10-1: Vision und Unternehmensleitbild eines Hausgeräteherstellers**
>
> Durch das Zusammenwirken von Vision und Unternehmenswerten wird das Handeln aller Mitarbeiter auf ein gemeinsames Ziel ausgerichtet. Die *Vision* führt allen Mitarbeitern das langfristige Unternehmensziel vor Augen: das wettbewerbsstärkste Unternehmen der Branche zu werden. Ergänzend zur Vision stellen die *Unternehmenswerte* Leitsätze dar, wie dieses Ziel erreicht werden soll. Innovationen sind hierbei – neben Kundenzufriedenheit und Mitarbeitern – einer der Kernpunkte des Handelns (s. Abbildung 10-14).
>
> Abbildung 10-14: Unternehmensleitbild eines Hausgeräteherstellers
>
> Die Vision dient der Motivation und als Maßgabe für das Handeln der Mitarbeiter: Durch die umfassende Kommunikation der Unternehmensziele und -werte sowie der damit verbundenen Maßnahmen werden die entsprechenden Aktivitäten nachvollziehbar. Dies ist eine wesentliche Voraussetzung für die Akzeptanz und Unterstützung seitens der Mitarbeiter.

Neben der Schaffung eines „Handlungsrahmens" durch Vision und Unternehmensleitbild müssen die Aktivitäten der Mitarbeiter durch den Einsatz von Methoden unterstützt werden. Dies gilt für den Bereich der Strategie- und Technologieplanung ebenso wie für die Gestaltung der Abwicklung von internen und externen Aufträgen von der Ideengenerierung bis zum Versand an den Kunden.

Am Beispiel eines Automobilzulieferers wird gezeigt, wie die Extrapolation eines technologischen Trends Auslöser von Ideen sein kann. Solche Überlegungen in verschiedenen, für das Unternehmen relevanten Suchfeldern sind ein wichtiger Schritt

10.3 Beispiele für die Gestaltung der Elemente des FuE-Managements 313

zur Planung der Ziele und Umsetzungsaspekte (z.B. Maßnahmen, Ressourcen, Patentanmeldungen). In dieser Weise festgehaltene Erwartungen an die Zukunft haben den Vorteil, daß bei Veränderungen der grundlegenden Parameter die Auswirkungen auf geplante Projekte abgeschätzt und entsprechende Maßnahmen ergriffen werden können.

Beispiel 10-2: Trendextrapolation als Auslöser für Innovationsideen
[Walter, 1997]

Das Unternehmen, das Komponenten des Antriebsstranges herstellt, hat Mitte der 80er Jahre erfolgreich eine Trendextrapolation zum Thema „Technischer Entwicklungsstand elektrischer Motoren zur vollelektrischen Kraftübertragung" durchgeführt. Das Ergebnis der Prognose ergab, daß für elektrische Motoren eine Leistungsdichte, wie sie für Kraftfahrzeuganwendungen erforderlich ist, etwa im Jahre 1995 erreicht sein müßte.

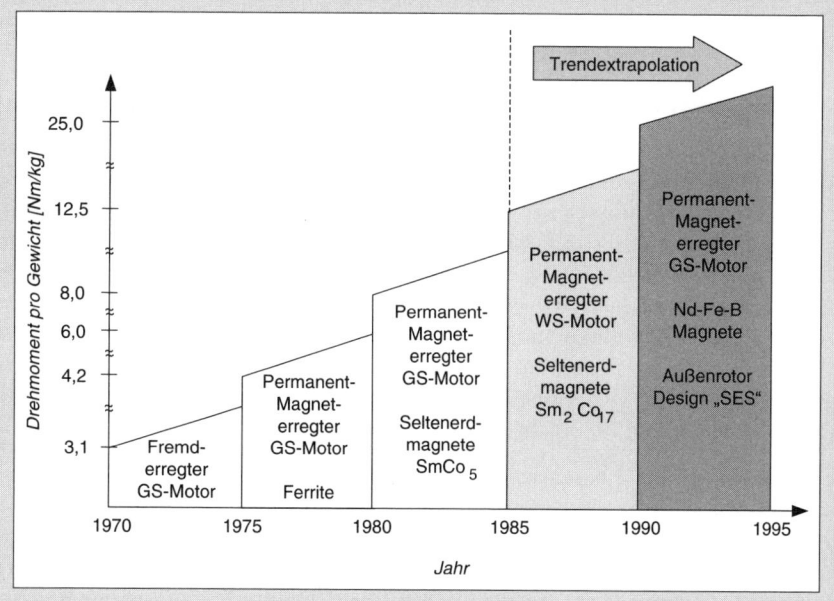

[Diagramm: Drehmoment pro Gewicht [Nm/kg] über Jahr 1970–1995 mit Werten 3,1; 4,2; 6,0; 8,0; 12,5; 25,0]

- 1970: Fremderregter GS-Motor
- 1975: Permanent-Magnet-erregter GS-Motor / Ferrite
- 1980: Permanent-Magnet-erregter GS-Motor / Seltenerdmagnete $SmCo_5$
- 1985: Permanent-Magnet-erregter WS-Motor / Seltenerdmagnete Sm_2Co_{17}
- 1990–1995: Permanent-Magnet-erregter GS-Motor / Nd-Fe-B Magnete / Außenrotor Design „SES" (Trendextrapolation)

Abbildung 10-15: Trendextrapolation über elektrische Motoren zur vollelektrischen Kraftübertragung

> Daraufhin wurde zu diesem Thema ein Entwicklungsprojekt gestartet und parallel dazu eine breit angelegte Recherche über den Stand der Technik und mögliche Kooperationspartner in diesem Umfeld ausgelöst. Hierfür wurden Datenbank-Recherchen über Patentanmeldungen, Fachliteratur und Unternehmen, die sich mit der Problemstellung beschäftigen, durchgeführt. Nach umfangreicher Suche wurde ein Ingenieurbüro gefunden, das über einen prototypischen elektrischen Antrieb der benötigten Leistungsklasse verfügte und diesen dem Unternehmen verkaufte. Durch umfangreiche eigene Weiterentwicklungen konnte der Antrieb zur Serienreife für kraftfahrtechnische Anwendungen gebracht werden.

Während in Beispiel 10-2 *eine* bestimmte Technologie beobachtet und ihre Entwicklung in den folgenden Jahren abgeschätzt wurde, greifen immer mehr Unternehmen auf die *systematische Beobachtung* eines weiten Bereichs ihres technologischen Umfelds zurück („Technologie-Monitoring"). Hierdurch eröffnet sich ihnen die Möglichkeit, frühzeitig auf sich abzeichnende Entwicklungen zu reagieren.

10.3.2 Organisation

Die Organisationsstruktur bestimmt Abläufe, Aufgabenverteilungen, Kompetenzen und Kommunikation innerhalb eines Unternehmens und nach außen (vgl. Kapitel 3.2). Die Strukturen müssen so gestaltet werden, daß Abläufe und Kommunikation zwischen den am FuE-Prozeß beteiligten Unternehmensbereichen vereinfacht und gefördert werden. Es gilt ferner, einen Ausgleich zwischen der Gewährung notwendiger Freiräume für Kreativität und unternehmerische Eigeninitiative einerseits und schneller Aufgabenerfüllung andererseits herzustellen [Bürgel et al., 1996]. *Flexible* Organisationsstrukturen sind im heutigen Umfeld Voraussetzung für einen langfristigen Erfolg. Es gilt, sich schnell an veränderte Bedingungen anpassen zu können sowie aus solchen und für solche Anpassungen zu lernen.

Die in Abschnitt 10.2.2 beschriebenen Hemmnisse können vorwiegend als Kommunikationshemmnisse angesehen werden. Diesen kann auf verschiedene Art und Weise begegnet werden. Ein erster Schritt hierbei ist sicherlich die gezielte organisatorische Gestaltung der Schnittstellen. Es gilt aber auch, informelle Kontakte durch „*strukturelle Offenheit*" zu fördern: durch freie Kommunikation, geringeren Spezialisierungsgrad, flache Hierarchien und multiple Gruppenmitgliedschaften [Herzhoff, 1991].

Das Beispiel 10-3 zeigt, wie für Entwicklungsprojekte interdisziplinäre Teams gestaltet werden, welche die bestehende Organisationsstruktur ergänzen. Weitere Beispiele zum Thema „Organisation" wurden direkt in Kapitel 3 vorgestellt.

> **Beispiel 10-3: „Fraktale" als innovative Zellen im Unternehmen** [Walter, 1997]
>
> Bei einem mittelständischen Werkzeugmaschinen-Hersteller laufen Entwicklungsprojekte in Rahmen sog. „Fraktale". Dabei handelt es sich um multidisziplinäre Projektgruppen, die sich aus Fachleuten aller am Prozeß beteiligten Abteilungen zusammensetzen (FuE, Produktion, Einkauf, Vertrieb und Service). Das Entwicklungsteam ist in eine größere, straffer organisierte Einheit eingebunden, die den Rahmen absteckt und Zielvorgaben formuliert. Diese Gruppe bildet ein offen-geschlossenes System, d. h. sie verfolgt einerseits auf der Basis präziser vorgegebener Ein- und Ausgangsgrößen die Ziele des Gesamtunternehmens, operiert andererseits innerhalb dieser Vorgaben autonom. Das Team organisiert und optimiert sich selbst, was einem kleinen Regelkreis wesentlich effektiver gelingt als dem hochkomplexen Gesamtbetrieb.
>
> Die Fraktale bilden keine Subsysteme, sondern eine ergänzende Organisationsform. Sie ist nicht an die traditionellen Schnittstellen der Informationsübertragung gebunden, sondern nutzt schnelle, möglichst informelle Kommunikationsverbindungen nach außen. Aus diesem Grund darf nur eine begrenzte Anzahl von Fraktalen gleichzeitig im Unternehmen tätig sein, da sonst der Kommunikationsbedarf jedes denkbare Informationssystem überfordern würde.

10.3.3 Kooperation

Die Zusammenarbeit mit Kunden, Lieferanten oder Wettbewerbern im FuE-Bereich birgt großes Chancenpotential für ein Unternehmen (vgl. Kapitel 4.2). Das folgende Beispiel zeigt, wie durch unternehmensweite Netzwerke in einem Konzern vorhandene Synergien genutzt werden können.

> **Beispiel 10-4: Unternehmensweite Expertennetzwerke bei einem Hausgerätehersteller**
>
> Als Unternehmen mit divisional organisierter Entwicklung und Fertigung ist das Know-how des Unternehmens stark verstreut. Durch den Aufbau themenspezifischer Netzwerke wird der Erfahrungsaustausch der Experten aus den einzelnen Unternehmensbereichen und verschiedenen (nationalen und internationalen) Standorten gefördert. Die Auswahl der zugrundeliegenden Themen erfolgt hierbei unter Berücksichtigung wichtiger entwicklungs- oder fertigungsspezifischer Aspekte.

> Mitglieder dieser Netzwerke sind Mitarbeiter, die auf den entsprechenden Gebieten Spezialisten sind. Der Erfahrungsaustausch wird u. a. durch regelmäßigen persönlichen Kontakt gefördert. Jedem soll bekannt sein, wer sich im Unternehmen mit den entsprechenden Themen beschäftigt und welche Schwerpunkte behandelt werden.
>
> Mit diesen Expertennetzwerken wurden sehr gute Erfahrungen gemacht. Viele haben sich nach anfänglicher Koordination durch eine zentrale Abteilung zu „Selbstläufern" entwickelt.

Von großer Bedeutung sind externe Kooperationen z.B. mit Kunden oder Lieferanten. Das folgende Beispiel zeigt ein vertikales Kooperationssystem zwischen einem Anlagenhersteller, seinen Kunden und deren Lieferanten.

> **Beispiel 10-5: Vertikales Innovationssystem im Anlagenbau** *[Walter, 1997]*
>
> Das Unternehmen stellt komplette Lackieranlagen überwiegend für die Automobilindustrie her und befindet sich in einem „vertikalen Innovationssystem" mit dem Automobilhersteller als Endanwender, dem Anlagenbauer als Hersteller und der chemischen Industrie als Lieferant von Lacken.
>
> Neben technologischem Know-how sind gute Beziehungen zu den Automobil- und Lackherstellern wichtige Informationsquellen, um Veränderungen am Markt zu beobachten. Die Unternehmen befinden sich in einem gewissen Abhängigkeitsverhältnis, weil sie Innovationen oft nicht aus eigener Kraft umsetzen können. z.B. liefert der Anlagenbauer für den Lackhersteller oft die zur Anwendung von neuen Lacken notwendigen Prozeßinnovationen, so daß der Lackhersteller an einer engen Zusammenarbeit mit dem Anlagenbauer sehr interessiert ist. Gleichzeitig ist der Anlagenbauer dadurch frühzeitig über neue Lacke und Trends informiert. Umgekehrt benötigen gerade kleinere Anlagenbauer oft die Produktionskapazitäten des Automobilherstellers, um neue Verfahrenstechniken zu testen.

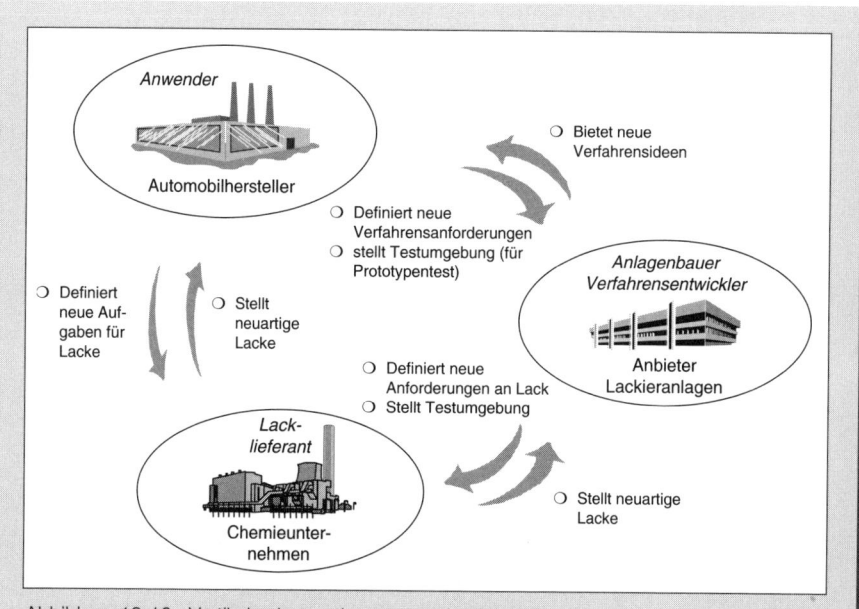

10.3 Beispiele für die Gestaltung der Elemente des FuE-Managements

Abbildung 10-16: Vertikales Innovationssystem im Anlagenbau

Das Innovationssystem, in dem dieser Anlagenbauer tätig ist, ist durch die Anzahl von Kunden (im Automobilsektor ca. 20 – 30) und Materiallieferanten relativ übersichtlich. Da man die für eine Zusammenarbeit in Frage kommenden Unternehmen aus vergangenen Geschäftsbeziehungen gut kennt, entfällt die sonst wichtige und zeitaufwendige Auswahl potentieller Lead User. Darüber hinaus erfüllen fast alle Kunden in dieser Branche die wichtigsten Lead User-Kriterien – technologische Kompetenz und Eigeninteresse bzw. Eigennutzen an der Innovation –, so daß relativ leicht entsprechende Partner gefunden werden können.

10.3.4 Internationalisierung

Unternehmen bewegen sich heute in einem Umfeld, das geprägt ist durch eine hohe Dynamik und durch die Internationalisierung der Angebots- und Nachfragemärkte. Häufig reicht es nicht, mit im Inland entwickelten Produkten in ausländische Märkte stoßen zu wollen. Aus vielen, bereits beschriebenen Gründen kann die Internationalisierung von Unternehmensbereichen (vom Vertrieb über Produktionsstandorte bis hin zu FuE) sinnvoll oder sogar notwendig sein (vgl. Kapitel 4.3). Durch die *gezielte* Internationalisierung und deren Verankerung im Unternehmen lassen sich die Chancen nutzen.

Beispiel 10-6: Internationale Entwicklung bei einem Automobilzulieferer

Das Unternehmen verfügt im Bereich Kraftfahrzeugausrüstung über langjährige Erfahrung hinsichtlich der Internationalisierung seiner Aktivitäten in den Bereichen Verkauf, Entwicklung und Fertigung. Ausschlaggebend für Internationalisierungsaktivitäten sind die Erwartungen der Automobilhersteller an ihre Zulieferer: weltweit gleiche Produkte, gleiche Qualität, gleicher Support und Preistransparenz. Diese Forderungen werden verstärkt durch das Umfeld des Unternehmens, das gekennzeichnet ist durch ausgeprägte Konzentrationsprozesse in der Automobil- und Zulieferbranche.

Abbildung 10-17 zeigt, welche Wege das Unternehmen gegangen ist bzw. welche in der Zukunft eine wichtige Bedeutung spielen werden.

Abbildung 10-17: Alternative Wege zur Internationalisierung

Heute unterhält das Unternehmen in 24 Ländern weltweit Entwicklungsstandorte, wobei zwischen *zentraler* Komponentenentwicklung und *lokaler* Applikation und Anpassung unterschieden wird.

Für die Erreichung der Ziele der Internationalisierung (s. Abbildung 10-18) spielen die Themen *Kommunikation, gegenseitiges Verständnis und Unterstützung* der Arbeitsabläufe eine wesentliche Rolle. Nur wenn es hier funktioniert, können internationale Aktivitäten zum Erfolg führen.

Im Hinblick auf die Globalisierung der wirtschaftlichen und gesellschaftlichen Beziehungen spielt die Internationalisierung der Entwicklung auch zukünftig eine große Rolle. Hierfür werden folgende Maßnahmen ergriffen:

- zügige *Integration* weiterer neuer Standorte,
- *Simultaneous Engineering* bei räumlicher Trennung von Entwicklung und Fertigung,

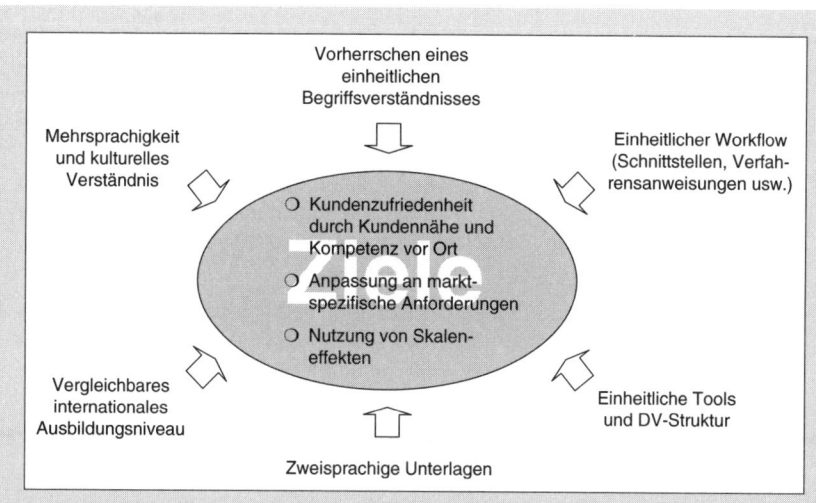

10.3 Beispiele für die Gestaltung der Elemente des FuE-Managements

Abbildung 10-18: Voraussetzungen und Ziele für eine erfolgreiche internationale Zusammenarbeit

Ziele (im Zentrum):
- Kundenzufriedenheit durch Kundennähe und Kompetenz vor Ort
- Anpassung an marktspezifische Anforderungen
- Nutzung von Skaleneffekten

Voraussetzungen (umgebend):
- Vorherrschen eines einheitlichen Begriffsverständnisses
- Einheitlicher Workflow (Schnittstellen, Verfahrensanweisungen usw.)
- Einheitliche Tools und DV-Struktur
- Zweisprachige Unterlagen
- Vergleichbares internationales Ausbildungsniveau
- Mehrsprachigkeit und kulturelles Verständnis

- *Reduzierung des Abstimmungsaufwands* (klar strukturierte Aufgabenteilung, konsequente Nutzung moderner Kommunikationshilfsmittel, Aufbau der erforderlichen Vertrauensbasis).

Mit der Internationalisierung von Verkauf, Fertigung und Entwicklung muß ein abgestimmtes Personalmanagement-Konzept einhergehen. Die Förderung von Auslandserfahrungen und kulturellem Verständnis ist daher ein strategischer Erfolgsfaktor.

Personalplanung:

- Bei Neugründungen werden Schlüsselpositionen definiert, die mit Erfahrungsträgern aus Deutschland besetzt werden. Die Akquirierung sonstiger Positionen erfolgt direkt vor Ort, das Personal wird im zuständigen Geschäftsbereich qualifiziert. Die Nachfolgebesetzung von Schlüsselpositionen erfolgt durch Personal vor Ort, hierfür ist eine frühzeitige Planung erforderlich.

- Bei begrenztem lokalen Arbeitsmarkt werden Gemeinschaftsunternehmen gebildet, um die notwendigen Arbeitskräfte zu bekommen.

Personalentwicklung/Qualifikation:

- Die Ausbildung der Mitarbeiter vor Ort erfolgt durch eine Entsendung nach Deutschland. Ziel ist die Vermittlung von Sprachkenntnissen, kulturellem Verständnis und Fachwissen.

- Durch Auslandseinsätze werden die fachliche, persönliche und soziale Kompetenz gesteigert. Diese sind Voraussetzung für Führungspositionen.

> **Zusammenarbeit und Führung:**
>
> - Im täglichen Miteinander werden besondere Anforderungen an die Führung gestellt: Sie muß *eine* Sprache sprechen, gegenseitiges Vertrauen haben, Vertrauen schaffen und Barrieren beseitigen.
> - Um die Zusammenarbeit mit internationalen Mitarbeitern und Kollegen erfolgreich gestalten zu können, werden verschiedene vorbereitende Maßnahmen angeboten wie Sprachtraining, landesspezifische Informationen, fachliche Ausbildung, interkulturelles Training.
> - Die Zusammenarbeit im Tagesgeschäft über verschiedene Standorte hinweg wird unterstützt, indem „Face to face"-Treffen ermöglicht sowie gemeinsame Workshops, interkulturelle Trainings und Sprachtrainings angeboten werden.

Während Beispiel 10-6 die Entwicklung einer internationalen Entwicklungsorganisation beschreibt, spielt für viele Unternehmen die projektbezogene Internationalisierung der Entwicklungsaktivitäten eine wesentlichere Rolle.

Aus der internationalen Präsenz eines Unternehmens ergibt sich eine Reihe von *Anforderungen an die Entwicklung* der Produkte, sowohl bei Anpassungen als auch bei Neuentwicklungen.

- Bei der Entwicklung sind von Anfang an die länderspezifischen Bedürfnisse zu berücksichtigen (z.B. Einsatzbedingungen, Sicherheitsvorschriften). Hierfür muß das regional vorhandene Know-how eingebunden werden.
- Es gilt, das im Konzern verteilte Wissen zu nutzen. Weltweit verteilte Entwicklungs- und Fertigungsstandorte haben häufig eigene Schwerpunkte und Fertigungsmöglichkeiten mit entsprechend ausgereiftem Know-how. Für ein Problem können somit im Rahmen einer internationalen Entwicklung verschiedene Lösungen entstehen, die eine Optimierung der Gesamtlösung ermöglichen.

10.3.5 Unternehmenskultur

Der Erfolg der FuE-Aktivitäten eines Unternehmens hängt wesentlich von der Kreativität und dem Einsatz der in Forschung und Entwicklung tätigen Mitarbeiter ab. Hierfür muß im gesamten Unternehmen ein innovationsfreundliches Klima gelebt werden, das Freiräume für Kreativität gewährt und Motivation schafft.

Die beiden folgenden Beispiele zeigen, wie sich verschiedene Maßnahmen zur Förderung einer innovationsfreundlichen Unternehmenskultur kombinieren lassen.

Beispiel 10-7: Innovative Führungskultur eines Großunternehmens
[Schuller, 1995], [Walter, 1997]

Der Hersteller von Hardware und Computern wurde als „Garagenfirma" gegründet und ist zu einem Konzern mit weltweit über 100.000 Mitarbeitern angewachsen. Das Unternehmen hat fünf *wertorientierte Grundsätze*, die bei der Erreichung der Unternehmensziele als Leitlinien fungieren:

- Wir haben Vertrauen in unsere Mitarbeiter sowie Achtung und Respekt vor ihrer Persönlichkeit.
- Wir legen besonderen Wert auf das hohe Niveau unserer Leistungen und Beiträge.
- Wir legen unserem Tun kompromißlose Integrität zugrunde.
- Wir erreichen unsere unternehmerischen Ziele im Team.
- Wir fordern und fördern Flexibilität und Innovation.

Auf Basis dieser Grundwerte formulierten die Firmengründer sieben Zielsetzungen, die heute und zukünftig die *Leitlinien* für das Handeln darstellen. Sie richten sich an den Elementen angemessener Gewinn, zufriedene Kunden, definiertes Betätigungsfeld, gesundes Wachstum, Beteiligung der Mitarbeiter, kooperativer und zielorientierter Führungsstil sowie gesellschaftliche Verantwortung für das jeweilige Gemeinwesen aus. Diese Unternehmensziele geben die Richtung und den Rahmen der Handlungen vor, innerhalb derer alle Mitarbeiter agieren.

Um diese Unternehmenskultur zu realisieren, wird eine Reihe von Instrumenten eingesetzt. Von besonderer Bedeutung ist hierbei die *offene Kommunikation*. Sie wird unterstützt durch folgende Einrichtungen und Regelungen:

- *Großraumbüros*, in denen Mitarbeiter aller Ebenen mit ihren Führungskräften direkt zusammensitzen, unterstreichen den Verzicht auf Statussymbole und erleichtern die Kommunikation über verschiedene Hierarchieebenen hinweg.
- *Kaffee-Ecken* für gemeinsame Pausen führen Mitarbeiter verschiedener Abteilungen zusammen und fördern die informelle Kommunikation.
- Gemeinsam veranstaltete *Picknicks* führen Führungskräfte aller Ebenen und Mitarbeiter und deren Familien zusammen.
- Führungskräfte werden dazu ermuntert, *„Management by wandering around"* zu praktizieren, d. h. dorthin zu gehen und das Gespräch zu suchen, wo die Arbeit gemacht wird und für zwanglose Gespräche zur Verfügung zu stehen. Darüber hinaus garantiert die *„Open Door Policy"* dem Mitarbeiter, der sich mit einem Anliegen an die Führungskraft wendet, daß ihm daraus keine Nachteile entstehen. Vertrauen und Integrität sind Eckpfeiler dieses Grundsatzes.
- Auch die *Anrede mit dem Vornamen* (unter Beibehaltung des „Sie"), die ihren Ursprung in Amerika hat, hat sich überall auf der Welt durchgesetzt.

- Monatlich finden *Ansprachen des Managements* für alle Mitarbeiter der Bereiche über besondere vergangene und zukünftige Ereignisse statt. Zweimal jährlich berichtet der Präsident über eine weltweite Satellitenschaltung allen Mitarbeitern über die geschäftliche Situation (Marktentwicklung, Produkteinführungen, Umsatz, Gewinn) und kommentiert diese.
- Es herrscht *Informationstransparenz*: Die einzelnen Bereiche führen Schautafeln über den täglichen Auftragseingang, Produktionsziffern, Aktienkurse etc. des Unternehmens.

Im Rahmen der Organisation strebt das Unternehmen nach *kleinen, organisatorischen Einheiten* mit eigener Gewinnverantwortung. Es wächst durch Zellteilung. Kaum eine Division ist größer als 1000 Mitarbeiter. Ab dieser kritischen Größe wird eine Teilung vorgenommen, so daß die Einheiten i. d. R. eine Anzahl zwischen 400 und 700 Mitarbeitern nicht übersteigen.

Es gilt, *Betroffene zu Beteiligten* zu machen, um Innovationserfolg, Motivation und die Bereitschaft zur Übernahme von Verantwortung zu steigern. Auch sonst wird – soweit möglich – auf die Bedürfnisse der Mitarbeiter eingegangen. Es existieren moderne *Arbeitszeitmodelle*, die eine flexible Gestaltung der Arbeitszeit erlauben.

Führen durch Zielvereinbarungen gewährt Mitarbeitern die Freiheit bei der Wahl der Methode zur Erreichung der vereinbarten Ziele und fördert so Innovationen und alternative Ansätze zur Erreichung der Ziele. *Persönliche Verantwortung und Eigeninitiative* werden durch die Eigenverantwortung für die berufliche Entwicklung, Vereinbarung von Beruf und Privatleben und Sicherheit am Arbeitsplatz getragen.

Neben den vielen Produktinnovationen der Firma hat diese herausragende Unternehmenskultur weitere, monetär nachweisbare Vorteile. Allein für die Gewinnung des sehr guten, zum Unternehmen passenden Nachwuchses und aufgrund der um 50 % unter dem Branchendurchschnitt liegenden Fluktuation lohnt sich der Aufwand.

Beispiel 10-8: Innovationskultur eines Großunternehmens [Walter, 1997]

Das Unternehmen hat für sich das Image des „Innovativen" geschaffen und so eine Innovationskultur aufgebaut, die alle Mitarbeiter beflügelt, aktiv nach Innovationen zu suchen und diese zu fördern. Visionen, Werte und Ziele des Unternehmens sind in Abbildung 10-19 dargestellt. Diese gelten für das gesamte Unternehmen und sind Grundlage für die eigenverantwortliche Umsetzung in den einzelnen Unternehmensbereichen. Die Ziele werden von jedem Unternehmensbereich in meßbare Kennzahlen überführt und durch eigenentwickelte Strategien umgesetzt und kontrolliert. Die sog. Garanten für das Wachstum sind verschiedene Maßnahmenprogramme, welche die Strukturen und Abläufe verbessern sollen.

10.3 Beispiele für die Gestaltung der Elemente des FuE-Managements

Vision
„Innovativstes Unternehmen der Welt"
Bevorzugter Lieferant

Ziele
- Wachstum
- Produktivität
- zufriedene
  - Kunden
  - Mitarbeiter
- Imagepflege

Werte
- Kunden
- Mitarbeiter
- Umwelt
- finanzielle Ergebnisse

Garanten für Wachstum

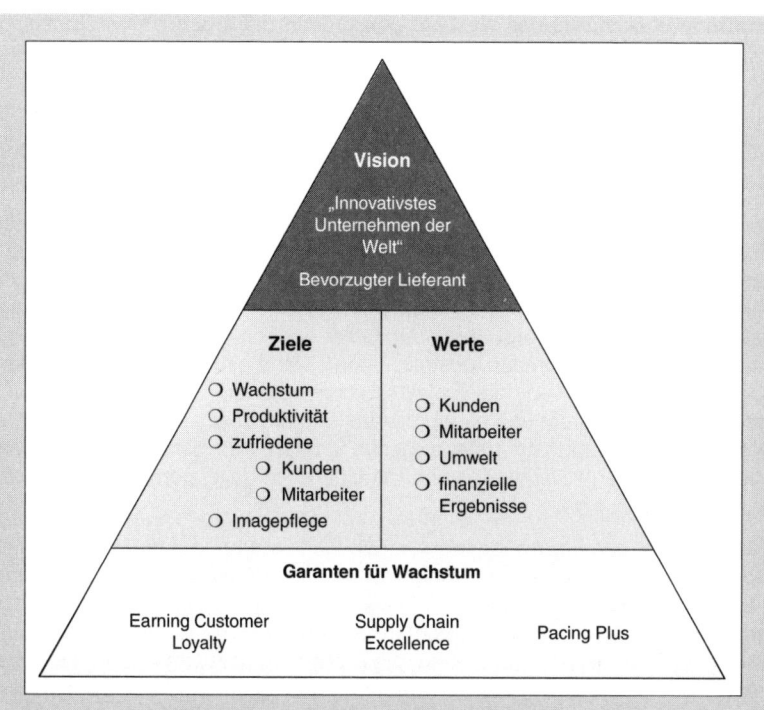

Earning Customer Loyalty | Supply Chain Excellence | Pacing Plus

Abbildung 10-19: Visionen, Werte und Ziele des Unternehmens

Die Unternehmenskultur zeichnet sich durch die Maßnahmen aus, daß das Unternehmen und seine Führung

- den Mitarbeitern Denkfreiräume schaffen und Innovationshürden akzeptieren (15%-Regel – s. Beispiel 10-10),
- die Mitarbeiter zu eigenverantwortlichem Handeln auffordern („Mitarbeiter zu Mitdenkern machen" – Empowerment),
- die Regelungsflut eindämmen,
- Fehler erlauben,
- Innovationsleistungen würdigen (Awards),
- intensive Kommunikation fördern,
- Bestehendes in Frage stellen und
- Innovation fordern: z.B. durch die 30%-Neuprodukt-Regel (d.h. das Unternehmen hat sich zum Ziel gesetzt, 30% des Umsatzes mit Produkten zu erwirtschaften, die jünger als vier Jahre sind).

Viele Ideen für neue Produkte oder für Produktverbesserungen entstehen außerhalb der regulären Arbeitszeit. Durch die starke Einbindung in das Tagesgeschäft haben FuE-Mitarbeiter nur selten die Möglichkeit, erste Ideen „weiterzuspinnen". Durch die Schaffung von Freiräumen versucht man in verschiedenen Unternehmen, dieses Potential für das Unternehmen zu nutzen.

Beispiel 10-9: „Innovationspool" zur Stimulierung von Innovationen [Walter, 1997]

Zur konsequenten Stimulierung von Innovationen werden bei einem großen Hersteller optischer Geräte sog. *Innovationspools* gebildet. Der Pool ist für alle interessierten FuE-Mitarbeiter des Unternehmens offen, und auf Einladung auch für ausgewählte externe Forschungsinstitute. Die Ausschreibung und Auswahl für die Pools erfolgt durch den Leiter der Forschung. Es werden keine besonderen Auswahlkriterien gestellt: Jeder Mitarbeiter soll die Möglichkeit haben teilzunehmen, wenn die Projektsituation es zuläßt. Ein Pool besteht aus drei bis fünf Mitarbeitern, die für ein bis drei Monate in separaten Räumlichkeiten ohne Einmischung von außen arbeiten können. Ausgestattet ist das Team neben technischen Hilfsmitteln auch mit einem festgesetzten Budget für Reisen, Recherchen, usw.

Zielsetzung für den Innovationspool ist die Generierung von mindestens zehn innovativen Ideen, von denen drei als Geschäfts-/Projektvorschläge auszuarbeiten sind. Im Gegenzug stellt die Unternehmensführung sicher, daß wenigstens eine innovative Idee jedes Pool-Teams erprobt bzw. umgesetzt wird. Die Pool-Phase finanziert die Forschung, die Erprobung bzw. Umsetzung einer der Geschäftsbereiche. Der *Anreiz für den Mitarbeiter* besteht darin, vom Tagesgeschäft freigestellt zu werden und dabei seine Kreativität unter Beweis zu stellen. Darüber hinaus bedeutet die Auswahl für den Mitarbeiter eine besondere Auszeichnung.

Beispiel 10-10: Explizit gewährter Freiraum für Forscher [Walter, 1997]

Den FuE-Mitarbeitern in den Labors werden offiziell 15 % der Arbeitszeit für eigene Ideen und selbstdefinierte Projekte, die nicht unbedingt aus dem eigenen Arbeitsbereich stammen müssen, zur Verfügung gestellt. Die Nutzung dieses Freiraumes ist freiwillig. Um transparent zu machen, wie lange an einer Entwicklung gearbeitet wird, erfolgt eine detaillierte Projektdokumentation. Die Zahl der Regeln und Vorschriften ist auf ein Minimum begrenzt, um frei arbeiten zu können. z.B. sind die Arbeitszeitmodelle für die Forscher sehr flexibel und offen, d. h. sie haben jederzeit freien Zugang zu den Labors oder können auch zu Hause weiterarbeiten. Wenn es notwendig ist, wird dafür auch Ausrüstung zur Verfügung gestellt. Viele Ideen entstehen dabei in der Freizeit zu Hause. Generell gilt die Devise: Nicht erst lange nach Genehmigungen fragen, sondern eigenverantwortlich handeln. Auf diese Weise können Ideen notfalls auch gegen den Willen der Chefetage am Leben erhalten werden („bootlegging"). Diese „Lizenz zum Tüfteln" hat dem Unternehmen schon vielfach Erfolge beschert.

10.3 Beispiele für die Gestaltung der Elemente des FuE-Managements

> Wenn das Potential der Idee abzusehen ist, muß der Forscher seine Idee „verkaufen" und dafür Interesse wecken, damit sie realisiert wird. Dazu werden die Ideen von einem Leitungskomitee der Division hinsichtlich unterschiedlicher Kriterien beurteilt und bewertet:
>
> - Hat das Unternehmen die Kompetenz (sachliche, infrastrukturelle, personelle und finanzielle Ressourcen), die Idee umzusetzen?
> - Paßt das neue Produkt in das Produkt-Portfolio des Unternehmens oder wird ein neues Marktsegment erschlossen?
> - Welches Marktpotential steckt hinter der Idee?
>
> Das Leitungskomitee der Division entscheidet im Rahmen des zugewiesenen Budgets über die Aufteilung auf die verschiedenen Projekte und Projektideen.

Durch gezielte *Mitarbeiterbefragungen* läßt sich die Stimmung im Unternehmen hinsichtlich verschiedener Themen erfassen. Das nachstehende Beispiel 10-11 stellt eine Befragung zum Organisationsklima vor.

> **Beispiel 10-11: Mitarbeiterbefragungen zum Organisationsklima** *[Walter, 1997]*
>
> In regelmäßigen Abständen (jährlich) führt das Großunternehmen unternehmensweit anonyme Mitarbeiterbefragungen durch. Mit Hilfe eines umfangreichen Fragebogens (ca. 70 Fragen) wird ein zufällig ausgewählter Teil der Belegschaft zu verschiedenen Aspekten befragt. Zum Aspekt „Innovation" werden z.B. folgende Fragen gestellt, die in verschiedenen Stufen von „völlig unzutreffend" bis „völlig zutreffend" beantwortet werden können:
>
> - Ich fühle mich motiviert, Neuerungen und Verbesserungen vorzuschlagen.
> - Das Beisteuern neuer Ideen ist Teil meiner Arbeit.
> - Meine Abteilung beschreitet innovative Wege, um die Anforderungen der Kunden zu erfüllen.
> - Wenn ich bei der Lösung eines Problems vertretbare Risiken eingehe, werde ich von meinem Vorgesetzten unabhängig vom Ergebnis unterstützt.

> **Fragegruppen der Mitarbeiterbefragung**
>
> | | |
> |---|---|
> | ☑ Werte | ☑ Verantwortung |
> | ☑ Innovation | ☑ Meine Abteilung/Team |
> | ☑ Wachstum | ☑ Führungsverhalten |
> | ☑ Kommunikation | ☑ Arbeitsmittel |
> | ☑ Vorgesetzte | ☑ Aufstiegsmöglichkeiten |
> | ☑ Leistung | ☑ Konzentration auf die Kunden |
> | ☑ Beurteilung | |
> | ☑ Arbeitsanforderung | ☑ Zur Mitarbeiterbefragung |
> | ☑ Anerkennung | ☑ Arbeitsplatzzufriedenheit |
> | ☑ Motivation und Engagement | ☑ Gesamteinstellung |
>
> Abbildung 10-20: Struktur des Fragebogens zum Unternehmensklima
>
> Diese Befragungen sind ein Hilfsmittel, um das interne Klima der Organisation, wie es von den Mitarbeitern beurteilt wird, zu bestimmen. Diese Messung stellt ein Diagnoseinstrument dar, mit dem Schwachstellen aufgezeigt, Diskussionen über notwendige Veränderungen angestoßen, die Wirkung von Maßnahmen analysiert und so letztlich ein kreativitätsförderliches Klima entwickelt werden kann. Den wichtigsten Schritt bei dieser Methode bildet die *Auswertung und Interpretation* der Ergebnisse. Die Ableitung von *Maßnahmen* sollte unter Einbezug aller Beteiligten erfolgen.

10.3.6 Personalmanagement

Rein organisatorische Maßnahmen können das Problem der Kommunikationshemmnisse zwischen verschiedenen Funktionsbereichen nicht vollständig und nachhaltig lösen. Es gilt, durch ein gezieltes Personalmanagement (vgl. Kapitel 5) die Kommunikation zu fördern. Dazu zählen z. B. *Qualifizierungsmaßnahmen* zur Weiterentwicklung der sozialen Kompetenz und der Kenntnisse über interdisziplinäre Zusammenhänge oder *Anreizsysteme* zur Belohnung von Kooperationsbemühungen. Wesentliche Bedeutung kommt hierbei auch einer offenen, innovationsfreundlichen und kooperativen *Unternehmenskultur* zu (vgl. [Herzhoff, 1991]).

Um eine den Fähigkeiten der Mitarbeiter gerechte Personalentwicklung betreiben zu können, bedienen sich Unternehmen ausgeklügelter Systeme zur Beurteilung der Fähigkeiten und Potentiale ihrer Mitarbeiter. Das im folgenden beschriebene Beurteilungssystem erlaubt den zielgerichteten Einsatz sowie die Weiterbildung und Förderung der Mitarbeiter. Diese Aspekte sind sowohl direkt (optimaler Einsatz der Ressourcen) als auch indirekt für das Unternehmen von Bedeutung: Arbeitszufriedenheit oder Möglichkeiten zur Weiterbildung und beruflichen Weiterentwicklung haben erheblichen Einfluß auf die Motivation der Mitarbeiter.

Beispiel 10-12: Mitarbeiterorientiertes Beurteilungssystem in einem Großunternehmen [Walter, 1997]

Für dieses Unternehmen stellt das Personal den wichtigsten Schlüssel für innovative Leistungen dar. Durch eine aktive Präsenz an den Universitäten werden neue Mitarbeiter angeworben und über Assessment-Center ausgewählt. Danach werden die Mitarbeiter kontinuierlich weiterentwickelt.

Mit Hilfe des „Human Resources Portfolio" ist es möglich, gleichzeitig sowohl Leistung und Potential des einzelnen Mitarbeiters als auch die Leistungsstärke ganzer Einheiten bzw. Abteilungen zu beurteilen. Das Portfolio besteht aus einer 4-Felder-Matrix, in der die zu beurteilenden Mitarbeiter in den entsprechenden Feldern positioniert werden. Die Beurteilung der Mitarbeiter im Portfolio nimmt jährlich ein Beurteilerteam vor, das i. d. R. aus dem direkten Vorgesetzten, dem nächsthöheren Vorgesetzten, anderen Führungskräften aus der jeweiligen Organisationseinheit und dem Personalleiter besteht. Durch die Mitarbeiterbeurteilung im Team und unter Moderation eines Personalleiters sollen die Beurteilungen abgestimmt und so eine größtmögliche Objektivität gesichert werden.

Promotable Performer (Entwicklungspotentialträger)	**Excellent Performer** (Spitzenkräfte)
Marginal Performer (Leistungsschwache Mitarbeiter)	**Solid Performer** (Gute Mitarbeiter)

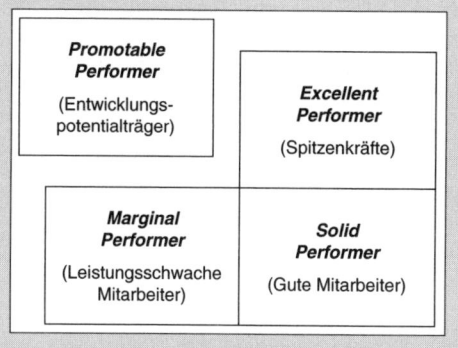

Abbildung 10-21: Potential-Portfolio zur Beurteilung der Mitarbeiter

Das Portfolio unterscheidet „Solid Performer", „Marginal Performer", „Excellent Performer" und „Promotable Performer" (s. Abbildung 10-21). Die Leistung des *Solid Performer* soll die Meßlatte für alle anderen Einordnungen im Portfolio bilden. Der Solid Performer erbringt eine gute Leistung und liefert damit einen wertvollen Beitrag zur Erreichung des Unternehmenserfolges. Als *Marginal Perfomer* sind solche Mitarbeiter einzustufen, welche die Anforderungen des Arbeitsplatzes nicht erfüllen. *Excellent Performer* sind die Leistungsträger des Unternehmens. Ihre fachliche Kompetenz, ihr Leistungspotential und ihre Leistungsbereitschaft sind hoch und werden ausgeschöpft. *Promotable Performer* sind Mitarbeiter, die über ein hohes Entwicklungspotential verfügen, sowohl fachlich als auch für die Übernahme von Führungsaufgaben.

Abbildung 10-22 zeigt, ausgehend von der Positionierung im Portfoliofeld, die möglichen *Maßnahmen* zur Personalentwicklung. Dabei wird auch der Austritt eines Mitarbeiters aus der bisherigen Organisationseinheit berücksichtigt (Versetzung in eine andere Abteilung oder Trennung vom Mitarbeiter). Abhängig von der Einordnung im Portfolio werden das Gehalt festgelegt und Maßnahmen zur Förderung des Mitarbeiters vereinbart (Karriereplanung, Weiterbildungsmaßnahmen, Förderprogramme, Seminare). Das *Ziel* ist, den Personaleinsatz so zu gestalten, daß für jeden Mitarbeiter eine seinen Stärken und Neigungen entsprechende Tätigkeit gefunden wird. Hierbei ist wichtig, daß nicht jeder Mitarbeiter ein „high potential" sein kann. Gerade die Gruppe der Solid Performer bildet das Rückgrat des Unternehmens. Die Verteilung der Mitarbeiter über die verschiedenen Klassen entspricht auch dem Anforderungsprofil, welches das Unternehmen benötigt.

Folgende *Funktionen* werden durch das Portfolio unterstützt:

- die einfache, anwendungsfreundliche, ganzheitliche Beurteilung der Mitarbeiter,
- die Ermittlung des strategischen Personalbedarfs unter Berücksichtigung vorhandener Qualifikationen,
- die vereinfachte Darstellung und Bewertung der Leistungsstärke und Kooperation ganzer Einheiten,
- das Aufzeigen bereits vorhandener sowie zukünftig zu erwartender Ungleichgewichte in der Mitarbeiterstruktur,

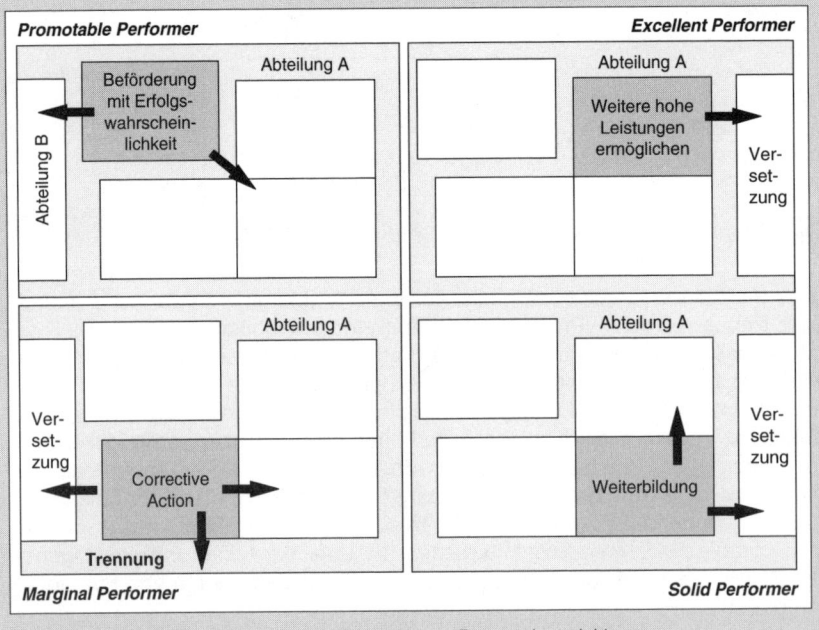

Abbildung 10-22: Strategien und Maßnahmen zur Personalentwicklung

- die Erarbeitung darauf abgestimmter, spezifischer Maßnahmen,
- die Verbesserung der Kommunikation zwischen Vorgesetzten und Mitarbeitern durch Beurteilungsgespräche, die auf objektiven Bewertungen aufbauen,
- die Stärkung der Führungsverantwortung des Vorgesetzten,
- die Förderung ausgewogener Teams, indem ganze Einheiten in ihrer Struktur analysiert werden.

Insgesamt ist die Akzeptanz, die Qualität und die Glaubwürdigkeit der Mitarbeiterbeurteilung durch die Teambeurteilung nach Einschätzung des Unternehmens deutlich verbessert worden.

Führungskräfte sollen die Aktivitäten ihrer Mitarbeiter bündeln und ausrichten und ihnen zielorientiertes Arbeiten ermöglichen. Dem Verhältnis zwischen Führungskräften und Mitarbeitern kommt gerade im FuE-Bereich besondere Bedeutung zu. Durch einen offenen und fördernden Führungsstil werden Kreativität und Leistungsbereitschaft stark beeinflußt.

Beispiel 10-13: Bedeutung der Führungskräfte im Innovationsprozeß
[Walter, 1997]

Die Führungskräfte und deren Auswahl und Förderung sind für ein innovatives Klima von großer Bedeutung. Die Aufgabe der Führungskraft besteht darin, das Unternehmen nicht so zu sehen, wie es ist, sondern so zu sehen, wie es sein sollte. Dabei spielt der besondere Führungsstil, der das Individuum als solches erkennt und fördert, die entscheidende Rolle. Mitarbeiter mit dem entsprechenden Potential (Entrepreneure) müssen im Unternehmen entdeckt werden, meist heben sie sich durch ihr Verhalten von der Masse ab.

Die Führungskräfte sind i. d. R. im Netzwerk des Unternehmens gewachsen und werden daraus rekrutiert. Das Top-Management dieses Unternehmens sind und waren immer „Eigengewächse". Folgende *Maximen* gelten für die Manager des Unternehmens:

- „Höre jedem zu, der eine originelle Idee hat, auch wenn sie zunächst absurd klingen mag."
- „Ermuntere die Mitarbeiter; sei nicht kleinlich. Beflügele Mitarbeiter mit Ideen."
- „Stelle fähige Leute ein, und laß sie machen."
- „Wenn Du Zäune um Deine Mitarbeiter errichtest, ziehst Du Schafe heran. Gib den Mitarbeitern den Handlungsspielraum, den sie brauchen."
- „Fördere die Experimentierfreude."
- „Probier es aus, aber schnell."

> Die Mitarbeiter können auch regelmäßig eine *Vorgesetztenbeurteilung* abgeben (freiwillig, anonym oder namentlich). Diese Maßnahme stößt allgemein auf große Akzeptanz.

10.3.7 Ideengenerierung und -auswahl in der Praxis

In den bisherigen Beispielen stand die Gestaltung der Rahmenbedingungen von FuE im Mittelpunkt. Es ist für den Erfolg wichtig, die grundlegenden Prozeßschritte Ideenfindung und -bewertung zu fördern und zu steuern.

Neben der Aufnahme von Ideen und Anregungen seitens der Kunden gilt es, Forscher und Entwickler durch den Einsatz von Methoden zu unterstützen (vgl. Kapitel 9.4). Beispiel 10-14 zeigt, wie dies bei einem Hersteller für Reinigungsgeräte umgesetzt wird.

> ***Beispiel 10-14: Kreativ-Workshops mit weiterentwickelten Kreativitätstechniken*** *[Walter, 1997]*
>
> Das Unternehmen setzt neben den klassischen Kreativitätstechniken auch erweiterte Methoden ein. Dabei werden im Rahmen von speziell zu diesem Zweck organisierten Veranstaltungen mit ausgewähltem Personal fast „spielerisch" neue Ideen und Lösungsansätze entwickelt. Diese Veranstaltungen finden regelmäßig (sechs- bis siebenmal jährlich) statt, und zwar z. T. räumlich wie auch zeitlich außerhalb des Tagesgeschäfts. Dabei versuchen z.B. die Konstrukteure, in Einzelteile zerlegte Eigen- und Konkurrenzprodukte wieder zusammenzubauen, allerdings mit der Schwierigkeit, daß verschiedene Einzelteile fehlen oder ausgetauscht wurden. Ziel dieser Übungen ist, auf neue Lösungsansätze zu kommen, mit denen sich z.B. die Anzahl der Einzelteile reduzieren läßt.
>
> Eine andere Übung besteht darin, mit Hilfe einfacher Materialien praxisnahe Problemstellungen zu lösen. Beispielsweise könnte eine Aufgabe lauten, ein Ei mit Hilfe von Papier und Klebstoff „fliegen zu lassen". Dabei wird versucht, die Aufgaben möglichst realitätsnah im Umfeld des Produktspektrums auszuwählen. Mit Hilfe solcher Übungen soll die Kreativität der Mitarbeiter gefördert und gleichzeitig die eingeschränkte Sicht auf mögliche Lösungen erweitert werden.

Die Bewertung von Ideen ist die Grundlage für die späteren Entwicklungsaktivitäten. Es gilt, durch eine systematische Vorgehensweise und umfassende Informationen die in kreativen Prozessen entstandenen Ideen zu filtern und voranzutreiben.

10.3 Beispiele für die Gestaltung der Elemente des FuE-Managements

Beispiel 10-15: Systematischer Ideenbewertungsprozeß im Maschinenbau [Walter, 1997]

Das Unternehmen führt den Bewertungsprozeß von Produktideen sehr sorgfältig und systematisch durch. Speziell für diese Aufgabe wurde ein „*Periodisch Strategisches Planungsteam*" (PSP) installiert, das die Ideen für das Entscheidungsgremium aufbereitet. Das PSP trifft sich dreimal wöchentlich und ist mit Vertretern aller wichtigen Funktionen der Geschäftsbereiche besetzt: Produktmanagement, Produktentstehungsteam (Produktentwicklung und Einkauf) und Vertrieb. Die Ideen werden mehreren *Prüfschritten* unterzogen:

- *Marktanalysen* zur Ermittlung der eigenen Marktposition, der Markttrends, des Marktpotentials und des erzielbaren Marktpreises,
- *Wettbewerbsanalysen* zur Bestimmung der Marktdurchdringung und -anteile, des Schutzes durch Patente und Investitionen des Wettbewerbers,
- *Selbstanalyse* (Assessment of own position) zur Einschätzung der eigenen Stärken und Schwächen, der Qualifikation und Kapazität des Personals der betroffenen Funktionen (FuE, Produktion) und Make-or-Buy-Analysen,
- Erstellen eines *Wirtschaftlichkeitsnachweises* und komprimierte Dokumentation der *Empfehlung für das Entscheidungsgremium*.

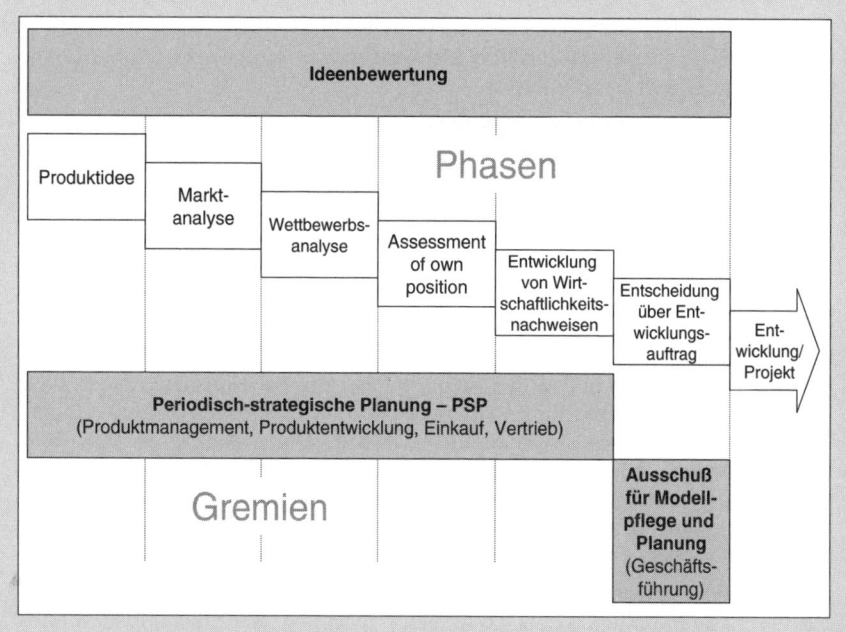

Abbildung 10-23: Phasen und Gremien des Ideenbewertungsprozesses

Ideen, die diesen Selektionsprozeß durchlaufen, werden dann dem *Ausschuß für Modellpflege und Planung* (AMP), der einmal monatlich tagt und u. a. von der Geschäftsführung besetzt ist, vorgestellt und dort bewertet. Ist die Bewertung positiv, wird mit Hilfe der Analyseergebnisse ein Lastenheft erstellt und ein Produktentwicklungsprojekt aufgesetzt. Der AMP koordiniert auch die Produktpflege und -planung mit Hilfe sog. Produkt-Portfolien. Diese stellen für die einzelnen Produktgruppen den Kundennutzen und die Wettbewerbsfähigkeit gegenüber und werden zur Ableitung von Personalkapazitäten und Ablöseszenarien für Altprodukte eingesetzt.

10.3.8 Die erfolgreiche Kombination von Elementen des FuE-Managements

Um erfolgreiches, *integriertes* FuE-Management zu betreiben, müssen die Maßnahmen und Aktivitäten der verschiedenen Bereiche aufeinander abgestimmt werden. Es handelt sich hierbei um einen komplexen Veränderungsprozeß, der viel Zeit und Einsatz aller Betroffenen erfordert. Beispiel 10-16 zeigt, wie dies in einem weltweit und branchenübergreifend agierenden Großkonzern Mitte der 90er Jahre realisiert wurde.

Beispiel 10-16: Kombination von Elementen des integrierten FuE-Managements in einem Großkonzern

Grundlage der im folgenden beschriebenen Maßnahmen ist die Erkenntnis, daß eine Industrieforschung wie ein eigenständiges mittelständisches Unternehmen geführt werden muß, das unternehmensinternen Kunden – den Unternehmensbereichen – Produkte und Dienstleistungen anbietet. Es gilt somit, nach allen Regeln des unternehmerischen Denkens zu handeln, und nicht nach rein fachlich-wissenschaftlichen Kriterien.

Strategie

Die *Einbindung des Forschungschefs bei der Entwicklung der Konzernstrategie* gewährleistet, daß bei der Ausrichtung des Unternehmens und seiner Aktivitäten neben ökonomischen und unternehmenspolitischen Kriterien auch technologische Kriterien eingebunden werden. Diese Aufnahme von Forschungsthemen und ihre Abstimmung mit anderen Zielen und Aktivitäten im Unternehmen ermöglicht eine ganzheitliche, aktive Gestaltung der Zukunft. Umgekehrt wird durch diese Integration der Ziele und Maßnahmen den Forschungsaktivitäten eine Zielrichtung vorgegeben.

Die abgestimmte Konzernstrategie wird auf die einzelnen Unternehmensbereiche heruntergebrochen, wobei ein Abgleich zwischen der Forschungsstrategie und den in den Unternehmensbereichen verankerten Entwicklungsstrategien erfolgt. Hierdurch wird ein wichtiger *Input bei der Aufstellung der Unternehmensstrategien* gegeben. Der Grundgedanke dieser Vorgehensweise ist, daß Forschungsaktivitäten nur eine Chance zum Transfer in Produkte haben, wenn sie mit den langfristigen Technologiestrategien der „internen" Kunden abgestimmt sind – also in deren Technologiestrategien eingebunden sind.

10.3 Beispiele für die Gestaltung der Elemente des FuE-Managements

Strategie
- Einbindung des Forschungschefs bei der Entwicklung der Konzernstrategie
- Forschung leistet Input für die Bildung der Unternehmensstrategie
- Szenarienbildung durch „Vordenker"
- Informationsworkshops zur Unternehmensstrategie
- Forschungsklausuren

Organisation
- Reduzierung der Hierarchieebenen
- Matrixorganisation
- Mischfinanzierung der Forschung
- systematische Bewertung von Projekten und Ergebnissen
- Forschungsausschüsse auf Unternehmensbereichs- und Konzernebene

Kooperation
- Zusammenarbeit mit Universitäten
- Kooperationen mit Lieferanten

Internationalisierung
- Technologieaußenstellen, Forschungszentren in der Triade
- fester Prozentsatz ausländischer Forscher
- internationale Wissensnetzwerke
- internationale Kooperationen

Unternehmenskultur
- Teamgespräche zwischen Forschern und Management
- Informationsveranstaltungen

Personalmanagement
- Qualifizierungsprogramm
- Austauschgruppe

Integriertes FuE-Management im Großkonzern

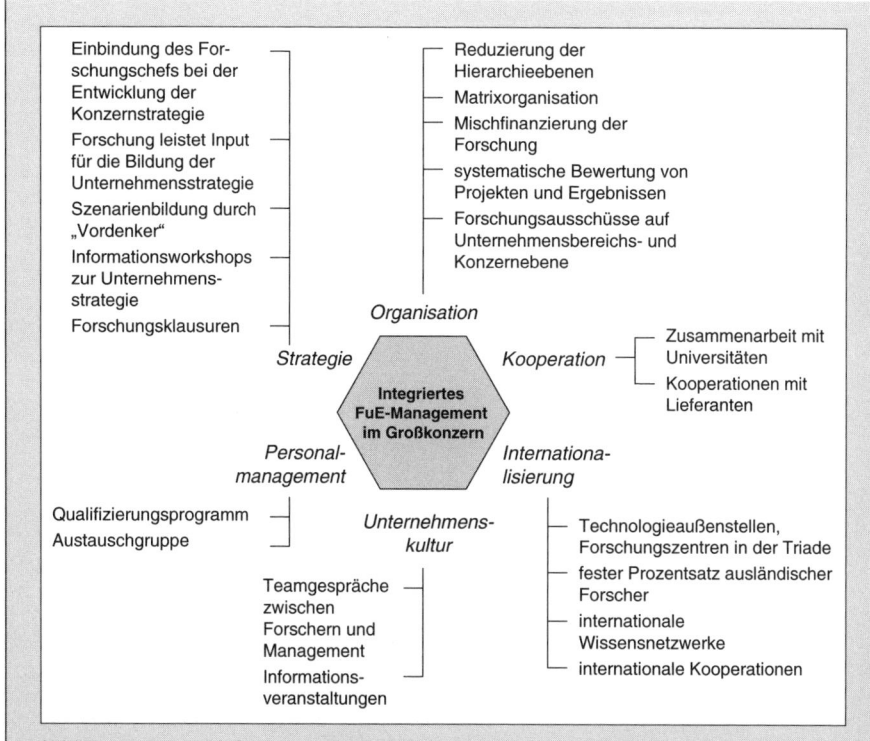

Abbildung 10-24: Maßnahmen des FuE-Managements in einem Großkonzern

Um die Strategie als ein mittel- und langfristiges Instrument zur Erreichung der Unternehmensziele und zur Sicherung der Zukunft effektiv und effizient einsetzen zu können, gilt es, die zukünftige Entwicklung der für das Unternehmen relevanten politischen, gesellschaftlichen und technologischen Umwelt sowie mögliche Veränderungen der Kundenanforderungen vorauszudenken und zu erforschen. Hiermit sind eigens Mitarbeiter betraut, die als *„Vordenker"* in interdisziplinären Teams – losgelöst vom operativen Tagesgeschäft – für das Unternehmen und seine Bereiche zukünftige Szenarien erarbeiten. Ziel der Arbeiten dieses Bereichs ist es, Chancen und Risiken von Produkten frühzeitig und möglichst umfassend zu identifizieren. Hierzu gilt es, mögliche gesellschaftliche Technikfolgen schon in der Phase der Produktentwicklung zu untersuchen oder das gesellschaftliche Umfeld zu analysieren.

Von wesentlicher Bedeutung für den Erfolg eines Unternehmens ist die Unterstützung seitens der Mitarbeiter bei allen Aktivitäten und Vorhaben des Unternehmens. Informations-Workshops zum Thema Unternehmensstrategie für Führungskräfte – sog. *Strategiedialoge* – liefern einen wichtigen Beitrag, da durch die hiermit verbundene Kommunikation der Unternehmensziele die in der Strategie verankerten verschiedenen Maßnahmen und Aktivitäten nachvollzogen und so von den Mitarbeitern mitgetragen werden können.

Der Prozeß der Strategiefindung und Prioritätenbildung innerhalb der Forschung wird durch periodische *Strategieklausuren* vorangetrieben. Aus ihnen entwickelt die Forschung ihre Aufgabenplanung für den Technologiebedarf künftiger Produktgenerationen und Verfahren.

In Ausschüssen finden regelmäßige Abstimmungen zwischen der Forschung und den Unternehmensbereichen statt – Grundlage für die Realisierung des „integrierten FuE-Managements" (s. Abbildung 10-25).

Unternehmens-bereiche		Zentrale Forschung und Technik
Entwicklungsvorstände der Konzerngesellschaften und Vertreter der Produktionstechnik	Konzern-forschungs-ausschuß	Vorstand der Forschung, Forschungsdirektoren
Entwicklungs- bzw. Technikvorstand, Forschungskoordinatoren, Leiter der Geschäftsbereiche	Forschungs-ausschüsse	Vorstand der Forschung, Direktoren, Leiter der Forschungsinstitute/ Querschnittsfunktionen
Leiter der Fachbereiche/ Produktbereiche	Fachausschüsse	Leiter der Bereiche, Projektleiter

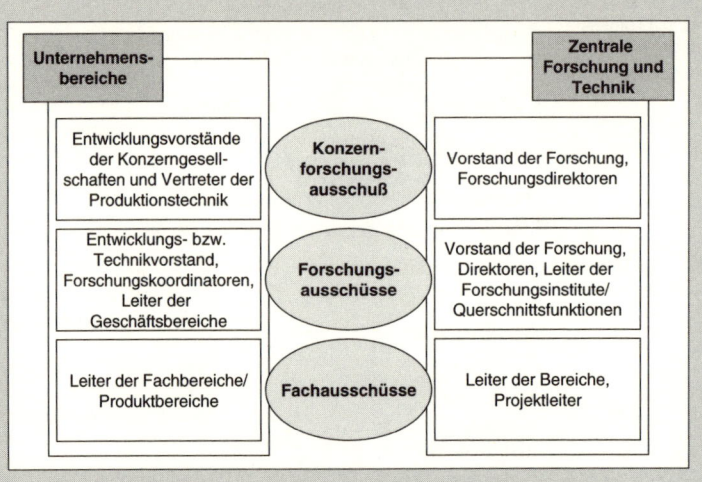

Abbildung 10-25: Ausschüsse zur Koordination der Forschungsaktivitäten

Klausuren der *Forschungsausschüsse* legen für die Ein- und Mehrjahresplanung fest, welche Aktivitäten und Projekte vorangetrieben oder aufgegeben werden sollen; in diesem Rahmen werden auch die hierfür notwendigen Entscheidungen getroffen und Maßnahmen beschlossen. Darüber hinaus finden regelmäßig Klausuren des *Konzernforschungsausschusses* statt. Einmal jährlich beschäftigt sich der Gesamtvorstand mit der Forschung: In einer größeren Veranstaltung werden in Vorträgen und Demonstrationen die Ergebnisse der Forschungsaktivitäten vorgestellt. Dies ist Grundlage für die Diskussion und Bewertung der langfristigen Forschungsprogramme. Ziel ist, Entscheidungen über Richtungen, Schwerpunkte und über notwendige Verlagerungen zu treffen und so eine Rahmenstrategie zu entwickeln, welche die Anforderungen der Unternehmensbereiche berücksichtigt. Diese Vorgehensweise wird bis auf einzelne Projekte heruntergebrochen, was sich in den Fachausschüssen widerspiegelt.

Organisation

Um die Zusammenarbeit innerhalb der Forschung und zwischen Forschung und Unternehmensbereichen zu koordinieren, wurde eine Reihe von Maßnahmen ergriffen.

10.3 Beispiele für die Gestaltung der Elemente des FuE-Managements

Durch eine *Reduzierung der Hierarchieebenen* konnten kürzere Entscheidungswege geschaffen und Kommunikationsbarrieren abgebaut werden. Durch die damit verbundene direktere Verantwortung der Mitarbeiter werden diese gefördert und gefordert, was unter dem Aspekt „Personalentwicklung und Motivation" der Mitarbeiter von großer Bedeutung ist. Die mit einer flachen Hierarchie verbundene Flexibilisierung erlaubt zudem eine schnellere strukturelle Reaktion auf Veränderungen der Forschungsfelder.

Durch Einführung einer *Matrix-Organisation „kundenbezogene Forschungsinstitute – bereichsübergreifende Querschnittsfunktionen"* wurde der Forschungsbereich als interner Lieferant an den Erfordernissen der Unternehmensbereiche ausgerichtet (s. Abbildung 10-26).

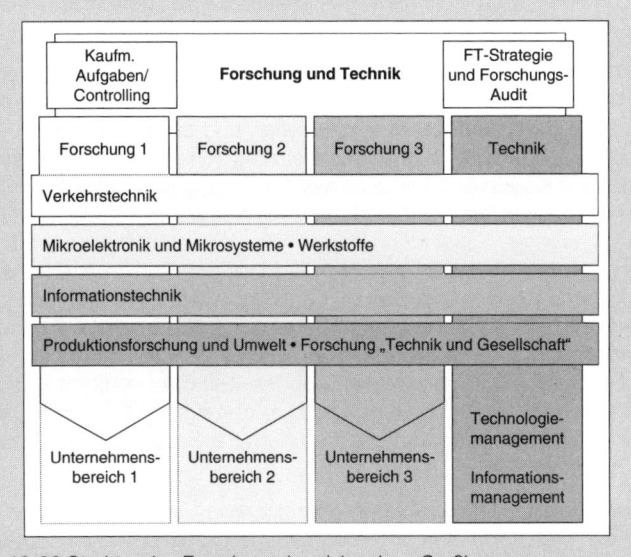

Abbildung 10-26: Struktur des Forschungsbereichs eines Großkonzerns

Die Forschungsinstitute stellen dabei die dezentrale Ausrichtung auf die Aufgaben der Unternehmensbereiche sowie die Identifikation mit diesen sicher. Die tiefere Gliederung erfolgt dabei u. a. durch die Bildung von Kompetenzzentren und Festlegung von Aufgabengebieten. Dieser direkte Bezug zu den Unternehmensbereichen wird überlagert durch Querschnittsfunktionen, welche die langfristige Ausrichtung der Forschung auf wichtige und zentrale unternehmensbereichsübergreifende Felder sicherstellen. Durch diese Verzahnung wird die Integration von Forschungsfeldern innerhalb der Forschungsabteilung und über die Unternehmensbereiche sichergestellt. Grundgedanke dieser Organisation war, die Strukturen und Abläufe in der Forschung „so dezentral wie möglich und so zentral wie nötig" zu organisieren. Durch diese organisatorische Gestaltung wird die Kundenorientierung verbessert und Synergiepotentiale werden stärker genutzt, was unterstützt wird durch die räumliche Konzentration der Forschung.

Die Forschung steht in einem Spannungsfeld zwischen langfristigen Themen im Rahmen der Zukunftsvorsorge für das Gesamtunternehmen und mittelfristiger Bereitstellung von Problemlösungen für die internen Kunden. Grundlage für ein funktionierendes „integriertes FuE-Management" ist dabei die Finanzierung der Forschungsaktivitäten. Um dieser Situation gerecht zu werden, erfolgt eine *Mischfinanzierung der Forschung*: Zum einen wird die Forschung mit Konzernmitteln finanziert. Damit werden langfristige, unternehmensbereichsübergreifende Themen aufgegriffen, die von Bedeutung für den Konzern sind oder es sein werden. Zum anderen wird der Forschungsbereich durch Mittel aus den Unternehmensbereichen durch Beauftragung für mittelfristige Aufgaben finanziert. Durch dieses Forschungsfinanzierungsmodell wird die Kooperation zwischen Forschung und Entwicklung gefördert: Mittelfristige Aufgaben werden durch die Unternehmensbereiche beauftragt, langfristige Aufgaben durch den Vorstand.

Die Forschung übernimmt gegenüber den ergebnisverantwortlichen Unternehmensbereichen bedeutsame Verpflichtungen. Um die „Kundenorientierung" der Forschungsaktivitäten festzustellen und zu gewährleisten – und so die Wirkung der zuvor beschriebenen strategischen und organisatorischen Maßnahmen zur Kopplung von zentraler Forschung und dezentraler Entwicklung zu messen – werden verschiedene *Bewertungsmaßnahmen* institutionalisiert. Der *Customer Satisfaction Index* ist eine permanente und flächige Bewertung von Forschungsprojekten, die in einem jährlich wiederkehrenden Prozeß durch die internen Kunden durchgeführt wird. Die regelmäßige Durchführung von *Forschungsaudits* unter Beteiligung von internen Auditoren aus den „Kunden"-Unternehmensbereichen und von internationalen, auf das jeweilige Fachgebiet spezialisierten Experten (externe Auditoren) bietet eine weitere Möglichkeit zur Beurteilung der Ausrichtung der Aktivitäten, einzelner Projekte, der Zielerreichung und des Transfers der Forschungsergebnisse (vgl. Kapitel 8.7, [Weule, 1993], [Weule, 1995]).

Im kreativen Umfeld der Forschung entsteht eine Vielzahl von Ideen. Es gilt, diese für die Erstellung der unternehmensbereichsbezogenen Forschungsprogramme zu priorisieren und Schwerpunkte zu setzen (Forschung für die Entwicklungen der Unternehmensbereiche; vgl. Matrixorganisation der Forschung). Hiermit sind *Forschungssausschüsse der Unternehmensbereiche* betraut, die besetzt sind mit hochrangigen Vertretern aus der Forschung und den Unternehmensbereichen als „Kunden".

Darüber hinaus wurde zur Festlegung von Richtung und Schwerpunkten in der Forschung die unter dem Aspekt „Strategie" beschriebene *Forschungsklausur des Gesamtvorstands* als fester Bestandteil in der Ablauforganisation der Forschungsaktivitäten eingerichtet.

Kooperation

Die *Zusammenarbeit mit Universitäten* spielt für das Unternehmen eine wichtige Rolle. Weltweit werden Hochschulen durch die Vergabe von Forschungsaufgaben in die eigenen Aktivitäten eingebunden. Es wurden *Studentengruppen an internationalen Spitzenhochschulen* eingerichtet und gefördert. Ferner wurde ein *Netzwerk aus wissenschaftlichen Experten* an „Schlüsselhochschulen" eingerichtet, die dem Unternehmen als Berater zur Seite stehen. Diese Experten zeichnen sich durch ihre hohe fachliche Kompetenz, ihren ausgezeichneten Überblick über den Stand der Technik auf dem jeweiligen Fachgebiet sowie durch gute Kontakte zu anderen Instituten weltweit aus.

Eigene Forschungsaktivitäten werden um nationale und internationale Kooperationen ergänzt. Mit verschiedenen Unternehmen wurden hierfür *strategische Kooperationen* eingegangen. Wesentliche Aspekte sind hierbei der Zugang zu neuen Märkten, die Nutzung von „Economies of scale" (Kostenfaktor) und die technologische Zusammenarbeit. Das spezifische Know-how und die Leistungsfähigkeit der Partner wird genutzt bzw. ausgebaut und muß nicht im eigenen Unternehmen vorgehalten werden. Es können vielfältige Synergien entstehen und genutzt werden, da die Partner sich hinsichtlich ihrer technologischen Kompetenzen und Kapazitäten sowie ihrer Kultur ergänzen. Weitere Synergien entstehen durch die Beteiligung an nationalen und internationalen *Verbundprojekten und Programmen*.

Durch die Teilnahme an *Venture Capital Fonds* erschließt sich das Unternehmen die Möglichkeit, weltweit technologische Entwicklungen zu erkennen, frühzeitig Kontakte zu knüpfen und so die eigenen Geschäftsaktivitäten zu unterstützen.

Internationalisierung

Die rasante Globalisierung der Kerngeschäfte des Unternehmens spiegelt sich auch in der Internationalisierung der Forschung wider. Es gilt, die Nähe zu den internationalen Märkten und (internen) Kunden zu halten und diese bei ihren Globalisierungsaktivitäten zu begleiten, weltweiten Zugang zu technologischen und wissenschaftlichen Ressourcen zu schaffen sowie im Ausland vorliegende Kostenvorteile zu nutzen, die z.B. aufgrund geringerer Personalkosten bei gleichzeitig hohem Ausbildungsstand in Indien oder Osteuropa entstehen.

Durch *Technologieaußenstellen* wird die Nähe zu den internen „Kunden" sowie zu wissenschaftlichen Kompetenzzentren gehalten. Dies ist von grundlegender Bedeutung für die Effektivität und Effizienz anwendungsnaher Forschung und ihre Spitzenstellung. Zu den Aufgaben und Schwerpunkten der Technologieaußenstellen zählen das Technologie-Monitoring zur Beobachtung von Kern-Technologiefeldern, die Identifikation von Trendbrüchen, die Anbahnung von Kooperationen, das Aufzeigen von Fördermöglichkeiten sowie der Aufbau und die Pflege von Expertennetzwerken. Ferner werden von den Außenstellen Dienstleistungen, z.B. in Form von Informationsbeschaffung und Technologierecherchen, übernommen. Die Einrichtung von *Forschungszentren in der Triade* Europa, Japan und USA in unmittelbarer Nähe von High-Tech-Kompetenzzentren ist hier ebenfalls von großer Bedeutung.

Durch die Festlegung eines *bestimmten Prozentsatzes ausländischer Forscher* auf Mitarbeiter- und Führungsebene, durch den Austausch von Mitarbeitern sowie durch die Bildung multikultureller Forschungsteams wird die Internationalisierung der Forschung unterstützt. Ein Grund hierfür ist die Erfahrung, daß international besetzte Teams deutlich mehr Kreativität und Innovationskraft aufweisen. Besondere Bedeutung kommt zudem dem Aufbau *internationaler Wissensnetzwerke* zu, da sich neben den Produktmärkten auch die Wissensmärkte internationalisieren.

Eine wichtige Stellung nehmen *internationale Kooperationen* ein. Beispiele hierfür sind, wie bereits beschrieben, Kooperationen mit Hochschulen, die Einbindung externer Spitzenforscher, Kooperationen mit Gesellschaftstöchtern, strategische Kooperationen mit Partnerfirmen und Zulieferern der Unternehmensbereiche und mit Forschungsdienstleistern sowie die Teilnahme an Joint Ventures.

Personalmanagement

Die Einrichtung von *Zeitstellen* sowie die Beschäftigung von *Doktoranden* erlaubt es dem Unternehmen, für einen befristeten Zeitraum hochqualifizierte Mitarbeiter kennenzulernen und an sich zu binden.

Ein modernes Unternehmen braucht heute Mitarbeiter, die unternehmerisch denken und handeln. Forscher müssen somit heute kompetente Manager ihrer Projekte sein. Bei der Auswahl und Weiterbildung der Forschungsmitarbeiter müssen diese Management-Herausforderungen berücksichtigt werden. *Qualifizierungsmaßnahmen* unterstützen die generelle Managementkompetenz, vorwiegend im Hinblick auf strategische Kompetenz, Kunden- und Marktorientierung sowie soziale Fähigkeiten (wie Kommunikation und Führungstechniken). Ziel ist, unternehmerisch denkende und handelnde Forscher auszubilden gemäß der Vision eines strategisch-unternehmerisch geführten „mittelständischen Unternehmens Forschung".

Ein integriertes FuE-Management setzt einen intensiven Personalaustausch zwischen Forschung und Unternehmensbereich voraus. Durch diese Verzahnung wird der Innovationsprozeß wesentlich gefördert. Mit der sog. *„Austauschgruppe"* wurde dieser Personalaustausch institutionalisiert. Hierbei handelt es sich um eine Gruppe, in der Kommunikation und Vernetzung eine große Bedeutung beigemessen werden. Es sollen durch soziale Kompetenz und umfangreiches Wissen die Vertrauenskultur im Unternehmen gestärkt und technologische Neuerungen effizient umgesetzt werden. Nach einem typischerweise 2-jährigen Projektaufenthalt in der Forschung wechselt der Mitarbeiter in einen bereits zuvor definierten Zielbahnhof z.B. in der Entwicklung. Dieser Personaltransfer unterstützt gleichzeitig den Transfer von Forschungsergebnissen in die Entwicklung. Doch auch in umgekehrter Richtung – aus einem Unternehmensbereich in die Forschung – wird dieser Personaltransfer durchgeführt. Dadurch lernt der zukünftige Forscher vorab die Entwicklungserfordernisse und -probleme kennen. Neben der „gesteuerten Fluktuation" durch die Austauschgruppe werden längerfristige *Senior Researcher* ausgewählt und gefördert.

Unternehmenskultur

Hinter all den beschriebenen Aktivitäten und Maßnahmen steht das Ziel, eine Innovationskultur im Unternehmen zu etablieren und zu fördern. Sie haben wesentlichen Einfluß auf die Zusammenarbeit der Mitarbeiter, da sie sich auf die Überzeugungen, Regeln und Werte auswirken, die das Verhalten aller Mitglieder der Unternehmung prägen (vgl. Kapitel 7.3.1). Es gilt somit, Rahmenbedingungen zu schaffen und eine Kultur zu etablieren, in der sich qualifizierte und motivierte Forscher kreativ entfalten können.

Neben den bereits dargestellten Maßnahmen werden *Teamgespräche zwischen Forschung und Management* durchgeführt, die Offenheit und Anerkennung hinsichtlich der Forschungstätigkeit der Mitarbeiter vermitteln. Auch die bereits beschriebene *Forschungsklausur des Gesamtvorstands* spielt hier eine wichtige Rolle. Sie ist ein Zeichen, daß die oberste Ebene des Konzerns der Gestaltung der Zukunft durch die Forschung eine große Bedeutung beimißt.

Von wesentlicher Bedeutung ist, den Mitarbeitern die Visionen und Strategien des Unternehmens klarzumachen und den innovativen Kräften so einen Rahmen für ihr Tun zu bieten. Hierfür werden regelmäßig *Informationsveranstaltungen* über die Ziele durchgeführt.

Das Beispiel hat gezeigt, welch eine Vielzahl an Maßnahmen bei einem Großkonzern zur Realisierung des integrierten FuE-Managements ergriffen wird. Der Weg dorthin kann jedoch nicht von heute auf morgen zurückgelegt werden. Vielmehr muß eine Reihe flankierender Maßnahmen ergriffen werden, um das Ziel sicher zu erreichen. Das nachstehende Beispiel 10-17 zeigt, wie ein Automobilhersteller diesen Weg geht.

Beispiel 10-17: Der Weg eines Automobilherstellers zu einem neugestalteten Entwicklungsmanagement

Um auch zukünftig den Anforderungen seines hochdynamischen Umfelds gerecht zu werden, hat ein Automobilhersteller einen gezielten Veränderungsprozeß eingeleitet und inzwischen erfolgreich abgeschlossen.

Das Unternehmen hat sich – ausgehend von der Unternehmensvision – ein Leitbild und Leitsätze gegeben, die die Grundlage allen Handelns in allen Ebenen des Unternehmens bilden. Diese wurde im gesamten Unternehmen durch hierfür verantwortliche Transformationsmanager kommuniziert – Voraussetzung für die Einbindung und Motivation aller Mitarbeiter – und umgesetzt. Aus diesen langfristigen, übergeordneten Zielen leitet sich eine Reihe von „operativen" Zielen ab, welche die Arbeit im täglichen Leben leiten sollen. Hierzu zählen sowohl Produkt- und Prozeßziele (z.B. Innovation, Effizienz), aber auch das Erreichen von Verhaltenszielen (wie Disziplin, Zusammenarbeit, offene Kultur, ganzheitliche und prozeßorientierte Denkweise).

Der gesamte Veränderungsprozeß zog sich über mehrere Jahre hin und wurde gestartet mit einer Auftaktveranstaltung, zu der alle Mitarbeiter eingeladen waren. Hierdurch wurde eine Aufbruchsstimmung erzeugt und alle Mitarbeiter mobilisiert.

Im Rahmen dieses Veränderungsprozesses (TQM – Total Quality Management) wurden sowohl Optimierungsmaßnahmen als auch eine Qualifikation aller Mitarbeiter durchgeführt. Neben die Organisationsentwicklung trat eine ausgeprägte Personalentwicklung, um eine neue Unternehmenskultur bei den Mitarbeitern zu prägen.

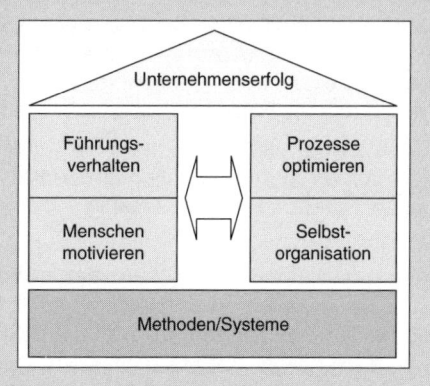

Abbildung 10-27: Der Weg zum Unternehmenserfolg über ein neugestaltetes FuE-Management

Ziele der **Personalentwicklung** waren die Verbesserung der Beziehungsebene zwischen den Mitarbeitern, um so eine effizientere Zusammenarbeit zu fördern, und die Vorbereitung der Führungskräfte und Mitarbeiter auf ein sich veränderndes Führungs- und Rollenverständnis. Heute werden für *Führungskräfte* u. a. Weiterbildungsveranstaltungen zur Verbesserung der Management- und Führungsleistungen angeboten. *Mitarbeiter* erhalten mit Veranstaltungen zu Moderation, Teammanagement und Teamentwicklung Schulungen zur Förderung der Sozialkompetenz.

Zur Durchführung dieser Personalentwicklungsmaßnahmen wurde eine Vielzahl von Trainern ausgebildet, um die gesamte Entwicklungsmannschaft in den beschriebenen Fähigkeiten zu schulen.

Im Rahmen der **Organisationsentwicklung** wurden Arbeitsplatz- und Gesamtprozeßanalysen durchgeführt, um die Grundlage für eine Neukonzeption des Entwicklungsprozesses zu schaffen. Hierfür wurde ebenfalls eine Vielzahl an Mitarbeitern als TQM-Multiplikatoren geschult und eingesetzt, um die praktische Umsetzung der einzelnen Schritte gemeinsam mit Mitarbeitern und Führungskräften vorzunehmen.

10.3 Beispiele für die Gestaltung der Elemente des FuE-Managements

```
Arbeitsplatz-  →  Gesamtprozeß-  →  Konzeption
analyse           analyse
```

Abbildung 10-28: Phasen des Veränderungsprozesses

Die *Arbeitsplatzanalyse* hatte u. a. zum Ziel,

- die Mitarbeiter aktiv einzubinden,
- das Bewußtsein der Mitarbeiter hinsichtlich des eigenen Beitrags zum Unternehmenserfolg und des internen Kunden-Lieferanten-Verhältnisses zu schärfen,
- mehr Offenheit zwischen den Mitarbeitern und zu Vorgesetzten zu schaffen und so die Gesprächskultur zu verbessern,
- die Generierung von Verbesserungsvorschlägen am Arbeitsplatz zur Erleichterung der Arbeit und Verbesserung der Arbeitsqualität und
- die Zufriedenheit der Mitarbeiter zu fördern.

Vor Durchführung der Arbeitsplatzanalyse wurden die Mitarbeiter des Entwicklungsbereichs in „Wahlkreise" aufgeteilt und wählten eine Person ihres Vertrauens als TQM-Multiplikator für ihren Bereich. Nach Abschluß der Arbeitsplatzanalyse wurden Moderationen durchgeführt und die Ergebnisse der Analysen ausgewertet. Daraus resultierte eine Vielzahl an Verbesserungsvorschlägen, die z. T. sofort umgesetzt wurden, andere sind in die Neukonzeption eingeflossen.

Im Rahmen der *Gesamtprozeßanalyse* wurden die Abläufe des Unternehmens untersucht. Ziel war, Transparenz in die Prozesse zu bringen, Handlungsfelder aufzuzeigen, Prozeßfehler zu visualisieren und einen beträchtlichen Teil dieser Fehler abzustellen. Auch hier sollten alle Mitarbeiter und Führungskräfte eingebunden werden. Es galt, das Denken in Prozeßketten zu lernen, Doppelarbeiten, Reibungsverluste und Liegezeiten usw. zu erkennen und zu beseitigen und interne und externe Kunden-Lieferanten-Beziehungen aufzuzeigen. Hierfür wurden Kernprozesse, Prozeßketten, Arbeitsabläufe und Schnittstellen zu anderen Bereichen und Funktionen analysiert. Auch hier war es das Ziel, Sofortmaßnahmen und Ideen für die Neukonzeption zu erarbeiten.

In der *Konzeptionsphase* ging es darum, ein Gesamtoptimum für den gesamten Entwicklungsbereich zu erzielen. Aus diesem Grund wurden Aktivitäten sowohl „bottom-up" als auch „top-down" durchgeführt. Hierdurch wurde sowohl die übergeordnete Sicht für ein Gesamtoptimum als auch die Realisierbarkeit der Sollkonzeption durch die Basis gewährleistet. Grundlegend bei einer Neukonzeption ist die Beachtung der in Abbildung 10-29 dargestellten organisatorischer Grundprinzipien.

Im Verlauf mehrerer Revisionen ist ein Entwicklungsprozeß entstanden, der eine *wesentliche* Verbesserung gegenüber der Ausgangslage aufzeigt.

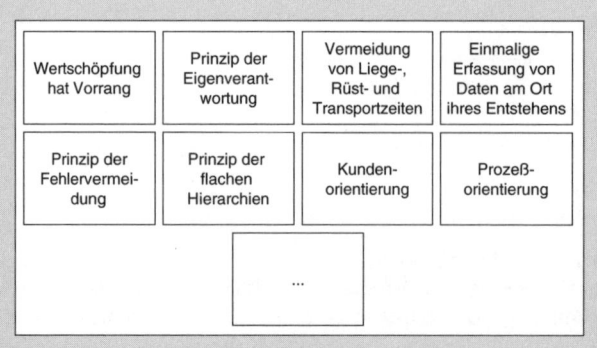

Wertschöpfung hat Vorrang	Prinzip der Eigenverantwortung	Vermeidung von Liege-, Rüst- und Transportzeiten	Einmalige Erfassung von Daten am Ort ihres Entstehens
Prinzip der Fehlervermeidung	Prinzip der flachen Hierarchien	Kundenorientierung	Prozeßorientierung
...			

Abbildung 10-29: Organisatorische Grundprinzipien bei der Neukonzeption des Entwicklungsprozesses

Ein so weitreichender und umfassender Veränderungsprozeß, der in so starkem Maß auf die Einbindung der Mitarbeiter baut, stellt hohe Anforderungen an die Beteiligten. Um ein die Aktivitäten unterstützendes **Klima** zu schaffen, wurde eine Reihe von Maßnahmen hierzu ergriffen, die noch heute eingesetzt werden. Mit *„Hallo-Antwort-Karten"* können Mitarbeiter im Unternehmen eine Frage an einen anderen Mitarbeiter stellen – unabhängig von dessen hierarchischer Stellung. Der Betreffende ist verpflichtet, innerhalb von zehn Tagen die Frage persönlich zu beantworten. Dies unterstützt die Kommunikation bei größeren Hierarchieunterschieden und hilft, Gerüchten vorzubeugen. Einmal im Jahr werden *Mitarbeiterbefragungen* durchgeführt, um das Klima in den Bereichen zu erfassen und die Mitarbeiterzufriedenheit erhöhen zu können. Prinzipiell kann die Befragung als Stimmungsbarometer, Diagnose-, Kommunikations-, Meß- und Steuerungsinstrument für die Weiterentwicklung von Abteilungen eingesetzt werden. Die Ergebnisse dieser Befragung in verschiedenen Kategorien (Arbeitsbereich des Mitarbeiters, berufliche Entwicklung und Anerkennung, Zusammenarbeit zwischen Kollegen, Verhältnis zum Vorgesetzten, Zusammenarbeit zwischen Abteilungen, Management und Organisation, Einstellung zu TQM) werden bis auf Abteilungsebene ausgewertet. In gemeinsamen Diskussionen werden Verbesserungsmaßnahmen entwickelt. Durch das Instrument *„Mitarbeiter-Feedback"* erhalten Mitarbeiter die Möglichkeit, ihren nächsten Vorgesetzten zu beurteilen und ihm eine Rückmeldung über sein Führungsverhalten zu geben. Inhaltliche Schwerpunkte sind z.B. die Förderung der Zusammenarbeit, der richtige Einsatz und die Förderung von Mitarbeitern, Anerkennung und Feedback, Information und Vereinbarungen, erfolgsorientiertes Denken und Handeln und die Verbesserung der Wirtschaftlichkeit. Ziel ist, die offene Unternehmenskultur zu fördern und das Führungs- und Arbeitsverhalten zu verbessern. *Zielvereinbarungsgespräche* helfen Führungskräften, über Ziele zu führen, und ermöglichen es Mitarbeitern, eigenverantwortlich mit entsprechenden Freiräumen zielorientiert zu arbeiten. Hierzu werden von Führungskraft und Mitarbeiter die Ziele diskutiert und gemeinsam festgelegt. Bei Nichterreichung werden ebenfalls gemeinsam die Ursachen hierfür analysiert und Maßnahmen festgelegt, die den Mitarbeiter zur Zielerreichung befähigen sollen.

> Alle vorstehend beschriebenen Maßnahmen zielen auf eine nachhaltige Veränderung des Denkens und Verhaltens der Mitarbeiter, der Werte und der Kultur ab. Abbildung 10-30 zeigt, daß dies zwar die aufwendigsten, aber im Hinblick auf die Wettbewerbsstärke wirksamsten Veränderungen sind, die im Unternehmen angestrebt werden können.
>
> Abbildung 10-30: Aufwand und Wettbewerbsstärke von Veränderungsprozessen

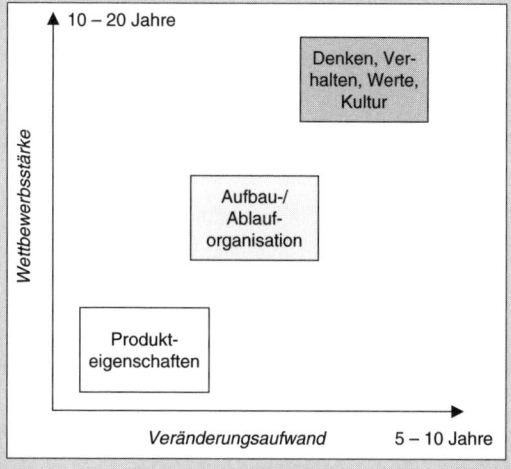

10.4 Fazit

- Bei der Gestaltung der Elemente des FuE-Managements müssen die individuelle Situation des Unternehmens – bestehend aus der externen Umwelt und den internen Gegebenheiten – und die Akteure berücksichtigt werden.

- Stetiger und intensiver (dynamischer) Dialog aller zukunftsgestaltenden Bereiche auf allen Ebenen ist Grundvoraussetzung für ein integriertes FuE-Management.

- Der zentrale Punkt des FuE-Managements muß immer der Mensch sein. Es gilt, seine Kreativität und Motivation durch die geeignete Gestaltung von Rahmenbedingungen zu fördern und den FuE-Prozeß durch den Einsatz der jeweils am besten angepaßten Methoden zu unterstützen. Hierdurch lassen sich mögliche Hemmnisse im FuE-Prozeß überwinden.

- Es gibt keine Erfolgsrezepte. Aus den Beispielen lassen sich jedoch Erfolgsmuster herausarbeiten, die als Anregung für die Gestaltung und Auswahl der Elemente des eigenen FuE-Managements genutzt werden können.

Literaturhinweise

Arthur D. Little (Hrsg.) (1988): Innovation als Führungsaufgabe, Frankfurt/Main, Campus 1988

Booz, Allen & Hamilton (Hrsg.) (1991): Integriertes Technologie- und Innovationsmanagement, Berlin, Schmidt 1991

Brandenburg, F. et al. (1999): Innovation mit System – Die Zukunft gestalten, in: AWK Aachener Werkzeugmaschinen-Kolloquium; Eversheim, W.; Klocke, F.; Pfeifer, T.; Weck, M. (Hrsg.): Wettbewerbsfaktor Produktionstechnik, Tagungsband zum AWK Aachener Werkzeugmaschinenkolloquium '99, 10./11. Juni 1999, Aachen, Shaker 1999, S. 99–139

Bürgel, H. D.; Haller, C.; Binder, M. (1996): F&E-Management, München, Vahlen 1996

Grochla, E. (1995): Grundlagen der organisatorischen Gestaltung, Stuttgart, Schäffer-Poeschel 1995

Hauschildt, J. (1997): Innovationsmanagement, München, Vahlen 1997

Hauschildt, J. (1998): Zur Weiterentwicklung des Promotoren-Modells, in: Hauschildt, J.; Gemünden, H. G. (Hrsg.): Promotoren – Champions der Innovation, Wiesbaden, Gabler 1998, S. 235–262

Herzhoff, S. (1991): Innovations-Management – Gestaltung von Prozessen und Systemen zur Entwicklung und Verbesserung der Innovationsfähigkeit von Unternehmungen, Dissertation, Universität Siegen, Bergisch Gladbach, Eul 1991

Kieser, A.; Kubicek, H. (1992): Organisation, 3. Auflage, Berlin, de Gruyter 1992

Saad, K. N.; Roussel, P. A.; Tiby, C.; Arthur D. Little (Hrsg.) (1991): Management der F&E-Strategie, Wiesbaden, Gabler 1991

Schuller, F. (1995): Innovative Unternehmensführung als Erfolgsfaktor, Tagungsband Deutscher Wirtschaftsingenieurtag, München 10./11. November 1995

Sommerlatte, T.; Jonash, R. S. (2000): Innovation: Der Weg der Sieger, Landsberg/Lech, Moderne Industrie 2000

Specht, G.; Beckmann, C. (1996): F&E-Management, Stuttgart, Schäffer-Poeschel 1996

Spur, G. (1998): Technologie und Management, München, Hanser 1998

Ulrich, P.; Fluri, E. (1995): Management, 7. Auflage, Bern, Haupt 1995

Walter, W. (1997): Erfolgversprechende Muster für betriebliche Ideenfindungsprozesse, Forschungsberichte aus dem Institut für Werkzeugmaschinen und Betriebstechnik der Universität Karlsruhe, Band 75, Karlsruhe 1997

Weule, H. (1993): Ein Prüfstand für Forscher, in: Bild der Wissenschaft, 10/1993, S. 90–91

Weule, H. (1995): Technologiemanagement im integrierten Technologiekonzern, in: Zahn, E. (Hrsg.): Handbuch Technologiemanagement, Stuttgart, Schäffer-Poeschel 1995

Weule, H. (1996): Eine Innovationskultur bedarf des Zusammenspiels aller kreativen Kräfte, in: wt – Produktion und Management, 86 (1996), S. 80

Glossar

Auditoren: Interne und/oder externe Experten, die als Gutachter Forschungsaudits mitgestalten.

Boardprojekte: Projekte, die den Entscheidungsträgern (Board) vorgelegt wurden.

Bruttosozialprodukt: Das Bruttosozialprodukt (BSP) ist ein Maß für die wirtschaftliche Leistung einer Volkswirtschaft in einer Periode und entspricht dem Wert aller in der Periode produzierten Güter (Waren und Dienstleistungen, jedoch ohne die Güter, die als Vorleistung bei der Produktion verbraucht wurden, und einschließlich der aus dem Ausland netto empfangenen Erwerbs- und Vermögenseinkommen). [Gabler Wirtschafts-Lexikon, 10. Auflage, Wiesbaden, Gabler 1994]

Commitment: Eindeutiges Bekenntnis („innere Verpflichtung") der Führungsebene eines Unternehmens zu bestimmten Zielen und Werten. Eigene Beiträge zur Erreichung der Ziele und Vorleben der kommunizierten Werte sind wesentliche Bestandteile der Kommunikation und Erfolgsfaktoren für die Realisierung der Ziele und Werte.

Corporate Identity: (In Anlehnung an [Gabler Wirtschafts-Lexikon, 10. Auflage, Wiesbaden, Gabler 1994])

1. Strategisches Konzept zur Positionierung der Identität oder eines klar strukturierten, einheitlichen Selbstverständnisses einer Unternehmung.
2. Bestandteil der strategischen Unternehmensführung und -planung. Vorraussetzung zu einer kontinuierlichen und strategiekonformen Umsetzung strategischer Konzepte ins operative Geschäft.

Customer Satisfaction Index (CSI): Methode zur flächendeckenden Erfassung der Zufriedenheit von Kunden der Forschungsabteilungen (z.B. Unternehmensbereiche oder externe Auftraggeber). Ziel ist eine Ergebnisbewertung von Forschungsleistungen.

Delphi-Analyse: Methode zur Ermittlung von Expertenprognosen zu bestimmten Fragestellungen. Aufgrund des großen Aufwandes bisher nur von staatlichen Institutionen durchgeführt (siehe Kapitel 7.2.1).

Design to Cost: Das Entwerfen und Konstruieren nach Kostengesichtspunkten unter Berücksichtigung der gegebenen Rahmenbedingungen („Konstruiere so, daß unter den vorgegebenen Prämissen das Kostenziel eingehalten wird"). Somit werden die Kosten neben den technischen Leistungen und Terminen zu einem wichtigen Entwurfsparameter.

Dispositiver Faktor: Nach *Gutenberg* eine Bezeichnung für die Produktionsfaktoren, die die Elementarfaktoren menschliche Arbeitskraft, Betriebsmittel und Werkstoffe kombinieren. Die Kombination der Elementarfaktoren erfolgt durch die Geschäftsführung, die sich dabei der Planung und Organisation als Hilfsmittel bedient. Die Geschäftsleitung, die Planung und die Organisation bilden den dispositiven Faktor [Gabler Wirtschafts-Lexikon, 10. Auflage, Wiesbaden, Gabler 1994].

Economies of Scale: Kostendegression durch Einkauf bzw. Herstellung höherer Stückzahlen gleicher oder ähnlicher Produkte.

Effektivität:
- Beschreibt die Frage, mit welchem Ergebnis ein Prozeß durchgeführt wird (Frage nach dem „Was?").
- Erreichung eines Ziels durch die geschickteste Kombination der zur Verfügung stehenden Mittel.

Effizienz:
- Beschreibt die Frage, auf welche Art und Weise (d. h. Aufwand, Vorgehen) ein Prozeß durchgeführt wird (Frage nach dem „Wie?").
- Erreichung eines Ziels unter dem günstigsten Verhältnis zwischen Input und Output.

Erfolgsfaktorenforschung: Studien, die versuchen, Erfolgsfaktoren von Innovationen oder Unternehmen zu identifizieren.

Forschungsaudit: Methode zur Untersuchung der Effektivität, Effizienz und wissenschaftlichen Qualität einer Forschungsgruppe in bezug auf die Kunden (z.B. Unternehmensbereiche oder externe Auftraggeber) und die Wettbewerbssituation. Ziel ist die Verbesserung von strategischen Entscheidungen zu Inhalten, Personal und Kapazität.

Forschungsprojektmanagement: Im Gegensatz zum klassischen Projektmanagement muß das Forschungsprojektmanagement aufgrund der schwierigen Planbarkeit von Forschung, flexibel auf das Projektgeschehen reagieren, ohne das Ziel aus den Augen zu verlieren. Die Methoden des klassischen Projektmanagements können daher nur in modifizierter Form zur Anwendung kommen.

Forschungsprozeß: Ausgehend von einem bestimmten Budget werden Forschungsergebnisse erarbeitet, auf deren Basis Produkte und Prozesse entwickelt werden. Der Forschungsprozeß kann in die Teilschritte Aufgabenfindung, Generierung, Bewertung und Priorisierung von Projekten, Projektmanagement sowie Bewertung und Transfer eingeteilt werden.

FuE-Kooperation: Eine FuE-Kooperation ist die bewußte, zwischenbetriebliche und freiwillige Zusammenarbeit selbständiger Unternehmen mit der Absicht, ohne Aufgabe der grundsätzlichen unternehmerischen Entscheidungsfreiheit durch Forschung und Entwicklung gemeinsame wirtschaftliche Ziele zu realisieren.

Führungsstil: Idealtypische Art und Weise des Umgangs von Vorgesetzten mit einzelnen Untergebenen und Gruppen.

Führungstechniken: Vorgehensweisen und Maßnahmen der Führung zur Realisierung der vorgegebenen Ziele, der Gestaltung der Führungssituation und der Behandlung der Untergebenen.

Gestaltungsparameter des FuE-Managements: Rahmenbedingungen von Forschung und Entwicklung, die gezielt beeinflußt und gestaltet werden können. Hierzu zählen die Aspekte Strategie, Organisation, Kooperation, Internationalisierung, Personalmanagement und Unternehmenskultur.

Horizontale Kooperation: Kooperation zwischen Unternehmen, die unterschiedlichen Branchen angehören, d.h. zwischen denen keine Wettbewerbsbeziehung besteht.

Ideenfindungsprozeß: Phasenorientierte Betrachtungsweise des Prozesses, bei dem die Kreativität der Mitarbeiter angeregt wird, Ideen zu generieren, die anschließend über verschiedene Methoden bewertet werden müssen.

Internationalisierung: Die Aufnahme des Auslandsgeschäfts – sei es durch Export von Erzeugnissen, Technologie sowie Management-Know-how oder durch Direktinvestitionen im Vertriebs- oder Fertigungsbereich – bedeutet für die einzelne Unternehmung Internationalisierung.

Kreativität: Die Fähigkeit eines Individuums oder einer Gruppe, phantasievoll, assoziativ und gestaltend zu denken und zu handeln, um dadurch mit bewußten oder unbewußten Zielen etwas Neues zu erreichen oder hervorzubringen [Johannson, B.: Kreativität und Marketing, Dissertation, Hochschule St. Gallen 1978].

Kreativitätstechniken: Systematische, strukturierte Techniken, um das kreative Potential eines Individuums oder einer Gruppe zu fördern und zu erhöhen, vorwiegend mit dem Ziel, Probleme und Fakten zu finden, sowie Ideen, Alternativen und Lösungen zu einem Problem zu entwickeln [Johannson, B.: Kreativität und Marketing, Frankfurt, Lang 1985].

Kundenanforderungen/-wünsche: Vom Kunden erwünschte Eigenschaften des Produkts (z.B. sportliches Fahrgefühl).

Lastenheft: Zusammenstellung aller Anforderungen der Kunden hinsichtlich des Leistungsumfangs des Produktes.

Methoden des FuE-Managements: Methoden zur Unterstützung des FuE-Prozesses von der Ideenfindung und -auswahl bis zum Projektmanagement für Forschungs- und Entwicklungsaktivitäten.

Not-invented-here-Syndrom: Neigung zu glauben, man selbst besitze ein Wissensmonopol in einem Fachgebiet mit der Folge, daß neue Ideen von außen abgelehnt bzw. behindert werden.

Personalauswahl: Entscheidung über die Besetzung einer frei gewordenen Stelle aus dem Angebot an Bewerbern.

Personalentwicklung: Maßnahmen, die auf die Entwicklung und Verbesserung der Leistungsfähigkeit und -bereitschaft abzielen. Sie umfaßt auch die individuelle Weiterbildung von Mitarbeitern.

Personalführung: Prozeß der Beeinflussung des Verhaltens der unterstellten Mitarbeiter.

Personaltransfer: Gegenseitiger Austausch von Personal zwischen Hochschulen und Industrie. So wechseln beispielsweise Hochschulprofessoren für eine begrenzte Zeit an Hochschulen oder Industrievertreter werden als Gastdozenten an die Hochschulen berufen.

Pflichtenheft: Beschreibung der Anforderungen, die zur Realisierung der Kundenanforderungen im Lastenheft notwendig sind.

Product Reverse Engineering: Zerlegen von Konkurrenzprodukten, um deren Unterschiede in den Produktfunktionen, Kosten, Materialien u. a. zu untersuchen.

Prozeßkostenrechnung: Vollkostenrechnungssystem, das versucht, durch die Analyse der Betriebsabläufe die Aktivitäten, die Tätigkeiten, die Teil- bzw. Hauptprozesse zu identifizieren, um daraus Bezugsgrößen für eine verursachungsgerechte Verteilung von Gemeinkosten auf die Kostenträger zu ermitteln.

Return-on-Investment: Verhältnis des gesamten investierten Kapitals und des Umsatzes zum Gewinn [Gabler Wirtschafts-Lexikon, 10. Auflage, Wiesbaden, Gabler 1994].

Rohprojekte: Aufbereitete Ideen, die ersten Wirtschaftlichkeitsrechnungen und technischen Machbarkeitsstudien unterzogen wurden.

Spin-off-Technologie: Technologien, die neben der Entwicklung der Kerntechnologien einer Unternehmung anfallen.

Strategische Erfolgsfaktoren: Elemente und Faktoren, die langfristig erfolgreiche Unternehmen auszeichnen, beispielsweise bei der Gestaltung von Entwicklungsprozessen.

Strategische Frühaufklärung: Führungsinstrumentarium, mit dessen Hilfe Unternehmen versuchen, auf eine turbulente und komplexe Umwelt zu reagieren. Durch frühzeitiges Identifizieren von Gefahren und Chancen soll ausreichend Zeit für die Formulierung und Durchführung von Reaktionsstrategien gewonnen werden.

Szenariotechnik: Methode zur Ermittlung möglicher zukünftiger Entwicklungen und deren Wirkung auf ein bestimmtes System (z.B. Unternehmen, Staat etc.). Ziel ist die Ableitung strategischer Maßnahmen (siehe Kapitel 7.2.1).

Taylor'sches Prinzip: Wissenschaftliche Betriebsführung. Ziel ist die Steigerung der Produktivität der menschlichen Arbeit. Dies geschieht durch die Teilung der Arbeit in kleinste Einheiten, zu deren Bewältigung keine oder nur geringe Denkvorgänge zu leisten sind und die wegen des geringen Umfangs schnell und wiederholt ausgeführt werden können. [Gabler Wirtschafts-Lexikon, 10. Auflage, Wiesbaden, Gabler 1994]

Technologie- und Innovationsparks: Dienen dazu, Gründungen innovativer High-Tech-Unternehmen zu fördern. Hierzu werden räumlich begrenzte Gebiete mit einer geeigneten Infrastruktur (Kommunikation, Bürogebäude, etc.) aufgebaut. Die gegründeten Unternehmen werden im allgemeinen durch staatliche Mittel gefördert.

Technologiemanagement: Führungslehre, die zur zielgerichteten Nutzenanwendung von Technik anleiten soll. Dazu gehört die Anleitung, technische Prozesse durchzuführen, technische System aufzubauen und zu verändern sowie das technische Wissen zum Nutzen der Gesellschaft umzusetzen (vgl. [Spur, G.: Technologie und Management, München, Hanser 1998]).

Technologie-Monitoring: Systematische Beobachtung relevanter Technologiebereiche. Ziel ist, Weiterentwicklungen von Technologien und das Auftreten von Substitutionstechnologien zu erkennen. Ein weiterer Betrachtungsgegenstand ist oft das Umfeld, in dem die Produkte eingesetzt werden. Zur Identifizierung relevanter Themen sind Produkt- und Fertigungstechnologien von Interesse. Hierbei ist von bekannten Technologien zu abstrahieren und der Fokus auf Funktionen und Nutzen zu richten.

Technologietransfer: Bedeutet institutionell der planvolle, zeitlich limitierte, privatwirtschaftliche oder staatlich unterstützte Prozeß der Übertragung einer Technologie.

Total Quality Management: Integrierte Führungsstrategie, die das gesamte Unternehmen mit allen Aktivitäten und Mitarbeitern sowie die Unternehmensumwelt einbezieht. Hierfür werden Methoden und Techniken zur kontinuierlichen Verbesserung der Prozesse konsequent angewendet und die Qualität als oberstes Unternehmensziel aufgenommen, zu dem sich das Management eindeutig bekennt. Wesentlich ist die Einbettung in eine dementsprechende Unternehmenskultur und Unternehmenspolitik. Ziel ist, durch Zufriedenheit der Kunden einen langfristigen Geschäftserfolg sowie Nutzen für die Mitglieder der Organisation und für die Gesellschaft zu erreichen (vgl. [Kamiske, G. F.; Brauer, J.-P.: Qualitätsmanagement von A bis Z, München, Hanser 1993]; [DIN ISO 8402]).

Unternehmensbereichsmittel: Finanzielle Mittel, die von den am Markt agierenden Unternehmensbereichen bereitgestellt werden.

Venture Capital Fonds: Unternehmen, das zur Förderung neuer Technologien und junger Unternehmen gegen die Übertragung von Unternehmensbeteiligungen finanzielle Mittel zur Verfügung stellt. Hierbei werden häufig auch Vorhaben unterstützt, die ein höheres Risiko aufweisen als dies von Banken finanziert wird. Andererseits bestehen hier durch innovativere Produkte, Technologien und Unternehmenskonzepte auch Chancen auf größere Erträge bei späterer Veräußerung der Unternehmensbeteiligungen.

Vertikale Kooperation: Kooperation zwischen Unternehmen innerhalb eines gemeinsamen Wertschöpfungssystems, Partner steht im Lieferanten- oder Kundenverhältnis.

Stichwortverzeichnis

A

Altersstruktur 113f., 136
Analytischer Hierarchie-Prozeß 260, 264
Anforderungsliste 227, 237
Anforderungsprofil
– für Mitarbeiter in FuE 107f., 110, 119, 328
– Produkt- 236
Anreiz(-) 119, 125f., 224, 324
– immaterieller 126
– materieller 126
– system 11, 124f., 326
Arbeitsstrukturierung 128f., 135
Arbeitsvorbereitung 250, 270, 272
Arbeitszeit 120, 185, 322ff.
– flexible 118
Assessment-Center 110f., 129, 327
Auditoren 211, 336, 347
Aufgabenfindung 189, 199, 346

B

Barrieren (→ Hemmnisse)
– Kommunikations- 182, 224, 335
– Kooperations- 68, 88
– Kultur- 116
– Macht- 303f.
– Markteintritts- 82
– Motivations- und Willens- 224, 303f.
– Organisations- 303f.
– Wissens- und Fähigkeits- 224, 303f.
Bewertung (→ Projektbewertung)
– von Entwicklungsprojekten 279ff.
– von Forschungsaktivitäten 207ff.
– von Projektvorschlägen 201f.
Bewertungsmethoden 186, 201, 208, 213
Bibliometrische Analyse 162, 166f., 199, 258
Bottom-Up-Prozeß 197, 341

Brainstorming 148ff.
– Grundregeln des 149
– Ideenfluß beim 150
Brainwriting 151f.
Break Even Time 280f.
Bruttosozialprodukt 6, 345
Budget 74, 190ff., 213, 256, 299, 308, 324f.

C

Center-Konzept 205
CIP-Gruppen 184f.
Coaching 112, 129
Computer Aided Creativity (CAC) 170
Computer Supported Creativity (CSC) 170
Conjoint-Analyse 260ff., 264, 283
Corporate Intelligence 255ff.
Counselling 112
Customer
– Driven Robust Innovation 247
– Relationship Management 259
– Satisfaction Index (CSI) 208f., 336, 345

D

Delphi-Analyse 162, 165ff., 199, 258, 346
Design-to-Cost 228
Detailstruktur 48
Dispositiver Faktor 43

E

Effektivität 161, 210, 225, 281f., 346
Effizienz 161, 210, 225, 282, 346
Einbindung der FuE 50ff.
– dezentrale 53, 57
– kombinierte 53, 56ff.
– zentrale 52, 53, 55, 57

Eingliederung der Entwicklung 217 ff.
- dezentrale 219, 222
- zentrale 219 ff.
Einzel-FuE 79 ff.
Entwickler 107 f., 134, 304 f.
Entwicklung 11 f., 51, 216 ff., 249 ff., 275, 284, 294, 303 ff., 307 f.
- Magisches Dreieck der 217
- Prozesskette der 249 ff.
- Vor- 51
Erfahrung 135, 142
Erfindung(s-) 34, 39
- methodik 173, 247
- prozeß 204
- workshop 184
Erfolgsfaktorenforschung 252, 257, 346
Ergebnisbewertung 207 ff.
Experten-
- netzwerke 315 f., 337
- portfolio 129 ff.

F
Fachhochschule 15
Fähigkeiten 104
- Kritische 40
- Primär- 40
Feature-Technologie 244
Fluktuation 113 ff., 322, 338
FMEA 265, 269 ff.
Forscher 107 ff., 114 ff., 134, 198, 324 f., 338
Forschung(s-) 11 ff. 51, 303 ff., 307 f.
- anwendungsorientierte 13 ff., 16 ff.
- audit 208, 210 ff., 336, 346
- ergebnisbewertung 206, 207 ff.
- erkenntnisorientierte 13 ff.
- Finanzierung der 10, 19, 190 ff., 336
- Industrie- 13 f., 18 ff., 195 f., 208, 332
- pionier 67 f., 71
- projektmanagement 202 ff., 346
- prozeß 189 ff., 204, 346
Forschungs- und Entwicklungs (FuE-) management(s) 300, 343
- Elemente des 309 ff., 343

- Generationen des 300 f.
- Gestaltungsparameter des 309 f., 347
- integriertes 306 ff., 332 ff., 343
Fragebögen, biographische 110
Fraktale 184 f., 315
Fraunhofer-Gesellschaft 10, 14, 17, 98
FuE-Gemeinschaftsunternehmen 77 ff.
FuE-Kooperationen 74 ff.
- Erfolgsfaktoren für 82 ff.
- Formen von 77 ff.
- Motive für 75 f.
- zwischen Firmen und Forschungseinrichtungen 98
FuE-Prozeß 293, 310
- Erfolgsfaktoren im 104
- Hemmnisse im 301 ff., 343
Führung(s-) 117 ff., 340
- aufgaben 118 f.
- Einflußfaktoren auf die 119
- kräfte 119 ff., 329
- personals, Qualifikation des 119 ff., 136
- rollen 120 f.
- stil 36, 104, 122 f., 159, 346
- techniken 123 ff., 338, 346
- verantwortung 117, 329

G
Gap-Analyse 251 f., 257
Gebrauchsmuster 170, 176, 178
Geschmacksmuster 177
Grundlagenforschung 12 ff.
Grundwerte 103 f., 179 f., 321

H
Halbleiterschutzrecht 176
Handlungsautonomie 87
Helmholtz-Gemeinschaft 10, 14, 16 f.
Hemisphärenmodell 141 f.
Hemmnisse (→ Barrieren) 223, 299, 301 ff., 314
Hochschulen 15, 295 f.
House of Quality (HoQ) 231 ff., 247, 273

I
IBIS-Team 184f.
Ideen-
- absicherung 175ff.
- anregung 161f., 167ff., 170, 173, 182, 258, 312ff., 316f.
- auswahl 174f., 258, 331f.
- bewertung 37, 161f., 174, 186, 258, 331f
- börse 169
- entwicklung 170, 258
- findung 152, 161f., 258f.
- findungsprozeß 161ff., 178ff., 186, 200, 258, 330ff., 347
- findungssitzung 184f.
- generierung 37, 169ff., 250f., 258, 312, 330
- sammlung 169f., 258
- zukauf 170
Informationsquellen 167ff., 182, 200, 316
Innenstruktur 50f.
Innovation(s-) 34f., 38
- arten 35f.
- büro 184
- Durchbruchs- 36, 109, 144
- Effektivität und Effizienz einer 225
- Erfolgsfaktoren einer 299
- fähigkeit 122, 125, 292
- kultur 292, 322f.
- management 291f., 298f., 300
- management, integriertes 307f., 332ff., 343
- manager 184
- pool 184, 324
- scout 184
- Struktur- 35, 36, 321
- system, vertikales 316f.
- Verbesserungs- 36, 109
Innovationsprozeß 36ff., 293
- Akteure im 294ff., 329
- Einflußfaktoren auf den 294ff.
- Rahmenbedingungen für den 296ff.
Integration neuer Mitarbeiter 112

Integrierte Produkterstellung 226
Intellectual Property Management (IPM) 175ff., 187
Internationalisierung 74, 89ff., 100, 297, 310, 317ff., 320, 337f., 347
- Alternativen der 318
- der Entwicklung 93ff., 318ff.
- Erfolgsfaktoren für die 319
- Grad der 89f.
- Motive für die 90ff.
- Organisationsformen der 93ff.
- Standortfaktoren für die 96f.
- Ziele der 90ff., 318
Invention 34, 37, 39, 169

J
Job-
- Enlargement 129, 135
- Enrichment 129, 135
- Rotation 129, 135
Joint Venture 77f., 99, 338

K
Kano-Modell 260f., 283
Karriere-
- entwicklung 134f.
- planung 112, 128f., 135, 328
Keep-or-Sell 69, 71
Klima 181, 342
- Arbeits- 181f.
- Innovations- 306, 308, 320, 329
- Kommunikations- 151
- Organisations- 325
- Unternehmens- 159, 179, 181, 186, 326
Know-how-Transfer 42, 51, 75, 198
Kommunikation 62, 96, 182, 186, 202, 217f., 308, 318, 321, 323, 338, 342
Kompetenz 133
- Kern- 40f., 70, 97, 216, 294
Konkurrenzanalyse 255
Konzernmittel 193ff., 197, 199, 336

Kooperation(s-) 74ff., 177, 225, 295, 297, 310, 315ff., 337f., 346f.
- erfolgsbewertung 83, 85, 87
- erfolgsfaktoren 82ff., 100
- formen 77f., 81
- häufigkeit 81f.
- hemmnisse 76f.
- horizontale 84f., 347
- motive 75f.
- organisation 83, 86f.
- partner 83, 85f., 88, 100, 314
- phasen 82f.
- themenanalyse 84
- vertikale 84f., 349
- zwischen Industrie und Hochschulen 98

Kosten(-) 216f.
- bestimmung 239ff., 265
- planung 260ff.
- Ziel- 236ff., 239, 260, 262, 265, 268, 272

Kreative(r)
- Eigenschaften 143
- Prozeß 141, 145f.
- Typ 109f.

Kreativität(s-) 87, 107, 109, 115, 119, 122, 139ff., 159, 186, 205, 304, 320, 329, 347
- ästhetische 140
- Elemente der 141ff.
- hemmnisse 144ff.
- problemlösende 140
- techniken 146ff., 159, 330, 347
- veranlagungen 141

Kunden-
- anforderungen 162, 191, 222, 228, 231ff., 259f., 272, 295, 333, 347, 348
- beirat 184f.

L

Lastenheft 237, 259, 263ff., 332, 347f.
Lead-User-Analyse 258, 260, 264f., 317
Leistungsbeurteilung 129f., 326ff.

Local-Content-Vorschriften 91
Lösungsprinzip, technisches 172f., 265

M

Machbarkeitsstudie 56, 175, 257
Make-or-Buy 69ff., 221, 331
Management(-) 43ff., 297
- by Objectives (MBO) 123f.
- by wandering around 186, 321
- operatives 45
- strategisches 45
- zirkel 44

Markenrecht 177
Markt-
- einführung 249f., 274f., 293, 306
- forschungsmethoden 253f., 261
- segmentierung 252f., 258, 260

Max-Planck-Gesellschaft 10, 14ff., 98
Meilensteine 84, 87
Mentoring 112, 129, 133, 135
Methode „6-3-5" 151
Methodenkombination 247
Mitarbeiter(-) 104, 119, 297
- befragung 129, 131f., 325, 342
- befristete 338
- beurteilungssystem 326f.
- gespräche 129f.
- kreative 109ff.
- laufbahn 134f.
- typologisierung 107ff.

Morphologischer Kasten 158, 265f., 268
Motivationsstrategien 106
Multidimensionale Skalierung (MDS) 166

N

Nationalität 82, 113, 116f.
Nutzwertanalyse 201, 259, 265, 268

O

Organisation(s-) 47ff. 104, 310, 314f., 334, 347
- Ablauf- 36, 48, 222f., 343

- Aufbau- 36, 47ff., 204, 218ff., 343
- divisionale 49f., 52f.
- entwicklung 340
- Entwicklungsprojekt- 275ff.
- funktionale 48ff., 52
- Matrix- 50, 54, 58, 222, 335
- struktur 36, 71
- struktur, flexible 118, 314
- Tensor- 50, 55

P

Patenprinzip 112
Patent(-) 168f., 170ff., 176ff.
- analyse 252, 258
- bohrlöcher 172f.
- klassifikation, internationale 178
- schichten 171f.
Personal-
- auswahl 110ff., 114, 347
- entwicklung 105, 127ff., 132ff., 136, 319, 327ff., 338, 340, 347
- führung 44, 105, 117ff., 122ff., 136, 348
- leiter 106, 347
- management 103, 105f., 117f., 310, 338, 347
- planung 44, 105, 136
- struktur in FuE 113ff.
- verantwortung 106
Persönlichkeitsbilder nach Berth 109
Pflichtenheft 263, 265ff., 272, 348
Phasenmodell der Produktentstehung 249f.
PIMS-Projekt 253
Potentialanalyse 129ff., 252, 327ff.
Problemlösungstechniken (→ Kreativitätstechniken) 147ff., 330
Product Reverse Engineering 65, 68, 254, 257, 260f., 348
Produkt
- anforderungsermittlung 259ff., 264
- beirat 184f.
- konzepterstellung 264, 272ff.
- mandat 94f.

- strategieplanung 251ff., 257, 273
Produktion(s-) 49ff., 93ff., 250, 273f., 293ff., 303f.
- konzepterstellung 272ff.
Prognosemethoden 162ff., 253
Projekt-
- beschreibungsbogen 203
- bewertung (→ Bewertung) 207ff.
- management 86, 189, 202f., 206, 277f.
- organisation 267, 275ff., 279
- planung 202f.
- steuerung und -kontrolle 202
Promotoren 223ff.
- Macht- 198, 224
Prozeßkostenrechnung 244ff., 257, 268, 274, 348

Q

Qualifikation 92, 113f., 119ff., 127f., 198, 297, 319, 340
Qualität(s-) 210, 217, 226, 230ff., 267, 269, 276, 349
- zirkel 184f.
Quality Function Deployment (QFD) 217, 231ff., 249, 265, 272f., 283

R

Rahmenstruktur 48
Rapid Prototyping 265, 269, 272
Reformerischer Visionär 109, 144
Reputation 88
Rotation, externe 169

S

Schneller Nachfolger 67f., 71
Schutzrecht 175ff.
Selbstverwirklichung 118
Simultaneous Engineering 226, 318
S-Kurven-Modell 33
Soft Facts 83, 87f.
Staatliches Engagement 100
Standardbudgetierung 252, 256
Standortfaktoren 92, 96

Strategie(-) 41, 59 ff., 104, 310 ff., 332, 347
- der Geschäftseinheiten 60 f.
- der Geschäftsfelder 60 f.
- entwicklung 63 ff., 71, 163, 213, 247
- FuE- 63 ff., 71, 73, 113, 167, 297
- Gesamt- 60 f.
- Marketing- 260, 263
- Produkt- 62, 251 ff.
- system 63
- Technologie- 64 f., 71, 332
- Unternehmens- 59 ff., 63 f., 128, 162, 186, 199, 296 f., 301, 307, 333
- Wettbewerbs- 63 f.
strategische Frühaufklärung 252, 257, 348
Strukturierung der FuE 51
Stücklisten 265, 270, 272
Suchfeld 157, 162 ff., 185 f., 258, 312
Synektik 153 ff.
Synergie 42
System(-)
- gemeinschaft 79
- minimales technisches 171
systematischer Entdecker 109, 144
Szenario(-) 163 ff., 333 f.
- technik 162, 163 ff., 199, 258, 348

T
Target
- Budgeting 252, 256, 258, 275
- Costing 235 ff., 248 f., 260 f., 268
Taylor'sches Prinzip 49, 348
Team(-)
- arbeit 117 f., 129
- Champion- 184 f
- fähigkeit 107
- funktionales 277
- orientierte Strukturen 183 ff., 187
- struktur 119, 277 ff.
Technik 24
Technologie(-) 23 ff., 106, 273, 297
- außenstelle 337

- Basis- 31, 33
- kategorien 28 f.
- Kern- 25 ff., 69 f., 76, 348
- lebenszyklus 23, 30 ff.
- management 349
- Monitoring 31, 314, 337, 349
- nach ihrer Bedeutung 25
- Schlüssel- 30 f., 33, 70
- Schrittmacher- 30 f., 33
- Substitutions- 30 f., 33
- transfer 15, 73, 97 ff., 185, 349
Top-Down-Prozeß 197, 341
Total Quality Management (TQM) 230 f., 340
Traineeprogramm 112
Transfer
- von Forschungsergebnissen 136, 189, 197 f., 213, 338, 346
- von Personal 116 f.
Trendextrapolation 253, 313 f.
Triade 6, 91 f., 96, 114, 124, 337
TRIZ 247

U
Überalterung 115 ff.
Universität 15 f., 91 f., 97 f., 100, 169, 337
Unternehmens-
- analyse 255, 257
- bereichsmittel 193 ff., 336, 349
- führung 43 f., 60, 106, 122, 184, 211, 295, 301, 324, 345
- gründungen 99
- kultur 82, 85, 88, 162, 175, 179 ff., 187, 223, 231, 297, 310, 320 ff., 326, 339, 347, 349
- leitbild 311 f.
- organisation 47 ff.
- politik 59 f., 349
- umfeld 252 f., 294 ff.
- ziele 34, 62, 103, 175, 179 f., 191, 291, 311 f.
Urheberrecht 177

V

VDI Richtlinie 226f., 249, 251, 265, 268
Verbundforschung 99
Vision 60f., 163, 180, 311f., 323, 339

W

Weiterbildung 16, 118, 125f., 128, 132ff., 159, 326ff., 338, 340, 347
Wertanalyse 228ff., 248f., 268
Wissenschaftsgemeinschaft „Blaue Liste" 14, 17
Wissensnetzwerk 338

Z

Zero-Base Budgeting 252, 256, 258
Ziel-
– konflikte 83, 247
– kosten 236ff., 239, 260, 262, 265, 268, 272
– kostenmanagement 235f.
– kostenspaltung 238, 239, 268
– preis 236f., 261f.
– struktur 83f., 100
– vereinbarung 119, 123f., 130, 322
Zukunfts-
– analyse 163
– bild 162f., 180

Der Autor

Hartmut Weule studierte Maschinenbau, Fachrichtung Feinwerk- und Regelungstechnik, an der Technischen Universität Braunschweig. Im Anschluß daran arbeitete er als Entwicklungsingenieur für die AEG-Telefunken am Institut für Feinwerk- und Regelungstechnik (IFR) der Technischen Universität Braunschweig auf dem Gebiet der Post-Automatisierung. Sein Promotionsgebiet waren schnelle, mikrohydraulische Positionierungsantriebe.

1973 trat Hartmut Weule in die Verfahrensentwicklung des Daimler-Benz Werkes Sindelfingen ein, deren Leitung er 1977 übernahm. Schwerpunkte bei der Weiterentwicklung der Fertigungstechnologie waren der Einsatz von Industrierobotern, neue Montage-Konzepte und -Technologien sowie neue Lackierverfahren. 1982 übernahm er den Lehrstuhl und die Leitung des Instituts für Werkzeugmaschinen und Betriebstechnik an der Universität Karlsruhe (TH). Dort standen der Aufbau einer neuen Studienrichtung „Produktionstechnik" sowie die Verwirklichung eines produktionstechnischen Labors – einer rechnergeführten Modellfabrik für Forschung und Lehre – im Mittelpunkt seiner Tätigkeit.

Von 1990 bis 1996 ließ sich Hartmut Weule von der Universität Karlsruhe (TH) beurlauben und übernahm im Vorstand der Daimler-Benz AG die Verantwortung für das Ressort „Forschung und Technik". Die Integration der Forschungsbereiche AEG, Dornier und Messerschmidt-Bölkow-Blohm (MBB) in den Daimler-Benz Konzern, ein strategie- und kundenorientiertes Zusammenspiel in Forschung und Entwicklung sowie die Internationalisierung der Forschungsaktivitäten stellten zu lösende Herausforderungen dar. 1997 kehrte er an das Institut für Werkzeugmaschinen und Betriebstechnik zurück und ist Mitglied der kollegialen Institutsleitung.

Die erlebten Probleme der Zusammenarbeit in internationalen Firmen waren 1997 Motivation für die Gründung des International Department, einer internationalen Abteilung der Universität Karlsruhe (TH).